사기
세가
1

司馬遷 · 史記世家 · 원문 대역

사기
세가
1

사마천 지음 | 장세후 옮김

연암서가

섬서성의 한성에 자리한 사마천의 사당을 다시 찾았다. 4년 반 전인 2019년 4월의 일이었다. 처음으로 사마천을 찾은 게 2014년 11월이었으니 4년 반이 다 되어 가는 시점이었다. 공원같이 잘 꾸며놓은 거대한 공간을 지났다. 『사기』의 총 자수를 고려하여 52만 냥(兩, 26톤)의 청동을 써서 만들었다는 그의 동상이 변함없이 우뚝 서 있었다. 그 뒤로 왼쪽에서 오른쪽으로 완만한 상승곡선을 그리고 있는 언덕의 7부 능선쯤에는 어스름한 이내가 펼쳐져 있었다. 게다가 오후 다소 늦은 시

사마천 광장의 동상

각이라 사당이 원래 거리보다 좀 멀리 보였다. 그날은 평일인 데다 저녁이 다 되어 가는 시간 때문인지 일반 관람객은 한 사람도 없었다. 관리인으로 보이는 사람 몇 명이 내려오는 것을 보았을 뿐이었다. 덕분에 경내에는 그야말로 우리 일행밖에 없게 되었다. 그래서 사마천의 사당 안에 조성되어 있는 목연청풍(穆然淸風)이란 액자 밑의 사마천도 호젓한 분위기에서 홀로 만나볼 수 있었다. 사마천을 기린 현대의 석학 궈모뤄(郭沫若)가 지은 시를 새겨놓은 비석도 여전했다. 삼각대를 받쳐놓고 카메라를 설치하여 유리 안의 소상(塑像)을 찍었는데 평상시 같았으면 불가능했을 상황이었다. 뒤편에 있는 그의 무덤도 살펴보았다. 무너지지 않도록 둘러싼 석축 위로 무덤 위의 풀이 보였다. 그 위로 난 다섯 그루의 측백나무도 그대로였다. 『사기』를 지을 당시 사마천의 늠연한 비장감이 감도는 듯했다. 그래서일까? 다시 보니 무덤 위로 솟은 다섯 그루의 측백나무는 그가 창안한 기전체의 다섯 체제를 상징하고 있는 것처럼 보였다.

『사기』「열전」의 대역본을 처음으로 선보인 것이 2017년 초니 어언 6년이 지났다. 책의 특성상 아무래도 독자들의 폭넓은 호응을 받기는 무리일 것이다. 그럼에도 불구하고 열광적인 지지를 보내주신 분들이 있다. 아울러 후속작에 대해 격려를 아끼지 않은 분들도 있었다. 이 책 『사기』「세가」는 그런 분들의 아낌없는 후원에 힘입어 나오게 된 것이라고 해도 무방할 것이다.

　역자가 『사기』와 인연을 맺은 것은 전공을 보면 짐작이 가겠지만 대학에서 중문과를 선택하게 되면서부터이다. 당시 같은 처지에 놓인

사마천 무덤

중국문학 전공 학생들에게 일반적이다시피 한 「열전」의 번역본으로 먼저 접하게 되었다. 사실 당시만 해도 『사기』는 「열전」 외에는 번역이 되어 있지 않았다. 학부 고학년 때 과에서 주도하는 서클에서 방학을 맞아 『사기』 「열전」 강독을 개설한 적이 있다. 처음으로 일부나마 「열전」을 원문으로 접할 수가 있었다. 「백이열전」을 원문으로 접하면서 느낀 감흥은 지금도 잊을 수 없다. 당시 텍스트는 대만 정문서국(鼎文書局)에서 나온 책을 복사하여 썼다. 나중에 알고 보니 이 책은 중화서국의 표점본을 한 면에 4쪽씩 영인하여 배치한 것이었다. 중화서국의 표점본은 당연히 「열전」을 번역할 때의 텍스트였다.

오랜 세월이 흘러 지금부터 10년 전인 2012년에는 성균관 유도회 대구 본부에서 「열전」 과목을 개설했다. 대구에서 일반인들을 상대로 『사기』를 개설하여 강독하는 것은 처음이었다. 소수 마니아층이 있었지만 수강생은 좀처럼 늘지 않았다. 그 결과 안타깝게도 강의는 몇 년 못 가서 폐강되었다. 강의는 번역을 하면서 동시에 진행하였다. 덕분에 강의는 전체 분량의 3분의 1 정도밖에 진행을 하지 못하였지만 번역은 계속하여 출판까지 이어지게 되었다. 그 후 역시 유도회에 소속된 선진유학반의 강의를 맡게 되었다. 전임자가 남겨놓은 분량과 나머지 고전을 몇 편 강의하고 2019년 하반기부터 「세가」를 강의하게 되었다. 바로 섬서성의 한성(韓城)으로 사마천을 두 번째로 찾은 그 해였다. 안타깝게도 「세가」 역시 수강 인원이 줄어들어 부득이 중도에 그만두게 되었다.

「세가」 강의 역시 「열전」과 마찬가지로 번역을 병행해가면서 진행했다. 강의는 한 주에 한 번 2시간씩 진행되는 데다 연간 2회에 걸쳐 두 달의 방학이 있어 흐름이 끊기기 일쑤였다. 무엇보다 팬데믹 상황이라 강의가 무시로 중단되기도 하였다. 갈수록 그런 상황이 잦아진데다 그 기간도 길어졌다. 진도가 만족스러울 수 없는 것은 당연했다. 그 와중에도 번역은 평소처럼 꾸준하게 진행하여 마침내 완료하게 된 것은 성과라면 성과랄 수 있겠다.

사마천과 『사기』에 대한 간단한 해제는 이미 「열전」 대역본에서 다소 소상하게 다루었으므로 여기서는 더 이상 언급하지 않겠다. 다만 이 책이 「세가」의 대역본인 만큼 「세가」에 대한 해설을 조금 가하고자 한다.

「세가」가 『사기』에서 차지하는 위치는 조금 독특하다. 이른바 정사

(正史)인 기전체 사서에서 『사기』에만 보이는 형식이기 때문이다. 먼저
「세가」의 정의에 대하여 알아보기로 하자. 『사기』의 주석서 중 하나인
당나라 사마정(司馬貞)의 「색은(索隱)」에서는 세가를 '계가(系家)'라고
하였다. 이어서 말하기를 "계가는 제후의 세계(世系)를 기록한 것으로,
그 아랫대 및 자손이 늘 나라를 가진 것을 말하였다.(系家者, 記諸侯本系
也, 言其下及子孫常有國)"라 하였다. 먼저 세가를 '계가'라 한 것은 『색은』
의 저자인 사마정이 당 사람이어서 태종(太宗)의 휘인 이세민(李世民)
의 세(世)자를 꺼려서 고친(避諱한) 것이다. 세(世, shi)와 계(系, xi)는 중국
어 발음이 근사해서 이렇게 부르게 된 것이다.

  '세가'가 "제후의 세계를 기록한 것"이란 사마정의 정의에 비추어보
건대 『사기』의 「세가」는 그 정의에 다 부합하지는 않는다. 「세가」는
『사기』 전체 130편 중에서 30편으로 구성되어 있다. 순수하게 위 사
마정의 정의에 부합하는 것은 첫 번째 편인 「오태백세가」에서 열여섯
편째인 「전경중완세가」까지일 것이다. 이들 나라 가운데는 주나라에
의해 분봉되지 않고 유명무실해진 주나라에 의해서 제후국으로 인정
된 나라들이 있는데 진(晉)의 유력한 가문에서 독립된 한(韓)·위(魏)·
조(趙)와 강(姜) 씨로부터 나라를 찬탈한 전(田) 씨의 제나라 등이다. 말
하자면 이들은 분봉된 제후국이 아니라 스스로 독립한 제후국인 셈이
다. 그리고 「세가」 제19 이하는 한(漢)나라 때의 제후들이다. 이때의 제
후는 주나라 때처럼 종주국으로부터 분봉된 전통적인 봉건국가가 아
니다. 중앙정부로부터 직접적인 통제를 받는 진정한 의미의 제후국이
아니라는 말이다. 다시 말해 한나라 건국에 공을 세운 공신들로 제후
에 봉해지거나 유 씨의 한나라 종족, 또는 외척 등으로 분봉된 경우이

다. 이들은 간혹 몇 대(代)씩 나라가 지속되는 경우도 있지만 대부분은 얼마 안 되어 다시 한에 귀속되었다. 엄격하게 구분을 하면 이들은 모두 열전에 들어가야 할 인물들이다. 실제로 단대사인『한서』에서는 이들이 모두「외척열전」등에 들어 있다. 특이한 것은 공자와 진섭(진승)의 세가이다. 이들은 주 왕조에 의해서 본봉된 것도 아니고 한에 공을 세워 분봉된 것도 아니어서, 그야말로「열전」에 들어가야 마땅한 인물들이다. 이 두 사람이 이렇게 세가에 들게 된 것은 순전히 저자인 사마천의 개인적인 기준에 따른 사관 때문이다. 사마천으로부터 공자는 무관의 제왕인 소왕(素王)으로, 진섭은 진(秦)을 허물어뜨린 공로를 인정받아 제후의 지위로 격상된 것이다. 특히 사마천은 개인적으로 공자를 매우 숭배하였다. 각국「세가」의 기록을 보면 공자와 관련된 기록은 빠뜨리지 않고 언급하고 있을 정도다. 결론적으로「세가」라는 체제는 한대(漢代)까지의 역사를 다룬 기전체 통사이기 때문에 당당히『사기』에 있을 수 있게 된 것이다. 물론『한서』이후로는 당연히「세가」가 보이지 않는다.

「세가」역시 원칙적으로「열전」의 번역 방식을 그대로 따랐다. 다만「열전」때에 비해 조금 더 신경을 써서 보완하였다. 먼저「열전」의 번역 때는 원문의 표점 부호를 쓰지 않았는데 이번「세가」때는 원문의 텍스트에 준하여 표점 부호를 그대로 표기하였다. 중국과 우리나라는 표점부호 곧 문장부호가 상이한 면이 있다. 쉼표(,)와 마침표(.), 물음표(?)와 느낌표(!) 등은 다를 바가 없다. 그러나 콜론(:)이나 세미콜론(;) 같은 경우는 우리나라에서 쓰지 않는 부호이다. 콜론은 설명이 들어갈 때 쓰고, 세미콜론은 대등한 절(節)일 때 쓰는 등 알고 보면 참 편리하다. 그런 면에서 원문의 부호를 우리에게 생소한 면이 있어도 그대로 썼다. 독자 여러분들이 조금만 이 부호에 익숙해지면 그 의미를 보다 쉽게 파악할 수 있을 것이므로.

그리고 「열전」과 같이 원문이 바로 옆에 있는 만큼 역시 직역(直譯)을 원칙으로 했다. 한문은 직역을 하면 원문의 분위기 전달에 장점이 있을 수 있다. 반면 필기체계가 한자라는 복잡한 도구를 쓰기 때문에 문장 특성상 생략을 많이 하게 된다. 따라서 주체가 한 문장 안에서도 여러 번 바뀌는 등 한문에 익숙하지 않은 독자가 보기에는 선뜻 이해하기 힘든 경우가 많다. 그래서 이번 번역에서는 생략된 주어 등을 다소 괄호 안에 보충하여 이해에 도움을 주도록 하였다. 배인의 『집해』와 사마정의 『색은』, 장수절의 『정의』 등 삼가주(三家注)는 같은 항목에 똑같은 내용이 중복된 것이 많이 보인다. 다소 번거롭더라도 전역(全譯)을 원칙으로 세운 만큼 그대로 번역을 하였다. 필요하다고 판단될 때는 가끔씩 역주를 달아 보충 설명을 하기도 하였다.

중국에서 역사의 주인공은 대대로 왕과 경, 대부 등 이른바 통치계층의 전유물이었다. 적어도 중국 역사의 아버지로 일컬어지는 사마천이 등장하기 전까지는. 정확히 말하자면 역사의 서술은 사관의 몫인 반면 주인공과 소비자 등은 철저히 통치계층이었다. 일반인이 역사에 등장하거나 서술하는 것은 당시로는 상상할 수도 없는 일이었다. 이러한 사실은 『맹자』(「滕文公 하」)의 서술에서 확인할 수 있다. "공자가 이(난신적자들의 발호)를 두려워하여 『춘추』를 지으셨는데, 『춘추』는 천자가 하는 일이다. 이 때문에 공자께서 말씀하시기를 '나를 알아주는 것도 오직 『춘추』일 것이며 나를 죄주는 것도 오직 『춘추』일 것이다.' 하셨다."(孔子懼, 作春秋, 春秋天子之事也. 是故孔子曰, 知我者其惟春秋乎, 罪我者其惟春秋乎) 이는 공자가 『춘추』가 난신적자를 토벌하는 데 있어서는 일정한 공로를 세울 것이라는 자부심을 가진 반면, 역사 편수의 책임은 천자에게 있어서 『춘추』의 편수가 참람된 일이라 두려워하는 모순된 심정을 말한 것이다. 『춘추』는 여기서 노나라의 역사를 가리키는 일반 명사로 쓰였으며 엄격하게 말하여 공자가 지은 것도 아니다. 공자는 14년의 외유에서 돌아와 제자들을 가르칠 역사 교재를 만들면서 노나라 사관이 남긴 역사(곧 춘추)를 편집한 것이다.

그러나 사마천은 달랐다. 『사기』는 직접 발로 뛰며 사료를 모으고 충실한 현장 답사까지 실시하여 철저한 고증을 거쳐 써낸 사서이다. 게다가 무제 때 이릉의 화를 당하면서 사관에 영향을 미쳤을 것이다. 말하자면 피의 기록인 셈이다. 「세가」의 서술은 「열전」에는 미치지 못하여도 당시의 사대부들이 보기에는 여전히 파격적인 기록이 많다. 이는 음악을 가지고 비유를 해보자면 조르주 비제의 「카르멘」과 비슷한 경우라고 하겠다. 비제의 「카르멘」이 나오기 전까지는 오페라의 내용이 소비자의 삶을 다루는 것이 보통이었다. 그러다가 정숙하지 못한 집시 여인, 살인을 저지르는 탈영병, 매춘, 밀수 등 소비자(대부분이 귀족이나 부유층)들이 보기에 매우 부적절한 내용으로 가득 찬 오페라 「카르멘」이 무대에 올랐다. 음악계는 음악의 완성도와 수준은 차치하고 그야말로 난리가 났다. 초연 후 얼마 되지 않아 귀족들의 입장을 대변하는 비평가들의 악평에 시달리던 비제는 급기야 급성 스트레스로 사망

사마천 사당 전경

하고 말았다. 그러나 시간이 좀 흘러 「카르멘」은 재평가되었다. 현재는 세계 어디서든 하루도 공연되지 않는 날이 없을 정도다. 『사기』도 이와 똑같다. 당당히 소비자의 범위를 넓혔다. 음악과 역사라는 분야만 다르다뿐이지 어찌 그리 똑같은 처지인지 비교를 할 때마다 놀라곤 한다. 이렇듯 각고의 노력 끝에 나온 사서이니 절실하지 않겠는가?

다시 처음의 이야기로 돌아가 보자. 그 여행의 마지막 코스는 사마천과 동시대의 절대 권력자였던 한무제의 능묘인 무릉(茂陵)이었다. 한무제의 능을 가장 잘 관찰하려면 무덤 위까지 올라가 볼 수 있는 곽거병의 묘에 올라가 보는 것이 가장 좋다. 곽거병의 묘도 무릉을 둘러싼 다섯 기의 배묘(陪墓) 중 하나이다. 사후에도 곽거병과 금일제, 위

한무제의 능묘인 무릉

청, 이부인 등 살아서 자신을 모시던 다섯 명의 무덤을 배묘로 조성하여 계속 모시게 한 것을 보면서 무제가 권력에 얼마나 집착했는가 싶어 만감이 교차했다. 옛날에는 새 황제가 등극하면 바로 그의 능묘 조성에 들어가는 것이 일반적인 관례였다. 능묘 조성은 국가적인 규모의 대대적인 토목공사였다. 왕의 재위 기간이 길수록 능묘의 조성 기간도 그에 비례하여 길어지게 마련이다. 따라서 이런 능묘의 조성은 대자본을 댈 수 있는 유력 가문에서부터 노동력만 제공하는 잡부들까지 국가적으로 동원되는 것이 일반적이었다. 권력이 막강한 황제일수록 동원되는 인적 물적 자원이 많아졌다. 무제도 재위 기간이 길어 무릉은 수십 만의 연인원이 동원되어 40년 이상 조성된 사실은 『사기』에도 언급되어 있다. 당시 날리던 유협(游俠)인 곽해를 목격한 곳이 바로 그곳이었다. 유협은 요즘 개념으로 말하자면 의리파 조폭인 셈이다.

사마천은 부친을 따라 이주했고 곽해는 유협임에도 불구하고 유력자의 추천으로 이주한 것이다. 당시 활발했을 공사 현장은 지금 그 결과물만 남긴 채 조용하게 세월만 쌓이는 중이었다. 역사를 만든 자와 역사를 기록한 자가 함께……

  이 책이 나오기까지 도와주신 모든 분들께 감사드린다. 그중에서도 특별히 감사를 드려야 할 분들이 있다. 「열전」이 나오고 「세가」도 욕심을 내고 있었지만 강의가 개설되지 않았으면 선뜻 엄두를 못 내고 아직도 미적거리고 있었을 것이다. 그런 면에서 선뜻 강의를 개설해준 유도회 회장님에게 심심한 감사의 뜻을 전한다. 「열전」이 나오고 적지 않은 시간이 흘렀는데 흔쾌히 출판을 염두에 두고 틈나는 대로 독려를 해주신 연암서가 권오상 대표님도 늘 고맙다. 늦은 나이에 새로 대학원에 진학하여 만학의 꽃을 피우느라 학업에 바쁜 가운데도 꼼꼼하게 검토해주고 오역을 바로잡아준 남계순 선생께도 큰 빚을 진 듯한 느낌이다. 조사 하나하나까지 매끄럽게 다듬어주어 완성도가 매우 높아졌다는 생각이다. 적지 않은 분량의 편집을 맡아 보기 좋게 만들어준 안현 선생에게도 감사의 말씀을 전한다. 내 일에만 파묻혀 가사를 전혀 돌보지 않아도 아랑곳하지 않고 이 책이 나오기까지 묵묵히 지켜봐 준 가족들에게 마지막 고마움을 전한다.

2023년 가을에 대구 매호동에서
장세후

사기세가 2

1. 이 책은 사마천의 『사기』 중 「세가」 부분을 번역한 것이다.

2. 대본(臺本) 및 표점(標點)은 북경 중화서국의 1959년 판(1987년 10차 인쇄)의 것을 따랐다.

3. 남조 송나라 배인(裵駰)의 『사기집해(史記集解)』 및 당나라 사마정(司馬貞)의 『사기색은(史記索隱)』, 장수절(張守節)의 『사기정의(史記正義)』의 3가주(三家註: 『사기』에 대한 대표적인 주석서)도 모두 번역하였다.

4. 번역은 원문을 나란히 배열한 대역(對譯)의 형식을 취하였으며 가능한 한 원문의 의미를 살리기 위한 축자역(逐字譯)에 의한 직역을 원칙으로 하였다.

5. 설명을 돕기 위해 꼭 필요하다고 생각될 경우 ( )로 보충역(補充譯)을 하였다.

6. 3가주의 주석 중 음가(音價)에 관한 부분은 현재의 음가와 같아 굳이 밝히지 않아도 될 경우는 삭제한 것도 있으며, 현재와 다르게 읽히는 부분은 모두 수록하였다.

7. 3가주를 위시하여 인용 서목이나 고유명사는 처음 나오는 것만 한자를 병기하였다. 앞에 나온 것이라도 편이 바뀌거나 헷갈릴 수가 있다고 판단되는 경우에는 다시 병기하였다.

| 吳太伯,[2] | 오태백과 |
| 太伯弟仲雍,[3] | 태백의 아우 중옹은 |

---

1 **색은索隱** 계가(系家)는 제후의 세계(世系)를 기록한 것으로, 그 아랫대 및 자손이 늘 나라를 가진 것을 말하였다. 그러므로 맹자(孟子)는 "진중자는 제의 세가이다.(陳仲子, 齊之系家)"(「滕文公」 하)라 하였다. 또한 동중서(董仲舒)는 "왕이 제후를 봉하는 것은 그 관직이 아니고 대대로 집으로 삼게 되는 것이다.(王者封諸侯, 非官之也, 得以代爲家也)"라 하였다. **역주** 계가(系家): 곧 세가(世家)를 말한다. 『색은』을 지은 사마정(司馬貞)이 당 사람이어서 태종(太宗)의 휘인 이세민(李世民)의 세(世)자를 꺼려서 고친 것이다.

2 **집해集解** 위소(韋昭)는 말하였다. "나중에 무왕(武王)이 오백(吳伯)으로 추봉하였으므로 오태백(吳太伯)이라고 하였다." **색은索隱** 『국어(國語)』에서는 말하기를 "황지(黃池)의 회맹에서 진정공(晉定公)이 오왕 부차(夫差)에게 말하게 하기를 '(天子가 策封할 때 주는) 명규(命圭)에 명령하는 말이 있으니, 본디 오의 군주는 오백(吳伯)이라 하였고 오왕(吳王)이라고 하지 않았습니다.'라 하였으니" 곧 오는 본래 백작(伯爵)이다. 범녕(范甯)은 『논어(論語)』를 풀이하여 말하기를 "태(太)는 훌륭하고 큰 것을 이르는 것이며, 백(伯)은 맏이[長]이다. 주태왕(周太王)의 원자(元子)이므로 태백(太伯)이라 하였다." 중옹(仲雍)과 계력(季歷)이라 칭한 것은 모두 자(字)를 가지고 이름에 짝지은 것이니 백(伯)은 자이면서 또한 작위이지만 그 이름은 사적에서 먼저 없어졌을 따름이다. **정의正義** 오(吳)는 국호(國號)이다. 태백은 매리(梅里)에 거처하였는데 상주(常州) 무석현(無錫縣) 동남쪽 60리 지점에 있다. 19세손 수몽(壽夢)이 그곳에 거처하면서 구오(句吳)라 하였다. 수몽이 죽자 제번(諸樊)은 남쪽 오로 옮겼다. 21대손 광(光)에 이르러 자서(子胥)에게 합려성(闔閭城)을 짓게 하여 도읍으로 삼았는데 지금의 소주(蘇州)이다.

3 **색은** 백(伯)·중(仲)·계(季)는 형제의 차제(次第)를 나타내는 자(字)이다. 덕을 나타내는 자 같은 것은 의의(意義)가 이름과 서로 부합하여 『계본(系本)』에서는 말하기를 "오(吳)의 숙재(孰哉)가 번리(蕃離)에 거처하였다" 하였는데, 송충(宋忠)이 말하기를 "숙재(孰哉)는 중옹의 자이다. 번리(蕃離)는 지금 오의 여기(餘暨)이다." 풀이하는 자가 말하기를 옹(雍)은 음식을 익히는 것이므로 옹(雍)의 자를 숙재(孰哉)라 하였다고 하였다.

皆周太王之子,	모두 주 태왕의 아들로
而王季歷之兄也.	왕 계력의 형이다.
季歷賢,	계력은 현명하였으며
而有聖子昌,	성스러운 아들 창이 있어
太王欲立季歷以及昌,	태왕은 계력을 세워서 창에게까지 미치게 하려 했고
於是太伯,仲雍二人乃犇荊蠻,	이에 태백과 중옹 두 사람은 곧 형만으로 달아나
文身斷髮,	문신을 하고 머리카락을 잘라
示不可用,[4]	쓰일 수 없음을 보여주어
以避季歷.	계력을 피하였다.
季歷果立,	계력이 마침내 즉위하였으니
是爲王季,	바로 왕계이며
而昌爲爲文王.	창은 문왕이다.
太伯之犇荊蠻,	태백은 형만으로 달아나
自號句吳.[5]	스스로 구오라 불렀다.
荊蠻義之,	형만에서 의롭게 여겨

4 **집해** 응소(應劭)는 말하였다. "늘 물속에 있기 때문에 머리카락을 깎았고, 몸에 문신을 새겨 용의 새끼 형상을 하였으므로 상해를 입지 않았다." **정의** 강희(江熙)는 말하였다. "태백의 작은 동생 계력이 문왕 창을 낳았는데 성덕(聖德)이 있어서 태백은 그가 반드시 천하를 가질 것을 알았기 때문에 계력에게 나라를 전하려고 했다. 태왕이 병들어 오월에서 약을 캔다는 것을 칭탁하여 돌아오지 않았다. 태왕이 죽고 계력이 즉위한 것이 첫 번째 양보한 이유이다. 계력이 죽고 문왕이 즉위한 것이 두 번째 양보한 이유이다. 문왕이 죽고 무왕이 즉위하여 마침내 천하를 가진 것이 세 번째 양보한 이유이다. 또 풀이하여 말하였다. 태왕이 병들어 약을 캐는 것을 칭탁하여 살아서 예로 섬기지 못한 것이 첫 번째 양보한 이유이다. 태왕이 죽었는데 돌아오지 않고 계력으로 하여금 상을 주관하게 하여 예로 장례를 치르지 못한 것이 두 번째 양보한 이유이다. 머리를 깎고 문신을 하여 쓸 수 없음을 보여주고 계력에게 제사를 주관하게 하여 예로 제사를 지내지 않은 것이 세 번째 양보한 이유이다."

從而歸之千餘家,　　　　좇아서 천여 호가 그에게 귀의하여

立爲吳太伯.　　　　　　오태백으로 세웠다.

太伯卒,[6]　　　　　　　태백이 죽고

無子,　　　　　　　　　아들이 없어서

弟仲雍立,　　　　　　　아우인 중옹이 즉위하였는데

是爲吳仲雍.　　　　　　바로 오중옹이다.

仲雍卒,[7]　　　　　　　중옹이 죽고

子季簡立.　　　　　　　아들인 계간이 즉위하였다.

季簡卒,　　　　　　　　계간이 죽자

---

5 **집해** 송충은 말하였다. "구오(句吳)는 태백이 처음으로 거처한 곳의 지명이다." **색은** 형 (荊)은 초(楚)의 호칭이며, 주(州)를 가지고 말하여 형(荊)이라고 하였다. 만(蠻)은 민(閩)이 다. 남이(南夷)의 이름이며, 만(蠻)은 또한 월(越)이라고도 일컫는다. 여기서는 스스로 구오 라고도 하였는데 오라는 이름은 태백에게서 나왔으며 분명히 전에는 오라는 호칭이 없었 다. 땅이 초월(楚越)의 경계에 있기 때문에 형만(荊蠻)이라 하였다. 안사고(顏師古)의 『한서』 주에서 오(吳)를 "구(句)"라고 한 것은 오랑캐 말의 발성으로 "어월(於越)"이라는 말과 같을 따름이다. 여기서 "구오라 불렀다"는 것은 안사고의 풀이와 같을 것이다. 그런데 주에서 송 충의 말을 인용하여 지명으로 생각한 것은 『계본(系本)』 「거편(居篇)」에서 "숙재(孰哉)는 번 리(蕃離)에 거처하였고 숙고(孰姑)가 구오(句吳)로 옮겼다"라 하였고, 송 씨가 『사기』에 "태 백이 스스로 구오(句吳)라 하였다"는 문장을 보고 마침내 미봉으로 그것을 풀이하여 태백이 처음으로 거처한 지명이라 하였다. 배 씨는 그것을 인용하여 아마 그 뜻이 아닐 것이라고 하 였다. 번리에 이미 그 땅이 있는데 구오에서 어찌 도무지 진실을 알지 못하였는가? 오의 사 람이 별도로 성읍이 있으며 일찍이 구오라 한 것을 듣지 못한 것이니 『계본』의 글이 혹 믿기 어려울 것이다. 『오지기(吳地記)』에서는 말하였다. "태백은 매리에 거처하였는데, 합려성 북 쪽 50리쯤 되는 곳에 있다."

6 **집해** 『황람(皇覽)』에서는 말하였다. "태백의 무덤은 오현(吳縣) 북쪽 매리취(梅里聚)에 있으 며, 성과 10리 떨어져 있다."

7 **색은** 『오지기』에서는 말하였다. "중옹의 무덤은 오군(吳郡) 상숙현(常孰縣) 서쪽 해우산(海 虞山) 위에 있으며 언언(言偃: 공자의 제자로 자는 子游—옮긴이)의 무덤과 나란히 있다."

子叔達立.	아들인 숙달이 즉위하였다.
叔達卒,	숙달이 죽자
子周章立.	아들인 주장이 즉위하였다.
是時周武王克殷,	이때 주무왕이 은을 이겨
求太伯·仲雍之後,	태백과 중옹의 후손을 구하여
得周章.	주장을 얻었다.
周章已君吳,	주장이 이미 오의 임금이었으므로
因而封之.	그대로 봉해주었다.
乃封周章弟虞仲於周之北故夏虛,[8]	이에 주장의 아우 우중을 주의 북쪽 옛 하허에 봉하였는데
是爲虞仲,[9]	바로 우중으로
列爲諸侯.	제후의 반열이 되었다.
周章卒,	주장이 죽자
子熊遂立,	아들인 웅수가 즉위하였으며,
熊遂卒,	웅수가 죽자
子柯相立.[10]	아들인 가상이 즉위하였다.

---

8 **집해** 서광(徐廣)은 말하였다. "하동(河東) 대양현(大陽縣)에 있다."

9 **색은** 하(夏)의 도읍은 안읍(安邑)이며, 우중(虞仲)의 도읍인 대양(大陽)의 우성(虞城)은 안읍 남쪽에 있으므로 하허(夏虛)라고 한다. 『좌전』에서는 말하기를 "태백과 우중은 태왕(太王)의 소(昭)이다"라 하였으니 우중은 태왕의 아들임이 분명하다. 또한 『논어』에서는 "우중과 이일(夷逸)은 숨어살면서 말을 함부로 하였다"라 하였는데, 중옹을 우중이라 하였다. 지금 주장의 아우를 또한 우중이라 일컬은 것은 아마 주장의 아우가 자가 중(仲)이며 비로소 우(虞)에 봉하여졌기 때문에 우중이라 한 것이다. 곧 중옹은 본래 자가 중(仲)이며 우(虞)의 시조여서 후대에서는 또한 우중이라 칭하였으므로 조손(祖孫)이 같이 불리게 된 것이다.

10 **정의** '柯'의 음은 가(歌)이다. '相'의 음은 상(相匠反)이다.

柯相卒,	가상이 죽자
子彊鳩夷立.	아들인 강구이가 즉위하였다.
彊鳩夷卒,	강구이가 죽자
子餘橋疑吾立.[11]	아들인 여교의오가 즉위하였다.
餘橋疑吾卒,	여교의오가 죽자
子柯盧立.	아들인 가로가 즉위하였다.
柯盧卒,	가로가 죽자
子周繇立.[12]	아들인 주요가 즉위하였다.
周繇卒,	주요가 죽자
子屈羽立.[13]	아들인 굴우가 즉위하였다.
屈羽卒,	굴우가 죽자
子夷吾立.	아들인 이오가 즉위하였다.
夷吾卒,	이오가 죽자
子禽處立.	아들인 금처가 즉위하였다.
禽處卒,	금처가 죽자
子轉立.[14]	아들인 전이 즉위하였다.
轉卒,	전이 죽자
子頗高立.[15]	아들인 파고가 즉위하였다.
頗高卒,	파고가 죽자
子句卑立.[16]	아들인 구비가 즉위하였다.

---

11 **정의** '橋'의 음은 교(驕驕反)이다.

12 **정의** '繇'의 음은 요(遙), 또는 유(由)이다.

13 **정의** '屈'의 음은 굴(居勿反)이다.

14 **색은** 초주(譙周)의 『고사고(古史考)』에서는 "가전(柯轉)"이라 하였다.

15 **색은** 『고사고』에는 "파몽(頗夢)"으로 되어 있다.

16 **색은** 『고사고』에는 "필진(畢軫)"으로 되어 있다.

是時晉獻公滅周北虞公,	이때 진헌공이 주 북쪽의 우공을 멸하여
以開晉伐虢也.[17]	진이 괵을 벌할 길을 열었다.
句卑卒,	구비가 죽자
子去齊立.	아들인 거제가 즉위하였다.
去齊卒,	거제가 죽자
子壽夢立.[18]	아들인 수몽이 즉위하였다.
壽夢立而吳始益大,	수몽이 즉위하면서 오는 비로소 더욱 커져
稱王.	왕을 칭하였다.
自太伯作吳,	태백이 오를 일으킨 이래
五世而武王克殷,	5세가 지나 무왕이 은을 이겨
封其後爲二:	그 후손을 봉하여 둘이 되었다.
其一虞,	그 하나는 우로
在中國;	중원의 나라에 있고,
其一吳,	그 하나는 오로
在夷蠻.	만이에 있다.
十二世而晉滅中國之虞.	12대 만에 진은 중원의 우를 멸하였다.

---

17 **색은** 『춘추』경(經)의 희공(僖公) 5년 조에서는 "겨울에 진 사람이 우공을 잡았다(冬, 晉人執 虞公)"라 하였다. 좌씨(左氏: 左丘明)의 2년의 전(傳)에서는 "진의 순식(荀息)이 굴(屈)에서 나 는 말과 수극(垂棘)의 벽옥을 청하여 우에서 길을 빌려 괵을 쳤다. 궁지기(宮之奇)가 간하였 으나 듣지 않았다. 우공이 허락하고 또한 먼저 칠 것을 청하여 마침내 괵을 치고 하양(下陽) 을 멸하였다."라 하였다. 5년의 전에서는 "진후가 다시 길을 빌려 괵을 쳤는데 궁지기가 간 하여도 듣지 않았다. 그는 가족을 데리고 떠나면서 말하기를 '우는 납제(臘祭)를 올리지 못 할 것이다!'라 하였다. 8월 갑오일에 진후가 상양(上陽)을 포위하였다. 겨울 12월에 괵을 멸 하였다. 군사는 돌아오는 길에 마침내 우를 습격하여 멸하였다."라 하였다.

18 **정의** '夢'의 음은 몽(莫公反)이다.

中國之虞滅二世,	중원의 우가 멸한 지 2대 만에
而夷蠻之吳興.[19]	만이의 오는 흥하였다.
大凡從太伯至壽夢十九世.[20]	대체로 태백에서 수몽까지는 19대이다.

王壽夢二年,[21]	왕 수몽 2년에
楚之亡大夫申公巫臣怨楚將子反而犇晉,	
	초의 망대부 신공무신이 초의 장수 자반을 원망하여 진으로 달아났는데
自晉使吳,	진에서 오로 사행하여
敎吳用兵乘車,	오에 군사를 쓰고 수레 타는 법을 가르쳤고
令其子爲吳行人,[22]	그 아들을 오의 행인이 되게 하여
吳於是始通於中國.	오는 이에 비로소 중원의 나라들과 통하였다.

---

19 **정의** 중원의 우(虞)가 멸망한 후 2대(代)로 합이 71년이며 수몽에 이르러 흥대(興大)하였으며 왕을 일컬었다.

20 **색은** 수몽은 중옹의 19세손이다.

21 **색은** 수몽 아래로 비로소 그 해가 있는데 『춘추』에는 졸년만 기록하였다. 2년이라고 한 것은 7년이 되어야 한다.

22 **집해** 복건(服虔)은 말하였다. "행인(行人)은 나라의 빈객의 예적(禮籍)을 관장하며 사방의 사신을 접대하고 큰 손님을 접대하며 소객(小客)의 폐사(幣辭)를 받는다." **색은** 『좌전』「노성공(魯成公)」 2년에서는 말하기를 "무신(巫臣)은 제로 사행하면서 정에 이르러 부사로 하여금 폐백을 되돌리게 하고 하희와 함께 떠나 마침내 진(晉)으로 달아났다."라 하였다. 7년의 전에서는 말하기를 "자중(子重)과 자반(子反)은 무신의 일족을 죽이고 그 집안의 재산을 나누어 가졌다. 무신은 두 사람에게 편지를 보내어 말하기를 '내 반드시 그대들을 기필코 명에 분주하게 죽도록 하겠소.'라 하였다. 무신이 오에 사신으로 가자 오자 수몽이 그를 좋아하였다. 이에 오를 진와 통교하게 하여 오에 수레 타는 법을 가르쳤으며 또한 그들에게 진을 세우는 법을 가르치고 초에 반기를 들도록 하였다. 그 아들 호용(狐庸)을 그곳에 두어 행인이 되게 하였다. 오가 비로소 초를 치고 소(巢)를 치며 서(徐)를 쳤다. 마릉(馬陵)의 회합에서 오가 주래(州來)로 들어갔을 때 자중과 자반은 이에 한 해에 일곱 번이나 명을 받아 분주하였다."라 하였는데 옳다.

吳伐楚.	오가 초를 쳤다.
十六年,	16년에
楚共王伐吳,	초공왕이 오를 쳐서
至衡山.[23]	형산에 이르렀다.
二十五年,	25년 만에
王壽夢卒.[24]	왕 수몽이 죽었다.
壽夢有子四人,	수몽에게는 아들 넷이 있었는데
長曰諸樊,[25]	맏이는 제번이고
次曰餘祭,[26]	다음은 여채,
次曰餘眛,[27]	다음은 여말,
次曰季札.[28]	다음은 계찰이다.
季札賢,	계찰이 현명하여
而壽夢欲立之,	수몽이 세우고자 하였는데

---

23 [집해] 두예(杜預)는 말하였다. "오흥(吳興)은 오정현(烏程縣)의 남쪽이다." [색은] 『춘추경』「양공(襄公) 3년」에서는 "초의 공자 영제(嬰齊)가 군사를 거느리고 오를 쳤다"라 하였으며, 『좌전』에서는 "초의 자중이 오를 쳤는데 선발된 군사였다. 구자(鳩玆)를 이기고 형산(衡山)에 이르렀다."라 하였다.

24 [색은] 양공(襄公) 12년의 『경』에서는 "가을 9월에 오자승(吳子乘)이 죽었다."라 하였다. 『좌전』에서는 수몽(壽夢)이라고 하였다. 성공 6년에서 여기까지 계산하면 딱 25년이다. 『계본』에서는 말하기를 "오숙고(吳孰姑)는 구오(句吳)로 옮겼다"라 하였다. 송충은 말하기를 "숙고(孰姑)는 수몽(壽夢)이다"라 하였다. 축몽승제(祝夢乘諸)를 대신 이른 것이다. 수(壽)와 숙(孰)은 음이 서로 가깝고 고(姑)는 제(諸)를 말하며, 『모시전(毛詩傳)』에서는 "고(姑)"를 "제(諸)"로 읽어 숙고(孰姑)와 수몽(壽夢)이 한 사람임을 알겠으며, 또한 승(乘)이라고도 하였다.

25 [색은] 『춘추경』에서는 "오자(吳子) 알(遏)"이라 기록하였는데, 『좌전』에서는 "제번(諸樊)"이라 하였으니, 아마 알(遏)은 그 이름이고 제번은 그 호일 것이다. 『공양전』에는 "알(遏)"이 "알(謁)"로 되어 있다.

26 [역주] 祭는 음이 채로, 옛날에는 채(蔡)와 통용하였다.

季札讓不可,	계찰은 옳지 않다고 사양하였으며
於是乃立長子諸樊,	이에 곧 장자인 제번을 세워
攝行事當國.	일을 대행하고 나라를 맡게 하였다.

| 王諸樊元年,[29] | 왕 제번 원년에 |
| 諸樊已除喪, | 제번이 탈상을 하고 |

---

27 **색은** 『좌전』에서는 "문지기가 대오(戴吳)를 죽였다"라 하였는데, 두예는 말하기를 "대오(戴吳)는 여채이다"라 하였다. 또한 양공 28년의 『좌전』에서는 제의 경봉(慶封)이 오로 달아나자 구여(句餘)가 그에게 주방(朱方)을 주었다고 하였다. 두예는 말하기를 "구여는 오자(吳子) 이말(夷末)이다"라 하였다. 여채가 양공 29년에 죽었다고 한다면 28년에 경봉에게 읍을 내린 것은 이말이 아닐 것이다. 또한 구여와 여채는 아마 한 사람일 것이며, 이말은 『사기』와 『공양전』에는 "여말(餘眛)"로 되어 있고, 『좌씨』 및 『곡량(穀梁)』에는 모두 "여채(餘祭)"로 되어 있다. 이말(夷末)과 구여(句餘)는 음과 자가 각기 달라 하나가 될 수 없어 아마 두 사람이 잘못 알았을 따름일 것이다. **정의** '祭'의 음은 채(側界反)이고, '眛'의 음은 말(莫葛反)이다.

28 **색은** 『공양전(公羊傳)』에서는 말하였다. "알(謁)과 여채(餘祭), 이말(夷末)과 계자(季子)는 동복의 네 사람이다. 계자는 어려서부터 재주가 있어서 형제가 모두 그를 사랑하여 함께 임금이 되었으면 하고 생각하여 형제가 서로 번갈아 임금이 되어 계자에게 나라를 맡기게 하였다. 그래서 알이 죽자 여채가 즉위하였고, 여채가 죽자 이말이 즉위하였으며, 이말이 죽자 나라는 계자에게 가야 했는데 계자는 사행하여 도망쳤다. 요(僚)가 여러 아들 가운데 연장자여서 즉위하였다. 합려(闔閭)는 말하였다. '선군의 명을 따른다면 나라는 계자에게 가야 한다. 임금의 명을 따르지 않는다면 즉위해야 할 사람은 나이다. 요가 어떻게 임금이 될 수 있는가?' 이에 전제(專諸)에게 요를 찔러죽이게 하였다." 『사기』에서는 수몽의 네 아들을 또한 『공양』의 문장을 요약하였지만 요를 여말(餘眛)의 아들이라고 한 것이 다를 따름이다. 『좌씨(左氏)』는 그 문장이 분명치 않고, 복건은 『공양』을 썼으며, 두예는 『사기』 및 『오월춘추(吳越春秋)』에 의거하였다. 아래의 주에서는 서광이 『계본』을 인용하여 말하기를 "이말 및 요이며 이말은 광(光)을 낳았다"라 하였는데, 『계본』을 검사해보면 지금은 이 말이 없다. 그러나 『좌전』에 의하면 호용은 조문자(趙文子)에게 이르기를 "이말은 매우 덕이 있고 법도가 있어서 하늘이 열어주었을 것이며 반드시 이 임금의 자손이 실로 끝을 내었다."라 하였다. 요(僚)가 이말의 아들이라면 이 말과 부응하지 않는다. 또한 광이 "나는 왕의 후계자"라 한 것은 광은 이말의 아들이며 또한 분명히 여러 아들의 하나이다.

29 **집해** 『세본』에서는 "제번이 오를 옮겼다"라 하였다.

讓位季札.	계찰에게 양위하였다.
季札謝曰:	계찰은 사양하여 말하였다.
"曹宣公之卒也,	조선공이 죽었을 때
諸侯與曹人不義曹君,[30]	제후들과 조의 사람들은 조의 임금을 의롭지 않게 여겨
將立子臧,	자장을 옹립하려고 하였으며
子臧去之,	자장이 그곳을 떠나
以成曹君,[31]	성공을 조의 임금으로 삼자
君子曰[32]'能守節矣'.	군자가 말하기를 '절개를 잘 지켰다.'라 하였습니다.
君義嗣,[33]	그대는 합당한 후계자이니

---

30 **집해** 복건은 말하였다. "선공은 조백로(曹伯盧)이며, 노성공 13년 진후(晉侯)와 회맹하여 진(秦)을 쳤으며 군중에서 죽었다. 조군(曹君)은 공자부추(公子負芻)이다. 부추는 나라에 있으면서 선공이 죽었다는 말을 듣자 태자를 죽이고 스스로 즉위하였으므로 의롭지 못하게 여겼다고 하였다."

31 **집해** 복건은 말하였다. "자장(子臧)은 부추(負芻)의 서형(庶兄)이다." **색은** 성공(成公) 13년 『좌전』에서는 말하였다. "조선공(曹宣公)이 군중에서 죽었다. 조의 사람이 공자부추에게 지키게 하고 공자흔시(公子欣時)에게는 (조백의) 상구를 맞아들이게 하였다. 가을에 부추가 그 태자를 죽이고 즉위하였다." 두예는 말하였다. "모두 선공의 서자이다. 부추는 성공(成公)이다. 흔시(欣時)는 자장(子臧)이다." 15년의 『전』에서는 말하였다. "척(戚)에서 회합을 가졌는데 조성공(曹成公)을 토벌하기 위함이었다. 잡아서 경사(京師)로 보냈다. 제후가 자장을 왕에게 알현시키고 임금으로 세우려 하였다. 자장은 말하였다. '이전의 기록에서 말하기를 성인은 절의에 통달하였다고 하였다. 두예는 말하였다. 성인은 천명에 응하고 상례에 얽매이지 않는다. 다음은 절개를 지키는 것으로 두예는 말하기를 현자를 이른다고 하였다. 아래에서는 절개를 잃었다. 두예는 말하였다. 어리석은 자는 망동을 한다. 임금이 되는 것은 나의 뜻이 아니다. 비록 성스러울 수 없지만 감히 지킴을 잃겠는가?' 마침내 송으로 달아났다."

32 **색은** 군자(君子)는 좌구명(左丘明)이 역사에서 중니를 평하는 말로, 중니를 가리켜 군자라 하였다.

33 **집해** 왕숙(王肅)은 말하였다. "의(義)는 마땅하다는 뜻이다. 적자(嫡子)가 나라를 잇는 것은 예에 합당하다는 뜻이다." 두예는 말하였다. "제번의 적자이므로 합당한 후계자라 하였다."

誰敢干君!	누가 감히 그대를 범하겠습니까?
有國,	나라를 다스리는 것은
非吾節也.	나의 뜻이 아닙니다.
札雖不材,	제가 비록 재주가 없으나
願附於子臧之義."	자장의 절의를 따르기를 바랍니다."
吳人固立季札,	오의 사람들이 굳이 계찰을 세우자
季札弃其室而耕,	계찰은 가족을 버리고 농사를 지으니
乃舍之.[34]	곧 버려두었다.
秋,	가을에
吳伐楚,	오가 초를 쳤는데
楚敗我師.	초가 우리 군사를 패배시켰다.
四年,	4년에
晉平公初立.[35]	진평공이 막 즉위했다.

十三年,	13년에
王諸樊卒.[36]	왕 제번이 죽었다.
有命授弟餘祭,	아우인 여채에게 준다는 명을 남겨

---

34 **색은** "제번(諸樊) 원년에 탈상을 하고"부터 "곧 버려두었다"까지는 모두 양공(襄公) 14년 『좌씨전』의 문장이다. **정의** 사(舍)는 사(捨)의 뜻으로 읽는다.

35 **색은** 『좌전』「양공(襄公) 16년」 봄에 "진도공(晉悼公)을 장사지내고 평공(平公)이 즉위하였 다."라 한 것이다.

36 **색은** 『춘추경』「양공 25년」에서는 말하였다. "12월에 오자(吳子) 알(遏)이 초를 쳤는데 소 (巢)의 도성 성문을 공격하다가 죽었다." 『좌전』에서는 말하였다. "오자 제번이 초를 쳐서 수 군[舟師]의 전역을 보복하였다. 소의 성문을 공격하니 소의 우신(牛臣)이 말하였다. '오왕은 용감하나 가벼우니 성문을 열어주면 친히 성문으로 들어올 것이다. 내 그를 쏘아 반드시 죽 이고 말 것이다. 이 임금이 죽으면 변경이 조금 안정될 것이다.' 그 말을 따랐다. 오자가 성문 으로 들어오자 우신이 야트막한 담에 숨어 있다가 그를 쏘아 죽였다."

欲傳以次,	차례대로 (왕위를) 전하여
必致國於季札而止,	반드시 나라를 계찰에게 전하여 그치고자 하는 것이
以稱先王壽夢之意,	선왕 수몽의 뜻에 걸맞는 것이라 생각하였다.
且嘉季札之義,	또한 계찰의 뜻을 가상하게 여겨
兄弟皆欲致國,	형제가 모두 나라를 전하게 하여
令以漸至焉.	점차 그에게 이르게 하고자 하였다.
季札封於延陵,[37]	계찰이 연릉에 봉하여졌기
故號曰延陵季子.	때문에 연릉계자라 하였다.
王餘祭三年,	왕 여채 3년에
齊相慶封有罪,	제의 재상 경봉이 죄를 지어

---

37 색은 양공 31년 『좌전』에서 조문자(趙文子)가 굴호용(屈狐庸)에게 묻기를 "연주래(延州來) 계자(季子)가 과연 왕이 될 것인가?"라 하였다. 두예는 말하기를 "연주래는 계찰의 읍이다."라 하였다. 소공(昭公) 27년의 『좌전』에서는 말하기를 "오자는 연주래 계자를 상국(上國)에 빙문하게 하였다."라 하였다. 두예는 말하기를 "계자는 본래 연릉에 봉하여졌으며 나중에 다시 주래에 봉하여졌으므로 연주래라고 하였다."라 하였다. 성공(成公) 7년의 『좌전』에서는 말하기를 "오가 주래로 들어왔다"라 하였는데, 두예는 말하기를 "주래는 초의 읍이며, 바로 회남(淮南) 하채현(下蔡縣)이다."라 하였다. 소공 13년의 『전』에서는 "오가 주래를 쳤다"라 하였고, 23년의 『전』에서는 "오가 주래를 멸하였다"라 하였으니, 주래는 본래 초의 읍인데 오의 광(光)이 쳐서 멸하여 마침내 계자에게 봉한 것이다. 『지리지』에서는 말하기를 회계(會稽) 비릉현(毗陵縣)으로 계찰이 거처하는 곳이다고 하였다. 『태강지리지(太康地理志)』에서는 말하기를 "옛 연릉읍은 계찰이 사는 곳으로 율두(栗頭)에 계찰사(季札祠)가 있다."라 하였다. 『지리지(地理志)』 패군(沛郡) 하채현(下蔡縣)에서는 말하기를 옛 주래국(州來國)은 초에 멸망당하였으며 나중에 오가 취하였으며 부차(夫差)에 이르러 이곳으로 소후(昭侯)를 옮겼다고 하였다. 『공양전』에서는 "계자는 떠나 연릉으로 가서 죽을 때까지 오에 들어가지 않았다"라 하였고, 하휴(何休)는 "오의 조정에 들어가지 않았다"라 하였다. 여기서 "연릉에 봉하였다"는 것은 이어서 채읍으로 내린 것이다. 그런데 두예의 『춘추석례(春秋釋例)』 「토지명(土地名)」에서는 "연주래인데 빠졌다"라 하였는데 무슨 까닭으로 이 말을 하였는지 알지 못하겠다.

自齊來犇吳.	제에서 오로 도망쳐 왔다.
吳予慶封朱方之縣,[38]	오는 경봉에게 주방현을 주어
以爲奉邑,[39]	봉읍으로 삼고
以女妻之,	딸을 아내로 주어
富於在齊.	제에 있을 때보다 부유해졌다.

四年,	4년에
吳使季札聘於魯,[40]	오에서는 계찰에게 노를 빙문하게 하였는데
請觀周樂.[41]	주의 음악 연주하는 것을 구경할 것을 청하였다.
爲歌周南·召南.[42]	「주남」과 「소남」을 노래해주었더니
曰:	말하였다.
"美哉,	"아름답군요,
始基之矣,[43]	막 기초를 다지기 시작하였으나
猶未也.[44]	아직 미흡합니다.
然勤而不怨."[45]	그러나 부지런하면서도 원망하지 않는군요."

---

38 **집해** 『오지기』에서는 말하였다. "주방(朱方)은 진(秦) 때 단도(丹徒)로 고쳐 불렀다."

39 **열주** 봉읍(奉邑)은 봉읍(俸邑)과 같다. 부세(賦稅)를 받아 봉록(俸祿)으로 삼는 봉지(封地)를 말한다.

40 **집해** 『춘추』 「노양공(魯襄公) 29년」에 있다.

41 **집해** 복건은 말하였다. "주의 음악은 노가 받은 4대(代)의 음악이다." 두예는 말하였다. "노는 주공(周公) 때문에 천자의 예악을 가졌다."

42 **집해** 두예는 말하였다. "이는 모두 각자 본국에서 노래한 것에 의거하여 상용하는 성곡(聲曲)이다."

43 **집해** 왕숙은 말하였다. "처음으로 왕의 기틀을 만든 것을 말한다."

44 **집해** 가규(賈逵)는 말하였다. "아직까지 「아(雅)」와 「송(頌)」의 공을 이루지 못한 것을 말한다." 두예는 말하였다. "아직까지 상(商)의 주(紂)가 있어서 완전히 훌륭하지 않은 것이다."

45 **집해** 두예는 말하였다. "편안하고 즐겁지는 않지만 그 음이 원망하거나 노하지는 않았다."

歌邶·鄘·衞.⁴⁶	「패풍」과 「용풍」, 「위풍」을 노래하자
曰:	말하였다.
"美哉,	"아름답군요,
淵乎,	깊고
憂而不困者也.⁴⁷	시름이 있으나 곤궁하지는 않습니다.
吾聞衞康叔·武公之德如是,	내가 듣자하니 위강숙과 무공의 덕이 이렇다 하니
是其衞風乎?"⁴⁸	「위풍」일 것입니다."
歌王.⁴⁹	「왕풍」을 노래하자
曰:	말하였다.
"美哉,	"아름답군요,
思而不懼,	생각이 많으면서도 두려워하지 않으니
其周之東乎?"⁵⁰	주가 동천한 것일 것입니다.

---

46 **집해** 두예는 말하였다. "무왕(武王)이 주(紂)를 치고 그 땅을 삼감(三監)으로 나누었다. 삼감이 반란을 일으키자 주공이 멸하고 삼감의 땅을 합병하여 다시 강숙(康叔)을 봉하였으므로 세 나라는 모두 강숙의 교화를 입었다."

47 **집해** 가규는 말하였다. "연(淵)은 깊다는 뜻이다." 두예는 말하였다. "망국(亡國)의 음은 슬프고 생각이 깊어 그 백성이 곤궁하다. 위강숙과 무공의 덕과 교화는 심원하여 비록 선공(宣公)의 음란하고 의공(懿公)의 멸망을 당하였지만 백성들은 그래도 의를 잡아 곤궁한데 이르지는 않았다."

48 **집해** 가규는 말하였다. "강숙은 관숙(管叔)과 채숙(蔡叔)의 난을 당하고, 무공(武公)은 유왕(幽王)과 포사(褒姒)의 우환을 당하였으므로 강숙과 무공의 덕이 이와 같다고 하였다." 두예는 말하였다. "강숙과 무공은 모두 위(衞)의 덕이 아름다운 임금이다. 노래 소리를 듣고 판별하였기 때문에 짐작하는 듯한 말투로 하였다."

49 **집해** 복건은 말하였다. "왕실은 「아(雅)」에 있어야 하는데, 쇠미하여 「풍」에 들어가 있는데도 나라의 사람들이 여전히 높였으므로 「왕」이라 일컬었는데, 『춘추』의 왕인(王人)의 경우와 같다." 두예는 말하였다. "「왕」은 「서리(黍離)」이다."

50 **집해** 복건은 말하였다. "평왕(平王)은 낙읍(雒邑)으로 동천하였다." 두예는 말하였다. "종주(宗周)가 멸망하여 없어졌으므로 생각이 근심스러운 것이고, 그래도 선왕과 유풍이 있으므로 두려워하지 않는 것이다." **정의** '思'의 음은 사(肆)이다.

歌鄭.[51]	「정풍」을 노래하자
曰:	말하였다.
"其細已甚,	세밀함이 너무 심하여
民不堪也,	백성들이 견디지 못할 것이니
是其先亡乎?"[52]	먼저 멸망할 것 같습니다."
歌齊.	「제풍」을 노래하자
曰:	말하였다.
"美哉,	"아름답군요,
泱泱乎大風也哉.[53]	끝이 없으니 대국의 풍도입니다!
表東海者,	동해(諸侯)의 표양이 될 만하니,
其太公乎?[54]	태공일 것입니다.
國未可量也."[55]	이 나라는 헤아릴 수 없습니다."
歌豳.	「빈풍」을 노래하자
曰:	말하였다.
"美哉,	"아름답군요
蕩蕩乎,	넓고 큽니다!

51 　집해　가규는 말하였다. "정풍(鄭風)은 바로 동정(東鄭)이다."

52 　집해　복건은 말하였다. "그 풍(風)이 가늘고 약함이 너무 심하여 대국 사이에서 간섭을 받아 원대한 생각과 오래 가는 풍속이 없으므로 백성들이 견디지 못하여 먼저 망할 것이라 하였다."

53 　집해　복건은 말하였다. "앙앙(泱泱)은 널리 깊고 멀리 퍼져 크게 화(和)한 뜻이 있다. 그 시가 풍자하는 것은 말은 간략하고 뜻은 미묘하며, 체제가 소략하나 절실하지 않아 대국의 풍도라고 하였다." 　색은　'泱'의 음은 앙(於良反)이다. 앙앙(泱泱)은 왕왕양양(汪汪洋洋)하여 아름답고 성한 모양이다. 두예는 말하기를 "넓고 큰 소리"라 하였다.

54 　집해　왕숙은 말하였다. "동해의 표양[表式]이라는 것을 말하였다."

55 　집해　복건은 말하였다. "나라의 흥쇠(興衰)와 세수(世數)의 장단은 헤아릴 수 없는 것이다." 두예는 말하였다. "아마 곧 부흥하리라는 것을 말한 것일 것이다."

樂而不淫,[56]	즐거우면서도 넘치지 않으니
其周公之東乎?"[57]	주공이 동정을 하였을 때일 것입니다!"
歌秦.	「진풍」을 노래하였더니
曰:	말하였다.
"此之謂夏聲.	"이를 하성이라고 합니다.
夫能夏則大,	하성을 낼 수 있으면 크고,
大之至也,	큼이 지극하니
其周之舊乎?"[58]	주의 옛 음악이겠군요?"
歌魏.	「위풍」을 노래하였더니
曰:	말하였다.
"美哉,	"아름답군요!
渢渢乎,[59]	둥둥 떠다니는군요!
大而寬,[60]	거칠면서도 너그럽고
儉而易,	검약하면서도 쉽게 가니
行以德輔,	덕으로 이를 보필하면

---

56 **집해** 가규는 말하였다. "넓고 크면서 근심이 없고, 스스로 즐거워하면서 황음하지 않은 것이다."

57 **집해** 두예는 말하였다. "주공은 관숙과 채숙의 변을 당하여 동정을 하였는데, 성왕을 위해 후직의 선공들은 감히 황음을 일삼지 않아 왕업을 이루었으므로 주공이 동정을 한 것일 것이라 말한 것이다."

58 **집해** 두예는 말하였다. "진중(秦仲)이 비로소 거마와 예악을 써서 융적의 음악을 버리고 제하(諸夏)의 음악을 사용하였다. 그러므로 그것을 '하성(夏聲)'이라 한 것이다. 진양공(秦襄公) 때는 주를 도와 평왕(平王)의 동천을 호송한 공로로 주의 옛 땅을 받았다. 그러므로 '주의 옛 음악'이라고 한 것이다."

59 **색은** '渢'의 음은 풍(馮)이고, 또 범(泛)이라고도 한다. 두예는 말하였다. "중용(中庸)의 소리이다."

60 **색은** 『좌전』에는 "거칠면서도 완곡하고(大而婉)"로 되어 있다. 두예는 말하였다. "완(婉)은 요약된 것이다. 관대하고 간약(簡約)하면 검약하여 행하기가 쉽다." 관(寬)자는 "완(婉)"의 뜻으로 읽어야 한다.

此則盟主也.”[61]	현명한 군주일 것입니다.”
歌唐.	「당풍」을 노래하였더니
曰:	말하였다.
“思深哉,	“생각이 깊습니다.
其有陶唐氏之遺風乎?	도당씨의 유풍일 것입니다!
不然,	그렇지 않다면
何憂之遠也?[62]	어찌 근심이 이렇게 멀겠습니까?
非令德之後,	아름다운 덕을 가진 자의 후손이 아니라면
誰能若是!”	누가 이렇게 할 수 있겠습니까?”
歌陳.	「진풍」을 노래하였더니
曰:	말하였다.
“國無主,	“나라에 주인이 없으면
其能久乎?”[63]	어찌 오래 갈 수 있겠습니까?」
自鄶以下,	「회풍」 이하로는
無譏焉.[64]	비평하지 않았다.

---

61 **집해** 서광은 말하였다. “맹(盟)은 '명(明)'으로 된 판본도 있다.” 나[駰]는 이렇게 생각한다. 가규는 말하기를 “그 뜻은 크고 곧으면서도 곡진한 체가 있어 중화(中和)와 중용의 덕으로 돌려 이루기가 어려우나 실은 행하기 쉬운 것이다. 그래서 덕으로 이를 보필하면 맹주일 것이라 한 것이다.” 두예는 말하기를 “그 나라가 작고 밝은 임금이 없음을 애석히 여긴 것이다.” **색은** 주에서는 서광의 말을 인용하여 “맹(盟)은 '명(明)'으로 된 판본도 있다.”라 하였다. 『좌전』에도 “명(明)”으로 되어 있으며, 이는 소리를 듣고 정치를 아는 것으로, 그 들음이 밝은 것일 따름이라는 말이지 맹회(盟會)가 아니다.

62 **집해** 두예는 말하였다. “진(晉)은 본래 당(唐: 堯의 나라)나라였다. 그러므로 요의 유풍이 있었다. 근심이 깊고 생각이 심원하여 그 내용[情]이 소리에 드러난 것이다.”

63 **집해** 두예는 말하였다. “황음(淫荒: 酒色에 빠져 행동이 거칢)하고 방탕하여 두려워하고 꺼리는 바가 없기 때문에 나라에 군주가 없다고 한 것이다.”

64 **집해** 복건은 말하였다. “「회풍(鄶風)」 이하 「조풍(曹風)」까지이다. 그 나라가 작아 풍자할 것이 없는 것이다.”

歌小雅.[65]	「소아」를 노래하였더니
曰:	말하였다.
"美哉,	"아름답군요!
思而不貳,[66]	생각이 있지만 두 마음이 없고
怨而不言,[67]	원한이 있지만 말을 하지 않으니
其周德之衰乎?[68]	주의 덕이 쇠한 것일 것입니다.
猶有先王之遺民也."[69]	그래도 선왕의 유민이 있습니다."
歌大雅.[70]	「대아」를 노래하였더니
曰:	말하였다.
"廣哉,	"넓습니다,
熙熙乎,	화락하군요!
曲而有直體,[71]	곡절이 있으면서도 본체는 곧으니
其文王之德乎?"	아마 문왕의 덕인 것 같습니다."
歌頌.[72]	「송」을 노래하였더니
曰:	말하였다.
"至矣哉,[73]	"지극합니다!

---

65 **집해** 두예는 말하였다. "소아(小雅)는 소정(小正)이니, 이 또한 상용하는 악가의 장(章)이다."

66 **집해** 두예는 말하였다. "문왕(文王)과 무왕(武王)의 은덕을 생각하여 배반하는 마음이 없다는 말이다."

67 **집해** 왕숙은 말하였다. "말을 할 수 없는 것이 아니라 죄와 허물을 두려워하는 것이다."

68 **집해** 두예는 말하였다. "쇠(衰)는 작다는 뜻이다."

69 **집해** 두예는 말하였다. "은왕(殷王)의 여속(餘俗)이 있기 때문에 (주의 덕이 크게 펴지지) 못했다는 말이다."

70 **집해** 두예는 말하였다. "「대아(大雅)」는 문왕의 덕을 진술하여 천하를 바로잡은 것이다."
   집해 두예는 말하였다. "희희(熙熙)는 화락(和樂)한 소리이다."

71 **집해** 두예는 말하였다. "그 소리를 논하였다."

72 **집해** 두예는 말하였다. "송(頌)은 그 공을 이룬 것을 신명(神明)에 고하는 것이다."

直而不倨,[74]	곧으면서도 거만하지 않고
曲而不詘,[75]	완곡하되 꺾이지 않았으며
近而不偪,[76]	가까이 하면서도 핍박함이 없고
遠而不攜,[77]	멀리 있으면서도 두 마음을 가짐이 없으며
而遷不淫,[78]	옮겨 가면서도 어지러움이 없고
復而不厭,[79]	반복을 하여도 싫증이 나지 않으며
哀而不愁,[80]	슬퍼하되 근심이 없고
樂而不荒,[81]	즐거워하되 거칠지 않으며
用而不匱,[82]	써도 다함이 없고
廣而不宣,[83]	넓되 드러내지 않으며
施而不費,[84]	베풀되 허비함이 없고
取而不貪,[85]	취하되 탐냄이 없으며
處而不底,[86]	머물되 정체함이 없고

---

73 **집해** 가규는 말하였다. "도가 두루 지극한 것을 말한 것이다."

74 **집해** 두예는 말하였다. "거(倨)는 거만한 것이다."

75 **집해** 두예는 말하였다. "굴(詘)은 구부러지는 것이다."

76 **집해** 두예는 말하였다. "겸(謙)은 물러나는 것이다."

77 **집해** 두예는 말하였다. "휴(攜)는 이(貳)라는 뜻이다."

78 **집해** 복건은 말하였다. "천(遷)은 옮기는 것이다. 문왕은 풍(酆)으로 옮겼고, 무왕은 호(鄗)에 거주하였다." 두예는 말하였다. "음(淫)은 지나치게 방탕한 것이다."

79 **집해** 두예는 말하였다. "늘 날로 새롭게 하는 것이다."

80 **집해** 두예는 말하였다. "명을 아는 것이다."

81 **집해** 두예는 말하였다. "예로 절제하는 것이다."

82 **집해** 두예는 말하였다. "덕이 넓고 큰 것이다."

83 **집해** 두예는 말하였다. "스스로 드러내지 않는 것이다."

84 **집해** 두예는 말하였다. "백성이 이롭게 여기는 것에 따라 이롭게 해주는 것이다."

85 **집해** 두예는 말하였다. "의롭게 여긴 다음에 취하는 것이다."

86 **집해** 두예는 말하였다. "도로 지키는 것이다."

行而不流.[87]	가되 흘러감이 없습니다.
五聲和,	5성이 화하고
八風平,[88]	8풍이 고릅니다.
節有度,	절주에 척도가 있고
守有序[89]	지킴에 순서가 있으니
盛德之所同也."[90]	성한 덕이 함께 하는 것입니다."
見舞象箾·南籥者,[91]	「상소」와 「남약」의 춤을 보고는
曰:	말하였다.
"美哉,	"아름답군요!
猶有感."[92]	아직 유감은 있지만요."
見舞大武,[93]	「대무」의 춤을 보고는
曰:	말하였다.
"美哉,	"아름답군요!
周之盛也其若此乎?"	주가 흥성하였을 때 이와 같았을 것입니다."

---

87 **집해** 두예는 말하였다. "의로 제어하는 것이다."

88 **집해** 두예는 말하였다. "궁(宮)·상(商)·각(角)·치(徵)·우(羽)는 오성(五聲)이라고 한다. 팔방(八方)의 기운을 팔풍(八風)이라고 한다."

89 **집해** 두예는 말하였다. "팔음(八音)이 아주 화해롭고, 절제에 법도가 있는 것이다. 서로 순서를 빼앗지 않고 순서를 지키는 것이다."

90 **집해** 두예는 말하였다. "송(頌)에는 은(殷)·노(魯)가 있기 때문에 성한 덕이 함께 하는 것이라 했다."

91 **집해** 가규는 말하였다. "「상(象)」은 문왕의 음악인 무상(武象)이다. 「소(箾)」는 무곡(舞曲)이다. 「남약(南籥)」은 피리(의 곡조)로 춤을 추는 것이다." **색은** '箾'의 음은 삭(朔), 또는 소(素交反)이다.

92 **집해** 복건은 말하였다. "감(憾)은 원망하는 것이다. 원망이 자기에게 미치지 않고 주(紂)를 쳐서 태평을 이룬 것이다." **색은** 감(感)은 "감(憾)"의 뜻으로 읽는데, 자형이 생략된 것일 뿐이며 음은 함(胡暗反)이다.

93 **집해** 가규는 말하였다. "「대무(大武)」는 주공이 지은 무왕의 음악이다."

見舞韶護者,[94]	「소호」의 춤을 보고는
曰:	말하였다.
"聖人之弘也,[95]	"성인이 크지만
猶有慙德,	그래도 부끄러운 덕이 있으며
聖人之難也!"[96]	성인이 어려워하는 것입니다."
見舞大夏,[97]	「대하」의 춤을 보고는
曰:	말하였다.
"美哉,	"아름답군요!
勤而不德![98]	부지런하면서도 덕으로 여기지 않으니
非禹其誰能及之?"	우가 아니면 그 누가 미칠 수 있겠습니까?"
見舞招箾,[99]	「소소」의 춤을 보고는
曰:	말하였다.
"德至矣哉,	"덕이 지극하고도
大矣,[100]	큽니다!
如天之無不燾也,[101]	하늘이 덮어주지 않음이 없음과 같고
如地之無不載也,	땅이 싣지 않음이 없음과 같습니다.

---

94 **집해** 가규는 말하였다. "「소호(韶護)」는 은(殷) 성탕(成湯)의 음악 「대호(大護)」이다."

95 **집해** 가규는 말하였다. "홍(弘)은 크다는 뜻이다."

96 **집해** 복건은 말하였다. "비로소 정벌하여 성인을 도움이 없음을 부끄럽게 여겼으므로 성인이 어려워한다고 말하였다."

97 **집해** 가규는 말하였다. "하우(夏禹)의 음악 대하(大夏)이다."

98 **집해** 복건은 말하였다. "우(禹)는 그 몸을 부지런히 하여 물과 흙을 다스렸다."

99 **집해** 복건은 말하였다. "유우씨(有虞氏)의 음악 「대소(大韶)」이다." **색은** "소(韶)"와 "소(箾)" 두 자는 자체가 변할 것일 따름이다.

100 **집해** 복건은 말하였다. "지(至)는 제왕의 도가 「소(韶)」에서 끝난 것이다. 완전히 아름답고 완전히 훌륭하다."

101 **집해** 가규는 말하였다. "도(燾)는 덮는 것이다."

雖甚盛德,	덕이 아무리 성하다 하여도
無以加矣.	여기에 더할 만한 것이 없으니
觀止矣,	구경하는 것을 그만두겠습니다.
若有他樂,	다른 음악이 있다 하더라도
吾不敢觀."[102]	저는 감히 구경하지 않을 것입니다."

去魯,	노를 떠나
遂使齊.	마침내 제로 사행했다.
說晏平仲曰:	안평중에게 말하였다.
"子速納邑與政.[103]	"그대는 속히 봉읍과 정권을 반납하시오.
無邑無政,	봉읍이 없고 정권이 없으면
乃免於難.	곧 어려움에서 벗어날 것이오.
齊國之政將有所歸;	제의 정권은 돌아갈 곳이 있으며
未得所歸,	돌아가지 못하게 되면
難未息也."	어려움이 그치지 않을 것입니다."
故晏子因陳桓子以納政與邑,	그래서 안자는 진환자를 통하여 정권과 봉읍을 바쳤다.
是以免於欒高之難.[104]	이 때문에 난·고 씨의 난에서 벗어났다.

---

102 **집해** 복건은 말하였다. "주는 육대(六代)의 음악을 썼는데, 요(堯)는 「함지(咸池)」라 하였고, 황제(黃帝)는 「운문(雲門)」이라 하였다. 노는 사대(四代)를 받았는데, 주의 아래 2등(等)이므로 그 둘을 춤추지 않았다. 계찰은 그것을 알았기 때문에 다른 음악을 내 감히 청하지 않겠다고 한 것이다."

103 **집해** 복건은 말하였다. "봉읍과 정치 직권을 공에게 들여보내어 국가의 일에 관여하지 않는 것이다."

104 **집해** 난은 노소공(魯昭公) 8년에 있었다. **정의** '難'의 음은 난(乃憚反)이다. 노소공(魯昭公) 8년이다. 난시(欒施)와 고강(高彊) 두 씨가 난을 일으켰는데 진환자가 화해시켜 해결하였다.

去齊,	제를 떠나
使於鄭.	정으로 사행하였다.
見子產,	자산을 만났는데
如舊交.	마치 오래 사귄 것 같았다.
謂子產曰:	자산에게 말하였다.
"鄭之執政侈,	"정의 집정자가 방종하여
難將至矣,	난이 이를 것이고
政必及子.	정치는 반드시 그대에게 미칠 것이오.
子爲政,	그대가 정치를 하면
慎以禮.[105]	신중히 예로 하시오.
不然,	그렇지 않으면
鄭國將敗."	정은 무너질 것이오."
去鄭,	정을 떠나
適衛.	위로 갔다.
說蘧瑗·史狗·史鰌·公子荊·公叔發·公子朝曰:	거원과 사구, 사추, 공자형, 공숙발, 공자조에게 말하였다.
"衛多君子,	"위에는 군자가 많으니,
未有患也."	환난이 없을 것이오."
自衛如晉,	위에서 진으로 가
將舍於宿,[106]	숙에서 묵으려 하는데

---

105 **집해** 복건은 말하였다. "예(禮)는 국가(國家)를 경영하고 사직(社稷)을 이롭게 하는 것이다."
106 **집해** 『좌전』에서는 말하였다. "척(戚)에 묵으려 하였다." **색은** 주(注)에서는 『좌전』을 인용하여 말하였다. "척(戚)에 묵으려 하였다." 태사공은 스스로 일가를 이루고자 하여 일은 비록 『좌씨』에게서 나왔지만 문장은 뜻에 따라 바꾸었다. 이미 "사(舍)"자를 "숙(宿)"자로

聞鍾聲,[107]	종소리가 들리자
曰:	말하였다.
"異哉!	"이상도 하지!
吾聞之,	내가 듣기에
辯而不德,	말재주가 있고 덕이 없으면
必加於戮.[108]	반드시 형륙이 가하여진다고 하였다.
夫子獲罪於君以在此,[109]	그대는 임금에게 죄를 짓고 여기에 있으니
懼猶不足,	두려워해도 오히려 부족할 텐데
而又可以畔乎?[110]	또한 어찌 즐길 수 있는가?
夫子之在此,	부자가 여기에 있는 것은
猶燕之巢于幕也.[111]	제비가 장막에 둥지를 트는 것과 같다.
君在殯而可以樂乎?"[112]	임금이 초빈 중에 있는데 즐길 수 있는가?"
遂去之.	마침내 떠났다.
文子聞之,	문자는 듣고
終身不聽琴瑟.[113]	종신토록 금과 슬 같은 음악 연주를 듣지 않았다.

바꾸어, 마침내 잘못 아래의 "숙(宿)"자를 "척(戚)"으로 바꾸었다. 척(戚)은 읍(邑)의 이름이
니 이치상 바꾸면 안 되었다. 여기서는 숙(宿)을 "척(戚)"으로 읽어야 한다. 척(戚)은 위(衛)의
읍으로, 손문자(孫文子)의 옛 식읍이다.

107 **집해** 복건은 말하였다. "손문자(孫文子)가 종을 쳐서 음악을 연주한 것이다."

108 **집해** 복건은 말하였다. "변(辯)은 투변(鬪辯)과 같다. 대체로 말솜씨를 가지고 다툼에 덕
을 가지고 처하지 않으면 반드시 형벌과 살육이 가하여진다."

109 **집해** 가규는 말하였다. "부자(夫子)는 손문자(孫文子)이다. 획죄(獲罪)는 헌공(獻公)을 쫓
아내고 척(戚)을 기반으로 반란을 일으킨 것이다."

110 **색은** 『좌전』에서는 말하였다. "또한 어찌 즐기는가?(而又何樂)" 이 "반(畔)"자는 "낙(樂)"
의 뜻으로 읽어야 한다. 낙(樂)은 종을 연주하는 것을 듣는 것으로 반(畔)은 그 뜻이 아니다.

111 **집해** 왕숙은 말하였다. "지극히 위태로움을 말하였다."

112 **집해** 가규는 말하였다. "위(衛)의 임금인 헌공(獻公)의 관이 초빈에 있고 아직 장례를 치르
지 않은 것이다."

適晉,	진으로 가서
說趙文子[114]·韓宣子[115]·魏獻子[116]曰:	조문자와 한선자, 위헌자에게 말하였다.
"晉國其萃於三家乎!"[117]	"진(의 정권)은 삼가에 모일 것이오!"
將去,	떠나려 하면서
謂叔向曰:	숙상에게 말하였다.
"吾子勉之!	"그대는 힘쓸지어다!
君侈而多良,	임금은 방탕하나 어진 신하가 많고
大夫皆富,	대부는 모두 부유하니
政將在三家.[118]	정치는 삼가의 수중에 있게 될 것이오.
吾子直,[119]	그대는 올곧으니
必思自免於難."	반드시 어려움에서 스스로 벗어날 것을 생각하시오."

季札之初使,	계찰이 막 사행하였을 때
北過徐君.	북쪽으로 서군에게 들렀다.
徐君好季札劍,	서군은 계찰의 검을 좋아하였으나
口弗敢言.	입으로 감히 그 말을 꺼내지 못했다.

---

113 **집해** 복건은 말하였다. "의(義)를 듣고 고친 것이다. 금(琴)과 슬(瑟의 연주)을 듣지 않는데 하물며 종(鐘)과 북이겠는가?"

114 **색은** 이름은 무(武)이다.

115 **색은** 이름은 기(起)이다. **정의** 『세본』에서는 이름이 진(秦)이라고 하였다.

116 **색은** 이름은 종서(鍾舒)이다.

117 **집해** 복건은 말하였다. "진(晉)의 명운이 삼가에 모이는 것이다."

118 **집해** 두예는 말하였다. "부유하면 반드시 베풀 것이므로 정권이 삼가에 있게 될 것이다."

119 **집해** 복건은 말하였다. "직(直)은 구부려서 대중을 따를 수 없는 것이다."

季札心知之,	계찰은 내심 그 마음을 알았지만
爲使上國,	사행으로 나라들을 돌아다니느라
未獻.	미처 드리지 못했다.
還至徐,	돌아오면서 서에 이르렀을 때
徐君已死,	서군은 이미 죽어
於是乃解其寶劍,	이에 그 보검을 풀어
繫之徐君冢樹而去.[120]	서군 무덤의 나무에 묶어두고 떠났다.
從者曰:	종자가 말하였다.
"徐君已死,	"서군이 이미 죽었는데
尙誰予乎?"	오히려 누구에게 줍니까?"
季子曰:	계자가 말하였다.
"不然.	"그렇지 않다.
始吾心已許之,	처음에 내가 마음으로 이미 허락하였으니
豈以死倍吾心哉!"	어찌 죽었다고 내 마음을 배반하겠는가?"
七年,	7년에
楚公子圍弑其王夾敖而代立,[121]	초의 공자 위가 왕인 겹오를 죽이고 계위(繼位)하였는데
是爲靈王.[122]	바로 영왕이다.
十年,	10년에
楚靈王會諸侯而以伐吳之朱方,	초영왕이 제후를 회합시켜 오의 주방을 치고

---

120 **정의** 『괄지지(括地志)』에서는 말하였다. "서군(徐君)의 사당은 사주(泗州) 서성현(徐城縣) 서남쪽 1리 지점에 있는데, 곧 연릉(延陵) 계자가 칼을 걸어둔 그 서군이다."

121 **역주** 대립(代立)은 대위(代位)와 같다. 왕위를 잇는다는 말이다. 입(立)은 위(位)자와 통하여 쓴다. 『사기』의 서술로 보건대 주로 정상적으로 왕위가 계승되지 않은 경우에 쓰였다.

44

以誅齊慶封.	제의 경봉을 죽였다.
吳亦攻楚,	오도 초를 쳐서
取三邑而去.[123]	세 읍을 빼앗고 떠났다.
十一年,	11년에
楚伐吳,	초가 오를 쳐서
至雩婁.[124]	우루까지 이르렀다.
十二年,	12년에
楚復來伐,	초가 다시 쳐들어와
次於乾谿,[125]	건계에 주둔하였는데
楚師敗走.	초의 군사는 패하여 달아났다.

---

122 색은 『춘추경』에서는 양공(襄公) 25년 오자(吳子) 알(謁)이 죽었으며, 29년에는 문지기가 오자 여채(餘祭)를 죽였고, 소공 15년에는 오자 이미(夷末, 곧 夷眛)가 죽었다고 하였다. 이에 의하면 여채는 재위 기간이 4년이고 여말(餘眛)은 재위 기간이 17년이라는 것이다. 『계가』에는 두 왕의 연도가 바뀌어 있는데 이 7년은 바로 여말의 3년이다. 소공 원년의 『경』에서는 말하기를 "겨울 11월에 초자(楚子) 균(麇)이 죽었다"라 하였다. 『좌전』에서는 말하였다. "초 공자 위(圍)가 정(鄭)을 빙문하려 하였는데 국경을 채 나서지도 않아 왕이 병들었다는 말을 듣고 돌아갔다. 들어가 왕의 병세를 묻고는 목을 졸라 죽였다. 손경(孫卿)은 말하기를 갓끈으로 목 졸라 죽였다고 하였다. 마침내 그 두 아들 막(幕)과 평하(平夏)를 죽였다. 왕을 겹(郟)에서 장사지냈으며 겹오(郟敖)라고 하였다."

123 집해 『좌전』에서는 말하였다. "오가 초를 쳐서 극(棘)과 역(櫟), 마(麻)로 들어가 주방(朱方)의 전역을 보복하였다." 색은 두예는 주석을 달기를 "모두 초의 동쪽 변읍이다. 초국(譙國) 찬현(酇縣) 동북쪽에 극정(棘亭)이 있고, 여음(汝陰) 신채현(新蔡縣) 동북쪽에 역정(櫟亭)이 있다."라 하였다. 풀이한 사람은 마(麻)는 곧 양성현(襄城縣)의 옛 마성(麻城)이라고 하였다.

124 집해 복건은 말하였다. "우루(雩婁)는 초의 동쪽 읍이다." 색은 소공 5년의 『좌전』에서는 "초가 심윤(沈尹) 사(射)로 하여금 소(巢)에서 명을 기다리게 하고 원계강(薳啟強)은 우루(雩婁)에서 명을 기다리게 하였다."라 하였다. 지금 바로 우루(雩婁)까지 이르렀다고 한 것은 요약한 것일 따름이다.

125 집해 두예는 말하였다. "건계(乾谿)는 초국(譙國) 성보현(城父縣) 남쪽에 있는데 초의 동쪽 경계이다."

十七年,	17년에
王餘祭卒,[126]	왕 여채가 죽고
弟餘眜立.	아우인 여말이 즉위하였다.
王餘眜二年,	왕 여말 2년에
楚公子弃疾弑其君靈王代立焉.[127]	초의 공자 기질이 그 임금 영왕을 죽이고 계위하였다.
四年,	4년에
王餘眜卒,	왕 여말이 죽어
欲授弟季札.	아우인 계찰에게 주려고 했다.
季札讓,	계찰은 양보하고
逃去.	도망쳐버렸다.
於是吳人曰:	이에 오의 사람들은 말하였다.
"先王有命,	"선왕의 명으로
兄卒弟代立,	형이 죽으면 아우가 계위하여

---

126 색은 『춘추』「양공(襄公) 29년의『경』에서는 "문지기가 오자(吳子) 여채를 죽였다."라 하였다. 『좌전』에서는 말하였다. "오 사람이 월을 쳐서 포로를 잡아 문지기로 삼은 후 배를 지키게 하였다. 오자 여채가 배를 구경하는데 문지기가 칼로 그를 죽였다."『공양전』에서는 말하였다. "형벌을 받은 사람을 가까이하면 가볍게 죽는다는 도이다."

127 색은 『춘추』에 의하면 곧 말(眜) 15년이다. 소공(昭公) 13년의『경』에서는 말하기를 "여름 4월에 초의 공자 비(比)가 진(晉)에서 초로 돌아와 그 임금 건(虔)을 건계(乾谿)에서 죽였다."라 하였다. 『좌전』에 모두 실려 있는데 말이 번다하여 수록하지 않는다. 공자 비(比)와 기질(弃疾)은 모두 영왕(靈王)의 아우이다. 비(比)는 곧 자간(子干)이다. 영왕(靈王)은 공자 위(圍)인데, 즉위한 다음에 이름을 건(虔)으로 바꾸었다. 기질은 즉위한 다음에 이름을 웅거(熊居)로 바꾸었는데 바로 평왕(平王)이다. 『사기』에서는 평왕이 마침내 초를 차지하였으므로 "기질이 임금을 죽였다(弃疾弑君)"라 하였으며, 『춘추』에서는 자간(子干)이 이미 왕이 되었으므로 "비가 임금을 죽였다(比殺君)"라 하였는데, 피차간에 각기 의의가 있다.

必致季子.　　　　　　　반드시 계자에 이르러야 했다.

季子今逃位,　　　　　　계자는 지금 왕위에서 도망쳤고

則王餘眜後立.　　　　　왕 여말이 마지막으로 즉위하였다.

今卒,　　　　　　　　　지금 죽었으니

其子當代."　　　　　　그 아들이 대신해야 한다."

乃立王餘眜之子僚爲王.[128]　이에 왕 여말의 아들 요를 왕으로 옹립하였다.

王僚二年,[129]　　　　　왕 요 2년에

公子光伐楚,[130]　　　　공자 광은 초를 쳤는데

敗而亡王舟.　　　　　　패하여 왕의 배를 잃었다.

光懼,　　　　　　　　　광은 두려워하여

襲楚,　　　　　　　　　초를 습격하여

復得王舟而還.[131]　　　왕의 배를 되찾아 돌아왔다.

五年,　　　　　　　　　5년에

楚之亡臣伍子胥來犇,　　초의 망신 오자서가 도망쳐왔는데

公子光客之.[132]　　　　공자 광은 그를 객으로 예우하였다.

---

128 **집해** 『오월춘추』에서는 "왕요(王僚)는 이말(夷眜)의 아들이다"라 하여 『사기』와 같다.
　　색은 여기에서는 여말(餘眜)의 아들이라고 하였고, 『공양전(公羊傳)』에서는 수몽(壽夢)의
　　서자라고 하였다.

129 **색은** 요(僚) 원년을 계산해보면 소공(昭公) 16년이다. 2년에 공자 광은 왕의 배를 잃었으
　　며, 이 일은 소공 17년의 『좌전』에 있다.

130 **집해** 서광은 말하였다. "『세본』에서는 이말(夷眜)이 광을 낳았다고 하였다."

131 **집해** 『좌전』에서는 배의 이름은 "여황(餘皇)"이라 하였다.

132 **색은** 『좌전』 「소공(昭公) 27년」에서는 말하였다. "오운(伍員)은 오에 가서 주우(州于)에게
　　초를 치는 이로움을 말했다. 두예는 말하기를 주우는 오자 요(吳子僚)라고 하였다. 공자 광
　　이 말하였다. '이 사람은 종족이 죽임을 당하여 그 복수를 갚고자 하니 따를 수 없소.' 운이

公子光者,	공자 광은
王諸樊之子也.[133]	왕 제번의 아들이다.
常以爲吾父兄弟四人,	늘 나의 부친의 형제가 4명인데
當傳至季子.	(왕위는) 계자에게 전하여져야 한다고 생각하였다.
季子即不受國,	계자가 나라를 받지 않아
光父先立.	광의 부친이 먼저 즉위하였다.
即不傳季子,	계자에게 전하여지지 않았더라면
光當立.	광이 즉위하여야 했다.
陰納賢士,	몰래 현명한 사를 받아들였는데
欲以襲王僚.	왕 요를 습격하고자 해서였다.
八年,	8년에
吳使公子光伐楚,	오가 공자 광에게 초를 치게 하여
敗楚師,	초의 군사를 무찔러
迎楚故太子建母於居巢以歸.	초의 옛 태자 건의 모친을 거소에서 맞아 돌아왔다.
因北伐,	잇달아 북쪽을 쳐서
敗陳·蔡之師.	진과 채의 군사를 무찔렀다.
九年,	9년에
公子光伐楚,	공자 광이 초를 쳐서

말하였다. '저 사람은 다른 뜻이 있을 것이니 내 잠시 그에게 용사를 구해주고 시골에서 기다리겠다.' 이에 전설제(鱄設諸)를 추천하고 시골에서 밭을 갈았다." 이는 객의 예로 대우한 것을 이른다.

133 색은 이 글에서는 제번의 아들이라 하였는데 『계본(系本)』에서는 이말(夷昧)의 아들이라고 하였다.

拔居巢·鍾離.[134]　　　　거소와 종리를 함락시켰다.

初,　　　　　　　　　처음에

楚邊邑卑梁氏之處女與吳邊邑之女爭桑,[135]
　　　　　　　　　　초의 변방 읍 비량지의 처녀가 오의 변방 읍 여
　　　　　　　　　　인과 뽕나무를 다투어

二女家怒相滅,　　　　두 여인의 집에서 노하여 서로 멸했는데

兩國邊邑長聞之,　　　두 나라 변읍의 우두머리가 듣고

怒而相攻,　　　　　　노하여 서로 공격하여

滅吳之邊邑.　　　　　오의 변읍을 멸하였다.

吳王怒,　　　　　　　오왕은 노하여

故遂伐楚,　　　　　　마침내 초를 쳐서

取兩都而去.[136]　　　두 도읍을 빼앗고 떠났다.

伍子胥之初犇吳,　　　오자서가 막 오로 도망쳐 왔을 때

說吳王僚以伐楚之利.　오왕 요에게 초를 치는 이로움을 유세하였다.

公子光曰:　　　　　　공자 광이 말하였다.

"胥之父兄爲僇於楚,　"서의 부형이 초에서 죽임을 당하여

---

134 **집해** 복건은 말하였다. "종리(鍾離)는 주래(州來)의 서쪽 읍이다." **색은** 소공(昭公) 24년
의 『경』에서는 말하기를 "겨울에 오가 소(巢)를 멸하였다."라 하였다. 『좌전』에서는 말하였
다. "초자(楚子)가 수군을 만들어 오의 강역을 침공하였다. 심윤 술(沈尹戌)이 말하였다. '이
번 행동으로 초는 반드시 읍성을 잃을 것이다. 백성을 안무하지 않고 피로하게 하여 오는
움직이지 않았는데 서두르게 한 것이다.' 오의 사람이 초를 바짝 따랐는데 변방의 사람이
방비를 하지 않아 마침내 소(巢) 및 종리(鍾離)를 멸하고 돌아갔다." 「지리지」에 의하면 거
소(居巢)는 여강(廬江)에 속하고, 종리(鍾離)는 구강(九江)에 속한다고 하였다. 응소는 말하
기를 "종리자(鍾離子)의 나라이다."라 하였다.
135 **색은** 『좌전』에는 이 일이 없다.
136 **정의** 양도(兩都)는 곧 종리(鍾離)와 거소(居巢)이다.

欲自報其仇耳.	스스로 그 원수를 갚으려 하는 것일 따름입니다.
未見其利.”	그 이로움이 보이지 않습니다.”
於是伍員知光有他志,[137]	이에 오운은 광에게 다른 뜻이 있다는 것을 알고
乃求勇士專諸,[138]	곧 용사 전제를 구하여
見之光.	광에게 보여주었다.
光喜,	광은 기뻐하며
乃客伍子胥.	곧 오자서를 객으로 예우하였다
子胥退而耕於野,	자서는 물러나 들에서 농사를 지으며
以待專諸之事.[139]	전제의 일을 기다렸다.
十二年冬,	12년 겨울에
楚平王卒.[140]	초평왕이 죽었다.
十三年春,	13년 봄에
吳欲因楚喪而伐之,[141]	오는 초의 상을 틈타 쳐서

---

137 집해 복건은 말하였다. “나라를 빼앗으려는 것이다.”

138 집해 가규는 말하였다. “오의 용사이다.” 색은 전(專)은 “전(剸)”으로 되어 있는 곳도 있다. 『좌전』에는 “전설제(鱄設諸)”로 되어 있다. 「자객전(刺客傳)」에서는 “제(諸)는 당읍(棠邑) 사람이다.”라 하였다. 정의 『오월춘추』에서는 말하였다. “전제(專諸)는 풍읍(豐邑) 사람이다. 오자서가 막 초에서 도망쳐 오에 갔을 때 그를 길에서 만났는데 전제는 바야흐로 남과 싸우고 있었으며 아무도 그를 당해낼 수 없었는데 그 처가 부르자 돌아갔다. 자서가 괴이히 여겨 그 상황을 물었다. 전제가 말하였다. ‘대체로 한 사람의 아래에 굽히면 반드시 만인의 위에서 펼 것입니다.’ 자서가 이에 그의 관상을 보았더니 외모가 씩씩했고 눈이 깊었으며 입이 컸고 등은 곰 같았으므로 그가 용사임을 알았다.”

139 색은 『좌전』에 의하면 위 5년의 “공자 광이 그를 객으로 예우하였다”는 것이다. 이 일은 5년에 기록하는 것이 합당치 않으므로 거기서 간략하게 처리하고 더욱이 여기서 갖추어서는 안 된다.

140 색은 소공(昭公) 26년의 『춘추경』에서는 “초의 자거(子居)가 죽었다”라 하였다. 「십이제후 연표(十二諸侯年表)」 및 『좌전』에 의하면 요(僚) 11년에 있어야 한다.

使公子蓋餘·燭庸[142]以兵圍楚之六·灊.

공자 갑여와 촉용에게 군사를 가지고 초의 육과 첨을 포위하게 하였다.

使季札於晉,

계찰로 하여금 진에서

以觀諸侯之變.[143]

제후의 변화를 살피게 하였다.

楚發兵絕吳兵後,

초는 군사를 보내어 오의 군사 뒤를 끊어

吳兵不得還.

오의 군사가 돌아가지 못했다.

於是吳公子光曰:

이에 오의 공자 광이 말하였다.

"此時不可失也."[144]

"이때를 놓칠 수 없다."

告專諸曰:

전제에게 일렀다.

"不索何獲![145]

"찾지 않으면 무엇을 구하겠는가!

我真王嗣,

나야말로 진짜 왕의 후계자로

當立,

즉위하여야 하니

吾欲求之.

내 찾으려 한다.

---

141 색은 표(表) 및 『좌씨전』에 의하면 12년에 있어야 하며, 이 일은 모두 소공(昭公) 27년의 『좌전』에 보인다.

142 집해 가규는 말하였다. "두 공자는 모두 오왕 요(僚)의 아우이다." 색은 『춘추』에는 "엄여(掩餘)"로 되어 있고, 『사기』에는 모두 "갑여(蓋餘)"로 되어 있는데, 뜻은 같고 글자는 다르다. 혹자는 말하기를 태사공이 부형(腐刑)을 당하여 "엄(掩)"이라 말하지 않으려 했다고 했다. 가규 및 두예, 「자객전」에는 모두 "두 공자는 왕 요(僚)의 동복아우이다."라 하였다. 그러나 소공(昭公) 23년 『좌전』에서는 말하기를 "광(光)은 우군을 이끌었으며 엄여(掩餘)는 좌군을 이끌었다" 하였는데, 두예의 주에서는 "엄여는 오왕 수몽(壽夢)의 아들이다"라 하였다. 또한 『계족보(系族譜)』에서도 말하기를 "두 공자는 모두 수몽의 아들이다"라 하였다. 『공양』에 의하면 요(僚)는 수몽(壽夢)의 아들이라 하였으니 『계족보』와 부합한다. 역주 엄(掩)은 "奄" 또는 "閹"과 통용되며 엄인(閹人, 奄人)은 곧 환관을 말한다. 사마천이 부형을 받아 엄인, 곧 환관이 되었으므로 꺼린 것이다.

143 집해 복건은 말하였다. "강약을 살핀 것이다."

144 집해 가규는 말하였다. "때는 왕을 죽일 수 있을 때를 말한 것이다."

145 집해 복건은 말하였다. "(지금) 구하지 않으면 언제 얻겠는가라는 것이다."

季子雖至,	계자가 이른다 해도
不吾廢也.”[146]	나를 폐하지 않을 것이다.”
專諸曰:	전제가 말하였다.
“王僚可殺也.	“왕 요는 죽일 수 있습니다.
母老子弱,[147]	어머니는 늙었고 아들은 어리며
而兩公子將兵攻楚,	두 공자는 군사를 거느리고 초를 공격하는데
楚絶其路.	초가 그 길을 끊었습니다.
方今吳外困於楚,	바야흐로 지금 오는 밖으로는 초에서 곤경을 당하고
而內空無骨鯁之臣,	안은 비어 강직한 신하가 없으니
是無奈我何.”	우리를 어찌할 수 없을 것입니다.”
光曰:	광이 말하였다.
“我身,	“내 몸은
子之身也.”[148]	그대의 몸이오.”
四月丙子,[149]	4월 병자일에
光伏甲士於窟室,[150]	광은 지하실에 갑사를 매복시켜놓고

---

146 집해 왕숙은 말하였다. “진(晉)을 빙문하고 돌아온 것이다.”

147 집해 복건은 말하였다. “모친이 늙고 아들이 어려 전제가 그 모자를 광에게 맡긴 것이다.” 왕숙은 말하였다. “전제는 왕의 모친이 늙고 아들이 어리다고 한 것이다.” 색은 왕숙의 해석이 『사기』의 관점과 같아 이치상 무리가 없다. 복건과 두예는 『좌전』의 아래 문장 “나는 너의 몸이며, 그 아들을 경으로 삼았다”라 한 것을 보고 마침내 억지로 “이는 우리를 어찌할 수 없다(是無若我何)”를 “나는 이를 어찌할 수 없다(我無若是何)”와 같다고 해석하였는데, 말이 실정에 가깝지 않고 지나치게 우회한 것으로 옳지 않다.

148 집해 복건은 말하였다. “나의 몸이 너의 몸과 같다는 말이다.”

149 색은 『춘추경』에서는 “여름 4월(夏四月)”이라고만 하였으며, 『좌전』에도 “병자(丙子)”는 없으며, 별도로 근거가 있었을 것인데 무슨 책에서 나온 것인지는 알지 못하겠다.

150 집해 두예는 말하였다. “땅을 파서 방을 만든 것이다.”

而謁王僚飲.[151]	왕 요에게 술을 마시자고 청하였다.
王僚使兵陳於道,	왕 요는 군사를 보내어 길에 깔아놓았는데
自王宮至光之家,	왕궁에서 광의 집까지
門階戶席,	대문과 섬돌, 방문과 자리가
皆王僚之親也,	모두 왕 요의 친위병이었고
人夾持鈹.[152]	사람들은 검을 차고 있었다.
公子光詳爲[153]足疾,	공자 광은 발병을 가장하여
入于窟室,[154]	지하실로 들어가
使專諸置匕首[154]於炙魚之中以進食.[156]	전제에게 구운 생선에 비수를 넣어서 음식을 올리게 했다.
手匕首刺王僚,	손에 비수를 들고 왕 요를 찌르자
鈹交於匈,[157]	(친위병들이) 검으로 (전제의) 가슴을 마구 찔렀으나
遂弒王僚.	결국 왕 요를 죽였다.

---

151 **색은** 알(謁)은 청(請)한다는 뜻이다. 본래 혹 "청(請)"이라고도 하였다.

152 **집해** 음은 피(披)이다. **색은** 음은 피(披)이다. 유규(劉逵)는 「오도부(吳都賦)」의 주에서 "피(鈹)는 양날의 작은 칼이다."라 하였다.

153 **색은** 앞 글자[詳]의 음은 양(陽)이고, 아래의 글자는 본래 글자대로이다. 『좌전』에서는 "광은 발병을 가장했다(光僞足疾)"라 하였으며, 양(詳)은 곧 위(僞)의 뜻이다. 혹자는 이 "爲"자를 "위(僞)"의 뜻으로 읽기도 하는데 틀렸다. 어찌 양위(詳僞)를 중언부언하겠는가?

154 **집해** 두예는 말하였다. "일으키기가 어렵고 왕의 무리가 자기를 죽일 것을 두려워하여 미리 피한 것이다."

155 **색은** 유씨(劉氏)는 말하였다. "비수(匕首)는 짧은 검이다." 『염철론(鹽鐵論)』에서는 길이가 1자 8치라고 하였다. 『통속문(通俗文)』에서는 "그 끝이 숟가락과 비슷하기 때문에 비수라고 한다."라 하였다.

156 **집해** 복건은 말하였다. "통 생선 구이이다."

157 **집해** 가규는 말하였다. "전제의 가슴을 마구 찌른 것이다."

公子光竟代立爲王,	공자 광은 마침내 계위하였는데
是爲吳王闔廬.	바로 오왕 합려이다.
闔廬乃以專諸子爲卿.	합려는 곧 전제의 아들을 경으로 삼았다.
季子至,	계자가 이르러
曰:	말하였다.
"苟先君無廢祀,	"실로 선군의 제사가 폐하여지지 않고
民人無廢主,	백성이 주인을 폐하지 않으며
社稷有奉,	사직이 받들어지면
乃吾君也.	곧 나의 임금이다.
吾敢誰怨乎?	내가 감히 누구를 원망하겠는가?
哀死事生,	죽은 이를 애도하고 산 이를 섬기며
以待天命.158	천명을 기다리겠다.
非我生亂,	내가 난을 일으킨 것이 아니라면
立者從之,	즉위한 자를 따르는 것이
先人之道也."159	선인의 도리이다."
復命,	복명하여
哭僚墓,160	요의 무덤에 곡하고
復位而待.161	자리로 돌아와 (명을) 기다렸다.

---

158 집해 복건은 말하였다. "그 천명이 끝나기를 기다리는 것이다."
159 집해 두예는 말하였다. "오는 제번 이래로 형제가 서로 전하며 적자를 세우지 않았는데 이 혼란은 선인으로 말미암아 일어난 것이다. 계자(季子: 季札)는 자신의 힘으로는 광을 토벌할 수 없음을 알았기 때문에 이렇게 말한 것이다."
160 집해 복건은 말하였다. "요(僚)에게 복명하고 그 무덤에서 곡을 한 것이다." 정의 '復'의 음은 복(伏)이며, 아래도 같다.
161 집해 두예는 말하였다. "본래의 자리로 돌아와 광(光)의 명을 기다린 것이다."

吳公子燭庸·蓋餘二人將兵遇圍於楚者,

　　　　　　　　오의 공자 촉용과 갑여 두 사람은 군사를 거느
　　　　　　　　리고 초의 포위를 당하였는데

聞公子光弒王僚自立,　　공자 광이 왕 요를 죽이고 스스로 즉위하였다
　　　　　　　　는 말을 듣고

乃以其兵降楚,　　　　　이에 그 군사를 데리고 초에 항복하자

楚封之於舒.[162]　　　　초에서는 그를 서에 봉하였다.

王闔廬元年,　　　　　　왕 합려 원년에

舉伍子胥爲行人而與謀國事. 오자서를 행인으로 천거하여 나라의 일에 참여
　　　　　　　　시켰다.

楚誅伯州犂,　　　　　　초가 백주리를 죽이자

其孫伯嚭亡奔吳,[163]　　그 손자 백비가 오로 도망쳐 오니

吳以爲大夫.　　　　　　오는 대부로 삼았다.

三年,　　　　　　　　　3년에

吳王闔廬與子胥·伯嚭將兵伐楚,

　　　　　　　　오왕 합려는 자서·백비와 군사를 거느리고 초
　　　　　　　　를 쳐서

拔舒,　　　　　　　　　서를 함락시키고

---

162 **색은** 『좌전』「소공 27년」에서는 말하였다. "엄여(掩餘)는 서(徐)로 달아났고 촉용·(燭庸)은
종오(鍾吾)로 달아났다." 30년의 『경』에서는 말하였다. "오가 서를 멸하자 서자(徐子)는 초
로 달아났다." 『좌전』에서는 말하였다. "오자(吳子)가 서의 사람으로 하여금 엄여를 잡아가
게 하고 종오 사람으로 하여금 촉용을 잡아가게 하였는데 두 공자는 초로 달아났다. 초자
는 땅을 주고 옮길 곳을 정해주었다." 서(舒)에 봉한 일이 없는데, "서(舒)"와 "서(徐)" 자가
혼란되었을 것이며, 또한 소략한 것이다.

163 **집해** 서광은 말하였다. "백비(伯嚭)는 주리(州犂)의 손자이다. 『사기』와 『오월춘추』는 같
다. '嚭'의 음은 비(披美反)이다."

殺吳亡將二公子.	오에서 도망친 장수인 두 공자를 죽였다.
光謀欲入郢,	광이 영으로 들어갈 계책을 세우자
將軍孫武曰:	장군 손무가 말하였다.
"民勞,	"백성이 피로하여
未可,	아직 안 되니
待之."[164]	기다려야 합니다."
四年,	4년에
伐楚,	초를 쳐서
取六與灊.	육과 첨을 빼앗았다.
五年,	5년에
伐越,	월을 쳐서
敗之.	무찔렀다.
六年,	6년에
楚使子常囊瓦伐吳.[165]	초에서는 자상 낭와로 하여금 오를 치게 했다.
迎而擊之,	맞이하여 쳤는데
大敗楚軍於豫章,	예장에서 초의 군사를 크게 무찔러
取楚之居巢而還.[166]	초의 거소를 빼앗고 돌아왔다.
九年,	9년에
吳王闔廬請伍子胥·孫武曰:	오왕 합려는 오자서와 손무에게 청하였다.
"始子之言郢未可入,	"처음에 그대들은 영에 아직 들어갈 수 없다고 하였는데

---

164 **색은** 『좌전』의 이 해에는 자서(子胥)의 대답만 있을 뿐 손무(孫武)의 일은 없다.

165 **정의** 『좌전』에서는 "초의 낭와(囊瓦)가 영윤(令尹)이었다"라 하였고, 두예는 "자낭(子囊)의 손자 자상(子常)이다."라 하였다.

166 **색은** 『좌전』의 정공(定公) 2년은 7년이 되어야 할 것이다.

今果如何?"[167]	지금은 과연 어떻겠소?"
二子對曰:	두 사람이 대답하였다.
"楚將子常貪,	"초의 장수 자상은 탐욕스러워
而唐·蔡皆怨之.	당과 채에서 모두 그를 원망합니다.
王必欲大伐,	왕께서 반드시 크게 치시려고 하시면
必得唐·蔡乃可."	반드시 당과 채를 얻으면 될 것입니다."
闔廬從之,	합려는 그 말을 따라
悉興師,	있는 대로 군사를 일으켜
與唐·蔡西伐楚,	당·채와 함께 서쪽으로 초를 쳐서
至於漢水.	한수에까지 이르렀다.
楚亦發兵拒吳,	초 또한 군사를 일으켜 오에 맞서
夾水陳.[168]	물을 끼고 진을 쳤다.
吳王闔廬弟夫槩[169]欲戰,	오왕 합려의 아우 부개는 싸우려 하였지만
闔廬弗許.	합려는 그것을 허락지 않았다.
夫槩曰:	부개는 말하였다.
"王已屬臣兵,	"왕께서 이미 신에게 군사를 맡겼고
兵以利爲上,	군사는 유리함을 으뜸으로 치는데
尙何待焉?"	아직까지 무엇을 기다리십니까?"
遂以其部五千人襲冒楚,	마침내 그 부대 5천 명을 가지고 초를 불시에 습격하니
楚兵大敗,	초의 군사는 크게 패하여
走.	달아났다.

---

167 (색은) 지금 과감히 초를 칠 수 있는가의 여부를 말한다.

168 (정의) 진(陳)의 뜻으로 읽는다.

169 (정의) 음은 개(古代反)이다.

於是吳王遂縱兵追之.	이에 오왕은 마침내 군사를 내어 추격하였다.
比至郢,[170]	곧 영에 이르렀고
五戰,	다섯 번 싸워
楚五敗.	초는 다섯 번 패하였다.
楚昭王亡出郢,	초소왕은 영에서 도망쳐나가
奔鄖.[171]	운으로 달아났다.
鄖公弟欲弒昭王,[172]	운공의 아우가 소왕을 죽이려 하여
昭王與鄖公犇隨.[173]	소왕과 운공은 수로 달아났다.
而吳兵遂入郢.	그리고 오의 군사는 마침내 영으로 들어갔다.
子胥·伯嚭鞭平王之尸[174]以報父讎.	
	자서와 백비는 평왕의 시신에 채찍질을 하여 부친의 원수를 갚았다.
十年春,	10년 봄에
越聞吳王之在郢,	월은 오왕이 영에 있어서
國空,	나라가 비었다는 말을 듣고
乃伐吳.	곧 오를 쳤다.
吳使別兵擊越.	오는 별도의 군사로 월을 치게 하였다.
楚告急秦,	초는 진에 위급함을 알렸으며
秦遣兵救楚擊吳,	진은 군대를 보내어 초를 구원하여 오를 쳤고
吳師敗.	오의 군사는 패하였다.

---

170 **색은** 바로 정공(定公) 4년의 "백거(柏擧)에서 싸워 오가 영(郢)으로 들어갔다."라 한 것이다.
171 **집해** 복건은 말하였다. "운(鄖)은 초의 현이다."
172 **정의** 『좌전』에서는 말하기를 운공(鄖公) 신(辛)의 아우 회(懷)라고 하였다.
173 **집해** 복건은 말하였다. "수(隨)는 초나라의 동맹국이다."
174 **색은** 『좌씨(左氏)』에는 이 일이 없다.

闔廬弟夫槩見秦越交敗吳,	합려의 아우 부개는 진과 월이 번갈아 오를 패퇴시키고
吳王留楚不去,	오왕이 초에 남아 떠나지 않는 것을 보고
夫槩亡歸吳而自立爲吳王.	부개는 도망쳐 오로 돌아가 스스로 오의 왕으로 즉위하였다.
闔廬聞之,	합려는 듣고
乃引兵歸,	곧 군사를 끌고 돌아와
攻夫槩.	부개를 공격하였다.
夫槩敗奔楚.	부개는 패하여 초로 달아났다.
楚昭王乃得以九月復入郢,	초소왕은 곧 9월에 다시 영으로 들어가게 되었고
而封夫槩於堂谿,	부개를 당계에 봉하여
爲堂谿氏.[175]	당계 씨가 되었다.
十一年,	11년에
吳王使太子夫差伐楚,	오왕은 태자 부차에게 초를 치게 하여
取番.	번을 빼앗았다.
楚恐而去郢徙鄀.[176]	초는 두려워하여 영을 떠나 약으로 옮겼다.

---

175 **집해** 사마표(司馬彪)는 말하였다. "여남(汝南) 오방(吳房)에 당계정(堂谿亭)이 있다." **색은** 「지리지」에 의거하여 알았다. **정의** 『괄지지』에서는 말하였다. "예주(豫州) 오방현은 주 서북쪽 90리 지점에 있다. 응소는 '오왕 합려의 아우 부개는 초로 달아나 당계 씨에 봉하여졌다. 본래는 방자국(房子國)이었는데 오의 사람에게 봉하였으므로 '오방(吳房)'이라 하였다."

176 **집해** 복건은 말하였다. "약(鄀)은 초의 읍이다." **색은** 정공(定公) 6년의『좌전』에서는 "4월 기축일에 오의 태자 종류(終纍)가 초의 수군을 무찔렀다."라 하였다. 두예는 "합려의 아들이며 부차의 형이다."라 하였다. 여기서는 부차는 이름이 다르지만 한 사람일 따름이라고 하였다. 『좌전』에서는 또한 말하였다. "반자신(潘子臣)과 소유자(小惟子) 및 대부 일곱 사람을 사로잡았다. 초는 이에 영을 약으로 옮겼다."라 하였다. 여기서는 '番'이라 하였는데, '番'은 음이 반(潘)으로 초의 읍 이름이고 자신(子臣)은 곧 읍의 대부(大夫)이다.

| 十五年, | 15년 봄에 |
| 孔子相魯.[177] | 공자가 노의 상이 되었다. |

十九年夏,	19년 여름에
吳伐越,	오는 월을 쳤으며
越王句踐迎擊之檇李.[178]	월왕 구천은 취리에서 맞아 공격하였다.
越使死士挑戰,[179]	월은 결사대에게 싸움을 돋우게 하였는데
三行造吳師,	세 줄로 오의 군사에게 가서
呼,	소리를 지르며
自剄.[180]	스스로 목을 베었다.
吳師觀之,	오의 군사가 구경하는 사이에
越因伐吳,	월은 그 틈을 타 오를 쳐서
敗之姑蘇,[181]	고소에서 무찔렀으며

---

177 색은 바로 정공(定公) 10년의 『좌전』에서는 "여름에 공이 축기(祝其)에서 제후(齊侯)와 회합하였는데 실은 협곡(夾谷)이었다. 공구가 상례(相禮)였다. 이미 리미(犂彌)가 제후에게 말하기를 '공구는 예는 알지만 용기가 없습니다.'라 하였다."라 한 것이다. 두예는 "회맹의 의례를 도운 것이다"라 하였으며, 사천(史遷)의 「공자계가(孔子系家)」에서는 "상의 일을 섭행(攝行)하였다."라 하였다. 『좌씨』에서는 "공구는 공을 모시고 물러나며 말하기를 '병사들은 공격하라!'라 하고 또한 자무환(茲無還)에게 읍하고 대답하게 하였다."라 하였는데 이것이 상의 일을 섭행한 것이다.

178 집해 가규는 말하였다. "취리(檇李)는 월의 땅이다." 두예는 말하였다. "오군(吳郡) 가흥현(嘉興縣) 남쪽에 취리성(檇李城也)이 있다." '檇'의 음은 취(醉)이다.

179 집해 서광은 말하였다. "사(死)는 '단(亶)'으로 된 판본도 있으며, 「월세가(越世家)」에도 그러하며, 혹자는 사람의 이름인가? 라고 생각하였다." 내(駰)가 생각건대 가규는 "사사(死士)는 죽을죄를 지은 사람이다."라 하였다. 정중(鄭衆)은 "사사(死士)는 죽음으로 은혜를 갚으려 하는 자이다."라 하였다. 두예는 "용감하여 죽음을 두려워하지 않는 군사이다."라 하였다. 정의 '挑'의 음은 '도(田鳥反)이다.

180 집해 『좌전』에서는 말하였다. "죄인을 세 줄로 세우고 목에 칼을 대었다." 정의 '行'의 음은 항(胡郎反)이다. '造'의 음은 고(千到反)이다. '呼'의 음은 호(火故反)이다. '剄'의 음은 경(堅鼎反)이다.

傷吳王闔廬指,	오왕 합려의 손가락에 부상을 입혔고
軍卻七里.	군대는 7리 물러났다.
吳王病傷而死.[182]	오왕은 상처가 병이 되어 죽었다.
闔廬使立太子夫差,	합려는 태자 부차에게 즉위하게 하며
謂曰:	말하였다.
"爾而忘句踐殺汝父乎?"	"너는 구천이 네 아비를 죽게 한 것을 잊겠느냐?"
對曰:[183]	대답하였다.
"不敢!"	"감히 잊지 않겠습니다!"
三年,	3년 만에
乃報越.	월에 보복하였다.
王夫差元年,[184]	왕 부차 원년에

181 **집해** 『월절서(越絶書)』에서는 말하였다. "합려는 고소대(姑蘇臺)를 세우면서 3년 간 목재를 모아 5년 만에 낙성하였는데 높아서 3백 리 밖에서도 보였다." **색은** 고소(姑蘇)는 대(臺) 이름으로 오현(吳縣) 서쪽 30리 지점에 있다. 『좌전』「정공(定公) 14년」에서는 말하였다. "월자(越子)는 그를 크게 무찔렀으며, 영고부(靈姑浮)가 창[戈]으로 합려를 쳤으며 합려는 중지(中指)를 다쳐 돌아와 형(陘)에서 죽었는데, 취리(檇李)에서 7리 떨어져 있다." 두예는 취리는 가흥현(嘉興縣) 남쪽에 있다고 하였다. 영고부는 월의 대부이다.

182 **집해** 『월절서』에서는 말하였다. "합려의 무덤은 오현(吳縣) 창문(昌門) 밖에 있으며, 호구(虎丘)라 한다. 아래의 못은 너비가 60보이고, 물의 깊이는 1장(丈) 5척이고, 구리 관[桐棺]이 3겹이며, 수은 못이 6척이고 옥부(玉鳧) 따위와 편제(扁諸)의 검이 3천이고, 모나고 둥근 입구가 3천이며 반영(槃郢)과 어장(魚腸)의 검이 거기에 있다. 군사 10여 만 명으로 조성하였는데 흙을 가져다 호수를 내려다보게 했다. 장례를 지낸 지 사흘 되던 날 백호(白虎)가 그 위에 살았으므로 호구(虎丘)라 하였다." **색은** '澒'의 음은 홍(胡貢反)이다. 수은(水銀)으로 못을 만든 것이다.

183 **색은** 여기서는 합려가 부차에게 이르고 부차가 합려에게 대답한 것이라고 하였다. 『좌씨전』대로라면 "대답하였다"고 한 것은 부차가 (합려가 전하도록) 시킨 사람에게 대답한 것이다.

184 **집해** 『월절서』에서는 말하였다. "태백에서 부차까지는 26대로 거의 천년이다." **색은** 『사기』에서는 태백에서 수몽까지 19대이고 제번 이하로 여섯 왕이니 25대일 따름이다.

以大夫伯嚭爲太宰.[185]	대부 백비를 태재로 삼았다.
習戰射,	전쟁과 활쏘기를 익히며
常以報越爲志.	늘 월에게 보복할 뜻을 가졌다.
二年,	2년에
吳王悉精兵以伐越,	오왕은 정예병을 총동원하여 월을 쳐서
敗之夫椒,[186]	부초에서 무찔러
報姑蘇也.	고소의 패배를 보복했다.
越王句踐乃以甲兵五千人棲於會稽,[187]	
	월왕 구천은 곧 갑병 5천을 가지고 회계에 머물며
使大夫種[188]請委國爲臣妾.	대부 종에게 나라를 바치고 신첩이 되겠다고 청하게 하였다.
吳王將許之,	오왕이 허락하려는데
伍子胥諫曰:	오자서가 간하여 말하였다.

---

185 **색은** 『좌전』 정공 14년에서 백비(伯嚭)는 태재라고 하였으며, 합려 9년에는 부차가 대신하지 않았다.

186 **집해** 가규는 말하였다. "부초(夫椒)는 월의 땅이다." 두예는 말하였다. "태호(太湖)의 초산(椒山)이다." **색은** 가규는 월의 땅이라 하였는데 근사할 것이다. 그러나 그 땅은 없어져 소재지는 알지 못한다. 두예는 태호의 초산이라 하였는데 싸우는 곳이 아니다. 부초와 초산은 한 곳일 수가 없다. 또한 부차는 월에 보복하려는 듯을 가지고 또 월을 쳐서 월의 땅에 이르러야 했는데 어찌하여 오의 경계를 떠났을 것이며 가까이 태호 안에 있겠는가? 또 생각건대 「월어(越語)」에서는 "오호(五湖)에서 패하였다"라 하였다.

187 **집해** 가규는 말하였다. "회계(會稽)는 산 이름이다." **색은** 새가 머물러 묵는 것을 서(棲)라고 한다. 월은 오에 패하여 산림에 의탁하였으므로 새가 깃드는 것을 가지고 비유하였다. 『좌전』에는 "보(保)"로 되어 있고, 『국어(國語)』에는 "서(棲)"로 되어 있다.

188 **색은** 대부(大夫)는 관직이고, 종(種)은 이름이다. 『오월춘추』에서는 종(種)의 성은 문(文)이라고 하였다. 유씨(劉氏)는 "성이 대부(大夫)"라고 하였는데, 틀렸다. 오의 태재(太宰) 비(嚭)를 통해서 화평이 이루어졌다. **집해** 복건은 말하였다. "행성(行成)은 구성(求成)이다." **정의** 『국어』에서는 말하였다. "월에서는 미인 8명을 꾸며 태재 비에게 바치며 말하기를 '그대는 실로 월의 죄를 사면해 주십시오.'라 하였다."

"昔有過氏[189]殺斟灌以伐斟尋,[190]"

　　　지난날 유과씨가 짐관을 죽이고 짐심을 쳐서

滅夏后帝相.[191]　　　하후 제상을 멸하였습니다.

帝相之妃后緡方娠,[192]　　제상의 비인 후민은 바야흐로 애기를 가져

逃於有仍[193]而生少康.[194]　유잉으로 도망가 소강을 낳았습니다.

少康爲有仍牧正.[195]　　소강은 유잉의 목정이 되었습니다.

有過又欲殺少康,　　　유과는 또 소강을 죽이려 하여

少康奔有虞.[196]　　　소강은 유우로 달아났습니다.

有虞思夏德,　　　　유우는 하의 덕을 생각하여

---

189 **집해** 가규는 말하였다. "과(過)는 나라 이름이다." **색은** '過'의 음은 과(戈)이다. 한착(寒浞)의 아들 요(澆)가 봉한 나라이며, 의(猗) 성의 나라이다. 『진지도기(晉地道記)』에서는 말하였다. "동래(東萊) 액현(掖縣)에 과향(過鄕)이 있고, 북쪽에 과성(過城)이 있는데, 옛 과국(過國)이다."

190 **집해** 짐관(斟灌)과 짐심(斟尋)은 하와 동성이다. 하후 상(夏后相)은 짐관에 의해 나라를 세웠기 때문에 하후 상을 죽인 것이다. **색은** 짐관과 짐심은 하의 동성이며, 가씨(賈氏)는 『계본』에 의하여 알았다. 『지리지』 북해(北海) 수광현(壽光縣)에서 응소는 "바로 옛 짐관정(斟灌亭)이다"라 하였다. 평수현(平壽縣)에서는 또 말하기를 "옛 북짐심(北斟尋)으로, 우(禹)의 후손이며 바로 지금의 짐성(斟城)이다"라 하였다. 그러나 "짐(斟)"과 "짐(斟)"은 같다.

191 **집해** 복건은 말하였다. "하후 상(夏后相)은 계(啓)의 손자이다."

192 **집해** 가규는 말하였다. "민(緡)은 유잉(有仍)의 성이다." 두예는 말하였다. "신(娠)은 회임한 것이다."

193 **집해** 가규는 말하였다. "유잉(有仍)은 나라 이름으로 후민(后緡)의 집이다." **색은** 그 나라가 있는 곳을 알지 못하겠다. 『춘추경』「환공(桓公) 5년」에서는 "천왕(天王)은 잉숙(仍叔)의 아들에게 내빙케 하였다"라 하였는데, 『곡량(穀梁)』의 『경』과 『전』에는 모두 "임숙(任叔)"으로 되어 있다. 잉(仍)과 임(任)은 소리가 서로 가까우니 아마 한 곳일 것으로, 보려(甫呂), 괵괵(虢郭) 따위와 같다. 『지리지』 동평(東平)에 임현(任縣)이 있는데, 아마 옛 잉국(仍國)일 것이다.

194 **집해** 복건은 말하였다. "후민(后緡)의 유복자(遺腹子)이다."

195 **집해** 왕숙은 말하였다. "목정(牧正)은 목관(牧官)의 우두머리이다."

196 **집해** 가규는 말하였다. "유우(有虞)는 제순(帝舜)의 후손이다." 두예는 말하였다. "양(梁)의 우현(虞縣)이다."

於是妻之以二女而邑之於綸,[197]

이에 두 딸을 아내로 주고 윤을 봉읍으로 주어

有田一成,

1성의 전지를 가지고

有眾一旅.[198]

1려의 무리를 가지게 되었습니다.

後遂收夏眾,

나중에 마침내 하의 대중을 거두고

撫其官職.[199]

그 관직(제도)을 정리하였습니다.

使人誘之,[200]

사람을 보내어 꾀어낸 뒤

遂滅有過氏,

마침내 유과 씨를 멸하고

復禹之績,

우의 업적을 회복하였습니다.

祀夏配天,[201]

하를 제사지내면서 하늘에 짝하여

不失舊物.[202]

옛 문물을 잃지 않았습니다.

今吳不如有過之彊,

지금 오는 유과의 강함만 못하고

而句踐大於少康.

구천은 소강보다 큽니다.

今不因此而滅之,

지금 이 때문에 멸하지 않고

又將寬之,

또 너그럽게 대해주려 하니

不亦難乎!

또한 어렵지 않겠습니까?

且句踐爲人能辛苦,

또한 구천은 사람됨이 고생을 이겨낼 수 있으니

今不滅,

지금 멸하지 않으면

---

197 집해 가규는 말하였다. "윤(綸)은 우(虞)의 읍이다."

198 집해 가규는 말하였다. "10평방 리가 성(成)이다. 5백 명이 여(旅)이다."

199 집해 복건은 말하였다. "이 기업(基業)에 의하여 조금씩 하의 유민과 남은 무리를 거두어 들이고 하의 옛 관직과 법전을 정리하고 닦았다."

200 색은 『좌전』에서는 말하였다. "여애(女艾)로 하여금 요(澆)를 살피게 하여 마침내 과(過)와 과(戈)를 멸하였다." 두예는 말하였다. "첩(諜)은 엿보는 것이다."

201 집해 복건은 말하였다. "곤(鯀)을 하늘에 짝지운 것이다."

202 집해 가규는 말하였다. "물(物)은 직(職)이다." 두예는 말하였다. "물(物)은 사(事)이다."

後必悔之."	반드시 후회하게 될 것입니다."
吳王不聽,	오의 왕은 듣지 않고
聽太宰嚭,	태재 비(의 의견)를 따라
卒許越平,	마침내 월의 화평을 허락하여
與盟而罷兵去.	맹약을 맺고 전쟁을 그만 두고 떠났다.
七年,	7년에
吳王夫差聞齊景公死而大臣爭寵,	오왕 부차는 제경공이 죽어 대신들이 총애를 다 투고
新君弱,	새 임금이 약하다는 말을 듣고
乃興師北伐齊.	이에 군사를 일으켜 북으로 제를 쳤다.
子胥諫曰:	자서가 간하였다.
"越王句踐食不重味,	"월왕 구천은 두 가지 음식을 먹지 않고
衣不重采,	두 가지 색의 옷을 입지 않으며
弔死問疾,	죽은 자를 위문하고 병자를 문안하여
且欲有所用其眾.	그 무리를 쓰려고 하고 있습니다.
此人不死,	이 사람이 죽지 않으면
必爲吳患.	반드시 오의 근심거리가 될 것입니다.
今越在腹心疾而王不先,	지금 월은 뱃속에 있는 병인데 왕께서 먼저 도모하지 않고
而務齊,	제에 힘을 쏟으니
不亦謬乎!"	또한 잘못이 아니겠습니까!"
吳王不聽,	오왕은 듣지 않고
遂北伐齊,	마침내 북으로 제를 쳐서

敗齊師於艾陵.[203]　　　　　애릉에서 제의 군사를 무찔렀다.

至繒,[204]　　　　　증에 이르러

召魯哀公而徵百牢.[205]　　노애공을 불러 백뢰를 요구했다.

季康子使子貢以周禮說太宰嚭,

　　　　　계강자가 자공을 보내어 주의 예로 태재 비를
　　　　　유세하자

乃得止.　　　　　곧 그만두었다.

因留略地於齊魯之南.　　이에 제와 노의 남쪽에서 땅을 노략질하는 것을
　　　　　보류하였다.

九年,　　　　　9년에

爲騶伐魯,[206]　　　　　추를 위해 노를 쳤는데

至與魯盟乃去.　　　　　노와 맹약을 맺고는 곧 떠났다.

十年,　　　　　10년에는

因伐齊而歸.　　　　　계속하여 제를 치고 돌아왔다.

十一年,　　　　　11년에

---

203 **집해** 두예는 말하였다. "애릉(艾陵)은 제의 땅이다." **색은** 7년은 노애공(魯哀公) 6년이다. 『좌전』의 이 해에는 제를 친 일이 없으며, 애공 11년에 제를 애릉에서 무찔렀다.

204 **집해** 두예는 말하였다. "낭야(琅邪)의 증현(繒縣)이다."

205 **집해** 가규는 말하였다. "주의 예에 왕이 제후를 모아 향례(享禮)를 할 때는 12뢰(牢)이며, 상공(上公)은 9뢰이고, 후백(侯伯)은 7뢰이며, 자남(子男)은 5뢰이다." **색은** 이 일은 애공 7년에 있었다. 이 해는 부차 8년일 것이다. 위의 7년과 이어서는 안 된다. 『좌전』에서는 "자복경백(子服景伯)이 대답하였는데 듣지 않고 곧 그에게 주었다"라 하였는데, 계강자가 자공에게 유세하게 한 것을 말한 것이 아니며 백뢰를 쓸 필요가 없었다. 태재 비(嚭)가 스스로 따로 강자를 불렀는데 이에 자공에게 말하게 한 것일 따름이다.

역주 100뢰는 소와 양 돼지가 각각 100마리씩으로 모두 300마리이다. 뢰(牢)는 소와 양, 돼지를 각각 한 마리씩 갖춘 것을 말한다.

206 **색은** 『좌전』에는 "추(騶)"가 "주(邾)"로 되어 있는데 소리가 가까워 스스로 어지러워졌을 따름이다. 두예의 『좌전』 주에도 "주(邾)는 바로 지금의 노의 추현(騶縣)이다"라 하였다. '추(騶)'는 주(邾)로 읽어야 한다.

復北伐齊.[207]	다시 북으로 제를 쳤다.
越王句踐率其眾以朝吳,	월왕 구천이 그 무리를 거느리고 오에 조빙하여
厚獻遺之,	두터이 재물을 바치자
吳王喜.	오왕은 기뻐하였다.
唯子胥懼,	자서만이 두려워하면서
曰:	말하였다.
"是弃吳也."[208]	"이는 오를 버리는 것이다."
諫曰:	이에 간하였다.
"越在腹心,[209]	"월은 뱃속에 있는 병인데
今得志於齊,	지금 제에서 뜻을 얻는 것은
猶石田,	돌밭과 같아
無所用.[210]	쓸모가 없습니다.
且盤庚之誥有顚越勿遺,[211]	또한 「반경지고」에 실추시킨 자는 남겨두지 않는다 하였는데
商之以興."[212]	상은 그것으로 흥하였습니다."
吳王不聽,	오왕은 듣지 않고

---

207 색은 『좌씨』에 의하면 11년과 12년에 일어난 일을 합쳤다.

208 색은 『좌씨』에는 "환오(豢吳)"로 되어 있다. 환(豢)은 기르는 것이다.

209 역주 복심(腹心)은 복심지질(腹心之疾), 곧 뱃속에 있는 병, 또는 근심을 말한다. 「오자서열전(伍子胥列傳)」에는 복심질(腹心疾)로 되어 있다. 매우 엄중한 화나 근심을 비유하는 말로 쓰인다.

210 집해 왕숙은 말하였다. "돌밭은 경작할 수 없다."

211 집해 복건은 말하였다. "전(顚)은 떨어지는 것(隕)이다. 월(越)은 떨어지는 것(墜)이다. 실추되어 도가 없으면 베어내고 잘라내어 남겨두지 않는 것이다." 색은 『좌전』에서는 말하였다. "타락하고 공경치 아니하면 베어서 자손을 남기지 않음으로써 이 도읍에 씨를 옮기지 못하게 할 것이다 하였는데 이것이 상이 흥한 까닭입니다. 지금 임금께서는 그 반대로 하십니다." 이는 애릉의 전역 때이다.

212 집해 서광은 말하였다. "어떤 판본에는 '盤庚之誥有顚之越之, 商之以興'으로 되어 있다. 「자서전(子胥傳)」에는 '誥曰有顚越商之興'으로 되어 있다."

使子胥於齊,	자서를 제에 가게 하였는데
子胥屬其子於齊鮑氏,²¹³	자서는 제의 포씨에게 그 아들을 부탁하고
還報吳王.	오왕에게 돌아와 알렸다.
吳王聞之,	오왕은 듣고
大怒,	크게 노하여
賜子胥屬鏤²¹⁴之劍以死.	자서에게 촉루검을 내려 죽게 했다.
將死,	죽을 즈음에
曰:	말하였다.
"樹吾墓上以梓,²¹⁵	"내 무덤 가에 가래나무를 심어서
令可爲器.	관으로 만들 수 있게 하라.
抉吾眼置之吳東門,²¹⁶	내 눈을 도려내어 오의 도성 동문 위에 걸어

---

213 **집해** 복건은 말하였다. "포씨(鮑氏)는 제의 대부이다." **색은** 『좌전』에서는 바로 "제로 사행하였다(使於齊)"라 하였으며, 두예는 말하기를 "사적으로 사람을 제로 보내어 그 아들을 부탁한 것이다."라 하였다. 『좌전』에서는 또 말하기를 "전역에서 돌아와서 왕이 이 말을 들었다."라 하였으니 분명히 자서가 스스로 간 것은 아니다.

214 **집해** 복건은 말하였다. "촉루(屬鏤)는 검의 이름이다. 자결하도록 내린 것이다." **색은** 검의 이름으로 『월절서(越絕書)』에 보인다. **정의** '屬'의 음은 촉(燭)이다. '鏤'의 음은 루(力于反)이다.

215 **색은** 『좌전』에서는 "내 무덤에 개오동나무를 심을 것이니 개오동나무가 재목이 될 만하면 오는 망할 것이다!"라 하였다. 가래나무(梓)와 개오동나무(檟)는 서로 비슷하여 문장이 바뀐 것이다.

216 **색은** '抉'의 음은 결(烏穴反)이다. 이는 『국어』의 문장이고 저기에서는 "결(抉)"을 "벽(辟)"이라 하였다. 또 말하기를 "손으로 도려내었다. 왕이 화가 나서 말하였다. '내 대부가 보지 못하게 해주겠다.' 이에 가죽부대에 담아서 강에다 던져버렸다." **정의** 『오속전(吳俗傳)』에서는 말하였다. "자서가 죽은 후 월은 송강(松江) 북쪽에서 시내를 열어 횡산(橫山)의 동북쪽에 이르기까지 성을 쌓아 오를 쳤다. 자서는 이에 월의 군대 꿈에 나타나 동남쪽에서 들어가 오를 깨뜨리게 하였다. 월왕은 즉시 삼강구(三江口)의 기슭으로 옮겨 단을 세우고 백마를 죽여 자서를 제사지내고 술잔을 움직여 술이 다하자 월은 곧 시내를 열었다. 자서는 큰 물결이 되어 성 동쪽을 휩쓸면서 열고 들어가 오를 멸하였다. 지금도 시포(示浦)라고 부르며, 문을 보부(鱐鮄)라고 한다." 이것이 동쪽 문으로 들어가 오를 멸한 것이다.

以觀越之滅吳也."	월이 오를 멸하는 것을 보게 하라."
齊鮑氏弑齊悼公.[217]	제의 포씨가 제도공을 죽였다.
吳王聞之,	오왕은 그 말을 듣고
哭於軍門外三日,[218]	군문 밖에서 사흘간 곡을 하고
乃從海上攻齊.[219]	곧 해상으로 제를 공격하였다.
齊人敗吳,	제의 사람이 오를 무찌르자
吳王乃引兵歸.	오왕은 이에 군사를 끌고 돌아왔다.
十三年,	13년에
吳召魯·衞之君會於橐皋.[220]	오는 노와 위의 임금을 불러 탁고에서 회합했다.
十四年春,	14년 봄에

---

217 색은 공의 이름은 양생(陽生)이다. 『좌전』 「애공 10년」에서는 "오가 제의 남쪽 변방을 치자 제의 사람이 도공(悼公)을 죽였다"라 하여, 포씨(鮑氏)는 말하지 않았다. 또한 포목(鮑牧)은 애공 8년 도공에게 죽임을 당하였으니 지금 말한 포씨는 그 종족의 무리일 따름이다. 또한 이 정벌은 애릉(艾陵)의 전역 전년에 있었는데 지금 뒤에 기록하였으니 또한 전도되어 착란된 것이다.

218 집해 복건은 말하였다. "제후가 서로 임하는 예이다."

219 집해 서광은 말하였다. "상(上)은 '중(中)'으로 된 판본도 있다."

220 집해 복건은 말하였다. "탁고(橐皋)는 지명이다." 두예는 말하였다. "회남(淮南) 준주현(逡遒縣) 동남쪽에 있다." 색은 애공 12년 『좌전』에서는 말하였다. "공이 탁고에서 오와 회맹하였다. 위후(衞侯)는 운(鄖)에서 오와 회맹하였다." 여기서 탁고에서 위와 회맹하였다고 함께 말한 것은 『좌전』에 의하면 "오가 위를 회합에 불렀다. 처음에 위에서 오의 행인을 죽이고 두려워하여 행인 자우(子羽)와 모의하였다. 자우가 말하기를 '그만 둠만 못합니다.'라 하였고, 자목(子木)은 말하기를 '가십시오!'라 하였다."라 하였다. 본래 회맹에 가고자 하지 않았기 때문에 노는 여름에 위와 회맹하여야했는데 가을이 되어서야 회맹하였다. 태사공은 본래 탁고에서 불렀다고 생각하였기 때문에 운(鄖)을 말하지 않았다. 운(鄖)은 발양(發陽)이며, 광릉현(廣陵縣) 동남쪽에 발요구(發繇口)가 있다. '橐'의 음은 탁(他各反)이다. '逡遒'의 음은 앞의 자는 준(七巡反)이고 뒤의 자는 주(酒尤反)이다.

吳王北會諸侯於黃池,[221]	오왕은 북쪽 황지에서 제후들과 회합하여
欲霸中國以全周室.	중원의 나라에서 패권을 잡아 주의 왕실을 보전하려고 하였다.
六月(戊)[丙]子,	6월 병자일에
越王句踐伐吳.	월왕 구천이 오를 쳤다.
乙酉,	을유일에
越五千人與吳戰.	월의 (군사) 5천명이 오와 싸웠다.
丙戌,	병술일에
虜吳太子友.	오의 태자 우를 사로잡았다.
丁亥,	정해일에
入吳.	오로 들어갔다.
吳人告敗於王夫差,	오의 사람이 왕 부차에게 패배를 알렸는데
夫差惡其聞也.[222]	부차는 그것이 알려지는 것을 싫어하였다.
或泄其語,	누가 그 말을 누설하자
吳王怒,	오왕은 노하여
斬七人於幕下.[223]	막하에서 7명을 참하였다.
七月辛丑,	7월 신축일에
吳王與晉定公爭長.	오왕은 진정공과 (회맹의) 우두머리를 다투었다.
吳王曰:	오왕은 말하였다.
"於周室我爲長."[224]	"주의 왕실에서 내가 우두머리이다."
晉定公曰:	진정공은 말하였다.

---

221 **집해** 두예는 말하였다. "진류(陳留) 봉구현(封丘縣) 남쪽에 황정(黃亭)이 있으며, 제수(濟水)에 가깝다."

222 **집해** 가규는 말하였다. "제후들에게 알려지는 것을 싫어한 것이다."

223 **집해** 복건은 말하였다. "입을 막으려 한 것이다."

224 **집해** 두예는 말하였다. "오가 태백의 후손이기 때문에 우두머리이다."

"於姬姓我爲伯."[225]   "희성 중에서 내가 맏이다."

趙鞅怒,   조앙이 노하여

將伐吳,   오를 치려고 하자

乃長晉定公.[226]   곧 진정공을 우두머리로 삼았다.

吳王已盟,   오왕은 맹약을 끝내고

與晉別,   진과 헤어져

欲伐宋.   송을 치려고 하였다.

太宰嚭曰: 태재 비가 말하였다.

"可勝而不能居也."   "이길 수는 있는데 차지할 수는 없습니다."

乃引兵歸國.   곧 군사를 끌고 귀국하였다.

國亡太子,   나라는 태자를 잃었고

內空,   국내는 비었으며

王居外久,   왕은 바깥에 오래 있어

---

225 **집해** 두예는 말하였다. "후백(侯伯)이다."

226 **집해** 서광은 말하였다. "황지(黃池)의 회맹에서는 오가 먼저 삽혈(歃血)을 하였고 진(晉)이 다음에 하여 『외전(外傳)』과 같다." 나[駰]는 이렇게 생각한다. 가규가 말하기를 "『외전』에서는 '오가 먼저 삽혈하고 진은 다음에 하였다.'라 하였다. 진을 먼저 서술한 것은 진은 신임이 있었기 때문이며 또한 오를 외면한 까닭이다." **색은** 이는 바로 『좌전』의 다음 내용을 따랐다. 『좌전』에서는 말하였다. "조앙(趙鞅)이 사마인(司馬寅)을 불러 말하였다. '북을 울려서 대오를 정돈하고 두 신하가 싸우다 죽으면 장유를 반드시 알게 될 것입니다.' 이에 조앙은 노하였다. 사마인은 잠깐만 보게 해달라고 청하고 돌아와서 말하였다. '고기를 먹는 사람은 기색이 어두워서는 안 됩니다. 지금 오 왕의 기색이 어두우니 나라가 이기겠습니까?' 두예는 말하기를 묵(墨)은 기색이 저하된 것으로 나라가 적에게 패한 것이다. 또한 말하였다. '태자가 죽겠습니까? 또한 오랑캐는 덕이 경솔하여 오래 참지를 못하니 조금만 기다려 봅시다.' 이에 진의 사람이 먼저 삽혈하였다." 서광과 가규가 말한 것은 『국어』에 의거하여 『좌전』과 부합하지 않는데 틀렸다. 『좌씨』에서는 노양공(魯襄公)이 진(晉)과 초(楚)를 대신하여 회맹하였으며, 진을 먼저 썼는데 진은 믿음이 있을 따름이다. 『외전』은 곧 『국어』인데 책에 두 이름이 있다. 오를 제외한 것은 오가 오랑캐라 천시한 것이며 중국과 동일시하는 것을 허락지 않았으므로 제외하였다고 말한 것이다.

士皆罷敝,	군사들은 모두 피폐해져
於是乃使厚幣以與越平.	이에 곧 폐백을 두터이 하여 월과 강화하였다.
十五年,	15년에
齊田常殺簡公.	제의 전상이 간공을 죽였다.
十八年,	18년에
越益彊.	월은 더욱 강하여졌다.
越王句踐率兵(使)[復]伐敗吳師於笠澤.	
	월왕 구천은 군대를 이끌고 다시 입택에서 오의 군사를 쳐서 무찔렀다.
楚滅陳.	초가 진을 멸하였다.
二十年,	20년에
越王句踐復伐吳.[227]	월왕 구천이 다시 오를 쳤다.
二十一年,	21년에
遂圍吳.	마침내 오를 에워쌌다.
二十三年十一月丁卯,	23년 11월 정묘일에
越敗吳.	월은 오를 무찔렀다.
越王句踐欲遷吳王夫差於甬東,[228]	
	월왕 구천은 오왕 부차를 용동으로 옮기고
予百家居之.	백 호를 주어 살게 하려 했다.
吳王曰:	오왕이 말하였다.

---

227 색은 애공 19년의 『좌전』에서는 말하였다. "월의 사람이 초를 침공하였는데 오를 그르치기 위함이었다." 두예는 말하였다. "오를 그르쳐 대비를 하지 못하게 하는 것이다." 오를 친 일이 없다.

"孤老矣,　　　　　　　　　"나는 늙어서

不能事君王也.　　　　　　군왕을 섬길 수 없습니다.

吾悔不用子胥之言,　　　　내 자서의 말을 쓰지 않아

自令陷此."　　　　　　　　스스로 여기에 빠지게 한 것을 후회하오."

遂自剄死.[229]　　　　　　마침내 스스로 목을 쳐서 죽었다.

越王滅吳,　　　　　　　　월왕은 오를 멸하고

誅太宰嚭,　　　　　　　　태재 비를 죽였는데

以爲不忠,　　　　　　　　충성스럽지 못해서라고 생각해서였으며

而歸.　　　　　　　　　　그제야 돌아갔다.

太史公曰:　　　　　　　　태사공은 말한다.

孔子言"太伯可謂至德矣,　공자께서 말씀하시기를 "태백은 덕이 지극하다고 이를 만하다.

三以天下讓,　　　　　　　세 번 천하를 사양하였으나

民無得而稱焉".[230]　　　백성들이 (그 德을) 칭송할 수 없게 하였구나!"라 하였다.

---

228 집해 가규는 말하였다. "용동(甬東)은 월의 동쪽 변읍이며 용강(甬江)의 동쪽이다." 위소는 말하였다. "구장(句章)은 동해(東海) 입구의 바깥에 있는 고을이다." 색은 『국어』에서는 용구동(甬句東)이라고 하였는데 월의 땅이며, 회계(會稽) 구장현(句章縣) 동쪽 바다에 있는 고을이다. 바로 지금의 무현(鄮縣)이다.

229 집해 『월절서』에서는 말하였다. "부차의 무덤은 유정(猶亭) 서쪽 비유위(卑猶位)에 있으며, 월왕이 무장병 한 사람으로 하여금 삼태기로 흙을 날라(槃土) 장사지내게 했다. 태호(太湖)에 가까우며, 현에서 57리 떨어졌다." 색은 『좌전』에서는 "목을 매 죽자 월의 사람이 돌려보냈다."라 하였다. 유정(猶亭)은 정자의 이름이다. "비유위(卑猶位)" 석 자는 모두 지명이며, 『오지기(吳地記)』에서는 말하기를 "서침산(徐枕山)은 일명 비유산(卑猶山)"이라 하였는데 옳다. '槃'의 음은 라(路禾反)이며 작은 대바구니로 흙을 담는다.

230 집해 왕숙은 말하였다. "태백의 아우 계력(季歷)은 현명하였고 또한 성스러운 아들 창(昌)을 낳았으며 창은 반드시 천하를 다스릴 것이었으므로 태백이 천하를 왕계에게 세 번 양보

余讀春秋古文,	내가 『춘추』의 고문을 읽어보고
乃知中國之虞與荊蠻句吳兄弟也.	
	곧 중원의 우와 형만의 구오가 형제임을 알았다.
延陵季子之仁心,	연릉 계자의 인한 마음을
慕義無窮,	사모하는 뜻이 끝이 없으니
見微而知淸濁.	미약한 것을 알면 맑은 것과 탁한 것을 알게 된다.
嗚呼,	아아!
又何其閎覽博物君子也!²³¹	또한 얼마나 견문이 넓고 박학다식한 군자인가!

색은술찬索隱述贊 태백은 오를 세워, 손을 높이 맞잡고 큰 도모를 사양하였다. 주장이 나라를 받았는데, 따로 우에 봉하여졌다. 수몽이 막 패권을 잡고, 비로소 군사와 병거를 썼다. 세 아들이 번갈아 즉위하였는데, 연릉은 차지하지 않았다. 광이 왕위를 찬탈하였으니, 이 사람이 합려다. 왕요는 살해당했는데, 전제에게 살해되었다. 부차는 월을 깔봐, 고소산에서 패하였다. 용동의 치욕은, 공연히 오자서에 부끄럽다.

太伯作吳, 高讓雄圖. 周章受國, 別封於虞. 壽夢初霸, 始用兵車. 三子遞立, 延陵不居. 光既簒位, 是稱闔閭. 王僚見殺, 賊由專諸. 夫差輕越, 取敗姑蘇. 甬東之恥, 空慙伍胥.

한 것이다. 그 양보한 것을 숨겼으므로 칭찬하는 말을 하지 못하게 한 것인데 덕이 지극하기 때문이다."

231 **집해** 『황람』에서는 말하였다. "연릉계자의 무덤은 비릉현(毗陵縣) 기양향(暨陽鄉)에 있으며, 지금까지 관리와 백성이 모두 그를 제사지내고 있다."

제태공 세가 齊太公 世家[1]

太公望呂尙者,	태공망 여상은
東海上人.[2]	동해 가의 사람이다.
其先祖嘗爲四嶽,	그 선조가 사악을 관장한 적이 있는데
佐禹平水土甚有功.	우를 도와 물과 땅을 다스리는데 큰 공을 세웠다.
虞夏之際封於呂,[3]	우[舜]와 하가 교체할 즈음에 여에 봉하여졌고
或封於申,[4]	혹은 신에 봉하여졌으며
姓姜氏.	성은 강 씨이다.
夏商之時,	하와 상 때
申·呂或封枝庶子孫,	신과 여에서는 혹 지손의 여러 자손을 봉하였으며

1 **정의正義** 『괄지지(括地志)』에서는 말하였다. "천제지(天齊池)는 청주(靑州) 임치현(臨淄縣) 동남쪽 15리 지점에 있다. 「봉선서(封禪書)」에서는 말하기를 '제(齊)를 제(齊)라고 한 것은 천제(天齊: 天帝神) 때문이다.'라 하였다."

2 **집해集解** 『여씨춘추(呂氏春秋)』에서는 말하였다. "동이(東夷)의 땅이다." **색은索隱** 초주(譙周)는 말하였다. "성은 강(姜)이고, 이름은 아(牙)이다. 염제(炎帝)의 후예이고, 백이(伯夷)의 후손이며 사악(四岳)을 관장하여 공을 세워 여(呂)에 봉하여져 자손이 그 봉지를 따라 성으로 삼았으며 상(尙)은 그 후손이다." 나중에 문왕(文王)이 위수(渭水) 가에서 그를 얻어 말하기를 "나의 선군 태공(太公)이 그대를 바란 지가 오래 되었다."라 말하였으므로 태공망(太公望)이라고 불렀다. 아마 아(牙)는 자이고 상(尙)은 이름일 것이며, 나중에 무왕(武王)은 사상보(師尙父)라고 불렀다.

3 **집해** 서광(徐廣)은 말하였다. "여(呂)는 남양(南陽) 완현(宛縣) 서쪽에 있다."

4 **색은** 「지리지(地理志)」에 의하면 신(申)은 남양 완현에 있으며, 신백국(申伯國)이다. 여(呂) 또한 완현의 서쪽에 있다.

或爲庶人,	혹자는 서인이었는데
尚其後苗裔也.	상은 그 아득한 후예이다.
本姓姜氏,	본성은 강 씨였는데
從其封姓,	그 봉해진 성을 따랐으므로
故曰呂尚.	여상이라고 한다.

呂尚蓋嘗窮困,	여상은 곤궁하였을 것인데
年老矣,[5]	연로해져서
以漁釣奸周西伯.[6]	낚시로 주의 서백에게 간구하였다.
西伯將出獵,	서백이 사냥을 나가려하여
卜之,	점을 쳐보았더니

---

5 **색은** 초주는 말하였다. "여망(呂望)은 조가(朝歌)에서 소를 잡고 맹진(孟津)에서 술을 판 적이 있다."

6 **정의** 간(奸)은 간(干)의 뜻으로 읽는다. 『괄지지』에서는 말하였다. "자천수(茲泉水)는 기주(岐州) 기산현(岐山縣) 서남쪽 범곡(凡谷)에서 발원한다. 『여씨춘추(呂氏春秋)』에서는 '태공(太公)은 자천(茲泉)에서 낚시를 하다가 문왕(文王)을 만났다.'라 하였다. 역원(酈元, 곧 酈道元)은 말하였다. '반계(磻磎)에는 샘이 있는데 자천이라고 한다. 샘물은 매우 깊어 절로 못가를 이루었으며 곧 태공이 낚시하던 곳으로 지금 사람들은 범곡이라고 한다. 석벽(石壁)이 매우 높고 그윽한 대숲이 깊이 우거졌고 숲과 못이 빼어나고 막혀 인적이 거의 미치지 않는다. 동남쪽 귀퉁이에 석실(石室)이 있는데 태공의 거처일 것이다. 물가에 낚시를 할 수 있는 반석이 있는데 곧 태공이 낚시를 드리우던 곳이다. 낚시를 하고 무릎을 꿇고 먹었는데 두 무릎의 유적이 아직도 남아 있으며 이것이 반계(磻磎)로 불리게 된 까닭이다. 그 물은 맑고 신령하고 기이하며 북으로 12리를 흘러 위수(渭水)로 유입된다.' 『설원(說苑)』에서는 말하였다. '여망은 나이 70세에 위수 가에서 낚시를 하였는데 사흘 밤낮을 미끼를 무는 고기가 없자 망은 성을 내며 그 의관을 벗었다. 위에는 농부가 있었는데 옛 이인(異人)으로 망에게 말하였다. "그대는 일단 다시 낚시를 하되 반드시 낚싯줄을 가늘게 하고 미끼를 향기롭게 하여 천천히 던져 물고기를 놀라게 하지 마시오." 망은 그 말대로 하여 처음 낚시를 드리우자 붕어를 잡았고 다음에는 잉어를 잡았다. 물고기의 배를 갈랐더니 글이 나왔는데 글에서는 말하기를 "여망이 제(齊)에 봉하여지다"라 하였다. 망은 기이하게 여겼다.'"

曰"所獲非龍非麋,[7]	"잡을 것은 용도 이무기도 아니고
非虎非羆;	호랑이도 곰도 아니다.
所獲霸王之輔".	잡을 것은 패왕을 보필할 것이다."라 하였다.
於是周西伯獵,	이에 주 서백이 사냥을 나갔다가
果遇太公於渭之陽,	과연 위수 북쪽에서 태공을 만나게 되었는데
與語大說,	그와 이야기를 해보고 크게 기뻐하며
曰:	말하였다.
"自吾先君太公曰'當有聖人適周,	"우리 선군이신 태공 때부터 말하기를 '어떤 성인이 주로 갈 것이며
周以興'.	주는 이로 인해 흥할 것이다.'라 하였는데
子真是邪?	그대가 진정 이 분이십니까?
吾太公望子久矣."	우리 태공이 그대를 기다린 지 오래되었습니다."
故號之曰"太公望",	그래서 그를 "태공망"이라 부르게 되었다.
載與俱歸,	수레에 태워 함께 돌아와
立為師.	스승으로 세웠다.
或曰,	혹자는 말하기를
太公博聞,	태공은 박학다식하여
嘗事紂.	주를 섬긴 적이 있다고 하였다.
紂無道,	주는 무도하여
去之.	그를 떠났다.
游說諸侯,	제후에게 유세하였으나

---

7 **집해** 서광은 말하였다. "(麋의) 음은 리(勑知反)이다." **색은** 서광은 음이 리(勑知反)라고 하였으며, 나머지 판본에는 또한 "리(螭)"자로 되어 있다.

無所遇,	뜻을 얻지 못하여
而卒西歸周西伯.	마침내 서쪽으로 주의 서백에게 귀의하였다.
或曰,	혹자는 말하기를
呂尚處士,	여상은 처사로
隱海濱.	바닷가에 은거하였다고 한다.
周西伯拘羑里,	주의 서백이 유리에 구금되자
散宜生·閎夭素知而招呂尚.	산의생과 굉요는 평소에 알고 여상을 불렀다.
呂尚亦曰"吾聞西伯賢,	여상 또한 말하기를 "내 서백이 현명하고
又善養老,	또한 노인을 잘 봉양한다는 것을 들었으니
盍往焉".	어찌 가지 않겠는가."
三人者爲西伯求美女奇物,	세 사람은 서백을 위하여 미녀와 기이한 물건을 구하여
獻之於紂,	주에게 바치고
以贖西伯.	서백이 속량되도록 하였다.
西伯得以出,	서백은 나오게 되어
反國.	나라로 돌아왔다.
言呂尚所以事周雖異,	여상이 주를 섬기게 된 것을 다르게 말하기는 하였지만
然要之爲文武師.	요컨대 문왕과 무왕의 스승이 되었다.
周西伯昌之脫羑里歸,	주의 서백 창이 유리에서 벗어나 돌아와
與呂尚陰謀修德以傾商政,	여상과 몰래 모의하고 덕을 닦아 상의 정치를 기울였는데
其事多兵權與奇計,[8]	그 일이 군사적인 권모와 기이한 계책이 많았으므로

故後世之言兵及周之陰權皆宗太公爲本謀.

> 후세의 군사(軍事) 및 주의 권모를 말하는 사람들은 모두 태공을 계모의 근본으로 높였다.

周西伯政平,

> 주의 서백은 정치가 공평하여

及斷虞芮之訟,

> 우와 예의 쟁송을 판결하자

而詩人稱西伯受命曰文王.

> 시인들은 서백이 천명을 받았다고 칭찬하며 문왕이라고 하였다.

伐崇·密須⁹·犬夷,

> 숭과 밀수, 견이를 정벌하여

大作豐邑.

> 풍읍을 크게 일으켰다.

天下三分,

> 천하를 셋으로 나누어

其二歸周者,

> 그 둘이 주에 귀의한 것은

太公之謀計居多.

> 태공의 계책이 많은 몫을 차지하였다.

---

8 **정의** 『육도(六韜)』에서는 말하였다. "무왕(武王)이 태공에게 물었다. '율(律)의 음성으로 삼군의 소장(消長)을 알 수 있겠는가?' 태공이 말하였다. '깊습니다, 임금님의 질문이! 율관(律管)은 열둘인데, 그 중 중요한 것은 다섯 가지로 궁(宮), 상(商), 각(角), 치(徵), 우(羽)이며, 이것이 그 정성(正聲)으로 만대에 바꿀 수 없습니다. 오행(五行)의 신은 도의 떳떳한 것으로 적을 알 수 있습니다. 금(金), 목(木), 수(水), 화(火), 토(土)는 각자 그 빼어난 것으로 공격합니다. 그 법은 천기가 청량하고, 먹구름도 비바람도 없을 때를 이용하여 한밤중에 경기병을 파견하여 적의 보루에 이르러서는 대체로 구백 보 떨어진 곳에서 십이율의 관을 남김없이 귀에 대고, 그리고 적진을 향하여 큰 소리를 쳐서 적군을 놀라게 합니다. 그러면 적진에서 반응하는 소리가 있어 관에 울립니다. 그 소리가 들려오는 것이 대단히 미묘합니다. 각의 소리가 관에 반응해 왔을 때는 각은 목이며, 목을 이기는 것은 금이므로, 금의 신 곧 백호(白虎의 방위와 시일)로 공격해야 합니다. 치의 소리가 관에 반응해 왔을 때는 치는 화이며, 화를 이기는 것은 수이므로, 현무(玄武의 방위와 시일)로 공격해야 합니다. 상의 소리가 관에 반응해 왔으면 상은 금이며, 금을 이기는 것은 화이므로 구진(句陳의 방위와 시일)으로 공격해야 합니다. 오관의 소리가 그 어느 것도 반응하지 않으면 청룡(靑龍의 방위와 시일)으로 이를 쳐야 합니다. 이는 오행의 부고(府庫)이며, 승리로 이끄는 징후이며, 승패가 갈리는 기미입니다.'"

9 **색은** 『군국지(郡國志)』에 의하면 동군(東郡) 늠구현(廩丘縣) 북쪽에 있는데, 지금은 고성(顧城)이라고 한다. 밀수(密須)는 길 성(姞姓)으로, 하남(河南) 밀현(密縣) 동쪽에 있으며 바로 옛 밀성(密城)이다. 안정(安定)에 있는 희 성(姬姓)의 밀국(密國)과는 다르다.

文王崩,	문왕이 죽고
武王即位.	무왕이 즉위하였다.
九年,	9년에
欲修文王業,	문왕의 유업을 닦고자 하여
東伐以觀諸侯集否.	동쪽을 정벌하면서 제후가 모일까 여부를 살폈다.
師行,	군사가 출행할 때
師尙父[10]左杖黃鉞,	사상보가 왼손에는 황월을 짚고
右把白旄以誓,	오른손에는 백모를 잡고 맹세하여
曰:	말하였다.
"蒼兕蒼兕,[11]	"창시여 창시여
總爾衆庶,	너희 무리를 모으라.
與爾舟楫,	너희에게 배의 노를 맡기리니
後至者斬!"	늦게 이른 자는 목을 베리라!"
遂至盟津.	마침내 맹진에 이르렀다.
諸侯不期而會者八百諸侯.	제후 가운데 기약을 하지 않았는데도 모인 자가 8백 제후였다.
諸侯皆曰:	제후들이 모두 말하였다.
"紂可伐也."	"주는 칠 만합니다."
武王曰:	무왕이 말하였다.

---

10 **집해** 유향(劉向)의 『별록(別錄)』에서는 말하였다. "스승으로 삼아 숭상하고 어른으로 삼았기(師之, 尙之, 父之) 때문에 사상보(師尙父)라고 하였다. 보(父) 또한 남자의 미칭이다."

11 **색은** "창치(蒼雉)"로 된 판본도 있다. 마융(馬融)은 "창시(蒼兕)는 배의 노 젓기를 주관하는 관직 이름이다."라 하였다. 또한 왕충(王充)은 "창시(蒼兕)는 물에 사는 짐승으로 머리가 아홉 개다."라 하였다. 지금 무리에게 맹세하여 빨리 물을 건너게 하였으므로 창시(蒼兕)를 말하여 두렵게 한 것이다. 그러나 이 문장의 아래위는 모두「금문태서(今文泰誓)」이다.

"未可."	"아직 안 되오."
還師,	군사를 되돌려
與太公作此太誓.	태공과 함께 이「태서」를 지었다.
居二年,	2년 만에
紂殺王子比干,	주는 왕자 비간을 죽이고
囚箕子.	기자를 가두었다.
武王將伐紂,	무왕은 주를 치고자
卜龜兆,	거북점을 쳤는데
不吉,	불길하였고
風雨暴至.	비바람이 갑자기 닥쳤다.
羣公盡懼,	여러 공이 모두 두려워하였는데
唯太公彊之勸武王,	태공만이 무왕에게 강하게 권하여
武王於是遂行.	무왕은 이에 마침내 출행하였다.
十一年[12]正月甲子,	11월 정월 갑자일에
誓於牧野,	목야에서 맹세하고
伐商紂.	상주를 쳤다.
紂師敗績.	주의 군사는 대패하였다.
紂反走,	주는 거꾸로 달아나
登鹿臺,	녹대에 올랐는데
遂追斬紂.	마침내 쫓아가 주를 참하였다.
明日,	다음날
武王立于社,	무왕이 사단(社壇)에 서자

---

12 집해 서광은 말하였다. "'삼년(三年)'으로 된 판본도 있다."

羣公奉明水,[13]	여러 공이 맑은 물을 받들었고
衞康叔封布采席,[14]	위강숙봉은 문채 있는 자리를 깔았으며
師尚父牽牲,	사상보는 희생을 끌고 왔고
史佚策祝,	사일은 축문으로
以告神討紂之罪.	신에게 주의 죄를 토벌한 것을 아뢰었다.
散鹿臺之錢,	녹대의 돈을 나누어주고
發鉅橋之粟,	거교의 곡식을 풀어
以振貧民.	가난한 백성을 진휼하였다.
封比干墓,	비간의 무덤에 봉분을 쌓아주고
釋箕子囚.	갇힌 기자를 풀어주었다.
遷九鼎,	구정을 옮기고
脩周政,	주의 정치를 정비하여
與天下更始.	천하를 다시 시작하였다.
師尚父謀居多.	사상보의 계책이 컸다.
於是武王已平商而王天下,	이에 무왕은 이미 상을 평정하고 천하를 다스렸으며
封師尚父於齊營丘.[15]	사상보를 제의 영구에 봉하였다.
東就國,	동으로 봉국에 가면서
道宿行遲.	도중에 묵느라 행차가 지연되었다.
逆旅之人曰:	여관의 사람이 말하였다.

---

13 색은 「주본기(周本紀)」에서는 모숙정(毛叔鄭)이 맑은 물을 받들었다고 하였다.

14 색은 「주본기」에서는 위강숙봉(衞康叔封)이 이것을 깔았다고 하였다. 이것이 자리이기 때문에 여기서도 또한 문채 있는 자리라고 하였다.

15 정의 『괄지지』에서는 말하였다. "영구(營丘)는 청주(青州) 임치(臨淄) 북쪽 백 보 밖 외성(外城)에 있다."

"吾聞時難得而易失.　　　　"내가 듣건대 때는 얻기는 어렵고 잃기는 쉽다
　　　　　　　　　　　　　고 합니다.

客寢甚安,　　　　　　　　손님이 주무시는데 매우 편하여

殆非就國者也."　　　　　　봉국에 나아가는 것 같지 않습니다."

太公聞之,　　　　　　　　태공은 듣고

夜衣而行,　　　　　　　　밤중에 옷을 입고 길을 나서

犁明至國.[16]　　　　　　　해 뜰 무렵에 봉국에 이르렀다.

萊侯來伐,　　　　　　　　내후가 와서 공격하여

與之爭營丘.　　　　　　　그와 영구에서 다투었다.

營丘邊萊.　　　　　　　　영구는 내의 변경에 있었다.

萊人,　　　　　　　　　　내의 사람은

夷也,　　　　　　　　　　오랑캐인데

會紂之亂而周初定,　　　　마침 주의 정치가 어지러워 주가 막 평정한 터라

未能集遠方,　　　　　　　미처 먼 곳까지 안정시키지 못하여

是以與太公爭國.　　　　　그런 까닭에 태공과 나라를 다투었다.

太公至國,　　　　　　　　태공은 나라에 이르자

脩政,　　　　　　　　　　정치를 정비하고

因其俗,　　　　　　　　　그 풍속을 따라

簡其禮,　　　　　　　　　예의를 간략히 하였으며

通商工之業,　　　　　　　상공업을 유통시켜

便魚鹽之利,　　　　　　　어염의 이익을 편하게 하니

而人民多歸齊,　　　　　　사람들이 제로 많이 귀의하여

---

16 색은 '犁'의 음은 리(里奚反)이다. 이(犁)는 비(比)와 같다. 어떤 사람은 리(犁)는 지(遲)와 같
　다고 하였다.

齊爲大國.	제는 대국이 되었다.
及周成王少時,	주성왕이 어렸을 때
管蔡作亂,	관·채가 난을 일으키고
淮夷[17]畔周,	회이가 주를 배반하니
乃使召康公[18]命太公曰:	소강공을 보내어 태공에게 명하였다.
"東至海,	"동으로는 바다에 이르고
西至河,	서로는 황하에 이르며
南至穆陵,	남으로는 목릉에 이르고
北至無棣,[19]	북으로는 무체에 이르니
五侯九伯,	오후와 구백을
實得征之."[20]	실로 칠 수 있다."
齊由此得征伐,	제는 이로 말미암아 정벌을 하게 되어
爲大國.	대국이 되었다.
都營丘.	영구에 도읍을 정하였다.
蓋太公之卒百有餘年,[21]	대체로 태공이 죽고 백여 년 만에
子丁公呂伋[22]立.	아들인 정공 여급이 즉위하였다.

---

17 정의 공안국(孔安國)은 말하였다. "회포(淮浦)의 이(夷)와 서주(徐州)의 융(戎)이다."

18 집해 복건(服虔)은 소공석(召公奭)이라 하였다.

19 집해 복건은 말하였다. "모두 태공이 처음 분봉된 토지의 강역이 이르는 곳이다." 색은 구설(舊說)에 의하면 목릉(穆陵)은 회계(會稽)에 있다고 하였는데 틀렸다. 지금 회남(淮南)에 옛 목릉문(穆陵門)이 있는데 초의 경계이다. 무체(無棣)는 요서(遼西)의 고죽(孤竹)에 있다. 복건은 태공이 분봉된 토지의 강역이 이르는 곳이라고 하였는데 그렇지 않다. 아마 정벌하여 이를 수 있는 구역을 말할 것이다.

20 집해 두예(杜預)는 말하였다. "오등(五等)의 제후와 구주(九州)의 백은 모두 그 죄를 토벌할 수 있다."

丁公卒,	정공이 죽고
子乙公得立.	아들 을공 득이 즉위하였다.
乙公卒,	을공이 죽고
子癸公慈母²³立.	아들 계공 자모가 즉위하였다.
癸公卒,	계공이 죽고
子哀公不辰²⁴立.	아들 애공 불신이 즉위하였다.
哀公時,	애공 때
紀侯譖之周,	기후가 주에 참소하여
周烹哀公²⁵而立其弟靜,	주가 애공을 팽형에 처하고 그 동생 정을 세우니
是爲胡公.²⁶	바로 호공이다.
胡公徙都薄姑,²⁷	호공은 박고로 도읍을 옮겼는데

---

21 **집해** 『예기(禮記)』에서는 말하였다. "태공은 영구(營丘)에 봉하여졌는데, 5세에 이르기까지는 군주가 죽으면 모두 주(周)의 서울로 돌아와 장사를 지냈다." 정현(鄭玄)은 말하였다. "태공은 봉하여지고 태사(太師)로 남아 죽으면 주에서 장사지냈다. 5세 뒤에야 제에서 장사를 지냈다." 『황람(皇覽)』에서는 말하였다. "여상(呂尙)의 무덤은 임치현(臨菑縣) 성 남쪽에 있는데, 현에서 10리 떨어져 있다."

22 **집해** 서광은 말하였다. "'급(及)'으로 된 판본도 있다." **정의** 시법(諡法)에 의하면 의를 이어 이기지 못하는 것(逮義不克)을 정(丁)이라고 한다라 하였다.

23 **색은** 『계본(系本)』에는 "유공 자모(庮公慈母)"로 되어 있다. 초주는 또한 "채공 자모(祭公慈母)"라 하였다.

24 **색은** 『계본』에는 "불신(不臣)"으로 되어 있다. 초주도 "불신(不辰)"이라 하였다. 송충(宋忠)은 말하였다. "애공(哀公)은 황음(荒淫)하고 사냥을 일삼아 사관이 「환시(還詩)」를 지어 그를 풍자하였다."

25 **집해** 서광은 주이왕(周夷王)이라 하였다.

26 **정의** 시법에 의하면 나이가 많고 오래 산 것(彌年壽考)을 호(胡)라고 한다라 하였다.

27 **정의** 『괄지지』에서는 말하였다. "박고성(薄姑城)은 청주(靑州) 박창현(博昌縣) 동북쪽 60리 지점에 있다."

而當周夷王之時.	주이왕 때이다.
哀公之同母少弟山怨胡公,	애공의 동복인 어린 아우 산이 호공을 원망하여
乃與其黨率營丘人襲攻殺胡公而自立,[28]	곧 그 무리와 함께 영구의 사람을 이끌고 호공을 공격하여 죽이고 스스로 즉위하였으니
是爲獻公.	바로 헌공이다.
獻公元年,	헌공 원년에
盡逐胡公子,	호공의 아들을 모두 쫓아내고
因徙薄姑都,	이어서 박고의 도읍을 옮겨
治臨菑.	임치를 도읍으로 삼았다.
九年,	9년에
獻公卒,	헌공이 죽고
子武公壽立.	아들인 무공 수가 즉위하였다.
武公九年,	무공 9년에
周厲王出奔,	주여왕이 달아나
居彘.[29]	체에 머물렀다.
十年,	10년에
王室亂,	왕실이 어지러워져
大臣行政,	대신이 정치를 행하였는데
號曰"共和".	"공화"라 한다.

---

28 **색은** 송충은 말하였다. "그 당파인 주마수인(周馬繻人)이 호공(胡公)을 패수(貝水)에서 죽였으며, 산(山)이 스스로 즉위하였다."

29 **정의** 음은 체(直厲反)이다. 『괄지지』에서는 말하였다. "진주(晉州) 곽읍현(霍邑縣)이다." 정현은 말하였다. "곽산(霍山)은 체에 있으며, 본래 진(秦) 때의 곽백국(霍伯國)이다."

二十四年,	24년에
周宣王初立.	주선왕이 막 즉위하였다.
二十六年,	26년에
武公卒,	무공이 죽고
子厲公無忌立.	아들인 여공 무기가 즉위하였다.
厲公暴虐,	여공은 포학하였으므로
故胡公子復入齊,	호공의 아들이 다시 제로 들어와
齊人欲立之,	제의 사람들이 그를 세우려 하여
乃與攻殺厲公.	이에 함께 여공을 공격하여 죽였다.
胡公子亦戰死.	호공의 아들 또한 전투 중에 죽었다.
齊人乃立厲公子赤爲君,	제의 사람은 곧 여공의 아들 적을 임금으로 세웠는데
是爲文公,	바로 문공이며
而誅殺厲公者七十人.	여공을 죽인 자 70명을 죽였다.
文公十二年卒,	문공이 12년에 죽고
子成公脫³⁰立.	아들 성공 탈이 즉위하였다.
成公九年卒,	성공이 9년에 죽고
子莊公購立.	아들인 장공 구가 즉위하였다.
莊公二十四年,	장공 24년
犬戎殺幽王,	견융이 유왕을 죽이자

---

30 **색은** 『계본』 및 초주(의 판본에)는 모두 "세(說)"로 되어 있다.

周東徙雒.	주는 동쪽 낙읍으로 천도하였다.
秦始列爲諸侯.	진이 비로소 제후의 반열에 올랐다.
五十六年,	56년에
晉弑其君昭侯.	진이 그 임금 소후를 죽였다.
六十四年,	64년에
莊公卒,	장공이 죽고
子釐公祿甫立.[31]	아들인 희공 녹보가 즉위하였다.
釐公九年,	희공 9년
魯隱公初立.	노은공이 막 즉위하였다.
十九年,	19년에
魯桓公弑其兄隱公而自立爲君.	
	노환공이 그 형 은공을 죽이고 스스로 임금으로 즉위하였다.
二十五年,	25년에
北戎伐齊.	북융이 제를 쳤다.
鄭使太子忽來救齊,	정에서 태자 홀을 보내와 제를 구원하게 하였는데
齊欲妻之.	제는 그를 사위로 삼으려 했다.
忽曰:	홀이 말하였다.
"鄭小齊大,	"정은 작고 제는 크니

---

31 희공(釐公): 역주 '釐'는 시호로 쓰일 때는 음이 '희'이며, 희(僖)와 같다. 시법(諡法)에 의하면 "소심하고 두려워 꺼림(小心畏忌)" 혹은 "소심하고 공손히 삼가는 것(小心恭愼)"을 희(僖)라고 한다.

非我敵."	우리와 대등하지 않습니다."
遂辭之.	마침내 거절하였다.

三十二年,	32년
釐公同母弟夷仲年死.	희공의 동복 아우 이중년이 죽었다.
其子曰公孫無知,	그 아들은 공손무지라 하였는데
釐公愛之,	희공이 사랑하여
令其秩服奉養比太子.	그 작록과 복식의 등급을 태자와 같게 하였다.

三十三年,	33년에
釐公卒,	희공이 죽자
太子諸兒立,	태자 제아가 즉위하니
是爲襄公.	바로 양공이다.

襄公元年,	양공 원년
始爲太子時,	(양공이) 막 태자가 되었을 때
嘗與無知鬪,	무지와 다툰 적이 있었는데
及立,	즉위하여
絀無知秩服,	무지의 작록과 복식을 박탈하니
無知怨.	무지가 원망하였다.

四年,	4년에
魯桓公與夫人如齊.	노환공이 부인과 함께 제에 갔다.
齊襄公故嘗私通魯夫人.	제양공은 예전에 노부인과 사통한 적이 있었다.
魯夫人者,	노부인은

襄公女弟也,	양공의 누이였다.
自釐公時嫁爲魯桓公婦,	희공 때 시집가서 노환공의 부인이 되었으며
及桓公來而襄公復通焉.	환공이 오자 양공은 다시 사통하였다.
魯桓公知之,	노환공이 그 사실을 알고
怒夫人,	부인에게 성을 내자
夫人以告齊襄公.	부인이 그대로 제양공에게 일렀다.
齊襄公與魯君飲,	제양공은 노의 임금과 술을 마시면서
醉之,	취하게 하여
使力士彭生抱上魯君車,	역사인 팽생에게 노의 임금을 안아서 수레에 태우면서
因拉殺魯桓公,[32]	노환공(의 늑골)을 분질러 죽이게 하였는데
桓公下車則死矣.	환공이 수레에 내릴 때는 죽어 있었다.
魯人以爲讓,[33]	노의 사람들이 책망하자
而齊襄公殺彭生以謝魯.	제양공은 팽생을 죽여 노에 사죄하였다.

八年,	8년에
伐紀,	기를 치자
紀遷去其邑.[34]	기는 그 도읍을 옮기어 떠났다.

十二年,	12년

---

32 집해 『공양전(公羊傳)』에서는 말하였다. "갈비뼈를 부러뜨려 죽였다." 하휴(何休)는 말하였다. "납(拹)은 부러뜨리는 소리이다." 정의 '拉'의 음은 랍(力合反)이다.

33 색은 양(讓)은 책(責)과 같다.

34 집해 서광은 말하였다. "연표(年表)에서는 그 도읍을 떠났다고 하였다." 색은 『춘추』「장공(莊公) 4년」에서 "기후(紀侯)는 대대적으로 그 나라를 떠났다."라 하였는데, 『좌전(左傳)』에서는 바로 "제의 난을 피한 것이다."라 하였다.

初,	처음
襄公使連稱·管至父戍葵丘,[35]	양공은 연칭과 관지보에게 규구를 지키게 하여
瓜時而往,	외가 익을 때 가서
及瓜而代.[36]	외가 익을 때 교대해주기로 했다.
往戍一歲,	지킨 해가 1년이 지나
卒瓜時而公弗爲發代.	외가 익을 때가 끝나도 공은 그들을 교대해주지 않았다.
或爲請代,	혹자가 교대를 청해주었는데도
公弗許.	공은 허락지 않았다.
故此二人怒,	그래서 이 두 사람은 노하여
因公孫無知謀作亂.	공손무지를 통하여 난을 일으킬 음모를 꾸몄다.
連稱有從妹在公宮,	연칭은 종매가 공궁에 있었으며
無寵,[37]	총애를 받지 못하였는데
使之閒襄公,[38]	그에게 양공을 염탐하도록 하고
曰"事成以女爲無知夫人".	"일이 이루어지면 너를 무지의 부인으로 삼겠다."라 하였다.

---

35 집해 가규(賈逵)는 말하였다. "연칭(連稱)과 관지보(管至父)는 모두 제의 대부이다." 두예는 말하였다. "임치현(臨淄縣) 서쪽에 규구(葵丘)라는 지명이 있다." 색은 두예는 말하였다. "임치(臨淄) 서쪽에 규구(葵丘)라는 지명이 있다." 또한 환공(桓公) 35년에 규구에서 제후들이 회합하였는데 노 희공(僖公) 9년이며, 두예는 "진류(陳留) 외황현(外黃縣) 동쪽에 규구가 있다."라 하였다. 같지 않은 것은 아마 규구는 두 곳이 있으며 두예는 규구를 지키는 것을 제의 경계에서 멀리 벗어나지 않은 곳으로 생각하였기 때문에 임치현 서쪽의 규구를 인용하였다. 35년 규구에서 제후와 회합한 것 같은 것은 두 씨가 또한 본국에 있는 것과 합치하지 않으므로 외황 동쪽의 규구라고 주석을 달았기 때문에 같지 않다고 하였을 따름이다.

36 집해 복건은 말하였다. "외가 익을 때는 7월이다. 급과(及瓜)는 다음 해의 외가 익을 때이다."

37 집해 복건은 말하였다. "첩으로 궁에 있었다."

38 집해 왕숙(王肅)은 말하였다. "공의 틈을 정탐하는 것이다."

冬十二月,	겨울 12월에
襄公游姑棼,[39]	양공은 고분에서 놀고
遂獵沛丘.[40]	마침내 패구에서 사냥을 하였다.
見彘,	돼지를 발견했는데
從者曰"彭生".[41]	종자가 "팽생입니다."라 하였다.
公怒,	공은 노하여
射之,	그를 쏘았는데
彘人立而啼.	돼지는 사람처럼 서서 울부짖었다.
公懼,	공은 두려워하여
墜車傷足,	수레에서 떨어져 발을 다쳤으며
失屨.	신을 잃었다.
反而鞭主屨者茀[42]三百.	돌아와서 신발 담당자 불에게 3백 대의 채찍질을 하였다.
茀出宮.	불은 궁을 나섰다.
而無知·連稱·管至父等聞公傷,	무지와 연칭, 관지보 등은 공이 다쳤다는 것을 듣고
乃遂率其衆襲宮.	곧 마침내 그 무리를 이끌고 궁을 습격하였다.
逢主屨茀,	신발 담당자 불을 만났는데
茀曰:	불이 말하였다.

---

39 **집해** 가규는 말하였다. "제의 땅이다." **정의** 음은 분(扶云反)이다.

40 **집해** 두예는 말하였다. "낙안(樂安) 박창현(博昌縣) 남쪽에 패구(貝丘)라는 지명이 있다." **색은** 『좌전』에는 "패구(貝丘)"로 되어 있다. **정의** 『좌전』에서 "제양공(齊襄公)이 패구에서 사냥을 하였는데 수레에서 떨어져 발을 다쳤다"라 한 것이 바로 이 일이다.

41 **집해** 복건은 말하였다. "공은 돼지를 보았는데 종자는 곧 팽생을 본 것으로 귀신이 그 형상을 돼지로 바꾼 것이었다."

42 **정의** 음은 불(非佛反)이며, 아래와 같다. 불(茀)은 신발 담당자이다.

"且無入驚宮,　　　　　"잠시 궁에 들어가서 궁인들을 놀라게 하지 마십시오.

驚宮未易入也."　　　　궁인들을 놀라게 하면 들어가기 쉽지 않습니다."

無知弗信,　　　　　　무지가 믿지 않자

茀示之創,[43]　　　　　불이 상처를 보여주니

乃信之.　　　　　　　이에 믿었다.

待宮外,　　　　　　　궁 밖에서 기다리며

令茀先入.　　　　　　불에게 먼저 들어가게 하였다.

茀先入,　　　　　　　불은 먼저 들어가서

即匿襄公戶閒.　　　　곧 양공을 방문 사이에 숨겼다.

良久,　　　　　　　　한참 있다가

無知等恐,　　　　　　무지 등은 두려워하여

遂入宮.　　　　　　　마침내 궁으로 들어갔다.

茀反與宮中及公之幸臣攻無知等,

　　　　　　　　　　불은 돌아와 궁중 및 공의 총신과 함께 무지 등을 공격하였는데

不勝,　　　　　　　　이기지 못하여

皆死.　　　　　　　　모두 죽었다.

無知入宮,　　　　　　무지가 궁에 들어가

求公不得.　　　　　　공을 찾았으나 찾지 못하였다.

或見人足於戶閒,　　　어떤 사람이 방문 사이에서 사람의 발을 보았는데

發視,　　　　　　　　열고 보니

乃襄公,　　　　　　　곧 양공이었으며

遂弒之,　　　　　　　마침내 죽이고

43 　정의　 창(瘡)의 뜻으로 읽는다.

而無知自立爲齊君.	무지가 스스로 제의 임금으로 즉위하였다.
桓公元年春,	환공 원년 봄
齊君無知游於雍林.[44]	제의 임금 무지가 옹림에서 놀았다.
雍林人嘗有怨無知,	옹림 사람이 무지를 원망한 적이 있어
及其往游,	그가 놀러갔을 때
雍林人襲殺無知,	옹림 사람이 무지를 습격하여 죽이고
告齊大夫曰:	제의 대부들에게 알렸다.
"無知弑襄公自立,	"무지가 양공을 죽이고 스스로 즉위하여
臣謹行誅.	신이 삼가 죽였습니다.
唯大夫更立公子之當立者,	대부들이 공자 가운데 즉위할 만한 사람을 세우시면
唯命是聽."	오직 명을 따르겠습니다."
初,	처음에
襄公之醉殺魯桓公,	양공이 노환공을 취하게 하여 죽이고
通其夫人,	그 부인과 사통하였으며
殺誅數不當,	죽인 사람이 수를 헤아릴 수 없었고
淫於婦人,	부인들과 음란한 짓을 하였으며

---

44 집해 가규는 말하였다. "거구(渠丘)의 대부이다." 색은 또한 어떤 판본에는 "옹름(雍廩)"으로 되어 있다. 가규는 "거구(渠丘)의 대부이다."라 하였다. 『좌전』에서는 "옹름(雍廩)이 무지(無知)를 죽였다"라 하였으며, 두예는 "옹름(雍廩)은 제의 대부이다."라 하였다. 여기서 "옹림(雍林)에서 놀았는데, 옹림 사람이 무지를 원망한 적이 있어 마침내 그를 습격하여 죽였다"라 하였으니, 아마 옹림을 읍의 이름으로 생각한 것일 것이며 그 곳의 어떤 사람이 무지를 죽였을 것이다. 가규가 말한 "거구의 대부"라고 한 것은 거구가 읍의 이름이고, 옹림은 거구의 대부라는 것이다.

數欺大臣,	대신들을 자주 속여
羣弟恐禍及,	아우들이 화가 미칠 것을 두려워하였으므로
故次弟糾奔魯.	다음 아우 규는 노로 달아났다.
其母魯女也.	그 어머니는 노의 여인이었다.
管仲·召忽傅之.	관중과 소홀이 그를 보좌하였다.
次弟小白奔莒,	다음 아우 소백은 거로 달아났으며
鮑叔傅之.	포숙이 그를 보좌하였다.
小白母,	소백의 어머니는
衞女也,	위의 여인으로
有寵於釐公.	희공의 총애를 받았다.
小白自少好善大夫高傒.⁴⁵	소백은 어려서부터 대부 고혜와 친하였는데
及雍林人殺無知,	옹림의 사람이 무지를 죽이자
議立君,	임금을 세울 것을 의논하면서
高·國先陰召小白於莒.	고 씨와 국 씨는 거에서 몰래 소백을 불렀다.
魯聞無知死,	노에서도 무지가 죽었다는 말을 듣고
亦發兵送公子糾,	또한 군사를 일으켜 공자 규를 보냈으며
而使管仲別將兵遮莒道,	관중에게 따로 군사를 거느리고 거의 길을 막게 하여
射中小白帶鉤.	소백을 쏘아 허리띠의 걸쇠를 맞혔다.
小白詳死,	소백은 죽은 척하였고
管仲使人馳報魯.	관중은 사람을 보내 노로 달려가 알리게 하였다.
魯送糾者行益遲,	노에서 규를 호송하는 자는 행진이 더욱 느려졌고
六日至齊,	6월에 제에 이르니

---

45 집해 가규는 말하였다. "제의 정경(正卿) 고경중(高敬仲)이다." 정의 "傒"의 음은 해(奚)이다.

則小白已入,	소백이 이미 들어와
高傒立之,	고혜가 옹립하였는데
是爲桓公.	바로 환공이다.
桓公之中鉤,	환공은 걸쇠에 (화살을) 맞았을 때
詳死以誤管仲,	죽은 척하여 관중을 속였으며
已而載溫車中馳行,⁴⁶	얼마 후 온거(轀車)에 타고 빨리 달렸고
亦有高·國內應,	또한 고 씨와 국 씨의 내응이 있었으므로
故得先入立,	먼저 들어와 즉위하게 되었으며
發兵距魯.	군사를 일으켜 노를 막았다.
秋,	가을에
與魯戰于乾時,⁴⁷	노와 간시에서 싸웠는데
魯兵敗走,	노의 군사가 패하여 달아나자
齊兵掩絕魯歸道.	제의 군사는 노가 돌아가는 길을 막고 끊었다.
齊遺魯書曰:	제는 노에 서신을 보내어 말하였다.
"子糾兄弟,	"자규는 형제로
弗忍誅,	차마 죽일 수가 없으니
請魯自殺之.	노에서 직접 그를 죽이시오.
召忽·管仲讎也,	소홀과 관중은 원수이니
請得而甘心醢之.	그들을 얻어 젓갈로 담그면 마음이 달가울 것이오.

---

46 **역주** 온거(溫車): 곧 온거(轀車)로, 고대의 와거(臥車)이다. 와거는 일종의 안거(安車)로 이동 중에 잠을 청할 수도 있는 수레이다.

47 **집해** 두예는 말하였다. "간시(乾時)는 제의 땅이다. 시수(時水)는 낙안(樂安)의 경계에 있으며, 지류가 가뭄이 들면 물이 말랐으므로 간시(乾時)라고 하였다."

不然,	그렇지 않으면
將圍魯."	노를 포위할 것이오."
魯人患之,	노의 사람은 근심하여
遂殺子糾于笙瀆.[48]	마침내 생독에서 자규를 죽였다.
召忽自殺,	소홀은 자살하였고
管仲請囚.	관중은 수감될 것을 청하였다.
桓公之立,	환공이 즉위하자
發兵攻魯,	군사를 일으켜 노를 공격하여
心欲殺管仲.	내심 관중을 죽이려고 하였다.
鮑叔牙曰:	포숙아가 말하였다.
"臣幸得從君,	"신은 다행히 임금님을 따르게 되어
君竟以立.	임금님이 마침내 즉위하게 되었습니다.
君之尊,	임금님의 존귀함은
臣無以增君.	신이 임금님께 더 보태드릴 것이 없습니다.
君將治齊,	임금께서 제를 다스리려면
即高傒與叔牙足也.	고혜와 저 숙아로도 충분할 것입니다.
君且欲霸王,	임금께서 패주가 되시고자 한다면
非管夷吾不可.	관이오가 아니면 안 됩니다.
夷吾所居國國重,	이오가 있는 나라는 나라가 중해질 것이니
不可失也."	놓칠 수가 없습니다."

---

48 집해 가규는 말하였다. "노의 땅 구독(句瀆)이다." 색은 가규는 "노의 땅 구독(句瀆)이다."
라 하였다. 추탄생(鄒誕生)의 판본에는 "신독(莘瀆)"으로 되어 있는데, 신(莘)과 생(笙)은 소
리가 서로 가깝다. 생(笙)은 글자 그대로이고, '瀆'의 음은 두(豆)이다. 『논어』에는 "구독(溝
瀆)"으로 되어 있는데, 아마 후대에 소리가 바뀌고 글자가 다르기 때문에 여러 곳의 문장이
같지 않게 되었을 것이다.

於是桓公從之.	이에 환공은 그를 따랐다.
乃詳爲召管仲欲甘心,	이에 관중을 불러 마음을 달갑게 하려는 것처럼 꾸몄는데
實欲用之.	실은 그를 기용하려는 것이었다.
管仲知之,	관중은 이를 알고
故請往.	갈 것을 청하였다.
鮑叔牙迎受管仲,	포숙아는 관중을 영접하여
及堂阜而脫桎梏,[49]	당부에 이르러 수갑과 차꼬를 풀어주었으며
齋祓而見桓公.	목욕재계하고 환공을 뵈었다.
桓公厚禮以爲大夫,	환공은 예를 두터이 하여 대부로 삼고
任政.	정치를 맡겼다.
桓公既得管仲,	환공은 관중을 얻자
與鮑叔 · 隰朋[50] · 高傒修齊國政,	
	포숙, 습붕, 고혜와 함께 제의 정치를 정비하여
連五家之兵,[51]	5호(戶)의 군사를 연으로 하고
設輕重魚鹽之利,[52]	화폐와 어로, 제염의 이익을 설치하여
以贍貧窮,	가난하고 곤궁한 사람을 넉넉하게 하였고

---

49 집해 가규는 말하였다. "당부(堂阜)는 노의 북쪽 경계이다." 두예는 말하였다. "당부는 제의 땅이다. 동완(東莞) 몽음현(蒙陰縣) 서북쪽에 이오정(夷吾亭)이 있는데, 혹자는 포숙(鮑叔)이 이곳에서 이오(夷吾)의 포박을 풀어주었으므로 이렇게 이름 지었다고 하였다."

50 집해 서광은 말하였다. "어떤 판본에는 '붕(崩)'으로 되어 있다."

51 집해 『국어(國語)』에서는 말하였다. "관자(管子)는 국도를 제어하여 5가(家)를 궤(軌)로 하고, 10궤를 이(里)로 하였으며, 4리를 연(連)이라 하였고, 10련을 향(鄉)으로 하여 군령(軍令)으로 삼았다."

52 색은 『관자』에는 백성을 다스리는 「경중(輕重)」의 법 7편이 있다. 경중(輕重)은 돈을 이른다. 또한 물고기를 잡고 소금을 굽는 법이 있다.

祿賢能,	현명하고 능력 있는 사람을 선발하니
齊人皆說.	제의 사람들은 모두 기뻐했다.

二年,	2년에
伐滅郯,[53]	담을 쳐서 멸하니
郯子奔莒.	담자는 거로 달아났다.
初,	처음에
桓公亡時,	환공이 망명하였을 때
過郯,	과에 들렀는데
郯無禮,	담이 무례하게 굴었으므로
故伐之.	친 것이다.

五年,	5년에
伐魯,	노를 쳤는데
魯將師敗.	노의 장사병이 패하였다.
魯莊公請獻遂邑以平,[54]	노장공이 수읍을 바치면서 강화할 것을 청하자
桓公許,	환공이 허락하여
與魯會柯而盟.[55]	노와 가에서 만나 회맹하였다.
魯將盟,	노가 맹약하려는데

---

53 **집해** 서광은 말하였다. "'담(譚)'으로 된 판본도 있다." **색은** 『춘추』에 의하면 노장공(魯莊公) 10년에 "제의 군사가 담(譚)을 멸하였다."라 하였다. 두예는 말하기를 "담국(譚國)은 제남(濟南) 평릉현(平陵縣) 서남쪽에 있다."라 하였다. 그러나 이 담(郯)은 곧 동해(東海)의 담현(郯縣)이어서, 또한 "담(譚)" 자라 해서는 안 될 것이다.

54 **집해** 두예는 말하였다. "수(遂)는 제북(濟北) 사구현(蛇丘縣) 동북쪽에 있다."

55 **집해** 두예는 말하였다. "이 가(柯)는 지금의 제북(濟北) 동아(東阿)로 제의 아읍(阿邑)이며, 축가(祝柯)를 지금 축아(祝阿)라 하는 것과 같다."

曹沫以匕首劫桓公於壇上,[56]　조말이 단 위에서 비수로 환공을 겁박하여

曰:　말하였다.

"反魯之侵地!"　"노를 침탈한 땅을 돌려주시오!"

桓公許之.　환공이 허락하였다.

已而曹沫去匕首,　이윽고 조말은 비수를 버리고

北面就臣位.　북쪽을 향해 신하의 자리로 갔다.

桓公後悔,　환공은 후회하여

欲無與魯地而殺曹沫.　노에 땅을 주지 않고 조말을 죽이려 하였다.

管仲曰:　관중이 말하였다.

"夫劫許之而倍信殺之,[57]　"대체로 겁박 받고 허락하였다가 믿음을 저버리고 죽이신다면

愈一小快耳,　작은 기쁨만 취하는 것일 뿐인데

而弃信於諸侯,　제후의 신의를 버리면

失天下之援,　천하의 지지를 잃을 것이니

不可."　안 됩니다."

於是遂與曹沫三敗所亡地於魯.

　이에 마침내 조말이 세 번 패하여 잃은 땅을 노에 주었다.

諸侯聞之,　제후들은 듣고

皆信齊而欲附焉.　모두 제를 믿고 가까이 하려 하였다.

七年,　7년에

---

56 집해 하휴는 말하였다. "흙의 터는 3척(尺)이며, 계단이 3등(等)인데, 단(壇)이라고 한다. 회맹에 반드시 단이 있는 것은 승강(升降)하고 읍양(揖讓)하기 때문이며 선군(先君)을 일컬으며 서로 접한다."

57 집해 서광은 말하였다. "이미 허락하고는 신의를 저버리고 죽인다고 겁박하였다고도 한다."

諸侯會桓公於甄,[58]　　　제후들은 견에서 환공과 회맹하였으며

而桓公於是始霸焉.　　　환공은 이에 비로소 칭패하였다.

十四年,　　　　　　　14년에

陳厲公子完,[59]　　　　진여공의 아들 완은

號敬仲,　　　　　　　호를 경중이라고 하였는데

來奔齊.　　　　　　　제로 도망쳐왔다.

齊桓公欲以爲卿,　　　제환공이 경으로 삼으려고 하였으나

讓;　　　　　　　　　사양하였으며,

於是以爲工正.[60]　　　이에 공정으로 삼았다.

田成子常之祖也.　　　전성자 상의 선조이다.

二十三年,　　　　　　23년

山戎伐燕,　　　　　　산융이 연을 치자

燕告急於齊.　　　　　연은 제에 위급을 알렸다.

齊桓公救燕,　　　　　제환공은 연을 구원하여

遂伐山戎,　　　　　　마침내 산융을 치고

至于孤竹而還.　　　　고죽까지 이르렀다가 돌아왔다.

燕莊公遂送桓公入齊境.　연장공은 마침내 환공을 전송하다가 제의 경계
　　　　　　　　　　　까지 들어갔다.

桓公曰:　　　　　　　환공이 말하였다.

"非天子,　　　　　　　"천자가 아니면

---

58 **집해** 두예는 말하였다. "견(甄)은 위(衞)의 땅으로, 지금의 동군(東郡) 견성(甄城)이다."

59 **정의** 음은 환(桓)이다.

60 **집해** 가규는 말하였다. "백공(百工)을 관장한다."

諸侯相送不出境,	제후끼리 전송할 때는 국경을 벗어나지 않는데
吾不可以無禮於燕."	내 연에 예의를 차리지 않을 수 없소."
於是分溝割燕君所至與燕,	이에 도랑을 나누어 연의 임금이 이른 곳을 잘라 연에 주고
命燕君復修召公之政,	연의 임금에게 다시 소공의 정치를 수복하고
納貢于周,	주에 공물을 바쳐서
如成康之時.	성·강의 때처럼 하도록 하였다.
諸侯聞之,	제후들이 듣고
皆從齊.	모두 제를 따랐다.
二十七年,	27년 봄
魯湣公母曰哀姜,	노민공의 어머니는 애강이라고 하였는데
桓公女弟也.	환공의 누이였다.
哀姜淫於魯公子慶父,	애강은 노의 공자 경보와 간음하여
慶父弒湣公,	경보는 민공을 죽였는데
哀姜欲立慶父,	에강은 경보를 세우려 하였으나
魯人更立釐公.61	노의 사람들은 다시 희공을 세웠다.
桓公召哀姜,	환공은 애강을 불러
殺之.	죽였다.
二十八年,	28년에
衞文公有狄亂,	위문공은 적의 난으로
告急於齊.	제에 위급함을 알렸다.

---

61 **집해** 서광은 말하였다. "『사기』에는 '희(僖)'자가 모두 '희(釐)'로 되어 있다."

齊率諸侯城楚丘[62]而立衞君.	제는 제후(군)를 이끌고 초구에 성을 쌓아 위의 임금을 세웠다.

二十九年,	29년에
桓公與夫人蔡姬戲船中.	환공은 부인 채희와 뱃놀이를 했다.
蔡姬習水,	채희는 물에 익숙해
蕩公,[63]	공(이 탄 배)을 흔들었는데
公懼,	공이 두려워하여
止之,	말렸는데도
不止,	멈추지를 않아
出船,	배에서 나와
怒,	노하여
歸蔡姬,	채희를 돌려보냈지만
弗絕.	관계를 끊지는 않았다.
蔡亦怒,	채 또한 노하여
嫁其女.	그녀를 시집보냈다.
桓公聞而怒,	환공은 듣고 노하여
興師往伐.	군사를 일으켜 가서 정벌하였다.

三十年春,	30년 봄에
齊桓公率諸侯伐蔡,	제환공은 제후를 이끌고 채를 쳐서

---

62 **집해** 가규는 말하였다. "위(衞)의 땅이다." **색은** 두예는 말하였다. "위에 성을 쌓았다고 말하지 않은 것은 위가 아직 천도하지 않았기 때문이다." 초구(楚丘)는 제음(濟陰) 성무현(城武縣) 남쪽에 있으며, 바로 지금의 위남현(衞南縣)이다.

63 **집해** 가규는 말하였다. "탕(蕩)은 흔드는 것이다."

蔡潰.[64]	채는 궤멸되었다.
遂伐楚.	마침내 초를 쳤다.
楚成王興師問曰:	초성왕은 군사를 일으키고 물었다.
"何故涉吾地?"	"무슨 까닭으로 우리 땅을 침범하였소?"
管仲對曰:	관중이 대답하였다.
"昔召康公命我先君太公曰:	"지난날 소강공이 우리 선군 태공에게 명하였소.
'五侯九伯,	'오후와 구패여
若實征之,	너희는 실로 정벌하여
以夾輔周室.'[65]	주 왕실을 보좌할지어다.'
賜我先君履,[66]	우리 선군께 경계를 밟게 하여
東至海,	동으로는 바다까지 이르고
西至河,	서로는 황하까지 이르며
南至穆陵,	남으로는 목릉까지 이르고
北至無棣.	북으로는 무체까지 이르게 하였소.
楚貢包茅不入,	초는 공물인 포모를 바치지 않아
王祭不具,[67]	왕의 제사를 갖추어 지내지 못해
是以來責.	이 때문에 책임을 물으러 왔소.
昭王南征不復,	소왕이 남정하여 돌아오지 않아
是以來問."[68]	이 때문에 물으러 왔소."

---

64 집해 복건은 말하였다. "백성들이 그 윗사람을 두고 달아난 것을 궤(潰)라고 한다."

65 집해 『좌전』에서는 말하였다. "주공(周公)과 태공(太公)은 주 왕실의 고굉지신(股肱之臣)으로 성왕을 보좌하였다."

66 집해 두예는 말하였다. "밟는 경계이다."

67 집해 가규는 말하였다. "포모(包茅)는 청모(菁茅)를 싸서 궤에 넣는 것으로 제사 때 바치는 것이다." 두예는 말하였다. "『상서(尚書)』에서는 '싸서 궤에 넣는 것은 청모이다(包匭菁茅)'라 하였으며, 포모를 바치는 일을 하지 않은 것을 아직 살피지 않은 것이다."

楚王曰:	초왕이 말하였다.
"貢之不入,	"공물을 바치지 않은 것은
有之,	실로 그러하고
寡人罪也,	과인의 죄이니
敢不共乎!	감히 바치지 않겠습니까?
昭王之出不復,	소왕이 출정하여 돌아오지 않은 것은
君其問之水濱."[68]	임금께서 물가에 물어보셔야 할 것입니다."
齊師進次于陘.[70]	제의 군사는 진군하여 형에 주둔하였다.
夏,	여름에
楚王使屈完將兵扞齊,	초왕은 굴완에게 군사를 거느리고 제를 막게 하였으며
齊師退次召陵.[71]	제의 군사는 물러나 소릉에 주둔하였다.
桓公矜屈完以其衆.	환공은 굴완에게 그 무리를 자랑하였다.
屈完曰:	굴완이 말하였다.
"君以道則可;	"임금께서 도리로 한다면 괜찮을 겁니다.
若不,	그렇지 않다면

---

68 집해 복건은 말하였다. "주소왕(周昭王)이 남방을 순수하여 한수(漢水)를 건너게 되었는데 채 건너지 못하고 배가 부서져서 소왕이 익사하였다. 왕실에서 꺼리어 부고를 내지 않았고 제후들은 그 까닭을 알지 못하였으므로 환공이 구실로 삼아 초에 책문(責問)한 것이다." 색은 송충(宋衷)은 말하였다. "소왕이 남쪽으로 초를 정벌하였는데 신유미(辛由靡)가 보좌하여 한수(漢水)의 중류를 건너다가 (배에서) 떨어졌는데 신유미가 왕을 쫓았으나 결국 죽어서 돌아오지 못하여 주는 이에 그 후손을 서적(西翟)의 제후로 삼았다."

69 집해 두예는 말하였다. "소왕(昭王) 때 한수는 초의 경계가 아니기 때문에 죄의 책임을 받지 않았다."

70 집해 두예는 말하였다. "형(陘)은 초의 땅이며, 영천(潁川) 소릉현(召陵縣) 남쪽에 형정(陘亭)이 있다." 『좌전』에서는 말하였다. "무릇 군사가 하룻밤 묵는 것을 사(舍)라 하며, 두 밤 묵는 것을 신(信)이라 하며, 신(信)을 넘는 것을 차(次)라고 한다."

71 집해 두예는 말하였다. "소릉(召陵)은 영천현(潁川縣)이다."

則楚方城以爲城,[72]	초는 방성산을 성으로 삼고
江·漢以爲溝,	장강과 한수를 해자로 삼을 것이니
君安能進乎?"	임금께서 어찌 진공하실 수 있겠습니까?"
乃與屈完盟而去.	이에 굴완과 맹약을 맺고 떠났다.
過陳,	진을 지나는데
陳袁濤塗詐齊,	진의 원도도가 제를 속여
令出東方,	동쪽으로 나가게 하다가
覺.	발각되었다.
秋,	가을에
齊伐陳.[73]	제는 진을 쳤다.
是歲,	이 해에
晉殺太子申生.	진이 태자 신생을 죽였다.
三十五年夏,	35년 여름에
會諸侯于葵丘.[74]	규구에서 제후들과 회맹하였다.
周襄王使宰孔賜桓公文武胙·彤弓矢·大路,[75]	
	주양왕은 재공을 시켜 환공에게 문왕과 무왕을 제사지낸 고기와 붉은 활과 화살, 대로를 내리게 하고

---

72 **집해** 복건은 말하였다. "방성산(方城山)은 한수 남쪽에 있다." 위소(韋昭)는 말하였다. "방성(方城)은 초 북쪽의 요새이다." 바로 두예가 "방성산은 남양(南陽) 섭현(葉縣) 남쪽에 있다."라 한 것이다. **색은** 「지리지」에서 섭현 남쪽에 장성(長城)이 있는데, 방성(方城)이라고 하였으니 두예와 위소가 말한 것은 설득력이 있으며, 복(服) 씨는 한수 남쪽에 있다고 하였는데 무슨 증빙 근거인지 모르겠다.

73 **집해** 『좌전』에서는 말하였다. "불충함을 토벌한 것이다."

74 **집해** 두예는 말하였다. "진류(陳留) 외황현(外黃縣) 동쪽에 규구(葵丘)가 있다."

命無拜.	절을 하지 말도록 명하였다.
桓公欲許之,	환공은 허락하려고 하였는데
管仲曰"不可",	관중이 "안 됩니다."라 하여
乃下拜受賜.⁷⁶	이에 수레에서 내려 하사품을 받았다.
秋,	가을에
復會諸侯於葵丘,	다시 규구에서 제후들과 회맹하였는데
益有驕色.	더욱 교만한 기색이 있었다.
周使宰孔會.	주는 재공에게 회합에 참석하도록 하였다.
諸侯頗有叛者.⁷⁷	제후 가운데 자못 배반한 자가 있었다.
晉侯病,	진후는 병이 들어
後,	뒤처졌는데
遇宰孔.	재공을 만나게 되었다.
宰孔曰:	재공이 말하였다.
"齊侯驕矣,	"제후는 교만하니
弟無行."	그대는 가지 마십시오."
從之.	그 말 대로 했다.
是歲,	이 해에
晉獻公卒,	진헌공이 죽고
里克殺奚齊·卓子,⁷⁸	이극이 해제와 탁자를 죽였으며

---

75 【집해】 가규는 말하였다. "대로(大路)는 제후의 조복(朝服)의 수레인데 금로(金路)라고 한다." 【역주】 로(路)는 로(輅)와 통하여 쓴다.

76 【집해】 위소(韋昭)는 말하였다. "대청에서 내려가 하사품에 절을 하는 것이다."

77 【집해】 『공양전(公羊傳)』에서는 말하였다. "규구(葵丘)의 회합에서 환공이 위세를 떨쳐 교만하니 등진 나라가 아홉이었다."

78 【집해】 서광은 말하였다. "『사기』에는 '탁(卓)이' 주로 '도(悼)'로 되어 있다." 【정의】 '탁'의 음은 작(丑角反)이다.

秦穆公以夫人入公子夷吾爲晉君.

진목공은 부인 때문에 공자 이오를 들여보내 진의 임금으로 삼았다.

桓公於是討晉亂,

환공은 이에 진의 난을 토벌하려고

至高梁,[79]

고량에 이르러

使隰朋立晉君,

습붕에게 진의 임금을 세우게 하고

還.

돌아왔다.

是時周室微,

이때 주 왕실은 쇠미해졌고

唯齊·楚·秦·晉爲彊.

제, 초, 진, 진만이 강했다.

晉初與會,[80]

진이 막 회맹에 참여했을 때

獻公死,

헌공이 죽어

國內亂.

나라에서는 내란이 일어났다.

秦穆公辟遠,

진목공은 구석지고 멀어

不與中國會盟.

중원 국가의 회맹에 참여하지 않았다.

楚成王初收荊蠻有之,

초성왕은 막 형만을 거두어 가졌으며

夷狄自置.

이적으로 자처하였다.

唯獨齊爲中國會盟,

제 만이 중원 국가의 회맹을 주관하였고

而桓公能宣其德,

환공은 그 덕을 펼 수 있었으므로

故諸侯賓會.

제후들이 회맹에서 복종하였다.

於是桓公稱曰:

이에 환공이 말하였다.

"寡人南伐至召陵,

"과인은 남쪽을 정벌하여 소릉에 이르러

望熊山;

웅산을 바라보았으며,

---

79 **집해** 복건은 말하였다. "진(晉)의 땅이다." 두예는 말하였다. "평양현(平陽縣) 서남쪽에 있다."
80 **정의** 여(與)는 참여한다는 뜻으로 읽으며, 아래도 같다.

北伐山戎·離枝·孤竹;[81]	북쪽으로 산융과 이지, 고죽을 정벌하였고
西伐大夏,	서쪽으로 대하를 정벌하여
涉流沙;[82]	유사를 건넜으며,
束馬懸車登太行,	말의 발을 싸고 수레를 달아 태항산에 올라
至卑耳山[83]而還.	비이산까지 이르렀다 돌아왔소.
諸侯莫違寡人.	제후들은 아무도 과인을 거스르지 못하였소.
寡人兵車之會三,[84]	과인이 병거를 타고 회맹한 것이 세 차례이고
乘車之會六,[85]	수레를 타고 회맹한 것이 여섯 차례로
九合諸侯,	아홉 차례나 제후들을 회합하여
一匡天下.[86]	천하를 한번 바로잡았소.
昔三代受命,	지난날 삼대에서 천명을 받은 것이

---

81 **집해** 「지리지」에서는 영지현(令支縣)에 고죽성(孤竹城)이 있다고 하였는데, 이지(離枝)는 곧 영지(令支)일 것이다. 영(令)과 이(離)는 소리가 서로 가깝다. 응소(應劭)는 말하였다. "'令'의 음은 영(鈴)이다." 영(鈴)과 이(離)는 소리가 또한 가깝다. 『관자』에도 "이(離)" 자로 되어 있다. **색은** '離枝'의 음은 영지(零支)이고, 또 영지(令祗)라고도 하며, 글자 그대로 읽기도 한다. 이지(離枝)와 고죽(孤竹)은 모두 옛 나라 이름이다. 진(秦)에서 이지(離枝)를 현으로 삼았기 때문에 「지리지」에서 요서(遼西) 영지현(令支縣)에 고죽성(孤竹城)이 있다고 하였다. 『이아(爾雅)』에서는 "고죽(孤竹)과 북호(北戶), 서왕모(西王母), 일하(日下)를 사황(四荒)이라고 한다."라 하였다.

82 **정의** 대하(大夏)는 바로 병주(幷州) 진양(晉陽)이다.

83 **정의** '卑'의 음은 벽(壁)이다. 유백장(劉伯莊) 및 위소는 모두 글자 그대로라고 하였다.

84 **정의** 『좌전』에서 말하기를 노장공(魯莊公) 13년에 북행(北杏)에서 회맹하여 송(宋)의 난을 평정하였고, 희공(僖公) 4년에는 채(蔡)를 침공하고, 마침내 초를 쳤으며, 6년에는 정을 정벌하여 신성(新城)을 포위하였다고 하였다.

85 **정의** 『좌전』에서 말하기를 노장공 14년에 견(鄄)에서 회맹하였고, 15년에는 또 견에서 회맹하였으며, 16년에는 유(幽)에서 함께 맹약하였고, 희공 5년에는 수지(首止)에서 회맹하였으며, 8년에는 조(洮)에서 맹약하였고, 9년에는 규구(葵丘)에서 회맹한 것이라 하였다.

86 **정의** 광(匡)은 바로잡는 것이다. 천하를 한번 바로잡았다는 것은 양왕(襄王)을 태자의 지위로 정한 것이다.

有何以異於此乎?	어찌 이와 다르리오?
吾欲封泰山,	내 태산에서 봉의 제사를 지내고
禪梁父."	양보에서 선의 제사를 지내려 하오."
管仲固諫,	관중이 굳이 간하였으나
不聽;	듣지 않았으며,
乃說桓公以遠方珍怪物至乃得封,	환공에게 먼 곳의 진귀한 괴물이 이르러야 봉선제를 올릴 수 있다고 하자
桓公乃止.	환공은 이에 그만두었다.
三十八年,	38년에
周襄王弟帶與戎·翟合謀伐周,	주양왕의 아우 대가 융, 적과 함께 모의하여 주를 쳤는데
齊使管仲平戎於周.	제는 관중으로 하여금 주에서 융을 평정하게 했다.
周欲以上卿禮管仲,	주는 관중을 상경으로 예우하려 하였는데
管仲頓首曰:	관중이 머리를 조아리고 말하였다.
"臣陪臣,	"신은 배신이온데
安敢!"	어찌 감히 바라겠습니까!"
三讓,	세 번 사양하고
乃受下卿禮以見.	이에 하경의 예를 받아들여 뵈었다.
三十九年,	39년에
周襄王弟帶來奔齊.	주양왕의 아우 대가 제로 달아나 왔다.
齊使仲孫請王,	제는 중손을 보내어 왕에게 청하여
爲帶謝.	대를 용서해주도록 하였다.

襄王怒,	양왕은 노하여
弗聽.	그 말을 듣지 않았다.
四十一年,	41년에
秦穆公虜晉惠公,	진목공이 진혜공을 사로잡았다가
復歸之.	다시 돌려보냈다.
是歲,	이 해에
管仲·隰朋皆卒.[87]	관중과 습붕이 모두 죽었다.
管仲病,	관중이 병이 들자
桓公問曰:	환공이 물었다.
"羣臣誰可相者?"	"신하들 가운데 누가 재상이 될 만하겠소?"
管仲曰:	관중이 말하였다.
"知臣莫如君."	"신하를 앎은 임금만한 사람이 없습니다."
公曰:	공이 말하였다.
"易牙如何?"[88]	"역아가 어떻겠소?"
對曰:	대답하였다.
"殺子以適君,	"자식을 죽여 임금에게 맞추는 것은
非人情,	사람의 정리에 맞지 않으니
不可."	안 됩니다."
公曰:	공이 말하였다.

---

87 정의 『괄지지』에서는 말하였다. "관중의 무덤은 청주(靑州) 임치현(臨淄縣) 남쪽 21리 지점 인 우산(牛山) 위에 있으며, 환공(桓公)의 무덤과 이어져 있다. 습붕의 무덤은 청주 임치현 동 북쪽 7리 지점에 있다."

88 정의 곧 옹무(雍巫)이다. 가규는 말하였다. "옹무(雍巫)는 옹(雍) 사람으로 이름이 무(巫)인 데, 역아(易牙)이다."

"開方如何?"	"개방은 어떻겠소?"
對曰:	대답하였다.
"倍親以適君,	"어버이를 등지고 임금에게 맞추는 것은
非人情,	사람의 정리에 맞지 않으니
難近."[89]	가까이 하기 어렵습니다."
公曰:	공이 말하였다.
"豎刀如何?"[90]	"수조는 어떻겠소?"
對曰:	대답하였다.
"自宮以適君,	"스스로 궁형을 받아 임금에게 맞추는 것은

---

89 **집해** 관중은 말하였다. "위공자(衞公子) 개방(開方)은 천승지국의 태자 자리를 떠나 신하로 임금을 섬겼다."

90 **정의** '刀'의 음은 조(鳥條反)이다. 안사고(顏師古)는 말하였다. "수조(豎刀)와 역아(易牙)는 모두 제환공의 신하이다. 관중이 병이 나자 환공이 가서 물어보았다. '무엇으로 과인을 가르치려 하오?' 관중이 말하였다. '임금께서 역아와 수조를 멀리하시기를 바랍니다.' 공이 말하였다. '역아는 그 아들을 삶아서 과인을 기쁘게 하였는데도 의심을 할 수 있겠소?' 대답하였다. '사람의 정리가 그 자식을 사랑하지 않음이 없는데 그 자식에게 차마 한다면 또한 어떻게 임금을 사랑하겠습니까!' 공이 말하였다. '수조는 스스로 궁형을 받고 과인을 가까이하였는데도 의심을 할 수 있겠소?' 대답하였다. '사람의 정리가 그 몸을 사랑하지 않음이 없는데 그 몸에 차마 그렇게 한다면 또한 어떻게 임금을 사랑하겠습니까!' 공이 말하였다. '좋소.' 관중이 마침내 죽자 그대로 따랐는데, 공이 음식을 먹어도 달지 않고 마음이 기쁘지 않은 것이 3년이었다. 공이 말하였다. '중부(仲父)가 너무 지나치지 않은가?' 이에 모두 즉시 불러서 되돌아왔다. 이듬해에 공이 병들자 역아와 수조는 함께 난을 일으켜 궁문을 막고 높은 담을 쌓아 사람을 통하지 않게 했다. 한 여인이 담을 넘어 공이 있는 곳에 이르렀다. 공이 말하였다. '음식을 먹고 싶다.' 여인이 말하였다. '저는 가진 것이 없습니다.' 공이 말하였다. '물을 마시고 싶다.' 여인이 말하였다. '저는 가진 것이 없습니다. 공이 말하였다. '무슨 까닭인가?' 말하였다. '역아와 수조가 함께 난을 일으켜, 궁문을 막고 높은 담을 쌓아 사람을 통하지 않게 했으므로 가진 것이 없습니다.' 공은 개연히 탄식하고 눈물을 흘리면서 말하였다. '아아, 성인이 본 것이 어찌 멀지 않겠는가! 사자(死者)에게 지각이 있다면 내 무슨 면목으로 중부를 보겠는가?' 옷소매를 쓰고 수궁(壽宮)에서 죽었다. 구더기가 방에서 흘러나와 양문(楊門)의 가리개를 덮었으며 두 달 동안 장사를 지내지 못하였다."

非人情,	사람의 정리에 맞지 않으니
難親."	가까이 두기가 어렵습니다."
管仲死,	관중이 죽자
而桓公不用管仲言,	환공은 관중의 말을 쓰지 않고
卒近用三子,	끝내 세 사람을 가까이 하여 써서
三子專權.	세 사람은 권력을 오로지 했다.
四十二年,	42년에
戎伐周,	융족이 주를 치자
周告急於齊,	주는 제에 위급함을 알렸고
齊令諸侯各發卒戌周.	제는 제후들에게 각자 군사를 일으켜 주를 지키게 했다.
是歲,	이 해에
晉公子重耳來,	진의 공자 중이가 와서
桓公妻之.	환공은 (종실의 여인을) 시집보냈다.
四十三年.	43년,
初,	처음에
齊桓公之夫人三:	제환공의 부인은 셋이었는데
曰王姬·徐姬[91]·蔡姬,	왕희와 서희, 채희였으며
皆無子.	모두 아들이 없었다.

---

91 색은 『계본』에서 서(徐)는 영성(嬴姓)이라 하였다. 예에 따르면 부인은 나라 및 성(姓)을 일컫는데 지금 여기서 (徐嬴이라 하지 않고) "서희(徐姬)"라 하였지만 희(姬)는 여러 첩들의 총칭이므로 『한록질령(漢祿秩令)』에서는 "희첩(姬妾)이 수백이었다."라 하였다. 부인 또한 희(姬)로 총칭하였으니 희(姬)는 또한 반드시 다 성은 아닐 것이다.

桓公好內,[92]	환공은 여색을 밝혀
多內寵,	총애하는 여인이 많아
如夫人者六人,	부인 같은 자가 여섯 명이었는데
長衛姬,	장위희는
生無詭;[93]	무궤를 낳았고,
少衛姬,	소위희는
生惠公元;	혜공 원을 낳았으며,
鄭姬,	정희는
生孝公昭;	효공 소를 낳았고,
葛嬴,	갈영은
生昭公潘;	소공 반을 낳았으며,
密姬,	밀희는
生懿公商人;	의공 상인을 낳았고
宋華子,[94]	송화자는
生公子雍.	공자 옹을 낳았다.
桓公與管仲屬孝公於宋襄公,	환공과 관중은 효공을 송양공에게 부탁하고
以爲太子.	태자로 삼았다.
雍巫[95]有寵於衛共姬,	옹무는 위공희의 총애를 받아
因宦者豎刀以厚獻於桓公,	환관 수조를 통하여 환공에게 두터이 바쳐
亦有寵,	또한 총애를 받아

---

92 집해 복건은 말하였다. "내(內)는 부관(婦官)이다."
93 색은 『좌전』에는 "무휴(無虧)"로 되어 있다.
94 집해 가규는 말하였다. "송화씨(宋華氏)의 딸로 자성(子姓)이다."
95 집해 가규는 말하였다. "옹무(雍巫)는 옹(雍)사람으로 이름은 무(巫)이며 역아(易牙)는 자이다." 색은 가규는 옹무를 역아라 하였는데, 어떤 근거인지 알지 못하겠다. 생각건대 『관자(管子)』에 당무(棠巫)가 있는데 옹무(雍巫)와 한 사람일 것이다.

桓公許之立無詭.[96]	환공은 무궤를 세우는 것을 허락하였다.
管仲卒,	관중이 죽자
五公子皆求立.	다섯 공자가 모두 태자로 설 방법을 찾았다.
冬十月乙亥,	겨울 10월 을해일에
齊桓公卒.	제환공이 죽었다.
易牙入,	역아가 들어가
與豎刀因內寵殺羣吏,[97]	수조와 함께 총신을 이용하여 관리들을 죽이고
而立公子無詭爲君.	공자 무궤를 임금으로 세웠다.
太子昭奔宋.	태자 소는 송으로 달아났다.
桓公病,	환공이 병들자
五公子各樹黨爭立.	다섯 공자는 각기 당파를 세워 즉위를 다투었다.
及桓公卒,	환공이 죽자
遂相攻,	마침내 서로 공격하여
以故宮中空,	이 때문에 궁중이 비어
莫敢棺.[98]	아무도 감히 입관을 하지 못했다.
桓公尸在牀上六十七日,	환공의 시신은 침상에서 67일간 방치되어
尸蟲出于戶.	구더기가 방문 밖으로 나왔다.
十二月乙亥,	12월 을해일에
無詭立,	무궤가 즉위하여

---

96 **집해** 두예는 말하였다. "역아는 공의 총애를 받아 장위후(長衛姬)를 위해 태자로 세울 것을 청하였다."

97 **집해** 복건은 말하였다. "부인처럼 총애하는 자가 6명이었다. 군리(羣吏)는 대부들이다." 두예는 말하였다. "내총(內寵)은 내관(內官) 가운데 권세와 총애가 있는 자이다."

98 **정의** 음은 관(古患反)이다.

乃棺赴.	곧 입관하고 부고를 발송했다.
辛巳夜,	신사일 밤에
斂殯.[99]	입렴하고 출빈하였다.

桓公十有餘子,	환공은 아들이 10여 명이었으며
要其後立者五人:	요컨대 나중에 즉위한 자가 5명이었다.
無詭立三月死,	무궤는 즉위한 지 석 달 만에 죽었으며
無謚;	시호가 없다.
次孝公;	다음은 효공이고
次昭公;	다음은 소공
次懿公;	다음은 의공
次惠公.	다음은 혜공이다.
孝公元年三月,	효공 원년 3월에
宋襄公率諸侯兵送齊太子昭而伐齊.	
	송양공이 제후의 군사를 거느리고 제의 태자 소를 호송해 보내면서 제를 쳤다.
齊人恐,	제의 사람들이 두려워하여
殺其君無詭.	그 임금인 무궤를 죽였다.
齊人將立太子昭,	제의 사람들이 태자 소를 세우려는데
四公子之徒攻太子,	네 공자의 무리가 태자를 공격하여
太子走宋,	태자는 송으로 달아났으며
宋遂與齊人四公子戰.	송은 마침내 제의 네 공자와 싸웠다.
五月,	5월에

---

99 **집해** 서광은 말하였다. "렴(斂)은 '임(臨)'으로 된 판본도 있다."

宋敗齊四公子師而立太子昭,	송이 제의 네 공자를 무찌르고 태자 소를 옹립하니
是爲齊孝公.	곧 제효공이다.
宋以桓公與管仲屬之太子,	송은 환공과 관중이 태자를 부탁했기 때문에
故來征之.	와서 정벌한 것이다.
以亂故,	(정국이) 어지러웠기 때문에
八月乃葬齊桓公.[100]	8월이나 되어서 제환공을 장사지냈다.
六年春,	6년 봄에
齊伐宋,	제가 송을 쳤는데
以其不同盟于齊也.[101]	제와의 회맹에 함께하지 않았기 때문이다.
夏,	여름에
宋襄公卒.	송양공이 죽었다.
七年,	7년에
晉文公立.	진문공이 즉위하였다.
十年,	10년에

---

100 집해 『황람』에서는 말하였다. "환공의 무덤은 임치성(臨菑城) 남쪽 7리 지점 치수(菑水)의 남쪽에 있다." 정의 『괄지지』에서는 말하였다. "제환공의 무덤은 임치현(臨菑縣) 남쪽 21리 지점 우산(牛山) 위에 있으며, 정족산(鼎足山)이라고도 하고 우수강(牛首堈)이라고도 하며, 한 곳에 두 개의 봉분이 있다. 진(晉) 영가(永嘉) 말에 사람이 파내어 처음에는 널을 얻었고 다음에는 수은 못을 얻었는데 나쁜 기운이 있어 들어갈 수가 없었으며 며칠이 지나서야 개를 끌고 들어가 금 누에 수십 개를 얻었으며, 구슬 저고리와 옥갑(玉匣), 비단, 군용 기물 등은 이루 헤아릴 수가 없었다. 또한 사람을 순장하였고 해골이 낭자하였다."

101 집해 복건은 말하였다. "노희공(魯僖公) 19년에 제후가 제에서 회맹하였는데 환공의 덕을 잊지 않고자 해서였다. 송양공이 패도(霸道)를 행하고자 하여 회맹에 참여하지 않았으므로 정벌한 것이다."

孝公卒,	효공이 죽자
孝公弟潘因衛公子開方殺孝公子而立潘,	효공의 아우 반이 위공자 개방을 통하여 효공의 아들을 죽이고 반을 옹립하였으니
是爲昭公.	바로 소공이다.
昭公,	소공은
桓公子也,	환공의 아들이며
其母曰葛嬴.	모친은 갈영이다.
昭公元年,	소공 원년
晉文公敗楚於城濮,[102]	진문공이 성복에서 초를 무찌르고
而會諸侯踐土,	천토에서 제후를 회견하고
朝周,	주를 조현하였는데
天子使晉稱伯.[103]	천자는 진에게 패자로 칭하게 하였다.
六年,	6년에
翟侵齊.	적이 제를 침략했다.
晉文公卒.	진문공이 죽었다.
秦兵敗於殽.	진의 군사가 효에서 패하였다.
十二年,	12년에
秦穆公卒.	진목공이 죽었다.
十九年五月,	19년 5월에
昭公卒,	소공이 죽어

---

102 **정의** 가규는 말하였다. "위(衞)의 땅이다."

103 **정의** 음은 패(霸)이다.

子舍立爲齊君.	아들인 사가 제의 임금으로 즉위하였다.
舍之母無寵於昭公,	사의 모친은 소공의 총애를 받지 못하여
國人莫畏.	백성들이 두려워하지 않았다.
昭公之弟商人以桓公死爭立而不得,	
	소공의 아우 상인은 환공이 죽었을 때 군위를 다투었으나 이루지 못하여
陰交賢士,	몰래 현사를 사귀고
附愛百姓,	백성을 안무하고 사랑하여
百姓說.	백성이 기뻐하였다.
及昭公卒,	소공이 죽자
子舍立,	아들 사가 즉위하였는데
孤弱,	외롭고 어려
即與眾十月即墓上弑齊君舍,	곧 사람들과 10월에 무덤에 가자 제의 임금 사를 죽이고
而商人自立,	상인이 스스로 즉위하니
是爲懿公.	바로 의공이다.
懿公,	의공은
桓公子也,	환공의 아들로
其母曰密姬.	그 모친은 밀희이다.
懿公四年春,	의공 4년 봄
初,	처음
懿公爲公子時,	의공이 공자였을 때
與丙戎[104]之父獵,	병융의 부친과 사냥을 하면서

---

104 색은 『좌전』에는 "병(丙)"이 "병(邴)"으로 되어 있으며, 병촉(邴歜)이다.

爭獲不勝,	사냥물을 다투었으나 이기지 못하였는데
及即位,	즉위하자
斷丙戎父足,[105]	(죽은) 병융 부친의 다리를 자르고
而使丙戎僕.[106]	병융에게 수레를 몰게 했다.
庸職之妻好,[107]	용직의 아내는 예뻤는데
公內之宮,	공이 궁으로 들이고
使庸職驂乘.	용직에게 배승하게 하였다.
五月,	5월에
懿公游於申池,[108]	의공은 신지에서 놀았는데,
二人浴,	(병술과 용직) 두 사람이 목욕하면서
戲.	농담을 하였다.
職曰:	직이 말하였다.
"斷足子!"	"다리가 잘린 사람의 아들!"
戎曰:	융이 말하였다.
"奪妻者!"	"아내를 빼앗긴 놈!"
二人俱病此言,	두 사람은 모두 이 말을 치욕스럽게 여겨

---

105 정의 『좌전』에서는 "무덤을 파서 그 다리를 잘랐다(乃掘而刖之)"라 하였는데, 두예는 "그 시신의 다리를 자른 것이다."라 하였다.

106 집해 가규는 말하였다. "복(僕)은 어자(御者)이다."라 하였다.

107 색은 『좌전』에는 "염직(閻職)"으로 되어 있는데 여기서는 "용직(庸職)이라 하였다." 같지 않은 것은 전(傳)에서 말한 "염(閻)"은 성이고, "직(職)"은 이름이다. 여기서는 "용직(庸職)"이라 하였는데, 용(庸)은 성이 아니며 아마 베 짜기를 돌보는 아내를 받은 것을 말할 것이며 역사적인 뜻이 같지 않아서 글자가 다른 것일 뿐이다. 정의 『국어』 및 『좌전』에는 "염직(閻職)"으로 되어 있다.

108 집해 두예는 말하였다. "제 남쪽 성의 서문은 이름이 신문(申門)이다. 제의 성에는 해자가 없는데 이 문의 좌우에만 해자가 있으니 아마 이 문일 것이다." 좌사(左思)의 「제도부(齊都賦)」 주에서는 말하였다. "신지(申池)는 바닷가에 있는 제의 수택(藪澤)이다."

乃怨.	이에 원한을 품었다.
謀與公游竹中,	공과 대나무 숲에서 놀 계책을 세워
二人弒懿公車上,	두 사람은 수레에서 의공을 죽이고
弃竹中而亡去.	대나무 숲에 버리고 도망쳤다.
懿公之立,	의공은 즉위하여
驕,	교만해져서
民不附.	백성이 가까이 하지 않았다.
齊人廢其子而迎公子元於衛,	제의 사람들은 그의 아들을 폐하고 위에서 공자 원을 맞아
立之,	옹립하였는데
是爲惠公.	바로 혜공이다.
惠公,	혜공은
桓公子也.	환공의 아들이다.
其母衛女,	그의 모친은 위의 여인인데
曰少衛姬,	소위희라고 하며
避齊亂,	제의 난리를 피하여
故在衛.	위에 있었다.
惠公二年,	혜공 2년에
長翟來,[109]	장적이 쳐들어왔는데
王子城父攻殺之,[110]	왕자 성보가 그를 공격하여 죽여

---

109 [집해] 『곡량전(穀梁傳)』에서는 말하였다. "몸체가 9묘(畝)에 걸쳐 있었고, 그 머리를 잘라 수레에 실었는데 눈썹이 수레의 가로막대에서 보였다."

110 [집해] 가규는 말하였다. "왕자 성보(王子城父)는 제의 대부이다."

埋之於北門.	북문에 파묻었다.
晉趙穿弑其君靈公.	진의 조천이 그 임금 영공을 죽였다.
十年,	10년에
惠公卒,	혜공이 죽고
子頃公無野立.[111]	아들인 경공 무야가 즉위했다.
初,	처음에
崔杼有寵於惠公,	최저는 혜공의 총애를 받았는데
惠公卒,	혜공이 죽자
高·國畏其偪也,	고 씨와 국 씨가 그의 핍박을 두려워하여
逐之,	그를 쫓아내자
崔杼奔衛.	최저는 위로 달아났다.
頃公元年,	경공 원년에
楚莊王彊,	초장왕이 강하여져
伐陳;	진을 쳤으며,
二年,	2년에는
圍鄭,	정을 포위하여
鄭伯降,	정백이 항복하였는데
已復國鄭伯.	얼마 후 정백의 나라를 회복시켜주었다.
六年春,	6년 봄에
晉使郤克於齊,	진이 극극을 제에 사신으로 보냈는데
齊使夫人帷中而觀之.	제에서 부인으로 하여금 휘장에서 살펴보게 하였다.

---

111 **정의** '頃'의 음은 경(傾)이다.

郤克上,	극극이 올라오자
夫人笑之.	부인이 그를 (보고) 웃었다.
郤克曰:	극극이 말하였다.
"不是報,	"이 원수를 갚지 않으면
不復涉河!"	다시는 황하를 건너지 않으리라!"
歸,	돌아와서
請伐齊,	제를 칠 것을 청하였으나
晉侯弗許.	진후는 그것을 허락지 않았다.
齊使至晉,	제의 사자가 진에 이르자
郤克執齊使者四人河內,	극극은 제의 사자 4명을 하내에서 잡아
殺之.	죽였다.
八年,	8년에
晉伐齊,	진이 제를 치자
齊以公子彊質晉,	제에서는 공자 강을 진에 인질로 보내어
晉兵去.	진의 군사가 떠났다.
十年春,	10년 봄에
齊伐魯·衛.	제가 노와 위를 쳤다.
魯·衛大夫如晉請師,	노와 위는 진으로 가서 군사를 청하였는데
皆因郤克.[112]	모두 극극을 통하였다.
晉使郤克以車八百乘[113]爲中軍將,	
	진에서는 극극으로 하여금 병거 8백 승을 주어 중군장으로 삼았으며

---

112 색은 성공(成公) 2년 『좌전』에 보면 노의 장선숙(臧宣叔)과 위(衛)의 손환자(孫桓子)가 진(晉)으로 갔는데 모두 극극을 주인으로 삼았다고 하였다.

113 집해 가규는 말하였다. "8백 승(乘)은 6만 명이다."

士燮將上軍,	사섭은 상군을 거느리고
欒書將下軍,	난서는 하군을 거느리고
以救魯·衛,	노와 위를 구원하여
伐齊.	제를 쳤다.
六月壬申,	6월 임신일에
與齊侯兵合靡笄下.[114]	제후의 군사와 미계의 아래에서 만났다.
癸酉,	계유일에
陳于鞌.[115]	안에서 진을 쳤다.
逢丑父[116]爲齊頃公右.	방추보가 제경공의 거우(車右)였다.
頃公曰:	경공이 말하였다.
"馳之,	"치달려
破晉軍會食."	진의 군사를 깨뜨리고 모여서 밥을 먹자."
射傷郤克,	극극을 쏘아 부상을 입혀
流血至履.	피가 신발까지 흘렀다.
克欲還入壁,	극극이 누벽으로 돌아가려 하였는데
其御曰:	그의 어자가 말하였다.
"我始入,	"나는 처음 전장에 들어왔는데
再傷,	두 번을 다쳤으나
不敢言疾,	감히 아프다는 말을 하지 않았습니다.
恐懼士卒,	사졸들을 두렵게 할 것이니

---

114 집해 서광은 말하였다. "미(靡)는 어떤 판본에는 '마(摩)'로 되어 있다." 가규는 말하였다. "미계(靡笄)는 산 이름이다." 색은 미(靡)는 글자 그대로다. 미계는 산 이름으로 제남(濟南)에 있으며, 대(代)의 마계산(磨笄山)과는 같지 않다.

115 집해 복건은 말하였다. "안(鞌)은 제의 지명이다."

116 집해 가규는 말하였다. "제의 대부이다."

願子忍之."	그대는 참기를 바랍니다."
遂復戰.	마침내 다시 싸웠다.
戰,	싸우다가
齊急,	제가 위급해졌는데
丑父恐齊侯得,	추보는 제후가 사로잡힐까 걱정하여
乃易處,	곧 자리를 바꾸어
頃公爲右,	경공이 거우가 되었는데
車絓於木而止.[117]	병거가 나무에 걸리어 멈추었다.
晉小將韓厥伏齊侯車前,	진의 소장 한궐이 제후의 수레 앞에 엎드려
曰"寡君使臣救魯·衞",	말하기를 "우리 임금이 신에게 노와 위를 구원하게 했소."라 하며
戲之.	놀려댔다.
丑父使頃公下取飲,[118]	추보가 경공에게 수레에서 내려 마실 것을 가져오게 하여
因得亡,	이에 도망쳐
脫去,	벗어나
入其軍.	제의 군으로 들어갈 수 있었다.
晉郤克欲殺丑父.	진의 극극이 추보를 죽이려 하였다.
丑父曰:	추보가 말하였다.
"代君死而見僇,	"임금 대신 죽으려 하였는데 살육을 당하게 되면
後人臣無忠其君者矣."	후세의 신하들은 그 임금에게 충성을 하지 않을 것이오."

---

117 정의 '絓'는 음이 괘(胡卦反)이다. 멈춘 것은 걸린 것이다.

118 정의 『좌전』에서는 "화천(華泉)에 다 이르렀을 때 곁말이 나무에 걸려 멈추었다. 추보가 공에게 내리게 하여 화천으로 가 물을 떠오게 했다. 정주보(鄭周父)가 좌거(佐車)를 몰고 완패(苑茷)가 거우가 되어 제후(齊侯)를 태우고 벗어나게 되었다."라 하였다.

克舍之,　　　　　　극극이 그를 풀어주어

丑父遂得亡歸齊.　　추보는 마침내 도망쳐 제로 돌아오게 되었다.

於是晉軍追齊至馬陵.[119]　이에 진의 군사는 제를 추적하여 마릉에 이르렀다.

齊侯請以寶器謝,[120]　제후는 보기로 사죄를 청하였으나

不聽;　　　　　　　들지 않았다.

必得笑克者蕭桐叔子,[121]　반드시 극극을 비웃은 소동숙자를 수중에 넣고

令齊東畝.[122]　　제에게 동쪽으로 이랑을 내게 하였다.

對曰:　　　　　　대답하였다.

"叔子,　　　　　　"숙자는

齊君母.　　　　　제 임금의 모친이오.

齊君母亦猶晉君母,　제 임금의 모친은 또한 진 임금의 모친과 같으니

子安置之?　　　　그대가 어떻게 처리하겠소?

且子以義伐而以暴爲後,　또한 그대는 의로 정벌을 하여 폭력으로 끝나게 되었으니

其可乎?"　　　　어찌 되겠소?"

於是乃許,　　　　이에 곧 허락하고

令反魯・衞之侵地.[123]　노와 위의 빼앗은 땅을 돌려주게 하였다.

---

119 집해 서광은 말하였다. "어떤 판본에는 '형(陘)'으로 되어 있다." 가규는 "마형(馬陘)은 제의 땅이다."라 하였다.

120 집해 『좌전』에서는 말하였다. "기(紀)의 언(甗)과 옥경(玉磬)을 바쳤다."

121 집해 두예는 말하였다. "동숙(桐叔)은 소군(蕭君)의 자이며, 제후(齊侯)의 외조부이다. 자(子)는 딸이다. 그 모친을 대놓고 질책하여 말하기가 어려웠으므로 멀리 돌려 말한 것이다." 가규는 말하였다. "소(蕭)는 부용국(附庸國)으로 자성(子姓)이다."

122 집해 복건은 말하였다. "제(齊) 언덕의 밭이랑을 동쪽으로 내게 하려는 것이다." 색은 동쪽으로 밭이랑을 내면 진의 병거가 동쪽 제를 향하여 쉽게 행군할 수 있다.

123 정의 『좌전』에서는 진(晉)의 군사가 제에 이르러 제의 사람으로 하여금 우리나라 문양(汶陽)의 땅을 돌려주게 하였다고 하였다.

十一年,	11년에
晉初置六卿,	진은 처음으로 6경을 설치하고
賞鞌之功.	안의 전역에서 공을 세운 자에게 상을 내렸다.
齊頃公朝晉,	제경공은 진을 조현하고
欲尊王晉景公,124	진경공을 왕으로 높이려 하였는데
晉景公不敢受,	진경공은 감히 받지 않아
乃歸.	이에 돌아왔다.
歸而頃公弛苑囿,	돌아와서 경공은 원유를 없애고
薄賦斂,	징세를 가벼이 하였으며
振孤問疾,	외로운 사람을 진휼하고 병자를 위문하였으며
虛積聚以救民,	쌓이고 모인 것을 비워 백성을 구제하니
民亦大說.	백성들 또한 매우 좋아하였다.
厚禮諸侯.	제후들을 두터이 예우하였다.
竟頃公卒,	경공이 죽을 때까지
百姓附,	백성들이 귀부하여
諸侯不犯.	제후들이 침범하지 않았다.
十七年,	17년에
頃公卒,125	경공이 죽고

---

124 색은 왕소(王劭)는 생각하였다. 장형(張衡)이 말하기를 "예에 제후는 천자를 조현할 때 옥을 잡는데 주면 (천자가) 돌려준다. 제후가 스스로 서로 조현하면 옥을 주지 않는다."라 하였다. 제경공이 전쟁에서 패하여 진을 조현하면서 옥을 주었는데 이는 진후(晉侯)를 왕으로 높이려는 것으로 태사공이 그 뜻을 찾아내어 말한 것이다. 지금 생각해보니 여기서는 "옥을 주었다"라 말하지 않았는데, 왕 씨의 말은 또 무슨 근거인가. 애오라지 기이한 것을 기록하였을 따름이다.

125 집해 『황람』에서는 말하였다. "경공의 무덤은 여상(呂尙)의 무덤과 가깝다."

子靈公環立.	아들인 영공 환이 즉위하였다.
靈公九年,	영공 9년에
晉欒書弑其君厲公.	진의 난서가 그 임금인 여공을 죽였다.
十年,	10년에
晉悼公伐齊,	진 도공이 제를 정벌하여
齊令公子光質晉.	제는 공자 광을 진에 인질로 보냈다.
十九年,	19년에
立子光爲太子,	공자 광을 태자로 세우고
高厚傅之,	고후가 그를 보좌하여
令會諸侯盟於鍾離.[126]	종리에서 제후들과 회맹하게 하였다.
二十七年,	27년에
晉使中行獻子伐齊.[127]	진이 중항헌자에게 제를 정벌하게 하였다.
齊師敗,	제의 군사는 패하였으며
靈公走入臨菑.	영공은 달아나 임치로 들어갔다.
晏嬰止靈公,	안영이 영공을 말렸으나
靈公弗從.	영공은 따르지 않았다.
曰:	말하였다.
"君亦無勇矣!"	"임금께선 참 용기가 없으십니다!"
晉兵遂圍臨菑,	진의 군사가 마침내 임치를 에워쌌는데
臨菑城守不敢出,	임치에서 성을 지키며 감히 나가지 않으니
晉焚郭中而去.	진은 외성을 태우고 떠났다.

---

126 **정의** 『괄지지』에서는 말하였다. "종리(鍾離)의 옛 성은 기주(沂州) 승현(承縣)의 경계에 있다."
127 **색은** 순언(荀偃)의 조부 임보(林父)는 대대로 중항(中行)이었는데, 나중에 성을 중항 씨로 바꾸었다. 헌자(獻子)의 이름은 언(偃)이다.

128

二十八年,	28년
初,	처음에
靈公取魯女,	영공은 노의 여인을 취하여
生子光,	아들 광을 낳아
以爲太子.	태자로 삼았다.
仲姬,	(다른 부인으로) 중희와
戎姬.	융희가 있다.
戎姬嬖,	융희가 총애를 받으니
仲姬生子牙,	중희는 자아를 낳자
屬之戎姬.	융희에게 부탁하였다.
戎姬請以爲太子,	융희가 태자로 삼을 것을 청하자
公許之.	공이 허락하였다.
仲姬曰:	중희가 말하였다.
"不可.	"안 됩니다.
光之立,	광이 (태자로) 서서
列於諸侯矣,[128]	제후의 열에 참여하였는데
今無故廢之,	지금 아무런 까닭도 없이 폐하면
君必悔之."	임금님은 반드시 후회하게 될 것입니다."
公曰:	공이 말하였다.
"在我耳."	"나한테 달렸을 뿐이다."
遂東太子光,[129]	마침내 태자 광을 동쪽으로 보내고
使高厚傅牙爲太子.	고후에게 아를 보좌하게 하고 태자로 삼았다.
靈公疾,	영공이 병들자

---

128 집해 복건은 말하였다. "여러 차례 제후의 정벌과 회맹을 따랐다."
129 집해 가규는 말하였다. "동쪽의 변경으로 옮긴 것이다."

崔杼迎故太子光而立之,	최저가 옛 태자 광을 맞아 옹립하니
是爲莊公.	바로 장공이다.
莊公殺戎姬.	장공은 융희를 죽였다.
五月壬辰,	5월 임진일에
靈公卒,	영공이 죽고
莊公卽位,	장공이 즉위하여
執太子牙於句竇之丘,	구두지구에서 태자 아를 잡아
殺之.	죽였다.
八月,	8월에
崔杼殺高厚.	최저가 고후를 죽였다.
晉聞齊亂,	진은 제의 내란을 듣고
伐齊,	제를 쳐서
至高唐.[130]	고당에 이르렀다.
莊公三年,	장공 3년
晉大夫欒盈[131]奔齊,	진의 대부 난영이 제로 달아나
莊公厚客待之.	장공은 후한 객의 예로 대우하였다.
晏嬰·田文子諫,	안영과 전문자가 간하였지만
公弗聽.	공은 그 말을 듣지 않았다.
四年,	4년에
齊莊公使欒盈閒入晉曲沃[132]爲內應,	제장공은 난영을 진의 곡옥에 들여보내 내응하게 하고

---

130 집해 두예는 말하였다. "고당(高唐)은 축아현(祝阿縣) 서북쪽에 있다."
131 집해 서광은 말하였다. "『사기』에는 거의 '영(逞)'으로 되어 있다."

以兵隨之,	군사를 가지고 따라
上太行,	태항산에 올라
入孟門.[133]	맹문으로 들어갔다.
欒盈敗,	난영이 패하자
齊兵還,	제의 군사는 돌아와
取朝歌.[134]	조가를 취하였다.
六年,	6년
初,	처음
棠公妻好,[135]	당공의 아내는 아름다웠는데
棠公死,	당공이 죽자
崔杼取之.	최저가 차지하였다.
莊公通之,	장공이 사통하여
數如崔氏,	자주 최 씨의 집으로 가서
以崔杼之冠賜人.	최저의 관모를 다른 사람에게 내렸다.
侍者曰:	시자가 말하였다.
"不可."	"안 됩니다."
崔杼怒,	최저는 노하여
因其伐晉,	그가 진을 치는 틈을 타서

---

132 **집해** 가규는 말하였다. "난영(欒盈)의 읍이다."
133 **집해** 가규는 말하였다. "맹문(孟門)과 태항(太行)은 모두 진(晉)의 산으로 좁은 곳이다." **색은** 맹문산(孟門山)은 조가(朝歌)의 동북쪽에 있다. 태항산은 하내(河內) 온현(溫縣) 서쪽에 있다.
134 **집해** 가규는 말하였다. "진(晉)의 읍이다."
135 **집해** 가규는 말하였다. "당공(棠公)은 제 당읍(棠邑)의 대부이다."

欲與晉合謀襲齊而不得閒.	진과 연합하여 제를 습격하길 꾀하려 했지만 기회를 얻지 못했다.
莊公嘗笞宦者賈擧,	장공은 환관 가거를 매질한 적이 있는데
賈擧復侍,	가거가 다시 모시게 되자
爲崔杼閒公[136]以報怨.	최저를 위하여 공의 틈을 보아 원수를 갚으려 했다.
五月,	5월에
莒子朝齊,	거자가 제를 조현하니
齊以甲戌饗之.	제에서는 갑술일에 향연을 베풀어주었다.
崔杼稱病不視事.	최저는 병을 칭탁하여 일을 보지 않았다.
乙亥,	을해일에
公問崔杼病,	공이 최저를 병문안하러 가서
遂從崔杼妻.	마침내 최저의 처가 있는 곳으로 갔다.
崔杼妻入室,	최저의 처는 방으로 들어가
與崔杼自閉戶不出,	최저와 함께 스스로 방문을 닫고 나오지 않자
公擁柱而歌.[137]	공은 기둥을 안고 노래하였다.
宦者賈擧遮公從官而入,	환관 가거가 공의 수행원이 들어가는 것을 막고
閉門,	문을 닫자
崔杼之徒持兵從中起.	최저의 무리가 병기를 들고 안에서 나타났다.
公登臺而請解,	공은 대에 올라 화해를 청하였으나
不許;	허락지 않았다.
請盟,	맹약을 청해도

---

136 **집해** 복건은 말하였다. "공의 빈틈을 엿보는 것이다." **정의** '閒'의 음은 한(閑)이며, 글자 그대로 보기도 한다.

137 **집해** 복건은 말하였다. "공은 강 씨(姜氏)가 자기가 밖에 있는 줄을 알지 못한다고 생각하였으므로 노래하여 명한 것이다. 어떤 사람은 말하기를 공이 속았다는 것을 스스로 알고 나가지 못하게 될까 걱정하였으므로 노래하여 스스로 뉘우친 것이라 하였다."

不許;	허락지 않았으며
請自殺於廟,	사당에서 자살할 것을 청하였는데도
不許.	허락지 않았다.
皆曰:	(최저의 무리가) 모두 말하였다.
"君之臣杼疾病,	"임금님의 신하 최저가 병이 들어
不能聽命.[138]	명을 따를 수 없습니다.
近於公宮.[139]	공궁과 가깝습니다.
陪臣爭趣有淫者,[140]	배신은 음란한 자가 있으면 앞 다투어 잡을 뿐
不知二命."[141]	두 가지 명을 알지 못합니다."
公踰牆,	공이 담을 넘으려 하자
射中公股,	공의 허벅지를 쏘아 맞혀
公反墜,	공이 다시 떨어지자
遂弑之.	마침내 죽였다.
晏嬰立崔杼門外,[142]	안영은 최저의 대문 밖에 서서
曰:	말하였다.
"君爲社稷死則死之,	"임금이 사직을 위해 죽었다면 그를 따라 죽을 것이고

---

138 **집해** 복건은 말하였다. "친히 공의 명을 들을 수 없다는 말이다."

139 **집해** 복건은 말하였다. "최저(崔杼)의 집이 공궁에 가까우며 음자(淫者)는 아마 공을 사칭한 것일 것이다."

140 **집해** 서광은 말하였다. "쟁(爭)은 '한(扞)'으로 된 판본도 있다." **색은** 『좌전』에는 "한취(扞趣)"로 되어 있다. 여기서 "쟁취(爭趣)"라고 한 것은 태사공이 좌 씨(左氏)의 문장을 바꾼 것이다. 배신은 다만 다투어 음란한 자를 잡기만 할 뿐이며 더 이상 다른 명령은 알지 못한다는 말이다.

141 **집해** 두예는 말하였다. "음란한 사람을 잡는데 최자(崔子)의 명을 받아 토벌하고 다른 명은 알지 못한다는 말이다."

142 **집해** 가규는 말하였다. "난(難)을 듣고 온 것이다."

爲社稷亡則亡之.[143]　　사직을 위해 도망쳤다면 그를 따라 도망칠 것이다.

若爲己死己亡,　　사적인 일을 위해 죽고 도망을 간다면

非其私暱,　　사적으로 친한 관계가 아니라면

誰敢任之!"[144]　　누가 감히 그렇게 하겠는가?"

門開而入,　　대문이 열리자 들어가서

枕公尸而哭,　　공의 시신을 누이고 통곡하였으며

三踊而出.　　세 번 뛰고는 나왔다.

人謂崔杼:　　사람들이 최저에게 말하였다.

"必殺之."　　"반드시 죽여야 합니다."

崔杼曰:　　최저가 말하였다.

"民之望也,　　"백성의 명망을 얻은 자이니

舍之得民."[145]　　놔두면 민심을 얻게 될 것이다."

丁丑,　　정축일에

崔杼立莊公異母弟杵臼,[146]　　최저는 장공의 이복동생 저구를 세웠는데

是爲景公.　　바로 경공이다.

景公母,　　경공의 모친은

魯叔孫宣伯女也.　　노 숙손선백의 딸이다.

景公立,　　경공은 즉위하여

---

143 집해 복건은 말하였다. "공의(公義)로 사직을 위하여 죽은 것을 말한다. 이러하다면 신하 또한 그를 따라 죽는다는 것이다."

144 집해 복건은 말하였다. "임금 스스로 자기의 사욕을 앞세워 사망하는 화를 취하였다면 사사로이 가까운 신하가 감당해야 한다는 것을 말하였다." 두예는 말하였다. "사닐(私暱)은 가까이하여 사랑하는 것이다. 가까이하여 사랑하는 것이 아니라면 그 화를 감당할 까닭이 없다."

145 집해 복건은 말하였다. "내버려두면 인심을 얻게 된다는 것이다."

146 집해 서광은 말하였다. "『사기』에는 거의 '저구(箸曰)'로 되어 있다."

以崔杼爲右相,	최저를 우상으로 삼고
慶封爲左相.	경봉을 좌상으로 삼았다.
二相恐亂起,	두 사람은 난이 일어날 것을 두려워하여
乃與國人盟曰:	곧 백성들과 맹세하여 말하였다.
"不與崔慶者死!"	"최저 경봉 편에 서지 않는 자는 죽는다!"
晏子仰天曰:	안자는 하늘을 우러러 말하였다.
"嬰所不獲,	"내가 기용되지 않음은
唯忠於君利社稷者是從!"	오직 임금에게 충성하고 사직을 이롭게 하는 것을 따랐을 따름이다."
不肯盟.	맹세하려 하지 않았다.
慶封欲殺晏子,	경봉이 안자를 죽이려고 하자
崔杼曰:	최저가 말하였다.
"忠臣也,	"충신이니
舍之."	풀어주시오."
齊太史書曰"崔杼弑莊公",	제의 태사가 "최저가 장공을 죽였다"라 쓰자
崔杼殺之.	최저는 그를 죽였다.
其弟復書,	그 아우가 다시 쓰자
崔杼復殺之.	최저는 다시 죽였다.
少弟復書,	작은 아우가 다시 쓰자
崔杼乃舍之.	최저는 그제야 내버려두었다.
景公元年,	경공 원년
初,	처음에
崔杼生子成及彊,	최저는 아들 성 및 강을 낳았으며
其母死,	그 모친이 죽자

取東郭女,　　　　　　　　동곽 씨의 딸을 취하여

生明.　　　　　　　　　　명을 낳았다.

東郭女使其前夫子無咎與其弟偃[147]相崔氏.
　　　　　　　　　　　　동곽 씨의 딸은 그의 전 남편의 아들 무구와 그
　　　　　　　　　　　　동생 언에게 최 씨를 돕게 하였다.

成有罪,[148]　　　　　　　성이 죄를 지어

二相急治之,　　　　　　두 상은 급히 다스려

立明爲太子.　　　　　　명을 태자로 세웠다.

成請老於崔(杼),　　　　성이 최저의 성으로 은퇴하여 물러나기를 청하자

崔杼許之,　　　　　　　최저는 허락하였는데

二相弗聽,　　　　　　　두 상은 그것을 따르지 않고

曰:　　　　　　　　　　말하였다.

"崔,　　　　　　　　　　"최는

宗邑,　　　　　　　　　종묘가 있는 읍이니

不可."[149]　　　　　　　안 됩니다."

成·彊怒,　　　　　　　성과 강이 노하여

告慶封.[150]　　　　　　경봉에게 일렀다.

---

147 정의 두예는 말하였다. "동곽언(東郭偃)은 동곽강(東郭姜)의 동생이다."

148 정의 『좌전』에서는 성(成)이 병들어 폐하였다고 하였다. 두예는 말하기를 악질(惡疾)이 있다고 하였다.

149 집해 두예는 말하였다. "제남(濟南) 동조양현(東朝陽縣) 서북쪽에 최 씨(崔氏)의 성이 있다."

150 정의 『좌전』에서는 말하였다. 성(成)과 강(彊)이 경봉(慶封)에게 말하기를 "부자의 신상은 또한 그대가 아는 바이니 오직 무구(無咎)와 언(偃)만 따르려 하여 부로와 가형이 진언을 할 수 없습니다. 부자를 해칠까 크게 두려워 감히 고합니다."라 하였다. 경봉이 말하였다. "부자에게 이롭기만 하면 반드시 없애버리겠소. 어려움에 처하면 내 반드시 그대를 도울 것이오." 이에 최씨의 조정에서 동곽언과 당무구(棠無咎)를 죽였다. 그 처 및 최저는 모두 목을 매 죽고 최명(崔明)은 노로 달아났다.

慶封與崔杼有郤,	경봉은 최저와 틈이 벌어져
欲其敗也.	그를 패망시키려 하였다.
成·彊殺無咎·偃於崔杼家,	성과 강은 최저의 집에서 무구와 언을 죽였으며
家皆奔亡.	집안 사람들은 모두 달아났다.
崔杼怒,	최저는 노하였으나
無人,	사람이 없어
使一宦者御,	한 환관에게 수레를 몰게 하여
見慶封.	경봉을 만났다.
慶封曰:	경봉이 말하였다.
"請爲子誅之."	"청컨대 그대를 위해 죽여주겠소."
使崔杼仇盧蒲嫳[151]攻崔氏,	최저의 원수 노포별에게 최 씨를 공격하게 하여
殺成·彊,	성과 강을 죽였으며
盡滅崔氏,	최 씨를 모두 멸하였고
崔杼婦自殺.	최저의 부인은 스스로 목숨을 끊었다.
崔杼毋歸,[152]	최저는 돌아갈 곳이 없어
亦自殺.	또한 스스로 목숨을 끊었다.
慶封爲相國,	경봉은 상국이 되어
專權.	권력을 장악하였다.
三年十月,	3년 10월에
慶封出獵.	경봉이 사냥을 나갔다.
初,	처음에

---

151 집해 가규는 말하였다. "별(嫳)은 제의 대부 경봉의 편이다."
152 색은 무(毋)는 무(無)의 뜻으로 읽는다.

慶封已殺崔杼,	경봉은 최저를 죽이고 나서
益驕,	더욱 교만해져
嗜酒好獵,	술을 즐기고 사냥을 좋아하여
不聽政令.	정령을 돌보지 않았다.
慶舍用政,[153]	경사가 정권을 장악하자
已有內郤.	이미 안으로부터 틈이 벌어졌다.
田文子謂桓子曰:	전문자가 환자에게 말하였다.
"亂將作."	"난이 일어날 것이다."
田·鮑·高·欒氏相與謀慶氏.	전, 포, 고, 난 씨는 서로 더불어 경씨의 처리를 모의했다.
慶舍發甲圍慶封宮,	경사는 무장병을 일으켜 경봉의 집을 포위하였는데
四家徒共擊破之.	네 가문의 도당이 함께 그를 깨뜨렸다.
慶封還,	경봉이 돌아왔는데
不得入,	들어가지 못하게 되어
奔魯.	노로 달아났다.
齊人讓魯,	제의 사람이 노를 책망하자
封奔吳.	경봉은 오로 달아났다.
吳與之朱方,	오는 그에게 주방을 주고
聚其族而居之,	그 일족을 모아서 살았는데
富於在齊.	제에 있을 때보다 부유했다.
其秋,	그해 가을

---

153 집해 복건은 말하였다. "사(舍)는 경봉의 아들이다. 살아서 그 직책과 정치를 아들에게 전하였다."

齊人徙葬莊公,　　제의 사람이 장공을 이장하면서

僇崔杼尸於市以說衆.　저자에서 최저를 육시하여 백성을 기쁘게 했다.

九年,　　9년에

景公使晏嬰之晉,　　경공은 안영을 진으로 출사하게 하였는데

與叔向私語曰:　　숙상과 사사로이 말하였다.

"齊政卒歸田氏.　　"제의 정권은 결국 전씨에게 돌아갈 것입니다.

田氏雖無大德,　　전 씨가 비록 큰 덕은 없지만

以公權私,　　공권력을 사사로이 써서

有德於民,　　백성에게 덕을 베풀어

民愛之."　　백성들이 그를 사랑합니다."

十二年,　　12년에

景公如晉,　　경공은 진으로 가서

見平公,　　평공을 찾아보고

欲與伐燕.　　함께 연을 치려고 했다.

十八年,　　18년에

公復如晉,　　공은 다시 진으로 가서

見昭公.　　소공을 만났다.

二十六年,　　26년에

獵魯郊,　　노의 교외에서 사냥을 하다가

因入魯,　　노로 들어가게 되었는데

與晏嬰俱問魯禮.　　안영과 함께 노의 예를 물어보았다.

三十一年,　　31년에

魯昭公辟季氏難,　　노소공은 계씨의 난을 피하여

奔齊.　　제로 달아났다.

齊欲以千社封之,[154]	제는 천 사로 그를 봉하려 하였는데
子家止昭公,	자가가 소공을 제지하여
昭公乃請齊伐魯,	소공은 이에 제에게 노를 칠 것을 청하여
取鄆[155]以居昭公.	운을 빼앗아 노소공을 거처하게 하였다.
三十二年,	32년에
彗星見.	혜성이 나타났다.
景公坐柏寢,	경공은 백침에 앉아
嘆曰:	탄식하였다.
"堂堂!	"당당하구나!
誰有此乎?"[156]	누가 이를 가지겠는가?"
羣臣皆泣,	신하들이 모두 눈물을 흘리는데
晏子笑,	안자가 웃자
公怒.	공이 노하였다.
晏子曰:	안자가 말하였다.
"臣笑羣臣諛甚."	"신은 신하들의 아첨이 심하여 웃었습니다."
景公曰:	경공이 말하였다.
"彗星出東北,	"혜성이 동북쪽에서 나왔는데
當齊分野,	제의 분야에 해당하니
寡人以爲憂."	과인이 근심한 것이다."
晏子曰:	안자가 말하였다.

---

154 [집해] 가규는 말하였다. "25가(家)가 1사(社)이다. 천 사는 2만 5천 가이다."

155 [정의] 운(鄆)은 운성(鄆城)이다.

156 [집해] 복건은 말하였다. "경공은 스스로 덕이 박하여 제를 오래 향유할 수 없을까 두려워하였으므로 '누가 이를 가지겠는가?'라 한 것이다."

“君高臺深池,　　　　　　　　“임금께선 누대를 높이 짓고 못을 파면서도

賦斂如弗得,　　　　　　　　　세금을 거둠은 얻지 못할 듯이 하고

刑罰恐弗勝,　　　　　　　　　형벌은 이기지 못할 듯이 하니

茀星[157]將出,　　　　　　　　　패성이 나타나려 한들

彗星[158]何懼乎?”　　　　　　　혜성이 무엇이 두렵습니까?”

公曰:　　　　　　　　　　　　공이 말하였다.

“可禳否?”　　　　　　　　　　“푸닥거리를 할 수 있겠는가?”

晏子曰:　　　　　　　　　　　안자가 말하였다.

“使神可祝而來,[159]　　　　　　“신에게 축원하게 하여 올 수 있다면

亦可禳而去也.　　　　　　　　또한 푸닥거리를 하여 없앨 수 있습니다.

百姓苦怨以萬數,　　　　　　　괴로워하고 원망하는 백성이 만을 헤아리는데

而君令一人禳之,　　　　　　　임금께선 한 사람에게 푸닥거리를 하게 하시니

安能勝衆口乎?”　　　　　　　어찌 뭇사람들의 입을 이길 수 있겠습니까?”

是時景公好治宮室,　　　　　　이때 경공은 궁실 가꾸는 것을 좋아하여

聚狗馬,　　　　　　　　　　　개와 말을 모으고

奢侈,　　　　　　　　　　　　사치하였으며

厚賦重刑,　　　　　　　　　　세금을 많이 걷고 형벌을 무겁게 하였으므로

故晏子以此諫之.　　　　　　　안자는 이를 가지고 간한 것이다.

四十二年,　　　　　　　　　　42년에

吳王闔閭伐楚,　　　　　　　　오왕 합려가 초를 쳐서

入郢.　　　　　　　　　　　　영으로 들어갔다.

---

157 정의 '茀'의 음은 패(佩)이다. 객성(客星)이 가까이 침범하여 해치려 한다는 것을 이른다.

158 정의 '彗'의 음은 혜(息歲反)이다. 비[彗]와 같은 형태로 나타나면 그 경계가 어지럽게 된다.

159 정의 '祝'의 음은 축(章受反)이다.

四十七年,	47년에
魯陽虎攻其君,	노의 양호가 그 임금을 공격하였는데
不勝,	이기지 못하여
奔齊,	제로 달아나
請齊伐魯.	제에게 노를 칠 것을 청하였다.
鮑子諫景公,	포자가 경공에게 간하여
乃囚陽虎.	곧 양호를 가두었다.
陽虎得亡,	양호는 도망쳐서
奔晉.	진으로 달아났다.

四十八年,	48년에
與魯定公好會夾谷.[160]	노정공과 협곡에서 강화의 회맹을 하였다.
犂鉏[161]曰:	이서가 말하였다.
"孔丘知禮而怯,	"공구는 예를 알지만 겁이 많으니
請令萊人爲樂,[162]	청컨대 내의 사람들로 하여금 음악을 연주하게 하고
因執魯君,	그 틈을 타 노의 임금을 잡으면
可得志."	뜻을 얻게 될 것입니다."
景公害孔丘相魯,	경공은 공구가 노의 상이 된 것을 해롭게 여겨
懼其霸,	패권을 잡을까 두려워하였으므로
故從犂鉏之計.	이서의 계책을 따랐다.
方會,	바야흐로 회담이 진행되고

---

160 **집해** 복건은 말하였다. "바로 동해(東海) 축기현(祝其縣)이다."
161 **색은** '且'의 음은 저(即餘反)이다. 곧 이미(犂彌)이다.
162 **집해** 두예는 말하였다. "내(萊) 사람들은 제가 멸한 내이(萊夷)이다."

進萊樂,	내 사람을 들여 음악을 연주하게 하자
孔子歷階上,	공자는 계단 위로 올라가
使有司執萊人斬之,	유사에게 내 사람을 잡아 참수하게 하고
以禮讓景公.	예로 경공을 꾸짖었다.
景公慙,	경공은 부끄러워하여
乃歸魯侵地以謝,	이에 노에게서 빼앗은 땅을 돌려주고 사죄하였으며
而罷去.	회맹을 마치고 떠났다.
是歲,	이 해에
晏嬰卒.	안영이 죽었다.
五十五年,	55년에
范·中行反其君於晉,	범 씨와 중항 씨가 진에서 임금에게 반기를 들었는데
晉攻之急,	진이 그들을 다급하게 공격하자
來請粟.	와서 양식을 청하였다.
田乞欲爲亂,	전걸이 반란을 일으키고자 하여
樹黨於逆臣,	역신들과 도당을 세우고
說景公曰:	경공을 유세하여 말하였다.
"范·中行數有德於齊,	"범 씨와 중항 씨는 자주 제에 덕을 베풀었으므로
不可不救."	구원해주지 않을 수 없습니다."
乃使乞救而輸之粟.	이에 걸에게 구원하고 양식을 날라주게 하였다.
五十八年夏,	58년 여름에
景公夫人燕姬適子死.	경공의 부인 연희의 적자가 죽었다.
景公寵妾芮姬生子荼,[163]	경공의 애첩 예희가 아들 도를 낳았는데

茶少,	도는 어린데다
其母賤,	그 모친은 천하고
無行,	품행이 바르지 못하여
諸大夫恐其爲嗣,	대부들은 그가 후사를 이을까 걱정하여
乃言願擇諸子長賢者爲太子.	이에 공자들 가운데 나이가 많고 현명한 자를 택하여 태자로 삼기를 바란다고 하였다.
景公老,	경공은 늙어
惡言嗣事,	후사의 일을 말하는 것을 싫어하였으며
又愛茶母,	또한 도의 모친을 사랑하여
欲立之,	세우고자 하였으나
憚發之口,	입 밖에 내는 것을 꺼리어
乃謂諸大夫曰:	이에 대부들에게 말하였다.
"爲樂耳,	"즐길 따름이지
國何患無君乎?"	나라에 임금 없는 것이 무슨 근심인가?"
秋,	가을에
景公病,	경공은 병들어
命國惠子·高昭子[164]立少子茶爲太子,	국혜자와 고소자에게 어린 아들 도를 태자로 세우도록 명하였다.
逐羣公子,	공자들을 쫓아내어
遷之萊.[165]	내로 옮겼다.

---

163 **색은** 『좌전』에서 "육사(鬻姒)의 아들 도폐(荼壁)"라고 하였으니 도(荼)의 모친의 성은 사(姒)이다. 여기서는 "예희(芮姬)"라 하여 같지 않다. 초주는 『좌씨』에 의하여 "육사(鬻姒)"라 하였으며, 추탄생의 판본에는 "예후(芮姁)"로 되어 있다. '姁'의 음은 후(五句反)이다.

164 **집해** 두예는 말하였다. "혜자(惠子)는 국하(國夏)이다. 소자(昭子)는 고장(高張)이다."

165 **집해** 복건은 말하였다. "내(萊)는 제 동쪽의 변읍이다."

景公卒,[166]	경공이 죽자
太子荼立,	태자 도가 즉위하였으니
是爲晏孺子.	바로 안유자이다.
冬,	겨울에
未葬,	장례를 치르지도 않았는데
而羣公子畏誅,	공자들은 죽임을 당할까 두려워하여
皆出亡.	모두 도망쳤다.
荼諸異母兄公子壽[167]·駒·黔[168]奔衞,[169]	도의 이복 형들인 공자 수와 구, 검은 위로 달아났고
公子駔[170]·陽生奔魯.[171]	공자 장과 양생은 노로 달아났다.
萊人歌之曰:	내의 사람들이 노래하였다.
"景公死乎弗與埋,	"경공이 죽었는데 매장을 하는 곳에 가지 못하였고
三軍事乎弗與謀,[172]	삼군의 일을 도모함에 참여하지 못하였으니
師乎師乎,	무리들이여 무리들이여
胡黨之乎?"[173]	어디로 가려는가?"

---

166 **집해** 『황람』에서는 말하였다. "경공(景公)의 무덤은 환공의 무덤과 같은 곳에 있다."

167 **색은** "가(嘉)"로 된 판본도 있다.

168 **정의** 세 공자(公子)이다.

169 **집해** 서광은 말하였다. "어떤 판본에서는 '수(壽)와 검(黔)은 위(衞)로 달아났다.'라 하였다." **색은** 세 사람은 위(衞)로 달아났다.

170 **색은** 『좌전』에는 "서(鉏)"로 되어 있다.

171 **색은** 두 사람은 노로 달아나 모두 다섯 공자이다.

172 **집해** 복건은 말하였다. "내(萊)의 사람이 다섯 공자가 멀리 변읍으로 옮겨져 경공을 매장하는 일 및 나라의 삼군의 계모에 참여하지 못하게 된 것을 보았으므로 불쌍히 여기어 노래한 것이다." 두예는 말하였다. "시호를 일컬었으니 아마 매장을 한 후에 이 노래를 불렀을 것이며 공자들이 있을 곳을 잃은 것을 슬퍼 여긴 것이다."

173 **집해** 복건은 말하였다. "사(師)는 무리이다. 당(黨)은 장소이다. 공자들의 무리가 어디로 가려는가 말하는 것이다."

晏孺子元年春,	안유자 원년 봄에
田乞僞事高·國者,	전걸은 거짓으로 고씨와 국씨를 섬기며
每朝,	매일 아침
乞驂乘,	걸이 배승하여
言曰:	말하였다.
"子得君,	"그대가 임금(의 총애)을 얻으면
大夫皆自危,	대부들이 모두 스스로 위태롭게 여겨
欲謀作亂."	난을 일으킬 계책을 세우려 할 것입니다."
又謂諸大夫曰:	또 대부들에게 말하였다.
"高昭子可畏,	"고소자는 두려워할 만하니
及未發,	시작하기 전에
先之."	먼저 손을 써야 합니다."
大夫從之.	대부들이 따랐다.
六月,	6월에
田乞·鮑牧乃與大夫以兵入公宮,	전걸과 포목이 이에 대부들과 군사를 가지고 공궁에 들어가
攻高昭子.	고소자를 공격하였다.
昭子聞之,	소자가 듣고
與國惠子救公.	국혜자와 함께 공을 구원하였다.
公師敗,	공의 군사가 패하였으며
田乞之徒追之,	전걸의 무리가 쫓아
國惠子奔莒,	국혜자가 거로 달아나자
遂反殺高昭子.	마침내 돌아와 고소자를 죽였다.
晏圉奔魯.[174]	안어는 노로 달아났다.

八月,	8월에는
齊秉意茲.175	제의 병의자(가 노로 도망하)였다.
田乞敗二相,	전걸은 두 재상을 패배시키고
乃使人之魯召公子陽生.	곧 노로 사람을 보내어 공자 양생을 불렀다.
陽生至齊,	양생은 제에 이르러
私匿田乞家.	전걸의 집에 숨었다.
十月戊子,	10월 무자일에
田乞請諸大夫曰:	전걸이 대부들에게 청하였다.
"常之母有魚菽之祭,176	"전상의 모친이 물고기와 콩으로 제사를 지냈는데
幸來會飲."	와서 모여 술을 마셨으면 합니다."
會飲,	모여서 마시는데
田乞盛陽生橐中,	전걸은 양생을 자루에 넣어 두고
置坐中央,	자리의 한복판에 두었다가
發橐出陽生,	자루를 열어 양생을 나오게 하면서
曰:	말하였다.
"此乃齊君矣!"	"이 분이 바로 제의 임금이십니다!"
大夫皆伏謁.	대부들은 모두 엎드려 뵈었다.
將與大夫盟而立之,	대부들과 맹세하여 세우려하는데
鮑牧醉,	포목이 술이 취하자
乞誣大夫曰:	전걸이 대부들을 속여 말하였다.

---

174 집해 가규는 말하였다. "어(圉)는 안영(晏嬰)의 아들이다."
175 집해 서광은 말하였다. "『좌전』의 8월에는 제의 병의자(邴意茲)가 노로 달아났다고 하였다."
176 집해 하휴는 말하였다. "제의 풍속에 부인이 처음으로 제사를 지내는 일이다. 물고기와 콩이라고 한 것은 보잘것없어 있는 것이 없음을 보여주는 것이다."

"吾與鮑牧謀共立陽生."   "나와 포목이 함께 양생을 세울 모의를 하였습니다."

鮑牧怒曰: 포목이 노하여 말하였다.

"子忘景公之命乎?"   "그대는 경공의 유명을 잊었는가?"

諸大夫相視欲悔,   대부들이 서로 바라보며 뉘우치려는데

陽生前,   양생이 나와

頓首曰: 머리를 조아리며 말하였다.

"可則立之,   "세울 만하면 세우고

否則已."   아니면 그만 두십시오."

鮑牧恐禍起,   포목은 화가 일어날까 두려워하여

乃復曰: 곧 다시 말하였다.

"皆景公子也,   "모두 경공의 아들이니

何爲不可!"   어찌 안 되겠습니까!"

乃與盟,   곧 맹세에 참여하여

立陽生,   양생을 세우니

是爲悼公.   바로 도공이다.

悼公入宮,   도공은 궁으로 들어가

使人遷晏孺子於駘,[177]   사람을 시켜 안유자를 태로 옮기어

殺之幕下,   장막에서 죽이고

而逐孺子母芮子.   유자의 모친 예자를 쫓아냈다.

芮子故賤而孺子少,   예자는 본래 천하였고 유자는 어렸으므로

故無權,   권력이 없었으며

國人輕之.   백성들이 깔보았다.

---

177 집해 가규는 말하였다. "제의 읍이다."

悼公元年,　　　　　도공 원년에

齊伐魯,　　　　　　제가 노를 쳐서

取讙·闡.[178]　　　　환과 천을 빼앗았다.

初,　　　　　　　처음에

陽生亡在魯,　　　　양생이 망명하여 노에 있을 때

季康子以其妹妻之.　계강자는 그 누이를 시집보냈다.

及歸即位,　　　　　돌아와 즉위하자

使迎之.　　　　　맞이하게 하였다.

季姬與季魴侯通,[179]　계희는 계방후와 사통하여

言其情,　　　　　그 사정을 말하였는데

魯弗敢與,　　　　노는 감히 보내주지 않았으므로

故齊伐魯,　　　　제는 노를 쳐서

竟迎季姬.　　　　마침내 계희를 맞았다.

季姬嬖,　　　　　계희가 총애를 받자

齊復歸魯侵地.　　제는 노에게서 빼앗은 땅을 다시 돌려주었다.

鮑子與悼公有郤,　　포자는 도공과 틈이 생겨

不善.　　　　　　사이가 좋지 못했다.

四年,　　　　　　4년에

吳·魯伐齊南方.　　오와 노가 제의 남쪽을 쳤다.

鮑子弑悼公,　　　포자는 도공을 죽이고

---

178 〔집해〕 두예는 말하였다. "천(闡)은 동평(東平) 강현(剛縣) 북쪽에 있다." 〔색은〕 두 읍 이름이 다. 환(讙)은 지금의 박성현(博城縣) 서남쪽에 있다. 두예는 말하였다. "천은 동평 강현 북쪽 에 있다."

179 〔집해〕 두예는 말하였다. "방후(魴侯)는 강자(康子)의 숙부이다."

赴于吳.	오에 부고를 보냈다.
吳王夫差哭於軍門外三日,	오왕 부차는 군문 밖에서 사흘간 곡을 하고
將從海入討齊.	바다로 들어가 제를 치려고 했다.
齊人敗之,	제의 사람이 무찌르자
吳師乃去.	오의 군사는 곧 떠났다.
晉趙鞅伐齊,	진의 조앙이 제를 쳐서
至賴而去.[180]	뇌읍까지 이르렀다가 떠났다.
齊人共立悼公子壬,	제의 사람들은 함께 도공의 아들 임을 옹립하였는데
是爲簡公.[181]	바로 간공이다.
簡公四年春,	간공 4년 봄
初,	처음에
簡公與父陽生俱在魯也,	간공이 부친 양생과 함께 노에 있을 때
監止有寵焉.[182]	감지가 총애를 받았다.
及即位,	(간공이) 즉위하자
使爲政.	(감지에게) 국정을 맡겼다.
田成子憚之,	전성자가 꺼리어
驟顧於朝.[183]	조정에서 자주 찾아보았다.
御鞅[184]言簡公曰:	어앙이 간공에게 말하였다.
"田·監不可並也,	"전 씨와 감 씨는 양립할 수 없으므로

---

180 집해 복건은 말하였다. "뇌(賴)는 제의 읍이다."
181 집해 서광은 말하였다. "「연표(年表)」에서 간공(簡公) 임(壬)은 경공의 아들이라고 하였다."
182 집해 가규는 말하였다. "감지(監止)는 자아(子我)이다." 색은 감(監)은 『좌전』에는 "감(闞)"으로 되어 있으며, 음은 감(苦濫反)이다. 감(闞)은 동평(東平) 수창현(須昌縣) 동남쪽에 있다.
183 집해 두예는 말하였다. "마음이 불안하였으므로 자주 찾아본 것이다."

君其擇焉."[185]	임금님께서는 택일하여야 합니다."
弗聽.	따르지 않았다.
子我夕,[186]	자아가 저녁에 조회하러 가는데
田逆殺人,	전역이 살인을 저지르고
逢之,[187]	그를 만나
遂捕以入.[188]	마침내 체포하여 (조정에) 들어갔다.
田氏方睦,[189]	전 씨는 바야흐로 화목하였는데
使囚病而遺守囚者酒,[190]	죄수에게 병든척하게 하여 간수에게 술을 보내어
醉而殺守者,	취하자 간수를 죽이고
得亡.	도망칠 수 있었다.
子我盟諸田於陳宗.[191]	자아는 진 씨의 종묘에서 전씨와 맹약하였다.
初,	처음에

---

184 **집해** 가규는 말하였다. "앙(鞅)은 제의 대부이다." **색은** 앙(鞅)은 이름이며, 마차를 모는 관직이었으므로 어앙(御鞅)이라고 하였으며, 또한 전 씨(田氏)의 일족이다. 『계본』에 의하면 진(陳) 환자무우(桓子無宇)는 자미(子亹)를 낳았으며, 자미는 자헌(子獻)을 낳고, 자헌은 앙(鞅)을 낳았다.

185 **집해** 두예는 말하였다. "한 사람을 가려서 쓰는 것이다."

186 **집해** 복건은 말하였다. "저녁에 정사를 돌보는 것이다."

187 **집해** 복건은 말하였다. "자아(子我)는 저녁에 임금에게 가서 정사를 처리하려 하여 전역이 사람을 죽이는 것을 마주치게 된 것이다." 두예는 말하였다. "역(逆)이 자행(子行)이다. 진씨(陳氏)의 종친이다."

188 **집해** 두예는 말하였다. "역(逆)을 잡아서 조정에 들어가 이른 것이다."

189 **집해** 복건은 말하였다. "진상(陳常)이 바야흐로 제를 차지하고자 꾀하려 하였으므로 그 종족과 화목하였다."

190 **집해** 복건은 말하였다. "진역(陳逆)에게 병을 사칭하게 하여 보낸 것이다."

191 **집해** 복건은 말하였다. "자아(子我)는 진역(陳逆)이 살아나가게 된 것을 보고 진 씨의 원한을 사게 될까 두려워하였으므로 맹약을 맺어 화의를 청한 것이다. 진종(陳宗)은 종장(宗長)의 집이다."

田豹欲爲子我臣,[192]	전표는 자아의 가신이 되고자 하여
使公孫言豹,[193]	공손으로 하여금 표에게 말하게 하였는데
豹有喪而止.	전표가 상을 당하여 그만두었다.
後卒以爲臣,[194]	나중에 마침내 가신이 되어
幸於子我.	자아의 총애를 받았다.
子我謂曰:	자아가 말하였다.
"吾盡逐田氏而立女,	"내가 전 씨를 모두 쫓아내고 그대를 세우려 하는데
可乎?"	되겠습니까?"
對曰:	대답하였다.
"我遠田氏矣.[195]	"나는 먼 전 씨요.
且其違者不過數人,[196]	또한 어기는 자는 몇 사람에 지나지 않는데
何盡逐焉!"	어찌 다 쫓아내겠소?"
遂告田氏.	마침내 전 씨에게 일렀다.
子行曰:	자행이 말하였다.
"彼得君,	"저는 임금(의 총애)을 얻었으니
弗先,	선수를 치지 않으면
必禍子."[197]	반드시 그대에게 화가 될 것입니다."
子行舍於公宮.[198]	자행은 공궁에서 살게 되었다.

---

192 집해 가규는 말하였다. "표(豹)는 진 씨(陳氏)의 종족이다."
193 집해 가규는 말하였다. "공손(公孫)은 제의 대부이다." 두예는 말하였다. "언(言)은 중개하여 이르게 한다는 뜻이다."
194 집해 두예는 말하였다. "상을 마친 것이다."
195 집해 복건은 말하였다. "나는 진 씨(陳氏)와 먼 종족이라는 말이다."
196 집해 복건은 말하였다. "어긴다는 것은 자아(子我)를 따르지 않는 것이다."
197 집해 복건은 말하였다. "저[彼]는 감지(闞止)를 이른다. 자(子)는 진상(陳常)을 이른다."
198 집해 복건은 말하였다. "공궁에 머무르면서 진 씨를 위해 간첩이 된 것이다."

夏五月壬申,	여름 5월 임신일에
成子兄弟四乘如公.[199]	성자 형제의 수레 네 대가 공에게 갔다.
子我在幄,[200]	자아는 장막에 있다가
出迎之,	나와서 그들을 맞아
遂入,	마침내 들어가
閉門.[201]	문을 닫았다.
宦者禦之,	환관이 그들을 막자
子行殺宦者.[202]	자행이 환관을 죽였다.
公與婦人飲酒於檀臺,[203]	공은 부인과 단대에서 술을 마시고 있었는데
成子遷諸寢.[204]	성자는 그들을 침궁으로 옮겼다.

---

199 **집해** 복건은 말하였다. "성자(成子) 형제는 8명인데 2명이 수레 한 대에 동승하였으므로 수레 네 대라 한 것이다." **색은** 복건은 말하였다. "성자(成子) 형제는 8명인데 2명이 수레 한 대에 동승하였으므로 수레 네 대라 한 것이다."『계본』에 의하면 진희(陳僖) 자걸(子乞)은 성자 상(成子常)과 간자 치(簡子齒), 선자 기이(宣子其夷), 목자 안(穆子安), 늠구자 상의자(廩丘子尚意茲), 망자 영(芒子盈), 혜자 득(惠子得)을 낳아 모두 7명이다. 두예는 또 소자 장(昭子莊)을 취하여 8명의 숫자를 채웠다.『계본에 의하면, 소자(昭子)는 환자(桓子)의 아들이고 성자(成子)의 숙부이며, 또한 이름이 장(莊)이 아닌데 억지로 모임을 증명하려고 수레 네 대에 여덟 명이 있었다고 하였을 따름이다. 지금 생각건대「전완계가(田完系家)」에서는 전상(田常) 형제 4명이 공궁에 갔다고 하여 이 일과 같다. 지금 여기에서는 수레 네 대라고만 하였고 사람의 숫자는 말하지 않아 수레 네 대는 형제 네 사람이 수레를 타고 들어간 것을 말하는 것이지 두 사람이 함께 수레를 탄 것이 아님을 알 수 있다. 그러나 형제 세 사람이 보이지 않는 것은 아마 당시에 있지 않았거나 함께 공궁에 들어가지 않았을 것이며, 억지로 네 대를 8명이라고 하고 숙부를 형제의 수에 첨가할 수 없다. 복건과 두예가 특히 실수한 것이다.

200 **집해** 두예는 말하였다. "악(幄)은 장막이며 정사를 처리하는 곳이다."

201 **집해** 복건은 말하였다. "성자(成子) 형제가 자아(子我)가 나오는 것을 보고 마침내 돌입하여 도리어 문을 닫아 자아가 다시 들어가지 못하게 된 것이다." **집해** 복건은 말하였다. "환관[閽豎]이 무기를 들고 진 씨(陳氏)를 막은 것이다."

202 **집해** 복건은 말하였다. "공궁에서 살았기 때문에 죽일 수 있었던 것이다."

203 **집해** 복건은 말하였다. "진 씨(陳氏)가 들어왔을 때 이 대에서 술을 마신 것이다."

204 **집해** 복건은 말하였다. "공을 옮겨 침궁에 거주하게 하려는 것이다."

公執戈將擊之,²⁰⁵	공이 과를 집어 그들을 치려는데
太史子餘曰:²⁰⁶	태사 자여가 말하였다.
"非不利也,	"불리하지 않으니
將除害也."²⁰⁷	해를 없앨 것입니다."
成子出舍于庫,²⁰⁸	성자는 궁을 나와 무기고에서 묵었으며
聞公猶怒,	공이 여전히 노하였다는 것을 듣고
將出,²⁰⁹	나가려 하면서
曰:	말하였다.
"何所無君!"	"어디에 임금이 없겠는가!"
子行拔劍曰:	자행이 검을 뽑아 말하였다.
"需,	"의심은
事之賊也.²¹⁰	일을 해치는 것이다.
誰非田宗?²¹¹	누가 전 씨의 종주가 아니겠는가?
所不殺子者有如田宗."²¹²	그대를 죽이지 않으면 전씨 같은 종주가 있을 것이다."
乃止.	곧 그만두었다.
子我歸,	자아는 돌아가
屬徒²¹³攻闈與大門,²¹⁴	무리를 모아 궁문과 대문을 공격하였는데

---

205 **집해** 두예는 말하였다. "난을 일으킬까 의심한 것이다."
206 **집해** 복건은 말하였다. "제의 대부이다."
207 **집해** 두예는 말하였다. "위공을 위하여 해를 없애려 한다는 말이다."
208 **집해** 두예는 말하였다. "공이 노하였기 때문이다."
209 **집해** 복건은 말하였다. "달아나는 것이다."
210 **집해** 두예는 말하였다. "머뭇거리고 의심하면 일을 그르친다는 것이다."
211 **집해** 두예는 말하였다. "진 씨(陳氏)의 종족이 많은 것이다."
212 **집해** 두예는 말하였다. "자약(子若)이 나가려 하자 내가 반드시 그대를 죽여 진의 종묘처럼 밝히는 것이다."

皆弗勝,	모두 이기지 못하여
乃出.	곧 나왔다.
田氏追之.	전 씨가 쫓았다.
豐丘人執子我以告,[215]	풍구 사람이 자아를 잡고서 알리자
殺之郭關.[216]	곽관에서 그를 죽였다.
成子將殺大陸子方,[217]	성자는 대륙자방을 죽이려다가
田逆請而免之.	전역이 청하여 사면시켜주었다.
以公命取車於道,[218]	공의 명으로 길에서 수레를 취하여
出雍門.[219]	옹문을 나섰다.
田豹與之車,	전표가 그에게 수레를 주었는데
弗受,	받지 않고
曰:	말하였다.
"逆爲余請,	"역이 나를 위해 청해주었는데
豹與余車,	표가 내게 수레를 주면
余有私焉.	내가 사사로움을 가지는 것이다.
事子我而有私於其讎,	자아를 섬기면서 그 원수와 사사로이 사귀면
何以見魯·衞之士?"[220]	어떻게 노와 위의 사를 보겠는가?"

---

213 **집해** 복건은 말하였다. "무리를 모은 것이다."

214 **집해** 궁중의 문을 위(闈)라고 한다. 대문(大門)은 공문(公門)이다.

215 **집해** 가규는 말하였다. "풍구(豐丘)는 진 씨(陳氏)의 읍이다."

216 **집해** 복건은 말하였다. "제의 관문 이름이다."

217 **집해** 복건은 말하였다. "자방(子方)은 자아(子我)의 무리로 대부 동곽가(東郭賈)이다."

218 **집해** 두예는 말하였다. "자방(子方)이 도중에 행인의 수레를 빼앗은 것이다."

219 **집해** 두예는 말하였다. "제의 성문이다."

220 **집해** 복건은 말하였다. "자방(子方)은 노(魯), 위(衞)로 달아나려고 하였다." 『좌전』에서는 말하였다. "동곽가(東郭賈)는 위(衞)로 달아났다."

庚辰,	경진일에
田常執簡公于徐州.[221]	전상은 서주에서 간공을 잡았다.
公曰:	공이 말하였다.
"余蚤從御鞅言,	"내가 일찌감치 어앙의 말을 따랐다면
不及此."	여기에 이르지 않았을 것이다."
甲午,	갑오일에
田常弑簡公于徐州.	전상은 서주에서 간공을 죽였다.
田常乃立簡公弟驁,[222]	전상은 곧 간공의 아우 오를 세웠는데
是爲平公.	바로 평공이다.
平公即位,	평공이 즉위하자
田常相之,	전상이 보좌하며
專齊之政,	제의 정치를 주물러
割齊安平以東爲田氏封邑.[223]	제의 안평 동쪽을 잘라 전 씨의 봉읍으로 삼았다.
平公八年,	평공 8년에
越滅吳.	월이 오를 멸하였다.
二十五年卒,	25년에 죽고
子宣公積立.	아들인 선공 적이 즉위하였다.

---

221 집해 『춘추』에는 "서주(舒州)"로 되어 있다. 가규는 말하였다. "진 씨(陳氏)의 읍이다." 색은 '徐'의 음은 서(舒)이며 글자는 사람 인(人)자를 따른다. 『좌씨』에는 "서(舒)"로 되어 있으며, 서(舒)는 진 씨(陳氏)의 읍이다. 『설문(說文)』에는 "서(郐)"로 되어 있으며, 서는 설현 (薛縣)에 있다.

222 색은 『계본』 및 초주는 모두 "경(敬)"이라 하였는데, 잘못되었을 것이다.

223 집해 서광은 말하였다. "「연표」에서는 평공(平公) 때라고 하였으며, 제는 이때부터 전 씨 (田氏)로 일컬어졌다." 색은 안평(安平)은 제의 읍이다. 「지리지」에 의하면 탁군(涿郡)에 안 평현(安平縣)이 있다.

宣公五十一年卒,	선공은 51년에 죽었으며
子康公貸立.	아들인 강공 대가 즉위하였다.
田會反廩丘.[224]	전회가 늠구에서 반기를 들었다.

康公二年,	강공 2년에
韓·魏·趙始列爲諸侯.	한·위·조가 비로소 제후의 반열에 올랐다.
十九年,	19년에
田常曾孫田和始爲諸侯,	전상의 증손자 전화가 비로소 제후가 되어
遷康公海濱.	강공을 해변으로 옮겼다.

二十六年,	26년에
康公卒,	강공이 죽자
呂氏遂絕其祀.	여 씨는 마침내 제사가 끊겼다.
田氏卒有齊國,	전 씨가 마침내 제를 차지하여
爲齊威王,	제위왕이 되어
彊於天下.	천하에서 강해졌다.

太史公曰:	태사공은 말한다.
吾適齊,	내가 제에 갔는데
自泰山屬之琅邪,	태산에서 낭야산까지 이어지고
北被于海,	북으로는 바다에 이어져
膏壤二千里,	기름진 땅이 2천리이고

---

224 색은 전회(田會)는 제의 대부이다. 늠(廩)은 읍(邑) 이름이며, 동군(東郡)에 늠구현(廩丘縣)이 있다.

其民闊達多匿知,	그 백성들은 활달하고 지혜를 많이 감추고 있는데
其天性也.	그것은 천성이다.
以太公之聖,	태공의 성명(聖明)으로
建國本,	나라의 근본을 세우고
桓公之盛,	환공의 성함으로
修善政,	선정을 닦아
以爲諸侯會盟,	제후의 회맹을 주재하여
稱伯,	패자로 일컬어졌으니
不亦宜乎?	또한 마땅하지 않겠는가?
洋洋哉,	양양하도다,
固大國之風也!	실로 대국의 풍도로다.

색은술찬索隱述贊 태공이 주를 도와, 실로 몰래 모의하였다. 이미 동해까지 닿고, 이에 영구에 거처하였다. 소백이 패권을 이루어, 제후를 규합하였다. 총애하는 사람에게 빠져, 종에 금이 가더니 시신에서 벌레가 나왔다. 장공은 덕을 잃어, 최저의 원수가 되었다. 진 씨가 정권을 천단하여, 재물을 두터이 베풀고 세금을 적게 거두었다. 도공과 간공이 화를 만났는데, 전 씨와 감 씨에 비견되지 않았다. 둥둥 남은 공렬, 한 번 변함 무슨 연유인가?

太公佐周, 實秉陰謀. 旣表東海, 乃居營丘. 小白致霸, 九合諸侯. 及溺內寵, 釁鍾蟲流. 莊公失德, 崔杼作仇. 陳氏專政, 厚貨輕收. 悼·簡遘禍, 田·闞非儔. 渢渢餘烈, 一變何由?

158

3 —— 노주공 세가 魯周公 世家

周公旦者,	주공 단은
周武王弟也.[1]	주무왕의 아우이다.
自文王在時,	문왕이 살아 있을 때부터
旦爲子孝,[2]	단은 아들로 효성스러웠고
篤仁,	인에 돈독함이
異於羣子.	(다른) 아들들과는 달랐다.
及武王即位,	무왕이 즉위하자
旦常輔翼武王,	단은 늘 무왕을 보좌하여
用事居多.	일을 처리함이 많았다.
武王九年,	무왕 9년에
東伐至盟津,	동으로 정벌하여 맹진까지 이르렀는데
周公輔行.	주공이 보좌하여 갔다.
十一年,	11년에

---

1 **집해集解** 초주(譙周)는 말하였다. "태왕(太王)이 거처한 주(周)의 땅을 채읍(采邑)으로 삼았으므로 주공(周公)이라고 하였다." **색은索隱** 주(周)는 지명으로 기산(岐山)의 남쪽에 있으며, 본래 태왕이 살던 곳으로 나중에는 주공의 채읍이 되었으므로 주공이라고 하였다. 곧 지금의 부풍(扶風)의 옹(雍) 동북쪽에 있는 옛 주성(周城)이다. 시호를 주문공(周文公)이라고 하였으며, 『국어(國語)』에 보인다.
2 **색은** 추탄(鄒誕)의 판본에는 "효(孝)"가 "경(敬)"으로 되어 있다.

伐紂,	주를 쳐서
至牧野,[3]	목야에 이르렀는데
周公佐武王,	주공이 무왕을 보좌하면서
作牧誓.	「목서」를 지었다.
破殷,	은을 깨뜨리고
入商宮.	상의 궁정으로 들어갔다.
已殺紂,	주를 죽이자
周公把大鉞,	주공은 큰 도끼를 잡고
召公把小鉞,	소공은 작은 도끼를 잡아
以夾武王,	무왕을 끼고
釁社,[4]	토지신에 제사를 지내어
告紂之罪于天,	하늘에 주의 죄를 아뢰고
及殷民.	은의 백성에까지 미쳤다.
釋箕子之囚.[5]	수감된 기자를 풀어주었다.
封紂子武庚祿父,	주의 아들 무경 녹보를 봉하고
使管叔·蔡叔傅之,	관숙과 채숙에게 보좌하도록 하여
以續殷祀.	은의 제사를 이어주었다.
偏封功臣同姓戚者.	공신과 동성의 친척을 두루 봉하였다.

3 　정의正義　위주(衛州)는 곧 목야(牧野)의 땅이며 동북쪽으로 조가(朝歌)와 73리 떨어져 있다.

4 　혼사(釁社): 　역주　혼(釁)은 혈제(血祭), 곧 피를 가지고 제사를 지내는 것. 사는 토지신을 말한다. 혼(釁)은 희생의 피를 기물에 바르고 제사를 지내는 것인데 나중에는 그냥 희생을 죽여서 얻은 피를 가지고 제사를 지내는 것을 말하게 되었다. 혼사(釁社)는 희생의 피를 땅에다 뿌리면서 제사를 지내는 것이다.

5 　기자(箕子): 　역주　은(殷) 주왕(紂王)의 숙부[諸父]로 이름이 서여(胥余)이다. 주의 이복형인 미자(微子), 역시 주의 숙부인 비간(比干)과 함께 공자로부터 은의 삼인(三仁)으로 일컬어졌다.

封周公旦於少昊之虛曲阜,[6]	주공 단을 소호의 옛 터 곡부에 봉하였는데
是爲魯公.	바로 노공이다.
周公不就封,	주공은 봉지로 가지 않고
留佐武王.	남아서 무왕을 보좌하였다.
武王克殷二年,	무왕이 은을 이긴 이듬해에
天下未集,	천하는 아직 안정되지 않았으며
武王有疾,	무왕은 병이 들어
不豫,	기쁘지 않았고
羣臣懼,	신하들은 두려워하여
太公·召公乃繆卜.[7]	태공과 소공이 이에 정성껏 점을 쳤다.
周公曰:	주공이 말하였다.
"未可以戚我先王."[8]	"우리 선왕을 근심하게 할 수 없다."
周公於是乃自以爲質,	주공은 이에 곧 스스로를 제물로 삼아
設三壇,	세 단을 설치하고,
周公北面立,	주공은 북쪽을 향해 서서
戴璧秉圭,[9]	벽옥을 이고 규홀을 들고
告于太王·王季·文王.	태왕과 왕계, 문왕에게 아뢰었다.

6 　정의　『괄지지(括地志)』에서는 말하였다. "연주(兗州) 곡부현(曲阜縣) 외성은 곧 노공(魯公) 백금(伯禽)이 쌓은 것이다."

7 　집해　서광(徐廣)은 말하였다. "고서(古書)에는 '목(穆)'자가 주로 '목(繆)'으로 되어 있다."

8 　집해　공안국(孔安國)은 말하였다. "척(戚)은 가깝다는 뜻이다. 죽음이 선왕에 가까이 할 수 없다는 것이다." 정현(鄭玄)은 말하였다. "두 공은 문왕(文王)의 묘당에 가서 점을 치려 한 것이다. 척(戚)은 근심한다는 뜻이다. 우리 선왕을 근심하고 두려워할 수 없다는 것이다."

9 　집해　공안국은 말하였다. "벽(璧)으로는 신(神)에게 예를 행하고, 규(圭)는 폐백으로 삼는다." 　집해　공안국은 말하였다. "고(告)는 기원하는 말을 이른다."

史策祝曰:[10]	사관이 책서를 가지고 기원하여 말하였다.
"惟爾元孫王發,[11]	"당신들의 원손 왕 발이
勤勞阻疾.[12]	오랜 병으로 고생하고 있습니다.
若爾三王是有負子之責於天,	당신 세 왕은 하늘에 아들을 저버린 책임이 있으니
以旦代王發之身.[13]	저 단으로 왕 발의 몸을 대신 하소서.
旦巧能,	저 단은 (일처리가) 솜씨가 좋고 뛰어나며
多材多蓺,	재간이 많고 재주가 많아
能事鬼神.[14]	귀신을 잘 섬깁니다.
乃王發不如旦多材多蓺,	왕 발은 저 단만큼 재간이 많고 재주가 많지 않아
不能事鬼神.	귀신을 잘 섬기지 못합니다.
乃命于帝庭,	상제의 뜰에서 명하여
敷佑四方,[15]	사방으로 펴서 도와
用能定汝子孫于下地,	당신 자손들을 아래 땅에서 안정시킬 수 있게 하여

---

10 [집해] 공안국은 말하였다. "사관이 책서(策書)를 지어서 기원하는 말을 한 것이다." 정현은 말하였다. "책(策)은 주공이 지은 것이며, 간서(簡書)를 이른다. 기원하는 사람이 이 간서를 읽어서 세 왕에게 아뢴 것이다."

11 [역주] 왕발(王發): 발(發)은 무왕의 이름. 성은 희(姬)이다.

12 [집해] 서광은 말하였다. "조(阻)는 '엄(淹)'으로 된 판본도 있다."

13 [집해] 공안국은 말하였다. "큰 아들의 책임은 병으로 구원할 수 없음을 말한다. 하늘이 구원할 수 없으면 마땅히 단(旦)으로 대신하는 것이다. 죽고 삶에는 명이 있어 대신해달라고 청할 수 없으며 성인이 신하의 마음을 가지고 대대로 가르침을 드리우는 것이다." [색은] 『상서(尚書)에는 "부(負)"가 "비(丕)"로 되어 있으며, 여기서 "부(負)"라고 한 것은 삼왕(三王)이 하늘의 책임을 저버렸으므로 내가 대신해야겠다는 것이다. 정현 또한 말하기를 "비(丕)"는 "부(負)"로 읽는다라 하였다.

14 [집해] 공안국은 말하였다. "무왕(武王)의 뜻을 대신할 수 있다는 말이다."

15 [집해] 마융(馬融)은 말하였다. "무왕이 천제의 뜰에서 명을 받아 그 길을 펴서 사방을 돕는 것이다."

四方之民罔不敬畏.[16]　　사방의 백성이 경외하지 않음이 없습니다.

無墜天之降葆命,　　하늘이 내린 보배로운 명을 실추시키지 않으셔야

我先王亦永有所依歸.[17]　　우리 선왕 또한 영원히 귀의할 곳이 있을 것입니다.

今我其即命於元龜,[18]　　지금 나는 큰 거북의 명에 나아가리니

爾之許我,　　그대들이 허락하신다면

我以其璧與圭歸,　　나는 벽옥과 규홀을 가지고 돌아가

以俟爾命.[19]　　그대들의 명을 기다리겠습니다.

爾不許我,　　그대들이 허락지 않으신다면

我乃屏璧與圭."[20]　　나는 곧 벽옥과 규홀을 감추겠습니다."

周公已令史策告太王·王季·文王,

　　주공이 이미 사관에게 책서를 태왕과 왕계, 문왕에게 아뢰게 하고

欲代武王發,　　무왕 발을 대신하고자 하여

於是乃即三王而卜.　　이에 곧 세 선왕 앞으로 가서 점을 쳤다.

---

16 집해 공안국은 말하였다. "무왕이 천제의 뜰에서 명을 받았기 때문에 천하에서 선인의 자손을 안정시킬 수 있어 사방의 백성이 경외하지 않음이 없는 것이다."

17 집해 공안국은 말하였다. "구원을 해주지 않으면 하늘의 보배로운 명을 실추시키는 것이며, 구원해준다면 선왕이 길이 귀의함이 있을 것이라는 말이다." 정현은 말하였다. "강(降)은 떨어지는 것이다. 보(葆)는 신(神)과 같다. 귀의할 곳이 있는 것이 종묘(宗廟)의 주인이다." 정의 '墜'의 음은 추(直類反)이다.

18 집해 공안국은 말하였다. "큰 거북에게 나아가 세 왕의 명을 받아 점괘가 길한지 흉한지 아는 것이다." 마음은 말하였다. "원귀(元龜)는 큰 거북이다."

19 집해 공안국은 말하였다. "허(許)는 병이 낫는 것이다. 명을 기다리는 것은 마땅히 신을 섬기는 것이다." 마음은 말하였다. "너의 명을 기다리는 것이다. 무왕이 낫으면 내가 마땅히 죽을 것이라는 것이다."

20 집해 공안국은 말하였다. "불허(不許)는 낫지 않는 것이다. 병(屏)은 감추는 것이다. 신을 섬기지 않겠다는 것을 말한다."

卜人皆曰吉,　　　　　　　복자가 모두 길하다고 하면서

發書視之,　　　　　　　　점친 글을 열어 보여주는데

信吉.[21]　　　　　　　　　실로 길하였다.

周公喜,　　　　　　　　　주공은 기뻐하여

開篇,　　　　　　　　　　열쇠로 열어

乃見書遇吉.[22]　　　　　　글을 보니 길하였다.

周公入賀武王曰:　　　　　주공은 들어가서 무왕에게 경하하여 말하였다.

"王其無害.　　　　　　　　"왕께는 해가 없을 것입니다.

旦新受命三王,　　　　　　제가 세 선왕의 명을 받았사오니

維長終是圖.[23]　　　　　　영원히 마치실 것만 도모하십시오.

茲道能念予一人."[24]　　　이 길은 천자만 생각하실 수 있습니다."

周公藏其策金縢匱中,[25]　　주공은 그 책문을 쇠사슬의 궤짝에 넣어 봉하고

誠守者勿敢言.　　　　　　지키는 자에게 감히 말하지 말라 타일렀다.

明日,　　　　　　　　　　다음날

武王有瘳.　　　　　　　　무왕은 병이 나았다.

其後武王既崩,　　　　　　그 후 무왕이 붕어하였을 때

---

21 집해 공안국은 말하였다. "점의 조짐을 적은 글이다."

22 집해 왕숙(王肅)은 말하였다. "약(篇)은 점의 내용을 적은 글을 갈무리하는 열쇠이다."

23 집해 공안국은 말하였다. "내가 막 삼왕(三王)의 명을 받았는데 무왕이 길이 마칠 것은 주의 도를 도모하는 것이라는 말이다."

24 집해 마융은 말하였다. "일인(一人)은 천자(天子)이다." 정현은 말하였다. "자(茲)는 이것이다."

25 집해 공안국은 말하였다. "궤짝에 갈무리하고 쇠로 봉하여 사람들이 열지 못하게 하려는 것이다."

成王少,	성왕은 어려서
在強葆之中.[26]	포대기에 누워 있었다.
周公恐天下聞武王崩而畔,	주공은 천하에서 무왕이 죽었다는 말을 듣고 반기를 들까 두려워하여
周公乃踐阼代成王攝行政當國.	주공은 곧 왕위에 올라 성왕을 대신하여 나라의 정권을 잡았다.
管叔及其羣弟流言於國曰:	관숙 및 아우들이 나라에 유언비어를 퍼뜨려 말하였다.
"周公將不利於成王."[27]	"주공은 성왕에게 이롭지 않을 것이다."
周公乃告太公望·召公奭曰:	주공은 곧 태공망과 소공석에게 일러 말하였다.
"我之所以弗辟[28]而攝行政者,	"내가 (혐의를) 피하지 않고 정치를 대신 행한 것은
恐天下畔周,	천하에서 주를 배반하면
無以告我先王太王·王季·文王.	우리 선왕인 태왕과 왕계, 문왕에게 아뢸 길이 없을까 해서였다.
三王之憂勞天下久矣,	세 왕께서 천하에서 근심하고 수고한 지가 오래되었는데
於今而后成.	지금에서야 이루어졌다.
武王蚤終,	무왕은 일찍 돌아가시고
成王少,	성왕은 어리어
將以成周,	주를 이루려 하므로

---

26 **색은** 강보(強葆)는 곧 "강보(襁褓)"이다. 옛 글자는 수가 적어서 가차(假借)하여 쓴 것이다.
　　정의 강(強)은 너비가 8촌(寸), 길이가 8척(尺)으로, 아이를 등에 매고 업고 다니는 것이다.
　　보(葆)는 어린아이의 이불이다.

27 **집해** 공안국은 말하였다. "나라에서 함부로 말하여 주공을 속이고 성왕을 혹하게 하는 것이다."

28 **정의** '피할 피(避)'자의 뜻으로 읽는다.

我所以爲之若此.	내 이렇게 하는 것이다."
於是卒相成王,	이에 마침내 성왕을 도우며
而使其子伯禽代就封於魯.	그 아들 백금에게 대신 노에 가서 봉하게 했다.
周公戒伯禽曰:	주공은 백금을 경계하여 말하였다.
"我文王之子,	"나는 문왕의 아들이자
武王之弟,	무왕의 아우이고
成王之叔父,	성왕의 숙부이니
我於天下亦不賤矣.	나는 천하에서 또한 천하지 않을 것이다.
然我一沐三捉髮,	그러나 나는 한번 머리를 감으며 세 번 머리카락을 움켜쥐었고
一飯三吐哺,	한번 밥을 먹으면서 세 번이나 뱉아내며
起以待士,	일어나 사를 대하였는데
猶恐失天下之賢人.	그래도 천하의 현자를 놓칠까봐 두려워했다.
子之魯,	너는 노에 가면
愼無以國驕人."	부디 나라를 가졌다고 사람들에게 교만하게 굴지 말거라."

管·蔡·武庚等果率淮夷而反.	관숙과 채숙, 무경 등이 과연 회이를 이끌고 반기를 들었다.
周公乃奉成王命,	주공은 이에 성왕의 명을 받들어
興師東伐,	군사를 일으켜 동쪽을 정벌하고
作大誥.	「대고」를 지었다.
遂誅管叔,	마침내 관숙을 주살하고
殺武庚,	무경을 죽였으며
放蔡叔.	채숙을 추방하였다.

收殷餘民,	은의 유민을 거두어
以封康叔於衞,	강숙을 위에 봉하였으며
封微子於宋,	미자를 송에 봉하여
以奉殷祀.	은의 제사를 받들게 하였다.
寧淮夷東土,	회이 동쪽 땅을 편안하게 하였으며
二年而畢定.	2년 만에 다 평정하였다.
諸侯咸服宗周.	제후들이 모두 주에 복종하였다.
天降祉福,	하늘이 복을 내리어
唐叔得禾,	당숙이 벼를 얻었는데
異母同穎,29	이랑이 다른데 이삭이 같았으며
獻之成王,	성왕에게 바치자
成王命唐叔以餽周公於東土,	성왕은 당숙에게 명하여 동쪽 땅의 주공에게 보내주어
作餽禾.	「궤화」를 지었다.
周公既受命禾,	주공은 명한 벼를 받고
嘉天子命,30	천자의 명을 아름답게 여겨
作嘉禾.	「가화」를 지었다.
東土以集,	동쪽 땅이 평정되고

---

29 집해 서광은 말하였다. "수(穗)'로 된 판본도 있다. 영(穎)은 곧 수(穗: 이삭)이다." 색은 『상서(尚書)』에서는 "이무(異畝)"라고 하였는데, 이 "모(母)"의 뜻과 두루 뜻이 통한다. 추탄의 판본도 같다.

30 집해 서광은 말하였다. "가(嘉)는 '노(魯)'로 된 판본도 있으며, 지금의 「서서(書序)」에는 '여(旅)'로 되어 있다." 색은 서광은 '노(魯)'로 된 판본도 있다고 하였는데, "노(魯)"자는 잘못되었다. 지금의 「서서(書序)」에는 '여(旅)'로 되어 있다. 『사기』에서는 천자의 명을 아름답게 여겼는데 글이 타당함을 얻었으니 어째서 모름지기 "가려(嘉旅)"라 하겠는가?

周公歸報成王,　　　　주공이 돌아와 성왕에게 보고하고

乃爲詩貽王,　　　　　곧 시를 지어 왕에게 바쳤는데

命之曰鴟鴞,[31]　　　　「치효」라 명명하였다.

王亦未敢訓周公.[32]　　왕 또한 감히 주공을 책망하지 못하였다.

成王七年二月乙未,　　성왕 7년 2월 을미일에

王朝步自周,　　　　　왕은 주에서

至豐,[33]　　　　　　　풍에 이르러 조알하고

使太保召公先之雒相土.[34]　태보 소공에게 먼저 낙으로 가서 땅을 살펴보게
　　　　　　　　　　　하였다.

---

31 **집해** 「모시서(毛詩序)」에서는 말하였다. "성왕(成王)이 주공(周公)의 뜻을 아직 알지 못하여 주공이 마침내 시를 지어 왕에게 주고 이름을 '치효(鴟鴞)'라 하였다. 「모전(毛傳)」에서는 말하였다. "치효(鴟鴞)는 영결(鸋鴂)이다." **역주** 주자의 주에 의하면 "무경(武庚)이 이미 관숙(管叔)과 채숙(蔡叔)을 실패하게 하였으니, 다시 우리 왕실(王室)을 훼손해서는 안 됨을 비유한 것이다."라 하였다. 그래서 말하기를 "올빼미야! 올빼미야! 네가 이미 내 새끼를 잡아갔으니, 다시 내 집을 부수지 말지어다. 내 사랑하는 마음과 독후(篤厚)한 뜻으로써 이 새끼를 기름에 진실로 가련하고 근심할 만하거늘 이제 이미 잡아갔으니, 그 폐해가 심하다. 하물며 또다시 내 집을 부순단 말인가."라 읊은 것이다.

32 **집해** 서광은 말하였다. "훈(訓)은 '초(誚)'로 된 판본도 있다." **색은** 『상서』에는 "초(誚)"로 되어 있다. 초(誚)는 꾸짖는 것이다. 여기서 "훈(訓)"이라 한 것은 글자가 잘못되었을 따름이며 뜻이 통하지 않음이 있다. 서씨(徐氏)는 그 판본을 합하여 정하였으니 어째서 모름지기 "초(誚)"로 된 판본도 있다고 하는가!

33 **집해** 마융은 말하였다. "주(周)는 호경(鎬京)이다. 풍(豐)은 문왕의 사당이 있는 곳이다. 조(朝)는 일을 들어 고현한 것으로 곧 중토로 가서 도읍을 옮기려 하는데 큰일이기 때문에 문왕과 무왕의 사당에 아뢴 것이다." 정현은 말하였다. "보(步)는 가는 것이며, 대청 아래서는 보(步)라고 한다. 풍(豐)과 호(鎬)는 다른 고을인데 보(步)라고 한 것은 무왕의 사당에 곧장 갔는데 사당을 나서도 사당을 들어갈 때 멀다고 생각지 않았으며 부친이기 때문에 공경한 것이다." **색은** 풍(豐)은 문왕이 지은 읍이다. 나중에 무왕이 호에 도읍을 두고 풍에는 문왕의 사당을 세웠다. 풍은 운현(鄠縣)의 동쪽에 있고, 풍수(豐水)를 굽어보고 있으며, 동쪽으로 호와 25리 떨어져 있다.

其三月,	그해 3월에
周公往營成周雒邑,[35]	주공이 가서 성주 낙읍을 경영하고자
卜居焉,	점을 쳐보았는데
曰吉,	길하다고 하여
遂國之.	마침내 도읍으로 삼았다.
成王長,	성왕은 성장하여
能聽政.	정사를 돌볼 수 있게 되었다.
於是周公乃還政於成王,	이에 주공은 곧 성왕에게 정권을 돌려주어
成王臨朝.	성왕은 조정에 임하여 정사를 돌보았다.
周公之代成王治,	주공은 성왕을 대신하여 다스리면서
南面倍依以朝諸侯.[36]	남면하여 부의(斧依)를 치고 제후의 조배를 받았다.
及七年後,	7년 후에
還政成王,	성왕에게 정권을 돌려주고
北面就臣位,	북면하여 신하의 자리로 갔는데
匔匔如畏然.[37]	삼가 두려워하는 것 같이 하였다.

---

34 **집해** 정현은 말하였다. "상(相)은 보는 것이다."

35 **집해** 『공양전(公羊傳)』에서는 말하였다. "성주(成周)는 무엇인가? 동주(東周)이다." 하휴(何休)는 말하였다. "이름을 성주(成周)라 한 것은 주의 도가 비로로 완성되어 왕이 도읍으로 삼은 것이다."

36 **집해** 『예기(禮記)』에서는 말하였다. "주공(周公)은 명당(明堂)의 자리에서 제후의 조회를 받았는데 천자가 부의(斧依)를 지고 남쪽을 향하여 섰다." 정현은 말하였다. "주공이 왕위를 섭행하여 명당의 예의로 제후를 조회하였다. 종묘(宗廟)에서 하지 않은 것은 왕을 피한 것이다. 천자(天子)는 주공이다. 부(負)는 등졌다는 것을 말한다. 부의(斧依)는 방문과 창문 사이에 도끼 문양의 병풍을 만들어 주공이 앞에 선 것이다."

37 **집해** 서광은 말하였다. "궁궁(匔匔)은 삼가고 공경하는 모양이다. 『삼창(三蒼)』을 보면 음이 궁궁(窮窮)이라고 하였다. 어떤 판본에는 '기기(夔夔)'로 되어 있다."

初,	처음에
成王少時,	성왕이 어렸을 때
病,	병이 들자
周公乃自揃其蚤沈之河,	주공은 이에 스스로 손톱을 잘라 하수에 가라앉히며
以祝於神曰:	신에게 기원하여 말하였다.
"王少未有識,	"왕은 어려서 아는 것이 없고
奸神命者乃旦也."	신명을 범한 것은 곧 저 단입니다."
亦藏其策於府.	또한 그 책문을 관서(官署)에 보관하였다.
成王病有瘳.	성왕은 병이 나았다.
及成王用事,	성왕이 정권을 잡았을 때
人或譖周公,	어떤 사람이 주공을 참소하여
周公奔楚.[38]	주공은 초로 달아났다.
成王發府,	성왕이 관서를 열어
見周公禱書,	주공이 기원한 글을 발견하고
乃泣,	이에 울면서
反周公.	주공을 소환하였다.
周公歸,	주공은 돌아와
恐成王壯,	성왕이 장성(壯盛)하여

---

38 색은 경전(經典)에는 이 글이 없으니 이 일은 아마 별도의 출처가 있을 것이다. 초주는 말하기를 "진(秦)에서 책을 태웠다면 당시 사람들이 금등(金縢)의 일을 말하고자 하였으나 그 본말을 잃어 이에 '성왕이 어렸을 때 병들자 주공은 하수에 왕 대신 죽기를 바란다고 하였으며 그 책문을 관서(官署)에 보관하였다. 성왕이 정권을 잡자 어떤 사람이 주공을 참소하여 주공은 초로 달아났다. 성왕이 관서를 열어 책문을 보고 이에 주공을 맞았다.'라 하였다."라 하였다. 또한 「몽염전」과도 같으니 그 일은 아마 그럴 것이다.

治有所淫佚,	다스림에 음일하고 방탕할까 걱정하여
乃作多士,	이에 「다사」를 짓고
作毋逸.	「무일」을 지었다.
毋逸稱:	「무일」에서는 말하였다.
"爲人父母,	"사람의 부모가 되어
爲業至長久,	창업을 하여 지극히 오래되었는데
子孫驕奢忘之,	자손이 교만하고 사치하여 그것을 잊고
以亡其家,	그 집을 잃는다면
爲人子可不愼乎!	아들로 삼가지 않을 수 있겠습니까!
故昔在殷王中宗,	그래서 옛날에 은 왕 중종은
嚴恭敬畏天命,	엄하면서도 공손하게 천명을 두려워하였으며
自度[39]治民,	스스로 법도를 준수하여 백성을 다스려
震懼不敢荒寧,[40]	떨면서 두려워하여 감히 게으르고 편안해하지 않았으므로
故中宗饗國七十五年.	중종의 왕위를 누린 것이 75년이었습니다.
其在高宗,[41]	고종 때에는
久勞于外,	오랫동안 밖에서 수고하며
爲與小人,[42]	소인들과 함께 행동하였습니다.

---

39 **집해** 공안국은 말하였다. "법도(法度)를 쓴 것이다."

40 **집해** 마융은 말하였다. "백성들의 노고를 알아 감히 황폐하여 스스로 편안해하지 않은 것이다."

41 **정의** 무정(武丁)이다.

42 **집해** 공안국은 말하였다. "부친인 소을(小乙)이 오래도록 사람 사이에 거처하게 하여 농사에 수고하게 하여 소인들과 함께 같은 일에 출입한 것이다." 마융은 말하였다. "무정(武丁)이 태자 때 그 부친 소을이 행역하게 하여 밖에서 노역함이 있어서 소인들과 종사하여 소인이 어렵고 고생하는 것을 안 것이다." 정현은 말하였다. "부친 소을이 군사를 거느리고 밖에서 일을 한 것이다."

作其即位,	즉위하시고
乃有亮闇,[43]	곧 상을 당하여
三年不言,[44]	3년 동안 말씀하시지 않았으나
言乃讙,[45]	말하면 기뻐하였고
不敢荒寧,	감히 게으르고 편안해하지 않았으며
密靖殷國,[46]	은국을 편안하게 하고 안정시켜
至于小大無怨,[47]	작고 큰 사람에 이르기까지 원망하는 이가 없었습니다.
故高宗饗國五十五年.[48]	그러므로 고종은 왕위를 누린 것이 55년이었습니다.
其在祖甲,[49]	조갑(祖甲)에 있어서는
不義惟王,	다스리는 것이 의롭지 않다 하여
久爲小人[50]于外,	오랫동안 밖에서 소인[庶民]이 되었었는데,

---

43 역주 양암(亮闇)은 곧 양음(亮陰)이라고 하며, 제왕(帝王)이 거상(居喪)하는 것을 말한다. 량(亮)은 여기서 평성(平聲)으로 쓰였다.

44 집해 공안국은 말하였다. "무정(武丁)이 일어나 왕위에 올랐으니 소을(小乙)이 죽어 이에 실로 입을 다물고 침묵하여 3년간 말을 하지 않았으니, 효행이 드러났다는 말이다." 정현은 말하였다. "미(楣)는 들보를 말하고, 암(闇)은 집을 말한다."

45 집해 정현은 말하였다. "환(讙)은 기뻐하는 것이다. 곧 기뻐하였다고 한 것은 신하와 백성이 그 말을 바란 지가 오래 되었다는 것이다."

46 집해 마음은 말하였다. "밀(密)은 편안한 것이다."

47 집해 공안국은 말하였다. "작고 큰 정치에 백성들이 원망이 없는 것은 비리가 없다는 것을 말한다."

48 집해 『상서』에서는 59년이라 하였다.

49 집해 공안국과 왕숙은 말하였다. "조갑(祖甲)은 탕(湯)의 손자 태갑(太甲)이다." 마음과 정현은 말하였다. "조갑(祖甲)은 무정(武丁)의 아들 제갑(帝甲)이다." 색은 공안국은 탕의 손자 태갑이라고 하였고, 마음과 정현은 무정의 아들 제갑이라고 하였다. 『기년(紀年)』에서 태갑은 다만 12년만 다스릴 수 있다고 하였는데, 여기서는 조갑이 왕위를 누린 것이 33년이라고 하였으니 조갑이 제갑임이 분명할 것이다.

知小人之依,	소인들이 의지하는 것을 알아
能保施小民,	서민들에게 보호하고 (은혜를) 베풀 수 있었으며
不侮鰥寡,[51]	홀아비와 과부를 업신여기지 않았습니다.
故祖甲饗國三十三年."[52]	그러므로 조갑은 왕위를 누린 것이 33년이었습니다."
多士稱曰:	「다사」에서는 말하였다.
"自湯至于帝乙,	"탕으로부터 제을에 이르기까지
無不率祀明德,[53]	제사를 공경히 하고 덕을 밝히지 않음이 없었다.
帝無不配天者.[54]	제왕이 하늘에 짝하지 않음이 없었다.
在今後嗣王紂,	지금 뒤를 잇는 왕 주에 있어서는
誕淫厥佚,	크게 음탕하고 방일해서
不顧天及民之從也.[55]	하늘 및 백성이 따름을 돌아보지 않았다.
其民皆可誅."	그 백성들은 죽일 만하다고 여겼다."

---

50 집해 공안국은 말하였다. "다스림이 의롭지 못하고 오래도록 소인의 행동을 하여 이윤(伊尹)이 동궁(桐宮)으로 추방하였다." 마융은 말하였다. "조갑은 조경(祖庚)이라는 형이 있는데 조갑은 현명하여 무정이 세우려고 하자 조갑은 왕이 어른을 폐하고 어린 것을 세움을 위롭지 않게 여겨 민간으로 도망쳤으므로 '다스리는 것이 의롭지 않다 하여 오랫동안 밖에서 소인이 되었다.'라 하였다. 무정이 죽자 조경이 즉위하였다. 조경이 죽자 조갑이 즉위하였다."

51 집해 공안국은 말하였다. "소인이 의지하는 것은 인정에 의지한다. 그러므로 민중을 편안하고 순하게 할 수 있어 감히 업신여기고 홀로 근심하지 않은 것이다."

52 집해 왕숙은 말하였다. "중종(中宗)을 먼저하고 조갑(祖甲)을 뒤에 둔 것은 성덕(盛德)을 먼저하고 과실이 있음을 뒤로 한 것이다."

53 역주 여기서 솔(率)은 준행(遵行) 곧 따라 행한다는 뜻으로 쓰였다.

54 집해 공안국은 말하였다. "감히 천도를 잃지 않았으므로 하늘에 짝하지 않음이 없는 것이다."

55 집해 서광은 말하였다. "'경지(敬之)'로 된 판본도 있다." 마융은 "주(紂)는 크게 그 편안함을 음탕하게 즐기어 하늘이 백성들에게 드러난 도를 베풂을 돌아보고 생각하여 공경함이 있을 수 없었다."

(周多士)“文王日中昃不暇食,	(『주서·다사』)“문왕은 해가 중천에 뜰 때와 기울 때에 이르도록 한가로이 밥 먹을 겨를도 없으시어
饗國五十年.”	왕위를 누린 것이 50년이었다.”
作此以誡成王.	이를 지어서 성왕을 경계하였다.

成王在豐,	성왕이 풍에 있을 때
天下已安,	천하가 이미 안정되었으나
周之官政未次序,	주의 관정이 아직 차서가 없어
於是周公作周官,[56]	이에 주공은 『주관』을 지어
官別其宜.	관리의 타당함을 구별하였다.
作立政,[57]	「입정」을 지어
以便百姓.	백성을 편하게 하니
百姓說.	백성들이 기뻐하였다.

周公在豐,	주공이 풍에서
病,	병들어
將沒,	죽으려 할 때
曰:	말하였다.
“必葬我成周,[58]	“반드시 나를 성주에 장사지내

---

56 역주 주관(周官)은 주관경(周官經)이라고도 하며, 곧 주의 관직 제도를 규정한 『주례(周禮)』를 말한다.

57 집해 공안국은 말하였다. “주공(周公)은 성왕의 정치를 이루어주고 태만하고 소홀히 할까 두려워하였으므로 군신(君臣)이 정치를 세우는 것을 경계하였다.”

58 집해 서광은 말하였다. “「위세가(衛世家)」에서는 관숙(管叔)이 성주(成周)를 습격하고자 하였는데 그렇다면 혹 『상서』를 말하는 자는 성주를 낙양(洛陽)으로 생각하지 않겠는가?라 하였다. 「제후연표(諸侯年表)」서에서는 '제(齊)와 진(晉), 초(楚), 진(秦)은 성주에 있으니 미세하기가 심하다고 하였다.”

以明吾不敢離成王."	내가 감히 성왕을 떠나지 않았음을 밝혀라."
周公旣卒,	주공이 죽자
成王亦讓,	성왕 또한 겸양하여
葬周公於畢,[59]	주공을 필에 장사지내어
從文王,	문왕을 따르게 하여
以明予小子不敢臣周公也.	나 소자가 감히 주공을 신하로 여기지 않았음을 밝혔다.
周公卒後,	주공이 죽은 후
秋未穫,	가을에 아직 수확을 하지 않았는데
暴風雷(雨),	폭풍우가 불고 우레가 치고 비가 내려
禾盡偃,	벼가 모두 쓰러졌으며
大木盡拔.	큰 나무가 송두리째 뽑혔다.
周國大恐.	주국에서는 크게 두려워했다.
成王與大夫朝服以開金縢書,[60]	성왕은 대부들과 조복을 입고 금등의 글을 열었는데
王乃得周公所自以爲功代武王之說.[61]	왕은 곧 주공이 공을 세워 무왕을 대신하겠다는 말을 얻었다.

---

59 **정의** 『괄지지』에서는 말하였다. "주공(周公)의 무덤은 옹주(雍州) 함양(咸陽) 북쪽 30리 지점의 필원(畢原)에 있다."

60 **색은** 『상서』에 의하면 무왕(武王)이 붕어한 후에 이 우레와 바람의 이변이 일어났다. 지금 여기서 주공이 죽은 뒤에 다시 폭풍의 변고가 있어 금등의 글을 열어보았다고 말하였는데 그렇지 않을 것이다. 아마 사마천은 고문으로 된 『상서』를 보지 못하였기 때문에 설이 어긋나게 되었다.

61 **집해** 서광은 말하였다. "'간(簡)'으로 된 판본도 있다. 내[駰]가 생각건대 공안국은 명을 청한 책서의 원본이다."

二公及王乃問史百執事,[62]	두 공 및 왕은 곧 축사(祝史)와 백관에게 물어보았는데
史百執事曰:	축사와 백관이 말하였다.
"信有,	"실로 (그런 일이) 있었는데
昔周公命我勿敢言."	지난날 주공께서 우리에게 감히 말하지 말라 명하였습니다."
成王執書以泣,[63]	성왕은 글을 들고 눈물을 흘리며
曰:	말하였다.
"自今後其無繆卜乎![64]	"지금 이후로는 경건한 점복이 없을 것이다!
昔周公勤勞王家,	옛날 주공이 왕가에 애를 썼는데
惟予幼人弗及知.	나는 어린 아이라 그것을 미처 알지 못하였다.
今天動威以彰周公之德,	지금 하늘이 위엄을 떨쳐 주공의 덕을 빛냈으니
惟朕小子其迎,	짐 소자가 맞이하여
我國家禮亦宜之."[65]	우리 국가에서 예를 표함 또한 마땅할 것이다."

---

62 **집해** 공안국은 말하였다. "두 공이 왕에게 열어보라고 창도하였으므로 먼저 글을 본 것이다. 축사와 백관은 모두 주공을 좇아 명을 청한 자들이다." 정현은 말하였다. "물은 것은 그런가의 여부를 묻고 살핀 것이다."

63 **집해** 정현은 말하였다. "눈물을 흘린 것은 주공의 충효가 이와 같은데 그것을 아는 자가 없다는 것을 가슴아파한 것이다."

64 **집해** 공안국은 말하였다. "본래는 공경하게 길흉을 점치려 하였는데 지금 하늘의 뜻을 알 수 있으므로 그만두었다."

65 **집해** 왕숙은 말하였다. "또한 마땅히 덕이 있음을 기려야 하는 것이다." **정의** 공안국은 말하였다. "주공은 성왕이 아직 깨닫지 못하였다고 생각하였으므로 동쪽에 머물며 돌아오지 않았다. 성왕은 잘못을 고치고 스스로 쇄신하여 사자를 보내어 맞이하였으며, 또한 국가에서 덕을 베푼 사람을 예우하는 것이 마땅하다." 왕숙과 공안국의 두 설은 틀렸다. 성왕이 금등의 글을 열자 하늘에서 바람이 불고 우레가 쳐서 주공의 덕을 밝혔음을 알았으므로 성왕 또한 하늘에 교제를 지내는 예를 설치하여 맞았으니 우리나라에서 선조에게 배향하는 예 또한 마땅하므로 성왕이 교외로 나가자 하늘이 곧 비를 내려 바람을 반대로 불게 하였다는 것을 말한다.

王出郊,	왕이 교외로 나가자
天乃雨,	하늘이 비를 내리고
反風,	바람을 반대로 불게 하니,
禾盡起.[66]	쓰러졌던 벼가 모두 일어섰다.
二公命國人,	두 공이 나라 사람들에게 명하여
凡大木所偃,	큰 나무가 쓰러진 것을
盡起而築之.[67]	모두 일으켜 (벼를) 주웠다.
歲則大孰.	이해에 크게 풍년이 들었다.

於是成王乃命魯得郊[68]祭文王.
이에 성왕은 곧 노에 문왕의 교제를 지내게 하였다.

| 魯有天子禮樂者, | 노가 천자의 예악을 가지게 된 것은 |
| 以襃周公之德也. | 주공의 덕을 기렸기 때문이다. |

周公卒,	주공이 죽었을 때
子伯禽固已前受封,	아들인 백금이 실로 이미 전에 봉하여졌으니
是爲魯公.[69]	바로 노공이다.

---

66 집해 공안국은 말하였다. "교(郊)는 옥과 폐백으로 하늘에 감사하는 것이다. 하늘이 곧 바람을 바꾸고 벼를 일으켰다는 것은 교제가 옳았음을 밝히는 것이다." 마융은 말하였다. "반풍(反風)은 바람이 방향을 반대로 돌린 것이다."

67 집해 서광은 말하였다. "축(築)은 줍는 것이다." 마융은 "벼가 나무에 의해 쓰러진 것을 나무를 세우고 그 밑의 벼를 주워 잃은 것이 없다는 것이다".

68 집해 『예기』에서는 말하였다. "노의 임금이 교외에서 상제에게 제사 지내되 후직(后稷)으로 배향하였으니, 이는 천자의 예이다."

69 색은 주공의 원자(元子)는 노에 가서 봉하여졌으며, 차자(次子)는 남아서 왕실을 도와 주공을 대신하였다. 그 나머지 소국의 식읍을 받은 자가 6명인데 범(凡)과 장(蔣), 형(邢), 모(茅), 조(胙), 채(祭)이다.

魯公伯禽之初受封之魯,	노공 백금이 처음 봉하여져 노에 갔을 때
三年而後報政周公.	3년이 지나서야 주공에게 정치를 보고하였다.
周公曰:	주공이 말하였다.
"何遲也?"	"어째서 늦었느냐?"
伯禽曰:	백금이 말하였다.
"變其俗,	"풍속을 바꾸고
革其禮,	그 예를 혁신시키어
喪三年然後除之,	3년 상을 치른 후에 상을 마쳤으므로
故遲."	늦었습니다."
太公亦封於齊,	태공 또한 제에 봉하여졌는데
五月而報政周公.	5개월 만에 주공에게 정치를 보고하였다.
周公曰:	주공이 말하였다.
"何疾也?"	"어째서 이리 빠른가?"
曰:	말하였다.
"吾簡其君臣禮,	"저는 군신의 예를 간소화하고
從其俗爲也."	그 풍속을 따라 하여서입니다."
及後聞伯禽報政遲,	나중에 백금의 정치보고가 늦었다는 말을 듣고
乃歎曰:	곧 탄식하여 말하였다.
"嗚呼,	"아아,
魯後世其北面事齊矣!	노는 후세에 북쪽을 보고 제를 섬길 것이다.
夫政不簡不易,	대체로 정치는 간소화하지 않고 쉽게 하지 않으면
民不有近;	백성이 가까이하지 못하고,
平易近民,	(정치가) 평이하고 백성을 가까이하면
民必歸之."[70]	백성들은 반드시 귀의할 것이다."

伯禽即位之後,	백금이 즉위한 후에
有管·蔡等反也,	관·채 등의 반란이 발생했고
淮夷·徐戎亦並興反.[71]	회이와 서융 또한 함께 반란을 일으켰다.
於是伯禽率師伐之於肸,	이에 백금은 군사를 거느리고 힐에서 토벌하며
作肸誓,[72]	「힐서」를 지어
曰:	말하였다.
"陳爾甲胄,	"네 갑옷과 투구를 잘 준비하여
無敢不善.	감히 좋지 않음이 없도록 하라.
無敢傷牿.[73]	감히 마소의 우리를 상하는 일이 없게 하라.
馬牛其風,	마소가 바람나 도망하고

---

70 **집해** 서광은 말하였다. "어떤 판본에서는 이렇게 말하였다. '정치는 간략하지 않으면 행하여지지 않고, 행하여지지 않으면 즐겁지 않으며, 즐겁지 않으면 평이하지 않게 된다. 평이하면 백성을 가까이 하며 백성들은 반드시 귀의할 것이다.' 또 어떤 판본에서는 이렇게 말하였다. '대체로 백성은 간소화하지 않고 쉽게 하지 않으며, 간이한 데 가까우면 백성들은 반드시 귀의할 것이다.'" **색은** 정사를 행함이 간이하면 백성이 반드시 따르고 가까이 한다는 것이다. 근(近)은 친근(親近)히 하는 것을 이른다.

71 **집해** 공안국은 말하였다. "회포(淮浦)의 이(夷)와 서주(徐州)의 융(戎)이 함께 일어나 노략질을 하였다."

72 **집해** 서광은 말하였다. "힐(肸)은 '선(鮮)'으로 된 판본도 있고, '선(獮)'으로 된 판본도 있다." 내[駰]가 생각건대 『상서』에는 "비(粊)"로 되어 있다. 공안국은 말하기를 "노(魯) 동쪽 교외의 지명이다."라 하였다. **색은** 『상서』에는 "비서(費誓)"로 되어 있다. 서광은 말하였다. '선(鮮)'으로 된 판본도 있고, '선(獮)'으로 된 판본도 있다고 하였다. 『상서대전(尚書大傳)』에는 "선서(鮮誓)"로 된 것이 보이며, 선서(鮮誓)는 곧 힐서(肸誓)이며, 예와 지금의 글자가 다르고 뜻 또한 변하였다. 선(鮮)은 선(獮)이다. 힐의 땅에서 말하여 대중에게 맹세한 것이며, 선전(獮田)의 예를 행하여 짐승을 사냥한 것을 취하여 제사를 지냈으므로 글자가 "선(鮮)"으로 된 것도 있고 "선(獮)"으로 된 판본도 있다. 공안국은 말하기를 "비(費)는 노(魯) 동쪽 교외의 지명이다"라 하였으니, 곧 노경(魯卿) 계씨(季氏)의 비읍(費邑)의 땅이다.

73 **정의** 음은 곡(古毒反)이다. 곡(牿)은 우마(牛馬)의 우리이다. 신하들에게 우리를 다치지 않게 하는 것은 우마가 달아날까 걱정해서이다.

臣妾逋逃,[74]	신첩이 도망가면
勿敢越逐,	감히 (軍壘를) 쫓아가지 말 것이며
敬[75]復之.[76]	공경히 반환하라.
無敢寇攘,	감히 침탈하여 빼앗으며
踰牆垣.[77]	담을 넘지 말라.
魯人三郊三隧,[78]	노 백성들의 3교와 3수여
峙爾芻茭·糗糧·楨榦,[79]	네 꼴과 군량, 널빤지를 갖추어
無敢不逮.	감히 미치지 못함이 없도록 하라.
我甲戌築而征徐戎,[80]	내 갑술일에 성을 쌓아 서융을 정벌하여
無敢不及,	감히 미치지 않게 하지 말라.
有大刑."[81]	큰 형벌을 내릴 것이다."
作此肸誓,	이「힐서」를 지어
遂平徐戎,	마침내 서융을 평정하고

---

74 **집해** 정현은 말하였다. "풍(風)은 달아나는 것이다. 신첩(臣妾)은 잡일을 하는 따위이다."

75 **집해** 서광은 말하였다. "'진(振)'으로 된 판본도 있다.."

76 **집해** 공안국은 말하였다. "감히 진루와 대오를 버리고 뛰어넘어 쫓아가는 것을 구하지 않는 것이다. 뭇사람들이 말과 소를 잃고 신첩이 도망가면 모두 삼가 반환하는 것이다."

77 **집해** 정현은 말하였다. "구(寇)는 겁박하여 빼앗는 것이다. 망실(亡失)하는 것을 '양(攘)'이라고 한다. **역주** 구양(寇攘)은 겁략(劫掠)하고 침탈하여 소요를 일으키는 것을 말한다.

78 **집해** 왕숙은 말하였다. "읍(邑) 밖을 교(郊)라 하고, 교(郊) 밖을 수(隧)라 한다. 4를 말하지 않은 것은 동쪽 교외의 유수(留守)이므로 3을 말한 것이다."

79 **집해** 공안국은 말하였다. "모두 너희 양식을 비축하여 충분히 먹게 하고, 양초를 많이 준비하여 군대의 소와 말에게 제공하는 것이다." 마융은 말하였다. "정(楨)과 간(榦)은 모두 쌓는 도구로, 정(前)은 앞에 있고, 간(榦)은 양쪽 곁에 있다. **정의** '糗'의 음은 구(去九反)이다. '楨'의 음은 정(貞)이다.

80 **집해** 공안국은 말하였다. "갑술일에 적의 진루를 공격하고 적정을 살필 토성 따위를 쌓는 것이다."

81 **집해** 마융은 말하였다. "대형(大刑)은 사형이다."

定魯.	노를 안정시켰다.
魯公伯禽卒,[82]	노공 백금이 죽자
子考公酋立.[83]	아들 고공 추가 즉위하였다.
考公四年卒,	고공이 (즉위) 4년에 죽자
立弟熙,[84]	아우인 희를 세웠는데
是謂煬公.	바로 양공이다.
煬公築茅闕門.[85]	양공은 모궐문을 쌓았다.
六年卒,	6년에 죽고
子幽公宰立.[86]	아들인 유공 재가 즉위하였다.
幽公十四年.	유공은 14년간 재위하였다.
幽公弟潰殺幽公而自立,	유공의 아우 비가 유공을 죽이고 스스로 즉위하니
是爲魏公.[87]	바로 위공이다.
魏公五十年卒,	위공은 50년 만에 죽고
子厲公擢立.[88]	아들인 여공 탁이 즉위하였다.

---

82 **집해** 서광은 말하였다. "황보밀(皇甫謐)은 백금은 성왕(成王) 원년에 봉하여져, 46년간 재위하였으며 강왕(康王) 16년에 죽었다고 하였다."

83 **색은** 『계본』에는 "취(就)"로 되어 있으며, 추탄의 판본에는 "주(遒)"로 되어 있다.

84 **색은** 어떤 판본에는 "이(怡)로 되어 있다." 고공(考公)의 아우이다.

85 **집해** 서광은 말하였다. "어떤 판본에는 '책(第)'으로 되어 있고, 또한 '이(夷)'로 되어 있다. 『세본(世本)』에서는 '양공(煬公)이 노(魯)로 옮겼다'라 하였고, 송충(宋忠)은 '지금의 노(魯)이다'라 하였다."

86 **색은** 『계본』에서 이름은 어(圉)라 하였다.

87 **집해** 서광은 말하였다. "『세본』에는 '미공(微公)'으로 되어 있다." **색은** 『계본』에는 "潰"가 "弗"로 되어 있는데 음은 비(沸)이다. "위(魏)"는 "미(微)"로 되어 있다. 또한 고서에서는 거의 위(魏)자를 미(微)라 하였으니 태사공의 뜻 또한 다르지 않다.

88 **색은** 『계본』에는 "擢"으로 되어 있는데, 음은 작(持角反)이다.

厲公三十七年卒,　　　　여공이 37년에 죽자

魯人立其弟具,　　　　　노 사람들이 그 아우 구를 옹립하였는데

是爲獻公.　　　　　　　바로 헌공이다.

獻公三十二年卒,[89]　　헌공은 32년에 죽고

子眞公濞立.[90]　　　　아들인 신공 비가 즉위하였다.

眞公十四年,　　　　　　신공 14년

周厲王無道,　　　　　　주여왕이 무도하게 굴다가

出奔彘,　　　　　　　　체로 달아나니

共和行政.　　　　　　　공화정치를 행하였다.

二十九年,　　　　　　　29년에

周宣王即位.　　　　　　주선왕이 즉위하였다.

三十年,　　　　　　　　30년에

眞公卒,　　　　　　　　신공이 죽고

弟敖立,　　　　　　　　아우인 오가 즉위하였는데

是爲武公.　　　　　　　바로 무공이다.

武公九年春,　　　　　　무공 9년 봄에

武公與長子括,　　　　　무공이 장자인 괄,

少子戲,[91]　　　　　　소자인 희와

西朝周宣王.　　　　　　서쪽으로 주선왕을 조현하였다.

---

89 집해 서광은 말하였다. "유흠(劉歆)은 50년이라 하였고, 황보밀은 36년이라 하였다."

90 색은 '眞'의 음은 신(愼)이며, 본래 또한 거의 "신공(愼公)"으로 되어 있다. 위(衛)에도 신후(眞侯)가 있는데, 통할 수 있다. 비(濞)는『계본(系本)』에는 "지(摰)"로 되어 있으며, "鼻"로 된 곳도 있는데, 음은 비(匹位反)이다. 추탄의 판본에는 "신공비(愼公嚊)"로 되어 있다.

宣王愛戲,	선왕은 희를 사랑하여
欲立戲爲魯太子.	희를 노 태자로 세우고 싶어 했다.
周之樊仲山父諫宣王曰:	주의 번중산보가 선왕에게 간하였다.
"廢長立少,	"장자를 폐하고 소자를 세우면
不順;	순조롭지 못하고,
不順,	순조롭지 못하면
必犯王命;	반드시 왕명을 범할 것이며,
犯王命,	왕명을 범하면
必誅之:	반드시 주살될 것이므로
故出令不可不順也.	명을 냄을 순리대로 하지 않을 수 없습니다.
令之不行,	명이 행하여지지 않으면
政之不立;[92]	정사가 서지 못하고,
行而不順,	행하여져도 순조롭지 못하면
民將弃上.[93]	백성은 윗사람을 버리려할 것입니다.
夫下事上,	대체로 아랫사람이 윗사람을 섬기고
少事長,	어린 사람이 어른을 섬기는 것은
所以爲順.	순조롭게 하고자 함입니다.
今天子建諸侯,	지금 천자가 제후를 세우면서
立其少,	어린 사람을 세우는 것은
是教民逆也.[94]	백성에게 반역을 가르치는 것입니다.

---

91 정의 음은 희(許義反), 또한 희(許宜反)이며, 뒤도 같다.

92 집해 위소(韋昭)는 말하였다. "명이 행하여지지 않으면 정치가 서지 않는다."

93 집해 위소는 말하였다. "어른이 어린 사람을 섬기게 하므로 백성이 윗사람을 버리려는 것이다."

94 집해 당고(唐固)는 말하였다. "순종하게 가르치지 않으면 반역을 하도록 가르치는 것이라는 말이다."

若魯從之,	노가 따른다면
諸侯效之,	제후들이 본받아
王命將有所壅;[95]	왕명이 막히게 될 것이며,
若弗從而誅之,	(노가) 그것을 따르지 않아 죽임을 당한다면
是自誅王命也.[96]	이는 왕명을 스스로 죽이는 것입니다.
誅之亦失,	죽여도 잘못이고
不誅亦失,[97]	죽이지 않아도 잘못이니
王其圖之."	왕께서는 도모하셨으면 합니다."
宣王弗聽,	선왕은 그 말을 따르지 않고
卒立戲爲魯太子.	마침내 희를 노 태자로 세웠다.
夏,	여름에
武公歸而卒,[98]	무공이 돌아와 죽자
戲立,	희가 즉위하였는데
是爲懿公.	바로 의공이다.
懿公九年,	의공 9년
懿公兄括之子伯御[99]與魯人攻弒懿公,	의공의 형 괄의 아들 백어가 노 사람들과 함께 의공을 공격하여 죽이고

---

95 집해 위소는 말하였다. "선왕의 장자를 세우게 한 명이 막히어 행하여지지 않을 것이라는 말이다."

96 집해 위소는 말하였다. "선왕이 장자를 세우게 명하여 지금 노도 장자를 세웠는데 그를 죽인다면 스스로 왕명을 죽이는 것이라는 말이다."

97 집해 위소는 말하였다. "주지(誅之)는 왕명을 죽이는 것이며, 죽이지 않는 것은 왕명을 폐하는 것이다."

98 집해 서광은 말하였다. "유흠은 즉위 2년이라고 하였다."

99 정의 '御'는 이름이 어(我嫁反)이며, 아래도 마찬가지이다.

而立伯御爲君.	백어를 임금으로 옹립하였다.
伯御即位十一年,	백어 즉위 11년에
周宣王伐魯,	주선왕이 노를 토벌하여
殺其君伯御,	그 임금인 백어를 죽이고
而問魯公子能道順諸侯者,¹⁰⁰	노의 공자들에게 제후를 이끌 수 있는 자를 물어
以爲魯後.	노의 뒤를 잇게 하였다.
樊穆仲曰:¹⁰¹	번목중이 말하였다.
"魯懿公弟稱,¹⁰²	"노의공의 아우 칭은
肅恭明神,	엄숙하고 공손하며 총명하고
敬事耆老;	삼가 노인을 섬기며,
賦事行刑,	일을 처리하고 형벌을 행함에
必問於遺訓而咨於固實;¹⁰³	반드시 유훈에 물어보고 본받을 만한 옛일에서 자문을 구하여
不干所問,	물은 것을 침해하지 않았고
不犯所(知)〔咨〕."	자문한 것을 범하지 않았습니다."
宣王曰:	선왕이 말하였다.
"然,	"그렇다면
能訓治其民矣."	백성을 이끌며 다스릴 수 있을 것이다."

---

100 [집해] 서광은 말하였다. "순(順)은 '훈(訓)'으로 된 판본도 있다." [정의] 도(道)는 도(導)의 뜻으로 읽는다. '順'의 음은 훈(訓)이다.

101 [집해] 위소는 말하였다. "목중(穆仲)은 중산보(仲山父)의 시호이다. 노의 숙손목자(叔孫穆子)를 목숙(穆叔)이라 하는 것과 같다."

102 [정의] 음은 칭(尺證反)이다.

103 [집해] 서광은 말하였다. "고(固)는 '고(故)'로 된 판본도 있다." 위소는 말하였다. "고실(故實)은 옛일 가운데 옳은 것이다."

乃立稱於夷宮,[104]	곧 이궁에서 칭을 세웠는데
是爲孝公.	바로 효공이다.
自是後,	이 이후로
諸侯多畔王命.	제후들은 자주 왕명에 반기를 들었다.

孝公二十五年,	효공 25년에
諸侯畔周,	제후가 주를 배반하여
犬戎殺幽王.	견융이 유왕을 죽였다.
秦始列爲諸侯.	진이 비로소 제후의 반열에 올랐다.

二十七年,	27년에
孝公卒,	효공이 죽고
子弗湟立,[105]	아들인 불황이 즉위하였는데
是爲惠公.	바로 혜공이다.

惠公三十年,	혜공 30년에
晉人弒其君昭侯.	진 사람이 그 임금 소후를 죽였다.
四十五年,	45년에
晉人又弒其君孝侯.	진 사람이 또 그 임금 효후를 죽였다.

四十六年,	46년에

---

104 집해 위소는 말하였다. "이궁(夷宮)은 선왕(宣王)의 조부 이왕(夷王)의 사당이다. 옛날에 작위를 내리는 명은 반드시 조부의 사당에서 행한다."

105 집해 서광은 말하였다. "「표(表)」에는 불생(弗生)이라고 하였다." 색은 『계본』에는 "불황 (弗皇)"으로 되어 있다. 「연표(年表)」에는 "불생(弗生)"으로 되어 있다.

186

惠公卒,	혜공이 죽고
長庶子息[106]攝當國,	서자의 맏이인 식이 국정을 대신 맡아
行君事,	임금의 일을 행하였는데
是爲隱公.	바로 은공이다.
初,	처음에
惠公適夫人無子,[107]	혜공의 적실 부인은 아들이 없었고
公賤妾聲子生子息.	공의 천첩인 성자가 아들 식을 낳았다.
息長,	식이 자라자
爲娶於宋.	송에서 아내를 맞아주었다.
宋女至而好,	송 여인이 이르렀는데 아름다워
惠公奪而自妻之.[108]	혜공이 빼앗아 스스로 아내로 삼았다.
生子允.[109]	아들 윤을 낳았다.
登宋女爲夫人,	송 여인을 부인으로 올렸고
以允爲太子.	윤을 태자로 삼았다.
及惠公卒,	혜공이 죽었을 때
爲允少故,	윤이 어렸으므로
魯人共令息攝政,	노 사람들은 모두 식에게 정치를 대행하게 하였고
不言即位.	즉위하였다고는 말하지 않았다.

---

106 색은 은공(隱公)이다. 『계본』에서 은공의 이름은 식고(息姑)라고 하였다.

107 정의 '適'의 음은 적(的)이다.

108 색은 『좌전』에 의하면 송무공(宋武公)은 중자(仲子)를 낳았는데 중자의 손바닥에 "노부인이 된다(爲魯夫人)"는 글자가 있었으므로 노로 시집와 환공을 낳았다고 하였다. 지금 여기에서는 혜공이 식의 부인을 빼앗아 스스로 아내로 삼았다고 하였다. 또한 『경전(經傳)』에서는 혜공이 무도하다고 말하지 않았는데, 『좌전』의 문장에서는 분명하게 보이니 태사공이무슨 근거로 이 말을 하였는지 모르겠다. 초주 또한 전혀 그렇다고 믿지 않았다.

109 집해 서광은 말하였다. "'궤(軌)'로 된 판본도 있다. 색은 『계본』에는 또한 "궤(軌)'로 되어있다.

隱公五年,	은공 5년에
觀漁於棠.¹¹⁰	당에서 물고기 잡는 것을 구경하였다.
八年,	8년에는
與鄭易天子之太山之邑祊及許田,	정과 천자가 태산에 제사지내는 읍인 방을 허전과 바꾸었는데
君子譏之.¹¹¹	군자가 비판하였다.
十一年冬,	11년 겨울에
公子翬諂謂隱公曰:	공자휘가 은공에게 아첨하여 말하였다.
"百姓便君,	"백성이 임금을 적합하게 여겨
君其遂立.	임금께서 마침내 즉위하였습니다.
吾請爲君殺子允,	내가 임금을 위해 자윤을 죽여줄 테니
君以我爲相."¹¹²	(사후에) 임금께선 저를 재상으로 삼아주십시오."
隱公曰:	은공이 말하였다.
"有先君命.	"선군의 유명이 있다.
吾爲允少,	내 윤이 어렸기 때문에
故攝代.	대신 섭정한 것이다.
今允長矣,	지금 윤은 다 자랐고

---

110 **집해** 가규(賈逵)는 말하였다. "당(棠)은 노 땅이다. 어구(漁具)를 늘어놓고 구경을 하였다." 두예(杜預)는 말하였다. "고평(高平) 방여현(方輿縣) 북쪽에 무당정(武棠亭)이 있는데 노후(魯侯)가 물고기 잡는 것을 구경한 대이다."

111 **집해** 『곡량전(穀梁傳)』에서는 말하였다. "방(祊)은 정백(鄭伯)이 천자의 명을 받아 태산에 제사를 지낸 읍이다. 허전(許田)은 바로 노가 조현할 때 숙식하던 읍이다. 천자가 위에 있으면 제후는 땅을 서로 주지 못한다."

112 **집해** 『좌전』에서는 말하였다. "우보(羽父)가 환공을 죽일 것을 청하였는데 장차 태재의 직위를 구하고자 함이었다."

吾方營菟裘之地而老焉,[113]	내 바야흐로 토구의 땅을 경영하여 거기서 늙으려 하니
以授子允政."	자윤에게 정권을 줄 것이다."
揮懼子允聞而反誅之,	휘는 자윤이 듣고 오히려 (자기를) 죽일까 두려워하여
乃反譖隱公於子允曰:	곧 돌아가 자윤에게 은공을 참소하여 말하였다.
"隱公欲遂立,	"은공은 마침내 즉위하여
去子,	그대를 없애려 하니
子其圖之.	그대는 도모해야 할 것이오.
請爲子殺隱公."	그대를 위해 은공을 죽일 것을 청하오."
子允許諾.	자윤은 허락하였다.
十一月,	11월에
隱公祭鐘巫,[114]	은공은 종무의 제사를 지내고
齊于社圃,[115]	사포에서 재계하고
館于蔿氏.[116]	위씨의 집에서 묵었다.
揮使人殺隱公于蔿氏,	휘는 사람을 시켜 위씨의 집에서 은공을 죽이고
而立子允爲君,	자윤을 임금으로 세웠으니
是爲桓公.	바로 환공이다.
桓公元年,	환공 원년

---

113 集解 복건(服虔)은 말하였다. "토구(菟裘)는 노의 읍이다. 토구를 경영하여 궁실을 짓고 그곳에 거처하며 은퇴하여 늙고자 하는 것이다." 두예는 말하였다. "토구는 태산(泰山) 양보현(梁父縣) 남쪽에 있다."

114 集解 가규는 말하였다. "종무(鍾巫)는 제사 이름이다."

115 集解 두예는 말하였다. "사포(社圃)는 원(園)의 이름이다."

116 集解 복건은 말하였다. "관(館)은 묵는 것이다. 위씨(蔿氏)는 노 대부이다."

鄭以璧易天子之許田.[117]	정이 벽옥으로 천자의 허전과 바꾸었다.
二年,	2년에
以宋之賂鼎入於太廟,	송이 뇌물로 바친 정을 태묘에 들이자
君子譏之.[118]	군자가 비판하였다.
三年,	3년에
使揮迎婦于齊爲夫人.	휘에게 제에서 아내를 맞아 부인으로 삼게 하였다.
六年,	6년에
夫人生子,	부인이 아들을 낳았는데
與桓公同日,	환공과 (생일이) 같은 날이었으므로
故名曰同.	이름을 동이라고 하였다.
同長,	동은 자라서
爲太子.	태자가 되었다.
十六年,	16년에
會于曹,	조에서 회맹하여
伐鄭,	정을 치고
入厲公.	여공을 들여보냈다.
十八年春,	18년 봄에

---

117 집해 미신(糜信)은 말하였다. "정(鄭)은 방(祊)이 허전(許田)에 당하기에 부족하게 여겼으므로 다시 벽옥을 추가한 것이다."

118 집해 『곡량전』에서는 말하였다. "환공(桓公)은 안으로는 그 임금을 죽이고 밖으로는 사람들의 난을 이루어 뇌물을 받고 물러나 그 조상을 섬겼는데 예의가 아니다." 『공양전』에서는 말하였다. "주공(周公)의 사당을 태묘(太廟)라고 한다."

公將有行,[119]	공이 출행을 하려 하여
遂與夫人如齊.	마침내 부인과 제에 갔다.
申繻諫止,[120]	신수가 그만 둘 것을 간하였으나
公不聽,	공은 듣지 않고
遂如齊.	마침내 제로 갔다.
齊襄公通桓公夫人.	제양공이 환공의 부인과 간통하자
公怒夫人,	공이 부인에게 노하니
夫人以告齊侯.	부인이 그대로 제후에게 알렸다.
夏四月丙子,	여름 4월 병자일에
齊襄公饗公,[121]	제양공이 공에게 연회를 베풀었는데
公醉,	공이 취하자
使公子彭生抱魯桓公,	공자 팽생에게 노환공을 안게 하고
因命彭生摺其脅,	아울러 팽생에게 갈빗대를 꺾게 명하여
公死于車.	공은 수레에서 죽었다.
魯人告于齊曰:	노 사람이 제에 알리어 말하였다.
"寡君畏君之威,	"우리 임금께서 임금님의 위엄을 두려워하시어
不敢寧居,	감히 편안히 거처하지 못하고
來脩好禮.	오시어 우호의 예를 증진하였습니다.
禮成而不反,	예는 끝났으나 돌아오지 않으시고
無所歸咎,	허물을 돌릴 곳이 없으니
請得彭生除醜於諸侯."	청컨대 팽생을 얻어 제후들의 추문을 없앴으면 합니다."

---

119 집해 두예는 말하였다. "비로소 출행할 일을 의논한 것이다."
120 집해 가규는 말하였다. "신수(申繻)는 노의 대부이다."
121 집해 복건은 말하였다. "공을 위해 연회를 베푸는 예를 행한 것이다."

齊人殺彭生以說魯.	제의 사람이 팽생을 죽여서 노를 기쁘게 하였다.
立太子同,	태자 동을 옹립하니
是爲莊公.	바로 장공이다.
莊公母夫人因留齊,	장공의 모부인은 그대로 제에 남아
不敢歸魯.	감히 노로 돌아오지 못하였다.
莊公五年冬,	장공 5년 겨울에
伐衞,	위를 치고
內衞惠公.	위혜공을 들여보냈다.
八年,	8년에
齊公子糾來奔.	제의 공자 규가 도망쳐왔다.
九年,	9년에
魯欲內子糾於齊,	노는 제에 자규를 들여보내려 하였는데
後桓公,	환공보다 늦었다.
桓公發兵擊魯,	환공이 군사를 일으켜 노를 치니
魯急,	노는 다급해져
殺子糾.	자규를 죽였다.
召忽死.	소홀은 자살하였다.
齊告魯生致管仲.	제는 노에 관중을 산 채로 바치도록 일렀다.
魯人施伯曰[122]"齊欲得管仲,	노 사람 시백이 말하기를 "제가 관중을 얻으려는 것은
非殺之也,	죽이려는 것이 아니라

---

122 **정의** 『세본』에서는 말하였다. "시백(施伯)은 노혜공(魯惠公)의 손자이다."

將用之,	쓰려는 것이며,
用之則爲魯患.	그를 쓰면 노의 근심이 됩니다.
不如殺,	죽여서
以其屍[123]與之.”	시신을 줌만 못합니다.”
莊公不聽,	장공은 듣지 않고
遂囚管仲與齊.	마침내 관중을 가두어서 제에 주었고
齊人相管仲.	제 사람은 관중을 재상으로 삼았다.
十三年,	13년에
魯莊公與曹沫會齊桓公於柯,	노장공은 조말과 함께 가에서 제환공과 회맹하였는데
曹沫劫齊桓公,	조말이 제환공을 겁박하여
求魯侵地,	노의 빼앗긴 땅을 구하여
已盟而釋桓公.	맹약을 끝내자 환공을 풀어주었다.
桓公欲背約,	환공은 맹약을 저버리려 하였는데
管仲諫,	관중이 간하여
卒歸魯侵地.	마침내 노의 빼앗은 땅을 돌려주었다.
十五年,	15년에
齊桓公始霸.	제환공이 비로소 패권을 잡았다.
二十三年,	23년에
莊公如齊觀社.[124]	장공은 제로 가서 토지신 제사를 구경하였다.

---

123 색은 본래 또한 “사(死)”자라고도 하였다.

124 집해 위소는 말하였다. “제가 토지 신에 장사를 지내는 김에 병기와 군량을 모아 군의 위세를 보이니 공이 가서 구경한 것이다.”

三十二年,	32년
初,	처음
莊公築臺臨黨氏,[125]	장공은 대를 쌓아 당씨를 내려다보았는데
見孟女,[126]	맹녀를 보고
說而愛之,	기뻐하며 좋아하여
許立爲夫人,	부인으로 세울 것을 허락하였으며
割臂以盟.[127]	팔을 베어서 맹세하였다.
孟女生子斑.	맹녀는 아들 반을 낳았다.
斑長,	반은 자라서
說梁氏女,[128]	양씨의 딸을 좋아하여
往觀.	가서 구경하였다.
圉人犖自牆外與梁氏女戲.[129]	어인 낙이 담 밖에서 양씨의 딸과 희롱하였다.
斑怒,	반은 노하여
鞭犖.	낙을 매질하였다.
莊公聞之,	장공이 듣고
曰:	말하였다.
“犖有力焉,	“낙은 힘이 세어
遂殺之,	마침내 (반녀를) 죽일 것이니
是未可鞭而置也.”	매질만 하고 놔둬서는 안 된다.”

---

125 〔집해〕 가규는 말하였다. “당씨(黨氏)는 노 대부로 성은 임(任)이다.”

126 〔집해〕 가규는 말하였다. “당씨의 딸이다.” 〔색은〕 곧 『좌전』에서 말한 맹임(孟任)이다. 당씨는 딸이 둘이다. 맹(孟)은 맏이라는 뜻이며, 임(任)은 자(字)이지 성은 아닐 따름이다.

127 〔집해〕 복건은 말하였다. “그 팔뚝을 베어 공과 맹세한 것이다.”

128 〔집해〕 두예는 말하였다. “양씨(梁氏)는 노 대부이다.”

129 〔집해〕 복건은 말하였다. “어인(圉人)은 말을 기르는 것을 관장하는 사람이고, 낙(犖)은 그 이름이다.” 〔정의〕 ‘犖’의 음은 락(力角反)이다.

斑未得殺.	반은 죽이지 못하였다.
會莊公有疾.	마침 장공이 병들었다.
莊公有三弟,	장공은 세 아우가 있었는데
長曰慶父,	맏이는 경보이고,
次曰叔牙,	다음은 숙아,
次曰季友.	다음은 계우였다.
莊公取齊女爲夫人曰哀姜.	장공은 제의 여인을 맞아 부인으로 삼았는데 애강이라고 하였다.
哀姜無子.	애강은 아들이 없었다.
哀姜娣¹³⁰曰叔姜,	애공의 동생은 숙강이라고 하였는데
生子開.	아들 개를 낳았다.
莊公無適嗣,	장공은 계위할 적자가 없었으며
愛孟女,	맹녀를 사랑하여
欲立其子斑.	그의 아들 반을 세우려고 하였다.
莊公病,	장공은 병이 들자
而問嗣於弟叔牙.	아우인 숙아에게 계위에 대하여 물어보았다.
叔牙曰:	숙아가 말하였다.
"一繼一及,	"한 사람이 잇고 또 한 사람에게 미치는 것이
魯之常也.¹³¹	노의 상도입니다.
慶父在,	경보가 있어서
可爲嗣,	이을 만한데
君何憂?"	임금께선 무엇을 근심하십니까?"
莊公患叔牙欲立慶父,	장공은 숙아가 경보를 세우려 하는 것을 근심하여

---

130 **정의** 음은 제(田戾反)이다.

131 **집해** 하휴는 말하였다. "부친이 죽으면 아들이 잇고 형이 죽으면 아우에게 미치는 것이다."

退而問季友.	물러나 계우에게 물었다.
季友曰:	계우가 말하였다.
"請以死立斑也."	"죽음으로 반을 세울 것을 청합니다."
莊公曰:	장공이 말하였다.
"曩者叔牙欲立慶父,	"아까 숙아는 경보를 세우려 하였는데
奈何?"	어째야 하는가?"
季友以莊公命命牙待於鍼巫氏,[132]	계우는 장공의 명으로 아에게 침무 씨 집에서 기다리게 하고
使鍼季劫飲叔牙以鴆,[133]	침계에게 숙아가 짐독을 마시도록 겁박하게 하여
曰:	말하였다.
"飲此則有後奉祀;	"이것을 마시면 나중에 제사를 받들게 될 것이며,
不然,	그렇지 않으면
死且無後."	죽어서 후대가 없게 될 것이오."
牙遂飲鴆而死,	아는 마침내 짐독을 마시고 죽었으며
魯立其子爲叔孫氏.[134]	노에서는 그 아들을 숙손씨로 세웠다.
八月癸亥,	8월 계해일에
莊公卒,	장공이 죽자
季友竟立子斑爲君,	계우는 마침내 아들 반을 임금으로 세워
如莊公命.	장공이 명한 대로 하였다.
侍喪,	상을 모실 때
舍于黨氏.[135]	당씨의 집에 머물렀다.

---

132 집해 두예는 말하였다. "침무 씨(鍼巫氏)는 노 대부이다."

133 집해 복건은 말하였다. "짐조는 운일조(運日鳥)라고도 한다."

134 집해 두예는 말하였다. "죄를 지어 죽은 것이 아니기 때문에 후사를 세워 대대로 그 녹을 잇게 된 것이다."

先時慶父與哀姜私通,　　전에 경보는 애강과 사통하여

欲立哀姜娣子開.　　애강 동생의 아들 개를 세우고자 하였다.

及莊公卒而季友立斑,　　장공이 죽고 계우가 반을 옹립하자

十月己未,　　10월 기미일에

慶父使圉人犖殺魯公子斑於黨氏.

　　경보가 어인 낙을 시켜 당씨 집에서 노공자 반
　　을 죽이게 하였다.

季友犇陳.[136]　　계우는 진으로 달아났다.

慶父竟立莊公子開,　　경보는 마침내 장공의 아들 개를 옹립하였는데

是爲湣公.[137]　　바로 민공이다.

湣公二年,　　민공 2년에

慶父與哀姜通益甚.　　경보는 애강과 사통이 더욱 심하여졌다.

哀姜與慶父謀殺湣公而立慶父.

　　애강과 경보는 민공을 죽이고 경보를 세울 음모
　　를 꾸몄다.

慶父使卜齮襲殺湣公於武闈.[138]

　　경보는 복의에게 무위에서 민공을 습격하여 죽
　　이게 했다.

季友聞之,　　계우가 이를 듣고

---

135 **정의** 아직 공궁(公宮)에 이르지 못하고 구씨(舅氏) 집에 머무른 것이다.

136 **집해** 복건은 말하였다. "계우(季友)가 내심 경보의 마음을 알았는데 힘으로 죽일 수 없었
기 때문에 그 난을 피하여 달아난 것이다."

137 **색은** 『계본』에서는 이름이 계(啟)라 하였는데, 지금 여기에서는 "개(開)"라고 한 것은 한경
제(漢景帝)를 피휘한 것일 따름이다. 『춘추』에는 "민공(閔公)"으로 되어 있다.

138 **집해** 가규는 말하였다. "복기(卜齮)는 노 대부이다. 궁중(宮中)의 문을 위(闈)라고 한다."
정의 '齮'의 음은 의(魚綺反)이다. '闈'의 음은 위(韋)이다.

自陳與湣公弟申如邾,	진에서 민공의 아우 신과 함께 주로 갔으며
請魯求內之.	노에 청하여 그들을 들일 것을 요구하였다.
魯人欲誅慶父.	노 사람은 경보를 죽이려고 하였다.
慶父恐,	경보는 두려워하여
奔莒.	거로 달아났다.
於是季友奉子申入,	이에 계우는 자신을 받들고 입국하여
立之,	옹립하니
是爲釐公.[139]	바로 희공이다.
釐公亦莊公少子.	희공 또한 장공의 작은 아들이었다.
哀姜恐,	애강은 두려워하여
奔邾.	주로 달아났다.
季友以賂如莒求慶父,	계우가 재물을 가지고 거에 가서 경보를 요구하여
慶父歸,	경보가 돌아오자,
使人殺慶父,	사람을 시켜 경보를 죽이게 했으며
慶父請奔,	경보가 달아날 것을 청하였는데
弗聽,	듣지 않고
乃使大夫奚斯行哭而往.	곧 대부 해사에게 곡을 하며 가게 하자
慶父聞奚斯音,	경보는 해사의 소리를 듣고
乃自殺.	곧 자살하였다.
齊桓公聞哀姜與慶父亂以危魯,	제환공은 애강이 경보와 난을 일으켜 노를 위태롭게 했다는 것을 듣고
及召之邾而殺之,	주에서 불러 죽이고

---

139 색은 민공(湣公) 아우의 이름은 신(申)이며, 성계(成季)가 그를 도와 노를 다스렸는데 이에 노 사람들은 희공(僖公)을 위하여 「노송(魯頌)」을 지었다.

以其屍歸,	그 시신을 돌려보내어
戮之魯.	노에서 육시하게 하였다.
魯釐公請而葬之.	노희공이 청하여 장사지냈다.

季友母陳女,	계우의 모친은 진 여인이어서
故亡在陳,	도망쳐 진에 있었는데
陳故佐送季友及子申.	진은 이 때문에 계우 및 자신을 도와 보내주었다.
季友之將生也,	계우가 태어나려 할 때
父魯桓公使人卜之,	부친인 노환공이 사람을 시켜 점을 치게 하니
曰:	(점괘에서) 말하였다.
"男也,	"사내로
其名曰'友',	그 이름은 '우'이며
閒于兩社,	양사 사이에서
爲公室輔.140	공실을 보좌하게 될 것이다.
季友亡,	계우가 도망가면
則魯不昌."	노는 창성하지 못할 것이다."
及生,	태어나자
有文在掌曰"友",	손바닥에 "문"자의 문양이 있어서
遂以名之,	마침내 그대로 이름으로 삼았으며
號爲成季.	성계라 불렀다.
其後爲季氏,	그 후대는 계씨가 되었으며
慶父後爲孟氏也.	경보의 후손은 맹씨가 되었다.

---

140 집해 가규는 말하였다. "양사(兩社)는 주사(周社)와 박사(亳社)이다. 양사의 사이는 조정
의 집정하는 신하가 있는 곳이다."

釐公元年,	희공 원년
以汶陽鄪封季友.[141]	문양과 비읍으로 계우를 봉하고
季友爲相.	계우를 재상으로 삼았다.

九年,	9년에
晉里克殺其君奚齊·卓子.[142]	진 이극이 그 임금 해제와 탁자를 죽였다.
齊桓公率釐公討晉亂,	제환공은 희공을 거느리고 진의 난을 토벌하여
至高梁[143]而還,	고량까지 이르렀다 돌아와
立晉惠公.	진혜공을 세웠다.
十七年,	17년에
齊桓公卒.	제환공이 죽었다.
二十四年,	24년에
晉文公即位.	진문공이 즉위하였다.

三十三年,	33년에
釐公卒,	희공이 죽고
子興立,	아들인 흥이 즉위하니
是爲文公.	바로 문공이다.

---

141 집해 가규는 말하였다. "문양(汶陽)과 비(鄪)는 노의 두 읍이다." 두예는 말하였다. "문양은 문수(汶水)의 북쪽 땅이다. 문수는 태산(泰山) 내무현(萊無縣)에서 발원한다." 색은 "鄪"는 "費"로 된 곳도 있으며, 음은 다 같이 비(祕)이다. 비(費)가 문수의 북쪽에 있으면 "문양(汶陽)"은 읍이 아니다. 가규가 두 읍이라고 한 것은 틀렸다. 「지리지(地理志)」 동해(東海) 비현(費縣)에서 반고(班固)는 "노 계씨(季氏)의 읍"이라고 하였다. 대체로 『상서』의 「비서(費誓)」가 곧 그 땅일 것이다.

142 집해 서광은 말하였다. "'탁(卓)은 '도(悼)'로 된 판본도 있다."

143 색은 진(晉) 땅으로 평양현(平陽縣) 서북쪽에 있다.

文公元年,	문공 원년에
楚太子商臣弒其父成王,	초의 태자 상신이 부친인 성왕을 죽이고
代立.	계위(繼位)하였다.
三年,	3년에
文公朝晉襄公.	문공이 진양공을 조현하였다.

十一年十月甲午,	11년 10월 갑오일에
魯敗翟于鹹,[144]	노가 함에서 적을 무찔렀으며
獲長翟喬如,	적의 우두머리 교여를 사로잡았는데
富父終甥舂其喉,	부보종생이 그의 목구멍을 찌르고
以戈殺之,[145]	과로 죽여
埋其首於子駒之門,[146]	그 머리를 자구지문에 묻고
以命宣伯.[147]	선백이라 명명하였다.

初,	처음
宋武公之世,	송무공의 시대에
鄭瞞伐宋,[148]	수만이 송을 쳤는데
司徒皇父帥師禦之,	사도 황보가 군사를 거느리고 막아

---

144 **집해** 복건은 말하였다. "노(魯) 영토이다."

145 **집해** 복건은 말하였다. "부보종생(富父終甥)은 노의 대부이다. 용(舂)은 찌르는 것과 같다."

146 **집해** 가규는 말하였다. "자구(子駒)는 노 외성의 문 이름이다."

147 **집해** 복건은 말하였다. "선백(宣伯)은 숙손득신(叔孫得臣)의 아들 교여(喬如)이다. 득신이 교여를 사로잡아 그 아들의 이름으로 명명하여 후세에 그 공을 드러내 알리고자 한 것이다."

148 **집해** 복건은 말하였다. "무공(武公)은 주평왕(周平王) 때이며 춘추(春秋) 전(前) 25년에 있다. 수만(鄭瞞)은 적국(翟國)의 우두머리 이름이다." **정의** 수(鄭)는 "수(廋)"로 읽으며, 음은 수(所劉反)이다. '瞞'의 음은 만(莫寒反)이다.

以敗翟于長丘,[149]	장구에서 적을 무찌르고
獲長翟緣斯.[150]	적의 우두머리 연사를 사로잡았다.
晉之滅路,[151]	진은 노를 멸하고
獲喬如弟棼如.	교여의 아우 분여를 사로잡았다.
齊惠公二年,	제혜공 2년에
鄋瞞伐齊,	수만이 제를 치자
齊王子城父獲其弟榮如,	제의 왕자 성보가 그 아우 영여를 사로잡아
埋其首於北門.[152]	(죽여서) 그 머리를 북문에 파묻었다.
衞人獲其季弟簡如.[153]	위 사람은 그 막내아우 간여를 사로잡았다.
鄋瞞由是遂亡.[154]	수만은 이로 말미암아 마침내 망하였다.
十五年,	15년에
季文子使於晉.	계문자가 진으로 사행하였다.
十八年二月,	18년 2월에
文公卒.	문공이 죽었다.
文公有二妃:	문공은 비가 둘이었는데
長妃齊女爲哀姜,[155]	장비는 제의 여인으로 애강이며

---

149 집해 두예는 말하였다. "송의 지명이다."
150 집해 가규는 말하였다. "교여(喬如)의 조부이다."
151 집해 노선공(魯宣公) 15년에 있었다.
152 집해 「연표(年表)」에 의하면 제혜공(齊惠公) 2년은 노선공(魯宣公) 2년이다.
153 집해 복건은 말하였다. "교여(喬如)와 동시에 사로잡았다."
154 집해 두예는 말하였다. "장적(長翟)의 종족이 멸절된 것이다."
155 색은 이 "애(哀)"는 시호가 아니며, 대체로 곡을 하면서 저자를 지나가 나라의 사람들이 그를 슬퍼하여 "애강(哀姜)"이라 한 것이기 때문에 살아서 '애'라 불리어 위의 환부인(桓夫人)과는 다르다.

生子惡及視;	아들 오와 시를 낳았고,
次妃敬嬴,	차비는 경영으로
嬖愛,	총애를 받아
生子俀.[156]	아들 왜를 낳았다.
俀私事襄仲,[157]	왜는 사사로이 양중을 섬겨
襄仲欲立之,	양중이 그를 옹립하려고 하였는데
叔仲曰不可.[158]	숙중이 안 된다고 하였다.
襄仲請齊惠公,	양중이 제혜공에게 (도움을) 청하자
惠公新立,	혜공은 막 즉위하여
欲親魯,	노와 가까이 하고자 하여
許之.	허락하였다.
冬十月,	겨울 10월에
襄仲殺子惡及視而立俀,	양중은 아들 오 및 시를 죽이고 왜를 옹립하니
是爲宣公.	바로 선공이다.
哀姜歸齊,	애강은 제로 돌아가는 길에
哭而過市,	곡을 하며 저자를 지나면서
曰:	말하였다.
"天乎!	"하늘이시여!
襄仲爲不道,	양중이 무도한 일을 하여
殺適[159]立庶!"	적자를 죽이고 서자를 세웠나이다."

---

156 **집해** 서광은 말하였다. "왜(倭)로 된 판본도 있다." **색은** '倭'의 음은 왜이며(人唯反), "俀"로 된 판본도 있는데, 음은 같다.

157 **집해** 복건은 말하였다. "양중(襄仲)은 공자 수(公子遂)이다."

158 **집해** 복건은 말하였다. "숙중혜백(叔仲惠伯)이다."

159 **정의** 음은 적(的)이다.

市人皆哭,	저자의 사람들이 모두 곡을 하였고
魯人謂之"哀姜".	노 사람들은 그를 "애강"이라 하였다.
魯由此公室卑,	노는 이로 말미암아 공실이 낮아지고
三桓彊.¹⁶⁰	삼환이 강하여졌다.
宣公俀十二年,	선공 왜 12년에
楚莊王彊,	초장왕이 강하여져
圍鄭.	정을 포위하였다.
鄭伯降,	정백이 항복하자
復國之.	나라를 회복시켜주었다.
十八年,	18년에
宣公卒,	선공이 죽고
子成公黑肱立,¹⁶¹	아들 성공 흑굉이 즉위하니
是爲成公.	바로 성공이다.
季文子曰:	계문자가 말하였다.
"使我殺適立庶失大援者,"	내가 적자를 죽이고 서자를 세워 (이웃의) 큰 도움을 잃게 한 자는
襄仲."¹⁶²	양중이다."

---

160 **집해** 복건은 말하였다. "삼환(三桓)은 노환공(魯桓公)의 일족인 중손(仲孫)과 숙손(叔孫), 계손(季孫)이다."

161 **집해** 서광은 말하였다. "굉(肱)은 '고(股)'로 된 판본도 있다."

162 **집해** 복건은 말하였다. "원(援)은 도움이다. 중(仲)이 적자를 죽이고 서자를 세워 나라의 정치가 상도가 없어지자 이웃나라에서 비난하여 이에 큰 원조를 잃게 된 것이다." 두예는 말하였다. "양중(襄仲)이 선공(宣公)을 옹립하였을 때 남쪽으로 초와 통교가 견고하지 못하였을 뿐만 아니라 제와 진(晉)을 섬김도 견실하지 못하였으므로 큰 도움을 잃었다고 하였다."

襄仲立宣公,	양중이 선공을 옹립하자
公孫歸父有寵.[163]	공손귀보가 총애를 받았다.
宣公欲去三桓,	선공은 삼환을 제거하고자 하여
與晉謀伐三桓.	진과 삼환을 치려고 모의하였다.
會宣公卒,	마침 선공이 죽어
季文子怨之,	계문자가 원망하니
歸父奔齊.	귀보는 제로 달아났다.
成公二年春,	성공 2년 봄에
齊伐取我隆.[164]	제가 우리 융을 쳐서 빼앗았다.
夏,	여름에
公與晉郤克敗齊頃公於鞌,	공과 진의 극극이 안에서 제경공을 무찌르니
齊復歸我侵地.	제는 다시 우리 침략한 땅을 돌려주었다.
四年,	4년에
成公如晉,	성공이 진에 갔는데
晉景公不敬魯.	진경공은 노를 공경하지 않았다.
魯欲背晉合於楚,	노는 진을 배반하고 초와 연합하려 하였는데
或諫,	어떤 사람이 간하여
乃不.	곧 하지 않았다.
十年,	10년에
成公如晉.	성공이 진에 갔다.
晉景公卒,	진경공이 죽자

---

163 集解 복건은 말하였다. "귀보(歸父)는 양중(襄仲)의 아들이다."
164 集解 『좌전』에는 "용(龍)으로 되어 있다." 두예는 말하였다. "노의 읍으로 태산(泰山) 박현(博縣) 서남쪽에 있다."

因留成公送葬,   그대로 성공이 송장하도록 붙들어두었는데

魯諱之.[165]   노는 꺼렸다.

十五年,   15년에

始與吳王壽夢會鍾離.[166]   비로소 오왕 수몽과 종리에서 회맹하였다.

十六年,   16년에

宣伯告晉,   선백이 진에 알리어

欲誅季文子.[167]   계문자를 죽이려 하였다.

文子有義,   문자는 의가 있어

晉人弗許.   진 사람이 그것을 허락지 않았다.

十八年,   18년에

成公卒,   성공이 죽어

子午立,   아들인 오가 즉위하였는데

是爲襄公.   바로 양공이다.

是時襄公三歲也.   이때 양공은 세 살이었다.

襄公元年,   양공 원년

晉立悼公.   진에서는 도공을 옹립하였다.

往年冬,   지난 해 겨울

---

165 색은 『경(經)』에서는 장례를 기록하지 않고 "공이 진으로 갔다(公如晉)"라고만 하였는데, 꺼린 것이다.

166 정의 『괄지지』에서는 말하였다. "종리국(鍾離國)의 옛 성은 호주(濠州) 종리현(鍾離縣) 동쪽 5리 지점에 있다."

167 집해 복건은 말하였다. "선백(宣伯)은 숙손교여(叔孫喬如)이다."

晉欒書弑其君厲公.	진 난서가 그 임금 여공을 죽였다.
四年,	4년에
襄公朝晉.	양공은 진에 조현하였다.

五年,	5년에
季文子卒.	계문자가 죽었다.
家無衣帛之妾,	집에는 비단옷을 입은 첩이 없었고
廐無食粟之馬,	마구간에는 곡식을 먹는 말이 없었으며
府無金玉,	창고에는 금과 옥이 없었고
以相三君.[168]	이렇게 세 임금의 재상을 지냈다.
君子曰:	군자는 말한다.
"季文子廉忠矣."	"계문자는 청렴하고 충성스러웠다 하겠다."

九年,	9년에
與晉伐鄭.	진과 함께 정을 쳤다.
晉悼公冠襄公於衞,[169]	진도공은 위에서 양공의 관례를 치러주었으며
季武子從,	계무자가 좇아서
相行禮.	예를 행하는 것을 도왔다.

十一年,	11년에
三桓氏分爲三軍.[170]	삼환씨가 삼군을 나누어 가졌다.

---

168 색은 선공(宣公)과 성공(成公), 양공(襄公)이다.

169 집해 『좌전』에서는 말하였다. "성공의 종묘(成公)에서 관례를 올리면서 종경을 빌렸는데 예의에 맞았다."

十二年,	12년에
朝晉.	진을 조현하였다.
十六年,	16년에
晉平公即位.	진평공이 즉위하였다.
二十一年,	21년에
朝晉平公.	진평공을 조현하였다.
二十二年,	22년에
孔丘生.[171]	공구가 태어났다.
二十五年,	25년에
齊崔杼弑其君莊公,	제의 최저가 임금 장공을 죽이고
立其弟景公.	그(장공) 아우인 경공을 옹립하였다.
二十九年,	29년에
吳延陵季子使魯,	오의 연릉계자가 노로 출사하여
問周樂,	주의 음악을 물어보고
盡知其意,	그 뜻을 다 알자
魯人敬焉.	노 사람들이 그를 공경하였다.

---

170 집해 위소는 말하였다. "『주례(周禮)』에 의하면 천자는 6군(軍)을 두고 제후 중 대국은 3군을 둔다고 하였다. 노는 백금(伯禽)을 봉하여 옛날에는 3군을 두었는데 그 후 나라가 깎여져 2군을 두었을 뿐이다. 계무자는 공실을 오로지 하기 위해 중군(中軍)을 더하여 3군으로 삼았으며, 3가(家)가 각기 그 하나씩을 맡았다." 색은 정(征)은 도역(徒役)을 일으키는 것을 말한다. 무자(武子)가 3군을 만들었으므로 한 경(卿)이 한 군의 정부(征賦)를 맡았다.

171 정의 주영왕(周靈王) 21년, 노양공(魯襄公) 22년, 진평공(晉平公) 7년, 오 제번(諸樊) 10년에 태어났다.

三十一年六月,	31년 6월에
襄公卒.	양공이 죽었다.
其九月,	그해 9월에
太子卒.172	태자가 죽었다.
魯人立齊歸之子裯爲君,173	노 사람이 제귀의 아들 주를 임금으로 옹립하니
是爲昭公.	바로 소공이다.
昭公年十九,	소공은 19세지만
猶有童心.174	아직도 유치한 마음을 가지고 있었다.
穆叔不欲立,175	목숙은 그를 세우고 싶지 않아
曰:	말하였다.
"太子死,	"태자가 죽었을 경우
有母弟可立,	동복 아우가 있으면 세울 만하고
不即立長.176	그렇지 않으면 연장자를 세운다.
年鈞擇賢,	나이가 같으면 현능한 자를 택하고
義鈞則卜之.177	현능함이 같으면 점을 친다.

172 집해 『좌전』 "너무 슬퍼해서이다."라 하였다. 색은 『좌전』에서는 호(胡)의 여인 경귀(敬歸)의 아들 자야(子野)를 세웠는데 석 달 만에 죽었다고 하였다.

173 집해 서광은 말하였다. "주(裯)는 '소(祒)'로 된 판본도 있다." 복건은 말하였다. "호(胡)는 귀성(歸姓)의 나라이다. 제(齊)는 시호이다." 색은 『계본』에는 "조(稠)"로 되어 있다. 또한 서광은 "소(祒)"로 된 판본도 있다고 하였는데, 음은 소(紹)이다.

174 집해 복건은 말하였다. "성인의 뜻이 없고 동자의 마음을 가졌다는 말이다."

175 색은 노 대부 숙손표(叔孫豹)이며, 선백교여(宣伯喬如)의 아우이다.

176 집해 복건은 말하였다. "동복의 아우가 없으면 서자 가운데 맏이를 세운다."

177 집해 두예는 말하였다. "사람의 일을 먼저 하고 복서(卜筮)를 나중에 하는 것이다. 의균(義鈞)은 현능함이 동등함(賢等)을 말한다."

今禍非適嗣,	지금 주는 적자 계승이 아니고
且又居喪意不在戚而有喜色,	또한 상중에도 슬퍼하는 뜻이 없고 기뻐하는 기색이 있으니
若果立,	실로 즉위한다면
必爲季氏憂."	반드시 계씨의 근심이 될 것이다."
季武子弗聽,	계무자는 듣지 않고
卒立之.	끝내 그를 세웠다.
比及葬,	(양공의) 장례를 치르면서
三易衰.[178]	세 번 상복을 바꾸었다.
君子曰:	군자는 말하였다.
"是不終也."	"이 사람은 선종을 하지 못할 것이다."
昭公三年,	소공 3년에
朝晉至河,	진에 조현하려 황하에 이르렀는데
晉平公謝還之,	진평공이 거절하고 돌려보내자
魯恥焉.	노는 부끄럽게 여겼다.
四年,	4년에
楚靈王會諸侯於申,	초영왕이 신에서 제후들과 회합하였는데
昭公稱病不往.	소공은 병을 핑계로 가지 않았다.
七年,	7년에
季武子卒.	계무자가 죽었다.
八年,	8년에
楚靈王就章華臺,	초영왕이 장화대를 짓고

---

178 집해 두예는 말하였다. "장난을 치느라 법도가 없었음을 말한다."

召昭公.	소공을 불렀다.
昭公往賀,[179]	소공이 가서 축하하자
賜昭公寶器;	소공에게 보기를 내렸다.
已而悔,	조금 있다가 후회하여
復詐取之.[180]	다시 사술로 빼앗았다.
十二年,	12년에
朝晉至河,	진에 조현하려 황하에 이르렀는데
晉平公謝還之.	진평공은 거절하고 돌려보냈다.
十三年,	13년에
楚公子弃疾弑其君靈王,	초공자 기질이 임금 영왕을 죽이고
代立.	계위하였다.
十五年,	15년에
朝晉,	진에 조현하였는데
晉留之葬晉昭公,	진이 진소공의 장례 때까지 잡아두니
魯恥之.	노는 부끄럽게 여겼다.
二十年,	20년에
齊景公與晏子狩竟,	제경공이 안자와 변경에서 사냥을 하면서
因入魯問禮.[181]	노로 들어가 예를 물었다.

---

179 집해 『춘추』에서는 말하였다. "7년 3월에 공이 초로 갔다."

180 집해 『좌전』에서는 말하였다. "우호의 표시로 대굴을 주었다.(好以大屈)" 복건은 말하였다. "대굴(大屈)은 보배로운 금으로 검(劍)을 만들 수 있다. 어떤 사람은 대굴은 활의 이름이라고도 한다. 『노련서(魯連書)』에서는 말하기를 '초자(楚子)는 장화(章華)에서 노후(魯侯)에게 연회를 베풀었으며, 그에게 대곡(大曲)의 활을 주었는데 얼마 후 후회하였다.'라 하였다. 대굴은 아마 이른바 크게 굽은 활인 것 같다. 역주 굴(屈)과 곡(曲)은 현재 음가가 달라졌지만 중국어 발음은 둘 다 qu로 같다.

181 색은 「제계가(齊系家)」에도 그렇게 되어 있다. 『좌전』에는 그 일이 없다.

二十一年,　　　　　　21년에

朝晉至河,　　　　　　진에 조현하려 황하에 이르렀는데

晉謝還之.　　　　　　진은 거절하고 돌려보냈다.

二十五年春,　　　　　25년 봄에

鸜鵒來巢.[182]　　　　구욕이 와서 둥지를 틀었다.

師己曰:　　　　　　　사기가 말하였다.

"文成之世童謠曰[183]'鸜鵒來巢,　"문공과 성공의 시대에 동요에서 '구욕이 와서 둥지를 틀면

公在乾侯.　　　　　　공이 간후에 있을 것이다.

鸜鵒入處,　　　　　　구욕이 들어와 살면

公在外野'."　　　　　공은 바깥 들판에 있을 것이다.'라 하였다."

季氏與郈氏[184]鬪雞,[185]　계 씨는 후 씨와 투계를 하였는데

季氏芥雞羽,[186]　　　　계 씨는 닭의 깃에 겨자를 뿌렸고

郈氏金距.[187]　　　　　후 씨는 발톱을 금으로 쌌다.

182　집해　『주례(周禮)』에서는 말하였다. "구욕(鸜鵒)은 제(濟)수를 건너지 않는다." 『공양전』에서는 말하였다. "중국의 새가 아니며 구멍을 뚫어 둥지를 트는 것에 적합하다." 『곡량전』에서는 말하였다. "왔다는 것은 중국으로 온 것이다."

183　집해　가규는 말하였다. "사기(師己)는 노의 대부이다. 문성(文成)은 노의 문공과 성공이다."

184　집해　서광은 말하였다. "후(郈)는 어떤 판본에는 '후(厚)'로 되어 있으며, 『세본』에도 그렇다."

185　집해　두예는 말하였다. "계평자(季平子)와 후소백(郈昭伯) 두 가문은 서로 가까웠으므로 투계를 하였다."

186　집해　복건은 말하였다. "겨자를 찧어 그 닭의 깃에 뿌려 후 씨 닭의 눈에 날릴 수 있게 한 것이다." 두예는 말하였다. "혹자는 말하기를 아교로 모래를 붙여 뿌린 것을 개계(介雞)라고 한 것이라 하였다."

187　집해　복건은 말하였다. "금으로 발톱을 감싼 것이다."

季平子怒而侵郈氏,[188]	계평자는 노하여 후 씨를 침탈했고
郈昭伯亦怒平子.[189]	후소백 또한 평자에게 분노하였다.
臧昭伯之弟會[190]僞讒臧氏,	장소백의 아우 회는 거짓으로 장 씨를 참소하고
匿季氏,	계 씨의 집에 숨었으며
臧昭伯囚季氏人.	장소백은 계 씨 집 사람을 가두었다.
季平子怒,	계평자는 노하여
囚臧氏老.[191]	장 씨의 대신을 가두었다.
臧·郈氏以難告昭公.	장 씨와 후 씨는 화난을 소공에게 알렸다.
昭公九月戊戌伐季氏,	소공은 9월 무술일에 계 씨를 쳐서
遂入.	마침내 (계 씨의 읍으로) 들어갔다.
平子登臺請曰:	평자는 대에 올라 청하였다.
"君以讒不察臣罪,	"임금께서 참소로 신의 죄를 살피지 않고
誅之,	죽이려 하시니
請遷沂上."	청컨대 기수의 가로 옮기겠습니다."
弗許.[192]	허락하지 않았다.
請囚於鄪,	비에 갇힐 것을 청하였으나

---

188 집해 복건은 말하였다. "자기에게 낮추지 않은 것에 노하여 후 씨(郈氏)의 궁지(宮地)로 쳐들어가 스스로 넓힌 것이다."

189 색은 『계본』에 의하면 소백(昭伯)은 이름이 악(惡)으로, 노효공(魯孝公)의 후손이며 후 씨(厚氏)라 일컬어진다.

190 집해 가규는 말하였다. "소백(昭伯)은 장손사(臧孫賜)이다." 색은 『계본』에서 장회(臧會)는 장경백(臧頃伯)이라 하였으며, 선숙허(宣叔許)의 손자로 소백사(昭伯賜)와는 종부(從父)의 형제가 된다.

191 집해 복건은 말하였다. "노(老)는 장 씨(臧氏) 가문의 대신(大臣)이다."

192 집해 두예는 말하였다. "노 성 남쪽에 기수(沂水)가 있으며, 평자(平子)가 성을 나가 죄를 기다리려 한 것이다. 대기수(大沂水)는 개현(蓋縣)에서 발원하여 남으로 사수(泗水)로 유입된다."

弗許.[193]	허락하지 않았다.
請以五乘亡,	수레 다섯 대로 도망갈 것을 청하였으나
弗許.[194]	허락하지 않았다.
子家駒[195]曰:	자가구가 말하였다.
"君其許之.	"임금께선 허락하시지요.
政自季氏久矣,	정치가 계씨에게서 나온 지가 오래되었으며
爲徒者衆,	도당이 된 자가 많아
衆將合謀."	무리들이 연합하여 모의할 것입니다."
弗聽.	허락하지 않았다.
郈氏曰:	후 씨가 말하였다.
"必殺之."	"죽이고 말 것이다."
叔孫氏之臣戾[196]謂其衆曰:	숙손씨의 가신 여가 그 무리에게 말하였다.
"無季氏與有,	"계 씨가 없는 것과 있는 것이
孰利?"	어느 것이 유리하겠는가?"
皆曰:	모두 말하였다.
"無季氏是無叔孫氏."	"계 씨가 없으면 숙손 씨도 없습니다."
戾曰:	여가 말하였다.
"然,	"그렇습니다,
救季氏!"	계 씨를 구해야 합니다."
遂敗公師.	마침내 공의 군사를 무찔렀다.
孟懿子[197]聞叔孫氏勝,	맹의자는 숙손 씨가 이겼다는 말을 듣고

---

193 **집해** 복건은 말하였다. "비(鄪)는 계씨(季氏)의 읍이다."
194 **집해** 복건은 말하였다. "오승(五乘)이라 한 것은 스스로 간략히 하여 나가겠다는 말이다."
195 **색은** 노 대부 중손씨(仲孫氏)의 일족으로, 이름은 구(駒)이며 시호는 의백(懿伯)이다.
196 **집해** 『좌전』에서는 종려(鬷戾)라고 하였다.

亦殺郈昭伯.	또한 후소백을 죽였다.
郈昭伯爲公使,	후소백이 공의 사자였으므로
故孟氏得之.	맹씨가 그를 잡았다.
三家共伐公,	삼가가 함께 공을 치자
公遂奔.	공은 마침내 달아났다.
己亥,	기해일에
公至于齊.	공은 제에 이르렀다.
齊景公曰:	제경공이 말하였다.
"請致千社待君."	"천 사를 주어 임금을 대우하였으면 하오."
子家曰:	자가가 말하였다.
"弃周公之業而臣於齊,	"주공의 대업을 버리고 제의 신하가 되는 것이
可乎?"	될법하겠습니까?"
乃止.	곧 그만두었다.
子家曰:	자가가 말하였다.
"齊景公無信,	"제경공은 신의가 없으니
不如早之晉."	일찌감치 진으로 감만 못합니다."
弗從.	따르지 않았다.
叔孫見公還,	숙손이 공을 보고 돌아와
見平子,	평자를 보자
平子頓首.	평자는 머리를 조아렸다.
初欲迎昭公,	처음에 소공을 맞으려 하였는데
孟孫·季孫後悔,	맹손과 계손이 후회하자
乃止.	곧 그만두었다.

---

197 집해 가규는 말하였다. "의자(懿子)는 중손하기(仲孫何忌)이다."

二十六年春,	26년 봄
齊伐魯,	제는 노를 쳐서
取鄆[198]而居昭公焉.	운을 빼앗고 소공을 거기서 살게 했다.
夏,	여름에
齊景公將內公,	제경공은 공을 (노로) 들여보내려 하면서
令無受魯賂.	노의 뇌물을 받지 말도록 하였다.
申豐·汝賈[199]許齊臣高齕·子將[200]粟五千庾.[201]	신풍과 여가가 제의 신하 고흘과 자장에게 속 5천 유를 허락하였다.
子將言於齊侯曰:	자장이 제후에게 말하였다.
"羣臣不能事魯君,	"신하들이 노 임금을 섬길 수 없는 것이
有異焉.[202]	괴이합니다.
宋元公爲魯如晉,	송원공은 노를 위해 진으로 가서
求內之,	들여보내줄 것을 청하였는데
道卒.[203]	도중에 죽었습니다.
叔孫昭子[204]求內其君,	숙손소자가 그 임금을 들여보낼 것을 청하였는데
無病而死.	병도 없이 죽었습니다.

---

198 집해 가규는 말하였다. "노의 읍이다."
199 집해 가규는 말하였다. "신풍(申豐)과 여가(汝賈)는 노의 대부이다."
200 색은 어떤 판본에는 "자장(子將)" 위에 "화(貨)"자가 있다. 자장은 곧 양구거(梁丘據)이다. '齕'의 음은 흘(紇)이며, 자장의 가신(家臣)이다. 『좌전』에는 "자장(子將)"이 "자유(子猶)"로 되어 있다.
201 집해 가규는 말하였다. "16두(斗)가 유(庾)이다. 5천 유(庾)는 8만 두(斗)이다."
202 집해 복건은 말하였다. "이(異)는 괴(怪)와 같다."
203 집해 『춘추』에서는 말하였다. "송공좌(宋公佐)가 곡극(曲棘)에서 죽었다."
204 색은 이름은 야(婼)이며, 곧 목숙자(穆叔子)이다.

不知天弃魯乎?	하늘이 노를 버린 것인지 알지 못하겠습니다.
抑魯君有罪于鬼神也?	아니면 노 임금이 귀신에게 죄를 지었습니까?
願君且待."	임금님께서는 조금만 기다려주시기 바랍니다.
齊景公從之.	제경공은 그대로 했다.
二十八年,	28년에
昭公如晉,	소공은 진으로 가서
求入.	들여보내줄 것을 청하였다.
季平子私於晉六卿,	계평자는 진의 육경과 사적으로 왕래하여
六卿受季氏賂,	육경이 계씨의 뇌물을 받고
諫晉君,	진 임금에게 간하여
晉君乃止,	진 임금은 곧 그만두었다.
居昭公乾侯.[205]	소공을 간후에 거처하게 하였다.
二十九年,	29년에
昭公如鄆.	소공은 운으로 갔다.
齊景公使人賜昭公書,	제경공은 사람을 보내어 소공에게 편지를 내리면서
自謂"主君".[206]	자칭 "주군"이라 하였다.
昭公恥之,	소공은 치욕스럽게 여겨
怒而去乾侯.	노하여 간후를 떠났다.
三十一年,	31년에

---

205 집해 두예는 말하였다. "간후(乾侯)는 위군(魏郡) 척구현(斥丘縣)에 있으며 진(晉) 경내에 있는 읍이다."

206 집해 복건은 말하였다. "대부는 '주(主)'라 일컫는다. 공을 대부에 비겼으므로 '주군(主君)'이라 일컫은 것이다."

晉欲內昭公,   진은 소공을 들여보내고자 하여

召季平子.   계평자를 불렀다.

平子布衣跣行,[207]   평자는 베옷을 입고 맨발로 가서

因六卿謝罪.[208]   육경을 통하여 사죄하였다.

六卿爲言曰: 육경이 말해주었다.

"晉欲內昭公,   "진이 소공을 들여보내려하지만

眾不從."   대중이 따르지 않습니다."

晉人止.   진 사람이 그만두었다.

三十二年,   32년에

昭公卒於乾侯.   소공은 간후에서 죽었다.

魯人共立昭公弟宋爲君,   노 사람이 함께 소공의 아우 송을 임금으로 옹립하니

是爲定公.   바로 정공이다.

定公立,   정공이 즉위하자

趙簡子問史墨[209]曰: 조간자가 사묵에게 물었다.

"季氏亡乎?"   "계씨는 망하겠는가?"

史墨對曰: 사묵이 대답하였다.

"不亡.   "망하지 않습니다.

季友有大功於魯,   계우가 노에 큰 공을 세워

受鄪爲上卿,   비를 받아 상경이 되었고

---

207 **집해** 왕숙은 말하였다. "근심과 슬픔을 내보인 것이다."

208 **역주** 춘추(春秋) 진(晉)의 육경은 범(范)과 중항(中行), 지(知, 智), 조(趙), 한(韓), 위(魏)의 여섯 씨(氏)를 말한다.

209 **집해** 복건은 말하였다. "사묵(史墨)은 진(晉)의 사관 채묵(蔡墨)이다."

至于文子·武子,	문자와 무자에 이르러
世增其業.	대대로 가업이 더하여졌습니다.
魯文公卒,	노문공이 죽자
東門遂²¹⁰殺適立庶,	동문수가 적자를 죽이고 서자를 세워
魯君於是失國政.	노 임금은 이에 국정을 잃었습니다.
政在季氏,	정치가 계씨의 수중에 있은 지가
於今四君矣.	지금 네 번째 임금입니다.
民不知君,	백성들이 임금을 알지 못하는데
何以得國!	어떻게 나라를 얻겠습니까!
是以爲君慎器與名,	그런 까닭에 임금은 기명과 명호를 신중히 하여
不可以假人."²¹¹	남에게 빌려줄 수 없습니다."
定公五年,	정공 5년에
季平子卒.	계평자가 죽었다.
陽虎私怒,	양호는 사적인 관계로 노하여
囚季桓子,	계환자를 가두었다가
與盟,	함께 맹약을 하고
乃捨之.	곧 풀어주었다.
七年,	7년에
齊伐我,	제가 우리나라를 쳐서

---

210 **집해** 복건은 말하였다. "동문수(東門遂)는 양중(襄仲)이다. 동문(東門)에 거처하였으므로 동문수라 일컬었다. **색은** 『계본』에는 "술(述)"로 되어 있고, 추탄의 판본에는 "출(秫)"로 되어 있다. 또한 『계본』에는 수(遂)가 자가귀보(子家歸父) 및 소자자영(昭子子嬰)을 낳았다고 하였다.

211 **집해** 두예는 말하였다. "기(器)는 거복(車服)이고, 명(名)은 작호(爵號)이다."

取鄆,	운을 빼앗고
以爲魯陽虎邑以從政.	노 양호의 읍으로 삼고 정치에 종사하게 하였다.
八年,	8년에
陽虎欲盡殺三桓適,	양호는 삼환의 적자를 모조리 죽이고
而更立其所善庶子以代之;	다시 그와 친한 서자를 세워서 대신하려고 하였으며,
載季桓子將殺之,	계환자를 수레에 태워 죽이려 하였는데
桓子詐而得脫.	환자는 속임수를 써서 벗어나게 되었다.
三桓共攻陽虎,	삼환이 힘을 합쳐 양호를 공격하자
陽虎居陽關.[212]	양호는 양관에서 머물렀다.
九年,	9년에
魯伐陽虎,	노가 양호를 치자
陽虎奔齊,	양호는 제로 달아났으며
已而奔晉趙氏.[213]	얼마 후에는 진의 조 씨에게로 달아났다.
十年,	10년에
定公與齊景公會於夾谷,	정공은 제경공과 협곡에서 회맹하였는데
孔子行相事.	공자가 재상의 일을 행하였다.
齊欲襲魯君,	제가 노 임금을 습격하려 하자
孔子以禮歷階,	공자는 예를 지키면서 계단에 올라
誅齊淫樂,	제의 음란한 음악을 연주하는 자를 죽이니
齊侯懼,	제후는 두려워하여

---

212 집해 복건은 말하였다. "양관(陽關)은 노의 읍이다."
213 정의 『좌전』에서는 중니(仲尼)가 말하기를 "조씨(趙氏)는 대대로 어지러워질 것이다?"라 하였다. 두예는 말하였다. "사람을 어지럽게 하는 것을 당하였기 때문이다."

乃止,	곧 그만두었으며
歸魯侵地而謝過.	노의 침략한 땅을 돌려주고 사과하였다.
十二年,	12년에
使仲由毀三桓城,[214]	중유에게 삼환의 성을 허물고
收其甲兵.	그 무기를 거두게 하였다.
孟氏不肯墮城,[215]	맹씨가 성을 허물려 하지 않아
伐之,	쳤는데
不克而止.	이기지 못하여 그만두었다.
季桓子受齊女樂,	계환자가 제의 여악을 받아들이자
孔子去.[216]	공자는 떠났다.
十五年,	15년에
定公卒,	정공이 죽고
子將立,	아들인 장이 즉위하니
是爲哀公.[217]	바로 애공이다.
哀公五年,	애공 5년에
齊景公卒.	제경공이 죽었다.
六年,	6년에
齊田乞弒其君孺子.	제의 전걸이 자기 임금 유자를 죽였다.

---

214 집해 복건은 말하였다. "중유(仲由)는 자로(子路)이다."
215 집해 두예는 말하였다. "타(墮)는 허무는 것이다."
216 집해 공안국은 말하였다. "환자(桓子)가 정공(定公)에게 제의 여악(女樂)을 받게 하여 임금 과 신하가 함께 구경을 하느라 조례(朝禮)를 사흘간 폐하였다."
217 색은 『계본』에는 "장(將)"이 "장(蔣)"으로 되어 있다.

七年,	7년에
吳王夫差彊,	오왕 부차가 강하여져
伐齊,	제를 치고
至繒,	증에 이르러
徵百牢於魯.	노에 백뢰를 요구하였다.
季康子使子貢說吳王及太宰嚭,	계강자는 자공에게 오왕 및 태재 비를 유세하게 하여
以禮詘之.	예로 (뜻을) 굽히게 했다.
吳王曰:	오왕이 말하였다.
"我文身,	"나는 문신을 하여
不足責禮."	(중원의) 예를 요구하기에 부족하오."
乃止.	곧 그만두었다.
八年,	8년에
吳爲鄒伐魯,	오가 추를 위하여 노를 쳐서
至城下,	성하에 이르러
盟而去.	맹약하고 떠났다.
齊伐我,	제가 우리나라를 쳐서
取三邑.	세 읍을 빼앗았다.
十年,	10년에
伐齊南邊.	제의 남쪽 변경을 쳤다.
十一年,	11년에
齊伐魯.	제가 노를 쳤다.
季氏用冉有有功,	계씨가 염유를 써서 공을 세움에

思孔子,　　　　　　　공자를 생각하여

孔子自衞歸魯.　　　　공자가 위에서 노로 돌아왔다.

十四年,　　　　　　　14년에

齊田常弒其君簡公於徐州.　제 전상이 서주에서 임금인 간공을 죽였다.

孔子請伐之,　　　　　공자가 토벌할 것을 청하였는데

哀公不聽.　　　　　　애공은 듣지 않았다.

十五年,　　　　　　　15년에

使子服景伯·子貢爲介,　자복경백과 자공을 사자로 보내어

適齊,　　　　　　　　제로 가게 하자

齊歸我侵地.　　　　　제는 우리의 빼앗은 땅을 돌려주었다.

田常初相,　　　　　　전상은 막 (제의) 상이 되어

欲親諸侯.　　　　　　제후들과 친하게 지내려 하였다.

十六年,　　　　　　　16년에

孔子卒.　　　　　　　공자가 죽었다.

二十二年,　　　　　　22년에

越王句踐滅吳王夫差.　월왕 구천이 오왕 부차를 멸하였다.

二十七年春,　　　　　27년 봄

季康子卒.　　　　　　계강자가 죽었다.

夏,　　　　　　　　　여름에

哀公患三桓,　　　　　애공이 삼환을 근심하여

將欲因諸侯以劫之,　　제후를 이용하여 위협하려고 하였으며

三桓亦患公作難,	삼환 또한 공이 난을 일으킬까 근심하였으므로
故君臣多閒.²¹⁸	군신 간에 틈이 많이 벌어졌다.
公游于陵阪,²¹⁹	공이 능판으로 출유하였는데
遇孟武伯於街,²²⁰	길에서 맹무백과 마주쳐
曰:	말하였다.
"請問余及死乎?"²²¹	"묻건대 내가 제명에 죽겠는가?"
對曰:	대답하였다.
"不知也."	"알지 못하겠습니다."
公欲以越伐三桓.	공은 월의 힘을 빌려 삼환을 토벌하려고 하였다.
八月,	8월에
哀公如陘氏.²²²	애공은 형 씨에게로 갔다.
三桓攻公,	삼환이 공을 공격하자
公奔于衛,	공은 위로 달아났다가
去如鄒,	떠나서 추로 갔으며
遂如越.	마침내 월로 갔다.
國人迎哀公復歸,	나라 사람들이 애공을 복귀시켰지만
卒于有山氏.²²³	유산 씨의 집에서 죽었다.
子寧立,	아들인 영이 즉위하니
是爲悼公.	바로 도공이다.

---

218 집해 가규는 말하였다. "간(閒)은 틈(隙)이다."

219 집해 복건은 말하였다. "능판(陵阪)은 지명이다."

220 색은 어떤 판본에는 "위(衛)"로 되어 있는데 틀렸다. 『좌전』에서는 "맹씨지구에서(於孟氏 之衢)"라 하였다.

221 집해 두예는 말하였다. "자기가 제명대로 죽을 수 있는가? 하는 여부를 물어본 것이다."

222 집해 두예는 말하였다. "형 씨(陘氏)는 곧 유산 씨(有山氏)이다."

223 집해 서광은 말하였다. "황보밀은 애공 원년은 갑진년이고 경오년에 죽었다."라 하였다.

悼公之時,	도공 때는
三桓勝,	삼환이 우세하여
魯如小侯,	노는 작은 제후와 같아
卑於三桓之家.	삼환의 가문보다 (지위가) 낮았다.

十三年,	13년에
三晉滅智伯,	삼진이 지백을 멸하고
分其地有之.	그 땅을 나누어 가졌다.

三十七年,	37년에
悼公卒,[224]	도공이 죽고
子嘉立,	아들 가가 즉위하니
是爲元公.	바로 원공이다.
元公二十一年卒,[225]	원공이 21년 만에 죽고
子顯立,	아들인 현이 즉위하니
是爲穆公.[226]	바로 목공이다.
穆公三十三年卒,[227]	목공이 33년 만에 죽고
子奮立,	아들 분이 즉위하니

---

224 **집해** 서광은 말하였다. "어떤 판본에서는 도공이 즉위하고 30년 만인 곧 진혜왕(秦惠王)에 죽었다고 하였는데, 초회왕(楚懷王)이 죽은 해에 해당한다. 또한 도공 이하로는 모두 유흠(劉歆)의 『역보(曆譜)』와 부합하며, 오히려 「연표(年表)」와는 어긋나는데 무슨 까닭인지 상세하지 않다. 황보밀은 도공은 40년간 재위하였는데 신미년에 시작하여 경술년에 마쳤다고 하였다."

225 **집해** 서광은 말하였다. "황보밀은 신해년에 시작하여 신미년에 마쳤다고 하였다."

226 **색은** 『계본』에는 "현(顯)"이 "불연(不衍)"으로 되어 있다.

227 **집해** 서광은 말하였다. "황보밀은 임신년에 시작하여 갑진년에 마쳤다고 하였다."

是爲共公.	바로 공공이다.
共公二十二年卒,[228]	공공이 22년 만에 죽고
子屯立,	아들 준이 즉위하니
是爲康公.[229]	바로 강공이다.
康公九年卒,[230]	강공이 9년 만에 죽고
子匽立,	아들 언이 즉위하니
是爲景公.[231]	바로 경공이다.
景公二十九年卒,[232]	경공이 29년에 죽고
子叔立,	아들 숙이 즉위하니
是爲平公.[233]	바로 평공이다.
是時六國皆稱王.	이때 6국이 모두 왕을 칭하였다.
平公十二年,	평공 12년에
秦惠王卒.	진혜왕이 죽었다.
二十(二)年,	22년에
平公卒,[234]	평공이 죽고
子賈立,	아들 가가 즉위하니
是爲文公.[235]	바로 문공이다.

---

228 [집해] 서광은 말하였다. "황보밀은 을사년에 시작하여 병인년에 마쳤다고 하였다."
229 [색은] '屯'의 음은 준(竹倫反)이다.
230 [집해] 서광은 말하였다. "황보밀은 정묘년에 시작하여 을해년에 마쳤다고 하였다."
231 [색은] '匽'의 음은 언(偃)이다.
232 [집해] 서광은 말하였다. "황보밀은 병자년에 시작하여 갑진년에 마쳤다고 하였다."
233 [색은] 『계본』에는 "숙(叔)"이 "여(旅)"로 되어 있다.
234 [집해] 서광은 말하였다. "황보밀은 을사년에 시작하여 갑자년에 마쳤다고 하였다."
235 [색은] 『계본』에는 "민공(湣公)"으로 되어 있다. 추탄의 판본도 같아서 그대로 『계가』에는 혹 '문공(文公)'으로 된 곳도 있다고 하였다."

文公(七)〔元〕年,	문공 원년에
楚懷王死于秦.	초회왕이 진에서 죽었다.
二十三年,	23년에
文公卒,236	문공이 죽고
子讎立,	아들 수가 즉위하니
是爲頃公.	바로 경공이다.
頃公二年,	경공 2년에
秦拔楚之郢,237	진이 초(의 수도) 영을 함락시키자
楚頃王東徙于陳.	초경왕은 동쪽 진으로 천도하였다.
十九年,	19년에
楚伐我,	초가 우리나라를 쳐서
取徐州.238	서주를 빼앗았다.
二十四年,	24년에
楚考烈王伐滅魯.	초의 고열왕이 노를 쳐서 멸하였다.
頃公亡,	경공은 도망하여
遷於下邑,239	하읍으로 옮기어

---

236 집해 서광은 말하였다. "황보밀은 을축년에 시작하여 정해년에 마쳤다고 하였다."

237 집해 서광은 말하였다. "「연표」에서는 문공(文公) 18년에 진(秦)이 영(郢)을 함락시켰고 초는 진으로 천도하였다고 하였다."

238 집해 서광은 말하였다. "서주(徐州)는 노의 동쪽에 있으며, 지금의 설현(薛縣)이다." 색은 『설문(說文)』에서는 "서(郤)는 주(邾)의 하읍이며, 노의 동쪽에 있다."라 하였다. 또한 「군국지(郡國志)」에서는 "노 설현(薛縣)은 육국(六國) 때 서주(徐州)라 하였다."라 하였다. 또한 『기년(紀年)』에서는 말하기를 "양혜왕(梁惠王) 31년 하비(下邳)를 설(薛)로 옮겼기 때문에 서주(徐州)라고 하였다."라 하였으니 "徐"와 "郤"는 모두 음이 서(舒)이다.

239 집해 서광은 말하였다. "하(下)는 '변(卞)'으로 된 판본도 있다." 색은 하읍(下邑)은 국외의 작은 읍을 말한다. "변읍(卞邑)"으로 된 판본도 있지만 노에 변읍이 있어서 헷갈린 것이다.

爲家人,	평민이 되었으며
魯絕祀.	노는 제사가 끊어졌다.
頃公卒于柯.[240]	경공은 가에서 죽었다.

| 魯起周公至頃公, | 노는 주공에서 시작하여 경공까지 |
| 凡三十四世. | 모두 34대이다. |

太史公曰:	태사공은 말한다.
余聞孔子稱曰"甚矣魯道之衰也!	
	나는 공자가 "심하도다, 노의 도가 쇠함이!
洙泗之閒齗齗如也".[241]	수수와 사수 사이에서 치열하게 다투는구나."
	라 하는 것을 들었다.

---

240 **집해** 서광은 말하였다. "황보밀은 무자년에 시작하여 신해년에 마쳤다고 하였다."

색은 『춘추』에서는 "제가 노의 가(柯)를 치고 맹약을 맺었다"라 하였으며, 두예는 "가(柯)는 제의 읍으로 지금의 제수(濟水) 북동쪽 아(阿)이다"라 하였다.

241 **집해** 서광은 말하였다. "『한서』「지리지」에서는 말하였다. '노나의 수수와 사수 사이의 물가를 그 백성들이 건너는데 유자(幼者)는 늙은이를 부축하고 그 맡은 일을 대신하였다. 풍속이 이미 박약해져서 장자(長者)는 스스로 편안하게 생각지 않아 유자(幼者)와 서로 양보하였으므로 은은여(齗齗如)라 한 것이다'. '齗'의 음은 은(魚斤反)이며, 동쪽 고을의 말이다. 대체로 유자(幼者)는 장자(長者)를 근심하고 어려워하며 장자는 분해하고 부끄러워하면서 스스로 지키므로 은은(齗齗)하게 말을 다투며 따라서 도가 쇠미해졌다." **색은** '齗'의 음은 은(魚斤反)이며, 『논어(論語)』의 "은은하게 했다(誾誾如也)"와 같이 읽는다. 노의 도가 비록 쇠미해지기는 하였지만 수수와 사수 사이에서는 여전히 은은(誾誾)하다. 추탄 생(生) 또한 음이 은(銀)이라고도 한다. 또한 "단단(斷斷)"이라고도 하여 『상서(尚書)』와 같이 읽으니, 단단(斷斷)은 전일(專一)하다는 뜻이다. 서광은 또 「지리지」를 인용하여 음이 안(五顏反)이라 하고, 안안(齗齗)은 투쟁하는 모양이라고 하였다. 그러므로 번흠(繁欽)의 「수행부(邃行賦)」에서는 "수수와 사수를 건너 말 물 먹임이여, 젊은이와 어른이 다투는 것이 부끄럽다네.(涉洙泗而飲馬兮, 恥少長之齗齗)"라 하였다. 지금 생각건대 아래의 문장에서 "읍양의 예에 이르러서는 따랐다(至于揖讓之禮則從矣)"라 하였으니 노는 아직도 읍양(揖讓)의 풍속이 있었으므로 『논어』의 은(誾)의 음으로 보는 것이 타당하다.

觀慶父及叔牙閔公之際,	경보 및 숙아 민공 즈음의 일을 살펴보니
何其亂也?	얼마나 어지러웠는가?
隱桓之事;	은공과 환공의 일이며
襄仲殺適立庶;	양중이 적자를 죽이고 서자를 세웠고
三家北面爲臣,	삼가가 북면하여 신하가 되어서
親攻昭公,	친히 소공을 공격하니
昭公以奔.	소공은 이 때문에 달아났다.
至其揖讓之禮則從矣,	읍양의 예에 이르러서는 따랐으면서
而行事何其戾也?	일 처리는 어찌 그리 거칠었던가?

색은술찬索隱述贊 무왕이 죽었을 때 성왕은 어리고 외로웠다. 주공이 섭정하여 병풍을 지고 도모하였다. 신하의 자리로 돌아와 북면하여 삼갔다. 원자를 노에 봉하였는데 소호의 옛터였다. 왕실을 끼고 도와 직책을 이어 바꾸지 않았다. 효공에 이르러 목중이 기렸다. 은공은 나라를 양보할 수 있었는데 『춘추』의 시작이다. 좌구명이 간독을 잡고 칭찬하고 깎으며 갖추어 기록하였다.

武王既沒, 成王幼孤. 周公攝政, 負扆據圖. 及還臣列, 北面匔如. 元子封魯, 少昊之墟. 夾輔王室, 系職不渝. 降及孝公, 穆仲致譽. 隱能讓國, 春秋之初. 丘明執簡, 襃貶備書.

연소공 세가 燕召公 世家

召公奭與周同姓,	소공석은 주와 동성으로
姓姬氏.[1]	성은 희씨이다.
周武王之滅紂,	주무왕은 주를 멸하고
封召公於北燕.[2]	소공을 북연에 봉하였다.
其在成王時,	성왕 때
召公爲三公:[3]	소공은 삼공(의 하나)이 되었다.
自陝以西,	섬 이서로는
召公主之;	소공이 주관하고,

---

1 **집해集解** 초주(譙周)는 말하였다. "주의 지족(支族)으로 소(召)에 식읍(食邑)을 두었기 때문에 소공(召公)이라고 하였다." **색은索隱** 소(召)는 왕기[畿] 내의 채지(菜地)이다. 석(奭)이 비로소 소에 식읍을 두었기 때문에 소공이라고 하였다. 혹자는 문왕이 명을 받아 기주의 옛터인 주와 소의 땅을 취하여 두 공에게 나누어 작위를 내렸으므로 『시』에 「주(周)」와 「소(召)」의 두 「남(南)」이 있게 되었다고 하였는데, 모두 기산(岐山)의 남쪽[陽]에 있으므로 남(南)이라고 한 것이다. 나중에 무왕이 그를 북연(北燕)에 봉하였는데, 지금의 유주(幽州) 계현(薊縣)의 옛 성이 바로 이곳이다. 또한 원자(元子)를 봉지로 보냈다. 그리고 차자는 주 왕실에 남겨놓아 대신 소공이 되었다. 선왕(宣王) 때에 이르러 소목공 호(召穆公虎)가 그 뒤를 이었다.

2 **집해** 『세본(世本)』에서는 말하였다. "북연(北燕)에 거처하였다." 송충(宋忠)은 말하였다. "남연(南燕)이 있으므로 북연(北燕)이라고 하였다."

3 **역주** 주나라 때 중앙의 가장 높은 관함(官銜)을 함께 칭한 말. 태사(太師)와 태부(太傅), 태보(太保)를 말한다. 혹자는 사마(司馬), 사도(司徒), 사공(司空)이라고도 한다.

自陝以東,	섬 이동으로는
周公主之.[4]	주공이 주관하였다.
成王旣幼,	성왕은 어려서
周公攝政,	주공이 섭정을 하여
當國踐祚,	나라(의 정권)를 맡고 천자의 지위에 오르자
召公疑之,	소공이 의심하자
作君奭.[5]	(주공은) 「군석」을 지었다.
君奭不說周公.[6]	「군석」은 주공을 기뻐하지 않은 것을 나타내었다.
周公乃稱"湯時有伊尹,	주공은 이에 말하기를 "탕임금 때 이윤이 있었는데
假于皇天;[7]	황천에게서 빌렸으며,
在太戊時,	태무 때에는
則有若伊陟·臣扈,	이척과 신호 같은 사람이 있었는데
假于上帝,	상제에게서 빌렸고
巫咸治王家;[8]	무함은 왕가를 다스렸으며,

---

4 **집해** 하휴(何休)는 말하였다. "섬(陝)은 대개 바로 지금의 홍농(弘農) 섬현(陝縣)이다."

5 **집해** 공안국(孔安國)은 말하였다. "높여서 군(君)이라 하였으며, 옛 것을 진술하여 알렸으므로 편의 이름으로 삼았다."

6 **집해** 마융(馬融)은 말하였다. "소공은 주공이 이미 섭정하여 태평을 이루어 공이 문왕과 무왕에 필적하여 더 이상 신하의 위치에 있지 않았기 때문에 기뻐하지 않았으며 주공이 구차하게 총애를 탐내었다고 생각하였다."

7 **집해** 공안국은 말하였다. "이지(伊摯)가 탕(湯)을 도와 공이 큰 하늘에 이르러 태평을 이루었다고 하였다." 정현(鄭玄)은 말하였다. "황천(皇天)은 북극(北極)의 천제(天帝)이다."

8 **집해** 공안국은 말하였다. "이척(伊陟)과 신호(臣扈)가 이윤(伊尹)의 직책을 따라 그 임금이 조상의 업적을 떨어뜨리지 않게 하였기 때문에 하늘의 공을 떨어뜨리지 않는데 이르게 되었다. 무함(巫咸)이 왕가를 다스려 두 신하는 언급하지 않았다." 마융은 말하였다. "도(道)가 상제(上帝)에 이르러 천시(天時)를 받들었다고 하였다." 정현은 말하였다. "상제는 태미(太微)에서 통솔하는 것이다."

在祖乙時,	조을 때에는
則有若巫賢;[9]	무현 같은 사람이 있었고,
在武丁時,	무정 때에는
則有若甘般:[10]	감반 같은 사람이 있었는데,
率維茲有陳,	모두가 이에 제 할 일을 다하여
保乂有殷".[11]	은을 보호하고 다스렸다."
於是召公乃說.	이에 소공은 기뻐하였다.
召公之治西方,	소공은 서방을 다스리면서
甚得兆民和.	백성들이 매우 융화되게 하였다.
召公巡行鄉邑,	소공이 향읍을 순행할 때
有棠樹,[12]	팥배나무가 있었는데
決獄政事其下,	그 아래서 옥사를 판결하고 정사를 처리하여
自侯伯至庶人各得其所,	후백에서 서인까지 각자 제 자리를 얻어
無失職者.	직책을 잃은 자가 없었다.
召公卒,	소공이 죽자

---

9 [집해] 공안국은 말하였다. "당시의 현신으로는 이와 같은 무현(巫賢)이 있었다. 현(賢)은 함(咸)의 아들이며, 무(巫)는 씨(氏)이다."

10 [집해] 공안국은 말하였다. "고종(高宗)이 즉위하자 감반(甘般)이 보좌하였다. 나중에 부열(傅說)이 있었다."

11 [집해] 서광(徐廣)은 말하였다. "어떤 판본에는 이 9자(字)가 없다." 나[駰]는 이렇게 생각한다. 왕숙(王肅)은 말하기를 "이 여러 신하를 따라 진열한 공이 있으며 유은(有殷)을 편안하게 다스렸다."라 하였다.

12 [정의正義] 지금의 당리수(棠梨樹)이다. 『괄지지(括地志)』에서는 말하였다. "소백묘(召伯廟)는 낙주(洛州) 수안현(壽安縣) 서북쪽 5리 지점에 있다. 소백은 감당(甘棠) 아래에서 송사를 판결하였으며 주의 사람이 그리워하여 그 나무를 베지 않아 후세인들이 그 덕을 그리워하여 이에 사당을 세웠는데, 감당나무가 구곡성(九曲城) 동쪽 언덕에 있다."

而民人思召公之政,	백성들은 소공의 정치를 그리워하여
懷棠樹不敢伐,	팥배나무를 가슴에 품고 감히 베지 않았으며
哥詠之,[13]	그것을 노래하고 읊어
作甘棠之詩.	「감당」시를 지었다.

自召公已下九世至惠侯.[14]	소공으로부터 아래로 9세 혜후에 이르렀다.
燕惠侯當周厲王奔彘,	연혜후는 주여왕이 체로 달아나
共和之時.	공화정을 행할 때였다.

惠侯卒,	혜후가 죽자
子釐侯立.[15]	아들인 희후가 즉위하였다.
是歲,	이 해에
周宣王初即位.	주선왕이 막 즉위하였다.
釐侯二十一年,	희후 21년에
鄭桓公初封於鄭.	정환공이 막 정에 봉하여졌다.
三十六年,	36년에
釐侯卒,	희후가 죽자
子頃侯立.	아들인 경후가 즉위하였다.

---

13 역주 가(哥)는 가(歌)"의 고자(古字)이다.

14 색은 모두 나라의 역사를 앞에서 분실한 것이다. 또한 혜후(惠侯) 이하로는 모두 이름이 없고 또한 족속을 말하지 않았으며 오직 소왕(昭王) 부자만 이름이 있는데, 아마 전국시대 때의 다른 설을 본 것일 따름이다. 연의 42대(代)에는 혜후(惠侯)가 둘, 희후(釐侯)가 둘, 선후(宣侯)가 둘, 환후(桓侯)가 셋, 문후(文侯)가 둘 있었는데 아마 나라의 역사에서 본래의 시호를 잃어버렸을 것이기 때문에 중복되었을 것일 따름이다.

15 정의 '釐'의 음은 희(僖)이다.

頃侯二十年,	경후 20년에
周幽王淫亂,	주유왕이 음란하여
爲犬戎所弑.	견융에게 살해당하였다.
秦始列爲諸侯.	진이 비로소 제후의 반열에 올랐다.
二十四年,	24년에
頃侯卒,	경후가 죽고
子哀侯立.	아들 애후가 즉위하였다.
哀侯二年卒,	애후가 2년에 죽고
子鄭侯立.[16]	아들인 정후가 즉위하였다.
鄭侯三十六年卒,	정후는 36년에 죽고
子繆侯立.	아들인 목후가 즉위하였다.
繆侯七年,	목후 7년은
而魯隱公元年也.	노은공 원년이다.
十八年卒,	18년에 죽고
子宣侯立.[17]	아들 선후가 즉위하였다.
宣侯十三年卒,	선후는 13년에 죽고
子桓侯立.[18]	아들인 환후가 즉위하였다.

---

16 색은 『시법(諡法)』에는 정(鄭)이 없으며, 정(鄭)은 아마 이름일 것이다.

17 색은 초주는 말하였다. "『계본(系本)』에서는 연은 선후(宣侯) 이상은 모두 부자가 서로 전하여지지 못하였으므로 『계가』의 환후(桓侯) 이하는 모두 이어진 것을 말하지 않았는데 밝히기가 어렵기 때문이다." 지금의 『계본』에는 연의 세계(世系)가 없는데, 송충은 태사공의 글에 의거하여 빠진 것을 보충하였으며, 서광이 음을 단 것을 찾아보면 여전히 『계본』을 인용하였으니 아마 근대에 비로소 산일(散佚)된 것일 따름이다.

18 집해 서광은 말하였다. "『고사고(古史考)』에서는 말하기를 세가(世家)에서는 선후(宣侯) 이하로는 그 족속을 말하지 않았다고 하였는데 밝히기가 어렵기 때문이다."

桓侯七年卒,[19]　　　　　환후는 7년에 죽고

子莊公立.　　　　　　　아들인 장공이 즉위하였다.

莊公十二年,　　　　　　장공 12년에

齊桓公始霸.　　　　　　제환공이 비로소 칭패하였다.

十六年,　　　　　　　　16년에

與宋·衞共伐周惠王,　　　송·위와 함께 주혜왕을 치자

惠王出奔溫,　　　　　　혜왕은 온으로 달아났으며

立惠王弟頹爲周王.[20]　　혜왕의 아우 퇴를 주왕으로 옹립하였다.

十七年,　　　　　　　　17년에

鄭執燕仲父而內惠王于周.　정이 연중보를 잡고 혜왕을 주로 들여보냈다.

二十七年,　　　　　　　27년에

山戎來侵我,　　　　　　산융이 우리나라로 쳐들어오자

齊桓公救燕,　　　　　　제환공이 연을 구원하고

---

19 **집해** 『세본』에서는 말하였다. "환후(桓侯)는 임역(臨易)으로 옮겼다." 송충은 말하였다. "바로 지금의 하간(河間) 역현(易縣)이다."

20 **집해** 초주는 말하였다. "『춘추전(春秋傳)』에 의하면, 연이 자퇴(子頹)와 주혜왕(周惠王)을 쫓아낸 것은 바로 남연(南燕)의 길성(姞姓)이다. 세가에서는 북연(北燕)이라고 하였는데 잘못된 것이다." **색은** 초주는 말하기를 『좌씨(左氏)』에 의하면 연이 위(衞)와 함께 주혜왕(周惠王)을 쫓아낸 것은 남연(南燕)의 길성(姞姓)이라 하였고, 계가(系家)에서는 북연백(北燕伯)이라 하였으므로, 『사고(史考)』를 지어 말하기를 "이 연은 길성이다."라 하였다. 지금 『좌씨』 장공(莊公) 19년 조에 의하면 "위(衞)의 군사와 연의 군사가 주를 쳤다"라 하였는데 20년의 전(傳)에서는 "연중보(燕仲父)를 잡았다"라 하였고, 30년에는 "제가 산융을 쳤다"고 하였는데 전에서는 "산융을 도모하였는데 연의 근심거리였기 때문이다."라 하였다. 전(傳)의 문장 및 이 기록에 의하면 원래 북연임에 의심의 여지가 없다. 두군(杜君)이 함부로 중보(仲父)는 남연백(南燕伯)이라 하였는데 주를 쳤기 때문이다. 또한 연과 위는 모두 희성(姬姓)이므로 주를 치고 왕을 들인 일이 있으며, 이러하다면 길연이 위와 주를 친 것이니 정이 어찌 유독 연만 치고 위를 치지 않았겠는가?

遂北伐山戎而還.	마침내 북으로 산융을 치고 돌아갔다.
燕君送齊桓公出境,	연의 임금이 제환공을 전송하면서 국경을 넘게 되었는데
桓公因割燕所至地予燕,[21]	환공이 이에 연이 이른 땅을 떼어 연에 주고
使燕共貢天子,[22]	연으로 하여금 천자에게 공물을 바치고
如成周時職;	성주 때의 직책대로 하게 하였으며
使燕復修召公之法.	연으로 하여금 소공의 법을 수복하도록 하였다.
三十三年卒,	33년에 죽고
子襄公立.	아들인 양공이 즉위하였다.
襄公二十六年,	양공 26년에
晉文公爲踐土之會,	진문공이 천토의 회맹을 거행하여
稱伯.	칭패하였다.
三十一年,	31년에
秦師敗于殽.	진의 군사가 효에서 패하였다.
三十七年,	37년에
秦穆公卒.	진목공이 죽었다.
四十年,	40년에
襄公卒,	양공이 죽고
桓公立.	환공이 즉위하였다.

---

21 **정의** '予'는 여(與: 주다)의 뜻으로 읽는다. 『괄지지』에서는 말하였다. "연류(燕留)의 옛 성은 창주(滄州) 장로현(長蘆縣) 동북쪽 17리 지점에 있는데, 곧 제환공이 시내를 나누어 연의 임금이 이른 땅을 떼어 연에 준 곳이며, 이에 이 성을 쌓았으므로 연류(燕留)라 하였다."
22 **역주** 여기서 공(共)은 공(供)과 같으며 헌(獻)의 뜻으로 쓰였다.

桓公十六年卒,[23]	환공은 16년에 죽고
宣公立.	선공이 즉위하였다.
宣公十五年卒,	선공은 15년에 죽고
昭公立.	소공이 즉위하였다.
昭公十三年卒,	소공은 13년에 죽고
武公立.	무공이 즉위하였다.
是歲晉滅三郤大夫.	이 해에 진이 삼극의 대부를 멸하였다.
武公十九年卒,	무공은 19년에 죽고
文公立.	문공이 즉위하였다.
文公六年卒,	문공은 6년에 죽고
懿公立.	의공이 즉위하였다.
懿公元年,	의공 원년에
齊崔杼弑其君莊公.	제의 최저가 그 임금인 장공을 죽였다.
四年卒,	4년에 죽고
子惠公立.	아들인 혜공이 즉위하였다.
惠公元年,	혜공 원년에
齊高止來奔.	제의 고지가 도망쳐왔다.
六年,	6년에
惠公多寵姬,	혜공은 총희가 많았는데

---

23 색은 초주는 말하기를 『계가』에서는 양백(襄伯)이 선백(宣伯)을 낳았다고 하였으며 환공
(桓公)은 없다. 지금 『사기』에 의하면 모두 "환공 즉위 16년"이라고 하였으며, 또한 송충은
이 역사에 근거하여 『계가』를 보충하여 또한 환공이 있다고 하였는데, 이는 윤남(允南: 譙周
의 자)이 본 판본과 다르니 연에는 삼환공(三桓公)이 있다.

公欲去諸大夫而立寵姬宋,	공은 대부들을 없애고자 하여 총희인 송을 세웠는데
大夫共誅姬宋,²⁴	대부들이 함께 총희 송을 죽이자
惠公懼,	혜공은 두려워하여
奔齊.	제로 달아났다.
四年,	4년에
齊高偃如晉,	제의 고언이 진으로 가서
請共伐燕,	함께 연을 치고
入其君.	그 임금을 들여보낼 것을 청하였다.
晉平公許,	진평공이 허락하여
與齊伐燕,	제와 함께 연을 치고
入惠公.	혜공을 들여보냈다.
惠公至燕而死.²⁵	혜공은 연에 이르러 죽었다.
燕立悼公.	연에서는 도공을 세웠다.
悼公七年卒,	도공은 7년에 죽고
共公立.	공공이 즉위하였다.
共公五年卒,	공공은 5년에 죽고
平公立.	평공이 즉위하였다.

---

24 색은 송(宋)은 그 이름이며 혹 "종(宗)"이라고도 한다. 유씨(劉氏)는 말하기를 "그 부형이 집정을 하였기 때문에 대부들이 함께 멸하였다."

25 색은 『춘추』「소공(昭公) 3년」에 "북연(北燕)의 백관(伯款)이 제(齊)로 달아났다"라 하였고, 6년에 이르러 또 "제가 북연을 쳤다"라 하였는데, 한결같이 이 문장과 합치된다. 『좌전』에는 관(款)을 들인 내용은 없고 "간공을 들이려 하자 안자(晏子)가 말하기를 '연의 임금을 입국시키지 마십시오.'라 하여 제는 마침내 뇌물을 받고 돌려보냈다."라 하였다. 일이 이곳과는 어긋나며 또한 관(款)은 간공(簡公)이라고 하였다. 간공은 혜공을 떠난 것이 이미 5대째이니 『춘추』의 경과 전이 서로 맞지 않아 억지로 말할 수가 없다.

晉公室卑,	진은 공실이 낮아지고
六卿始彊大.	육경이 강대해지기 시작하였다.
平公十八年,	평공 18년에
吳王闔閭破楚入郢.	오왕 합려가 초를 깨뜨리고 영으로 들어갔다.
十九年卒,	19년에 죽고
簡公立.	간공이 즉위하였다.
簡公十二年卒,	간공은 12년에 죽고
獻公立.[26]	헌공이 즉위하였다.
晉趙鞅圍范·中行於朝歌.	진의 조앙이 범 씨와 중항 씨를 조가에서 에워쌌다.
獻公十二年,	헌공 12년에
齊田常弒其君簡公.	제의 전상이 그 임금 간공을 죽였다.
十四年,	14년에
孔子卒.	공자가 죽었다.
二十八年,	28년에
獻公卒,	헌공이 죽고
孝公立.	효공이 즉위하였다.
孝公十二年,	효공 12년에
韓·魏·趙滅知伯,	한 씨와 위 씨, 조 씨가 지백을 멸하고
分其地,[27]	그 땅을 나누어

---

26 [색은] 왕소(王劭)는 『기년(紀年)』에 의거하여 간공의 다음은 효공(孝公)이며 헌공(獻公)은 없다고 하였다. 그러나 『기년』이라는 책은 거의가 거짓과 오류여서 애오라지 기이한 것만 기록하였을 따름이다.

27 [색은] 『기년』에 의하면 지백이 멸망당한 것은 성공(成公) 2년이다.

三晉彊.	삼진이 강해졌다.
十五年,	15년에
孝公卒,	효공이 죽고
成公立.	성공이 즉위하였다.
成公十六年卒,[28]	성공은 16년에 죽고
溷公立.	민공이 즉위하였다.
溷公三十一年卒,	민공은 31년에 죽고
釐公立.[29]	희공이 즉위하였다.
是歲,	이 해에
三晉列爲諸侯.[30]	삼진은 제후의 반열에 올랐다.
釐公三十年,	희공 30년에
伐敗齊于林營.[31]	임영에서 제를 쳐서 무찔렀다.
釐公卒,[32]	희공이 죽고
桓公立.	환공이 즉위하였다.

---

28 (색은) 『기년』에 의하면 성공의 이름은 재(載)이다.

29 (색은) 「연표」에는 "희후 장(釐侯莊)"으로 되어 있다. 서광이 말하기를 어떤 판본에는 "장(莊)" 자가 없다고 하였다. 연은 연기(年紀) 및 그 임금의 이름이 실전되었는데 드러내어 "장(莊)"이라고 한 것은 연자(衍字)이다.

30 (색은) 『기년』에 의하면 "문공(文公)은 24년에 죽고 간공(簡公)이 즉위하였으며, 13년에 삼진(三晉)은 읍을 제후라 명명하였다."라 명명하여 이것과 같지 않다.

31 (색은) 임영(林營)은 지명이다. 어떤 사람은 말하기를 임(林)은 지명이며, 임의 땅에 영채를 세웠기 때문에 임영(林營)이라고 한 것이라 하였다.

32 (색은) 『기년』에서는 "간공은 45년에 죽었다"라 하였는데 망령된 것이다. 위에서 간공이 헌공을 낳았다고 하였으니 여는 희(釐)가 되어야 하는데, 다만 『기년』에서 또 잘못하였을 따름이다.

240

桓公十一年卒,	환공은 11년에 죽고
文公立.[33]	문공이 즉위하였다.
是歲,	이 해에
秦獻公卒.	진헌공이 죽었다.
秦益彊.	진은 더욱 강해졌다.

文公十九年,	문공 19년에
齊威王卒.	제위왕이 죽었다.
二十八年,	28년에
蘇秦始來見,	소진이 비로소 와서 뵙고
說文公.	문공을 유세하였다.
文公予車馬金帛以至趙,	문공은 거마와 금, 비단을 주어 조에 이르게 하였는데
趙肅侯用之.	조의 숙후가 기용하였다.
因約六國,	이에 육국이 맹약하고
爲從長.[34]	합종의 우두머리가 되었다.
秦惠王以其女爲燕太子婦.	진혜왕이 그 딸을 연 태자의 아내로 삼았다.

二十九年,	29년에
文公卒,	문공이 죽고
太子立,	태자가 즉위하였는데
是爲易王.	바로 역왕이다.

---

33 **색은** 『계본』에서 이미 위의 문공을 민공(閔公)이라 하였으니, "민(湣)"은 "민(閔)"과 같으며 위의 의공(懿公)의 부친의 시호가 문공(文公)이다.

34 **정의** '從'의 음은 종(足從反)이다. '長'의 음은 장(丁丈反)이다.

易王初立,	역왕이 막 즉위하였을 때
齊宣王因燕喪伐我,	제선왕은 연의 국상을 틈타 우리를 쳐서
取十城;	10개의 성을 빼앗았다.
蘇秦說齊,	소진이 제에 유세하여
使復歸燕十城.	연의 성 10개를 다시 돌려주도록 하였다.
十年,	10년에
燕君爲王.[35]	연의 임금이 왕이 되었다.
蘇秦與燕文公夫人私通,	소진은 연문공의 부인과 사통을 하여
懼誅,	죽임을 당할까 두려워하여
乃說王使齊爲反閒,	이에 왕에게 유세하여 제에 사행하여 반간계를 써서
欲以亂齊.[36]	제를 어지럽히려 한다고 하였다.
易王立十二年卒,	역왕은 즉위 12년에 죽고
子燕噲立.	아들인 연쾌가 즉위하였다.
燕噲旣立,	연쾌가 즉위하자

---

[35] **색은** 임금은 곧 역왕(易王)이다. 임금이 된 지 10년 만에 곧 왕을 일컬었다는 말이다. 위에서 역왕(易王)이라 한 것은 역(易)은 시호이며, 나중에 시호를 가지고 추후에 기록(追書)한 것일 따름이다.

[36] **집해** 『손자병법(孫子兵法)』에서는 말하였다. "반간(反閒)은 적의 첩자를 인하여 이용하는 것이니, 무릇 군대를 공격하고자 하고 성을 공략하고자 하고 사람을 죽이고자 할 때에는 반드시 먼저 그 수장(守將)과 좌우 알자(謁者)와 문지기와 사인(舍人)의 성명을 알아낸 다음 반드시 우리 측 첩자로 하여금 적국의 첩자로서 우리나라에 와서 첩자 노릇 하는 자를 찾아내어 우리 쪽에 유리하게 이용하고 유도하여 놓아 보낸다. 그러므로 반간을 쓸 수 있는 것이다." **정의** '使'의 음은 시(所吏反)이다. '閒'의 음은 간(紀莧反)이다. **역주** '使'는 상성(上聲, shǐ)일 때는 사로 읽고, 거성(去聲, shì)일 때는 시로 읽는다. 그러나 거성일 경우 한국에서는 습관적으로 단독으로 읽을 때만 시로 읽고 복음사, 예를 들면 '使者', '使臣'의 경우에는 각각 '사자', '사신' 등 사로 읽는다.

齊人殺蘇秦.	제의 사람이 소진을 죽였다.
蘇秦之在燕,	소진이 연에 있을 때
與其相子之爲婚,	재상인 자지와 혼인을 맺었으며
而蘇代與子之交.	소대는 자지와 교유하였다.
及蘇秦死,	소진이 죽자
而齊宣王復用蘇代.	제선왕은 다시 소대를 기용하였다.
燕噲三年,	연쾌 3년에
與楚·三晉攻秦,	초, 삼진과 함께 진을 공격하였는데
不勝而還.	이기지 못하고 돌아왔다.
子之相燕,	자지는 연의 재상이 되어
貴重,	존귀하고 중하여져
主斷.	정치를 주관적으로 처단하였다.
蘇代爲齊使於燕,[37]	소대가 제를 위하여 연에 사행하자
燕王問曰:	연왕이 물었다.
"齊王奚如?"	"제왕은 어떠하오?"
對曰:	대답하였다.
"必不霸."	"칭패하지 못할 것입니다."
燕王曰:	연왕이 말하였다.
"何也?"	"어째서요?"
對曰:	대답하였다.
"不信其臣."	"그 신하를 믿지 않아서입니다."
蘇代欲以激燕王以尊子之也.	소대는 연왕을 격발시켜 자지를 높이려 한 것이다.

---

37 색은 바로 『전국책(戰國策)』에서 "자지가 소대로 하여금 (연의) 인질을 데리고 제로 가게 하였으며, 제가 소대에게 연에 돌아가 보고하게 하였던 것이다."라 한 것이다.

於是燕王大信子之.	이에 연왕은 자지를 크게 신용하였다.
子之因遺蘇代百金,[38]	자지는 이에 소대에게 백금을 주고
而聽其所使.	그가 마음껏 사용하도록 하였다.
鹿毛壽[39]謂燕王:	녹모수가 연왕에게 말하였다.
"不如以國讓相子之.	"나라를 재상 자지에게 양보함만 못합니다.
人之謂堯賢者,	사람들이 요를 현명하다고 하는 것은
以其讓天下於許由,	천하를 허유에게 양보하였는데
許由不受,	허유가 받지 않아
有讓天下之名而實不失天下.	천하를 양보하였다는 명분은 있었으나 실제로는 천하를 잃지 않았기 때문입니다.
今王以國讓於子之,	지금 왕께서 나라를 자지에게 양보하시면
子之必不敢受,	자지는 반드시 감히 받지 않을 것이며
是王與堯同行也."	이는 왕께서 요와 덕행이 같아지는 것입니다."
燕王因屬國於子之,	연왕이 이에 자지에게 나라를 맡기니
子之大重.[40]	자지는 크게 중하여졌다.
或曰:	혹자가 말하였다.
"禹薦益,	"우는 익을 천거하였는데
已[41]而以啟人爲吏.[42]	얼마 있다가 계의 사람을 관리로 삼았습니다.

---

38 정의 찬(瓚)은 말하였다. "진(秦)은 1일(溢)을 1금(金)으로 하였다." 맹강(孟康)은 말하였다. "24냥(兩)이 일이다."

39 집해 서광은 말하였다. "어떤 판본에는 '조모(厝毛)'로 되어 있다." 또 말하였다. "감릉현(甘陵縣)의 본명은 조(厝)이다." 색은 『춘추후어(春秋後語)』에는 "조모수(厝毛壽)"로 되어 있으며, 또한 『한자(韓子)』에는 "반수(潘壽)"로 되어 있다.

40 색은 대중(大重)은 존귀(尊貴)함을 이른다.

41 색은 "이(已)"를 "익(益)"과 짝지웠으니 "익이(益已)"는 백익(伯益)인데, 『경전(經傳)』에는 그 문장이 없으니 말미암은 바를 알지 못하겠다. 혹자는 이(已)는 말을 마치는 말이라 하였다.

及老,	늙어서
而以啟人爲不足任乎天下,	계의 사람이 천하의 일을 맡을 만하지 못하자
傳之於益.	익에게 전하였습니다.
已而啟與交黨攻益,	얼마 후에 계는 사귀는 무리와 함께 익을 공격하여
奪之.	빼앗았습니다.
天下謂禹名傳天下於益,	천하에서는 우가 명분상 익에게 천하를 전하였다고 하였는데
已而實令啟自取之.	얼마 후 실은 계가 스스로 취하게 하였습니다.
今王言屬國於子之,	지금 왕께서 자지에게 나라를 부탁한다고 하시는데
而吏無非太子人者,⁴³	관리가 태자의 사람이 아님이 없으니
是名屬子之而實太子用事也.	"명분상으로는 자지에게 맡겼으나 실은 태자가 권력을 잡은 것입니다."
王因收印自三百石吏已上而效之子之.⁴⁴	왕은 이에 삼백석 이상의 관리의 도장을 거두어 자지에게 주었다.
子之南面行王事,	자지는 남면하여 왕의 일을 행하였으며
而噲老不聽政,	쾌는 늙어서 정사를 돌보지 않고
顧爲臣,⁴⁵	도리어 신하가 되었으니
國事皆決於子之.	나라의 일이 모두 자지에게서 결정되었다.

---

42 색은 인(人)은 신(臣)과 같다. 계(啟)의 신하를 익(益)의 관리로 삼은 것이다.

43 색은 이 "인(人)" 또한 신(臣)이라는 뜻이다.

44 색은 정현(鄭玄)은 말하였다. "효(效)는 드리는 것이다. 인장을 자지에게 주는 것이다."

45 색은 고(顧)는 반(反)과 같다. 쾌(噲)가 도리어 자지의 신하가 된 것이다. 어떤 판본에는 "원(願)"으로 되어 있는데 틀렸다.

三年,	3년에
國大亂,	나라가 크게 어지러워져
百姓恫恐.[46]	백성들이 두려워하였다.
將軍市被[47]與太子平謀,	장군 시피가 태자 평과 모의하여
將攻子之.	자지를 치려고 하였다.
諸將謂齊湣王曰:	장수들이 제민왕에게 말하였다.
"因而赴之,	"이참에 진공하면
破燕必矣."	반드시 연을 깨뜨릴 수 있을 것입니다."
齊王因令人謂燕太子平曰:	제왕은 이에 사람을 보내어 연 태자 평에게 말하였다.
"寡人聞太子之義,	"과인이 태자의 뜻을 듣자하니
將廢私而立公,	사리를 없애고 공도를 세워
飭君臣之義,[48]	임금과 신하의 의를 바로잡고
明父子之位.	아비와 자식의 지위를 밝히고자 한다고 하였습니다.
寡人之國小,	과인의 나라가 작아
不足以爲先後.[49]	도와드리기에는 부족합니다.
雖然,	비록 그러하나
則唯太子所以令之."	태자께서 명하는 대로 하겠습니다."
太子因要黨聚眾,	태자가 이에 도당을 맞아들이고 무리를 모아
將軍市被圍公宮,	장군 시피가 공궁을 에워싸고

---

46 **색은** '恫'의 음은 통(通)이며, 고통이라는 뜻이다. 공(恐)은 두려워하는 것이다.
47 **정의** 사람의 성명이다.
48 **정의** '飭'의 음은 칙(敕)이다.
49 **정의** 선후(先後)는 모두 거성이다.

攻子之, 　　　　　　　자지를 공격하였으나

不克. 　　　　　　　　이기지 못하였다.

將軍市被及百姓反攻太子平, 장군 시피 및 백성이 오히려 태자 평을 공격하여

將軍市被死, 　　　　　장군 시피가 죽어

以徇. 　　　　　　　　조리돌렸다.

因搆難數月, 　　　　　이에 얽히어 싸운 것이 수개월이나 되어

死者數萬, 　　　　　　죽은 자가 수만이었으며

眾人恫恐, 　　　　　　사람들은 두려워하였고

百姓離志. 　　　　　　백성은 마음이 떴다.

孟軻謂齊王曰: 　　　　맹가가 제왕에게 말하였다.

"今伐燕, 　　　　　　"지금 연을 치는 것은

此文·武之時, 　　　　문왕과 무왕의 때이니

不可失也."50 　　　　　놓칠 수가 없습니다."

王因令章子51將五都之兵,52 왕은 이에 장자에게 오도의 군사를 거느리고

以因北地之眾以伐燕.53 　북지의 무리를 가지고 연을 치게 하였다.

士卒不戰, 　　　　　　사졸들은 싸우지 않았고

城門不閉, 　　　　　　성문은 닫혀 있지 않았으며

燕君噲死, 　　　　　　연의 임금 쾌가 죽어

齊大勝. 　　　　　　　제는 대승을 거두었다.

---

50 **색은** 무왕이 문왕의 업을 이루어 주(紂)를 칠 때와 같다는 것을 이르지만 이 말은 『맹자』와
　는 같지 않다.

51 **집해** 장자(章子)는 제 사람으로 『맹자』에 보인다. **색은** 『맹자』에서 이르기를 "장자는 제
　사람이다."라 하였다.

52 **색은** 오도(五都)는 곧 제이다. 임치(臨淄)는 오도(五都)의 하나이다.

53 **색은** 북지(北地)는 곧 제 북쪽의 변경이다.

燕子之亡⁵⁴二年,　　　연의 자지가 죽고 2년 만에

而燕人共立太子平,　　　연 사람들이 함께 태자 평을 옹립하니

是爲燕昭王.⁵⁵　　　바로 연소왕이다.

燕昭王於破燕之後即位,　연소왕은 연이 격파된 후에 즉위하여

卑身厚幣以招賢者.　　　몸을 낮추고 폐백을 두터이 하여 현자를 초치하
　　　　　　　　　　　　였다.

謂郭隗曰:　　　　　　　곽외에게 말하였다.

"齊因孤之國亂而襲破燕," 제가 저희 나라 내란을 틈타 연을 습격하여 깨
　　　　　　　　　　　　뜨렸으나

孤極知燕小力少,　　　　저는 연이 작고 힘이 모자라

不足以報.　　　　　　　복수하기에 부족함을 잘 알고 있습니다.

然誠得賢士以共國,　　　그러나 실로 현사를 얻어 나라를 함께 도모하여

以雪先王之恥,　　　　　선왕의 치욕을 씻는 것이

孤之願也.　　　　　　　저의 소원입니다.

---

54 【집해】 서광은 말하였다. "「연표」에서는 임금 쾌(噲) 및 태자의 상(相) 자지(子之)가 모두 죽
었다."라 하였다. 내[駰]가 생각건대 『급총기년(汲冢紀年)』에서는 "제 사람이 자지를 사로잡
아 그 몸으로 젓을 담았다."라 하였다.

55 【집해】 서광은 말하였다. "쾌(噲)는 즉위 7년에 죽고 그 9년에 연 사람들이 함께 태자 평(平)
을 옹립하였다." 【색은】 위에서는 태자 평이 자지를 공격할 것을 도모하였다 하였고, 「연표」
에서는 또한 임금 쾌 및 태자의 상 자지가 모두 죽었다 하였으며, 『기년』에서는 또한 자지가
공자 평을 죽였다 하였는데, 지금 여기에서는 "태자 평을 옹립하니 바로 연소왕이다."라 하
였으니 「연표」와 『기년』이 잘못되었다. 「조계가(趙系家)」에서는 무령왕(武靈王)이 연이 어지
럽다는 말을 듣고 한(韓)에서 공자 직(公子職)을 불러 연 왕으로 세우려고 하여 악지(樂池)에
게 전송하게 하였다 하였는데, 배인(裴駰) 또한 이 『계가』에 조가 공자 직을 전송한 일이 없
다는 것에 의거하여 멀리서 직을 세우고자 그를 전송한 것일 것인데 일이 끝내 이루어지지
않았으며, 소왕의 이름은 평이고 직(職)이 아님이 분명할 것이다. 진퇴를 상세히 참고해보면
「연표」가 이미 틀렸는데 『기년』에서 그대로 따랐으니 망령된 설일 따름이다.

先生視可者,	선생이 괜찮은 사람을 찾으면
得身事之."	몸소 섬기겠습니다."
郭隗曰:	곽외가 말하였다.
"王必欲致士,	"왕께서 반드시 사를 유치하시려면
先從隗始.	먼저 저 외로부터 시작하십시오.
況賢於隗者,	하물며 저보다 현명한 자가
豈遠千里哉!"	어찌 천리를 멀다하겠습니까!"
於是昭王爲隗改築宮而師事之.	
	이에 소왕이 곽외에게 집을 개축해주고 스승으로 섬겼다.
樂毅自魏往,	악의는 위에서 가고
鄒衍自齊往,	추연은 제에서 갔으며
劇辛自趙往,	극신은 조에서 가
士爭趨燕.	사들이 다투어 연으로 달려갔다.
燕王弔死問孤,	연왕은 죽은 이를 조문하고 고아를 위문하는 등
與百姓同甘苦.	백성들과 고락을 함께 하였다.
二十八年,	28년에
燕國殷富,	연국은 번성하여
士卒樂軼輕戰,	사졸들은 출정을 즐겼고 전쟁을 가벼이 여겨
於是遂以樂毅爲上將軍,	이에 마침내 악의를 상장군으로 삼아
與秦·楚·三晉合謀以伐齊.	진·초·삼진과 함께 계책을 모아 제를 쳤다.
齊兵敗,	제의 군사는 패하고
湣王出亡於外.	민왕은 국외로 도망쳤다.
燕兵獨追北,	연의 군사만 북으로 추격하여

入至臨淄,	임치까지 들어가
盡取齊寶,	제의 보물을 모두 취하고
燒其宮室宗廟.	궁실과 종묘를 불태웠다.
齊城之不下者,	제의 성 가운데 함락되지 않은 것은
獨唯聊·莒·即墨,[56]	요와 거, 즉묵 뿐이었으며
其餘皆屬燕,	나머지는 모두 연에 귀속되어
六歲.	여섯 해가 되었다.

昭王三十三年卒,	소왕은 33년에 죽고
子惠王立.	아들인 혜왕이 즉위하였다.

惠王爲太子時,	혜왕은 태자 때
與樂毅有隙;	악의와 틈이 벌어졌으며,
及即位,	즉위하자
疑毅,	악의를 의심하여
使騎劫代將.	기겁으로 장수를 대신하게 하였다.
樂毅亡走趙.	악의는 조로 도망쳐 달아났다.
齊田單以即墨擊敗燕軍,	제의 전단은 즉묵을 가지고 연의 군사를 쳐서 무찔러
騎劫死,	기겁은 죽고
燕兵引歸,	연은 군사를 이끌고 돌아가
齊悉復得其故城.	제는 옛 성을 모두 수복하였다.
湣王死于莒,	민왕은 거에서 죽고

---

56 색은 나머지 편 및 『전국책』에는 모두 "요(聊)" 자가 없다.

乃立其子爲襄王.   이에 그 아들이 양왕이 되었다.

惠王七年卒.[57]   혜왕은 7년에 죽고

韓·魏·楚共伐燕.   한·위·초가 함께 연을 쳤다.

燕武成王立.   연 무성왕이 즉위하였다.

武成王七年,   무성왕 7년에

齊田單伐我,   제의 전단이 우리나라를 쳐서

拔中陽.   중양을 함락시켰다.

十三年,   13년에

秦敗趙於長平四十餘萬.   진이 장평에서 조의 군사 40여 만을 무찔렀다.

十四年,   14년에

武成王卒,   무성왕이 죽고

子孝王立.   아들 효왕이 즉위하였다.

孝王元年,   효왕 원년에

秦圍邯鄲者解去.   진이 한단의 포위를 풀고 떠났다.

三年卒,   3년에 죽고

子今王喜立.[58]   아들인 지금의 왕 희가 즉위하였다.

---

57 **색은** 「조계가(趙系家)」 혜문왕(惠文王) 28년에 의하면 연의 재상 성안군(成安君) 공손조(公孫操)가 그 왕을 죽였는데 악자(樂資)는 바로 혜왕(惠王)이라고 생각하였다. 서광은 「연표」에 의거하여 이 해는 연의 무성왕(武成王) 원년이라 하였는데, 무성(武成)은 곧 혜왕(惠王)의 아들이니 혜왕이 성안군에게 살해된 것은 분명할 것이다. 여기서 말하지 않은 것은 연이 멀어 꺼리어 알리지 않은 것이며 아마 태사공의 설이 소략한 것 같다.

58 **색은** 금왕(今王)은 금상(今上)과 같다. 어떤 판본에는 "영(令)"으로 되어 있는데 틀렸다. 시법(諡法)에 의하면 영(令)은 없다.

今王喜四年,	지금 왕 희 4년에
秦昭王卒.	진소왕이 죽었다.
燕王命相栗腹約歡趙,	연왕은 재상 율복에게 조와 맹약을 맺도록 명하여
以五百金爲趙王酒.	오백 금으로 조왕을 축수하는 술을 바치게 하였다.
還報燕王曰:	연왕에게 복명하여 말하였다.
"趙王壯者皆死長平,	"조왕은 장년인 자는 모두 장평에서 죽고
其孤未壯,	그 고아들은 아직 장년에 이르지 않았으니
可伐也."	칠 만합니다."
王召昌國君樂閒問之.	왕은 창국군 악간을 불러 물어보았다.
對曰:	대답하였다.
"趙四戰之國,⁵⁹	"조는 사방이 모두 잘 싸우는 나라로
其民習兵,	그 백성은 군사에 익숙하여
不可伐."	칠 수 없습니다."
王曰:	왕이 말하였다.
"吾以五而伐一."⁶⁰	"우리는 다섯으로 하나를 치는 것이오."
對曰:	대답하였다.
"不可."	"안 됩니다."
燕王怒,	연왕은 노하였고
羣臣皆以爲可.	신하들은 모두 가하다고 하였다.

---

59 정의 조(趙)는 동쪽으로 연(燕)과 이웃하고, 서로는 진(秦)과 경계가 닿아 있으며, 남으로는 한(韓)·위(魏)와 얽혀 있고, 북쪽으로는 호(胡), 맥(貊)과 이어져 있기 때문에 "사전(四戰)"이라고 한 것이다.

60 색은 다섯 사람을 가지고 한 사람을 치는 것을 말한다.

卒起二軍,	마침내 2군을 일으켰는데
車二千乘,	병거가 2천 승이었으며
栗腹將而攻鄗,⁶¹	율복을 장수로 삼아 학을 쳤으며
卿秦攻代.⁶²	경진은 대를 공격하였다.
唯獨大夫將渠⁶³謂燕王曰:	유독 대부 장거만이 연왕에게 말하였다.
"與人通關約交,	"남과 관문을 통하고 교유를 맺어
以五百金飲人之王,	오백 금으로 남의 왕에게 축수의 술을 마시게 하였는데
使者報而反攻之,	사자가 돌아오자 도리어 공격하는 것은
不祥,	상서롭지 못하며
兵無成功."	군사작전은 성공하지 못할 것입니다."
燕王不聽,	연왕은 듣지 않고
自將偏軍隨之.	직접 편장을 거느리고 따랐다.
將渠引燕王綬止之曰:	장거가 연왕의 인끈을 끌며 만류하여 말하였다.
"王必無自往,	"왕께서는 반드시 직접 가지 마셔야 하며
往無成功."	가시면 공을 이루지 못합니다."

---

61 **집해** 서광은 말하였다. "상산(常山)에 있으며, 지금은 고읍(高邑)이라고 한다." **색은** 추씨(鄒氏)는 음이 학(火各反)이라고 하였으며, 또한 음이 호(昊)라고도 하였다.

62 **색은** 『전국책』에서는 "염파(廉頗)는 20만으로 학(鄗)에서 율복(栗腹)과 만났으며, 악승(樂乘)은 5만으로 대(代)에서 원진(爰秦)과 만났는데 연 사람이 대패하였다."라 하여 같지 않다. **정의** 지금의 대주(代州)이다. 『전국책』에서는 "염파는 20만으로 학에서 율복과 만났으며 악승은 5만으로 대에서 경진(慶秦)을 만났는데 연 사람이 대패하였다"라 하여 이와 같지 않다.

63 **색은** 사람의 성명이다. 어떤 사람은 말하기를 위의 "경진(卿秦)" 및 이곳의 "장거(將渠)"에서 경(卿)과 장(將)은 모두 관직이며, 진(秦)과 거(渠)는 이름이라고 하였다. 나라의 역사에서 문장을 변형시켜 기록하여 마침내 성을 잃은 것이다. 『전국책』에서는 말하기를 "원진(爰秦)"의 원(爰)은 성이고, 경(卿)은 관직일 따름이다.

王蹙之以足.	왕은 발로 그를 걷어찼다.
將渠泣曰:	장거가 울면서 말하였다.
"臣非以自爲,	"신은 저 자신을 위해서 그런 것이 아니라
爲王也!"	왕을 위한 것입니다!"
燕軍至宋子,⁶⁴	연의 군사는 송자에 이르렀으며
趙使廉頗將,	조는 염파를 장수로 삼아
擊破栗腹於鄗.	학에서 율복을 격파하였다.
[樂乘]破卿秦(樂乘)於代.	악승은 대에서 경진을 깨뜨렸다.
樂間奔趙.	악간은 조로 달아났다.
廉頗逐之五百餘里,	염파는 그를 5백여 리나 쫓아가
圍其國.	국도를 에워쌌다.
燕人請和,	연의 사람이 강화를 청하였는데
趙人不許,	조의 사람이 허락지 않으면서
必令將渠處和.	반드시 장거로 하여금 강화에 처하게 하였다.
燕相將渠以處和.⁶⁵	연의 재상 장거가 그대로 강화에 처하였다.
趙聽將渠,	조는 장거를 따라
解燕圍.	연의 포위를 풀었다.
六年,	6년에
秦滅東(西)周,	진이 동주를 멸하고
置三川郡.	삼천군을 설치하였다.

---

64 집해 서광은 말하였다. "거록(鉅鹿)에 속한다."
65 집해 장거(將渠)를 재상으로 삼은 것이다. 색은 장거로 하여금 화의(和議)에 처하게 하고
자 한 것이다.

254

七年,	7년에
秦拔趙楡次三十七城,	진은 조유차 등 37개의 성을 함락시켰으며
秦置大原郡.	진은 대원군을 설치하였다.
九年,	9년에
秦王政初即位.	진의 왕 정이 막 즉위하였다.
十年,	10년에
趙使廉頗將攻繁陽,⁶⁶	조는 염파를 장수로 삼아 번양을 공격하여
拔之.	함락시켰다.
趙孝成王卒,	조의 효성왕이 죽고
悼襄王立.	도양왕이 즉위하였다.
使樂乘代廉頗,	악승으로 염파를 대신하게 하였는데
廉頗不聽,	염파가 듣지 않고
攻樂乘,	악승을 공격하자
樂乘走,	악승은 달아났으며
廉頗奔大梁.	염파는 대량으로 달아났다.
十二年,	12년에
趙使李牧攻燕,	조는 이목에게 연을 공격하게 하여
拔武遂 ·⁶⁷方城.⁶⁸	무수와 방성을 함락시켰다.
劇辛故居趙,	극신은 원래 조에 살면서
與龐煖善,⁶⁹	방훤과 친하였는데
已而亡走燕.	얼마 후 연으로 도망쳐 달아났다.

---

66 집해 서광은 말하였다. "위군(魏郡)에 속한다."
67 집해 서광은 말하였다. "하간(河間)에 속한다."
68 집해 서광은 말하였다. "탁(涿)에 속하며, 독항정(督亢亭)이 있었다."
69 색은 '煖'의 음은 훤(況遠反)이다.

燕見趙數困于秦,	연은 조가 수차례 진에 곤경을 당하고
而廉頗去,	염파가 떠나고
令龐煖將也,	방훤을 장수로 삼는 것을 보고
欲因趙獘攻之.	조가 피폐된 틈을 타서 공격하려고 하였다.
問劇辛,	극신에게 물었더니
辛曰:	극신이 말하였다.
"龐煖易與耳."	"방훤은 상대하기 쉬울 따름입니다."
燕使劇辛將擊趙,	연은 극신을 장수로 삼아 조를 쳤으며
趙使龐煖擊之,	조는 방훤을 장수로 삼아 쳐서
取燕軍二萬,	연의 군사 2만을 취하고
殺劇辛.	극신을 죽였다.
秦拔魏二十城,	진은 위의 성 20개를 함락시키고
置東郡.	동군을 설치하였다.
十九年,	19년에
秦拔趙之鄴[70]九城.	진은 조의 업 등 9개 성을 함락시켰다.
趙悼襄王卒.	조의 도양왕이 죽었다.
二十三年,	23년에
太子丹質於秦,	태자 단이 진의 인질로 있다가
亡歸燕.	도망쳐 연으로 돌아왔다.
二十五年,	25년에
秦虜滅韓王安,	진은 한왕 안을 사로잡고 멸하였으며
置潁川郡.	영천군을 설치하였다.
二十七年,	27년에

---

70 정의 곧 상주(相州) 업현(鄴縣)이다.

秦虜趙王遷,	진은 조왕 천을 사로잡고
滅趙.	조를 멸하였다.
趙公子嘉自立爲代王.	조의 공자 가가 스스로 대왕으로 즉위하였다.
燕見秦且滅六國,	연은 진이 곧 육국을 멸하고
秦兵臨易水,[71]	진의 군사가 역수에 다다라
禍且至燕.	화가 곧 연에 이르리라는 것을 알았다.
太子丹陰養壯士二十人,	태자 단은 몰래 장사 20명을 길러
使荊軻獻督亢地圖於秦,[72]	형가에게 진에 독항의 지도를 바치면서
因襲刺秦王.	내친김에 진왕을 불의에 척살하게 하였다.
秦王覺,	진왕이 알아채어
殺軻,	형가를 죽이고
使將軍王翦擊燕.	장군 왕전에게 연을 치게 하였다.
二十九年,	29년에
秦攻拔我薊,	진은 우리 계를 공격하여 함락시켰으며
燕王亡,	연왕은 도망쳐
徙居遼東,	요동으로 옮겨 살았으며
斬丹以獻秦.	단을 참수하여 진에 바쳤다.
三十年,	30년에
秦滅魏.	진은 위를 멸하였다.

---

71 집해 서광은 말하였다. "탁군(涿郡) 고안(故安)에서 발원한다."

72 색은 서광은 말하였다. "탁(涿)에 독항정(督亢亭)이 있다." 「지리지」에는 광양(廣陽)에 속해 있다. 그러나 독항의 전지(田地)는 연의 동쪽에 있으며 매우 비옥하여 진에 바치고자 하였으므로 그 지도를 그려서 바친 것이다.

三十三年,	33년에
秦拔遼東,	진이 요동을 함락시키고
虜燕王喜,	연왕 희를 사로잡아
卒滅燕.	마침내 연을 멸하였다.
是歲,	이 해에
秦將王賁[73]亦虜代王嘉.	진의 장수 왕분 또한 대왕 가를 사로잡았다.

太史公曰:	태사공은 말한다.
召公奭可謂仁矣!	소공석은 인하다 할 만할 것이다!
甘棠且思之,	감당수조차 그리워하게 하는데
況其人乎?	하물며 그 사람이겠는가?
燕(北)[外]迫蠻貉,	연은 밖으로는 만맥의 핍박을 받고
內措齊·晉,[74]	안으로는 제와 진 사이에 놓여
崎嶇彊國之閒,	강국의 사이에서 기구하게 지내며
最爲弱小,	가장 약하고 작아
幾滅者數矣.	거의 멸망할 뻔한 것이 수차례였다.
然社稷血食者八九百歲,	그러나 사직에서 제사를 받은 것이 8~9백 년으로
於姬姓獨後亡,	희씨 성의 나라 가운데 가장 나중에 망한 것은
豈非召公之烈邪!	어찌 소공의 공덕 때문이 아니겠는가!

---

73 **정의** '賁'의 음은 분(奔)이며 왕전(王翦)의 아들이다.

74 **색은** 조(措)는 뒤섞인 것이다. 또한 "착(錯)"이라고도 하며, 유씨(劉氏)는 음이 착(爭陌反)이라 하였다.

색은술찬索隱述贊 소백이 상이 되어, 섬을 나누어 다스렸다. 사람들이 그 덕을 은혜롭게 여기어, 감당을 그리워하였다. 장공은 패주를 전송하였고, 혜공은 총희에게 걸렸다. 문공은 조를 좇았고, 소진이 가서 유세하였다. 역왕이 막 즉위하자, 제선왕은 우리를 속였다. 연의 쾌는 무도하여, 자지에게 선양하였다. 소왕은 사를 기다려, 임치에 보복할 생각을 하였다. 독항의 계획이 이루어지지 않아, 마침내 멸망당하였다.

召伯作相, 分陝而治. 人惠其德, 甘棠是思. 莊送霸主, 惠羅寵姬. 文公從趙, 蘇秦騁辭. 易王初立, 齊宣我欺. 燕噲無道, 禪位子之. 昭王待士, 思報臨菑. 督亢不就, 卒見芟夷.

管叔鮮[1]·蔡叔度者,	관숙 선과 채숙 도는
周文王子而武王弟也.	주문왕의 아들이면서 무왕의 아우이다.
武王同母兄弟十人.	무왕의 동복형제는 10명이다.
母曰太姒,[2]	모친은 태사인데
文王正妃也.	문왕의 정비이다.
其長子曰伯邑考,	장자는 백읍고이며
次曰武王發,	다음은 무왕 발이고
次曰管叔鮮,	다음은 관숙 선,
次曰周公旦,	다음은 주공 단,
次曰蔡叔度,	다음은 채숙 도,

---

1 **정의正義** 음은 선(仙)이다. 『괄지지(括地志)』에서는 말하였다. "정주(鄭州) 관성현(管城縣)은 지금 주 바깥의 성 곧 관국성(管國城)이며, 숙선(叔鮮)이 봉하여진 나라이다."

2 **정의** 『국어(國語)』에서는 말하였다. "기(杞)와 증(繒) 두 나라는 사(姒) 성으로 하우(夏禹)의 후손이며 태사(太姒)의 가문이다. 태사는 문왕의 비이면서 무왕의 모친이다." 『열녀전(列女傳)』에서는 말하였다. "태사(太姒)는 무왕의 어머니로 우 임금의 후예인 사씨(姒氏)의 딸이다. 합(郃)의 남쪽 위(渭)수의 물가에 있었다. 어질고 도리에 밝아 문왕이 가상히 여겨 위수에서 친영례를 하기 위해 배를 나란히 대어 다리를 만들었다. 들어와서 태사는 태강과 태임에게 잘 보이기 위하여 아침저녁으로 부지런히 부도를 다하였다. 태사는 문모(文母)라 불리었다. 문왕은 밖을 다스리고 문모는 안을 다스렸다. 태사는 열 명의 아들을 낳아 어려서부터 성장할 때까지 가르쳐 깨우치게 하였으며, 사벽한 일은 본 적이 없고 말할 때는 늘 정도(正道)를 가지고 지켰다."

次曰曹叔振鐸,	다음은 조숙 진탁,
次曰成叔武,[3]	다음은 성숙 무,
次曰霍叔處,[4]	다음은 곽숙 처,
次曰康叔封,[5]	다음은 강숙 봉,
次曰冄季載.[6]	다음은 남계 재이다.
冄季載最少.	남계 재가 가장 어리다.
同母昆弟十人,[7]	동복형제 10명 가운데
唯發·旦賢,	발과 단 만이 현명하여
左右輔文王,[8]	좌우에서 문왕을 보좌하였으므로
故文王舍伯邑考而以發爲太子.	문왕은 백읍고를 버려두고 발을 태자로 삼았다.

---

3 **정의** 『괄지지』에서는 말하였다. "복주(濮州) 뇌택현(雷澤縣) 동남쪽 91리 지점에 있으며, 한(漢)의 성양현(郕陽縣)이다. 옛 성백(郕伯)과 희성(姬姓)의 나라이며 나중에 성(成)의 남쪽으로 옮겼다."

4 **정의** '處'의 음은 처(昌汝反)이다. 『괄지지』에서는 말하였다. "진주(晉州) 곽읍현(霍邑縣)은 본래 한의 체현(彘縣)이다. 정현(鄭玄)은 『주례(周禮)』에서는 말하기를 곽산(霍山)은 체(彘)에 있으며, 본래 춘추(春秋)시대 곽백국(霍伯國)의 땅이다."

5 **색은索隱** 공안국(孔安國)은 말하였다. "강(康)은 왕기(王畿) 내에 있는 나라 이름인데 땅이름은 빠졌다. 숙(叔)은 자이다. 봉(封)은 숙(叔)의 이름이다."

6 **색은** 남(冄)은 나라이다. 재(載)는 이름이다. 계(季)는 자이다. 남(冄)은 "남(耼)"이라고도 한다. 『국어』에서는 말하기를 남유(冄由)는 정희(鄭姬)라고 하였다. 가규(賈逵)는 "문왕(文王)의 아들 남계(耼季)의 나라이다"라 하였다. 장공(莊公) 18년에서는 "초무왕(楚武王)이 권(權)을 이기자 남처(耼處)로 옮겼다."라 하였다. 두예(杜預)는 말하기를 "남처(耼處)는 초의 땅이다. 남군(南郡) 편현(編縣)에 남구성(耼口城)이 있다."라 하였다. '耼'과 '耼'은 모두 음이 남(奴甘反)이다. **정의** '冄'의 음은 남(奴甘反)이다. "남(耼)"이라고도 하며 음은 같다. 남(冄)은 나라 이름이다. 계재(季載)는 사람 이름이다. 백읍고(伯邑考)가 최연장자이므로 "백(伯)"자를 더하였다. 여러 가운데 아들은 모두 "숙(叔)"이라고 하였으며, 재(載)가 가장 어리기 때문에 계재(季載)라고 하였다.

7 **집해集解** 서광(徐廣)은 말하였다. "문왕의 아들 가운데 제후가 된 사람은 16개국이다."

8 **정의** 좌우(左右)는 모두 거성(去聲)이다.

及文王崩而發立,	문왕이 죽고 발이 즉위하니
是爲武王.	바로 무왕이다.
伯邑考既已前卒矣.	백읍고는 이미 이전에 죽었다.
武王已克殷紂,	무왕은 은의 주를 이기고
平天下,	천하를 평정하여
封功臣昆弟.	공신과 형제를 분봉하였다.
於是封叔鮮於管,[9]	이에 숙 선을 관에 봉하고
封叔度於蔡:[10]	숙 도를 채에 봉하였다
二人相紂子武庚祿父,	두 사람은 주의 아들 무경과 녹보의 상이 되어
治殷遺民.	은의 유민을 다스렸다.
封叔旦於魯而相周,	숙 단을 노에 봉하고 주의 상으로 삼았는데
爲周公.	주공이다.
封叔振鐸於曹,	숙진 탁을 조에 봉하였으며
封叔武於成,[11]	숙 무를 성에 봉하였고
封叔處於霍.[12]	숙 처를 곽에 봉하였다.

---

9 집해 두예는 말하였다. "관(管)은 형양(滎陽) 경현(京縣) 동북쪽에 있다."

10 집해 『세본(世本)』에서는 말하였다. "상채(上蔡)에 거처하였다."

11 색은 『춘추(春秋)』「은공(隱公) 5년」에 "위(衛)의 군사가 성(郕)으로 들어갔다."라 하였다. 두예는 말하기를 "동평(東平) 강보현(剛父縣)에 성향(郕鄕)이 있다."라 하였다.『후한서(後漢書)』「군국지(郡國志)」에서는 성(成)의 본국이라고 하였다. 또한 「지리지(地理志)」에서 늠구현(廩丘縣) 남쪽에 성(成)의 옛 성이 있다고 하였다. 응소(應劭)는 말하기를 "무왕은 아우인 계재(季載)를 성(成)"에 봉하였다고 하였는데, 이는 옛 성읍(成邑)이며, 응중원(應仲遠)이 계재를 봉하였다고 잘못 말하였을 따름이다.

12 색은 『춘추』에 의하면 민공(閔公) 원년에 진(晉)은 곽(霍)을 멸하였다. 「지리지」 하동(河東) 체현(彘縣)에서 곽태산(霍太山)은 동북쪽에 있는데 곽숙(霍叔)이 봉하여진 곳이라고 하였다.

康叔封・冉季載皆少,	강숙 봉과 남계 재는 모두 어려서
未得封.	봉하여지지 않았다.
武王既崩,	무왕이 붕어하자
成王少,	성왕이 어려서
周公旦專王室.	주공 단이 왕실(의 업무)을 전담하였다.
管叔・蔡叔疑周公之爲不利於成王,	관숙과 채숙은 주공이 하는 일이 성왕에게 이롭지 않을 것이라 의심하여
乃挾武庚以作亂.	이에 무경을 끼고 난을 일으켰다.
周公旦承成王命伐誅武庚,	주공 단은 성왕의 명을 받아 무경을 토벌하여 죽였으며
殺管叔,	관숙을 죽이고
而放蔡叔,	채숙은 추방하여
遷之,	옮겼는데
與車十乘,	수레 10대를 주고
徒七十人從.	70명의 무리를 딸렸다.
而分殷餘民爲二:	은의 유민을 둘로 나누었는데
其一封微子啟於宋,	하나는 미자 계를 송에 봉하여
以續殷祀;	은의 제사를 잇게 하였으며,
其一封康叔爲衞君,	하나는 강숙을 위의 임금으로 봉하니
是爲衞康叔.	바로 위강숙이다.
封季載於冉.	계재는 남에 봉하였다.
冉季・康叔皆有馴行,[13]	남계와 강숙은 모두 훌륭한 행적을 남겨

---

13 색은 글자 그대로이며 음은 순(巡)이다. 순(馴)은 훌륭하다는 뜻이다.

於是周公擧康叔爲周司寇,　　이에 주공은 강숙을 주의 사구로,

井季爲周司空,[14]　　　　　　남계를 주의 사공으로 천거하여

以佐成王治,　　　　　　　　성왕을 보좌하여 다스리도록 하였는데

皆有令名於天下.　　　　　　모두 천하에 아름다운 명성을 떨쳤다.

蔡叔度旣遷而死.　　　　　　채숙 도는 옮기자마자 죽었다.

其子曰胡,　　　　　　　　　그 아들은 이름이 호인데

胡乃改行,　　　　　　　　　호는 곧 행실을 고쳐

率德馴善.　　　　　　　　　도덕을 준수하여 훌륭해졌다.

周公聞之,　　　　　　　　　주공이 듣고

而擧胡以爲魯卿士,[15]　　　호를 노의 경사로 천거하니

魯國治.　　　　　　　　　　노가 잘 다스려졌다.

於是周公言於成王,　　　　　이에 주공이 성왕에게 말하여

復封胡於蔡,[16]　　　　　　다시 호를 채에 봉하여

以奉蔡叔之祀,　　　　　　　채숙의 제사를 받들게 하였는데

是爲蔡仲.　　　　　　　　　바로 채중이다.

餘五叔皆就國,[17]　　　　　나머지 다섯 형제는 모두 봉국으로 갔으며

無爲天子吏者.　　　　　　　천자의 관리는 되지 못하였다.

14　**색은** 이 일은 정공(定公) 4년의 『좌전(左傳)』에 보인다.

15　**색은** 『상서(尙書)』에서는 채중(蔡仲)이 능히 떳떳이 덕을 공경하므로 주공이 경사(卿士)
　　를 삼았는데, 그 후 채숙(蔡叔)이 죽자 왕에게 명하여 채(蔡)에 봉하였다라 하였고 원래 노
　　에서 벼슬하였다는 말은 없다. 또한 백금(伯禽)이 노에서 7년이나 되어 정치가 다스려졌는
　　데, 여기서는 곧 섭정한 초기라고 말하였으니 사마천이 무슨 근거로 이 말을 하였는지 모
　　르겠다.

16　**집해** 송충(宋忠)은 말하였다. "호(胡)는 신채(新蔡)로 이주하였다."

17　**색은** 관숙(管叔)과 채숙(蔡叔), 성숙(成叔), 조숙(曹叔)과 곽숙(霍叔)이다.

蔡仲卒,　　　　　　채중이 죽자

子蔡伯荒立.　　　　아들인 채백 황이 즉위하였다.

蔡伯荒卒,　　　　　채백 황이 죽자

子宮侯立.　　　　　아들인 궁후가 즉위하였다.

宮侯卒,　　　　　　궁후가 죽자

子厲侯立.　　　　　아들인 여후가 즉위하였다.

厲侯卒,　　　　　　여후가 죽자

子武侯立.　　　　　아들인 무후가 즉위하였다.

武侯之時,　　　　　무후 때

周厲王失國,　　　　주여왕이 나라를 잃고

奔彘,　　　　　　　체로 달아나

共和行政,　　　　　공화정치가 행하여졌는데

諸侯多叛周.　　　　제후가 주를 많이 배반하였다.

武侯卒,　　　　　　무후가 죽자

子夷侯立.　　　　　아들인 이후가 즉위하였다.

夷侯十一年,　　　　이후 11년에

周宣王即位.　　　　주선왕이 즉위하였다.

二十八年,　　　　　28년에

夷侯卒,　　　　　　이후가 죽고

子釐侯所事立.　　　아들인 희후 소사가 즉위하였다.

釐侯三十九年,　　　희후 39년에

周幽王爲犬戎所殺,　주유왕이 견융에게 살해되었으며

周室卑而東徙.　　　주 왕실은 지위가 낮아져 동쪽으로 천도했다.

秦始得列爲諸侯.[18]	진이 비로소 제후의 반열에 올랐다.
四十八年,	48년에
釐侯卒,	희후가 죽고
子共侯興立.	아들인 공후 흥이 즉위하였다.
共侯二年卒,	공후는 2년에 죽고
子戴侯立.	아들인 대후가 즉위하였다.
戴侯十年卒,	대후는 10년에 죽고
子宣侯措父立.	아들인 선후 조보가 즉위하였다.
宣侯二十八年,	선후 28년에
魯隱公初立.	노은공이 막 즉위하였다.
三十五年,	35년에
宣侯卒,	선후가 죽고
子桓侯封人立.	아들인 환후 봉인이 즉위하였다.
桓侯三年,	환후 3년에
魯弑其君隱公.	노에서 임금인 은공을 죽였다.
二十年,	20년에
桓侯卒,	환후가 죽고
弟哀侯獻舞立.	아우인 애후 헌무가 즉위하였다.
哀侯十一年,	애후 11년

---

18 정의 주유왕(周幽王)이 견융(犬戎)에게 살해당하고 평왕(平王)은 동쪽 낙읍(洛邑)으로 천도하였는데, 진양공(秦襄公)이 군사를 가지고 구원하여 이에 평왕(平王)이 낙읍에 보내주었으므로 평왕이 양공으로 봉하였다.

初,	처음에
哀侯娶陳,	애후는 진에서 아내를 맞았고
息侯亦娶陳.[19]	식후 또한 진에서 아내를 맞았다.
息夫人將歸,	식부인이 시집을 가려 하여
過蔡,	채를 지나는데
蔡侯不敬.	채후가 불경하였다.
息侯怒,	식후는 노하여
請楚文王:	초문왕에게 청하였다.
"來伐我,	"우리를 치러 오면
我求救於蔡,	우리는 채에 구원을 청할 것이고
蔡必來,	채는 반드시 올 것이니
楚因擊之,	초가 그 틈에 치면
可以有功."	공을 이룰 수 있을 것입니다."
楚文王從之,	초문왕은 그 말을 따라
虜蔡哀侯以歸.	채애후를 사로잡아 돌아갔다.
哀侯留九歲,	애후는 9년 동안 억류되어 있다가
死於楚.	초에서 죽었다.
凡立二十年卒.	무릇 즉위 20년 만에 죽었다.
蔡人立其子肸,	채에서 그 아들 힐을 옹립하니
是爲繆侯.	바로 목후이다.
繆侯以其女弟爲齊桓公夫人.	목후는 그 여동생을 제환공의 부인으로 보냈다.
十八年,	18년에

---

19 **집해** 두예는 말하였다. "식국(息國)은 여남(汝南) 신식현(新息縣)이다."

齊桓公與蔡女戲船中,	제환공이 채녀와 뱃놀이를 하였는데
夫人蕩舟,	부인이 배를 흔들었다.
桓公止之,	환공이 말렸으나
不止,	그만두지 않자
公怒,	공이 노하여
歸蔡女而不絕也.	채녀를 돌려보냈지만 관계를 끊지는 않았다.
蔡侯怒,	채후는 노하여
嫁其弟.[20]	여동생을 시집보냈다.
齊桓公怒,	제환공은 노하여
伐蔡;	채를 쳤으며,
蔡潰,	채는 무너졌고
遂虜繆侯,	마침내 목후를 사로잡아
南至楚邵陵.	남으로 초의 소릉에까지 이르렀다.
已而諸侯爲蔡謝齊,	얼마 후 제후들이 채후를 대신하여 제에 사죄하니
齊侯歸蔡侯.	제후는 채후를 돌려보냈다.
二十九年,	29년에
繆侯卒,	목후가 죽고
子莊侯甲午立.	아들인 장후 갑오가 즉위하였다.
莊侯三年,	장후 3년에
齊桓公卒.	제환공이 죽었다.
十四年,	14년에

---

20 색은 제(弟)는 누이로, 곧 배를 흔들었던 여인이다.

晉文公敗楚於城濮.	진문공이 성복에서 초를 무찔렀다.
二十年,	20년에
楚太子商臣弑其父成王代立	초의 태자 상신이 아비 성왕을 죽이고 계위하였다.
二十五年,	25년에
秦穆公卒.	진목공이 죽었다.
三十三年,	33년에
楚莊王即位.	초장왕이 즉위하였다.
三十四年,	34년에
莊侯卒,	장후가 죽고
子文侯申立.	아들인 문후 신이 즉위하였다.
文侯十四年,	문후 14년에
楚莊王伐陳,	초장왕이 진을 쳐서
殺夏徵舒.	하징서를 죽였다.
十五年,	15년에
楚圍鄭,	초가 정을 에워싸자
鄭降楚,	정은 초에 항복하였으며
楚復釋之.[21]	초는 다시 풀어주었다.
二十年,	20년에
文侯卒,	문후가 죽고
子景侯固立.	아들인 경후 고가 즉위하였다.

---

21 **정의** '釋'은 석(釋)의 뜻으로 읽는다.

景侯元年,	경후 원년에
楚莊王卒.	초장왕이 죽었다.
四十九年,	49년에
景侯爲太子般娶婦於楚,	경후가 태자 반에게 초에서 아내를 맞아주었는데
而景侯通焉.	경후가 간통하였다.
太子弑景侯而自立,	태자가 경후를 죽이고 스스로 즉위하니
是爲靈侯.	바로 영후이다.
靈侯二年,	영후 2년에
楚公子圍弑其王郟敖而自立,	초 공자 위가 왕 겹오를 죽이고 스스로 즉위하니
爲靈王.²²	바로 영왕이다.
九年,	9년에
陳司徒招²³弑其君哀公.	진 사도 초가 그 임금인 애공을 죽였다.
楚使公子弃疾滅陳而有之.	초가 공자 기질에게 진을 멸하고 차지하게 했다.
十二年,	12년에
楚靈王以靈侯弑其父,	초영왕은 영후를 통하여 그 아비를 죽이고
誘蔡靈侯于申,²⁴	채영후를 신으로 꾀어내어
伏甲飮之,	무장병을 매복시키고 술을 마시게 하여
醉而殺之,	취하자 죽이고
刑其士卒七十人.	그의 사졸 70명도 죽였다.
令公子弃疾圍蔡.	공자 기질에게 채를 포위하게 하였다.

---

22 [정의] '郟'의 음은 겹(紀洽反)이다. '敖'의 음은 오(五高反)이다.
23 [색은] "소(昭)"로 된 판본도 있고, "소(韶)"로 된 판본도 있는데, 모두 음은 소(時遙反)이다.
24 [정의] 옛 신성(申城)은 등주(鄧州)에 있다.

十一月,	11월에
滅蔡,	채를 멸하고
使弃疾爲蔡公.[25]	기질을 채공으로 삼았다.

楚滅蔡三歲,	초가 채를 멸하고 3년 만에
楚公子弃疾弒其君靈王代立,	
	초 공자 기질이 그 임금 영왕을 죽이고 계위하니
爲平王.	평왕이다.
平王乃求蔡景侯少子廬,	평왕은 곧 채경후의 작은 아들 여를 찾아
立之,	세워주었는데
是爲平侯.[26]	바로 평후이다.
是年,	이 해에
楚亦復立陳.	초 또한 진을 다시 세워주었다.
楚平王初立,	초평왕이 막 즉위하자
欲親諸侯,	제후와 친하고자 하였으므로
故復立陳·蔡後.[27]	진과 채의 후손을 다시 세워주었다.

平侯九年卒,	평후는 9년에 죽었고
靈侯般之孫東國攻平侯子而自立,	
	영후 반의 손자 동국이 평후자를 공격하여 스스로 즉위하니

---

25 **정의** 채(蔡)의 대부이다.

26 **집해** 송충은 말하였다. "평후(平侯)는 하채(下蔡)로 옮겼다." **색은** 지금의 『계본(系本)』에는 없는 것은 근래에 탈락된 것일 따름이다.

27 **집해** 『세본』에서는 말하였다. "평후(平侯)는 영후 반(靈侯般)의 손자이며, 태자 우(太子友)의 아들이다."

是爲悼侯.	바로 도후이다.
悼侯父曰隱太子友.	도후의 부친은 은태자 우이다.
隱太子友者,	은태자 우는
靈侯之太子,	영후의 태자이며
平侯立而殺隱太子,	평후가 즉위하여 은태자를 죽였으므로
故平侯卒而隱太子之子東國攻平侯子而代立,	
	평후가 죽고 은태자의 아들 동국이 평후의 아들을 공격하고 계위하니
是爲悼侯.	바로 도후이다.
悼侯三年卒,	도후는 3년에 죽고
弟昭侯申立.	아우인 소후 신이 즉위하였다.
昭侯十年,	소후 10년에
朝楚昭王,	초소왕을 조현하였는데
持美裘二,	아름다운 갖옷 두 벌을 가지고 가서
獻其一於昭王而自衣其一.	한 벌은 소왕에게 바치고 한 벌은 스스로 입었다.
楚相子常欲之,	초의 재상 자상이 갖고 싶었으나
不與.	주지 않았다.
子常讒蔡侯,	자상은 채후를 참소하여
留之楚三年.	그를 초에 3년간 잡아두었다.
蔡侯知之,	채후가 알아채고
乃獻其裘於子常;	곧 자상에게 그 갖옷을 바치니
子常受之,	자상은 받고서야
乃言歸蔡侯.	곧 채후를 돌려보내겠다고 말하였다.
蔡侯歸而之晉,	채후는 돌아가서 진으로 가

請與晉伐楚.	진과 함께 초를 칠 것을 청하였다.
十三年春,	13년 봄에
與衞靈公會邵陵.	위령공과 소릉에서 회맹하였다.
蔡侯私於周萇弘以求長於衞;[28]	채후는 사사로이 주의 장홍과 결탁하여 위보다 높은 지위를 구하였으며,
衞使史鰌言康叔之功德,	위는 사추에게 강숙의 공덕을 말하게 하여
乃長衞.	곧 위의 지위를 높였다.
夏,	여름에
爲晉滅沈,[29]	진을 위하여 심을 멸하자
楚怒,	초는 노하여
攻蔡.	채를 공격하였다.
蔡昭侯使其子爲質於吳,[30]	채소후는 그 아들을 오에 인질로 보내고
以共伐楚.	함께 초를 쳤다.
冬,	겨울에
與吳王闔閭遂破楚入郢.	오왕 합려와 함께 초를 깨뜨리고 영으로 들어갔다.
蔡怨子常,	채는 자상에게 원한을 품었으며
子常恐,	자상은 두려워하여
奔鄭.	정으로 달아났다.
十四年,	14년에

---

28 집해 복건(服虔)은 말하였다. "문서에 기록할 때 채가 위의 위에 놓이게 한 것이다."

29 집해 두예는 말하였다. "여남(汝南) 평여현(平輿縣) 북쪽에 심정(鮖亭)이 있다."

30 정의 '質'의 음은 치(致)이다.

吳去而楚昭王復國.	오가 떠나자 초소왕이 나라를 회복했다.
十六年,	16년에
楚令尹爲其民泣以謀蔡,	초 영윤이 그 백성을 위하여 울면서 채를 도모하니
蔡昭侯懼.	채소후는 두려워하였다.
二十六年,	26년에
孔子如蔡.	공자가 채로 갔다.
楚昭王伐蔡,	초소왕이 채를 치자
蔡恐,	채는 두려워하여
告急於吳.	오에 위급함을 알렸다.
吳爲蔡遠,	오는 채가 멀다고 하여
約遷以自近,	옮겨서 스스로 가까워지면
易以相救;	구원하기가 쉬울 것이라고 약정하였다.
昭侯私許,	소후는 사사로이 허락하고
不與大夫計.	대부들과는 도모하지 않았다.
吳人來救蔡,	오의 사람이 와서 채를 구원하자
因遷蔡于州來.[31]	이에 채는 주래로 천도하였다.
二十八年,	28년에
昭侯將朝于吳,	소후가 오에 조현하려고 하였는데
大夫恐其復遷,	대부들은 다시 천도를 할까 두려워하여
乃令賊利殺昭侯;[32]	이에 도적 이에게 소후를 죽이게 하였으며
已而誅賊利以解過,	얼마 후 도적 이를 죽여 죄과에서 벗어나고
而立昭侯子朔,	소후의 아들 삭을 옹립하니

---

31 [색은] 주래(州來)는 여남(淮南) 하채현(下蔡縣)에 있다.

32 [색은] 이(利)는 도적의 이름이다.

274

是爲成侯.[33]	바로 성후이다.
成侯四年,	성후 4년
宋滅曹.	송은 조를 멸하였다.
十年,	10년에
齊田常弑其君簡公.	제의 전상이 그 임금 간공을 죽였다.
十三年,	13년에
楚滅陳.	초가 진을 멸하였다.
十九年,	19년에
成侯卒,	성후가 죽고
子聲侯產立.	아들인 성후 산이 즉위했다.
聲侯十五年卒,	성후는 15년에 죽고
子元侯立.	아들인 원후가 즉위하였다.
元侯六年卒,	원후는 6년에 죽고
子侯齊立.	아들인 후제가 즉위하였다.
侯齊四年,	후제 4년에
楚惠王滅蔡,	초혜왕이 채를 멸하여
蔡侯齊亡,	채후 제는 도망쳐
蔡遂絶祀.	채는 마침내 제사가 끊겼다.
後陳滅三十三年.[34]	진이 멸한 후 33년 만이다.

---

33 **집해** 서광은 말하였다. "'경(景)'으로 된 판본도 있다."
34 **색은** 노애공(魯哀公) 17년 초가 진(陳)을 멸하였는데, 그 초가 채를 멸하여 제사를 끊었으며, 또한 진을 멸한 후 33년 만인 곧 춘추(春秋) 후 23년이다.

伯邑考,	백읍고는
其後不知所封.	그 후손이 봉하여졌는지 모른다.
武王發,	무왕 발은
其後爲周,	그 후대가 주(천자)이며
有本紀言.	본기에 기록이 있다.
管叔鮮作亂誅死,	관숙 선은 난을 일으켜 죽임을 당하여
無後.	후손이 없다.
周公旦,	주공 단은
其後爲魯,	그 후대가 노의 임금이 되었으며
有世家言.	세가에 기록이 있다.
蔡叔度,	채숙 도는
其後爲蔡,	그 후대가 채의 임금이 되었고
有世家言.	세가에 기록이 있다.
曹叔振鐸,	조숙 진탁은
有後爲曹,	후대가 조의 임금이 되었으며
有世家言.	세가에 기록이 있다.
成叔武,	성숙 무는
其後世無所見.	그 후세가 보이지 않는다.
霍叔處,	곽숙 처는
其後晉獻公時滅霍.	그 후대에 진헌공 때 곽을 멸하였다.
康叔封,	강숙 봉은
其後爲衞,	그 후대가 위의 왕이 되었는데
有世家言.	세가에 기록이 있다.
冄季載,	남계 재는
其後世無所見.	그 후손이 보이지 않는다.

太史公曰:	태사공은 말한다.
管蔡作亂,	관숙과 채숙이 난을 일으킨 것은
無足載者.	기록할 만한 것이 없다.
然周武王崩,	그러나 주무왕이 죽고
成王少,	성왕이 어려
天下既疑,	천하는 의구심을 가졌으나
賴同母之弟成叔·冉季之屬十人爲輔拂,	동복 아우 성숙과 남계 등 10명이 보필함에 힘입어
是以諸侯卒宗周,	이에 제후는 마침내 주를 종주로 삼았으므로
故附之世家言.	세가의 기록에 붙여둔다.

曹叔振鐸者,[35]	조숙 진탁은
周武王弟也.	주무왕의 아우이다.
武王已克殷紂,	무왕이 은의 주를 이기고
封叔振鐸於曹.[36]	숙 진탁을 조에 봉하였다.

叔振鐸卒,	숙 진탁이 죽자
子太伯脾立.	아들인 태백 비가 즉위하였다.
太伯卒,	태백이 죽자

---

35 **색은** 위에서 "숙 진탁(叔振鐸)은 후대가 조(曹)의 임금이 되었으며 계가(系家)에 기록이 있다."라 하였으니 조 또한 계가에 합하여 지금 「관채(管蔡)」의 말미에 덧붙이고 제목으로 내세우지 않은 것은 아마 조는 작고 약하여 사적이 적기 때문에 「관채」의 말미에 덧붙여 별도로 제목으로 삼지 않았을 따름이다. 또한 관숙(管叔)은 비록 후손이 없다고 하더라도 여전히 채(蔡)와 조(曹)의 형이므로 관·채(管·蔡)를 제목으로 삼았고 조는 생략했다.

36 **집해** 송충은 제음(濟陰) 정도현(定陶縣)이라고 했다.

子仲君平立.	아들인 중군 평이 즉위하였다.
仲君平卒,	중군 평이 죽자
子宮伯侯立.	아들인 궁백 후가 즉위하였다.
宮伯侯卒,	궁백 후가 죽자
子孝伯雲立.	아들인 효백 운이 즉위하였다.
孝伯雲卒,	효백 운이 죽자
子夷伯喜立.	아들인 이백 희가 즉위하였다.
夷伯二十三年,	이백 23년에
周厲王奔于彘.	주여왕이 체로 달아났다.
三十年卒,	30년에 죽고
弟幽伯彊立.	아우 유백 강이 즉위하였다.
幽伯九年,	유백 9년에
弟蘇殺幽伯代立,	아우 소가 유백을 죽이고 계위하였는데
是爲戴伯.	바로 대백이다.
戴伯元年,	대백 원년에
周宣王已立三歲.	주선왕은 이미 즉위한 지 3년이 되었다.
三十年,	30년에
戴伯卒,	대백이 죽고
子惠伯兒立.[37]	아들인 혜백 시가 즉위하였다.
惠伯二十五年,	혜백 25년에
周幽王爲犬戎所殺,	주유왕은 견융에게 살해되고
因東徙,	동천하면서

益卑,	더욱 낮아져
諸侯畔之.	제후들이 등을 돌렸다.
秦始列爲諸侯.	진이 비로소 제후의 반열에 올랐다.

三十六,	36년에
惠伯卒,	혜백이 죽고
子石甫立,	아들인 석보가 즉위하였는데
其弟武殺之代立,	그 아우인 무가 죽이고 계위하니
是爲繆公.	바로 목공이다.
繆公三年卒,	목공은 3년에 죽고
子桓公終生立.[38]	아들인 환공 종생이 즉위하였다.

桓公三十五年,	환공 35년에
魯隱公立.	노은공이 즉위하였다.
四十五年,	45년에
魯弑其君隱公.	노가 그 임금 은공을 죽였다.
四十六年,	46년에
宋華父督弑其君殤公,	송의 화보독이 그 임금 상공을 죽이고
及孔父.	공보에 미쳤다.

---

37 **집해** 손검(孫檢)은 말하였다. "'兕'의 음은 사(徐子反)이다. 조혜백(曹惠伯)은 이름이 치(雉)라고도 하고 제(弟)라고도 하며, 혹은 또 이름이 제시(弟兕)라고도 한다." **색은** 「연표」에는 "혜공백치(惠公伯雉)"라 하고, 주에서는 손검의 말을 인용하였는데 어느 조대 사람인지 확실치 않으며 혹자는 제(齊) 사람이라 하였으며 또한 아마 그 사람은 『사기』에 주석을 달지 않았을 것이다. 지금 왕검(王儉)의 『칠지(七志)』와 완효서(阮孝緒)의 『칠록(七錄)』에도 모두 없으니 또한 배인(裴駰)의 기록이 아닌 것은 아닌가?

38 **집해** 손검은 말하였다. "어떤 판본에는 '종생(終渥)'으로 되어 있다. '渥'의 음은 생(生)이다."

五十五年,	55년에
桓公卒,	환공이 죽고
子莊公夕姑³⁹立.	아들인 장공 역고가 즉위하였다.
莊公二十三年,	장공 23년에
齊桓公始霸.	제환공이 비로소 패권을 잡았다.
三十一年,	31년에
莊公卒,	장공이 죽고
子釐公夷立.	아들인 희공 이가 즉위하였다.
釐公九年卒,	희공은 9년에 죽고
子昭公班立.	아들인 소공 반이 즉위하였다.
昭公六年,	소공 6년에
齊桓公敗蔡,	제환공이 채를 무찌르고
遂至楚召陵.	마침내 초의 소릉에 이르렀다.
九年,	9년에
昭公卒,	소공이 죽고
子共公襄立.	아들인 공공 양이 즉위하였다.
共公十六年,	공공 16년
初,	처음에
晉公子重耳其亡過曹,	진 공자 중이가 망명 중 조에 들렀는데
曹君無禮,	조의 임금이 무례하여

---

39 색은 앞글자의 음은 역(亦)이다. 곧 역고(射姑)로, 음은 마찬가지로 역(亦)이다.

欲觀其駢脅.[40]	통 갈빗대를 구경하고자 했다.
釐負羈[41]諫,	희부기가 간하였지만
不聽,	듣지 않았으며
私善於重耳.	(희부기는) 중이와 개인적으로 친분이 있었다.
二十一年,	21년에
晉文公重耳伐曹,	진문공 중이는 조를 쳐서
虜共公以歸,	공공을 사로잡아 돌아가면서
令軍毋入釐負羈之宗族閭.	군대에 희부기 종족의 마을에 들어가지 못하게 하였다.
或說晉文公曰:	혹자가 진문공에게 말하였다.
"昔齊桓公會諸侯,	"지난날 제환공은 제후들과 회합하여
復異姓;	이성을 회복시켰는데,
今君囚曹君,	지금 임금께선 조의 임금을 가두고
滅同姓,	동성을 멸하였으니
何以令於諸侯?"	어떻게 제후에게 영이 서겠습니까?"
晉乃復歸共公.	진은 이에 공공을 복귀시켰다.
二十五年,	25년에
晉文公卒.	진문공이 죽었다.
三十五年,	35년에
共公卒,	공공이 죽고
子文公壽立.	아들인 문공 수가 즉위하였다.

---

40 집해 위소(韋昭)는 말하였다. "변(駢)이라는 것은 줄기가 나란히 붙은 것이다." 정의 '駢' 의 음은 변(白邊反)이다. '脅'의 음은 협(許業反)이다.

41 정의 '釐'의 음은 희(僖)로, 조(曹)의 대부이다.

文公二十三年卒,	문공은 23년에 죽고
子宣公彊立.[42]	아들인 선공 강이 즉위하였다.
宣公十七年卒,	선공은 17년에 죽고
弟成公負芻立.	아우인 성공 부추가 즉위하였다.
成公三年,	성공 3년에
晉厲公伐曹,	진여공이 조를 쳐서
虜成公以歸,	성공을 사로잡아 돌아갔다가
已復釋之.[43]	다시 풀어주었다.
五年,	5년에
晉欒書·中行偃使程滑弑其君厲公.	
	진의 난서와 중항언이 정활을 시켜 임금인 여공을 죽였다.
二十三年,	23년에
成公卒,	성공이 죽고
子武公勝立.	아들인 무공 승이 즉위하였다.
武公二十六年,	무공 26년에
楚公子弃疾弑其君靈王代立.	초 공자 기질이 임금인 영왕을 죽이고 계위하였다.

---

42 색은 『좌전』에서 선공(宣公)의 이름은 여(廬)라고 하였다.

43 색은 『좌전』 성공(成公) 15년에 진여공(晉厲公)이 부추(負芻)를 잡아 경사(京師)로 돌아갔다고 하였다. 진은 선공(宣公)의 아우 자장(子臧)을 세웠는데 자장은 "성인은 절의에 통달하였고 다음은 절의를 지키는 것이며 가장 못한 것은 절의를 잃는 것이다. 임금이 되는 것은 저의 절의가 아닙니다."라 하고 마침내 송으로 달아났다. 조 사람이 진에 청하였다. 진 사람은 자장에게 "나라로 돌아가면 내 그대의 임금을 돌려보내겠다."라 하였다. 자장이 돌아가자 진은 이에 부추를 돌려보냈다.

二十七年,	27년에
武公卒,	무공이 죽고
子平公(頃)[須]立.	아들인 평공 수가 즉위하였다.
平公四年卒,	평공은 4년에 죽고
子悼公午立.	아들인 도공 오가 즉위하였다.
是歲,	이 해에
宋·衛·陳·鄭皆火.	송과 위, 진, 정에 모두 화재가 발생하였다.
悼公八年,	도공 8년에
宋景公立.	송경공이 즉위하였다.
九年,	9년에
悼公朝于宋,	도공이 송에 조현하였는데
宋囚之;	송에서 그를 가두었다.
曹立其弟野,	조에서 그 아우 야를 옹립하니
是爲聲公.	바로 성공이다.
悼公死於宋,	도공은 송에서 죽었는데
歸葬.	귀장하였다.
聲公五年,	성공 5년에
平公弟通弑聲公代立,	평공의 아우 통이 성공을 죽이고 계위하니
是爲隱公.⁴⁴	바로 은공이다.
隱公四年,	은공 4년에

---

44 색은 초주(譙周)는 『춘추』에는 이 일이 없다고 하였다. 지금 『계본(系本)』 및 『춘추』를 고증해보니 도백(悼伯)이 죽고 아우인 노(露)가 즉위하였는데 시호가 정공(靖公)이며, 실제 성공(聲公)과 은공(隱公)은 없는데 아마 그 문장이 소략해서일 것이다.

聲公弟露弒隱公代立,	성공의 아우 노가 은공을 죽이고 계위하니
是爲靖公.	바로 정공이다.
靖公四年卒,	정공은 4년에 죽고
子伯陽立.	아들인 백양이 즉위하였다.
伯陽三年,	백양 3년에
國人有夢眾君子立于社宮,[45]	어떤 백성의 꿈에서 군자들이 토지신의 사당에 서서
謀欲亡曹;	조를 멸망시키려 하였는데,
曹叔振鐸止之,	조숙 진탁이 말리며
請待公孫彊,	공손강을 기다리길 청하자
許之.	허락하였다.
旦,	아침에
求之曹,	조에서 찾았더니
無此人.	이런 사람이 없었다.
夢者戒其子曰:	꿈꾼 사람이 그 아들에게 타일러 말하였다.
"我亡,	"내가 죽고
爾聞公孫彊爲政,	네가 공손강이 정사를 한다는 말을 들으면
必去曹,	반드시 조를 떠나
無離曹禍."[46]	조의 화를 당하지 않도록 하라."
及伯陽即位,	백양은 즉위하자
好田弋之事.	사냥하며 주살 쏘는 일을 좋아하였다.

---

45 **집해** 가규는 말하였다. "사궁(社宮)은 토지신이다." 정중(鄭衆)은 말하였다. "사궁(社宮)은 가운데 집이 있는 것이다."

46 **색은** 이(離)는 곧 이(罹)이다. 이(罹)는 당하는 것이다.

六年,	6년에
曹野人公孫彊亦好田弋,	조야 사람 공손강도 사냥하며 주살 쏘는 것을 좋아하여
獲白鴈而獻之,	흰 기러기를 잡아 바치며
且言田弋之說,	아울러 사냥하며 주살 쏘는 말을 하니
因訪政事.	이에 찾아 정사를 물었다.
伯陽大說之,	백양은 크게 기뻐하며
有寵,	총애하여
使爲司城以聽政.	사성으로 삼아 정치를 맡겼다.
夢者之子乃亡去.	꿈꾼 사람의 아들은 이에 달아났다.
公孫彊言霸說於曹伯.	공손강은 조백에게 패도의 설을 말하였다.
十四年,	14년에
曹伯從之,	조백이 좇아
乃背晉干宋.[47]	이에 진을 등지고 송을 범하였다.
宋景公伐之,	송경공이 정벌하였는데
晉人不救.	진 사람이 구원하지 않았다.
十五年,	15년에
宋滅曹,	송은 조를 멸하고
執曹伯陽及公孫彊以歸而殺之.	
	조백양 및 공손강을 잡아 돌아가서 죽였다.
曹遂絕其祀.	조는 마침내 제사가 끊겼다.

---

47 집해 가규는 말하였다. "작은 나라가 큰 나라를 가하였다.(以小加大)" 색은 간(干)은 범(犯)함을 이른다. 조(曹)가 진(晉)을 버리고 송(宋)을 범하여 마침내 멸망에 이르렀음을 말한다. 배 씨(裴氏)는 가규의 주를 인용하여 "작은 나라가 큰 나라를 가하였다."라 하였는데, 가(加)는 능멸하는 것이고, 작은 나라는 조(曹)이며, 큰 나라는 진(晉) 및 송(宋)이다.

太史公曰：[48]   태사공은 말한다.

余尋曹共公之不用僖負羈,   내가 조공공이 희부기의 말을 쓰지 않고

乃乘軒者三百人，[49]   곧 수레에 탄 자가 3백 명이나 되는 것을 보고

知唯德之不建.   덕을 세우지 않았음을 알았다.

及振鐸之夢,   진탁이 꿈꾸었을 때

豈不欲引曹之祀者哉?   어찌 조의 제사를 연장하려하지 않았겠는가?

如公孫彊不脩厥政,   공손강이 그 정치를 닦지 않았더라면

叔鐸之祀忽諸.[50]   숙탁의 제사가 갑자기 끊겼겠는가?

색은술찬索隱述贊 무왕의 아우로, 관과 채 및 곽이 있었다. 주공이 재상의 자리에 있으니, 유언비어가 일어났다. 「낭발」로 어려움을 표현하였고, 「치효」로 악행을 꾸짖었다. 호는 행실을 고칠 수 있어, 그 작위를 회복할 수 있었다. 무희를 바치고 초에 잡혔고, 식을 만나 예를 무시하였다. 목후는 제에 사로잡혔고, 배를 흔들어 희롱함이 어긋났다. 조공공이 진을 깔보았는데 희부기가 먼저 깨달았다. 백양 때 토지신을 꿈꾸면서, 나라의 운명이 진탁을 기울였다.

武王之弟, 管·蔡及霍. 周公居相, 流言是作. 狼跋致艱, 鴟鴞討惡. 胡能改行, 克復其爵. 獻舞執楚, 遇息禮薄. 穆侯虜齊, 蕩舟乖謔. 曹共輕晉, 負羈先覺. 伯陽夢社, 祚傾振鐸.

---

48 **색은** 여러 판본을 점검해보면 혹 이 논(論)이 없는 곳도 있다.

49 **정의** 「진세가(晉世家)」에서는 말하였다. "진(晉)의 군사가 조(曹)로 들어와 희부기(釐負羈)의 말을 쓰지 않은 것아 3백 명의 미녀를 수레에 태운 것을 질책했다."

50 **정의** 공손강(公孫彊)이 패도(霸道)의 정치를 따르지 않았다면 백양(伯陽)의 아들이 즉위하여 숙탁(叔鐸)은 아직도 제사를 받을 것이니 어찌 갑자기 끊어지겠는가?

6 ── 진기 세가 陳杞世家

陳胡公滿者,	진 호공 만은
虞帝舜之後也.	우제 순의 후예이다.
昔舜爲庶人時,	옛날 순이 서인이었을 때
堯妻之二女,	요는 두 딸을 시집보내어
居于嬀汭,	규예에 살았는데
其後因爲氏姓,	그 후 그대로 성씨로 삼아
姓嬀氏.	성을 규씨라 하였다.
舜已崩,	순이 죽고
傳禹天下,	우에게 천하를 전하여
而舜子商均爲封國.[1]	순의 아들 상균이 나라에 봉하여졌다.
夏后之時,	하후 때
或失或續.[2]	지위를 잃기도 하고 잇기도 하였다.
至于周武王克殷紂,	주무왕이 은의 주를 이기고서야
乃復求舜後,[3]	곧 다시 순의 후손을 찾아
得嬀滿,	규만을 찾아내어

---

1 **색은索隱** 상균(商均)이 봉하여진 우(虞)는 곧 바로 지금 양(梁)의 우성(虞城)이다.
2 **색은** 하대(夏代)에도 우사(虞思)와 우수(虞遂)에 봉하여졌다.
3 **색은** 알보(閼父)는 주(周)의 도정(陶正)이다. 알보는 수(遂)의 후손이다. 도정(陶正)은 관직 이름이다. 만(滿)을 낳았다.

封之於陳,[4]	진에 봉하여
以奉帝舜祀,	제순의 제사를 받들게 하니
是爲胡公.	바로 호공이다.
胡公卒,	호공이 죽자
子申公犀侯立.	아들 신공 서후가 즉위하였다.
申公卒,	신공이 죽자
弟相公皋羊立.	아우인 상공 고양이 즉위하였다.
相公卒,	상공이 죽자
立申公子突,	신공의 아들 돌이 즉위하니
是爲孝公.	바로 효공이다.
孝公卒,	효공이 죽자
子愼公圉戎立.	아들인 신공 어융이 즉위하였다.
愼公當周厲王時.	신공은 주여왕 때 재위하였다.
愼公卒,	신공이 죽자
子幽公寧立.	아들인 유공 영이 즉위하였다.
幽公十二年,	유공 12년에
周厲王奔于彘.	주여왕이 체로 달아났다.
二十三年,	23년에
幽公卒,	유공이 죽고

---

4 색은 『좌전(左傳)』에서는 말하였다. "무왕(武王)은 원녀(元女) 태희(太姬)를 우호공(虞胡公)의
배필로 삼고 진(陳)에 봉하여 삼각(三恪)을 갖추었다." 역주 삼각은 주무왕(周武王)이 우(虞)
、하(夏)、은(殷)의 후예를 봉(封)한 것을 말한다.

子釐公孝立.	아들인 희공 효가 즉위하였다.
釐公六年,	희공 6년에
周宣王即位.	주선왕이 즉위하였다.
三十六年,	36년에
釐公卒,	희공이 죽고
子武公靈立.	아들인 무공 영이 즉위하였다.
武公十五年卒,	무공은 15년에 죽고
子夷公說立.	아들인 이공 열이 즉위하였다.
是歲,	이 해에
周幽王即位.	주유왕이 즉위하였다.
夷公三年卒,	이공은 3년에 죽고
弟平公燮立.[5]	아우인 평공 섭이 즉위하였다.
平公七年,	평공 7년에
周幽王爲犬戎所殺,	주유왕이 견융에게 살해되어
周東徙.	주는 동천하였다.
秦始列爲諸侯.	진이 비로소 제후의 반열에 올랐다.
二十三年,	23년에
平公卒,	평공이 죽고
子文公圉立.	아들인 문공 어가 즉위하였다.
文公元年,	문공 원년에
取蔡女,	채의 여인을 아내로 맞아

---

5 **정의正義** '燮'의 음은 섭(先牒反)이다.

生子佗.[6]　　　　　　　　아들 타를 낳았다.

十年,　　　　　　　　　　10년에

文公卒,　　　　　　　　　문공이 죽고

長子桓公鮑立.　　　　　　장자인 환공 포가 즉위하였다.

桓公二十三年,　　　　　　환공 23년에

魯隱公初立.　　　　　　　노은공이 막 즉위하였다.

二十六年,　　　　　　　　26년에

衞殺其君州吁.　　　　　　위에서 그 임금 주우를 죽였다.

三十三年,　　　　　　　　33년에

魯弒其君隱公.　　　　　　노에서 그 임금 은공을 죽였다.

三十八年正月甲戌己丑,　　38년 정월 갑술일 혹은 기축일에

桓公鮑卒.[7]　　　　　　　환공 포가 죽었다.

桓公弟佗,　　　　　　　　환공의 아우 타는

其母蔡女,　　　　　　　　모친이 채의 여인이기 때문에

故蔡人爲佗殺五父及桓公太子免而立佗,[8]

　　　　　　　　　　　　채 사람이 타를 위하여 오보 및 환공의 태자 면
　　　　　　　　　　　　을 죽이고 타를 세우니

是爲厲公.　　　　　　　　바로 여공이다.

桓公病而亂作,　　　　　　환공이 병들어 난이 일어나

國人分散,　　　　　　　　백성들이 흩어졌으므로

故再赴.[9]　　　　　　　　다시 부고를 하였다.

---

6 **정의** 음은 타(徒何反)이다.

7 **색은** 진(陳)에 난이 일어났으므로 다시 그 날에 부고를 하였다. **정의** 갑술(甲戌)과 기축(己
丑)은 모두 16일이다.

厲公二年,	여공 2년에
生子敬仲完.	아들인 경중완을 낳았다.
周太史過陳,	주의 태사가 진에 들르게 되어
陳厲公使以周易筮之,	진여공이 『주역』으로 점을 쳐보게 하였는데
卦得觀之否:[10]	「관」괘가 「비」괘로 바뀌는 괘를 얻었다.
"是爲觀國之光,	"이것은 '다른 나라의 풍광을 살피고
利用賓于王.[11]	왕의 손님이 되는 것이 이롭다.'는 것입니다.
此其代陳有國乎?	이 분이야 말로 진을 대신하여 나라를 가지게 될 것입니다.
不在此,	다만 여기에서는 아니고
其在異國?[12]	다른 나라에서일 것입니다.

---

8 집해集解 초주(譙周)는 말하였다. "『춘추전(春秋傳)』에서는 타(佗)가 곧 오보(五父)라 하여 세가는 『전(傳)』과 다르다." 색은 초주가 "『춘추전』에서는 타가 곧 오보라 하여 이와 다르다"라 한 것은 여기서는 타(他)를 여공(厲公)으로 보았으며 태자 면(免)의 아우 약(躍)을 이공(利公)이라 생각하였고, 『좌전』에서는 여공(厲公)의 이름이 약(躍)이라고 하였다. 그는 즉위하여 해를 넘기지 못하여 시호가 없었으므로 "채의 사람들이 진타(陳他)를 죽였다"라 하였다. 또한 장공(莊公) 22년의 『전』에서는 "진여공(陳厲公)은 채씨의 소생이었으므로 채의 사람들이 오보를 죽이고 그를 세웠다."라 하였다. 곧 그와 오보는 모두 채의 사람들에게 살해되어 그 일이 다르지 않으며 한 사람임이 분명하다. 『사기』에서는 그를 여공으로 생각하여 마침내 약(躍)을 이공(利公)이라고 하였다. 생각건대 여(厲)와 이(利)의 소리가 서로 가까워 마침내 그를 여공이라 하고 오보는 다른 사람이라고 생각하였는데 이는 태사공의 착오일 따름이다. 반고(班固) 또한 여공 약을 환공의 아우라 하였는데 또한 틀렸다.

9 집해 서광(徐廣)은 말하였다. "반 씨(班氏)는 여공 약厲公躍은 환공(桓公)의 아우라고 하였다."

10 집해 가규(賈逵)는 말하였다. "곤(坤)괘가 아래에 있고 손(巽)괘가 위에 있는 것이 관(觀)괘이며, 곤(坤)괘가 밑에 있고 건(乾)괘가 위에 있는 것이 비(否)괘이며, 관(觀)의 효(爻)가 육사(六四: 밑에서 네 번째 음효)여서 변하여 비괘가 되는 것이다."

11 집해 두예(杜預)는 말하였다. "이는 『주역』「관괘(觀卦)」 육사(六四)의 효사(爻辭)이다. 『역』이라는 책은 육(六: 陰)의 효는 모두 변상(變象)을 가지고 있고, 또한 호체(互體)를 가지고 있어 성인이 그 뜻을 따라 논하였다."

12 정의 육사변(六四變)은 내괘(內卦)는 중국(中國)이고 외괘(外卦)는 이국(異國)이다.

非此其身,	여기 이분이 아니고
在其子孫.[13]	그분의 자손에게서 일 것입니다.
若在異國,	다른 나라에 있다면
必姜姓.[14]	반드시 강씨 성일 것입니다.
姜姓,	강씨는
太嶽之後.[15]	태악의 후손입니다.
物莫能兩大,	사물 가운데 이 둘보다 클 수는 없습니다.
陳衰,	진이 쇠하면
此其昌乎?"[16]	이들이 창성해지지 싶습니다."

厲公取蔡女,	여공은 채의 여인을 아내로 맞았는데
蔡女與蔡人亂,	채의 여인이 채의 사람과 음란한 행동을 했고
厲公數如蔡淫.	여공도 여러 차례 채로 가서 음행을 하였다.
七年,	7년에
厲公所殺桓公太子免之三弟,	여공이 죽인 환공의 태자 면의 세 아우는
長曰躍,	맏이를 약이라 하였고
中曰林,	가운데는 임,
少曰杵臼,	막내는 저구라 하였는데
共令蔡人誘厲公以好女,	함께 채의 사람에게 아름다운 여인으로 여공을

---

13 **정의** 내괘는 몸이고 외괘는 자손이다. 변(變)이 밖에 있으므로 자손에게 있음을 안 것이다.

14 **정의** 육사변(六四變)의 이 효는 신미(辛未)이며, 관(觀)괘가 위에 있고 몸은 손(巽)괘인데, 미는 양(羊)이며 손(巽)은 여자이고, 여자가 양을 탔으므로 강(姜)이다. 강(姜)은 제의 성이므로 제에 있음을 안 것이다.

15 **집해** 두예는 말하였다. "강씨 성[姜姓]의 선조는 요(堯)의 사악(四嶽)이었다."

16 **정의** 주경왕(周敬王) 41년 초혜왕(楚惠王)이 진민공(陳湣公)을 죽였다. 제간공(齊簡公)은 주경왕 39년에 전상(田常)에게 살해되었다.

꾀게 하여

與蔡人共殺厲公[17]而立躍,　　채의 사람과 함께 여공을 죽이고 약을 옹립하니

是爲利公.　　바로 이공이다.

利公者,　　이공은

桓公子也.　　환공의 아들이다.

利公立五月卒,　　이공이 즉위 5개월 만에 죽자

立中弟林,　　가운데 아우 임을 옹립하니

是爲莊公.　　바로 장공이다.

莊公七年卒,　　장공은 7년에 죽고

少弟杵臼立,　　막내 아우 저구가 즉위하니

是爲宣公.　　바로 선공이다.

宣公三年,　　선공 3년에

楚武王卒,　　초무왕이 죽었으며

楚始彊.　　초가 강해지기 시작하였다.

十七年,　　17년에

周惠王娶陳女爲后.　　주혜왕이 진의 여인을 아내로 맞아 왕후로 삼았다.

二十一年,　　21년에

宣公後有嬖姬生子款,　　선공은 나중에 총희를 가져 아들 관을 낳자

欲立之,　　(태자로) 세우고자 하여

乃殺其太子禦寇.　　이에 태자 어구를 죽였다.

---

17 집해 『공양전(公羊傳)』에서는 말하였다. "채에서 음란한 짓을 하여 채 사람이 죽였다."

禦寇素愛厲公子完, 어구는 평소부터 여공의 아들 완을 사랑하였는데

完懼禍及己, 완은 화가 자신에게 미칠까 두려워하여

乃奔齊. 이에 제로 달아났다.

齊桓公欲使陳完爲卿, 제환공은 진완을 경으로 삼고자 하였는데

完曰: 완이 말하였다.

"羈旅之臣,[18] "타향살이하는 신하가

幸得免負檐, 요행히 처마살이를 면한 것은

君之惠也, 임금님의 은혜이온데

不敢當高位." 높은 지위는 감당하지 못하겠습니다."

桓公使爲工正.[19] 환공은 공정을 맡겼다.

齊懿仲欲妻陳敬仲, 제의중이 진경중에게 딸을 시집보내려고 하여

卜之, 점을 쳐보았더니

占曰: 점괘에서 말하였다.

"是謂鳳皇于飛, "이것은 이른바 '봉황 날아올라

和鳴鏘鏘.[20] 화목하게 우는 소리 쟁쟁하다.

有嬀之後, 규씨의 후손이

將育于姜.[21] 강씨에게서 자라리라.

五世其昌, 오세토록 창성하고

並于正卿.[22] 정경과 나란하리로다.

---

18 **집해** 가규는 말하였다. "기(羈)는 기(寄)이고, 여(旅)는 객(客)이다."

19 **정의** 『주례(周禮)』에서 말하기를 동관(冬官)은 고공(考工)으로, 기계(器械) 만드는 것을 주관한다고 하였다.

20 **집해** 두예는 말하였다. "수컷을 봉(鳳)이라 하고 암컷을 황(皇, 凰)이라 한다. 암수가 함께 날면서 서로 화답하면서 우는 것이 쟁쟁한 것이다. 경중(敬仲) 부부에게 성예(聲譽)가 있다는 말과 같다."

21 **집해** 두예는 말하였다. "규(嬀)는 진(陳)의 성이다. 강(姜)은 제(齊)의 성(姓)이다."

| 八世之後, | 팔세 후로는 |
| 莫之與京."23 | 그보다 더 크게 되는 이 없으리라.'는 것이다." |

三十七年,	37년에
齊桓公伐蔡,	제환공이 채를 쳐서
蔡敗;	채가 패하였으며,
南侵楚,	남으로 초를 쳐서
至召陵,	소릉에까지 이르러
還過陳.	돌아가면서 진을 지났다.
陳大夫轅濤塗惡其過陳,	진의 대부 원도도는 그들이 진을 지나는 것을 미워하여
詐齊令出東道.	제를 속여 동쪽 길로 나가게 하였다.
東道惡,	동쪽 길이 험악하여
桓公怒,	환공이 노하여
執陳轅濤塗.	진의 원도도를 붙잡았다.
是歲,	이 해에
晉獻公殺其太子申生.	진헌공이 그 태자 신생을 죽였다.

四十五年,	45년에
宣公卒,	선공이 죽고
子款立,	아들인 관이 즉위하니

---

22 **집해** 복건(服虔)은 말하였다. "완(完)의 오세 후는 경과 나란한 반열일 것이라는 말이다."

23 **집해** 가규는 말하였다. "경(京)은 크다는 뜻이다." **정의** 진경중(陳敬仲)의 8대손은 전상(田常)의 아들 양자(襄子) 반(槃)이다. 두예가 상(常)을 8대라고 한 것은 환자(桓子) 무우(無宇)가 무자 개(武子開)를 낳았으며, 희자 걸(釐子乞)과 함께 모두 서로 이어가며 제를 섬겼기 때문에 상을 8대로 생각한 것이다.

是爲穆公.	바로 목공이다.
穆公五年,	목공 5년에
齊桓公卒.	제환공이 죽었다.
十六年,	16년에
晉文公敗楚師于城濮.	진문공이 성복에서 초의 군사를 무찔렀다.
是歲,	이 해에
穆公卒,	목공이 죽고
子共公朔立.	아들인 공공 삭이 즉위하였다.
共公六年,	공공 6년에
楚太子商臣弒其父成王代立,	초의 태자 상신이 그 아비 성왕을 죽이고 계위하니
是爲穆王.	바로 목왕이다.
十一年,	11년에
秦穆公卒.	진목공이 죽었다.
十八年,	18년에
共公卒,	공공이 죽고
子靈公平國立.	아들인 영공 평국이 즉위하였다.
靈公元年,[24]	영공 원년에
楚莊王卽位.	초장왕이 즉위하였다.
六年,	6년에
楚伐陳.	초가 진을 쳤다.
十年,	10년에

---

24 **정의** 『시법(諡法)』에서는 "음란하여 줄어들지 않는 것을 영이라 한다(亂而不損曰靈)."라 하였다.

陳及楚平.	진이 초와 강화를 맺었다.
十四年,	14년에
靈公與其大夫孔寧·儀行父皆通於夏姬,[25]	영공과 대부 공녕, 의행보가 모두 하희와 사통하여
衷其衣以戲於朝.[26]	안에 그녀의 옷을 입고 조정에서 시시덕거렸다.
泄冶諫曰:	설야가 간하였다.
"君臣淫亂,	"임금과 신하가 음란한 짓을 하면
民何效焉?"	백성들이 무엇을 본받겠습니까?"
靈公以告二子,	영공이 두 사람에게 알리니
二子請殺泄冶,	두 사람이 설야를 죽일 것을 청하였는데
公弗禁,	공이 그것을 금하지 않으니
遂殺泄冶.[27]	마침내 설야를 죽였다.
十五年,	15년에
靈公與二子飲於夏氏.	영공이 두 사람과 함께 하 씨의 집에서 술을 마셨다.

---

25 **정의** 『열녀전(列女傳)』에서는 말하였다. "진(陳)의 여인 하희(夏姬)는 진의 대부 하징서(夏徵舒)의 어머니이며 어숙(御叔)의 아내이다. 세 번 왕후(王后)가 되었고 일곱 번 남의 부인이 되었는데, 공후(公侯)가 다투어 반하여 뜻을 잃지 않음이 없었다." 두예는 말하였다. "하희는 정목공(鄭穆公)의 딸로 진의 대부 어숙의 아내이다."『좌전』에서는 말하였다. "어숙을 죽였고 영후(靈侯)를 죽였으며 하남(夏南)을 죽였고 공녕(孔寧)과 의행보(儀行父)를 쫓아내어 진을 망하게 하였다."

26 **집해** 『좌전』에서는 말하였다. "하희의 속옷을 입었다."『곡량전(穀梁傳)』에서는 말하였다. "어떤 사람은 겉옷을 입었고, 어떤 사람은 속옷을 입었다." **역주** 충(衷)은 겉옷의 안에 받쳐 입는 것을 말한다.

27 **집해** 『춘추』에서는 말하였다. "진(陳)에서 그 대부 설야(泄冶)를 죽였다."

公戲二子曰:	공이 두 사람을 놀리어 말하였다.
"徵舒似汝."	"징서가 그대들을 닮았구려."
二子曰:	두 사람이 말하였다.
"亦似公."28	"임금님도 닮았습니다."
徵舒怒.	징서는 노하였다.
靈公罷酒出,	영공이 술자리를 끝내고 나오는데
徵舒伏弩廄門射殺靈公.29	징서가 마구간 문에 쇠뇌를 매복시켰다가 영공을 쏘아 죽였다.
孔寧·儀行父皆奔楚,	공녕과 의행보는 모두 초로 달아났고
靈公太子午奔晉.	영공의 태자 오는 진으로 달아났다.
徵舒自立爲陳侯.	징서가 스스로 진후로 즉위하였다.
徵舒,	징서는
故陳大夫也.	원래 진의 대부이고,
夏姬,	하희는
御叔之妻,	어숙의 아내이며
舒之母也.	징서의 어머니다.
成公元年冬,	성공 원년 겨울에
楚莊王爲夏徵舒殺靈公,	초장왕이 하징서가 영공을 죽인 것 때문에
率諸侯伐陳.	제후를 이끌고 진을 쳤다.
謂陳曰:	진에 말하였다.

---

28 집해 두예는 말하였다. "영공(靈公)이 즉위한 지 지금 15년째이고 징서는 이미 진의 경이었으므로 나이가 많으니 영공의 아들로 의심될 수 없다. 그런데도 이렇게 말한 것은 하희가 음탕하였기 때문에 그 아들이 많이 닮았다고 하며 희롱한 것이다."

29 집해 『좌전』에서는 말하였다. "공이 마구간에서 나왔다."

"無驚,	"놀라지 말라,
吾誅徵舒而已."	내 징서를 죽일 따름이다."
已誅徵舒,	징서를 죽이고
因縣陳而有之,	내친김에 진을 현으로 삼아 가지니
羣臣畢賀.	신하들이 모두 경하하였다.
申叔時使於齊來還,	신숙시는 제에 사행하였다가 돌아왔는데
獨不賀.[30]	홀로 경하하지 않았다.
莊王問其故,	장왕이 그 까닭을 물었더니
對曰:	대답하였다.
"鄙語有之,	"속담에 이런 말이 있습니다.
牽牛徑人田,	'소를 끌고 남의 밭을 질러갔는데
田主奪之牛.	밭주인이 그의 소를 빼앗았다.'
徑則有罪矣,	(소를 끌고) 질러간 것은 죄가 있겠지만
奪之牛,	그의 소를 빼앗은 것은
不亦甚乎?	너무 심하지 않습니까?
今王以徵舒爲賊弑君,	지금 왕께서 징서가 임금을 해치고 죽였다 하여
故徵兵諸侯,	제후들에게서 징병을 하여
以義伐之,	의를 내세워 정벌하고
已而取之,	곧 빼앗은 것은
以利其地,	그 땅을 이롭게 여긴 것이니
則後何以令於天下!	나중에 어떻게 천하에 영이 서겠습니까!
是以不賀."	그런 까닭에 경하하지 않는 것입니다."
莊王曰:	장왕이 말하였다.

---

30 **집해** 가규는 말하였다. "숙시(叔時)는 초의 대부이다."

"善."　　　　　　　　　"훌륭하다."

乃迎陳靈公太子午於晉而立之,

　　　　　　　　　이에 진에서 진영공의 태자 오를 맞아 세워주어

復君陳如故,　　　　옛날처럼 진의 왕위를 회복시키니

是爲成公.　　　　　바로 성공이다.

孔子讀史記至楚復陳,　공자가 역사를 읽다가 초가 진을 회복시켜준 데 이르러

曰:　　　　　　　　말하였다.

"賢哉楚莊王!　　　　"현명하도다, 초장왕이여!

輕千乘之國而重一言."[31]　천승의 나라를 가벼이 여기고 한 마디 말을 중히 여겼도다."

(二十)八年,　　　　8년에

楚莊王卒.　　　　　초장왕이 죽었다.

二十九年,　　　　　29년에

陳倍楚盟.　　　　　진은 초와의 맹약을 저버렸다.

三十年,　　　　　　30년에

楚共王伐陳.　　　　초공왕이 진을 쳤다.

是歲,　　　　　　　이 해에

成公卒,　　　　　　성공이 죽고

子哀公弱立.　　　　아들인 애공 약이 즉위하였다.

楚以陳喪,　　　　　초는 진이 상중이어서

---

31 색은 신숙시의 말을 이른다. 정의 『가어(家語)』에서는 말하였다. "공자가 역사를 읽다가 초가 진을 회복 시켜준 데 이르러 말하였다. '현명하도다, 초장왕이여! 천승의 나라를 가벼이 여기고 한 마디 신의를 중히 여겼도다. 신숙시의 충성이 아니었더라면 그 의를 세울 수 없었을 것이고, 초장왕의 현명함이 아니었더라면 그 가르침을 받을 수 없었을 것이다.'"

罷兵去.	군사를 물리어 떠났다.
哀公三年,	애공 3년에
楚圍陳,	초는 진을 에워쌌다가
復釋之.	다시 풀어주었다.
二十八年,	28년에
楚公子圍弑其君郟敖放自立,	초 공자 위가 그 임금 겹오를 죽이고 스스로 즉위하니
爲靈王.	영왕이다.
三十四年,	34년
初,	처음에
哀公娶鄭,	애공은 정에서 아내를 맞아
長姬生悼太子師,	장희는 도태자 사를 낳았고
少姬生偃.[32]	소희는 언을 낳았다.
二嬖妾,	애첩이 둘이었는데
長妾生留,	큰 첩은 유를 낳았고
少妾生勝.	어린 첩은 승을 낳았다.
留有寵哀公,	유는 애공의 총애를 받았으며
哀公屬之其弟司徒招.	애공은 그를 아우인 사도 초에게 부탁했다.
哀公病,	애공이 병들자

---

32 색은 소공(昭公) 8년의 경에서는 "진후(陳侯)의 아우 초(招)가 진의 세자 언사(偃師)를 죽였다고 하였다." 『좌전』에서는 "진애공(陳哀公)의 원비(元妃)인 정희(鄭姬)는 도태자(悼太子) 언사(偃師)를 낳았다"라 하였다. 지금 여기서 두 여인[兩姬]이라 하였고, 또한 언사(偃師)를 두 사람으로 나누었는데 또한 아마 옳지 않을 것이다.

三月,	3월에
招殺悼太子,	초는 도태자를 죽이고
立留爲太子.	유를 태자로 세웠다.
哀公怒,	애공이 노하여
欲誅招,	초를 죽이려 하자
招發兵圍守哀公,	초가 군사를 일으켜 애공을 포위하고 지키니
哀公自經殺.³³	애공은 스스로 목을 매어 죽었다.
招卒立留爲陳君.	초는 마침내 유를 진의 임금으로 옹립하였다.
四月,	4월에
陳使使赴楚.	진은 사신에게 초에 부고를 내게 했다.
楚靈王聞陳亂,	초영왕은 진에 난이 일어났다는 것을 듣고
乃殺陳使者,³⁴	곧 진의 사자를 죽이고
使公子弃疾發兵伐陳,	공자 기질에게 군사를 일으켜 진을 치게 하니
陳君留奔鄭.	진의 임금 유는 정으로 달아났다.
九月,	9월에
楚圍陳.	초는 진을 에워쌌다.
十一月,	11월에
滅陳.	진을 멸하였다.
使弃疾爲陳公.	기질을 진공에 임명하였다.
招之殺悼太子也,	초가 도태자를 죽였을 때
太子之子名吳,	태자의 아들은 이름이 오로
出奔晉.	진으로 달아났다.

---

33 집해 서광은 말하였다. "35년 때이다."
34 색은 곧 사도(司徒) 초(招)이다. "초(啙)"로 된 판본도 있다.

晉平公問太史趙曰:	진평공이 태사 조에게 물었다.
"陳遂亡乎?"	"진은 결국 망할 것인가?"
對曰:	대답하였다.
"陳,	"진은
顓頊之族.[35]	전욱의 일족입니다.
陳氏得政於齊,	진 씨는 제에서 정권을 얻겠지만
乃卒亡.[36]	곧 끝내 망할 것입니다.
自幕至于瞽瞍,	막에서 고수에 이르기까지
無違命.[37]	천명을 어기지 않았습니다.
舜重之以明德.	순은 크게 덕을 밝혔습니다.
至於遂,[38]	수에 이르기까지
世世守之.	대대로 지켰습니다.

---

35 집해 복건은 말하였다. "진(陳)의 조상은 우순(虞舜)이며, 순은 전욱(顓頊)에게서 나왔으므로 전욱의 일족이라고 한 것이다."

36 집해 가규는 말하였다. "사물은 둘 다 성할 수 없다."

37 집해 가규는 말하였다. "막(幕)은 순의 후손 우사(虞思)이다. 고수(瞽瞍)에 이르기까지 천명을 어겨 폐하여 끊어졌다는 말이 들리지 않았다." 정중(鄭衆)은 말하였다. "막(幕)은 순(舜)의 선조이다." 내[駰]가 생각건대 『국어(國語)』에 의하면 가규의 뜻이 뛰어나다. 색은 가규는 막이 우사라 생각하였는데 틀렸다. 『좌전』에서는 막에서 고수까지라 하여 막이 고수의 전대임을 알겠으니 반드시 우사가 아님이 분명하다.

38 집해 두예는 말하였다. "수(遂)는 순(舜)의 후손이다. 대체로 은이 흥하였을 때 순의 후손을 존속시켰다가 수에 봉하였을 것이니, 순의 덕이 곧 수에까지 이른 것을 말한다." 색은 '重'의 음은 중(持用反, 去聲)이다. 두예는 순에게 밝은 덕이 있어서 곧 수가 나라를 가지게 되었다고 생각하였는데 뜻이 또한 그렇다. 또한 문장에서 말하기를 "막에서 고수에 이르기까지 천명을 어기지 않았으며 순이 크게 덕을 밝혔다."라 하였는데, 이는 순이 밝은 덕이 있어서 천자가 되었다는 말이다. 이에 은(殷)에서 수를 봉하여 대신 지켰다고 하였는데 또한 순의 덕이다. 『계본(系本)』에서는 "진(陳)은 순의 후손이다."라 하였다. 송충(宋忠)은 말하기를 "우사(虞思)의 후손은 기백(箕伯)과 직병(直柄)이 중도에 쇠퇴하였으며, 은탕(殷湯)이 수를 진에 봉하여 순을 제사지내게 하였다."라 하였다.

及胡公,	호공에 이르러
周賜之姓,[39]	주에서 성을 내려주어
使祀虞帝.	우제를 제사지내게 했습니다.
且盛德之後,	또한 덕이 성한 사람의 후손은
必百世祀.	반드시 백세토록 제사가 이어집니다.
虞之世未也,	우의 세대가 아직 다하지 않았으니
其在齊乎?"	제에 있지 싶습니다."
楚靈王滅陳五歲,	초영왕이 진을 멸한 지 5년 만에
楚公子弃疾弑靈王代立,	초 공자 기질이 영왕을 죽이고 계위하니
是爲平王.	바로 평왕이다.
平王初立,	평왕은 막 즉위하자
欲得和諸侯,	제후와 화합을 다지고자
乃求故陳悼太子師之子吳,	이에 옛 진 도태자 사의 아들 오를 찾아
立爲陳侯,	진후로 세우니
是爲惠公.	바로 혜공이다.
惠公立,	혜공이 즉위하자
探續哀公卒時年而爲元,	애공이 죽었을 때의 해를 찾아서 이어 원년으로 삼았는데
空籍五歲矣.[40]	공백이 생긴 것이 다섯 해째였다.

---

39 집해 두예는 말하였다. "호공 만(胡公滿)은 수의 후손이다. 주무왕(周武王)을 섬겨 성을 내렸는데 규(嬀)이며, 진에 봉하였다."

40 색은 혜공(惠公)이 애공(哀公)이 초에서 죽은 것을 찾아보고 진이 멸망당한 다음 해를 원년으로 삼았기 때문에 공백이 5년이 된다. 어떤 판본에는 적(籍)이라 하였는데 빌린다는 뜻이며, 나라를 잃은 다음 해를 빌려 5년이라 하였다는 것을 이른다.

十年,	10년에
陳火.	진에 화재가 발생하였다.
十五年,	15년에
吳王僚使公子光伐陳,	오왕 요가 공자 광에게 진을 치게 하여
取胡·沈而去.[41]	호와 심을 빼앗아 떠났다.
二十八年,	28년에
吳王闔閭與子胥敗楚入郢.	오왕 합려와 자서가 초를 무찌르고 영으로 들어 갔다.
是年,	이 해에
惠公卒,	혜공이 죽고
子懷公柳立.	아들인 회공 유가 즉위하였다.
懷公元年,	회공 원년에
吳破楚,	오는 초를 깨뜨리고
在郢,	영에서
召陳侯.	진후를 불렀다.
陳侯欲往,	진후가 가려고 하였는데
大夫曰:	대부가 말하였다.
"吳新得意;	"오가 막 뜻을 얻었으며
楚王雖亡,	초왕이 달아나기는 하였지만
與陳有故,	진과는 옛 정이 있으니
不可倍."	저버릴 수 없습니다."
懷公乃以疾謝吳.	회공은 이에 병을 빙자하여 오에 사절하였다.

---

41 색은 『계본』에서는 "호(胡)는 귀성(歸姓)이고, 심(沈)은 희성(姬姓)이다."라 하였다. 심국(沈國)은 여남(汝南) 평여(平輿)에 있으며, 호(胡) 또한 여남(汝南)에 있다.

四年,	4년에
吳復召懷公.	오가 다시 회공을 불렀다.
懷公恐,	회공은 두려워하여
如吳.	오로 갔다.
吳怒其前不往,	오는 전에 가지 않은 것에 노하여
留之,	억류시켜
因卒吳.	이에 오에서 죽었다.
陳乃立懷公之子越,	진은 이에 회공의 아들 월을 옹립하니
是爲湣公.[42]	바로 민공이다.
湣公六年,	민공 6년에
孔子適陳.	공자는 진으로 갔다.
吳王夫差伐陳,	오왕 부차가 진을 쳐서
取三邑而去.	세 읍을 빼앗고 떠났다.
十三年,	13년에
吳復來伐陳,	오가 다시 와서 진을 치자
陳告急楚,	진은 초에 위급을 알리어
楚昭王來救,	초소왕이 와서 구원하여
軍於城父,	성보에 주둔하니
吳師去.	오의 군사가 떠났다.
是年,	이 해에
楚昭王卒於城父.	초소왕이 성보에서 죽었다.
時孔子在陳.[43]	당시 공자는 진에 있었다.

---

42 색은 『좌전』에 의하면 민공(湣公)의 이름은 주(周)로 사관(史官)의 기록이 다르다.

十五年,	15년에
宋滅曹.	송이 조를 멸하였다.
十六年,	16년에
吳王夫差伐齊,	오왕 부차가 제를 쳐서
敗之艾陵,	애릉에서 무찌르고
使人召陳侯.	사람을 시켜 진후를 불렀다.
陳侯恐,	진후는 두려워하여
如吳.	오로 갔다.
楚伐陳.	초가 진을 쳤다.
二十一年,	21년에
齊田常弑其君簡公.	제의 전상이 그 임금 간공을 죽였다.
二十三年,	23년에
楚之白公勝殺令尹子西·子綦,	초의 백공 승이 영윤 자서와 자기를 죽이고
襲惠王.	혜왕을 습격하였다.
葉公攻敗白公,	섭공이 백공을 쳐서 무찌르니
白公自殺.	백공은 자살하였다.
二十四年,	24년에
楚惠王復國,	초혜왕이 복위하여
以兵北伐,	군사를 가지고 북벌을 감행하여
殺陳湣公,	진민공을 죽였다.
遂滅陳而有之.	마침내 진을 멸하고 차지하였다.

---

43 색은 공자는 노정공(魯定公) 14년에 진(陳)으로 갔는데 진민공(陳湣公) 6년에 해당하며 위에서 말한 것이 옳다. 이 13년까지 공자가 여전히 진에 있었다면 무릇 8년이 지난 것인데 어찌 그리 길겠는가?

是歲,	이 해에
孔子卒.	공자가 죽었다.

杞東樓公者,	기의 동루공은
夏后禹之後苗裔也.[44]	하의 임금 우의 아득한 후예이다.
殷時或封或絕.	은 때 봉하여졌다가 멸절되었다 하였다.
周武王克殷紂,	주무왕이 은의 주를 이기고
求禹之後,	우의 후손을 찾아
得東樓公,	동루공을 찾아내어
封之於杞,[45]	기에 봉하여
以奉夏后氏祀.	하후씨의 제사를 받들게 하였다.

東樓公生西樓公,	동루공은 서루공을 낳았으며

---

44 색은 기(杞)는 나라 이름이고 동루공(東樓公)은 시호이다. 이름을 표기하지 않은 것은 사관이 먼저 잃은 것일 따름이다. 송충은 말하기를 "기(杞)는 지금의 진류(陳留) 옹구현(雍丘縣)이다."라 하였다. 옛 「지리지」에서는 말하기를 옹구현은 옛 기이며 바로 주무왕이 우(禹)의 후손을 동루공에 봉한 곳이다. 대체로 주가 기에 봉하고 옹구에 거처하게 하였는데, 춘추시기에 이르러 기는 이미 동쪽 나라로 옮겼으므로 『좌씨』「은공(隱公)」 4년의 전에서는 "거(莒) 사람이 기를 쳐서 모루(牟婁)를 빼앗았다."라 하였다. 모루는 조(曹)의 동쪽 읍이다. 희공(僖公) 14년의 전(傳)에서는 말하기를 "기는 연릉(緣陵)으로 옮겼다."라 하였다. 「지리지」의 북해(北海)에 영릉(營陵)이 있는데 순우공(淳于公)의 현이다. 신찬(臣瓚)은 말하기를 "곧 춘추시대의 연릉으로 순우공이 도읍으로 삼은 읍이다."라 하였다. 또한 주(州)는 나라 이름으로 기(杞)가 나중에 나라 이름을 고쳐 주(州)라 하였으며 순우공(淳于公)을 일컬었으므로 『춘추』「환공(桓公)」 5년의 경에서는 말하기를 "주공(州公)이 조(曹)로 갔다"라 하였으며, 바로 전(傳)에서는 말한 "순우공이 조로 갔다"한 것이다. 그러나 기의 후대를 또 자(子)라고 일컬은 것은 미약하고 작은데다가 구석진 동이(東夷)에 거처하였으므로 양공(襄公) 29년의 경에서는 "기자(杞子)가 와서 맹약하였다."라 하였고, 전에서는 말하기를 "자(子)로 기록한 것은 천하게 여긴 것이다."라 하였다.

45 집해 송충은 말하였다. "기(杞)는 지금의 진류(陳留) 옹구현(雍丘縣)이다."

西樓公生題公,	서루공은 제공을 낳았고
題公生謀⁴⁶娶公.⁴⁷	제공은 모취공을 낳았다.
謀娶公當周厲王時.	모취공은 시대적으로 주여왕에 해당된다.
謀娶公生武公.	모취공은 무공을 낳았다.
武公立四十七年卒,	무공은 재위 47년에 죽고
子靖公立.	아들인 정공이 즉위하였다.
靖公二十三年卒,	정공은 23년에 죽고
子共公立.	아들인 공공이 즉위하였다.
共公八年卒,	공공은 8년에 죽었으며
子德公立.⁴⁸	아들인 덕공이 즉위하였다.
德公十八年卒,	덕공은 18년에 죽고
弟桓公姑容立.⁴⁹	아우인 환공 고용이 즉위하였다.
桓公十七年卒,	환공은 17년에 죽고
子孝公匄⁵⁰立.	아들인 효공 개가 즉위하였다.

---

46 집해 서광은 말하였다. "모(謀)는 '모(謨)'로 된 곳도 있다." 색은 주(注)에 "諜"으로 된 판본도 있다고 하였는데, 음은 첩(牒)이다.

47 색은 '娶'의 음은 취(子臾反)이다.

48 집해 서광은 말하였다. "세본(世本)에서는 혜공(惠公)이라고 하였다." 색은 『계본』 및 초주는 모두 "혜공(惠公)"이라고 하였고, 또한 혜공은 성공(成公) 및 환공(桓公)을 낳았다고 하였으며 『계가』에서 성공 1대가 탈루되었으므로 "아우인 환공(桓公) 고용(姑容)이 즉위하였다."하였는데 틀렸다. 또한 성공은 또 『춘추』의 경과 전(傳)에도 보이므로, 『좌전』 「장공(莊公)」 25년 에 이르기를 기성공(杞成公)이 노의 여인을 아내로 맞아 혼인한 우호관계가 있다고 하였다. 희공(僖公) 22년에 죽었으며 비로소 부고를 하여 기록하였는데 『좌전』에서는 성공이라고 하였으며 동맹을 하지 않았으므로 이름을 기록하지 않았다. 이 기에 성공이 있는 것은 반드시 초주가 말한 것과 같을 것이다.

49 집해 서광은 말하였다. "『세본』에서 말하기를 혜공(惠公)은 즉위 18년에 성공(成公) 및 환공(桓公)을 낳았으며, 성공은 18년간 재위하였고, 환공은 17년간 재위하였다."

50 색은 음은 개(蓋)이다. 개(匄)는 이름이다.

孝公十七年卒,	효공은 17년에 죽고
弟文公益姑立.	아우인 문공 익고가 즉위하였다.
文公十四年卒,	문공은 14년에 죽고
弟平公鬱⁵¹立.	아우인 평공 울이 즉위하였다.
平公十八年卒,	평공은 18년에 죽고
子悼公成立.	아들인 도공 성이 즉위하였다.
悼公十二年卒,	도공은 12년에 죽고
子隱公乞立.	아들인 은공 걸이 즉위하였다.
七月,	7개월 만에
隱公弟遂弑隱公自立,	은공의 아우 수가 은공을 죽이고 스스로 즉위하니
是爲釐公.	바로 희공이다.
釐公十九年卒,	희공은 19년에 죽고
子湣公維立.	아들인 민공 유가 즉위하였다.
湣公十五年,	민공 15년에
楚惠王滅陳.	초혜왕이 진을 멸하였다.
十六年,	16년에
湣公弟闢路弑湣公代立,	민공의 아우 알로가 민공을 죽이고 계위하니
是爲哀公.⁵²	바로 애공이다.
哀公立十年卒,	애공은 재위 10년에 죽고

---

51 **색은** "욱희(郁釐)"로 된 곳도 있으며, 초주는 이름이 욱래(郁來)라고 하였는데, 아마 "울(鬱)"과 "욱(郁)", "희(釐)", "래(來)"는 모두 소리가 서로 가까웠는데 마침내 같지 않게 되었을 따름이다.

52 **색은** '闢'의 음은 알(遏)이다. 애공(哀公)은 형인 민공(湣公)을 죽이고 즉위하였으며 시호가 애(哀)이다. 초주는 시호를 의(懿)라고 하였다.

湣公子敕立,[53]	민공의 아들 칙이 즉위하니
是爲出公.	바로 출공이다.
出公十二年卒,	출공은 12년에 죽고
子簡公春立.	아들인 간공 춘이 즉위하였다.
立一年,	재위 1년 때는
楚惠王之四十四年,	초혜왕 44년으로
滅杞.	기를 멸하였다.
杞後陳亡三十四年.	기는 진보다 34년 뒤에 망하였다.

杞小微,	기는 작고 보잘것없어
其事不足稱述.	그 일은 일컬어 말할 만한 것이 없다.

舜之後,	순의 후손은
周武王封之陳,	주무왕이 진에 봉하였으며
至楚惠王滅之,	초혜왕에 이르러 멸하였는데
有世家言.	세가에 기록이 있다.
禹之後,	우의 후손은
周武王封之杞,	주무왕이 기에 봉하였는데
楚惠王滅之,	초혜왕이 멸하였으며
有世家言.	세가에 기록이 있다.
契之後爲殷,	설의 후손은 은인데
殷有本紀言.	은은 본기에 기록이 있다.
殷破,	은이 망하자

53 **집해** 서광은 말하였다. "칙(敕)은 '칙(遬)'으로 된 곳도 있다."

周封其後於宋,	주는 그 후손을 송에 봉하였으며
齊湣王滅之,	제민왕이 멸하였는데
有世家言.	세가에 기록이 있다.
后稷之後爲周,	후직의 후손은 주인데
秦昭王滅之,	진소왕이 멸하였으며
有本紀言.	본기에 기록이 있다.
皋陶之後,	고요의 후손은
或封英·六,[54]	영과 육에 봉하여지기도 하였으며
楚穆王滅之,	초목왕이 멸하였는데
無譜.	보계(譜系)가 없다.
伯夷之後,	백이의 후손은
至周武王復封於齊,	주무왕에 이르러 다시 제에 봉하였으며
曰太公望,	태공망이라 하고
陳氏滅之,	진 씨가 멸하였는데
有世家言.	세가에 기록이 있다.
伯翳之後,	백예의 후손은
至周平王時封爲秦,	주평왕 때에 이르러 진에 봉하여졌는데
項羽滅之,	항우가 멸하였으며

---

54 색은 요(蓼)와 육(六)은 본래 영(英)과 육(六)이라고도 하였는데, 모두 통한다. 그러나 요와 육은 모두 고요(咎繇)의 후손이다. 『계본』에 의하면 두 나라는 모두 언(偃) 씨 성이므로 『춘추』 「문공(文公) 5년」의 『좌전』에서 초의 사람이 육을 멸하였는데 장문중(臧文仲)이 육과 요가 멸하였다는 말을 듣고 "고요(皋陶)와 정견(庭堅)의 제사가 갑자기 끊어졌구나."라 하였다. 두예는 "요와 육은 모두 고요(咎繇)의 후손이다."라 하였다. 「지리지」에서는 육(六)은 옛 나라로, 고요의 후손이며 언(偃) 씨 성으로 초에게 멸망당하였다고 하였다. 또 희공(僖公) 17에서는 "제 사람과 서(徐) 사람이 영 씨(英氏)를 쳤다."라 하였다. 두예가 또 말하기를 "영(英)과 육(六)은 모두 고요의 후손으로 모두 나라 이름이다."라 하였다. 이곳의 영(英)과 요(蓼)는 실상 상세히 고찰할 수 없다. 혹자는 영의 후손이 요라고 고쳐 불렀다고 한다.

有本紀言.[55]	본기에 기록이 있다.
垂·益·夔·龍,	수와 익, 기와 용은
其後不知所封,	그 후손이 봉하여진 것을 알지 못하겠는데
不見也.	(기록이) 보이지 않는다.
右十一人者,	위의 열한 사람은
皆唐虞之際名有功德臣也;	모두 요와 순 때 공덕이 있는 명신이며,
其五人之後皆至帝王,[56]	그 가운데 다섯 명의 후손은 제왕에 이르렀고
餘乃爲顯諸侯.	나머지는 곧 드러난 제후이다.
滕·薛·騶,	등과 설, 추는
夏·殷·周之閒封也,	하와 은 그리고 주 때 봉하여졌는데
小,	작아서
不足齒列,	동렬에 두기에는 부족하므로
弗論也.[57]	논하지 않는다.

---

55 **색은** 진(秦)의 조상 백예(伯翳)는 예익(翳益)으로 풀이하여 곧 한 사람인데, 여기서 열한 사람이라 한 것은 백예를 서술하면서 또한 따로 수(垂)와 익(益)을 말한 것이니 두 사람이다. 또한 「순본기(舜本紀)」에서는 10명을 서술하였는데, 예(翳)가 없고 팽조(彭祖)가 있다. 팽조 또한 기록이 남아 있지 않으니 태사공의 뜻이 무엇인지 알지 못하겠으며 거의 오류일 것이다. 그러나 「진본기(秦本紀)」에서 기록한 예의 공에 의하면 "순(舜)을 보좌하여 조수를 길들였다" 하였으니 「순전(舜典)」의 "익(益)을 우(虞)로 임명하여 산택(山澤)의 초목과 조수(鳥獸)를 순히 다스렸다"는 글과 같으니 한 사람임이 분명하며 여기서는 무슨 근거인지 상세하지 않다.

56 **색은** 순(舜)과 우(禹)는 몸소 제왕이 되었고, 직(稷)과 설(契) 및 예(翳)는 후대가 모두 제왕이 되었다.

57 **색은** 등(滕)은 본래의 봉지를 알지 못하며 아마 헌원씨(軒轅氏)의 아들에 등 씨 성이 있으니 그 선조일 것이다. 나중에 주에서 문왕의 아들 착숙수(錯叔繡)를 등에 봉하였으므로 송충이 "지금 패국(沛國)의 공구(公丘)는 등(滕)이다."라 하였다. 설(薛)은 해중(奚仲)의 후손으로 임(任) 씨 성이며, 하(夏)와 은(殷)에 의하여 봉하여졌으므로 『춘추』에 등후(滕侯)와 설후(薛侯)가 있을 것이다. 주(邾)는 조(曹) 씨 성의 나라이며, 육종 씨(陸終氏)의 아들 회인(會人)의 후손이다. 주(邾)는 바로 지금의 노 추현(騶縣)이다. 그러나 세 나라는 작고 약하여 춘추시대에 회맹에 참여하기는 하였지만 아마 사관이 누락시켜 열거할 만한 것이 없다.

周武王時,	주무왕 때
侯伯尙千餘人.	후백이 천여 명을 넘었다.
及幽·厲之後,	유와 여의 후에 이르러
諸侯力攻相幷.	제후들은 힘껏 공격하여 서로 병합하였다.
江·黃[58]·胡·沈之屬,	강, 황, 호, 심 따위는
不可勝數,	이루 셀 수가 없으므로
故弗采著于傳(上)[云].	전으로 채록하지 않았다.
太史公曰:	태사공은 말한다.
舜之德可謂至矣!	순의 덕은 지극하다 할 것이다!
禪位於夏,	하에 제위를 선양하여
而後世血食者歷三代.	후세에 제사를 받아먹은 것이 삼대에 걸쳤다.
及楚滅陳,	초가 진을 멸하자
而田常得政於齊,	전상이 제에서 정권을 잡아
卒爲建國,	마침내 나라를 세워
百世不絶,	백세토록 끊이지 않았으며
苗裔玆玆,	후손이 번성하여
有土者不乏焉.	봉토를 가진 자가 적지 않았다.
至禹,	우에 이르러
於周則杞,	주에 기가 있었지만
微甚,	매우 약하여
不足數也.	내세울 만한 것이 없었다.

---

58 **색은** 『계본』에 의하면 강(江)과 황(黃) 두 나라는 모두 영(嬴) 씨 성이다. 또한 「지리지」에서 강(江)은 여남(汝南) 안양현(安陽縣)에 있다고 하였다.

楚惠王滅杞,　　　　초혜왕이 기를 멸하였는데

其後越王句踐興.　　그 후손인 월왕 구천이 흥하였다.

색은술찬索隱述贊 덕이 성한 이의 제사는, 반드시 백세에까지 미친다. 순과 우는 공이 많았는데, 진과 기가 이었다. 규만은 봉하여졌고, 동루는 세계를 이었다. 알로는 찬탈하고 반역하였으며, 하희는 총애가 넘쳤다. 두 나라는 쇠미하여 흥하기도 하고 쇠퇴하기도 하였다. 앞서는 병합되고 뒤에서는 사로잡혔는데, 모두 초혜왕에게 망하였다. 구천이 일어나 흥하였는데 전화가 집어삼켰다. 제사가 끊이지 않고 이어졌으니 어찌 아득한 후예이겠는가?

盛德之祀, 必及百世. 舜·禹餘烈, 陳·杞是繼. 嬀滿受封, 東樓纂系. 闕路篡逆, 夏姬淫嬖. 二國衰微, 或興或替. 前幷後虜, 皆亡楚惠. 句踐勃興, 田和呑噬. 蟬聯血食, 豈其苗裔?

衞康叔[1]名封,	위강숙은 이름이 봉이며
周武王同母少弟也.	주무왕의 동복 작은아우이다.
其次尚有冉季,	그 다음으로는 남계가 더 있는데
冉季最少.	남계가 가장 어리다.

武王已克殷紂,	무왕이 은의 주를 이기고
復以殷餘民封紂子武庚祿父,	다시 은의 유민으로 주의 아들 무경 녹보를 봉하여
比諸侯,	제후와 나란하게 하고
以奉其先祀勿絕.	선조의 제사를 받들어 끊어지지 않게 하였다.
爲武庚未集,[2]	무경이 귀순하지 않자
恐其有賊心,	해치려는 마음을 가질까 두려워하여
武王乃令其弟管叔·蔡叔傅相武庚祿父,	
	무왕은 이에 그 아우 관숙과 채숙에게 무경 녹보를 보좌하게 하여
以和其民.	백성들을 화합하게 하였다.

---

1 **색은索隱** 강(康)은 기내(畿內)의 나라 이름이다. 송충(宋忠)은 말하였다. "강숙(康叔)은 강(康)을 따라 위(衞)로 옮기어 봉해졌으며 위는 곧 은허(殷墟) 정창(定昌)의 땅이다. 기내의 강은 소재지를 모른다."

2 **색은** 집(集)은 화(和)와 같다.

武王旣崩,	무왕이 죽었을 때
成王少.	성왕은 어렸다.
周公旦代成王治,	주공 단이 성왕을 대신하여 다스려
當國.	국정을 맡았다.
管叔·蔡叔疑周公,	관숙과 채숙은 주공을 의심하여
乃與武庚祿父作亂,	이에 무경 녹보와 난을 일으켜
欲攻成周.[3]	성주를 공격하려 하였다.
周公旦以成王命興師伐殷,	주공 단은 성왕의 명으로 군사를 일으켜 은을 치고
殺武庚祿父·管叔,	무경 녹보와 관숙을 죽이고
放蔡叔,	채숙을 추방하였으며
以武庚殷餘民封康叔爲衛君,	무경이 은의 유민이라 하여 강숙을 위의 임금으로 봉하여
居河·淇閒故商墟.[4]	황하와 기수 사이의 옛 상허에 살게 하였다.
周公旦懼康叔齒少,	주공 단은 강숙의 나이가 어린 것을 두려워하여
乃申告康叔曰:	이에 거듭 강숙에게 일러 말하였다.
"必求殷之賢人君子長者,	"반드시 은의 현인 군자와 장자를 구하여
問其先殷所以興,	그 선조인 은이 흥한 까닭과
所以亡,	망한 까닭을 물어
而務愛民."	백성을 사랑하도록 힘써라."
告以紂所以亡者以淫於酒,	주가 망한 까닭이 술에 빠져

---

3 색은 성주(成周)는 낙양(洛陽)이다. 당시 주공은 성왕을 도와 낙읍을 경영하였으며 여전히 서주의 호경(鎬京)에 살았다. 관숙과 채숙은 원한이 맺혀 싸워 먼저 성주를 공격하였으며, 이에 주공은 동쪽 낙읍에 거주하면서 관숙과 채숙을 쳤다.

4 색은 송충은 말하였다. "지금의 정창(定昌)이다."

酒之失,	술 때문에 그르치고
婦人是用,	여인을 써서
故紂之亂自此始.	주의 어지러움은 여기에서 비롯되었다고 일러 주었다.
爲梓材,[5]	「재재」를 지어
示君子可法則.	군자가 법도로 삼아야 할 것을 보여주었다.
故謂之康誥·酒誥·梓材以命之.	그러므로 「강고」와 「주고」, 「재재」로 명명하였다.
康叔之國,	강숙이 나라로 가서
旣以此命,	이 명대로 하여
能和集其民,	백성들을 화목하게 하고 안정시키니
民大說.	백성들이 크게 기뻐하였다.
成王長,	성왕이 자라서
用事,	집정하게 되자
擧康叔爲周司寇,	강숙을 주의 사구로 천거하고
賜衞寶祭器,[6]	위에 보기와 제기를 내려
以章有德.	덕이 있음을 표창하였다.
康叔卒,	강숙이 죽자

---

5 **정의正義** 재인(梓人)이 재목을 만드는 것 같이 군자는 살피어 법칙을 만든다. 재(梓)는 장인(匠人)이다.

6 **집해集解** 『좌전(左傳)』에서는 말하였다. "강숙에게 대로(大路)와 소백(少帛)과 천패(綪茷)와 전정(旃旌)과 대려(大呂)를 나누어주었다." 가규(賈逵)는 말하였다. "대로(大路)는 전로(全路)이다. 소백(少帛)은 잡색의 비단이다. 천패(綪茷)는 적색 깃발이다. 전체가 순색 비단을 써서 만든 것이 전(旃)이고, 깃털을 쪼개어 장식한 깃발이 정(旌)이다. 대려(大呂)는 종의 이름이다." 정중(鄭衆)은 말하였다. "천패는 깃발의 이름이다."

子康伯代立.	아들인 강백이 대를 이어 즉위하였다.
康伯卒,	강백이 죽자
子考伯立.	아들인 고백이 즉위하였다.
考伯卒,	고백이 죽자
子嗣伯立.	아들인 사백이 즉위하였다.
嗣伯卒,	사백이 죽자
子㨗⁷伯立.⁸	아들인 첩백이 즉위하였다.
㨗伯卒,	첩백이 죽자
子靖伯立.	아들인 정백이 즉위하였다.
靖伯卒,	정백이 죽자
子貞伯立.⁹	아들인 정백이 즉위하였다.
貞伯卒,	정백이 죽자
子頃侯立.	아들인 경후가 즉위하였다.
頃侯厚賂周夷王,	경후가 주이왕에게 두터이 재물을 바치자
夷王命衞爲侯.¹⁰	이왕은 위를 후작에 명하였다.

---

7 **집해** 『사기음은(史記音隱)』에서는 말하였다. "음은 첩(捷)이다."

8 **색은** 『계본(系本)』에는 "지백(摯伯)"으로 되어 있다.

9 **색은** 『계본』에는 "기백(箕伯)"으로 되어 있다.

10 **색은** 「강고(康誥)」에서는 너를 동토(東土)의 후로 명한다라 하였고, 또 말하기를 "맹후(孟侯)인 짐(朕)의 아우 소자(小子) 봉(封)"이라 하였으니 강숙이 처음 봉하여져 이미 후(侯)가 되었다. 자(子)인 강백(康伯)을 백(伯)이라 칭한 것은 방백(方伯)의 백(伯)을 일컬었을 따름이지 자에 이른 것이 곧 작위가 강등된 백이라는 것이 아니다. 그래서 공안국(孔安國)은 말하기를 "맹(孟)은 장(長)이다. 오후(五侯)의 장을 방백이라고 한다."라 하였다. 방백(方伯)은 주목(州牧)이므로 오대(五代)의 손조(孫組)는 영원히 방백일 따름이다. 경후(頃侯)에 이르러 덕이 쇠하여 제후를 감독하지 못하여 이에 본래의 작위를 따라 후를 행한 것이지 자에 이른 것이 작위가 삭감된 것은 아니며 경후에 이르러 이왕(夷王)에게 재물을 바쳐 후(侯)라 일컬었다.

| 頃侯立十二年卒, | 경후는 즉위 12년에 죽고 |
| 子釐侯立. | 아들인 희후가 즉위하였다. |

釐侯十三年,	희후 13년에
周厲王出犇于彘,	주여왕이 체로 달아나
共和行政焉.	공화정을 행하였다.
二十八年,	28년에
周宣王立.	주선왕이 즉위하였다.

四十二年,	42년에
釐侯卒,	희후가 죽고
太子共伯餘立爲君.	태자 공백 여가 임금으로 즉위하였다.
共伯弟和有寵於釐侯,	공백의 아우 화는 희후의 총애를 받아
多予之賂;	(희후는) 그에게 많은 재물을 내렸는데
和以其賂賂士,	화는 그 재물을 사에게 내려
以襲攻共伯於墓上,	무덤 가에서 공백을 습격하니
共伯入釐侯羨[11]自殺.	공백은 희후의 묘도로 들어가 자살하였다.
衞人因葬之釐侯旁,	위의 사람들이 희후의 곁에 장사지내고
謚曰共伯,	시호를 공백이라고 하였으며,
而立和爲衞侯,	화를 위후로 옹립하니
是爲武公.[12]	바로 무공이다.

---

11 **색은** (羨의) 음은 연(延)이다. 연은 묘도(墓道)이다. 또한 음을 연(以戰反)이라고도 한다. 공백(恭伯)의 이름은 여(餘)이다.

武公即位,	무공은 즉위하자
修康叔之政,	강숙의 정치를 시행하여
百姓和集.	백성들은 화목해지고 안정되었다.
四十二年,	42년에
犬戎殺周幽王,	견융이 주유왕을 죽이자
武公將兵往佐周平戎,	무공은 군사를 거느리고 가서 주를 도와 융을 평정하여
甚有功,	큰 공을 세워
周平王命武公爲公.	주평왕은 무공을 공작에 명하였다.
五十五年,	55년에
卒,	죽어
子莊公揚立.	아들 장공 양이 즉위하였다.
莊公五年,	장공은 5년에
取齊女爲夫人,	제의 여인을 취하여 부인으로 삼았는데
好而無子.	아름다웠지만 아들이 없었다.
又取陳女爲夫人,	또 진의 여인을 취하여 부인으로 삼았는데
生子,	아들을 낳았으나
蚤死.	일찍 죽었다.

---

12 색은 화(和)가 공백(恭伯)을 죽이고 대신 즉위하였다는 이 말은 아마 잘못되었을 것이다. 계찰(季札)은 강숙(康叔)과 무공(武公)의 덕을 아름답게 여겼다. 또한 『국어(國語)』에서는 무공의 나이가 95세였으며 오히려 나라에 훈계를 하였으며, 조정에서 공경하고 삼갔고 궤안에 기대어 외었으며 죽을 때 이르러 예성(叡聖)이라고 하였다. 또한 『시(詩)』에서는 위세자(衛世子) 공백(恭伯)이 일찍 죽었음을 밝혔고 피살되었다고 말하지 않았다. 무공이 형을 죽이고 즉위하였다면 어찌 훈계를 하고 나라의 역사에 모습을 드러낼 수 있겠는가? 아마 태사공이 잡설을 채택하여 이를 기록하였기 때문일 것이다.

陳女女弟亦幸於莊公,	진의 여인의 동생 또한 장공의 총애를 받았으며
而生子完.[13]	아들 완을 낳았다.
完母死,	완의 어머니가 죽자
莊公令夫人齊女子之,[14]	장공은 부인인 제의 여인에게 아들로 삼아
立爲太子.	태자로 세우게 하였다.
莊公有寵妾,	장공에게는 총애하는 첩이 있었는데
生子州吁.	아들 주우를 낳았다.
十八年,	18년에
州吁長,	주우는 자라
好兵,	군사(軍事)를 좋아하여
莊公使將.	장공이 (군사를) 통솔하게 하였다.
石碏諫莊公曰:[15]	석작이 장공에게 간하였다.
"庶子好兵,	"서자가 군사를 좋아하고
使將,	통솔하게 하면
亂自此起."	난이 여기에서 일어납니다."
不聽.	듣지 않았다.
二十三年,	23년에
莊公卒,	장공이 죽고
太子完立,	태자 완이 즉위하니
是爲桓公.	바로 환공이다.

---

13 색은 여동생은 대규(戴嬀)이다. 아들인 환공(桓公) 완(完)이 주우(州吁)에게 살해되자 대규는 진(陳)으로 돌아갔는데, 『시(詩)』「연연우비(燕燕于飛)」편이 바로 이를 읊은 것이다.

14 색은 자지(子之)는 양자로 삼아 기르는 것을 말한다. 제의 여인은 곧 장강(莊姜)이다. 『시』「석인(碩人)」편에서 아름답게 여긴 것이 바로 이것이다.

15 집해 가규는 말하였다. "석작(石碏)은 위(衛)의 상경(上卿)이다."

桓公二年,	환공 2년에
弟州吁驕奢,	아우인 주우가 교만하고 사치하여
桓公絀之,	환공이 내치자
州吁出犇.	주우는 달아났다.
十三年,	13년에
鄭伯弟段攻其兄,	정백의 아우인 단이 그 형을 공격하였으나
不勝,	이기지 못하여
亡,	도망을 쳤는데
而州吁求與之友.	주우가 그와 벗이 되기를 청하였다.
十六年,	16년에
州吁收聚衛亡人以襲殺桓公,	주우는 위에서 도망친 사람들을 모아 환공을 습격하여 죽였다.
州吁自立爲衞君.	주우는 스스로 위의 임금으로 즉위하였다.
爲鄭伯弟段欲伐鄭,	정백의 아우 단이 정을 치고자 하였으므로
請宋·陳·蔡與俱,	(주우가) 송과 진, 채가 함께 가담하기를 청하니
三國皆許州吁.	세 나라가 모두 주우에게 허락하였다.
州吁新立,	주우는 즉위하자마자
好兵,	군사 쓰는 일을 좋아하고
弑桓公,	환공을 죽여
衞人皆不愛.	위의 사람들은 모두 좋아하지 않았다.
石碏乃因桓公母家於陳,	석작이 이에 환공 모친의 집이 진에 있는 것을 이용하여
詳爲善州吁.	주우와 친한 척했다.
至鄭郊,	정의 교외에 이르러
石碏與陳侯共謀,	석작은 진후와 공모하여

使右宰醜進食,	우재 추에게 음식을 드리게 하여
因殺州吁于濮,[16]	복에서 주우를 죽이고
而迎桓公弟晉於邢而立之,[17]	환공의 아우 진을 형에서 맞아 옹립하니
是爲宣公.	바로 선공이다.

宣公七年,	선공 7년에
魯弑其君隱公.	노에서 그 임금 은공을 죽였다.
九年,	9년에
宋督弑其君殤公,	송독이 그 임금 상공
及孔父.	및 공보를 죽였다.
十年,	10년에
晉曲沃莊伯弑其君哀侯.	진의 곡옥장백이 그 임금 애후를 죽였다.

十八年,	18년,
初,	처음에
宣公愛夫人夷姜,	선공은 부인인 이강을 사랑하여
夷姜生子伋,	이강이 아들 급을 낳자
以爲太子,	태자로 삼고

---

16 **집해** 복건(服虔)은 말하였다. "우재(右宰) 추(醜)는 위(衛)의 대부이다. 복(濮)은 진(陳)의 땅이다." **색은** 가규는 말하였다. "복(濮)은 진(陳)의 땅이다." 복수(濮水)는 먼저 하수(河水)를 받아들이고 또 변수(汴水)를 받아들이며, 변수 또한 하수를 받아들였다. 동북쪽으로 이호(離狐)에 이르러 둘로 나누어지는데 모두 동북쪽으로 흘러 거야(鉅野)에 이르러 제수(濟水)로 들어간다. 곧 복수는 조(曹)와 위(衛) 사이에 있으며, 가 씨가 진의 땅이라고 한 것은 틀렸다. 「지리지(地理志)」에 의거하면 진류(陳留) 봉구현(封丘縣)의 복수(濮水)는 제수(沛水)를 받아들인다고 하였는데, 진류의 물이라고 하여야 한다.

17 **집해** 가규는 말하였다. "형(邢)은 주공(周公)의 맏이가 봉해진 나라이며 희(姬)씨 성의 나라이다."

而令右公子傳之.	우공자를 스승이 되게 하였다.
右公子爲太子取齊女,	우공자는 태자를 위하여 제의 여인을 취하여주었는데
未入室,	아직 혼사를 치르지 않아
而宣公見所欲爲太子婦者好,	선공이 태자의 아내가 되려는 여인이 아름다움을 보고
說而自取之,	기뻐하여 스스로 차지하고
更爲太子取他女.	다시 태자에게 다른 여인을 취해주었다.
宣公得齊女,	선공은 제의 여인을 얻어
生子壽 · 子朔,	자수와 자삭을 낳았고
令左公子傳之.[18]	좌태자에게 스승이 되게 하였다.
太子伋母死,	태자 급의 어머니가 죽자
宣公正夫人與朔共讒惡太子伋.	선공의 정부인과 삭은 함께 태자 급을 나쁜 말로 참소하였다.
宣公自以其奪太子妻也,	선공은 스스로 태자의 처를 빼앗았기 때문에
心惡太子,	내심 태자를 미워하여
欲廢之.	폐하려고 하였다.
及聞其惡,	나쁜 말이 들리자
大怒,	크게 노하여
乃使太子伋於齊而令盜遮界上殺之,[19]	이에 태자 급을 제에 사행하게 하고 도적을 시켜 변경에서 죽이도록 하였는데

18 **집해** 두예(杜預)는 말하였다. "좌우의 잉첩의 아들인데 그대로 호칭으로 삼았다."
19 **정의** 『좌전』에서는 위선공(衛宣公)은 태자에게 제로 가게하고 "도적에게 신(莘)에서 기다리다가 죽이라고 하였다."라 하였으며, 두예는 "신(莘)은 위의 땅이다."라 하였다.

與太子白旄,	태자에게 흰 깃발을 주고
而告界盜見持白旄者殺之.	변경의 도적에게 흰 깃발을 가진 자를 보면 죽이라고 하였다.
且行,	떠나려는데
子朔之兄壽,	자삭의 형 수는
太子異母弟也,	태자의 이복 동생으로
知朔之惡太子而君欲殺之,	삭이 태자를 미워하고 임금이 죽이려 하는 것을 알고
乃謂太子曰:	곧 태자에게 말하였다.
"界盜見太子白旄,	"변경의 도적이 태자의 흰 깃발을 보면
即殺太子,	바로 태자를 죽일 것이니
太子可毋行."	태자께서는 가시지 말아야 할 것입니다."
太子曰:	태자는 말하였다.
"逆父命求生,	"부모를 거슬러 삶을 구해서는
不可."	안 된다."
遂行.	마침내 길을 나섰다.
壽見太子不止,	수는 태자가 그만두지 않는 것을 보고
乃盜其白旄而先馳至界.	곧 흰 깃발을 훔쳐 먼저 변경에 이르렀다.
界盜見其驗,	변경의 도적이 그 표식을 보고
即殺之.	곧 죽였다.
壽已死,	수가 죽고
而太子伋又至,	태자 급이 또 이르러
謂盜曰:	도적에게 말하였다.
"所當殺乃我也."	"죽여야 할 사람은 바로 나다."
盜并殺太子伋,	도적은 태자 급을 함께 죽이고

以報宣公.	선공에게 알렸다.
宣公乃以子朔爲太子.	선공은 이에 자삭을 태자로 삼았다.
十九年,	19년에
宣公卒,	선공이 죽고
太子朔立,	태자 삭이 즉위하니
是爲惠公.	바로 혜공이다.

左右公子不平朔之立也,	좌우 공자가 삭이 즉위한 것을 불평하였다.
惠公四年,	혜공 4년에
左右公子怨惠公之讒殺前太子伋而代立,	좌우 공자가 혜공이 전 태자 급을 참소하여 죽이고 계위한 것을 원망하여
乃作亂,	이에 난을 일으켜
攻惠公,	혜공을 공격하고
立太子伋之弟黔牟爲君,	태자 급의 아우 검모를 임금으로 옹립하니
惠公犇齊.	혜공은 제로 달아났다.

衞君黔牟立八年,	위의 임금 검모 즉위 8년에
齊襄公率諸侯奉王命共伐衞,	제양왕이 제후를 이끌고 왕의 명을 받들어 함께 위를 치고
納衞惠公,	위혜공을 들여보내고
誅左右公子.	좌우공자를 죽였다.
衞君黔牟犇于周,	위의 임금 검모는 주로 달아나고
惠公復立.	혜공이 다시 즉위하였다.
惠公立三年出亡,	혜공은 즉위 3년에 도망쳐나갔다가

亡八年復入,	도망친 지 8년 만에 다시 들어와
與前通年凡十三年矣.	앞과 연수를 더하면 모두 13년이 된다.
二十五年,	25년에
惠公怨周之容舍黔牟,	혜공은 주가 검모를 받아들여 머물게 한 것을 원망하여
與燕伐周.	연과 함께 주를 쳤다.
周惠王犇溫,	주혜왕이 온으로 달아나자
衞·燕立惠王弟穨爲王.	위·연이 혜왕의 아우 퇴를 왕으로 옹립하였다.
二十九年,	29년에
鄭復納惠王.	정은 혜왕을 다시 들여보냈다.
三十一年,	31년에
惠公卒,	혜공이 죽자
子懿公赤立.	아들인 의공 적이 즉위하였다.
懿公即位,	의공은 즉위하여
好鶴,[20]	학을 좋아하였으며
淫樂奢侈.	질탕하게 즐기고 사치하였다.
九年,	9년에
翟伐衞,	적이 위를 치자

---

20 **정의** 『괄지지(括地志)』에서는 말하였다. "옛 학성(鶴城)은 활주(滑州) 광성현(匡城縣) 서남쪽 15리 지점에 있다. 『좌전』에서는 말하기를 '위의공(衞懿公)은 학을 좋아하여, (학 가운데) 수레를 탄 놈도 있었다. 적(狄)이 위를 쳤는데 공이 싸우고자 하였으나 백성들 가운데 갑옷을 받은 자들이 모두 말하기를 "학을 시키시지요. 학이 실로 녹과 지위가 있으니 내가 어찌 싸울 수 있겠습니까!"라 하였다.'라 했다. 세속에 전하기를 의공이 이 성에서 학을 길렀으므로 그대로 이름으로 삼은 것이라고 하였다."

衛懿公欲發兵,　　　　　위의공은 군사를 일으키려 하였으나

兵或畔.　　　　　　　　군사들은 혹 등을 돌리기도 하였다.

大臣言曰:　　　　　　　대신들이 말하였다.

"君好鶴,　　　　　　　"임금께서 학을 좋아하시니

鶴可令擊翟."　　　　　학으로 적을 치게 할 수 있을 것입니다."

翟於是遂入,　　　　　　적이 이에 마침내 들어와

殺懿公.　　　　　　　　의공을 죽였다.

懿公之立也,　　　　　　의공이 즉위하였을 때

百姓大臣皆不服.　　　　백성과 대신은 모두 불복하였다.

自懿公父惠公朔之讒殺太子伋代立至於懿公,

　　　　　　　　　　　의공의 부친 혜공 삭이 태자 급을 참소하여 죽
　　　　　　　　　　　이고 계위하였을 때부터 의공에 이르기까지,

常欲敗之,　　　　　　　늘 그를 무너뜨리려 하여

卒滅惠公之後而更立黔牟之弟昭伯頑之子申爲君,

　　　　　　　　　　　마침내 혜공의 후계를 멸하고 다시 검모의 아우
　　　　　　　　　　　소백 완의 아들 신을 임금으로 옹립하니

是爲戴公.　　　　　　　바로 대공이다.

戴公申元年卒.　　　　　대공 신은 원년에 죽었다.

齊桓公以衛數亂,　　　　제환공은 위가 수차 어지러워지자

乃率諸侯伐翟,　　　　　이에 제후를 이끌고 적을 치고

爲衛築楚丘.[21]　　　　위를 위하여 초구에 성을 쌓아주고

21 　정의　『괄지지』에서는 말하였다. "성무현(城武縣)에 초구정(楚丘亭)이 있다."

立戴公弟燬爲衞君,[22]	대공의 아우 훼를 위의 임금으로 세우니
是爲文公.	바로 문공이다.
文公以亂故犇齊,	문공은 난 때문에 제로 달아났는데
齊人入之.	제의 사람이 들여보내주었다.

初,	처음에
翟殺懿公也,	적이 의공을 죽이자
衞人憐之,	위 사람이 불쌍히 여겨
思復立宣公前死太子伋之後,	선공의 전에 죽은 태자 급의 후손을 다시 세울 생각을 했는데
伋子又死,	급의 아들도 죽었고
而代伋死者子壽又無子.	급 대신 죽은 자수 또한 아들이 없었다.
太子伋同母弟二人:	태자 급의 동복아우는 둘인데
其一曰黔牟,	하나는 검모로
黔牟嘗代惠公爲君,	검모는 혜공을 대신하여 임금이 된 적이 있는데
八年復去;	8년에 다시 떠났다.
其二曰昭伯.	둘째는 소백이라고 한다.
昭伯·黔牟皆已前死,	소백과 검모는 모두 이미 전에 죽었으므로
故立昭伯子申爲戴公.	소백의 아들 신을 대공으로 옹립했다.
戴公卒,	대공이 죽자
復立其弟燬爲文公.	다시 그 아우 훼를 문공으로 옹립하였다.

---

22 **집해** 『가의서(賈誼書)』에서는 말하였다. "위후(衞侯)가 주를 조현하였는데 주의 행인(行人)이 그 이름을 묻자 답하기를 위후 벽강(衞侯辟疆)이라고 하였으며, 주의 행인이 돌려보내면서 말하기를 계강(啟疆)과 벽강(辟疆)이라고 하였는데, 천자의 호칭은 제후가 쓸 수 없다. 위후는 이름을 훼(燬)로 바꾼 다음에 받았다." **정의** '燬'의 음은 훼(毀)이다.

文公初立,	문공은 즉위하자마자
輕賦平罪,[23]	세금 부과를 가벼이 하고 죄의 판결을 공평하게 하였으며
身自勞,	몸소 수고하여
與百姓同苦,	백성들과 어려움을 함께 하면서
以收衞民.	위의 백성을 거두어들였다.

十六年,	16년에
晉公子重耳過,	진의 공자 중이가 들렀는데
無禮.	무례하였다.
十七年,	17년에
齊桓公卒.	제환공이 죽었다.
二十五年,	25년에
文公卒,	문공이 죽고
子成公鄭立.	아들인 성공 정이 즉위하였다.

成公三年,	성공 3년에
晉欲假道於衞救宋,	진이 위에 길을 빌려 송을 구원하려 했는데
成公不許.	성공은 허락지 않았다.
晉更從南河度,[24]	진은 다시 남하 쪽으로 건너
救宋.	송을 구원하였다.

---

23 **색은** 부세(賦稅)를 경감하고 형벌을 공평하게 판단하는 것이다. 평(平)은 "졸(卒)"로 된 곳도 있다. 졸(卒)은 사졸(士卒)이다. 죄(罪)자를 아래로 연결하여 읽기도 하는데 또한 일가의 뜻일 따름이다.

24 **집해** 복건은 말하였다. "남하(南河)는 제남(濟南)에서 동남쪽으로 흐르는 황하이다." 두예는 말하였다. "급군(汲郡)에서 남쪽으로 도하하여 위의 남쪽으로 나왔다."

徵師於衞,	위에서 군사를 징집하였는데
衞大夫欲許,	위대부가 허락하려 하자
成公不肯.	성공은 기꺼워하지 않았다.
大夫元咺攻成公,	대부 원훤이 성공을 공격하자
成公出犇.[25]	성공은 달아났다.
晉文公重耳伐衞,	진문공 중이가 위를 쳐서
分其地予宋,	그 땅을 나누어 송에게 주었는데
討前過無禮及不救宋患也.	전에 지날 때 무례했던 것과 송의 우환을 구원하지 않아서였다.
衞成公遂出犇陳.[26]	위성공은 마침내 진으로 달아났다.
二歲,	2년 만에
如周求入,	주로 가서 들여보내주기를 구하여
與晉文公會.	진문공과 회견하였다.
晉使人鴆衞成公,	진은 사람을 시켜 위성공을 독살하게 하였는데
成公私於周主鴆,	성공이 주의 독살을 맡은 사람과 사적으로 통하여
令薄,	(독성을) 가볍게 하여
得不死.[27]	죽지 않게 되었다.
已而周爲請晉文公,	얼마 후 주가 진문공에게 청해주어
卒入之衞,	마침내 위로 들여보내 가게 하여
而誅元咺,	원훤을 죽였으며

---

25 색은 초(楚)로 달아났다. 정의 '咺'의 음은 훤(況遠反)이다.

26 색은 『좌전』에서 "위후(衞侯)가 초의 군사가 패하였다는 말을 듣고 두려워하여 초에서 달아나 마침내 진(陳)으로 갔다."라 한 것이다.

27 색은 사(私)는 뇌물을 먹인 것이다.

衛君瑕出犇.[28]	위의 임금 하는 달아났다.
七年,	7년에
晉文公卒.	진문공이 죽었다.
十二年,	12년에
成公朝晉襄公.	성공이 진양공을 조현하였다.
十四年,	14년에
秦穆公卒.	진목공이 죽었다.
二十六年,	26년에
齊邴歜弑其君懿公.[29]	제의 병촉이 임금인 의공을 죽였다.
三十五年,	35년에
成公卒,[30]	성공이 죽고
子穆公遬立.[31]	아들인 목공 속이 즉위하였다.
穆公二年,	목공 2년에
楚莊王伐陳,	초장왕이 진을 쳐서
殺夏徵舒.	하징서를 죽였다.
三年,	3년에
楚莊王圍鄭,	초장왕이 정을 에워싸자

---

28 색은 원훤(元咺)이 세운 사람을 성공(成公)이 들어가 죽였으므로 희공(僖公) 30년의 『경(經)』에서 말하기를 "위(衛)가 그 대부 원훤 및 공자 하(瑕)를 죽였다."라 하였다. 여기서 "달아났다(奔)"라 한 것은 잘못되었다.

29 색은 병촉(邴歜)은 『좌씨(左氏)』와 같으며,「제계가(齊系家)」에는 "병융(邴戎)"으로 된 것은 아마 병촉이 융거(戎車)를 모는 것을 담당하였기 때문에 병융이라고 불렀을 것이다. '邴'의 음은 병(丙)이다. 촉(歜)은 또한 "촉(鄒)"이라고도 한다.

30 집해 『세본(世本)』에서는 말하였다. "성공(成公)은 복양(濮陽)으로 옮겼다." 송충은 말하였다. "복양(濮陽)은 제구(帝丘)로 지명이다."

31 정의 '遬'의 음은 속(速)이다.

鄭降,　　　　　　　　정이 항복하자

復釋之.　　　　　　　다시 풀어주었다.

十一年,　　　　　　　11년에

孫良夫救魯伐齊,　　　손량부가 노를 구원하여 제를 쳐서

復得侵地.　　　　　　빼앗긴 땅을 다시 얻었다.

穆公卒,　　　　　　　목공이 죽자

子定公臧立.　　　　　아들인 정공 장이 즉위하였다.

定公十二年卒,　　　　정공은 12년에 죽고

子獻公衎立.　　　　　아들인 헌공 간이 즉위하였다.

獻公十三年,　　　　　헌공 13년

公令師曹教宮妾鼓琴,³²　공은 사조로 하여금 궁녀들에게 금 타는 것을 가르치게 하였는데

妾不善,　　　　　　　궁녀들이 잘 하지 못하니

曹笞之.　　　　　　　조가 매질을 하였다.

妾以幸惡曹於公,　　　궁녀들이 총애 받는 것을 빌미로 공에게 조를 험담하자

公亦笞曹三百.　　　　공 또한 조에게 매질 3백 대를 가하였다.

十八年,　　　　　　　18년에

獻公戒孫文子·甯惠子食,　헌공이 손문자와 영혜자에게 식사를 하자고 하여

皆往.　　　　　　　　다 같이 갔다.

日旰不召,³³　　　　해가 지도록 부르지를 않고

---

32 **집해** 가규는 말하였다. "사조(師曹)는 악인(樂人)이다."

33 **집해** 복건은 말하였다. "손문자(孫文子)는 임보(林父)이다. 영혜자(甯惠子)는 영식(甯殖)이다. 칙령으로 두 사람에게 일러 함께 저녁 식사를 하고자 하여 모두 조복을 입고 명을 기다린 것이다. 간(旰)은 늦었다는 뜻이다.

而去射鴻於囿.	떠나 동산에서 기러기를 쏘았다.
二子從之,[34]	두 사람이 쫓았더니
公不釋射服與之言.[35]	공은 활 쏘는 복장을 벗지 않고 그들과 말했다.
二子怒,	두 사람은 노하여
如宿.[36]	척으로 갔다.
孫文子子數侍公飲,[37]	손문자의 아들은 수차 공을 모시고 술을 마셨는데
使師曹歌巧言之卒章.[38]	사조에게 「교언」의 마지막 장을 부르게 하였다.
師曹又怒公之嘗笞三百,	사조 또한 공이 매질 3백 대를 했던 일에 노하여
乃歌之,	이에 노래를 하면서
欲以怒孫文子,	손문자를 노하게 하여
報衛獻公.	위헌공에게 보복하려 하였다.
文子語蘧伯玉,	문자가 거백옥에게 말하자
伯玉曰:	백옥이 말하였다.
"臣不知也."[39]	"신은 알지 못합니다."
遂攻出獻公.	마침내 헌공을 공격하여 쫓아냈다.
獻公犇齊,	헌공은 제로 달아났으며

---

34 집해 복건은 말하였다. "동산으로 공을 쫓은 것이다."

35 집해 『좌전』에서는 말하였다. "피관(皮冠)을 벗지 않은 것이다."

36 집해 복건은 말하였다. "손문자(孫文子)의 고을이다." 색은 『좌전』에는 "척(戚)"으로 되어 있고, 이곳의 음도 척(戚)이다.

37 집해 『좌전』에서는 문자(文子)의 아들은 바로 손괴(孫蒯)라고 하였다.

38 집해 두예는 말하였다. "「교언(巧言)」은 『시(詩)』「소아(小雅)」이다. 그 마지막 장에서는 말하였다. '저 어떤 사람인가? 하수의 가에 살도다. 힘도 없고 용맹도 없으나, 오로지 난의 계제를 만들도다.(彼何人斯? 居河之麋. 無拳無勇, 職爲亂階)'라 하였다. 공은 문자가 하수 가에 살면서 난을 일으키는 것을 비유하려는 것이다."

39 집해 가규는 말하였다. "백옥(伯玉)은 위(衛)의 대부이다."

齊置衞獻公於聚邑.	제에서는 위헌공을 취읍에 두었다.
孫文子·甯惠子共立定公弟秋[40]爲衞君,	손문자와 영혜자가 함께 정공의 아우 추를 위의 임금으로 세우니
是爲殤公.	바로 상공이다.
殤公秋立,	상공 추는 즉위하자
封孫文子林父於宿.	손문자 임보를 척에 봉하였다.
十二年,	12년에
甯喜與孫林父爭寵相惡,	영희와 손림보가 총애를 다투다 서로 미워하였는데
殤公使甯喜攻孫林父.	상공은 영희에게 손림보를 공격하게 하였다.
林父犇晉,	임보가 진으로 달아나자
復求入故衞獻公.	다시 옛 위헌공을 들여보내기를 구하였다.
獻公在齊,	헌공은 제에 있었는데
齊景公聞之,	제경공이 듣고
與衞獻公如晉求入.	위헌공과 함께 진으로 가서 들여보내기를 구하였다.
晉爲伐衞,	진은 위를 치려고
誘與盟.	(위상공을) 꾀어서 회맹하게 하였다.
衞殤公會晉平公,	위상공이 진평공을 회견하자

---

40 집해 서광(徐廣)은 말하였다. "반 씨(班氏)는 말하기를 헌공(獻公)의 아우 염(焱)이라고 하였다." 색은 『좌전』에는 "표(剽)"로 되어 있고, 「고금인표(古今人表)」에는 "염(焱)"으로 되어 있다. 아마 음이 어지러워진 것일 것이며 글자도 바뀌었을 따름이다. 음은 표(方遙反)이며, 또 표(匹妙反)라고도 한다.

平公執殤公與甯喜而復入衛獻公.

평공은 상공과 영희를 잡고 다시 위헌공을 들여
보냈다.

獻公亡在外十二年而入.　헌공은 국외로 도망한 지 12년 만에 들어갔다.

獻公後元年,　　　　　헌공 후 원년에

誅甯喜.　　　　　　　영희를 죽였다.

三年,　　　　　　　　3년에

吳延陵季子使過衛,　　오의 연릉계자가 사행하면서 위에 들러

見蘧伯玉·史鰌,　　　거백옥과 사추를 보고

曰:　　　　　　　　　말하였다.

"衛多君子,　　　　　"위에는 군자가 많아

其國無故."　　　　　나라에 아무 일이 없을 것이다."

過宿,　　　　　　　　척에 들렀는데

孫林父爲擊磬,　　　　손림보가 경을 쳐서 연주해주자

曰:　　　　　　　　　말하였다.

"不樂,　　　　　　　"즐겁지가 않고

音大悲,　　　　　　　음악이 매우 슬프니

使衛亂乃此矣."　　　위를 혼란하게 하는 것은 바로 이것일 것이다."

是年,　　　　　　　　이 해에

獻公卒,　　　　　　　헌공이 죽고

子襄公惡立.　　　　　아들인 양공 악이 즉위하였다.

襄公六年,　　　　　　양공 6년에

楚靈王會諸侯,	초영왕이 제후들과 회맹하였는데
襄公稱病不往.	양공은 병을 핑계대고 가지 않았다.
九年,	9년에
襄公卒.	양공이 죽었다.
初,	처음에
襄公有賤妾,	양공에게 천첩이 있었으며
幸之,	총애하여
有身,	임신하였는데
夢有人謂曰:	꿈에서 어떤 사람이 말하였다.
"我康叔也,	"나는 강숙인데
令若子必有衞,	네 아들이 반드시 위를 다스리게 할 것이니
名而子曰'元'."	네 아들의 이름을 '원'이라고 하여라."
妾怪之,	첩이 괴이히 여겨
問孔成子.[41]	공성자에게 물어보았다.
成子曰:	성자가 말하였다.
"康叔者,	"강숙은
衞祖也."	위의 선조입니다."
及生子,	아이를 낳으니
男也,	사내여서
以告襄公.	양공에게 알리니
襄公曰:	양공이 말하기를
"天所置也."	"하늘이 조치한 것이다."라 하고
名之曰元.	이름을 원이라 하였다.

---

41 집해 복건은 말하였다. "위(衞)의 경 공증서(孔烝鉏)이다."

襄公夫人無子,　　　　　　양공의 부인은 아들이 없었으며

於是乃立元爲嗣,　　　　　이에 곧 원을 후사로 세우니

是爲靈公.　　　　　　　　바로 영공이다.

靈公五年,　　　　　　　　영공 5년에

朝晉昭公.　　　　　　　　진소공을 조현하였다.

六年,　　　　　　　　　　6년에

楚公子弃疾弑靈王自立,　초의 공자 기질이 영왕을 죽이고 스스로 즉위하니

爲平王.　　　　　　　　　평왕이다.

十一年,　　　　　　　　　11년에

火.　　　　　　　　　　　화재가 났다.

三十八年,　　　　　　　　38년에

孔子來,　　　　　　　　　공자가 오니

祿之如魯.　　　　　　　　노와 같은 녹봉을 주었다.

後有隙,　　　　　　　　　나중에 틈이 생겨

孔子去.　　　　　　　　　공자가 떠났다.

後復來.　　　　　　　　　나중에 다시 왔다.

三十九年,　　　　　　　　39년에

太子蒯聵與靈公夫人南子有惡,[42]

　　　　　　　　　　　　태자 괴외가 영공의 부인 남자와 사이가 나빠

欲殺南子.　　　　　　　　남자를 죽이려 하였다.

蒯聵與其徒戲陽遬謀,　　괴외는 그 무리인 희양속과 모의하여

---

42 집해 가규는 말하였다. "남자(南子)는 송(宋)의 여인이다."

朝,	조현할 때
使殺夫人.[43]	부인을 죽이게 하였다.
戲陽後悔,	희양은 후회하여
不果.	실행에 옮기지 못하였다.
蒯聵數目之,	괴외가 몇 번씩이나 눈짓을 하자
夫人覺之,	부인이 깨닫고
懼,	두려워하여
呼曰:[44]	소리쳐 말하였다.
"太子欲殺我!"	"태자가 나를 죽이려 한다!"
靈公怒,	영공은 노하였으며
太子蒯聵犇宋,	태자 괴외는 송으로 달아났다가
已而之晉趙氏.	얼마 후 진의 조씨에게 갔다.
四十二年春,	42년 봄에
靈公游于郊,	영공이 교외에서 놀았는데
令子郢僕.[45]	자영에게 수레를 몰게 했다.
郢,	영은
靈公少子也,	영공의 작은 아들로
字子南.	자는 자남이었다.
靈公怨太子出犇,	영공은 태자가 달아난 것을 원망하여
謂郢曰:	영에게 말하였다.
"我將立若爲後."	"내 너를 후사로 세우리라."

---

43 **집해** 가규는 말하였다. "희양속(戲陽遬)은 태자의 가신이다." **정의** '戲'의 음은 희(羲)이다.
44 **정의** '呼'의 음은 호(火故反)이다.
45 **집해** 가규는 말하였다. "복(僕)은 어자[御]이다."

郢對曰:	영이 대답하였다.
"郢不足以辱社稷,	"저는 외람되이 사직을 도모하기에 부족하오니
君更圖之."⁴⁶	임금께서는 다시 도모하소서."
夏,	여름에
靈公卒,	영공이 죽자
夫人命子郢爲太子,	부인은 영을 태자로 명하면서
曰:	말하였다.
"此靈公命也."	"이는 영공의 명이니라."
郢曰:	영이 말하였다.
"亡人太子蒯聵之子輒在也,	"도망친 태자 괴외의 아들 첩이 있으니
不敢當."	감히 맡지 못하겠습니다."
於是衞乃以輒爲君,	이에 위에서는 첩을 임금으로 세우니
是爲出公.	바로 출공이다.
六月乙酉,	6월 을유일에
趙簡子欲入蒯聵,	조간자가 괴외를 들여보내고자 하여
乃令陽虎詐命衞十餘人衰絰歸,⁴⁷	
	양호에게 위의 사람 10여 명에게 거짓으로 상복을 입히고 귀국하게 하였으며
簡子送蒯聵.	간자는 괴외를 전송했다.
衞人聞之,	위의 사람이 이 말을 듣고
發兵擊蒯聵.	군사를 일으켜 괴외를 쳤다.

---

46 集解 복건은 말하였다. "영(郢)이 스스로 자기는 덕이 없어 즉위하기에 부족하여 사직을 욕보일 것이라고 말한 것이다."

47 集解 복건은 말하였다. "최질(衰絰)은 위에서 태자를 맞이하러 온 것 같이 하기 위함이다."

蒯聵不得入,	괴외는 들어가지 못하게 되자
入宿而保,	척으로 들어가 지켰으며
衞人亦罷兵.	위의 사람 또한 군사를 철수시켰다.

出公輒四年,	출공 첩 4년에
齊田乞弒其君孺子.	제의 전걸이 그 임금 유자를 죽였다.
八年,	8년에
齊鮑子弒其君悼公.	제의 포자가 그 임금 도공을 죽였다.
孔子自陳入衞.	공자가 진에서 위로 들어갔다.
九年,	9년에
孔文子問兵於仲尼,	공문자가 중니에게 군사(軍事)를 묻자
仲尼不對.	중니는 대답하지 않았다.
其後魯迎仲尼,	그 후 노에서 중니를 맞아
仲尼反魯.	중니는 노로 돌아갔다.

十二年,	12년
初,	처음
孔圉文子取太子蒯聵之姊,	공어 문자는 태자 괴외의 누나를 아내로 맞아
生悝.	회를 낳았다.
孔氏之豎渾良夫美好,	공 씨의 동복(僮僕)인 혼량부는 외모가 수려했는데
孔文子卒,	공문자가 죽은 후
良夫通於悝母.	양부는 회의 모친과 사통하였다.
太子在宿,	태자는 척에 있었는데
悝母使良夫於太子.	회의 모친이 양부를 태자에게 보냈다.

太子與良夫言曰:	태자가 양부에게 말하였다.
"苟能入我國,	"나를 나라로 들여보내줄 수 있다면
報子以乘軒,	그대를 대부의 지위로 보답할 것이며
免子三死,	세 가지 죽을죄를 면해주어
毋所與."48	처벌하지 않겠다."
與之盟,	그와 맹세를 하고
許以悝母爲妻.	회의 모친을 아내로 삼는 것을 허락하였다.
閏月,	윤달에
良夫與太子入,	양부는 태자와 함께 들어가
舍孔氏之外圃.49	공 씨의 외부 동산에 묵었다.
昏,	저물녘에
二人蒙衣而乘,50	두 사람은 여인의 복장을 하고 수레에 올랐으며
宦者羅御,	환관인 나가 수레를 몰아
如孔氏.	공 씨의 집으로 갔다.
孔氏之老欒甯問之,51	공 씨의 가신인 난영이 물어보았더니
稱姻妾以告.52	인척의 시첩이라 칭하여 알렸다.

---

48 **집해** 두예는 말하였다. "헌(軒)은 대부의 수레이다. 삼사(三死)는 죽을죄 세 가지이다."
　　정의 두예는 말하였다. 세 가지 죄는 자주색 옷을 입은 것과 갖옷의 한쪽만을 벗어 어깨를 드러낸 것과 칼을 찬 것이다. 자주색 옷은 임금의 복장이다. 더워서 어깨를 드러냈는데 이 또한 불경이다. 위후(衛侯)는 훌륭한 평판이 있는 사람들을 청하여 그들과 함께 식사를 하였으며, 태자는 사람을 보내어 양부(良夫)를 청하였는데 양부는 자주색 옷에 여우 갖옷을 입고 칼을 끄르지 않고 밥을 먹자 태자가 사람을 시켜 그를 끌어 물러나오게 하고서, 죄목을 들어 죽였다.
49 **집해** 복건은 말하였다. "포(圃)는 원(園)이다."
50 **집해** 복건은 말하였다. "두 사람은 양부와 태자이다. 몽의(蒙衣)는 부인(婦人)의 복장이며, 수건을 머리에 뒤집어쓰고 함께 수레를 타는 것이다."
51 **집해** 복건은 말하였다. "가신(家臣)을 노(老)라고 한다. 그 성명을 물은 것이다."
52 **집해** 가규는 말하였다. "혼인(婚姻)한 집안의 첩이다."

遂入,	마침내 들어가
適伯姬氏.⁵³	백희씨에게로 갔다.
既食,	식사를 하고
悝母杖戈而先,⁵⁴	회의 모친은 과를 들고 먼저 갔으며
太子與五人介,	태자와 갑사 5인이
輿狶從之.⁵⁵	돼지를 싣고 따랐다.
伯姬劫悝於廁,	백희는 변소에서 회를 협박하여
彊盟之,	맹약할 것을 강요하여
遂劫以登臺.⁵⁶	마침내 대에 오르도록 협박하였다.
欒甯將飲酒,	난영이 술을 마시려는데
炙未熟,	고기가 채 익지 않아
聞亂,	난이 일어났다는 말을 듣고
使告仲由.⁵⁷	중유에게 알리게 하였다.
召護駕乘車,⁵⁸	소호가 멍에를 매고 수레에 올라
行爵食炙,⁵⁹	술을 마시고 고기를 먹고는
奉出公輒犇魯.⁶⁰	출공 첩을 모시고 노로 달아났다.
仲由將入,	중유가 들어가려는 참에

---

53 **집해** 복건은 말하였다. "공 씨의 집으로 들어가 백희(伯姬)의 거처로 간 것이다."

54 **집해** 복건은 말하였다. "먼저 공회(孔悝)가 있는 곳에 이른 것이다."

55 **집해** 가규는 말하였다. "개(介)는 갑옷이다. 수돼지를 실은 것은 맹약을 하려는 것이다."

56 **집해** 복건은 말하였다. "위(衛)의 대에서 위의 신하들을 부른 것이다."

57 **집해** 복건은 말하였다. "계로(季路)는 공 씨의 읍재(邑宰)였으므로 알린 것이다."

58 **집해** 복건은 말하였다. "소호(召護)는 위의 대부이다. 멍에를 지우고 수레에 올랐다는 것은 병거를 몰지 않은 것으로, 부친의 뜻에 맞서지 않겠다는 뜻을 말한다."

59 **집해** 복건은 말하였다. "난영(欒甯)이 계로를 부르게 하여 곧 술을 마시고 고기를 먹은 것이다."

60 **집해** 복건은 말하였다. "소호가 위후(衛侯)를 모신 것이다."

遇子羔將出,[61]	나오려는 자고를 만났는데
曰:	말하였다.
"門已閉矣."	"문이 이미 닫겼습니다."
子路曰:	자로가 말하였다.
"吾姑至矣."[62]	"내 잠시 가봐야 겠다."
子羔曰:	자고가 말하였다.
"不及,	"미칠 수 없으니
莫踐其難."[63]	화를 당하지 마십시오."
子路曰:	자로가 말하였다.
"食焉不辟其難."[64]	"녹을 먹으면 그 어려움을 피하지 않는다."
子羔遂出.	자고는 마침내 나갔다.
子路入,	자로가 들어가
及門,	문에 이르자
公孫敢闔門,	공손감이 문을 지키고 있다가
曰:	말하였다.
"毋入爲也!"[65]	"들어가려 하지 마십시오."

---

61 **집해** 가규는 말하였다. "자고(子羔)는 위나라 대부 고시(高柴)로 공자의 제자이다. 나가려
는 것은 달아나는 것이다."
62 **집해** 두예는 말하였다. "곧 문에 이르고자 하는 것이다."
63 **집해** 가규는 말하였다. "가신(家臣)이 나라에 미치지 못할까 걱정하여 그 난에 달려가지 못
하게 된 것이라 한 것이다." 정중은 말하였다. "이때 첩(輒)은 이미 나가서 일에 미치지 못하
여 그 난에 달려가서는 안 된다는 것이다. 자고는 미치지 못한다고 한 것은 계로가 나라를
위해 죽으려한다고 생각한 것이다."
64 **집해** 복건은 말하였다. "공회(孔悝)의 녹을 먹으면서 공회의 어려움을 구원하고자 하는 것
은 그가 나라를 위해 죽지 않으리라는 것을 밝힌 것이다."
65 **집해** 복건은 말하였다. "공손감(公孫敢)은 위의 대부이다. 첩(輒)이 이미 나갔으니 다시 들
어가려하지 말라는 것이다."

子路曰:	자로가 말하였다.
"是公孫也?	"이 사람이 공손입니까?
求利而逃其難.	이익을 구하면서도 그 어려움에서 달아나고 있습니다.
由不然,	저는 그렇지 않으며
利其祿,	그 녹을 먹었으니
必救其患."	반드시 그 환란을 구원하겠습니다."
有使者出,	어떤 사자가 나오자
子路乃得入.	자로는 이에 들어가게 되었다.
曰:	말하였다.
"太子焉用孔悝?	"태자께서는 어찌 공회를 쓰십니까?
雖殺之,	비록 죽인다고 하더라도
必或繼之."66	반드시 누가 그 뒤를 이을 것입니다."
且曰:	또 말하였다.
"太子無勇.	"태자는 용기가 없어
若燔臺,	대에 불을 지르면
必舍孔叔."	반드시 공숙을 풀어줄 것입니다."
太子聞之,	태자는 그 말을 듣고
懼,	두려워하였으며,
下石乞‧盂黶敵子路,67	석걸과 우염을 보내어 자로와 싸우게 하여
以戈擊之,	과로 그를 쳤는데
割纓.	갓끈이 끊어졌다.

---

66 **집해** 왕숙(王肅)은 말하였다. "반드시 계속하여 나중에 태자를 공격할 것이라는 말이다."

67 **집해** 복건은 말하였다. "두 사람은 괴외(蒯聵)의 신하이다. 적(敵)은 당하는 것이다." **정의** '燔'의 음은 번(煩)이다. 사(舍)는 사(捨)의 뜻으로 읽는다. '黶'의 음은 염(乙減反)이다.

子路曰:	자로가 말하기를
"君子死,	"군자는 죽을지언정
冠不免."[68]	갓을 벗지 않는다."
結纓而死.[69]	갓끈을 매고 죽었다.
孔子聞衛亂,	공자는 위에 난리가 났다는 말을 듣고
曰:	말하였다.
"嗟乎!	"아뿔싸!
柴也其來乎?	시는 오겠지?
由也其死矣."	유는 죽을 것이다."
孔悝竟立太子蒯聵,	공회가 마침내 태자 괴외를 옹립하니
是爲莊公.	바로 장공이다.
莊公蒯聵者,	장공 괴외는
出公父也,	출공의 부친인데
居外,	국외에 있을 때
怨大夫莫迎立.	대부들이 맞아 옹립시켜주지 않은 것을 원망하였다.
元年即位,	즉위 원년에
欲盡誅大臣,	대신들을 모조리 죽이려 하면서
曰:	말하였다.
"寡人居外久矣,	"과인이 국외에 있은 지가 오래되었는데
子亦嘗聞之乎?"	그대들도 들은 적이 있는가?"
羣臣欲作亂,	신하들이 난을 일으키려하자

---

68 집해 복건은 말하였다. "관(冠)이 땅에 떨어지지 않게 하는 것이다."
69 정의 영(纓)은 갓끈이다.

乃止.	곧 그만두었다.
二年,	2년에
魯孔丘卒.	노의 공구가 죽었다.
三年,	3년에
莊公上城,	장공이 성에 올라
見戎州.[70]	융주를 보고는
曰:	말하였다.
"戎虜何爲是?"	"융로가 어떻게 이곳에 있는가?"
戎州病之.	융주는 이를 걱정하였다.
十月,	10월에
戎州告趙簡子,	융주가 조간자에게 알리자
簡子圍衞.	간자는 위를 포위하였다.
十一月,	11월에
莊公出犇,[71]	장공은 달아나고
衞人立公子斑師爲衞君.[72]	위의 사람들은 공자 반사를 위의 임금으로 옹립하였다.
齊伐衞,	제는 위를 쳐서
虜斑師,	반사를 사로잡고
更立公子起爲衞君.[73]	다시 공자 기를 위의 임금으로 세웠다.

---

70 **집해** 가규는 말하였다. "융주(戎州)는 융(戎) 사람의 읍이다." **색은** 『좌전』에서 "융주(戎州) 의 사람이 공격했다"는 것이다. 은공(隱公) 2년에 "공이 잠(潛)에서 융과 회맹하였다"라 하였 는데, 두예는 말하기를 "진류(陳留) 제양현(濟陽縣) 동남쪽에 융성(戎城)이 있다."라 하였다. 제양(濟陽)은 위와 서로 가깝기 때문에 장공이 대에 올라 융주를 바라본 것이다. 또한 7년에 서는 "융이 초구(楚丘)에서 범백(凡伯)을 쳤다"라 하였는데, 융이 위에 가깝기 때문이다.

衞君起元年,	위의 임금 기 원년에
衞石曼專逐其君起,[74]	위의 석만부가 그 임금 기를 쫓아냈는데
起犇齊.	기는 제로 달아났다.
衞出公輒自齊復歸立.	위출공 첩이 제에서 다시 돌아와 즉위하였다.
初,	처음에
出公立十二年亡,	출공은 즉위 12년에 도망쳤으며
亡在外四年復入.	도망쳐 국외에 있은 지 4년 만에 다시 들어갔다.
出公後元年,	출공 후 원년에
賞從亡者.	따라서 망명한 사람들에게 상을 내렸다.
立二十一年卒,[75]	즉위 21년에 죽고
出公季父黔攻出公子而自立,	출공의 계부 검이 출공의 아들을 치고 스스로 즉위하니

---

71 **색은** 『좌전』에 의하면 장공은 본래 진(晉)의 조 씨(趙氏)가 들여보냈는데 즉위하자 진을 배반하였으며 진이 위를 치자 위의 사람들이 장공을 축출하고 공자 반사(般師)를 옹립하였다. 진의 군사가 물러나자 장공이 다시 들어갔으며 반사가 달아났다. 처음에 공이 성에 올라 융주(戎州) 기 씨(己氏)의 아내의 머리카락이 아름다운 것을 보고 그것을 깎아 부인의 다리[髢]를 만들었다. 또 융주를 잘라내고 아울러 석포(石圃)를 쫓아내고자 하였으므로 석포가 장공을 공격하였다. 장공은 두려워하여 북쪽 담을 넘다가 넓적다리뼈가 부러졌으며 기 씨의 집에 들어갔는데 기 씨가 죽여버렸다. 지금 「계가(系家)」에서 장공이 다시 들어간 일 및 기 씨에게 죽은 것을 말하지 않고 곧장 달아났다고만 하였으니 또한 소략한 것이다. 또한 『좌전』에서는 말하였다. 위가 반사(般師)를 다시 세우자 제가 위를 쳐서 공자 기(起)를 세우고 반사를 사로잡았다. 이듬해에 위의 석포가 그 임금 기를 쫓아내자 기는 제로 달아났으며 출공(出公) 첩(輒)이 다시 귀국하였다. 이는 『좌씨』가 상세하고 「계가」가 소략한 것이다.

72 **집해** 『좌전』에서는 말하였다. "반사(斑師)는 양공(襄公)의 손자이다."

73 **집해** 복건은 말하였다. "기(起)는 영공(靈公)의 아들이다."

74 **색은** 『좌전』에는 "석포(石圃)"로 되어 있으며, 여기서는 "보(博)"로 되어 있으며, 음은 포(圃) 또는 다(徒和反)이다. 보(博)는 "부(專)"라고도 한다. 여러 판본에 혹 "만(曼)"자가 없기도 하다.

75 **색은** 출공(出公)은 처음 즉위하여 12년간 재위하였고 도망쳐 국외에 있은 것이 4년이며 복위한 지 9년에 죽었으니 21년이다. 즉위에서 죽기까지 모두 25년이며 월에서 죽었다.

是爲悼公.　　　　　　　바로 도공이다.

悼公五年卒,[76]　　　　　도공은 5년에 죽었으며

子敬公弗立.[77]　　　　　아들인 경공 불이 즉위하였다.

敬公十九年卒,　　　　　경공은 19년에 죽었으며

子昭公糾立.[78]　　　　　아들인 소공 규가 즉위하였다.

是時三晉彊,　　　　　　이때 삼진이 강하여졌으며

衛如小侯,　　　　　　　위는 작은 제후와 같아

屬之.[79]　　　　　　　　종속되었다.

昭公六年,　　　　　　　소공 6년에

公子亹[80]弑之代立,　　　공자 미가 그를 죽이고 계위하니

是爲懷公.　　　　　　　바로 회공이다.

懷公十一年,　　　　　　회공 11년에

公子穨弑懷公而代立,　　공자 퇴가 회공을 죽이고 계위하니

是爲愼公.　　　　　　　바로 신공이다.

愼公父,　　　　　　　　신공의 부친은

公子適;[81]　　　　　　　공자 적이고,

---

76 **색은** 『기년(紀年)』에서는 "4년에 월에서 죽었다"라 하였다. 『계본(系本)』에서는 이름이 건(虔)이라고 하였다.

77 **집해** 『세본』에서는 경공비(敬公費)라고 하였다. **색은** 『계본』에는 "불(弗)"이 "비(費)"로 되어 있다.

78 **색은** 『계본』에서는 경공(敬公)이 요공주(橈公舟)를 낳았다고 하였는데 틀렸다.

79 **정의** 조(趙) 씨에 종속되었다.

80 **정의** 음은 미(尾)이다.

81 **색은** 음은 적(的)이다. 『계본』에는 "적(適)"이 "건(虔)"으로 되어 있다. 건은 도공(悼公)이다.

適父,	적의 부친은
敬公也.	경공이다.
慎公四十二年卒,	신공은 42년에 죽었고
子聲公訓立.[82]	아들 성공 훈이 즉위하였다.
聲公十一年卒,	성공은 11년에 죽고
子成侯遫[83]立.	아들 성후 속이 즉위하였다.

成侯十一年,	성후 11년에
公孫鞅入秦.[84]	공손앙이 진으로 들어갔다.
十六年,	16년에
衛更貶號曰侯.	위는 다시 호칭을 낮추어 후라고 하였다.

二十九年,	29년에
成侯卒,	성후가 죽고
子平侯立.	아들인 평후가 즉위하였다.
平侯八年卒,	평후는 8년에 죽고
子嗣君立.[85]	아들인 사군이 즉위하였다.

---

82 **색은** '훈(訓)'은 또한 "순(馴)"으로도 되어 있는데, 같이 음은 훈(休運反)이다. 『계본』에는 "성공치(聖公馳)"로 되어 있다.

83 **색은** 음은 속(速)이다. 『계본』에는 "불서(不逝)"로 되어 있다. 위 목공(穆公)의 이름을 이미 속(遫)이라 하였으니 성후(成侯)가 다시 이름으로 삼을 수 없으며 『계본』이 옳다.

84 **색은** 「진본기(秦本紀)」에서는 효공(孝公) 원년에 앙(鞅)이 진으로 들어갔다고 하였으며, 또한 「연표(年表)」에 의하면 성후와 진효공(秦孝公)은 나이가 같으니 그렇다면 "11년"은 "원년(元年)"이 되어야 하며, 글자가 잘못되었을 따름이다.

85 **색은** 악자(樂資)는 『기년』에 의거하여 사군(嗣君)은 곧 효양후(孝襄侯)라고 하였다.

嗣君五年,	사군 5년에
更貶號曰君,	다시 호칭을 낮추어 군이라고 하였으며
獨有濮陽.	복양 밖에 남지 않았다.
四十二年卒,	42년에 죽고
子懷君立.	아들 회군이 즉위하였다.
懷君三十一年,	회군 31년에
朝魏,	위를 조현하였는데
魏囚殺懷君.	위에서는 회군을 가두어 죽였다.
魏更立嗣君弟,	위는 다시 사군의 아우를 세우니
是爲元君.	바로 원군이다.
元君爲魏壻,	원군은 위의 사위였으므로
故魏立之.[86]	위에서 세운 것이다.
元君十四年,	원군 14년에
秦拔魏東地,[87]	진이 위의 동쪽 땅을 함락시키고
秦初置東郡,	진은 처음에는 동군을 설치하였다가
更徙衞野王縣[88]	다시 위를 야왕현으로 옮겼으며
而并濮陽爲東郡.	복양을 병합하여 동군으로 삼았다.
二十五年,	25년에
元君卒,	원군이 죽고
子君角立.[89]	아들인 군각이 즉위하였다.

---

86 집해 서광은 말하였다. "반 씨(班氏)가 이른 원군(元君)은 회군(懷君)의 아우이다."

87 색은 위(魏)는 대량(大梁)에 도읍을 두었고, 복양(濮陽)과 여양(黎陽)은 모두 위의 동쪽 땅이기 때문에 군을 세우고 동군(東郡)이라고 하였다.

88 색은 「연표」에 의하면 원군 11년에 진(秦)이 동군(東郡)을 설치하였으며, 13년에 위(衞)가 야왕(野王)으로 옮겨 이곳과는 다르다.

君角九年,	군각 9년에
秦并天下,	진이 천하를 병탄하고
立爲始皇帝.	시황제로 즉위하였다.
二十一年,	21년에
二世廢君角爲庶人,	2세가 군각을 서인으로 폐하니
衛絶祀.	위는 제사가 끊겼다.

太史公曰:	태사공은 말한다.
余讀世家言,	내가 세가의 말을 읽다가
至於宣公之太子以婦見誅,	선공의 태자가 여인 때문에 피살되고
弟壽爭死以相讓,	아우 수가 죽음으로 다투어 서로 양보하기에 이르렀는데
此與晉太子申生不敢明驪姬之過同,	
	이는 진의 태자 신생이 감히 여희의 잘못을 밝히지 않은 것과 같으니
俱惡傷父之志.	모두 부친의 뜻을 상하게 하는 것을 싫어한 것이다.
然卒死亡,	그러나 끝내 사망하였으니
何其悲也!	얼마나 슬픈가!
或父子相殺,	부자간에 서로 죽이기도 하고
兄弟相滅,	형제가 서로 멸하기도 하였으니
亦獨何哉?	또한 유독 어째서인가?

---

89 집해 「연표」에서는 원군 11년에 진이 동군을 설치하였고 12년에 야왕으로 옮겼으며 23년에 죽었다고 하였다.

색은술찬索隱述贊 사구는 봉하여져, 「재재」를 지었다. 성왕은 보기(寶器)를 내렸고, 이왕(夷王)은 작위를 더하였다. 무공에 이르러 덕을 닦을 수 있었고, 문공이 따라 비로소 맹약하였다. 『시』에서는 돌아가는 제비를 아름답게 여겼고, 『전』에서는 석작을 안타깝게 여겼다. 피관을 쓰고 기러기를 쏘았으며, 수레를 타고 학을 부렸다. 선공이 방종하여 비천한 사람과 음란하였으며, 급과 삭에게 틈이 생겼다. 괴외는 죄를 지었고, 출공은 악을 행하였다. 위의 복이 날로 쇠하여져, 군각에게서 잃었다.

司寇受封, 梓材有作. 成錫厥器, 夷加其爵. 暨武能脩, 從文始約. 詩美歸燕, 傳矜石碏. 皮冠射鴻, 乘軒使鶴. 宣縱淫嬖, 釁生伋, 朔. 蒯瞶得罪, 出公行惡. 衞祚日衰, 失於君角.

8 ─── 송미자 세가 宋微子世家

微子開者,[1]　　　　미자 개는

殷帝乙之首子而帝紂之庶兄也.[2]

　　　　　　　　은제 을의 맏아들이며 제 주의 서형이다.

紂既立,　　　　　　주는 즉위하여

不明,　　　　　　　명석치 못하여

淫亂於政,　　　　　정치를 음란하게 하여

微子數諫,　　　　　미자가 수차례 간하였으나

紂不聽.　　　　　　주는 듣지 않았다.

及祖伊以周西伯昌之修德,[3]　조이에 이르러 주의 서백 창이 덕을 닦고

滅阢國,[4]　　　　　기를 멸하자

1　**집해集解** 공안국(孔安國)은 말하였다. "미(微)는 기내(畿內)의 나라 이름이다. 자(子)는 작위이다. 주(紂)의 경사(卿士)이다." **색은索隱** 『상서(尚書)』「미자지명(微子之命)」편에서는 미자 계(微子啟)에게 은의 뒤를 대신하도록 명하였다고 하였는데 지금 여기서 이름을 개(開)라고 한 것은 한경제(漢景帝)의 휘를 피하였기 때문이다.

2　**색은** 『상서』 또한 은왕(殷王)의 원자(元子)이면서 주(紂)의 형이라고 하였다. 『여씨춘추(呂氏春秋)』에서는 말하기를 미자(微子)를 낳았을 때 모친은 여전히 첩이었고 비(妃)가 되었을 때 주(紂)를 낳았다고 하였다. 그러므로 미자는 주의 동복 서형이다.

3　**역주** 조이(祖伊)는 상(商)의 대신(大臣)으로 무정(武丁)의 5세손으로 전하여지며 조기(祖己)의 후예이다. 제신(帝辛: 곧 紂王) 시대의 인물로 현신(賢臣)이다.

4　**집해** 서광(徐廣)은 말하였다. "'阢'의 음은 기(耆)이다." **색은** '阢'의 음은 기(耆)이며, 기는 곧 여(黎)이다. 추탄(鄒誕)의 판본에서는 "'耆'의 음은 여(黎)이다."라 하였다. 공안국(孔安國)은 "여(黎)는 상당(上黨)의 동북쪽에 있는데 곧 바로 지금의 여정(黎亭)이다".라 하였다.

懼禍至,	화가 이를 것을 두려워하여
以告紂.	주에게 일렀다.
紂曰:	주가 말하였다.
"我生不有命在天乎?	"내가 태어난 것은 명이 하늘에 있지 않겠는가?
是何能爲!"	이 사람이 어떻게 할 수 있겠는가!"
於是微子度紂終不可諫,	이에 미자는 주는 끝내 간언할 수 없음을 헤아려
欲死之,	죽으려 하다가
及去,	떠날 즈음
未能自決,	스스로 결단을 할 수가 없어서
乃問於太師·少師[5]曰:	이에 태사와 소사에게 물어보았다.
"殷不有治政,	"은은 정치가 다스려지지 않고
不治四方.[6]	사방을 다스리지 못합니다.
我祖遂陳於上,[7]	우리 선조께서 상세에서 공을 이루고 힘을 펼쳤는데
紂沈湎於酒,	주는 술에 푹 빠지고
婦人是用,	여인(의 말)을 써서
亂敗湯德於下.[8]	하세에서 탕의 덕을 어지럽히고 그르쳤습니다.
殷既小大好草竊姦宄,[9]	은은 이미 대소 신민이 수풀에서 간사한 도둑질을 좋아하고

---

5 집해 공안국은 말하였다. "태사(太師)는 삼공(三公)으로 기자(箕子)이다. 소사(少師)는 고경(孤卿)으로 비간(比干)이다."
6 집해 공안국은 말하였다. "은이 사방을 잘 다스리지 못하여 곧 반드시 망할 것이라는 말이다."
7 집해 마융(馬融)은 말하였다. "아조(我祖)는 탕(湯)이다." 공안국은 말하였다. "탕은 그 공을 이루었고 상세에서 힘을 펼쳤다는 말이다."
8 집해 마융은 말하였다. "하(下)는 하세(下世)이다."
9 집해 공안국은 말하였다. "초야에서 절도를 하고 또 안팎에서 간사한 도둑질을 하는 것이다."

卿士師師非度,[10]	경사들은 법도가 아닌 것을 서로 본받아
皆有罪辜,	모두 죄가 있는데도
乃無維獲,[11]	떳떳하게 죄를 받지 않으니
小民乃並興,	소민들이 이에 모두 일어나
相爲敵讎.[12]	서로 적과 원수가 되었습니다.
今殷其典喪!	지금 은의 상도는 없어졌습니다!
若涉水無津涯.[13]	물을 건넘에 나루터와 물가가 없는 것과 같습니다.
殷遂喪,	은은 결국 망할 것이며
越至于今."[14]	지금에 이르게 되었습니다."
曰:	말하였다.
"太師,	"태사여,
少師,[15]	소사여,
我其發出往?[16]	내가 도망을 쳐야 할까?

---

10 집해 마융은 말하였다. "소인이 간사한 도둑을 배울 뿐만 아니라 경사(卿士) 이하 돌아가면서 본받아 법도가 아닌 짓을 했다."

11 집해 정현(鄭玄)은 말하였다. "획(獲)은 얻는 것이다. 신하들이 모두 이 죄가 있으며, 그 작록(爵祿) 또한 떳떳하게 얻은 것이 아니다. 누차 서로 공격하여 빼앗은 것을 말한다."

12 집해 공안국은 말하였다. "경사(卿士)가 이미 난을 일으키고, 소민(小民)들이 각기 일어나 함께 적과 원수가 된 것이다. 화목하고 함께하지 않음을 말한다."

13 집해 서광은 말하였다. "어떤 판본에는 '물을 건너는데 배가 없다(陟水無舟航)'로 되어 있는데, 위태로움을 말한다." 전(典)은 국전(國典)이다. 색은 『상서』에는 "전(典)"이 "윤(淪)"으로 되어 있는데, 전자(篆字)에서 바뀌었으며 그 뜻 또한 달라졌다. 서광은 말하기를 "전(典)은 국전(國典)이다."라 하였다. '喪'의 음은 상(息浪反)이다.

14 집해 마융은 말하였다. "월(越)은 어(於)이다. 이에 이르게 되었다, 지금 이르게 되었다는 말이다."

15 집해 마융은 말하였다. "거듭 불러서 이르는 것이다."

16 집해 정현은 말하였다. "발(發)은 일으키는 것이다. 주(紂)의 화와 와해가 이와 같으니 내가 몸을 일으켜 나간다는 것을 말한다." 색은 왕(往)은 『상서』에는 "광(狂)"으로 되어 있는데, 아마 또한 『금문상서(今文尚書)』의 뜻과 다를 따름이다.

吾家保于喪?[17]	우리 가문을 망하는 데서 지켜야 할까?
今女無故告[18]予,	이제 너희들이 나에게 알려주지 않으니
顚躋,	엎어지고 떨어지면
如之何其?"[19]	그것을 어찌할꼬?"
太師若曰:	태사가 이렇게 말하였다.
"王子,	"왕자시여,
天篤下菑亡殷國,[20]	하늘이 실로 재앙을 내려 은을 망하게 하려는데
乃毋畏畏,	두려워할 것을 두려워하지 않고
不用老長.[21]	연장자의 말을 쓰지 않습니다.
今殷民乃陋淫神祇之祀.[22]	지금 은의 백성은 곧 천지신명의 제사를 업신여기고 있습니다.

---

17 집해 서광은 말하였다. "어떤 판본에는 '이에 가문을 지켰다(於是家保)'로 되어 있다." 내 [駰]가 생각건대 마융은 말하기를 "경대부(卿大夫)는 가(家)라 칭한다."라 하였다.

18 집해 왕숙(王肅)은 말하였다. "나에게 가르쳐줄 뜻이 없는 것으로 미자가 가르침을 구한 것이다."

19 집해 마융은 말하였다. "제(躋)는 추(墜)와 같다. 의롭지 못한 데로 엎어지고 떨어진다면 그것을 어떡해야 할까 하는 말이다." 정현은 말하였다. "기(其)는 어조사이다. 제(齊)와 노(魯) 사이에서는 '희(姬)'와 같은 소리를 낸다. 『예기(禮記)』에서는 말하기를 '어떻게 거처할까(何居)'라 하였다."

20 집해 공안국은 말하였다. "미자(微子)는 제을(帝乙)의 아들이므로 '왕자(王子)'라고 하였다. 하늘이 주(紂)를 내어 어지럽혀 하세의 재난이 된 것이다." 정현은 말하였다. "소사가 대답을 하지 않은 것은 뜻이 반드시 죽는 데 있는 것이다." 정의正義 '菑'는 재(災)의 뜻으로 읽는다.

21 집해 공안국은 말하였다. "위로는 천재(天災)를 두려워하지 않고, 아래로는 현인(賢人)을 두려워하지 않으며 나이가 많은 어른의 뜻을 어기어 그 가르침을 쓰지 않는 것이다."

22 집해 서광은 말하였다. "어떤 판본에는 '지금 은은 신의 희생을 침해했다(今殷民侵神犧)'로 되어 있고, 또 어떤 판본에는 '업신여기어 신기를 침해했다(陋淫侵神祇)'라 하였다." 내[駰] 가 생각건대 마융은 "하늘(의 신)을 신(神)이라 하고, 땅(의 신)을 기(祇)라고 한다."라 하였다. 색은 누음(陋淫)은 『상서』에는 "양정(攘竊)으로 되어 있다. 유씨(劉氏)는 말하기를 "누음(陋淫)은 경예(輕穢)와 같다"라 하였다.

今誠得治國,	지금 실로 나라를 다스려
國治身死不恨.	나라가 다스려지면 몸이 죽어도 한스럽지 않습니다.
爲死,	몸이 죽어도
終不得治,	끝내 다스려지지 않는다면
不如去."	떠남만 못합니다."
遂亡.	마침내 달아났다.

箕子者,²³	기자는
紂親戚也.²⁴	주의 친척이다.
紂始爲象箸,²⁵	주가 처음으로 상아 술잔을 만들자
箕子歎曰:	기자가 탄식하여 말하였다.
"彼爲象箸,	"그가 상아 술잔을 만들었다면
必爲玉栝;	반드시 옥 술잔을 만들 것이며,
爲栝,	옥 술잔을 만들면
則必思遠方珍怪之物而御之矣.	반드시 먼 곳의 진기하고 기이한 사물을 생각하여 쓸 것이다.

---

23 **집해** 마융은 말하였다. "기(箕)는 나라 이름이다. 자(子)는 작위이다."

24 **색은** 기(箕)는 나라이고, 자(子)는 작위이다. 사마표(司馬彪)는 "기자(箕子)의 이름은 서여(胥餘)이다"라 하였다. 마융과 왕숙은 기자를 주(紂)의 제부(諸父: 백부와 숙부)라 하였다. 복건(服虔)과 두예(杜預)는 주의 서형(庶兄)이라고 하였다. 두예는 말하기를 "양(梁)의 몽현(蒙縣)에 기자의 무덤이 있다"라 하였다.

25 **색은** '箸'의 음은 작(持略反)이다. 아래에서 "상작(象箸)을 만들었으면 반드시 옥배(玉杯)를 만든다"라 하였으니 배와 작의 일은 서로 근접할 것이며, 『주례(周禮)』에 육준(六尊)이 있는데 희(犧)와 상(象), 작(著), 호(壺), 태(泰), 산(山)이 있다고 하였다. 작준(著尊)은 바로 땅에 붙이며 다리가 없는 것이다. 유씨는 음이 저(直慮反)라 하였으며, 배저(杯箸) 또한 음식을 먹는데 쓰는 기물로, 또한 뜻이 모두 통한다.

興馬宮室之漸自此始,	수레와 말, 궁실이 차츰 이로부터 (사치하기) 시작하여
不可振也."	구제할 수 없을 것이다."
紂爲淫泆,	주가 탐욕스럽고 방탕한 생활을 하자
箕子諫,	기자가 간언하였으나
不聽.	듣지 않았다.
人或曰:	어떤 사람이 말하였다.
"可以去矣."	"떠나야 할 것 같습니다."
箕子曰:	기자가 말하였다.
"爲人臣諫不聽而去,	"신하가 간언을 듣지 않는다고 떠난다면
是彰君之惡而自說於民,	이는 임금의 악행을 드러내고 스스로 백성의 기쁨을 사는 것이니
吾不忍爲也."	내 차마 하지 못하겠다."
乃被髮詳狂而爲奴.	이에 머리를 풀어헤치고 미친 척하여 노예가 되었다.
遂隱而鼓琴以自悲,	마침내 숨어서 금을 타면서 스스로 슬퍼하였으므로
故傳之曰箕子操.[26]	전하여 「기자조」라고 하였다.
王子比干者,	왕자 비간
亦紂之親戚也.	또한 주의 친척이었다.

---

26 집해 『풍속통의(風俗通義)』에서는 말하였다. "그 도가 폐색되어 시름에 잠겨 지은 곡조를 명명하여 조(操)라고 한다. 조(操)라는 것은 재해를 만나 곤액에 처하고 궁박해져서 원한을 품고 실의에 빠지긴 하였으나 그래도 예의를 지켜 두려워하지 않고 도를 즐기며 그 지조를 고치지 않는 것을 말한다."

見箕子諫不聽而爲奴,	기자가 간언하였으나 듣지 않자 노예가 되는 것을 보고
則曰:	말하였다.
"君有過而不以死爭,	"임금에게 허물이 있는데 죽음으로 간쟁하지 않는다면
則百姓何辜!"	백성들은 무슨 죄인가!"
乃直言諫紂.	이에 주에게 직언으로 간언하였다.
紂怒曰:	주가 노하여 말하였다.
"吾聞聖人之心有七竅,	"내 듣자니 성인의 심장에는 일곱 개의 구멍이 있다는데
信有諸乎?"	실로 그러한가?"
乃遂殺王子比干,	이에 마침내 왕자 비간을 죽여
剖視其心.	그 심장을 갈라보았다.
微子曰:	미자가 말하였다.
"父子有骨肉,	"부자간에는 골육지친이 있고
而臣主以義屬.	신하와 임금은 의로 이어져 있다.
故父有過,	그러므로 부친이 허물이 있어
子三諫不聽,	자식이 세 번 간언하여도 듣지 않으면
則隨而號之;	따르면서 울부짖고,
人臣三諫不聽,	신하가 세 번 간언하여도 듣지 않으면
則其義可以去矣."	그 의가 떠날 만할 것이다."
於是太師·少師乃勸微子去,	이에 태사와 소사가 곧 미자에게 떠날 것을 권하여
遂行.27	마침내 떠났다.

---

27 집해 당시 비간은 이미 죽었는데 소사(少師)라고 한 것은 잘못일 것이다.

周武王伐紂克殷,	주무왕이 주를 쳐서 은을 이기자
微子乃持其祭器造於軍門,	미자는 이에 그 제기를 들고 군문으로 가서
肉袒面縛,[28]	윗옷을 벗어 살을 드러내고 면박을 하고
左牽羊,	왼손에는 양을 끌고
右把茅,	오른손에는 띠를 한 움큼 쥐고
膝行而前以告.	무릎으로 걸어 앞으로 나아가 고하였다.
於是武王乃釋微子,	이에 무왕이 곧 미자를 풀어주고
復其位如故.	그 지위를 옛날과 같이 회복시켜주었다.
武王封紂子武庚祿父以續殷祀,	무왕은 주의 아들 무경 녹보를 봉하여 은의 제사를 잇게 하고
使管叔·蔡叔傅相之.	관숙과 채숙에게 보좌하도록 하였다.
武王既克殷,	무왕은 은을 이기고
訪問箕子.	기자를 찾아갔다.
武王曰:	무왕이 말하였다.
"於乎!	"아아!
維天陰定下民,	하늘이 몰래 하세의 백성을 안정시켜
相和其居,[29]	거처함을 서로 화목하게 하였는데
我不知其常倫所序."[30]	나는 그 떳떳한 윤리의 차서를 알지 못합니다."

---

28 색은 육단(肉袒)은 웃통을 벗고 살을 드러낸 것이다. 면박(面縛)은 등 뒤로 손을 묶고 얼굴은 앞으로 향하게 하는 것이다. 유씨(劉氏)는 "얼굴은 곧 등이다"라 하였는데 뜻이 조금 멀다.

29 집해 공안국은 말하였다. "하늘이 말을 하지 않고 잠자코 하민(下民)들을 안정시켜 그 하는 곳을 도와 서로 살게 하는 바탕이 있게 한 것이다."

箕子對曰:　　　　　기자가 대답하였다.

"在昔鯀陻鴻水,　　　"옛날에 곤이 홍수를 막으면서

汨陳其五行,[31]　　　　오행을 어지럽게 늘어놓자

帝乃震怒,　　　　　　상제가 진노하여

不從鴻範九等,　　　　홍범의 아홉 법도를 주지 않아

常倫所斁.[32]　　　　　떳떳한 윤리가 무너졌습니다.

鯀則殛死,　　　　　　곤은 사형에 처하여지고

禹乃嗣興.[33]　　　　　우가 이에 이어서 일으켰습니다.

天乃錫禹鴻範九等,　　하늘이 이에 우에게 홍범의 아홉 법도를 내리시니

常倫所序.[34]　　　　　떳떳한 윤리가 질서를 잡게 되었습니다.

"初一曰五行;　　　　　"첫 번째는 오행이고,

二曰五事;　　　　　　두 번째는 오사이며,

三曰八政;　　　　　　세 번째는 팔정이고,

四曰五紀;　　　　　　네 번째는 오기이며,

30　집해　공안국은 말하였다. "내 하늘이 백성을 안정시키는 떳떳한 도리의 차서를 알지 못하여 무슨 연유인지 묻는 것을 말한다."

31　집해　공안국은 말하였다. "인(陻)는 막는 것이고, 골(汨)은 어지러운 것이다. 치수(治水)를 하는데 도리를 잃어 오행을 어지러이 펼친 것이다."

32　집해　서광은 말하였다. "'석(釋)'으로 된 곳도 있다." 내[駰]가 생각건대 정현은 "제(帝)는 하늘이다. 하늘이 곤을 이렇게 생각하여 이에 그 위노(威怒)를 크게 떨쳐 천도(天道)의 큰 법도 9가지를 주지 않았는데, 왕이 패한 까닭을 물은 것을 말하였다."

33　집해　정현은 말하였다. "『춘추전(春秋傳)』에서는 '순(舜)이 죽임에 곤을 죽였고 천거함에 우를 등용하였다.'라 하였다."

34　집해　공안국은 말하였다. "하늘이 우에게 주니 낙수(洛水)에서 글이 나왔다. 신귀(神龜)가 무늬를 지고 나왔는데 등에 배열되었으며 수(數)가 9에 이르렀는데, 우가 마침내 그대로 차례로 삼아 9류(類)를 이루었다."

五曰皇極;	다섯 번째는 황극이고,
六曰三德;	여섯 번째는 삼덕이며,
七曰稽疑;	일곱 번째는 계의이고,
八曰庶徵;	여덟 번째는 서징이며,
九曰嚮用五福,	아홉 번째는 오복을 누림과
畏用六極.[35]	위엄을 보임을 육극으로 하는 것입니다.

"五行:	"오행은
一曰水,	첫 번째가 수이고,
二曰火,	두 번째는 화이며,
三曰木,	세 번째는 목,
四曰金,	네 번째는 금,
五曰土.[36]	다섯 번째는 토입니다.
水曰潤下,	수는 윤하이고,
火曰炎上,[37]	화는 염상이며,
木曰曲直,[38]	목은 곡직,
金曰從革,[39]	금은 종혁,
土曰稼穡.[40]	토는 가색이라 합니다.
潤下作鹹,[41]	윤하는 짠 것이 되고,

---

35 집해 마융은 말하였다. "하늘이 사람을 두렵게 하는데 육극(六極)으로 한 것을 말한다."
36 집해 정현은 말하였다. "이 수는 음양이 생겨난 차례에 근본하였다."
37 집해 공안국은 말하였다. "그 자연의 떳떳한 성질을 말하였다."
38 집해 공안국은 말하였다. "목(木)은 주물러서 굽히고 곧게 할 수 있다."
39 집해 마융은 말하였다. "금(金)의 성질은 사람을 따르며 또한 녹일 수 있다."
40 집해 왕숙은 말하였다. "심는 것을 가(稼)라 하고 거두는 것을 색(穡)이라 한다."
41 집해 공안국은 말하였다. "물은 소금이 생겨나는 곳이다."

炎上作苦,[42]	염상은 쓴 것이 되며,
曲直作酸,[43]	곡직은 신 것이 되고,
從革作辛,[44]	종혁은 매운 것이 되고,
稼穡作甘.[45]	가색은 단 것이 됩니다.

"五事:	오사는
一曰貌,	첫 번째는 모습이고,
二曰言,	두 번째는 말,
三曰視,	세 번째는 봄,
四曰聽,	네 번째는 들음,
五曰思.	다섯 번째는 생각입니다.
貌曰恭,	모습은 공손하고,
言曰從,[46]	말은 순종하며,
視曰明,	봄은 밝고,
聽曰聰,	들음은 밝으며,
思曰睿.[47]	생각은 지혜롭습니다.
恭作肅,	공손함은 엄숙함을 만들고,
從作治,[48]	순종함은 다스림을 만들며,
明作智,	밝음은 지혜를 만들고,

---

42 **집해** 공안국은 말하였다. "타는 기운의 맛이다."
43 **집해** 공안국은 말하였다. "나무 열매의 성질이다."
44 **집해** 공안국은 말하였다. "금의 기운의 맛이다."
45 **집해** 공안국은 말하였다. "단 맛은 백곡에서 생겨난다. 오행 이하는 기자가 진술한 것이다."
46 **집해** 마융은 말하였다. "말을 하면 따를 수 있어야 하는 것이다."
47 **집해** 마융은 말하였다. "예(睿)는 통하는 것이다."
48 **집해** 마융은 말하였다. "명령을 내면 따르는 것이 다스리는 까닭이다."

聰作謀,[49]	귀밝음은 헤아림을 만들며,
睿作聖.[50]	지혜로움은 성스러움을 만듭니다.

"八政:	"팔정은
一曰食,	첫 번째는 먹는 것이고,
二曰貨,	두 번째는 재물이며,
三曰祀,	세 번째는 제사,
四曰司空,[51]	네 번째는 사공,
五曰司徒,[52]	다섯 번째는 사도,
六曰司寇,[53]	여섯 번째는 사구,
七曰賓,[54]	일곱 번째는 빈(賓: 外交官),
八曰師.[55]	여덟 번째는 군사입니다.

"五紀:	"오기는
一曰歲,	첫 번째는 세이고,
二曰月,	두 번째는 월이며,
三曰日,	세 번째는 일이고,

---

49 집해 공안국은 말하였다. "계책을 반드시 살피는 것이다." 마융은 말하였다. "윗사람이 총명하면 아래에서 계책을 바친다."

50 집해 공안국은 말하였다. "일에 통하지 않음이 없는 것을 성(聖)이라 한다."

51 집해 마융은 말하였다. "사공(司空)은 성곽 짓는 것을 관장하며 공토(空土)를 주관하여 백성이 거주하게 한다."

52 집해 공안국은 말하였다. "무리를 주관하며 예의(禮義)를 가르친다."

53 집해 마융은 말하였다. "도적들을 토벌하는 것을 맡는다."

54 집해 정현은 말하였다. "제후가 조현하여 뵙는 관직을 관장한다."

55 집해 정현은 말하였다. "군려(軍旅)를 관장하는 관직이다."

四曰星辰,[56]	네 번째는 성신이며,
五曰曆數.[57]	다섯 번째는 역수입니다.
"皇極:[58]	"황극은
皇建其有極,	임금이 세워야할 지극한 법칙으로,
斂時五福,	이 오복을 거두어서
用傅錫其庶民,[59]	여러 백성들에게 복을 펴서 주면
維時其庶民于女極,[60]	이 여러 백성들이 그대의 법도에 대하여
錫女保極.[61]	그대에게 법도를 보존함을 줄 것입니다.
凡厥庶民,	무릇 서민들이
毋有淫朋,	사악하게 붕당을 이룸이 없고
人毋有比德,	지위에 있는 사람들이 사사로이 서로 붙음이 없는 것은
維皇作極.[62]	임금이 법도가 되기 때문이다.
凡厥庶民,	무릇 저 서민들이

---

56 **집해** 마융은 말하였다. "성(星)은 28수(宿)이다. 신(辰)은 해와 달이 모이는 곳이다." 정현은 말하였다. "성(星)은 오성(五星)이다."

57 **집해** 공안국은 말하였다. "역수(曆數)는 절기(節氣)를 헤아리는 것이다. 역수를 만들어서 삼가 백성들에게 때를 주는 것이다."

58 **집해** 공안국은 말하였다. "태중(太中)의 도는 그 중이 있는 것을 크게 세우는 것으로 구주(九疇)의 의를 행하는 것을 이른다."

59 **집해** 마융은 말하였다. "이 오복(五福)의 도를 거두어 뭇 백성에게 펴야 한다는 것이다."

60 **집해** 마융은 말하였다. "이 오복을 거둘 수 있기 때문에 뭇 백성이 너에게서 중정(中正)을 취하여 마음을 돌리는 것이다."

61 **집해** 정현은 말하였다. "또한 너에게 중을 지키는 도를 내린 것이다."

62 **집해** 공안국은 말하였다. "백성들이 선함이 있으면 허물이나 붕당을 짓는 악함이 없어서 가까이하고 두터이 하는 덕이 오직 천하에서 모두 크게 중정(中正)이 된 것이다."

有猷有爲有守,	꾀함이 있고 시위(施爲)함이 있고 지킴이 있는 것을
女則念之.[63]	그대는 생각하시오.
不協于極,	법도에 합하지 않더라도
不離于咎,	허물에 걸리지 않으면
皇則受之.[64]	임금은 받아 주시오.
而安而色,	얼굴빛을 편안히 하여
曰予所好德,	말하기를 '내가 좋아하는 것이 덕이다'라 하면
女則錫之福.[65]	그대는 그에게 복을 주시오.
時人斯其維皇之極.[66]	이 사람이 이에 임금의 법도에 맞게 할 것입니다.
毋侮鰥寡而畏高明.[67]	홀아비와 과부를 업신여기지 말고 고명을 두려워하지 마시오.
人之有能有爲,	사람 중에 재능이 있고 할 수 있는 자를
使羞其行,	그 행함에 나아가게 하면
而國其昌.[68]	나라가 창성해질 것이오.
凡厥正人,	무릇 정인[벼슬아치]들은
既富方穀.[69]	부유하게 하여야 바야흐로 선하게 되오.

---

63 **집해** 마융은 말하였다. "무릇 그 백성들이 도모함이 있고 시위(施爲)함이 있으며 잡고 지키는 것이 있으면 마땅히 그 행실에 취사(趣舍)함이 있음을 생각해야 한다."

64 **집해** 공안국은 말하였다. "무릇 백성의 행실이 중에 맞지 않더라도 허물과 죄악에 걸리지 않는다면 모두 큰 법도를 나아가 써서 받아들일 수 있는 것이다."

65 **집해** 공안국은 말하였다. "너는 네 안색을 편안히 하여 아래 사람들에게 겸손해야 한다. 사람들이 내가 좋아하는 것은 덕이라고 한다면 너는 그에게 작록를 주어라."

66 **집해** 공안국은 말하였다. "중에 합치되지 않는 사람에게 네가 복을 준다면 이 사람은 이에 큰 중(中)일 뿐이니 힘껏 나아갈 수 있다는 말이다."

67 **집해** 마융은 말하였다. "고명하여 총애가 드러난 자는 법을 굽히어 두려워하지 않는다."

68 **집해** 왕숙은 말하였다. "행함에 나아가게 하고 정치를 맡긴다면 나라가 그것 때문에 창성해진다는 것이다."

女不能使有好于而家,	그대가 그대 집에서 좋아함이 있을 수 없게 한다면
時人斯其辜.[70]	이 사람들이 죄를 짓게 될 것이오.
于其母好,	덕을 좋아하지 않는 이에겐
女雖錫之福,	그대가 비록 복을 내리더라도
其作女用咎.[71]	이는 그대가 허물이 있는 사람을 씀이 될 것이오.
母偏母頗,	치우치지 말고 기울지 말고
遵王之義.[72]	선왕의 의를 따르십시오.
母有作好,	(사사로이) 좋아함을 일으키지 말아
遵王之道.[73]	왕의 도를 따르십시오.
母有作惡,	(사사로이) 미워함을 일으키지 말아
遵王之路.	왕의 길을 따르십시오.
母偏母黨,	치우침이 없고 편당함이 없으면
王道蕩蕩.[74]	왕의 도가 탕탕하게 될 것입니다.
母黨母偏,	편당함이 없고 치우침이 없으면
王道平平.[75]	왕의 도가 평평할 것입니다.

---

69 〔집해〕 공안국은 말하였다. "정직한 사람은 작록으로 부유하게 될뿐더러 또한 선도(善道)로 접하게 되는 것이다."

70 〔집해〕 공안국은 말하였다. "정인(正人)들이 나라에서 좋아함이 있을 수 없게 한다면 이 사람은 이에 속이어 죄를 지어 떠날 것이다."

71 〔집해〕 정현은 말하였다. "내 집의 사람을 좋아하지 않으면 작록을 내려준다고 하더라도 그 동작이 너 때문에 악해지리라는 것이다. 천자가 백성과 원한을 맺는 것을 말한다."

72 〔집해〕 공안국은 말하였다. "편(偏)은 고르지 않은 것이다. 파(頗)는 바르지 않은 것이다. 선왕의 정의를 따라서 백성을 다스려야 한다는 것을 말한다."

73 〔집해〕 마융은 말하였다. "호(好)는 사적으로 좋아하는 것이다."

74 〔집해〕 공안국은 말하였다. "개벽(開辟)함을 말한다." 정현은 말하였다. "당(黨)은 붕당(朋黨)이다."

75 〔집해〕 공안국은 말하였다. "변별하여 다스림을 말한다."

毋反毋側,	(常道에) 위배됨이 없고 기욺이 없으면
王道正直.[76]	왕의 도가 바르고 곧게 될 것입니다.
會其有極,[77]	그 법도에 모여
歸其有極.[78]	그 법도로 돌아갈 것입니다.
曰王極之傅言,[79]	임금이 법도로 부연한 말이
是夷是訓,	이것이 바로 떳떳한 이치이고 가르침이니
于帝其順.[80]	이는 상제가 가르쳐주신 것입니다.
凡厥庶民,	무릇 서민들이
極之傅言,[81]	법도로 부연한 말을
是順是行,[82]	교훈으로 삼고 행하면
以近天子之光.[83]	천자의 빛을 가까이하여
曰天子作民父母,	말하기를 '천자가 우리들의 부모가 되시고
以爲天下王.[84]	천하의 왕이 될 것이다.'라 하였습니다.

"三德:	삼덕은
一曰正直,[85]	첫 번째는 정직함이고,

---

76 **집해** 마융은 말하였다. "반(反)은 도를 어기는 것이다. 측(側)은 기우는 것이다."
77 **집해** 정현은 말하였다. "임금은 중도를 가진 사람을 모아 신하로 삼아야 함을 이른다."
78 **집해** 정현은 말하였다. "신하는 중도를 가진 임금에게 나아가 섬겨야 함을 이른다."
79 **집해** 마융은 말하였다. "왕자(王者)는 극진히 행하여 신하가 그 말을 펴게 해야 한다는 것이다."
80 **집해** 마융은 말하였다. "크게 중도에 맞아 늘 행하여 이를 가지고 천하에 교훈을 베풀면 하늘에서 순종할 것이다."
81 **집해** 마융은 말하였다. "또한 위에서 그 말을 극진히 부연하여 펴는 것이다."
82 **집해** 왕숙은 말하였다. "백성이 위에 바쳐 중을 얻는다면 순하게 행하여진다."
83 **집해** 왕숙은 말하였다. "근(近)은 익(益)과 같다. 백성의 말을 따라서 행하기 때문에 천자의 빛을 더하는 것이다."
84 **집해** 왕숙은 말하였다. "정교(政敎)가 중을 힘쓰면 백성이 잘 쓰기 때문에 백성의 부모 된 자는 천하로 돌아가게 된다."

二曰剛克, 　　　　　　두 번째는 강으로 다스림이며,

三曰柔克.⁸⁶

三曰柔克.[86] 　　　　세 번째는 유로 다스림입니다.

平康正直,[87] 　　　　　평강은 정직이고,

彊不友剛克,[88] 　　　　강하여 순하지 않은 자는 강으로 다스리고,

內友柔克,[89] 　　　　　화하여 순한 자는 유로 다스리며,

沈漸剛克,[90] 　　　　　침잠한 자는 강으로 다스리고,

高明柔克.[91] 　　　　　고명한 자는 유함으로 다스립니다.

維辟作福, 　　　　　　오직 군주만이 복을 짓고

維辟作威, 　　　　　　오직 군주만이 위엄을 짓고

維辟玉食.[92] 　　　　　오직 군주만이 옥식을 할 수 있습니다.

---

85 **집해** 정현은 말하였다. "중평(中平)한 사람이다."

86 **집해** 정현은 말하였다. "극(克)은 능(能)이다. 강한데 부드럽게 할 수 있고 부드러운데 강하게 할 수 있으면 너그럽고 사나움을 서로 구제하여 다스림이 이루어지고 공을 세우게 된다."

87 **집해** 공안국은 말하였다. "세상이 평안하여 정직함으로 다스리는 것이다."

88 **집해** 공안국은 말하였다. "우(友)는 순한 것이다. 세상에 강하게 제어하여 순하지 않아서 강함으로 다스릴 수 있는 것이다."

89 **집해** 공안국은 말하였다. "세상이 화순(和順)하여 부드러움으로 다스릴 수 있는 것이다." **색은** 내(內)는 "섭(燮)"이 되어야 한다. 섭(燮)은 화한 것이다.

90 **집해** 마융은 말하였다. "침(沈)은 음(陰)이다. 잠(潛)은 복(伏)이다. 몰래 엎드린 계책은 적신(賊臣) 난자(亂子)가 하루 아침 하루 저녁에 점차 이루어진 것이 아니어서 군친(君親)에 대해서는 시해하려는 마음을 품어서는 안 되는 것이니 그런 마음을 품으면 주벌(誅罰)을 받게 된다." **색은** 『상서(尙書)』에는 "침잠(沈潛)"으로 되어 있고 여기서는 "점(漸)"자로 되어 있는데 그 뜻은 마 씨의 주를 따라야 한다.

91 **집해** 마융은 말하였다. "고명한 군자는 또한 덕으로 품는다."

92 **집해** 마융은 말하였다. "벽(辟)은 임금이다. 옥식(玉食)은 맛있는 음식이다. 왕(王)이라고 말하지 않은 것은 제후와 관계되어서이다." 정현은 말하였다. "작복(作福)은 관작과 상(賞)을 오로지 하는 것이다. 작위(作威)는 형벌을 오로지 하는 것이다. 옥식(玉食)은 진미(珍美)를 갖추는 것이다."

臣無有作福作威玉食.	신하는 복을 짓고 위엄을 짓고 옥식함이 있어서는 안 됩니다.
臣有作福作威玉食,	신하가 복을 짓고 위엄을 짓고 옥식함이 있으면
其害于而家,	네 집에 해롭고
凶于而國,	네 나라에 흉하여
人用側頗辟,	사람들이 바르지 못하고 기울고 편벽되며,
民用僭忒.93	백성들이 참람하고 지나치게 될 것입니다.

"稽疑:	계의는
擇建立卜筮人.94	점치는 사람을 가려 세워
乃命卜筮,	이에 점을 치도록 명하는 것입니다.
曰雨,	비 오는 것과
曰濟,	개임과
曰涕,95	이어짐과
曰霧,96	몽과
曰克,	이김이며
曰貞,	정과

---

93 **집해** 공안국은 말하였다. "재위(在位)에 있으면서 단평(端平)하지 않으면 아래의 백성들은 외람되고 어긋나게 된다."

94 **집해** 공안국은 말하였다. "거북점을 복(卜)이라 하고, 시초점을 서(筮)라고 한다. 의심스런 일을 고정(考正)할 때는 마땅히 복서를 아는 사람을 택하여 그것을 세운다."

95 **집해** 『상서』에는 "역(圛)"으로 되어 있다. **색은** '涕'의 음은 역(亦)이며, 『상서』에는 "역(圛)"으로 되어 있다." 공안국은 말하기를 "기가 연달아 또한 이어지는 것이다."라 하였다. 여기서는 "체(涕)"로 되어 있는데, 눈물을 흘리는 것 또한 서로 이어지는 모습입니다.

96 **집해** 서광은 말하였다. "어떤 판본에는 '이(洟)'로 되어 있는데, '피(被)'이다." **색은** '霧'의 음은 몽(蒙)이지만, "몽(蒙)"과 "몽(霧)" 또한 서로 뜻이 통한다. 서광이 본 판본에는 "제(涕)"가 "이(洟)"로 되어 있으며, "몽(蒙)"이 "피(被)"로 되어 있으니 뜻은 통하나 글자가 바뀌었다.

曰悔,	회로
凡七.	모두 일곱 가지입니다.
卜五,	복에는 다섯
占之用二,	점침에는 둘을 쓰니
衍貣.[97]	잘못됨을 추측하여 아는 것입니다.
立時人爲卜筮,[98]	이 사람을 세워 복서를 하되
三人占則從二人之言.[99]	세 사람이 점을 치면 두 사람의 말을 따릅니다.
女則有大疑,	네게 큰 의심이 있거든
謀及女心,	꾀함이 너의 마음에 미치고
謀及卿士,	꾀함이 경사에 미치고
謀及庶人,	꾀함이 서인에 미치고
謀及卜筮.[100]	꾀함이 복서에 미칠 것입니다.
女則從,	네가 따르고

---

97 집해 정현은 말하였다. "복(卜)의 다섯 점의 쓰임은 우(雨)와 제(濟), 역(圛), 몽(霧), 극(克)이다. 두 가지 연특(衍貣)은 정(貞)과 회(悔)이다. 복서인(卜筮人)을 세우려고 하면 곧 먼저 조괘(兆卦)를 명명하여 분별하여야 한다. 조괘(兆卦)의 이름은 무릇 일곱인데, 거북점이 다섯 가지를 쓰고 역(易)이 두 가지를 쓴다. 이 도를 살피면 곧 그것을 세우는 것이다. 우(雨)는 조(兆)의 본체로, 기(氣)가 비와 같은 것이다. 제(濟)는 비가 그치고 구름 기운이 위에 있는 것같은 것이다. 역(圛)은 색이 윤택하고 빛이 밝은 것이다. 몽(霧)은 기운이 흩어지지 않고 막히어 어둑한 것이다. 극(克)은 요기(妖氣)의 색이 서로 침범하는 것 같은 것이다. 내괘(內卦)를 정(貞)이라 하는데, 정(貞)은 바른 것이다. 외괘(外卦)를 회(悔)라고 하는데, 회(悔)라는 말은 회(晦)와 같고, 회(晦)는 종(終)과 같다. 괘상(卦象)에 변화가 많기 때문에 '연특(衍貣)'이라고 하였다."

98 집해 정현은 말하였다. "이를 세워 조괘(兆卦)의 이름을 분별할 수 있는 자를 복서인(卜筮人)으로 삼는다."

99 집해 정현은 말하였다. "그 많음을 따르는 것이다. 시귀(蓍龜)의 도는 유미(幽微)를 밝히기가 어려우며 매우 신중히 하여야 한다."

100 집해 공안국은 말하였다. "먼저 모려(謀慮)를 다한 다음에 복서(卜筮)로 결정을 한다."

龜從,	거북점이 따르고
筮從,	시초점이 따르고
卿士從,	경사가 따르고
庶民從,	서민이 따르면
是之謂大同,[101]	이를 일러 대동이라 하니,
而身其康彊,	몸이 강강하고
而子孫其逢吉.[102]	자손이 길함을 만날 것입니다.
女則從,	네가 따르고
龜從,	거북점이 따르고
筮從,	시초점이 따르면
卿士逆,	경사가 거스르고
庶民逆,	서민이 거슬러도
吉.	길할 것입니다.
卿士從,	경사가 따르고
龜從,	거북점이 따르고
筮從,	시초점이 따르면
女則逆,	네가 거스르고
庶民逆,	서민이 거슬러도
吉.	길할 것입니다.
庶民從,	서민이 따르고
龜從,	거북점이 따르며,
筮從,	시초점이 따르면

---

101 **집해** 공안국은 말하였다. "길함이 크게 같다."
102 **집해** 공안국은 말하였다. "움직여서 대중을 어기지 않기 때문에 후세에서 길함을 만나는 것이다."

女則逆,	네가 거스르고
卿士逆,	경사가 거슬러도
吉.[103]	길할 것입니다.
女則從,	네가 따르고
龜從,	거북점이 따르는데
筮逆,	시초점이 거스르고
卿士逆,	경사가 거스르고
庶民逆,	서민이 거스르면
作內吉,	안의 일을 하는 것은 길하고
作外凶.[104]	밖의 일을 하는 것은 흉할 것입니다.
龜筮共違于人,	거북점과 시초점이 모두 사람과 위배되면
用靜吉,	정함에 쓰면 길하고
用作凶.[105]	동함에 쓰면 흉할 것입니다.

"庶徵:	서징은
曰雨,	비와
曰陽,	볕,
曰奧,	더위와
曰寒,	추위,
曰風,	바람과

---

103 〔집해〕 정현은 말하였다. "이 세 가지는 모두 많은 것을 따름으로 길하게 되는 것이다."

104 〔집해〕 정현은 말하였다. "이 거스르는 것이 많아 그런 까닭에 경내에서 일을 거행하면 길하고 경외에서는 흉한 것이다."

105 〔집해〕 공안국은 말하였다. "편안하게 떳떳함을 지키면 길하고 움직이면 흉하다." 정현은 말하였다. "거북점과 시초점이 모두 사람의 계책과 어긋나면 사람이 비록 셋을 따라도 오히려 일을 거행할 수 없다." 〔역주〕 작(作)은 정(靜)과 반대의 뜻으로 동(動)과 같다.

曰時.[106]	때입니다.
五者來備,	다섯 가지가 와서 갖춰지되
各以其序,	각기 그 절서(節敍)에 맞으면
庶草繁廡.[107]	여러 풀들도 번성할 것입니다.
一極備,	한 가지만 극도로 구비되어도
凶.	흉하며,
一極亡,	한 가지만 극도로 없어도
凶.[108]	흉합니다.
曰休徵:[109]	아름다운 징조는
曰肅,	엄숙함에
時雨若,[110]	제때에 비가 내리며,
曰治,	조리가 있음에
時暘若;[111]	제때에 날이 개며,
曰知,	지혜로움에
時奧若;[112]	제때에 날이 따뜻하며,
曰謀,	헤아림에

---

106 **집해** 공안국은 말하였다. "비로 사물을 윤택하게 하고, 볕으로 사물을 마르게 하며, 따뜻함으로 사물을 기르고, 추위로 사물을 이루며, 바람으로 사물을 움직인다. 다섯 가지가 각기 제때를 지키는 것이 여러 징험이 되는 까닭이다."

107 **집해** 공안국은 말하였다. "다섯 가지가 갖추어져 각기 질서가 바로잡히면 초목이 우거지고 풍성해진다는 것을 말한다."

108 **집해** 공안국은 말하였다. "한 가지가 갖추어짐이 극도로 심해지면 흉하여지고 한 가지가 극도로 이루어지지 않음이 없어도 흉하니, 그 때가 순서를 잃지 않은 것을 이르는 것이다."

109 **집해** 공안국은 말하였다. "아름다운 행실의 징험을 편 것이다."

110 **집해** 공안국은 말하였다. "임금의 행실이 공경하면 때맞춰 내리는 비가 따른다."

111 **집해** 공안국은 말하였다. "임금이 정치를 바로하면 때맞춰 갬이 따른다."

112 **집해** 공안국은 말하였다. "임금이 밝고 명철하면 때맞춰 따뜻함이 따른다."

時寒若;[113]	제때에 날이 추우며,
曰聖,	성스러움에
時風若.[114]	제때에 바람이 부는 것입니다.
曰咎徵:[115]	나쁜 징조는
曰狂,	미친 짓을 함에
常雨若;[116]	항상 비가 내리며,
曰僭,	참람한 짓을 함에
常暘若;[117]	항상 볕이 나며,
曰舒,	게으름에
常奧若;[118]	항상 날씨가 더우며,
曰急,	급박함에
常寒若;[119]	항상 날씨가 추우며,
曰霧,	몽매함에
常風若.[120]	항상 바람이 부는 것입니다.
王眚維歲,[121]	왕이 살필 것은 해이고
卿士維月,[122]	경사는 달이고

---

113 집해 공안국은 말하였다. "임금이 계책을 잘 세우면 때맞춰 추위가 따른다."

114 집해 공안국은 말하였다. "임금이 이치에 통달할 수 있으면 때맞춰 바람이 따른다."

115 집해 공안국은 말하였다. "악행의 징험을 편 것이다."

116 집해 공안국은 말하였다. "임금의 행실이 방자하고 망령(狂妄)되면 늘 비가 따른다."

117 집해 공안국은 말하였다. "임금의 행실이 참람하고 어긋나면 늘 볕이 나는 것이 따른다."

118 집해 공안국은 말하였다. "군신(君臣)이 안락하면 늘 따뜻함이 따른다." 색은 서(舒)는 글 자의 뜻대로 읽는다. 아래에 "왈급(曰急)"이 있다.

119 집해 공안국은 말하였다. "임금의 행실이 급하면 늘 추위가 따른다."

120 집해 공안국은 말하였다. "임금의 행실이 몽매하고 혼암하면 늘 바람이 따른다."

121 집해 마융은 말하였다. "왕자(王者)가 살피는 직책이 해가 사철을 갖춤과 같다."

122 집해 공안국은 말하였다. "경사(卿士)마다 각기 관장함이 있는 것이 달이 구별이 있음과 같다."

師尹維日.[123]	사윤은 날입니다.
歲月日時毋易,[124]	해와 달, 날에 때가 바뀜이 없으면
百穀用成,	백곡이 풍성하고
治用明,[125]	다스려짐이 밝아지고
畯民用章,	준걸스런 백성들이 드러나고
家用平康.[126]	집이 편안해질 것입니다.
日月歲時既易,	해와 달, 날에 때가 제때를 잃어 때가 바뀌게 되면
百穀用不成,	백곡이 이루어지지 못하고
治用昏不明,	다스려짐이 어두워 밝지 못하고
畯民用微,	준걸스런 백성들이 미천해지고
家用不寧.	집이 편안하지 못할 것입니다.
庶民維星,[127]	서민은 별이니
星有好風,	별은 바람을 좋아하고
星有好雨.[128]	별은 비를 좋아합니다.
日月之行,	해와 달의 운행에는
有冬有夏.[129]	겨울이 있고 여름이 있으니,
月之從星,	달이 별을 따름으로

---

123 집해 공안국은 말하였다. "장관[正官]의 관리들이 그 직책을 나누어 다스리는 것이 날이 세월이 있는 것과 같다."

124 집해 공안국은 말하였다. "각자 떳떳함을 따른다."

125 집해 공안국은 말하였다. "세월이 바뀜이 없으면 백곡(百穀)이 풍년이 들고, 군신(君臣)이 바뀜이 없으면 바른 정치가 밝아지게 된다."

126 집해 공안국은 말하였다. "현신(賢臣)이 드러나 기용되면 국가가 평안해진다."

127 집해 공안국은 말하였다. "별은 백성의 상이므로 백성들이 별과 같은 것이다."

128 집해 마융은 말하였다. "기성(箕星)은 바람을 좋아하고, 필성(畢星)은 비를 좋아한다."

129 집해 공안국은 말하였다. "일월(日月)은 운행은 겨울과 여름에 각기 상도(常度)가 있다."

則以風雨.[130]	비바람을 알 수 있습니다.

"五福:	오복은
一曰壽,	첫 번째는 수이고,
二曰富,	두 번째는 부이고,
三曰康寧,[131]	세 번째는 강녕이고,
四曰攸好德,[132]	네 번째는 유호덕[덕을 좋아함]이고,
五曰考終命.[133]	다섯 번째는 고종명입니다.

六極:	육극은
一曰凶短折,[134]	첫 번째는 흉함과 단절이요,
二曰疾,	두 번째는 질병이요,
三曰憂,	세 번째는 우환이요,
四曰貧,	네 번째는 가난이요,
五曰惡,[135]	다섯 번째는 악함이요,
六曰弱."[136]	여섯 번째는 나약함입니다."

---

130 **집해** 공안국은 말하였다. "달이 기수(箕宿)를 지나면 바람이 많고, 필수(畢宿)를 떠나면 비가 많다. 정교(政教)가 떳떳함을 잃어 백성의 욕망을 따르는 것이 또한 어지러운 까닭이다."

131 **집해** 정현은 말하였다. "강녕(康寧)은 평안(平安)한 것이다."

132 **집해** 공안국은 말하였다. "좋아하는 것이 덕이며, 복의 도이다."

133 **집해** 공안국은 말하였다. "각기 그 짧고 긴 수명을 이루고 스스로 죽으면 갑작스레 요절하지 않은 것이다."

134 **집해** 정현은 말하였다. "이를 갈지 않았는데 죽은 것을 흉(凶)이라 하고, 관례를 올리지(20세가 되지) 않고 죽은 것을 단(短)이라고 하며, 혼례를 올리지 않고 죽은 것을 절(折)이라고 한다." **색은** 미츤(未齔)은 새 이가 나지 않은 것이다. 음은 츤(楚恡反)이다.

135 **집해** 공안국은 말하였다. "악(惡) 추하고 비루한 것이다."

136 **집해** 정현은 말하였다. "어리석고 나약하며 씩씩하고 굳세지 않은 것을 약(弱)이라고 한다."

於是武王乃封箕子於朝鮮[137]而不臣也.

　　이에 무왕은 곧 기자를 조선에 봉하고 신하로 삼지 않았다.

其後箕子朝周, 　　그 후 기자가 주에 조현하면서

過故殷虛, 　　옛 은의 궁궐터를 지나게 되었는데

感宮室毀壞, 　　궁실이 허물어지고

生禾黍, 　　벼와 기장이 자라는 것에 감개를 느껴

箕子傷之, 　　기자가 슬퍼하여

欲哭則不可, 　　소리 내어 울고 싶었으나 안 될 것 같았고

欲泣爲其近婦人,[138] 　　눈물을 흘리자니 아녀자에 가까울 것 같아

乃作麥秀之詩以歌詠之. 　　이에 「맥수지시」를 지어 노래하여 읊었다.

其詩曰: 　　그 시는 이렇다.

"麥秀漸漸兮, 　　"보리이삭 점차 패어감이여,

禾黍油油.[139] 　　벼와 기장 윤기가 반지르르하네.

彼狡僮兮, 　　저 교활한 아이여,

不與我好兮!" 　　나와는 사이가 좋지 않았다네."

所謂狡童者, 　　이른바 교활한 아이란 것은

紂也. 　　주이다.

殷民聞之, 　　은의 백성이 듣고는

皆爲流涕.[140] 　　모두들 눈물을 흘렸다.

---

137 색은 음은 조선(潮仙)이다. 땅이 물을 끼고 있으므로 이름으로 삼았다.

138 색은 부인(婦人)은 성품이 눈물을 많이 흘린다.

139 색은 점점(漸漸)은 보리 까끄라기의 모양으로 음은 점(子廉反)이고, 또 글자대로 읽기도 한다. 유유(油油)는 벼와 기장의 싹이 빛을 내는 모양이다.

140 집해 두예는 말하였다. "양(梁)의 몽현(蒙縣)에 기자(箕子)의 무덤이 있다."

武王崩,	무왕이 죽었을 때
成王少,	성왕이 어려서
周公旦代行政當國.	주공 단이 대신 나라의 정치를 행하고 나라를 맡았다.
管·蔡疑之,	관숙과 채숙이 의심하여
乃與武庚作亂,	이에 무경과 난을 일으켜
欲襲成王·周公.[141]	성왕과 주공을 습격하려 하였다.
周公既承成王命誅武庚,	주공은 성왕의 명을 받은 터라 무경을 죽이고
殺管叔,	관숙을 죽였으며
放蔡叔,	채숙을 추방하고
乃命微子開代殷後,	이에 미자 개에게 대신 은의 뒤를 이어
奉其先祀,	그 선조의 제사를 받들게 하고
作微子之命以申之,	「미자지명」을 지어 폈으며
國于宋.[142]	송에 나라를 세워주었다.
微子故能仁賢,	미자는 원래 어질고 현능하여
乃代武庚,	곧 무경을 대신하였으므로
故殷之餘民甚戴愛之.	은의 유민이 그를 매우 추대하여 사랑하였다.
微子開卒,	미자 개가 죽자
立其弟衍,	그 아우 연을 옹립하니
是爲微仲.[143]	바로 미중이다.

---

141 **集解** 서광은 말하였다. "어떤 판본에는 '성주를 습격하려 했다(欲襲成周)'로 되어 있다."

142 **集解** 『세본(世本)』에서는 말하였다. "송이 고쳐서 휴양(睢陽)이라고 하였다."

143 **集解** 『예기(禮記)』에서는 말하였다. "미자(微子)는 그 손자 돈(腯)을 버리고 연(衍)을 세웠다." 정현은 말하였다. "미자의 적자가 죽어서 그 아우 연을 세웠는데 은(殷)의 예법이다."
索隱 『가어(家語)』에서는 미자의 아우 중사(仲思)는 이름이 연(衍)이며, 일명 설(泄)이라고

微仲卒,	미중이 죽고
子宋公稽立.[144]	아들인 송공 계가 즉위했다.
宋公稽卒,	송공 계가 죽고
子丁公申立.	아들인 정공 신이 즉위하였다.
丁公申卒,	정공 신이 죽고
子湣公共立.	아들인 민공 공이 즉위하였다.
湣公共卒,	민공 공이 죽고
弟煬公熙立.	아우인 양공 희가 즉위하였다.
煬公即位,	양공이 즉위하자
湣公子鮒祀弑煬公而自立,[145]	민공의 아들인 부사가 양공을 죽이고 스스로 즉위하여
曰"我當立",	말하기를 "내가 즉위해야 했다"라 하였는데
是爲厲公.	바로 여공이다.
厲公卒,	여공이 죽자
子釐公舉立.	아들인 희공 거가 즉위하였다.
釐公十七年,	희공 17년에
周厲王出奔彘.	주여왕이 체로 달아났다.

하였는데, 미자를 이어 송공이 되었다. 비록 작위를 옮기고 자리를 바꾸었지만 반열[班級]이 옛 것을 지나치지 않았기 때문에 옛 관직으로 일컬었다. 그래서 두 미(微)가 비록 송공(宋公)인데 여전히 미(微)라 일컬었으며 계(稽)에 이르러서야 송공(宋公)이라 일컬었다.

144 색은 초주(譙周)는 말하였다. "시호를 받지 못하였기 때문에 이름으로 기록하였다."

145 집해 서광은 말하였다. "부(鮒)는 '방(魴)'으로 된 곳도 있다." 색은 서광은 "방(魴)"으로 된 곳도 있다고 했고, 초주 또한 "방사(魴祀)"라고 하였으며, 『좌씨(左氏)』에 의하면 곧 민공(湣公)의 서자이다. 양공(煬公)을 죽이고 태자인 불보하(弗父何)를 세우고자 하였는데 하양(何讓)이 받아들이지 않았다.

二十八年,	28년에
釐公卒,	희공이 죽고
子惠公覸立.[146]	아들 혜공 간이 즉위하였다.
惠公四年,	혜공 4년에
周宣王即位.	주선왕이 즉위하였다.
三十年,	30년에
惠公卒,	혜공이 죽고
子哀公立.	아들인 애공이 즉위하였다.
哀公元年卒,	애공은 원년에 죽었으며
子戴公立.	아들인 대공이 즉위하였다.
戴公二十九年,	대공 29년에
周幽王爲犬戎所殺,	주유왕이 견융에게 살해되었으며
秦始列爲諸侯.	진이 비로소 제후의 반열에 올랐다.
三十四年,	34년에
戴公卒,	대공이 죽고
子武公司空立.	아들인 무공 사공이 즉위하였다.
武公生女爲魯惠公夫人,	무공은 딸을 낳아 노혜공의 부인이 되었는데
生魯桓公.	노환공을 낳았다.
十八年,	18년에
武公卒,	무공이 죽고
子宣公力立.	아들인 선공 역이 즉위하였다.

---

146 **집해** 여침(呂忱)은 말하였다. "'覸'의 음은 간(古莧反)이다."

宣公有太子與夷.	선공에게는 태자 여이가 있었다.
十九年,	19년에
宣公病,	선공이 병들어
讓其弟和,	그 아우 화에게 양위하면서
曰:	말하였다.
"父死子繼,	"아비가 죽으면 아들이 잇고
兄死弟及,	형이 죽으면 아우가 잇는 것이
天下通義也.	천하의 통의이다.
我其立和."	나는 화를 세울 것이다."
和亦三讓而受之.	화 또한 세 번 양보하고 받아들였다.
宣公卒,	선공이 죽고
弟和立,	아우인 화가 즉위하니
是爲穆公.	바로 목공이다.
穆公九年,	목공 9년에
病,	병들어
召大司馬孔父謂曰:	대사마 공보를 불러 말하였다.
"先君宣公舍太子與夷而立我,	"선군인 선공이 태자 여이를 버려두고 나를 세웠는데
我不敢忘.	내 감히 잊지 못하고 있다.
我死,	내가 죽으면
必立與夷也."	반드시 여이를 세워라."
孔父曰:	공보가 말하였다.
"羣臣皆願立公子馮."	"신하들은 모두 공자 풍을 세우기를 바랍니다."
穆公曰:	목공이 말하였다.

“毋立馮,　　　　　　　　“풍을 세우지 말 것이니

吾不可以負宣公.”　　　　내 선공을 저버릴 수 없다.”

於是穆公使馮出居于鄭.　이에 목공은 풍에게 정으로 나가서 거처하게 하였다.

八月庚辰,　　　　　　　8월 경진일에

穆公卒,　　　　　　　　목공이 죽고

兄宣公子與夷立,　　　　형인 선공의 아들 여이가 즉위하니

是爲殤公.　　　　　　　바로 상공이다.

君子聞之,　　　　　　　군자가 듣고

曰:　　　　　　　　　　말하였다.

“宋宣公可謂知人矣,　　　“송선공은 사람을 안다고 할 것이다.

立其弟以成義,　　　　　그 아우를 세워 의를 이루었으며

然卒其子復享之.”　　　　그러고도 그 아들이 다시 누렸다.”

殤公元年,　　　　　　　상공 원년에

衞公子州吁弒其君完自立,　위공자 주우가 그 임금 완을 죽이고 스스로 즉위하였는데

欲得諸侯,　　　　　　　제후의 지지를 얻고자 하여

使告於宋曰:　　　　　　송에 알리게 하였다.

“馮在鄭,　　　　　　　“풍이 정에 있어

必爲亂,　　　　　　　　반드시 난을 일으킬 것이니

可與我伐之.”　　　　　　우리와 함께 칠 만하다.”

宋許之,　　　　　　　　송에서 허락하여

與伐鄭,　　　　　　　　함께 정을 쳤는데

至東門而還.　　　　　　동문에까지 이르렀다가 돌아왔다.

二年,	2년에
鄭伐宋,	정이 송을 쳐서
以報東門之役.	동문의 전역을 갚았다.
其後諸侯數來侵伐.	그 후에 제후들이 수차례 와서 침공하여 정벌하였다.

九年,	9년
大司馬孔父嘉妻好,	대사마 공보가의 아내는 예뻤는데
出,	외출하였다가
道遇太宰華督,[147]	길에서 태재 화독을 만나게 되었으며
督說,	화독이 좋아하여
目而觀之.[148]	시선을 집중하여 보았다.
督利孔父妻,	화독은 공보의 아내를 좋아하여
乃使人宣言國中曰:	사람을 시켜 도성에 선언하게 하였다.
"殤公即位十年耳,	"상공은 즉위한 지 10년일 따름인데
而十一戰,[149]	11번이나 전쟁을 치러
民苦不堪,	백성이 괴로움을 견디지 못하는데
皆孔父爲之,	모두 공보가 그렇게 한 것이니

---

147 집해 복건은 말하였다. "대공(戴公)의 손자이다."

148 집해 복건은 말하였다. "목(目)은 시선을 극도로 고정시켜 돌리지 않은 것이다."

149 집해 가규(賈逵)는 말하였다. "첫 번째 전쟁은 정(鄭)을 쳐서 그 동문을 포위한 것이다. 두 번째 전쟁은 그 벼를 빼앗은 것이다. 세 번째 전쟁은 주(邾)의 전지(田地)를 빼앗은 것이다. 네 번째 전쟁은 주(邾)와 정(鄭)이 송을 쳐서 외성까지 들어온 것이다. 다섯 번째 전쟁은 정을 쳐서 장갈(長葛)을 포위한 것이다. 여섯 번째 전쟁은 정이 왕명으로 송을 친 것이다. 일곱 번째 전쟁은 노가 관(菅)에서 송의 군사를 무찌른 것이다. 여덟 번째 전쟁은 송(宋)과 위(衛)가 정으로 들어간 것이다. 아홉 번째 전쟁은 대(戴)를 친 것이다. 열 번째 전쟁은 정이 송으로 쳐들어온 것이다. 열한 번째 전쟁은 정백(鄭伯)이 곽(虢)의 군사로 송을 대패시킨 것이다."

我且殺孔父以寧民.”	내 공보를 죽여 백성을 편안하게 하겠다.”
是歲,	이 해에
魯弑其君隱公.	노에서 그 임금 은공을 죽였다.
十年,	10년에
華督攻殺孔父,	화독이 공보를 공격하여 죽이고
取其妻.	그 아내를 빼앗았다.
殤公怒,	상공이 노하자
遂弑殤公,	마침내 상공을 죽였으며
而迎穆公子馮於鄭而立之,	목공의 아들 풍을 정에서 맞아 옹립하니
是爲莊公.	바로 장공이다.
莊公元年,	장공 원년에
華督爲相.	화독이 상이 되었다.
九年,	9년에
執鄭之祭仲,	정의 채중을 잡아서
要以立突爲鄭君.	돌을 정의 임금으로 세우도록 강요했다.
祭仲許,	채중이 허락하자
竟立突.	마침내 돌을 세웠다.
十九年,	19년에
莊公卒,	장공이 죽고
子湣公捷立.	아들인 민공 첩이 즉위하였다.
湣公七年,	민공 7년에
齊桓公即位.	제환공이 즉위하였다.
九年,	9년에

宋水,	송에 수재가 나자
魯使臧文仲往弔水.[150]	노가 장문중을 보내어 수재를 위문하게 하였다.
湣公自罪曰:	민공이 자책하여 말하였다.
"寡人以不能事鬼神,	"과인이 귀신을 잘 섬기지 못하여
政不脩,	정치가 정비되지 않았으므로
故水."	수재가 난 것이오."
臧文仲善此言.	장문중은 이 말을 훌륭하게 여겼다.
此言乃公子子魚教湣公也.	이 말은 곧 공자 자어가 민공에게 가르친 것이다.
十年夏,	10년 여름에
宋伐魯,	송이 노를 쳐서
戰於乘丘,[151]	승구에서 싸웠는데
魯生虜宋南宮萬.[152]	노에서 송의 남궁만을 사로잡았다.
宋人請萬,	송의 사람이 만을 (풀어줄 것을) 청하여
萬歸宋.	만은 송으로 돌아갔다.
十一年秋,	11년 가을에
湣公與南宮萬獵,	민공이 남궁만과 사냥을 하였는데
因博爭行,[153]	바둑을 두면서 길을 다투다가
湣公怒,	민공이 노하여
辱之,	모욕하며

---

150 집해 가규는 말하였다. "흉사를 묻는 것을 조(弔)라 한다."

151 집해 서광은 말하였다. "승(乘)은 '잉(媵)'으로 된 판본도 있다." 내[駰]가 생각건대 두예는 "승구(乘丘)는 노의 땅이다."라 하였다.

152 집해 가규는 말하였다. "남궁(南宮)은 씨(氏)이고, 만(萬)은 이름이다. 송의 경(卿)이다."

153 역주 박(博)은 박희(博戲) 또는 국희(局戲)로 옛날의 놀이인데 여기서는 바둑으로 해석하였다. 박혁(博弈)이라고도 한다.

曰:　　　　　　　　　말하였다.

"始吾敬若;　　　　　"원래 내 너를 공경하였는데

今若,　　　　　　　지금 너는

魯虜也."　　　　　　노의 포로이다."

萬有力,　　　　　　만은 힘이 세었는데

病此言,　　　　　　이 말을 수치스럽게 여겨

遂以局殺湣公于蒙澤.[154]　마침내 몽택에서 바둑판으로 민공을 죽였다.

大夫仇牧聞之,　　　대부 구목이 이 말을 듣고

以兵造公門.　　　　군사를 가지고 공의 궁문으로 갔다.

萬搏牧,　　　　　　만이 목을 치니

牧齒著門闔死.[155]　　목은 문짝에 이가 부딪쳐 죽었다.

因殺太宰華督,　　　내친김에 태재 화독을 죽이고

乃更立公子游爲君.　이에 다시 공자 유를 임금으로 세웠다.

諸公子犇蕭,　　　　공자들은 소로 달아났고

公子禦說犇亳.[156]　　공자 어열은 박으로 달아났다.

萬弟南宮牛將兵圍亳.　만의 아우 남궁우가 군사를 거느리고 박을 에워
　　　　　　　　　　쌌다.

冬,　　　　　　　　겨울에

蕭及宋之諸公子共擊殺南宮牛,

　　　　　　　　　　소 및 송의 공자들이 함께 남궁우를 쳐서 죽였
　　　　　　　　　　으며

---

154 〔집해〕 가규는 말하였다. "몽택(蒙澤)은 송의 늪지 이름이다." 두예는 말하였다. "송의 땅으로 양(梁)에 몽현(蒙縣)이 있다."

155 〔집해〕 하휴(何休)는 말하였다. "합(闔)은 문짝이다."

156 〔집해〕 복건은 말하였다. "소(蕭)와 박(亳)은 송의 읍이다." 두예는 말하였다. "지금 패국(沛國)에 소현(蕭縣)이 있으며, 몽현(蒙縣) 서북쪽에 박성(亳城)이 있다."

弒宋新君游而立湣公弟禦說,	송의 새 임금 유를 죽이고 민공의 아우 어열을 옹립하니
是爲桓公.	바로 환공이다.
宋萬犇陳.	송만은 진으로 달아났다.
宋人請以賂陳.	송의 사람이 뇌물을 써서 진에 청하였다.
陳人使婦人飲之醇酒,[157]	진의 사람이 여인을 시켜 독한 술을 마시게 하고
以革裹之,	가죽으로 그를 싸서
歸宋.[158]	송으로 돌려보냈다.
宋人醢萬也.[159]	송의 사람이 만으로 젓갈을 담갔다.
桓公二年,	환공 2년에
諸侯伐宋,	제후가 송을 쳐서
至郊而去.	교외에까지 이르렀다가 돌아갔다.
三年,	3년에
齊桓公始霸.	제환공이 비로소 제패하였다.
二十三年,	23년에
迎衞公子燬於齊,	위공자 훼를 제에서 맞아들여
立之,	세우니
是爲衞文公.	바로 위문공이다.
文公女弟爲桓公夫人.	문공의 누이는 환공의 부인이다.
秦穆公即位.	진목공이 즉위하였다.
三十年,	30년에

---

157 집해 복건은 말하였다. "송만(宋萬)은 힘이 세어 용력으로는 잡을 수가 없었으므로 먼저 부인으로 하여금 꾀게 하여 술을 마시게 한 후 취하자 동여맨 것이다."

158 집해 『좌전』에서는 말하였다. "무소 가죽으로 그를 쌌다."

159 집해 복건은 말하였다. "해(醢)는 육장(肉醬)이다."

桓公病,	환공이 병들어
太子茲甫讓其庶兄目夷爲嗣.	태자 자보가 서형 목이에게 양위하여 후사로 삼았다.
桓公義太子意,	환공은 태자의 뜻을 의롭게 여겼지만
竟不聽.	끝내 듣지 않았다.
三十一年春,	31년 봄
桓公卒,	환공이 죽고
太子茲甫立,	태자 자보가 즉위하니
是爲襄公.	바로 양공이다.
以其庶兄目夷爲相.	그 서형인 목이를 상으로 삼았다.
未葬,	아직 장사를 치르지 않은 상태에서
而齊桓公會諸侯于葵丘,	제환공이 규구에서 제후들과 회합을 가졌는데
襄公往會.	양공이 회합에 갔다.
襄公七年,	양공 7년에
宋地隕星如雨,	송의 땅에 유성이 비처럼 쏟아졌는데
與雨偕下;[160]	비와 함께 내렸다.

---

160 집해 『좌전』에서는 말하였다. "송에 운석 5개가 떨어졌는데 별이 떨어진 것이다." 색은 희공(僖公) 16년의 『좌전』에서 "송에 운석 5개가 떨어졌는데 별이 떨어진 것이다. 익조 여섯 마리가 날다가 밀려 송의 도읍을 지나갔다."라 하였다. 이는 송양공(宋襄公) 때의 일이다. 내사 숙흥을 찾아 말하기를 "길흉(吉凶)이 어디에 있겠는가?"라 하자 대답하였다. "임금께서는 제후를 거느릴 수 있겠으나 끝은 보지 못하겠습니다."라 하였다. 그러나 장공(然公) 7년의 『전』에서는 또 말하기를 "늘 보이던 별들이 보이지 않았으며 한밤중에 별이 떨어지고 비가 왔는데 비와 함께 내렸다."라 하였다. 또한 비와 함께 내렸다는 것은 확실히 다른 해에 있으며 운석이 떨어지고 익조가 밀렸다는 일과는 함께 기록하지 않았다. 이 역사에서는 떨어진 돌을 별이 떨어진 것으로 생각하여 마침내 항성이 보이지 않을 때를 비와 함께 했다는 것과 이어서 기록하였으므로 『좌전』과 조금 같지 않다.

六鷁退蜚,[161]	익조 여섯 마리가 날다가 밀렸는데
風疾也.[162]	바람이 빨랐기 때문이다.

八年,	8년에
齊桓公卒,	제환공이 죽자
宋欲爲盟會.	송이 회맹을 주관하고자 하였다.
十二年春,	12년 봄에
宋襄公爲鹿上之盟,[163]	송양공이 녹상의 회맹을 열면서
以求諸侯於楚,	초에게 제후(가 참가할 것)를 구하여
楚人許之.	초의 사람이 허락하였다.
公子目夷諫曰:	공자 목이가 간하였다.
"小國爭盟,	"소국이 맹주를 다투는 것은
禍也."	재화입니다."
不聽.	듣지 않았다.
秋,	가을에
諸侯會宋公盟于盂.[164]	제후들이 우에서 송공의 회맹에 모였다.
目夷曰:	목이가 말하였다.

---

161 집해 『공양전(公羊傳)』에서는 말하였다. "보니 여섯 마리였고 살펴보니 익조(鷁鳥)였으며 꼼꼼히 살펴보니 바람에 뒤로 밀렸다."

162 집해 가규는 말하였다. "바람이 멀리서 일어나 송의 도읍에 이르러 높고 빨라졌으므로 익조가 바람을 만나 뒤로 밀렸다."

163 집해 두예는 말하였다. "녹상(鹿上)은 송의 땅으로 여음(汝陰)에 원록현(原鹿縣)이 있다." 색은 여음(汝陰) 원록(原鹿)은 초에 있는 땅인데 희공(僖公) 21년에 "송과 초, 제의 사람이 녹상(鹿上)에서 맹약하였다"라 한 곳이다. 그러나 양공(襄公)이 비로소 초에 제후를 구하여서야 초가 비로소 허락하였는데 여음 녹상에 이르렀다는 것과는 합치되지 않는다. 지금 제음(濟陰) 승지현(乘氏縣) 북쪽에 녹성(鹿城)이 있는데 아마 이 땅일 것이다.

164 집해 두예는 말하였다. "우(盂)는 송의 땅이다."

"禍其在此乎?	"화가 여기 있지 않겠는가?
君欲已甚,	임금의 욕망이 너무 심하니
何以堪之!"	어떻게 견디겠는가?"
於是楚執宋襄公以伐宋.	이에 초는 송양공을 잡고 송을 쳤다.
冬,	겨울에
會于亳,	박에서 회맹하고
以釋宋公.	송공을 풀어주었다.
子魚曰:	자어가 말하였다.
"禍猶未也."	"화는 아직 끝나지 않았다."
十三年夏,	13년 여름에
宋伐鄭.	송이 정을 쳤다.
子魚曰:	자어가 말하였다.
"禍在此矣."	"화가 여기에 있을 것이다."
秋,	가을에
楚伐宋以救鄭.	초가 송을 쳐서 정을 구하였다.
襄公將戰,	양공이 싸우려는데
子魚諫曰:	자어가 간하였다.
"天之弃商久矣,	"하늘이 송을 버린 지가 오래니
不可."	옳지 않습니다."
冬,	겨울
十一月,	11월에
襄公與楚成王戰于泓.[165]	양공이 초의 성왕과 홍에서 싸웠다.
楚人未濟,	초의 사람이 미처 건너지 못하였을 때

---

165 **집해** 『곡량전(穀梁傳)』에서는 말하였다. "홍수(泓水)의 가에서 싸웠다."

目夷曰:	목이가 말하였다.
"彼眾我寡,	저들은 많고 우리는 적으니
及其未濟擊之."	미처 다 건너지 못했을 때 치십시오."
公不聽.	공은 듣지 않았다.
已濟未陳,	건넜으나 아직 진열을 채 갖추지 못했을 때
又曰:	또 말하였다.
"可擊."	"칠 만합니다."
公曰:	공이 말하였다.
"待其已陳."	"진을 다 갖추기를 기다려라."
陳成,	진열이 이루어지자
宋人擊之.	송의 사람이 공격하였다.
宋師大敗,	송의 군사는 대패하고
襄公傷股.	양공은 넓적다리에 부상을 당하였다.
國人皆怨公.	나라의 사람들이 모두 공을 원망하였다.
公曰:	공이 말하였다.
"君子不困人於阨,	"군자는 어려움에 빠진 사람을 곤경에 빠지지 않게 하고
不鼓不成列."166	열을 갖추지 않은 적에게는 (진격의) 북을 울리지 않는다."
子魚曰:	자어가 말하였다.
"兵以勝爲功,	"전쟁은 승리를 공으로 여기는 것이니
何常言與!167	어찌 상투적인 말을 한단 말인가!

---

166 **집해** 하휴는 말하였다. "군법에 의하면 북으로 싸움을 하고 금(金: 징)으로 그치는데, (진격의) 북을 치지 않으면 싸우지 않는다. 불성렬(不成列)은 아직 진을 갖추지 못한 것이다."

167 **집해** 서광은 말하였다. "어떤 판본에는 '여전히 무슨 말을 하는가(尚何言與)'로 되어 있다."

必如公言,	공의 말대로 한다면
即奴事之耳,	노예의 일일 따름이니
又何戰爲?"	또한 무엇 때문에 전쟁을 하겠습니까?"

楚成王已救鄭,	초성왕이 정을 구원하자
鄭享之;	정은 연회를 베풀어주었고,
去而取鄭二姬以歸.[168]	떠나면서 정의 두 여인을 취하여 돌아갔다.
叔瞻曰:	숙첨이 말하였다.
"成王無禮,[169]	"성왕은 무례하니
其不沒乎?	몰락하지 않겠는가?
爲禮卒於無別,	예연을 베풀었는데 분별없는 일로 끝났으니
有以知其不遂霸也."	이로 패권을 이루지 못할 것임을 알겠다."

是年,	이 해에
晉公子重耳過宋,	진의 공자 중이가 송에 들렀는데
襄公以傷於楚,	양공은 초에게 부상을 당하여
欲得晉援,	진의 도움을 얻고자 하여
厚禮重耳以馬二十乘.[170]	중이를 후대하여 20승의 말을 주었다.

十四年夏,	14년 여름
襄公病傷於泓而竟卒,[171]	양공은 홍에서의 부상이 위중해져서 마침내 죽어

---

168 **색은** 정의 부인 미씨(芈氏)와 강씨(姜氏)의 여인을 말한다. 이미 정의 여인이므로 "두 여인 (二姬)"이라 한 것이다.

169 **정의** 정의 두 여인을 취한 것이다.

170 **집해** 복건은 말하였다. "80필(匹)이다."

子成公王臣立.	아들인 성공 왕신이 즉위하였다.
成公元年,	성공 원년
晉文公卽位.	진문공이 즉위하였다.
三年,	3년에
倍楚盟親晉,	초와의 맹약을 배반하고 진과 친하여졌는데
以有德於文公也.	문공에게 덕을 베풀었기 때문이다.
四年,	4년에
楚成王伐宋,	초성왕이 송을 치자
宋告急於晉.	송은 진에 위급을 알렸다.
五年,	5년에
晉文公救宋,	진문공이 송을 구원하자
楚兵去.	초의 군사가 떠났다.
九年,	9년에
晉文公卒.	진문공이 죽었다.
十一年,	11년에
楚太子商臣弑其父成王代立.	초의 태자 상신이 부친인 성왕을 죽이고 계위하였다.
十六年,	16년에
秦穆公卒.	진목공이 죽었다.

---

171 색은 『춘추』에서는 홍(泓)에서의 전역은 23년에 있었고, 중이(重耳)가 송에 들른 것 및 양공이 죽은 것은 24년에 있었다고 하였다. 지금 여기서는 중이가 들른 것과 홍에서 부상당한 것을 한 해라고 생각하였기 때문에 "이 해(是年)"라고 한 것이다. 또한 중이가 들른 것 및 송양공이 죽은 것이 이 해라고 한다면 다시 "14년"이라고 한 것과 합치되지 않는다. 진퇴(進退)가 모두 『좌씨(左氏)』와 합치되지 않는데 아마 태사공이 소략해서일 것일 따름이다.

396

十七年,	17년에
成公卒.172	성공이 죽었다.

成公弟禦殺太子及大司馬公孫固173而自立爲君.174

성공의 아우 어가 태자 및 대사마 공손고를 죽이고 스스로 임금에 즉위하였다.

宋人共殺君禦而立成公少子杵臼,

송의 사람이 함께 임금 어를 죽이고 성공의 작은아들 저구를 옹립하니

是爲昭公.	바로 소공이다.

昭公四年,	소공 4년에
宋敗長翟緣斯於長丘.175	송이 장구에서 장적 연사를 무찔렀다.
七年,	7년에
楚莊王即位.	초장왕이 즉위하였다.

---

172 **정의** 『연표(年表)』에서는 공손고(公孫固)가 성공(成公)을 죽였다고 하였다.

173 **정의** 『세본』에서는 말하였다. "송장공(宋莊公)의 손자 이름은 고(固)로 대사마(大司馬)이다."

174 **정의** 『연표』에서는 송소공(宋昭公) 원년이라고 하였다. 저구(杵臼)는 양공(襄公)의 아들이다. 서광은 말하였다. "어떤 판본에는 성공(成公)의 작은 아들이라고 하였다."

175 **집해** 「노세가(魯世家)」에서는 송무공(宋武公)의 대에 장구(長丘)에서 연사(緣斯)를 사로잡았다고 하였다. 여기서는 이때라고 하였는데 확실하지 않다. **색은** 서광은 말하였다. "「노세가」에서 송무공의 대에 장구에서 연사를 사로잡았다고 하였다. 여기서는 이때라고 하였는데 확실하지 않다."라 한 것은 『춘추』에서 문공(文公) 11년 노가 함(鹹)에서 적(翟)을 무찌르고 장구에서 장적(長狄) 연사(緣斯)를 사로잡았고, 「제계가(齊系家)」에서는 혜공(惠公) 2년에 장적이 쳐들어 와서 왕자 성보(城父)가 공격하여 죽였다고 하였는데, 여기서는 모두 『좌전』의 설을 취하여 여러 나라의 『계가』에 수록하였는데 지금 그 연도를 고찰해보면 또한 자못 서로 맞다. 그런데 「노계가」에서는 무공(武公)이라 하였고 여기서는 소공(昭公)이라 하여, 아마 이 "소(昭)"자는 "무(武)"가 되어야 할 것이며, 전대에 이미 무공이 있긴 하지만 이곳의 저구 또한 시호가 무(武)이다. 그렇지 않다면 어찌 5세 아래의 공자 특(特)이 임금이 되어 또한 시호를 소(昭)로 한 것과 합치되겠는가?

九年,	9년에
昭公無道,	소공이 무도해지자
國人不附.	백성들이 가까이하지 않았다.
昭公弟鮑革[176]賢而下士.	소공의 아우 포혁은 현명하였고 사에게 몸을 낮추었다.
先,	앞서
襄公夫人欲通於公子鮑,	양공의 부인이 공자 포와 사통하려다가
不可.[177]	불가하여
乃助之施於國,[178]	이에 나라에서 (선행을) 펴는 것을 도와주어
因大夫華元爲右師.[179]	대부 화원을 통하여 우사로 삼았다.
昭公出獵,	소공이 사냥을 나갔는데
夫人王姬使衞伯攻殺昭公杵臼.	부인 왕희가 위백에게 소공 저구를 공격하여 죽이게 하였다.
弟鮑革立,	아우 포혁이 즉위하니
是爲文公.	바로 문공이다.
文公元年,	문공 원년에
晉率諸侯伐宋,	진이 제후를 거느리고 송을 쳤는데

---

176 집해 서광은 말하였다. "어떤 판본에는 '혁(革)' 자가 없다."

177 집해 복건은 말하였다. "양공(襄公)의 부인은 주양왕(周襄王)의 누나인 왕희(王姬)이다. 불가(不可)는 포(鮑)가 기꺼워하지 않은 것이다."

178 정의 '施'의 음은 이(貳是反)이다. 양부인(襄夫人)이 공자 포(鮑)가 백성들에게 은혜를 베풀 수 있도록 도운 것이다.

179 정의 공자 포(鮑)가 화원(華元)의 청을 통하여 우사(右師)가 된 것이다. 화원은 대공(戴公)의 5대손이며 화독(華督)의 증손이다.

責以弑君.	임금을 죽인 책임을 물은 것이다.
聞文公定立,	문공이 안정적으로 즉위하였다는 말을 듣고
乃去.	곧 떠났다.
二年,	2년에
昭公子因文公母弟須與武·繆·戴·莊·桓之族爲亂,	소공의 아들이 문공의 동복아우인 수와 무, 목, 대, 장, 환의 족속과 함께 난을 일으켰는데
文公盡誅之,	문공이 모조리 주살하고
出武·繆之族.[180]	무공과 목공의 족속을 쫓아내었다.
四年春,	4년 봄에
(鄭)[楚]命(楚)[鄭]伐宋.	초가 정에게 송을 치라고 명했다.
宋使華元將,	송은 화원에게 군사를 거느리게 하였는데
鄭敗宋,	정이 송을 무찌르고
囚華元.	화원을 사로잡았다.
華元之將戰,	화원이 싸우려 할 때
殺羊以食士,	양을 죽여서 군사들을 먹였는데
其御羊羹不及,[181]	그 어자에게 양고기볶음이 돌아가지 않아
故怨,	원한을 품고
馳入鄭軍,	정의 군중으로 달려 들어갔으므로
故宋師敗,	송의 군사는 패하고
得囚華元.	화원은 사로잡히게 되었다.

---

180 **집해** 가규는 말하였다. "출(出)은 쫓아내는 것이다."
181 **집해** 『좌전』에서는 어자가 양짐(羊斟)이라고 하였다.

宋以兵車百乘文馬四百匹¹⁸²贖華元.

송은 병거 백 승과 꾸민 말 4백 필로 화원을 바꾸었다.

未盡入,

채 다 보내지 않았는데

華元亡歸宋.

화원이 도망쳐 송으로 돌아왔다.

十四年,

14년에

楚莊王圍鄭.

초장왕이 정을 에워싸

鄭伯降楚,

정백이 초에 항복하자

楚復釋之.

초는 다시 풀어주었다.

十六年,

16년에

楚使過宋,

초의 사자가 송을 지나게 되었는데

宋有前仇,

송은 전의 원한이 있어

執楚使.

초의 사자를 잡았다.

九月,

9월에

楚莊王圍宋.

초장왕이 송을 에워쌌다.

十七年,

17년에

楚以圍宋五月不解,

초가 송을 에워싼 지 다섯 달이 되도록 풀지 않아

宋城中急,

송의 도성은 다급해졌고

無食,

먹을 것이 없었으며

---

182 **집해** 가규는 말하였다. "문(文)은 살쾡이의 무늬이다." 왕숙은 말하였다. "문마(文馬)는 그림으로 장식한 말이다." **정의** 문마(文馬)는 말을 장식한 것이다. 4백 필은 병거 백 승을 끄는 것이며 정에 보내는 화원의 속죄금이다. 또 말하기를 문마는 갈기는 붉고 몸은 희며, 눈은 황금과 같다고 하였다.

華元乃夜私見楚將子反.	화원은 이에 밤에 사적으로 초의 장수 자반을 만났다.
子反告莊王.	자반이 장왕에게 알리자
王問:	왕이 물었다.
"城中何如?"	"성안은 어떤가?"
曰:	말하였다.
"析骨而炊,[183]	"뼈를 쪼개서 밥을 해먹고
易子而食."	자식을 바꾸어 잡아먹습니다."
莊王曰:	장왕이 말하였다.
"誠哉言!	"진실되다, 그 말이!
我軍亦有二日糧."	우리 군사도 이틀 치 양식밖에 없다."
以信故,	신의가 있었기 때문에
遂罷兵去.	마침내 군사를 거두고 떠났다.
二十二年,	22년에
文公卒,	문공이 죽고
子共公瑕立.	아들인 공공 하가 즉위하였다.
始厚葬.	비로소 후장을 하였다.
君子譏華元不臣矣.	군자는 화원이 신하답지 못하였다고 기평(譏評)하였다.
共公(元)[十]年,	공공 10년에
華元善楚將子重,	화원이 초의 장수 자중과 사이가 좋고

---

183 집해 하휴는 말하였다. "사람의 뼈를 쪼개는 것이다."

又善晉將欒書,　　　또 진의 장수 난서와도 사이가 좋아

兩盟晉楚.　　　진과 초 두 나라와 맹약하였다.

十三年,　　　13년에

共公卒.　　　공공이 죽었다.

華元爲右師,　　　화원은 우사가 되었고

魚石爲左師.　　　어석은 좌사가 되었다.

司馬唐山攻殺太子肥,　　　사마인 당산이 태자 비를 죽이고

欲殺華元,　　　화원을 죽이려 하자

華元犇晉,　　　화원은 진으로 달아났는데

魚石止之,　　　어석이 제지하여

至河乃還,[184]　　　황하에 이르러 돌아와

誅唐山.　　　당산을 죽였다.

乃立共公少子成,　　　곧 공공의 작은 아들 성을 옹립하니

是爲平公.[185]　　　바로 평공이다.

平公三年,　　　평공 3년에

楚共王拔宋之彭城,　　　초공왕이 송의 팽성을 함락시키고

以封宋左師魚石.　　　송의 좌사 어석을 봉하였다.

四年,　　　4년에

諸侯共誅魚石,　　　제후들이 함께 어석을 죽이고

而歸彭城於宋.　　　팽성을 송에 돌려주었다.

---

184 집해 『황람(皇覽)』에서는 말하였다. "화원(華元)의 무덤은 진류(陳留) 소황현(小黃縣) 성 북쪽에 있다."

185 집해 『좌전』에서는 어석(魚石)이 초로 달아났다고 하였다.

三十五年,	35년에
楚公子圍弒其君自立,	초의 공자 위가 임금을 죽이고 스스로 즉위하니
爲靈王.	영왕이다.
四十四年	44년에
平公卒,	평공이 죽고
子元公佐立.	아들인 원공 좌가 즉위하였다.
元公三年,	원공 3년에
楚公子弃疾弒靈王,	초의 공자 기질이 영왕을 죽이고
自立爲平王.	스스로 평왕으로 즉위하였다.
八年,	8년에
宋火.	송에 화재가 났다.
十年,	10년에
元公毋信,	원공이 신용이 없어
詐殺諸公子,	공자들을 속여 죽이니
大夫華·向氏作亂.	대부 화와 상 씨가 난을 일으켰다.
楚平王太子建來犇,	초평왕의 태자 건이 도망쳐왔는데
見諸華氏相攻亂,	화 씨들이 서로 공격하여 난을 일으키는 것을 보고
建去如鄭.	건은 떠나 정으로 갔다.
十五年,	15년에
元公爲魯昭公避季氏居外,	원공은 노소공이 계 씨를 피하여 국외에 있다 하여
爲之求入魯,	그를 위하여 노로 들여보내길 구하였으나
行道卒,	가던 도중에 죽어

子景公頭曼[186]立.	아들인 경공 두만이 즉위하였다.
景公十六年,	경공 16년에
魯陽虎來犇,	노의 양호가 도망쳐왔다가
已復去.	오래지 않아 다시 떠났다.
二十五年,	25년에
孔子過宋,	공자가 송에 들렀는데
宋司馬桓魋惡之,	송의 사마환퇴가 미워하여
欲殺孔子,	공자를 죽이려 하자
孔子微服去.[187]	공자는 미복으로 떠났다.
三十年,	30년에
曹倍宋,	조가 송을 배신하고
又倍晉,	또 진을 배신하여
宋伐曹,	송이 조를 치자
晉不救,	진은 구원해주지 않았고
遂滅曹有之.[188]	마침내 조를 멸하여 차지하였다.
三十六年,	36년에
齊田常弑簡公.	제의 전상이 간공을 죽였다.
三十七年,	37년에
楚惠王滅陳.	초혜왕이 진을 멸하였다.

---

186 색은 음은 '만(萬)'이다.

187 역주 미복(微服)은 신분을 감추고 사람들의 눈길을 피하여 평상복으로 갈아입는 것이다. 주로 신분이 높고 고귀한 사람을 가리켜 말하는 것이다.

188 정의 송경공(宋景公)이 조(曹)를 멸한 때는 노애공(魯哀公) 8년, 주경왕(周敬王) 33년이다.

熒惑守心.	형혹이 심수(心宿)를 범하였다.
心,	심수는
宋之分野也.	송의 분야이다.
景公憂之.	경공이 근심하였다.
司星子韋曰:	사성 자위가 말하였다.
"可移於相."	"(災禍를) 상에게 옮길 수 있습니다."
景公曰:	경공이 말하였다.
"相,	"상은
吾之股肱."	나의 넓적다리와 팔뚝이다."
曰:	말하였다.
"可移於民."	"백성에게 옮길 수 있습니다."
景公曰:	경공이 말하였다.
"君者待民."	"임금은 백성을 의지한다."
曰:	말하였다.
"可移於歲."	"해의 작황으로 옮길 수 있습니다."
景公曰:	경공이 말하였다.
"歲饑民困,	"해가 흉년이 들고 백성이 빈곤해지면
吾誰爲君!"	누가 나를 임금으로 여기겠는가!"
子韋曰:	자위가 말하였다.
"天高聽卑.	"하늘은 고명하여 낮은 사람의 말을 들어줍니다.
君有君人之言三,	임금께서 임금다운 말을 세 번 하셨으니
熒惑宜有動."	형혹이 움직일 것입니다."
於是候之,	이에 기다렸더니
果徙三度.	과연 삼도를 옮겨갔다.

六十四年,	64년에
景公卒.	경공이 죽었다.
宋公子特¹⁸⁹攻殺太子而自立,	송의 공자 특이 태자를 공격하여 죽이고 스스로 즉위하니
是爲昭公.¹⁹⁰	바로 소공이다.
昭公者,	소공은
元公之曾庶孫也.	원공의 증서손이다.
昭公父公孫糾,	소공의 부친은 공손규이고
糾父公子褍秦,¹⁹¹	규의 부친은 공자 단진이며
褍秦即元公少子也.	단진은 곧 원공의 작은 아들이다.
景公殺昭公父糾,¹⁹²	경공이 소공의 부친 규를 죽였으므로
故昭公怨殺太子而自立.	소공이 원한을 품어 태자를 죽이고 스스로 즉위한 것이다.
昭公四十七年卒,	소공은 47년에 죽고
子悼公購由立.¹⁹³	아들인 도공 구유가 즉위하였다.
悼公八年卒,¹⁹⁴	도공은 8년에 죽고
子休公田立.	아들인 휴공 전이 즉위하였다.

---

189 색은 소공(昭公)이다. 『좌전』에는 "덕(德)"으로 되어 있다.

190 색은 『좌전』에 의하면 경공(景公)은 아들이 없어 원공(元公)의 서증손인 공손 주(周)의 아들 덕(德) 및 계(啓)를 취하여 공궁에서 키웠다. 경공이 죽자 계를 먼저 옹립하였고 나중에 덕을 옹립하니 바로 소공이다. 이와는 완전히 어긋나는데 태사공이 무슨 근거로 이렇게 말하였는지 알지 못하겠다.

191 집해 서광은 말하였다. "'褍'의 음은 단(端)이다."

192 색은 『좌전』에는 이름이 주(周)라 하였다.

193 집해 『연표』에서는 49년이라고 하였다. 색은 '購'의 음은 구(古候反)이다.

194 색은 『기년(紀年)』에 따르면 18년이다.

休公田二十三年卒,　　　　휴공 전은 23년에 죽고

子辟公辟兵立.[195]　　　　아들인 벽공 벽병이 즉위하였다.

辟公三年卒,　　　　　　　벽공은 3년에 죽고

子剔成立.[196]　　　　　아들인 척성이 즉위하였다.

剔成四十一年,　　　　　척성 41년에

剔成弟偃攻襲剔成,　　　척성의 아우 언이 척성을 기습 공격하여

剔成敗奔齊,　　　　　　척성은 패하여 제로 달아나고

偃自立爲宋君.　　　　　언이 송의 임금으로 스스로 즉위하였다.

君偃十一年,　　　　　　군언은 11년에

自立爲王.[197]　　　　　왕으로 스스로 즉위하였다.

東敗齊,　　　　　　　　동으로 제를 무찌르고

取五城;　　　　　　　　다섯 성을 빼앗았으며,

南敗楚,　　　　　　　　남으로는 초를 무찌르고

取地三百里;　　　　　　3백 리의 땅을 빼앗았고,

西敗魏軍,　　　　　　　서로는 위의 군사를 무찔러

---

195 **집해** 서광은 말하였다. "어떤 판본에서는 '벽공 병(辟公兵)'이라고 하였다." **색은** 『기년』에는 "환후(桓侯) 벽병(璧兵)"이라고 하였으니 벽병의 시호는 환(桓)이다. 또한 『장자(莊子)』에서는 "환후(桓侯)가 길을 나서는데 성문을 채 나서지도 못하여 앞에서 말을 몰며 벽제를 하였는데 몽(蒙)의 사람들이 제지하자 나중에 미쳤다고 생각하였다."라 하였다. 사마표(司馬彪)는 "호벽(呼辟)은 사람들이 길에게 피하게 하는 것이다. 몽의 사람들은 환후의 이름이 벽(辟)은에 앞에서 말을 타고 가면서 '벽(辟)'이라고 외쳤으므로 미쳤다고 생각한 것이다."라 하였다.

196 **집해** 『연표』에서는 척성군(剔成君)이라고 하였다. **색은** 왕소(王劭)는 『기년』에서는 송의 역성우(易城盱)가 그 임금 벽(辟)을 폐하고 스스로 즉위하였다고 하였다.

197 **색은** 『전국책(戰國策)』과 『여씨춘추(呂氏春秋)』에서는 모두 언(偃)의 시호를 강왕(康王)이라고 하였다.

乃與齊·魏爲敵國.	이에 제·위와는 적국이 되었다.
盛血以韋囊,	가죽 부대에 피를 담아
縣而射之,	걸어놓고 쏘아
命曰“射天”.	“하늘을 쏘았다.”고 명하였다.
淫於酒婦人.	술과 여인에 빠졌다.
羣臣諫者輒射之.	신하들이 간하면 바로 쏘아 죽였다.
於是諸侯皆曰“桀宋”.[198]	이에 제후들은 모두 “걸송”이라 하였다.
“宋其復爲紂所爲,	“송은 그가 다시 주가 한 것을 하여
不可不誅”.	죽이지 않을 수 없었다.”
告齊伐宋.	(제후들이) 제에 알리고 송을 쳤다.
王偃立四十七年,	왕언 즉위 47년에
齊湣王與魏·楚伐宋,	제민왕과 위, 초가 송을 쳐서
殺王偃,	왕언을 죽이고
遂滅宋而三分其地.[199]	마침내 송을 멸하고 그 땅을 셋으로 나누어가졌다.
太史公曰:	태사공은 말한다.
孔子稱“微子去之,	공자는 말하기를 “미자는 떠났고
箕子爲之奴,	기자는 종이 되었으며
比干諫而死,	비간은 간하다가 죽었으니
殷有三仁焉”.[200]	은에 세 인자가 있었다.”라 하였다.
春秋譏宋之亂自宣公廢太子而立弟,[201]	『춘추』에서는 송의 어지러움이 선공이 태자를 폐하고 아우를 죽인 데서 비롯되었으며

---

198 **색은** 『진태강지기(晉太康地記)』에서는 그가 걸(桀)과 닮았다고 하였다.

199 **집해** 『연표』에서는 언(偃) 즉위 43년이라고 하였다.

國以不寧者十世.[202]	나라가 이 때문에 편하지 못한 것이 10대였다고 비평하였다.
襄公之時,	양공 때는
修行仁義,	인의를 닦고 행하여
欲爲盟主.	맹주가 되려고 하였다.
其大夫正考父美之,	그 대부인 정고보가 찬미하여
故追道契·湯·高宗,	설과 탕, 고종 및
殷所以興,	은이 흥한 까닭을 추술하여
作商頌.[203]	「상송」을 지었다.
襄公既敗於泓,	양공이 홍에서 패하였을 때
而君子或以爲多,[204]	군자 가운데 혹 칭찬하기도 하였는데

200 **집해** 하안(何晏)은 말하였다. "인(仁)은 사람을 사랑하는 것이다. 세 사람은 행실이 달랐는데도 함께 인(仁)하다고 일컬은 것은 어째서인가? 함께 어지러움을 근심하고 백성을 편안히 했기 때문이다." 하후현(夏侯玄)은 말하였다. "미자(微子)는 인(仁)의 궁극이고, 기자(箕子)와 비간(比干)은 지(智)의 궁극이다. 그러므로 혹은 재주를 다하고 멈추었고 혹은 마음을 다하여 머물러 모두 극점에 달하였다. 지극한 것은 군자가 할 일이다. 그런 까닭에 세 사람의 인은 다르지만 그 귀결점은 하나의 법도이다."

201 **집해** 『공양전』에서는 말하였다. "군자는 크게 올바른 데 처한다. 송의 화는 선공(宣公)이 그렇게 만들었다."

202 **색은** 『춘추공양』에 이 설이 있으며, 『좌씨(左氏)』에서는 비판을 하지 않았다.

203 **집해** 『한시(韓詩)』 「상송(商頌)」의 장구(章句)에서도 양공(襄公)을 찬미하였다. **색은** 배인(裴駰)은 『한시』 「상송」의 장구에서도 양공을 찬미하였다고 하였는데 틀렸다. 지금 생각건대 『모시(毛詩)』 「상송」의 서(序)에서 말하기를 정고보(正考父)가 주의 태사(太師)에게서 "상송" 12편을 얻었는데 「나(那)」가 첫 번째이다."라 하였다. 『국어(國語)』도 이 설과 같다. 지금은 5편이 남아 있는데 모두 상가(商家)의 제사의 악장(樂章)이며 정고보가 추술하여 지은 것이 아니다. 또한 정고보는 대(戴)와 무(武), 선공(宣公)을 보좌하였으니 양공보다 100년 쯤 앞인데 어떻게 서술하여 찬미하겠는가? 이는 잘못된 설일 따름이다.

204 **집해** 『공양전』에서는 말하였다. "군자는 전열을 갖추지 못한 군대에 진격의 북을 치지 않았고 큰 일(전쟁)을 앞두고도 큰 예를 잊지 않은 것을 칭찬한 것이다. (덕을 갖춘) 임금은 있었으나 (보필할) 신하가 없었으니 문왕의 전쟁이라고 하여도 이보다 낫지는 못할 것이다."

傷中國闕禮義,　　　　중원의 나라에 예의가 없음을 슬퍼해서

褒之也,[205]　　　　　칭찬한 것이니

宋襄之有禮讓也.　　　송양공이 예로 양보함이 있었기 때문이다.

색은술찬索隱述贊 은에 세 인자가 있었는데, 미자와 기자는 주와 친척이었다. 한 사람은 갇히고 한 사람은 떠나, 그 몸을 돌아보지 않았다. 「송」에서는 객이 있음을 찬미하였고, 『서』에서는 손님이 있음을 칭찬하였다. 마침내 적장자에게 전하여, 혹 떳떳한 윤리를 펴기도 하였다. 미중의 후로, 대대로 충성스럽고 근면하였다. 목공 또한 양위할 수 있었으니, 실로 사람을 안다고 하겠다. 홍의 전역(戰役)을 슬퍼하니, 임금은 있었으나 신하는 없었다. 언은 "걸송"으로 불렸으니, 하늘이 은을 버렸다.

殷有三仁, 微, 箕紂親. 一囚一去, 不顧其身. 頌美有客, 書稱作賓. 卒傳家嗣, 或敍彝倫. 微仲之後, 世載忠勤. 穆亦能讓, 實爲知人. 傷泓之役, 有君無臣. 偃號"桀宋", 天之弃殷.

205　**색은** 양공은 큰일을 앞두고도 큰 예를 잊지 않아 군자가 혹 훌륭하게 여기기도 하였으며 또한 중원의 나라가 어지러운 것을 슬퍼하고 예의가 없는 것을 들어 마침내 송양공의 성한 덕을 가상하게 여기지 않았으므로 태사공이 기리어 서술하였으므로 기렸다고 한 것이다.

晉唐叔虞者,[1]	진의 당숙우는
周武王子而成王弟.	주무왕의 아들이면서 성왕의 아우이다.
初,	처음에
武王與叔虞母會時,[2]	무왕이 숙우의 모친과 만났을 때
夢天謂武王曰:	꿈에 하늘이 무왕에게 말하였다.
"余命女生子,	"내 너에게 명하노니 아들을 낳으면
名虞,	이름을 우라 할 것이니
余與之唐."	내 그에게 당을 줄 것이다."
及生子,	아들을 낳자
文在其手曰"虞",	손에 "우"라는 무늬가 있었으므로
故遂因命之曰虞.	마침내 그를 우라 명명하였다.

---

1 **색은索隱** 태숙(太叔)이 꿈과 손의 무늬 때문에 이름을 우(虞)라 하였는데 성왕이 당을 주멸한 후에 이에 장난삼아 오동나무를 깎아서 봉하였다. 숙(叔)이 자이기 때문에 당숙우(唐叔虞)라고 하였다. 당(唐)에는 진수(晉水)가 있으며 자섭(子燮)에 이르러 국호를 진후(晉侯)로 고쳤다. 그러나 진(晉)은 처음에 당(唐)에 봉하여졌기 때문에 진(晉) 당숙우(唐叔虞)라 일컬은 것이다. 또한 당(唐)은 본래 요(堯)의 후손으로 하(夏)의 옛터에 봉하였고 악(鄂)에 도읍을 정하였다. 악(鄂)은 곧 지금의 대하(大夏)에 있다. 성왕이 당을 멸한 후에 곧 허(許)와 영(郢) 사이로 나누어 옮겼으므로 『춘추(春秋)』에 당성공(唐成公)이 있게 되었으니 곧 지금의 당주(唐州)이다.

2 **집해集解** 『좌전(左傳)』에서는 말하였다. "읍강(邑姜)이 바야흐로 태숙(太叔)을 가졌다." 복건(服虔)은 말하였다. "읍강은 무왕(武王)의 왕후로 제태공(齊太公)의 딸이다."

武王崩,	무왕이 죽고
成王立,	성왕이 즉위하자
唐有亂,[3]	당에 난리가 나
周公誅滅唐.	주공은 당을 주멸하였다.
成王與叔虞戲,	성왕이 숙우와 장난을 치면서
削桐葉爲珪以與叔虞,	오동나무 잎으로 홀을 깎아 숙우에게 주면서
曰:	말하였다.
"以此封若."	"이것으로 너를 봉한다."
史佚因請擇日立叔虞.	사일이 이에 날을 받아 숙우를 세울 것을 청하였다.
成王曰:	성왕이 말하였다.
"吾與之戲耳."	"내 그와 장난을 쳤을 뿐이다."
史佚曰:	사일이 말하였다.
"天子無戲言.	"천자는 농담을 하지 않습니다.
言則史書之,	말씀을 하시면 사관이 그것을 기록하고
禮成之,	예관이 그것을 성사시키며

---

3 정의正義 『괄지지(括地志)』에서는 말하였다. "옛 당성(唐城)은 강주(絳州) 익성현(翼城縣) 서쪽 20리 지점에 있는데 곧 요(堯)의 후손이 봉해진 곳이다. 『춘추』에서는 하의 공갑(孔甲) 때 요의 아득한 후예 유루(劉累)가 있었는데 환룡(豢龍)으로 공갑을 섬겨 하후(夏后)가 이를 가상하게 여겨 어룡(御龍)의 성씨를 내려 시위(豕韋)의 후손을 바꾸었다. 용 암컷 한 마리가 죽어 몰래 젓을 담가 하후에게 먹였으며, 얼마 후 구하게 하자 두려워하여 노현(魯縣)으로 옮겼다. 하후(召孟)는 (아마) 따로 유루의 후손을 대하(大夏)의 옛터에 후(侯)로 봉하였다. 주성왕(周成王) 때에 이르러 당(唐)의 사람이 난을 일으키자 성왕이 멸하고 태숙을 봉하여 다시 당 사람의 자손을 두(杜)로 옮겼는데 두백(杜伯)이라고 하며, 곧 범개(范匄)가 말한 '주에서 당두씨(唐杜氏)가 되었다'라 한 것이다. 노현(魯縣)은 여주(汝州) 노산현(魯山縣)이다. 지금 수주(隨州) 조양현(棗陽縣) 동남쪽 150리 지점의 상당향(上唐鄉) 옛 성이 곧 이곳이다. 후에 자손들은 당(唐)으로 옮겼다."

樂歌之.”	악관이 그것을 노래합니다.”
於是遂封叔虞於唐.	이에 마침내 숙우를 당에 봉하였다.
唐在河·汾之東,	당은 황하와 분수의 동쪽에 있고
方百里,	백 평방 리이므로
故曰唐叔虞.[4]	당숙우라고 하였다.
姓姬氏,	성은 희 씨이며
字子于.	자는 자우이다.
唐叔子燮,	당숙의 아들 섭은
是爲晉侯.[5]	바로 진후이다.
晉侯子寧族,[6]	진후의 아들 영족은
是爲武侯.	바로 무후이다.
武侯之子服人,	무후의 아들 복인은
是爲成侯.	바로 성후이다.

---

4 **집해** 『세본(世本)』에서는 말하였다. “악(鄂)에 거처하였다.” 송충(宋忠)은 말하였다. “악(鄂)은 지금의 대하(大夏)에 있다.” **정의** 『괄지지』에서는 말하였다. “옛 악성(鄂城)은 자주(慈州) 창녕현(昌寧縣) 동쪽 2리 지점에 있다.” 강주(絳州) 하현(夏縣)과 서로 가깝다. 우(禹)는 안읍(安邑)에 도읍을 두어 옛 성이 현의 동북쪽 15리 지점에 있기 때문에 “대하에 있다.”고 하였다. 그러나 하(河)와 분(汾)의 두 하천 동쪽에 봉하여졌고 1백 평방 리로 진주(晉州) 평양현(平陽縣)과 정확히 합치되며 악에 있는 것과는 합치되지 않는데, 확실치 않다.

5 **정의** '燮'의 음은 섭(先牒反)이다. 『괄지지』에서는 말하였다. “옛 당성(唐城)은 병주(幷州) 진양현(晉陽縣) 북쪽 2리 지점에 있다. 『성기(城記)』에서는 요(堯)가 쌓았다고 하였다. [서재(徐才)의] 『종국도성기(宗國都城記)』에서는 ‘당숙우(唐叔虞)의 아들 섭보(燮父)는 진수(晉水)의 곁으로 옮겨 살았다. 지금은 옛 당성을 아울러 다스린다. 당(唐)은 곧 섭보가 옮긴 곳으로 그 성 남쪽은 반이 주의 성에 들어갔는데 가운데를 깎아 방(坊)을 만들었으며 성의 담 북쪽 반은 지금도 남아 있다.’라 하였다. 『모시보(毛詩譜)』에서는 말하기를 ‘숙우의 아들 섭보는 요(堯)의 옛터 남쪽에 진수(晉水)가 있어서 진후(晉侯)로 고쳤다.’라 하였다.”

6 **색은** 『계본(系本)』에는 “만기(曼期)”로 되어 있고, 초주(譙周)는 “만기(曼旗)”라 하였다.

成侯子福,[7]　　　　　　성후의 아들 복은

是爲厲侯.　　　　　　　바로 여후이다.

厲侯之子宜臼,　　　　　여후의 아들 의구는

是爲靖侯.　　　　　　　바로 정후이다.

靖侯已來,　　　　　　　정후 이래로는

年紀可推.　　　　　　　연대를 추산할 수 있다.

自唐叔至靖侯五世,　　　당숙부터 정후까지의 5대는

無其年數.　　　　　　　(파악된 재위) 연수가 없다.

靖侯十七年,　　　　　　정후 17년에

周厲王迷惑暴虐,　　　　주여왕이 미혹되고 포학하여

國人作亂,　　　　　　　백성들이 반란을 일으키니

厲王出奔于彘,　　　　　여왕이 체로 달아나

大臣行政,　　　　　　　대신들이 정사를 행하였기 때문에

故曰"共和".[8]　　　　　"공화"라고 한다.

十八年,　　　　　　　　18년에

靖侯卒,　　　　　　　　정후가 죽고

子釐侯司徒立.　　　　　아들인 희후 사도가 즉위하였다.

釐侯十四年,　　　　　　희후 14년에

周宣王初立.　　　　　　주선왕이 막 즉위하였다.

十八年,　　　　　　　　18년에

---

7 [색은] 『계본』에는 "복(輻)"자로 되어 있다.

8 [정의] 여왕(厲王)이 체(彘)로 달아나자 주(周)와 소(召)는 그 백성들과 화합하여 정치를 행하였는데 "공화(共和)"라 일컫는다.

釐侯卒,	희후가 죽고
子獻侯籍[9]立.	아들인 헌후 적이 즉위하였다.
獻侯十一年卒,	헌후는 11년에 죽고
子穆侯費王[10]立.	아들인 목후 비왕이 즉위하였다.
穆侯四年,	목후는 4년에
取齊女姜氏爲夫人.	제의 여인 강씨를 취하여 부인으로 삼았다.
七年,	7년에
伐條.	조를 쳤다.
生太子仇.[11]	태자 구를 낳았다.
十年,	10년에
伐千畝,	천무를 쳐서
有功.[12]	공을 세웠다.
生少子,	작은 아들을 낳았는데
名曰成師.[13]	이름을 성사라 하였다.
晉人師服曰:[14]	진 사람 사복이 말하였다.
"異哉,	"이상하구나,
君之命子也!	임금이 아들의 이름을 지음이!
太子曰仇,	태자를 구라 하였는데

---

9 색은 『계본』및 초주(譙周)에서는 모두 "소(蘇)"로 되어 있다.
10 색은 추탄(鄒誕) 본에는 "비생(弗生)"으로 되어 있고, "비왕(濆王)"으로 된 곳도 있는데 음은 모두 비(祕)이다.
11 집해 두예(杜預)는 말하였다. "조(條)는 진(晉)의 땅이다."
12 집해 두예는 말하였다. "서하(西河) 개휴현(介休縣) 남쪽에 천무(千畝)라는 지명이 있다."
13 집해 두예는 말하였다. "뜻이 그 대중을 이루어준다는 것에서 취하였다."
14 집해 가규(賈逵)는 말하였다. "진(晉)의 대부이다."

仇者讎也.	구는 원수라는 뜻이다.
少子曰成師,	작은 아들은 성사라 하였는데
成師大號,	성사는 큰 호칭으로
成之者也.	이룬다는 것을 말한다.
名,	이름은
自命也;	스스로 명명하는 것이고,
物,	사물은
自定也.	스스로 정하는 것이다.
今適庶名反逆,	지금 적자와 서자의 이름이 거꾸로 되었으니
此後晉其能毋亂乎?"	이 후에 진에 화란이 없을 수 있겠는가?"

二十七年,	27년에
穆侯卒,	목후가 죽고
弟殤叔自立,	아우인 상숙이 스스로 즉위하니
太子仇出奔.	태자 구는 달아났다.
殤叔三年,	상숙 3년에
周宣王崩.	주선왕이 죽었다.
四年,	4년에
穆侯太子仇率其徒襲殤叔而立,	목후의 태자 구가 그 무리를 이끌고 상숙를 습격하고 스스로 즉위하니
是爲文侯.	바로 문후이다.

文侯十年,	문후 10년에
周幽王無道,	주유왕이 무도하여

犬戎殺幽王,	견융이 유왕을 죽이자
周東徙.	주는 동쪽으로 (도읍을) 옮겼다.
而秦襄公始列爲諸侯.	진양공이 비로소 제후의 반열에 올랐다.

三十五年,	35년에
文侯仇卒,	문후 구가 죽고
子昭侯伯立.	아들인 소후 백이 즉위하였다.

昭侯元年,	소후 원년에
封文侯弟成師于曲沃.[15]	문후의 아우 성사를 곡옥에 봉하였다.
曲沃邑大於翼.	곡옥의 성읍은 익보다 컸다.
翼,	익은
晉君都邑也.[16]	진군의 도읍이다.
成師封曲沃,	성사는 곡옥에 봉하여져
號爲桓叔.	환숙으로 불렸다.
靖侯庶孫欒賓[17]相桓叔.	정후의 서손 난빈은 환숙을 보좌하였다.
桓叔是時年五十八矣,	환숙은 이때 58세였으며
好德,	덕을 (베풀기를) 좋아하여
晉國之眾皆附焉.	진의 민중이 모두 그에게 귀부하였다.
君子曰:	군자가 말하였다.
"晉之亂其在曲沃矣.	"진의 화란은 곡옥에 있을 것이다.

---

15 **색은** 하동(河東)의 현 이름으로 한무제(漢武帝)가 문희(聞喜)로 고쳤다.

16 **색은** 익(翼)은 본래 진(晉)의 도읍이었는데 효후(孝侯) 이래로 익후(翼侯)로 불리게 되었으며, 바로 평양(平陽) 강읍현(絳邑縣) 동쪽의 익성(翼城)이다.

17 **정의** 『세본』에서는 난숙빈보(欒叔賓父)라고 하였다.

末大於本而得民心,　　　　말엽이 근본보다 큰데다 민심을 얻었으니

不亂何待!"　　　　　　　화란이 일어나지 않으면 무엇을 기다리겠는가!"

七年,　　　　　　　　　7년에

晉大臣潘父弒其君昭侯而迎曲沃桓叔.

　　　　　　　　　　　진의 대신 반보가 임금 소후를 죽이고 곡옥 환
　　　　　　　　　　　숙을 맞았다.

桓叔欲入晉,　　　　　　환숙이 진으로 들어가려 하자

晉人發兵攻桓叔.　　　　진의 사람들은 군사를 일으켜 환숙을 쳤다.

桓叔敗,　　　　　　　　환숙은 패하여

還歸曲沃.　　　　　　　다시 곡옥으로 돌아갔다.

晉人共立昭侯子平爲君,　진의 사람들은 함께 소후의 아들 평을 임금으로
　　　　　　　　　　　세웠는데

是爲孝侯.　　　　　　　바로 효후이다.

誅潘父.　　　　　　　　반보를 죽였다.

孝侯八年,　　　　　　　효후 8년에

曲沃桓叔卒,　　　　　　곡옥 환숙이 죽고

子鱓[18]代桓叔,　　　　자선이 환숙을 대신하였는데

是爲曲沃莊伯.　　　　　바로 곡옥 장백이다.

孝侯十五年,　　　　　　효후 15년에

曲沃莊伯弒其君晉孝侯于翼.　곡옥 장백이 익에서 임금인 진효후를 죽였다.

晉人攻曲沃莊伯,　　　　진의 사람들이 곡옥 장백을 치자

莊伯復入曲沃.　　　　　장백은 다시 곡옥으로 들어갔다.

18 색은 음은 선(時戰反)이다. 또한 음을 선(善)이라고도 하고 또한 타(阤)라고도 한다.

晉人復立孝侯子郄[19]爲君,	진의 사람들이 다시 효후의 아들 극을 임금으로 세우니
是爲鄂侯.	바로 악후이다.
鄂侯二年,	악후 2년에
魯隱公初立.	노은공이 막 즉위하였다.
鄂侯六年卒.	악후는 6년에 죽었다.
曲沃莊伯聞晉鄂侯卒,	곡옥 장백은 진악후가 죽었다는 말을 듣고
乃興兵伐晉.	곧 군사를 일으켜 진을 쳤다.
周平王使虢公將兵伐曲沃莊伯,	주평왕이 괵공에게 군사를 거느리고 곡옥 장백을 치게 하니
莊伯走保曲沃.	장백은 곡옥으로 달아나 지켰다.
晉人共立鄂侯子光,	진의 사람들이 함께 악후의 아들 광을 세우니
是爲哀侯.	바로 애후이다.
哀侯二年曲沃莊伯卒,	애후 2년에 곡옥 장백이 죽고
子稱代莊伯立,[20]	아들 칭이 장백의 대를 이어 서니
是爲曲沃武公.	바로 곡옥 무공이다.
哀侯六年,	애후 6년에
魯弒其君隱公.	노가 임금인 은공을 죽였다.

---

19 색은 『계본』에는 "극(郄)"으로 되어 있고, 다른 판본에는 "도(都)"로 된 곳도 있다. 정의 음은 극(丘戟反)이다.

20 정의 '稱'의 음은 칭(尺證反)이다.

哀侯八年,	애후 8년에
晉侵陘廷.²¹	진이 형정을 침입하였다.
陘廷與曲沃武公謀,	형정과 곡옥 무공은 공모(共謀)하여
九年,	9년에
伐晉于汾旁,²²	분수의 곁에서 진을 치고
虜哀侯.	애후를 사로잡았다.
晉人乃立哀侯子小子爲君,	진의 사람이 이에 애후의 아들 소자를 임금으로 세우니
是爲小子侯.²³	바로 소자후이다.
小子元年,	소자 원년
曲沃武公使韓萬殺所虜晉哀侯.²⁴	
	곡옥 무공은 한만에게 사로잡은 진애후를 죽이게 하였다.
曲沃益彊,	곡옥은 더욱 강해졌고
晉無如之何.	진은 어찌할 수 없었다.
晉小子之四年,	진소자 4년에
曲沃武公誘召晉小子殺之.	곡옥 무공은 진소자를 꾀어 불러 죽였다.
周桓王使虢仲²⁵伐曲沃武公,	주환왕이 곡중으로 하여금 곡옥 무공을 치게 하니

---

21 **집해** 가규는 말하였다. "익(翼) 남쪽 경계의 읍 이름이다."

22 **정의** 음은 방(白郞反)이다. 분수(汾水)의 곁이다.

23 **집해** 『예기(禮記)』에서는 말하였다. "천자(天子)가 상을 마치기 전까지는 '여소자(余小子)'라고 하는 것이니, 살아 계실 때 그렇게 부르고 돌아가심에 또한 그렇게 부른다."라 하였다. 정현(鄭玄)은 말하였다. "진(晉)에 소자후(小子侯)가 있는데 이는 천자에게서 취한 것이다."

24 **집해** 가규는 말하였다. "한만(韓萬)은 곡옥(曲沃) 환숙(桓叔)의 아들이며 장백(莊伯)의 아우이다."

武公入于曲沃,	무공은 곡옥으로 들어가
乃立晉哀侯弟緡爲晉侯.	이에 진 애후의 아우 민을 진후로 세웠다.
晉侯緡四年,	진후 민 4년에
宋執鄭祭仲而立突爲鄭君.	송이 정의 채중을 잡고 돌을 정의 임금으로 세웠다.
晉侯十九年,	진후 19년에
齊人管至父弑其君襄公.	제의 사람 관지보가 임금인 양공을 죽였다.
晉侯二十八年,	진후 28년에
齊桓公始霸.	제환공이 비로소 패권을 잡았다.
曲沃武公伐晉侯緡,	곡옥 무공이 진후 민을 쳐서
滅之,	멸하고
盡以其寶器賂獻于周釐王.	그 보기를 몽땅 뇌물로 주희왕에게 바쳤다.
釐王命曲沃武公爲晉君,	희왕은 곡옥 무공을 진의 임금에 명하여
列爲諸侯,	제후의 반열에 올렸으며
於是盡幷晉地而有之.	이에 진의 땅을 몽땅 병탄하여 차지하였다.
曲沃武公已卽位三十七年矣,	곡옥 무공은 이미 즉위한 지 37년이 되었으며
更號曰晉武公.	호칭을 진무공으로 바꾸었다.
晉武公始都晉國,	진무공은 비로소 진(의 도성)을 도읍으로 삼았고
前卽位曲沃,	전에 곡옥에서 즉위하여
通年三十八年.	통틀어 38년이 된다.

---

25 **정의** 마융(馬融)은 말하였다. "주무왕(周武王)은 상(商)을 이기고 문왕(文王)의 이복 동생 괵중(虢仲)을 하양(夏陽)에 봉하였다."

武公稱者,	무공 칭은
先晉穆侯曾孫也,[26]	전 진목후의 증손자이며
曲沃桓叔孫也.	곡옥 환숙의 손자이다.
桓叔者,	환숙은
始封曲沃.	처음으로 곡옥에 봉하여졌다.
武公,	무공은
莊伯子也.	장백의 아들이다.
自桓叔初封曲沃以至武公滅晉也,	환숙이 처음 곡옥에 봉해진 때부터 무공이 멸하기까지는
凡六十七歲,	모두 67년으로
而卒代晉爲諸侯.	마침내 진을 대신하여 제후가 되었다.
武公代晉二歲,	무공은 진을 대신한 지 2년에
卒.	죽었다.
與曲沃通年,	곡옥과 연수를 통틀어
即位凡三十九年而卒.	즉위한 지 모두 39년 만에 죽었다.
子獻公詭諸立.	아들인 헌공 궤제가 즉위하였다.

獻公元年,	헌공 원년에
周惠王弟穨攻惠王,	주혜왕의 아우 퇴가 혜왕을 공격하니
惠王出奔,	혜왕은 달아나
居鄭之櫟邑.[27]	정의 역읍에 거처하였다.

---

26 **색은** 진(晉)에는 두 목후(穆侯)가 있는데 선(先)이라고 한 것은 후(後)와 구별하기 위해서이다.

27 **색은** 역(櫟)은 정(鄭)의 읍으로, 바로 지금의 하남(河南) 양적(陽翟)이다. 옛 정의 10읍(邑) 가운데 역이 있고 화(華)가 있다.

五年,	5년에
伐驪戎,	여융을 쳐서
得驪姬[28]·驪姬弟,	여희와 여희의 동생을 얻었으며
俱愛幸之.	모두 총애하였다.

八年,	8년에
士蒍說公[29]曰:	사위가 공을 유세하여 말하였다.
"故晉之羣公子多,	"옛 진의 공자들이 많으니
不誅,	죽이지 않으면
亂且起."	화란이 일어날 것입니다."
乃使盡殺諸公子,	이에 공자들을 모두 죽이게 하고
而城聚都之,[30]	취에 성을 쌓아 도읍으로 삼고
命曰絳,	강이라 하였으며
始都絳.[31]	비로소 강에 도읍을 두었다.
九年,	9년에
晉羣公子既亡奔虢,	진의 공자들이 괵으로 달아나자
虢以其故再伐晉,	괵은 그런 까닭으로 거듭 진을 쳤는데
弗克.	이기지 못하였다.
十年,	10년에
晉欲伐虢,	진이 괵을 치려고 하자

---

28 **집해** 위소(韋昭)는 말하였다. "서융(西戎)의 별종은 여산(驪山)에 있다."

29 **집해** 가규는 말하였다. "사위(士蒍)는 진(晉)의 대부이다."

30 **집해** 가규는 말하였다. "취(聚)는 진(晉)의 읍이다."

31 **색은** 『춘추』「장공(莊公) 26년」의 『전(傳)』에서 "사위(士蒍)가 강(絳)에 성을 쌓았다."라 한 것이다. 두예는 말하기를 "지금의 평양(平陽) 강읍현(絳邑縣)이다."라 하였다. 응소(應劭)는 말하기를 "강수(絳水)가 서남쪽에서 발원한다."라 하였다.

士蒍曰:	사위는 말하였다.
"且待其亂."	"잠시 난이 일어나기를 기다리십시오."

十二年,	12년에
驪姬生奚齊.	여희가 해제를 낳았다.
獻公有意廢太子,	헌공은 태자를 폐할 뜻이 있어
乃曰:	이에 말하였다.
"曲沃吾先祖宗廟所在,	"곡옥은 우리 선조의 종묘가 있는 곳이고
而蒲邊秦,	포의 인근에 있는 진과
屈邊翟,³²	굴의 인근인 적에는
不使諸子居之,	여러 아들을 거처하게 하지 않으면
我懼焉."	내 두렵다."
於是使太子申生居曲沃,	이에 태자 신생을 곡옥에 거주하게 하였고
公子重耳居蒲,	공자 중이는 포에 거주하게 하였으며
公子夷吾居屈.	공자 이오는 굴에 거주하게 하였다.
獻公與驪姬子奚齊居絳.	헌공은 여희의 아들 해제와 함께 강에서 거주하였다.
晉國以此知太子不立也.	진은 이 때문에 태자가 즉위하지 못할 것임을 알았다.
太子申生,	태자 신생은
其母齊桓公女也,	모친이 제환공의 딸로
曰齊姜,	제강이라고 하였는데
早死.	일찍 죽었다.

---

32 집해 위소는 말하였다. "포(蒲)는 지금의 포판(蒲阪)이고, 굴(屈)은 북굴(北屈)인데 모두 하동(河東)에 있다." 두예는 말하였다. "포(蒲)는 바로 지금의 평양(平陽) 포자현(蒲子縣)이다."

申生同母女弟爲秦穆公夫人. 신생의 동복 누이는 진목공의 부인이다.

重耳母,　　　　　　　　중이의 모친은

翟之狐氏女也.　　　　　적족인 호씨의 딸이다.

夷吾母,　　　　　　　　이오의 모친은

重耳母女弟也.　　　　　중이 모친의 여동생이다.

獻公子八人,　　　　　　헌공은 아들이 여덟인데

而太子申生·重耳·夷吾皆有賢行.
　　　　　　　　　　　　태자 신생과 중이, 이오는 모두 현명하고 덕행
　　　　　　　　　　　　이 있었다.

及得驪姬,　　　　　　　여희를 얻게 되자

乃遠此三子.　　　　　　이에 세 아들을 멀리 하였다.

十六年,　　　　　　　　16년에

晉獻公作二軍.³³　　진헌공은 2군을 만들었다.

公將上軍,　　　　　　　공은 상군을 거느렸고

太子申生將下軍,　　　　태자 신생은 하군을 거느렸으며

趙夙御戎,　　　　　　　조숙이 융거를 몰았고

畢萬爲右,　　　　　　　필만이 거우가 되어

伐滅霍,　　　　　　　　곽을 쳐서 멸하였고

滅魏,　　　　　　　　　위를 멸하였으며

滅耿.³⁴　　　　　　　경을 멸하였다.

33　집해 『좌전』에서는 말하기를 왕이 괵공(虢公)으로 하여금 1군(軍)으로 곡옥백(曲沃伯)에
　　명하여 진후(晉侯)가 되었다고 하였다. 지금 비로소 2군(軍)이 되었다.
34　집해 복건은 말하였다. "세 나라는 모두 희성(姬姓)이며, 위는 진(晉) 포판(蒲阪) 하동(河東)
　　에 있다." 두예는 말하였다. "평양(平陽) 피지현(皮氏縣) 동남쪽에 경향(耿鄉)이 있으며, 영안
　　현(永安縣) 동북쪽에 곽태산(霍太山)이 있다." 색은 영안현(永安縣) 서남쪽 분수(汾水)의 서

還,	돌아와서
爲太子城曲沃,	태자를 위해 곡옥에 성을 쌓았으며
賜趙夙耿,	조숙에게는 경을 내렸고
賜畢萬魏,	필만에게는 위를 내려
以爲大夫.	대부로 삼았다.
士蔿曰:	사위가 말하였다.
"太子不得立矣.	"태자께서는 계위를 하지 못하게 될 것입니다.
分之都城,35	도성을 나누어주고
而位以卿,36	경의 지위를 내려
先爲之極,37	먼저 지극하게 해주었으니
又安得立!	또한 어찌 계위를 잇게 되겠습니까!
不如逃之,	도망가서
無使罪至.	죄에 이르지 않게 함만 못합니다.
爲吳太伯,	오태백처럼 된다면
不亦可乎,38	또한 좋지 않겠습니까,
猶有令名."39	오히려 아름다운 명성이 있을 것입니다."

쪽에 곽성(霍城)이 있는데 옛 곽(霍)이며, 곽수(霍水)가 있는데 곽태산(霍太山)에서 발원한다. 「지리지(地理志)」 하동(河東) 하북현(河北縣)은 옛 위(魏)이다. 『지기(地記)』에서도 그렇게 생각하였다. 복건은 포판(蒲阪)에 있다고 하였는데 틀렸다. 『지기』에서는 또 말하기를 피지현(皮氏縣) 분수(汾水) 남쪽의 경성(耿城)은 옛 경(耿)이라고 하였다.

35 집해 복건은 말하였다. "읍(邑)에 선군(先君)의 위패가 있는 것을 도(都)라고 한다."

36 집해 가규는 말하였다. "하군을 거느리는 것을 말한다."

37 집해 복건은 말하였다. "그 녹위(祿位)가 여기에서 극진하다는 것이다."

38 집해 왕숙(王肅)은 말하였다. "태백(太伯)은 천명(天命)이 왕계(王季)에 있음을 알고 오(吳)로 달아나 돌아오지 않았다."

39 집해 왕숙은 말하였다. "떠나더라도 오히려 아름다운 명성을 누릴 수 있는데 어찌하여 앉아서 화에 미치겠는가 하는 것이다."

太子不從.	태자는 따르지 않았다.
卜偃曰:	복언이 말하였다.
"畢萬之後必大.[40]	"필만의 후대는 반드시 창대해질 것입니다.
萬,	만은
盈數也;	꽉 찬 수이고,
魏,	위는
大名也.[41]	큰 이름입니다.
以是始賞,	이를 비로소 상으로 줬으니
天開之矣.[42]	하늘이 열어주는 것일 것입니다.
天子曰兆民,	천자를 조민이라 하고
諸侯曰萬民,	제후를 만민이라 하는데
今命之大,	지금 (나라이름을) 큰 것으로 명명하고
以從盈數,	꽉 찬 수를 따르니
其必有眾."[43]	반드시 백성이 많게 될 것입니다."
初,	처음에
畢萬卜仕於晉國,	필만은 진에서 벼슬하는 것을 점쳤는데
遇屯之比.[44]	「둔」이 「비」로 변하는 괘를 얻었다.

---

40 집해 가규는 말하였다. "복언(卜偃)은 진(晉)의 점복을 관장하는 대부 곽언(郭偃)이다."

41 집해 복건은 말하였다. "수(數)는 1에서 만까지를 만(滿)이라고 한다. 위(魏)는 위(巍)를 비유하며, 위(巍)는 높고 큰 것이다."

42 집해 복건은 말하였다. "위(魏)를 필만(畢萬)에게 상으로 주었는데, 이는 하늘이 그 복을 열어준 것이다."

43 집해 두예는 말하였다. "위(魏)를 가지고 만(萬)을 따르니 백성이 많은 상이다."

44 집해 가규는 말하였다. "진(震)이 아래에 있고 감(坎)이 위에 있는 것이 둔(屯)괘이고, 곤(坤)이 아래에 있고 감(坎)이 위에 있는 것이 비(比)괘이다. 둔(屯)의 초구(初九: 맨 아래의 양효)가 변하여 비(比)괘가 되는 것이다."

辛廖占之曰:	신료가 점을 쳐서 말하였다.
"吉.[45]	"길합니다.
屯固比入,	둔은 견고하고 비는 들어가는 것이니
吉孰大焉.[46]	무엇이 이보다 더 길겠습니까?
其後必蕃昌."	후대가 반드시 번창할 것입니다."
十七年,	17년에
晉侯使太子申生伐東山.[47]	진후가 태자 신생으로 하여금 동산을 치게 하였다.
里克諫獻公曰:[48]	이극이 헌공에게 간하였다.
"太子奉冢祀社稷之粢盛,	태자는 종묘의 제사와 사직의 제수를 받들어
以朝夕視君膳者也,[49]	아침저녁으로 임금의 음식을 봐드리는 자이기 때문에
故曰冢子.	총자라고 합니다.
君行則守,	임금이 나가면 지키고
有守則從,[50]	(조정을) 지키는 사람이 있으면 (임금을) 따르는데
從曰撫軍,[51]	따르는 것을 무군이라 하고
守曰監國,	지키는 것을 감국이라 하니
古之制也.	옛 제도입니다.

---

45 집해 가규는 말하였다. "신료(辛廖)는 진(晉)의 대부이다."

46 집해 두예는 말하였다. "둔(屯)은 험난한 것이기 때문에 견고하다. 비(比)는 친밀하기 때문에 들어가게 된다."

47 집해 가규는 말하였다. "동산(東山)은 적적(赤狄)의 별종이다."

48 집해 가규는 말하였다. "이극(里克)은 진(晉)의 경(卿) 이계(里季)이다."

49 집해 복건은 말하였다. "음식을 장만하는 것이다."

50 집해 복건은 말하였다. "태자 대신 지키는 사람이 있으면 (임금을) 따르는 것이다."

51 집해 복건은 말하였다. "임금을 도와 군사를 순무하는 것이다."

夫率師,	대체로 군사를 거느리고
專行謀也;[52]	계모를 오로지 행하며,
誓軍旅,[53]	호령을 내리는 것은
君與國政之所圖也;[54]	임금과 국정이 도모할 일이며
非太子之事也.	태자의 일이 아닙니다.
師在制命而已,[55]	군사는 명령을 통제하는데 있을 따름인데
稟命則不威,	(임금에게) 명을 여쭈면 위엄이 없고
專命則不孝,	명을 오로지 하면 효성스럽지 못하므로
故君之嗣適不可以帥師.	임금을 잇는 적자는 군사를 거느릴 수 없습니다.
君失其官,[56]	임금께서 관원을 잃고
率師不威,	군사를 거느려도 위엄이 없으면
將安用之?"[57]	어디에 쓰시겠습니까?"
公曰:	공이 말하였다.
"寡人有子,	"과인에게 아들이 있는데
未知其太子誰立."	누구를 태자로 세울지 알지 못하겠소.
里克不對而退,	이극은 대답을 하지 못하고 물러나
見太子.	태자를 뵈었다.
太子曰:	태자가 말하였다.
"吾其廢乎?"	"나는 폐출되겠지?"

---

52 집해 두예는 말하였다. "군사를 통솔하는 자는 반드시 군사(軍事)를 오로지 도모한다."
53 집해 두예는 말하였다. "호령을 펴는 것이다."
54 집해 가규는 말하였다. "국정(國政)은 정경(正卿)이다."
55 집해 두예는 말하였다. "명(命)은 장군이 통제한다."
56 집해 두예는 말하였다. "태자가 군사를 통솔하면 관원을 잃는다."
57 집해 두예는 말하였다. "명을 오로지하면 효성스럽지 못한데 이는 군사에게는 반드시 위엄 없는 것이다."

里克曰:	이극이 말하였다.
"太子勉之!	"태자께서는 힘쓰십시오!
教以軍旅,[58]	군대의 일로 교령을 내렸으니
不共是懼,	(임무를) 완수하지 못할까 두려워하실 것이지
何故廢乎?	무슨 까닭으로 폐출되겠습니까?
且子懼不孝,	또한 아들이시니 효성스럽지 못할까를 걱정하시고
母懼不得立.[59]	계위하지 못하게 되는 것은 걱정하지 마십시오.
修己而不責人,	몸을 수양하고 남을 책망하지 않으면
則免於難."	어려움을 면할 것입니다."
太子帥師,	태자가 군사를 거느리게 되자
公衣之偏衣,[60]	공은 편의를 입혀주고
佩之金玦.[61]	금결을 채워주었다.
里克謝病,	이극은 병을 핑계대고
不從太子.	태자를 따르지 않았다.
太子遂伐東山.	태자는 마침내 동산을 쳤다.
十九年,	19년에

---

58 집해 가규는 말하였다. "하군(下軍)을 거느리는 것이다."

59 집해 복건은 말하였다. "자기를 세우지 않게 되는 것이다."

60 집해 복건은 말하였다. "솔기가 치우친 옷으로 다른 색으로 치우쳐 섞여 순수하지 않으며 솔기가 중앙에 있고 좌우가 다르기 때문에 편의(偏衣)라고 한다." 두예는 말하였다. "편의(偏衣)는 좌우의 색깔이 다른 옷으로 그 반쪽의 색깔이 헌공(獻公)의 복색과 같은 것이다." 정의 위의 "의(衣)"자는 거성(去聲)이고 아래의 "의(衣)"자는 글자 그대로이다.

61 집해 복건은 말하였다. "금(金)으로 결(玦)을 만든 것이다." 위소는 말하였다. "금결(金玦)은 병요(兵要: 兵權)이다." 정의 '玦'의 음은 결(決)이다.

獻公曰:　　　　　　　헌공이 말하였다.

"始吾先君莊伯·武公之誅晉亂,
　　　　　　　　　　"처음에 우리 선군인 장백과 무공이 진의 난을
　　　　　　　　　　평정할 때

而虢常助晉伐我,[62]　곽은 늘 진을 도와 우리를 치고

又匿晉亡公子,　　　또한 진에서 도망친 공자를 숨겨주어

果爲亂.　　　　　　과연 난을 일으켰다.

弗誅,　　　　　　　주벌하지 않으면

後遺子孫憂."　　　나중에 자손들에게 근심을 남길 것이다."

乃使荀息以屈産之乘[63]假道於虞.
　　　　　　　　　　이에 순식에게 굴산의 말로 우에 길을 빌리게
　　　　　　　　　　했다.

虞假道,　　　　　　우가 길을 빌려주어

遂伐虢,[64]　　　　　마침내 곽을 쳐서

取其下陽以歸.[65]　하양을 빼앗아 돌아왔다.

獻公私謂驪姬曰:　헌공은 사사로이 여희에게 말하였다.

"吾欲廢太子,　　　"내 태자를 폐하고

以奚齊代之."　　　해제로 대신하려 하오."

驪姬泣曰:　　　　　여희가 눈물을 흘리며 말하였다.

---

62 **정의** 곽(虢)이 진(晉)을 도와 곡옥(曲沃)을 친 것이다.

63 **집해** 하휴(何休)는 말하였다. "굴산(屈産)은 명마가 나는 땅이다. 승(乘)은 사마[駟]를 갖춘 것이다."

64 **집해** 가규는 말하였다. "우(虞)는 진(晉) 남쪽에 있고, 곽(虢)은 우 남쪽에 있다."

65 **집해** 복건은 말하였다. "하양(下陽)은 곽의 읍으로 대양(大陽)의 동북쪽 30리 지점에 있다. 『곡량전(穀梁傳)』에서는 하양(下陽)은 우와 곽의 변읍(邊邑)이라고 하였다."

"太子之立,　　　　　　　　"태자를 세운 것은

諸侯皆已知之,　　　　　　제후들이 모두 이미 알고 있으며,

而數將兵,　　　　　　　　수차례나 군사를 이끌었고

百姓附之,　　　　　　　　백성들이 그를 가까이 하니

柰何以賤妾之故廢適立庶?　어떻게 천첩 때문에 적자를 폐하고 서자를 세우
　　　　　　　　　　　　겠습니까?

君必行之,　　　　　　　　임금께서 기필코 실행하신다면

妾自殺也."　　　　　　　첩은 스스로 목숨을 끊겠습니다."

驪姬詳譽太子,　　　　　여희는 태자를 칭찬하는 척하며

而陰令人譖惡太子,　　　몰래 사람을 시켜 태자를 참소하여 헐뜯게 하여

而欲立其子.　　　　　　그 아들을 세우려고 하였다.

二十一年,　　　　　　　21년에

驪姬謂太子曰:　　　　　여희가 태자에게 말하였다.

"君夢見齊姜,　　　　　　"임금이 꿈에서 제강을 봤으니

太子速祭曲沃,[66]　　　　태자는 속히 곡옥에서 제사를 지내고

歸釐於君."[67]　　　　　돌아와 임금께 제육을 바치시오."

太子於是祭其母齊姜於曲沃,　태자는 이에 곡옥에서 그 모친인 제강을 제사지
　　　　　　　　　　　　내고

上其薦胙於獻公.　　　　헌공에게 제사지낸 고기를 올렸다.

獻公時出獵,　　　　　　헌공은 때마침 사냥을 나가

---

66 집해 복건은 말하였다. "제강(齊姜)의 사당이 있는 곳이다."

67 역주 '釐'의 음은 희이며, 조육(胙肉), 곧 귀신에게 제사를 지낸 고기를 말한다. 「굴원가생열
전(屈原賈生列傳)」에 "효문제가 비로소 희를 받았다(孝文帝方受釐)"라는 말이 나오는데, 사
마정(司馬貞)의 『색은』에서는 응소(應劭)의 말을 인용하여 "희(釐)는 제사를 지내고 남은 고
기이다(祭餘肉也)"라 하였다.

置胙於宮中.	제육을 궁중에 두었다.
驪姬使人置毒藥胙中.	여희는 사람을 시켜 제육에 독을 넣게 하였다.
居二日,[68]	이틀 만에
獻公從獵來還,	헌공이 사냥에서 돌아오자
宰人上胙獻公,[69]	요리사가 헌공에게 제육을 바치니
獻公欲饗之.	헌공은 먹으려 했다.
驪姬從旁止之,	여희가 곁에서 말리며
曰:	말하였다.
"胙所從來遠,	"제육이 온 곳이 머니
宜試之."	시험해보아야 합니다."
祭地,	땅에 먼저 제사를 지냈더니
地墳;[70]	땅이 솟았고,
與犬,	개에게 주었더니
犬死;	개가 죽었으며,
與小臣,	소신에게 주었더니
小臣死.[71]	소신이 죽었다.
驪姬泣曰:	여희가 눈물을 흘리며 말하였다.
"太子何忍也!	"태자가 어찌 차마 이러는가!
其父而欲弒代之,	그 부친인데 죽이고 대신하려 하니
況他人乎?	하물며 다른 사람이겠는가?

---

68 색은 『좌전』에서는 "6월"이라 하여 같지 않다.

69 역주 재인(宰人)은 선식(膳食)을 관장하는 관직 이름이다.

70 집해 위소는 말하였다. "마시려 할 때 먼저 제사를 지내 앞이 있음을 보여주는 것이다. 분(墳)은 일어서는 것이다."

71 집해 위소는 말하였다. "소신(小臣)은 관직 이름으로 음사(陰事)를 관장하며, 지금의 엄사(閹士: 내시)이다."

且君老矣,	또한 임금이 늙어서
且暮之人,	아침 저녁을 알 수 없는 사람인데
曾不能待而欲弑之!"	기다릴 수가 없어서 죽이려 했단 말인가!"
謂獻公曰:	헌공에게 말하였다.
"太子所以然者,	"태자가 그렇게 한 것은
不過以妾及奚齊之故.	첩 및 해제 때문임에 지나지 않습니다.
妾願子母辟之他國,	첩은 바라건대 모자가 다른 나라로 피신하여
若早自殺,	일찍 스스로 죽게 될지언정
毋徒使母子爲太子所魚肉也.	다만 모자가 태자에 의해 어육(젓)이 되지 않았으면 합니다.
始君欲廢之,	처음에 임금께서 그를 폐하시려 할 때
妾猶恨之;	첩은 오히려 유감스러워했는데
至於今,	지금에 이르러서야
妾殊自失於此."72	첩은 특히 이것이 잘못되었음을 알았습니다."
太子聞之,	태자는 듣고
奔新城.73	신성으로 달아났다.
獻公怒,	헌공은 노하여
乃誅其傅杜原款.	이에 그 스승인 두원관을 죽였다.
或謂太子曰:	어떤 사람이 태자에게 말하였다.
"爲此藥者乃驪姬也,	"이 약을 넣은 자는 바로 여희인데
太子何不自辭明之?"	태자께서는 어찌하여 스스로 말하여 밝히지 않습니까?"

---

72 색은 태자의 행실이 이러하니 첩이 전에 임금이 폐하려는 것을 보고 유감으로 여겼는데 지금은 곧 스스로 유감스러워한 것이 잘못이라는 말이다.

73 집해 위소는 말하였다. "신성(新城)은 곡옥(曲沃)이며 새로 태자를 위해 쌓은 성이다."

太子曰:	태자가 말하였다.
"吾君老矣,	"우리 임금은 늙어서
非驪姬,	여희가 아니면
寢不安,	주무셔도 편치 않고
食不甘.	음식을 먹어도 달지가 않소.
即辭之,	그대로 말씀드리면
君且怒之.	임금께서 또한 (여희에게) 분노할 것이오.
不可."	안 될 일입니다."
或謂太子曰:	어떤 사람이 태자에게 말하였다.
"可奔他國."	"다른 나라로 달아나셔야겠습니다."
太子曰:	태자가 말하였다.
"被此惡名以出,	"이 오명을 뒤집어쓰고 도망쳐나가면
人誰內我?	어느 누가 나를 받아들이겠소.
我自殺耳."	내 스스로 목숨을 끊을 따름이오."
十二月戊申,	12월 무신일에
申生自殺於新城.[74]	신생은 신성에서 스스로 목숨을 끊었다.
此時重耳·夷吾來朝.	이때 중이와 이오가 와서 조현하였다.
人或告驪姬曰:	어떤 사람이 여희에게 알렸다.
"二公子怨驪姬譖殺太子."	"두 공자는 여희가 태자를 참소하여 죽인 것에 원한을 품고 있습니다."
驪姬恐,	여희는 두려워하여

---

[74] 색은 『국어(國語)』에서는 말하였다. "신생(申生)은 이에 신성(新城)의 사당에서 스스로 목을 매었다." 위소는 말하였다. "곡옥(曲沃)으로, 태자를 위하여 새로 성을 쌓았기 때문에 신성이라 하였다."

因譖二公子:	이에 두 공자를 참소하였다.
"申生之藥胙,	"신생이 독약을 넣은 것을
二公子知之."	두 공자도 알고 있습니다."
二子聞之,	두 사람은 듣고
恐,	두려워하여
重耳走蒲,	중이는 포로 달아나고
夷吾走屈,	이오는 굴로 달아나
保其城,	그 성을 보전하여
自備守.	스스로 지켰다.
初,	처음에
獻公使士蒍爲[75]二公子築蒲·屈城,	헌공은 사위에게 두 공자를 위하여 포와 굴에 성을 쌓게 하였는데
弗就.	이루지 못하였다.
夷吾以告公,	이오가 공에게 그대로 알리자
公怒士蒍.	공은 사위에게 노하였다.
士蒍謝曰:	사위가 사죄하여 말하였다.
"邊城少寇,	"변읍의 성에는 도둑이 적으니
安用之?"	어디에 쓰겠습니까?"
退而歌曰:	물러나 노래하였다.
"狐裘蒙茸,	"여우 갖옷 털 어지러워
一國三公,	한 나라에 임금이 셋이니
吾誰適從!"[76]	나는 누구를 따라야 하나!"
卒就城.	마침내 성을 완성하였다.

---

75 **정의** '蒍'의 음은 위(爲詭反)이다. '爲'의 음은 위(于僞反)이다.

及申生死,	신생이 죽자
二子亦歸保其城.	두 공자도 그 성으로 돌아가 지켰다.

二十二年,	22년에
獻公怒二子不辭而去,	헌공은 두 아들이 말도 하지 않고 떠난 것에 노하여
果有謀矣,	과연 음모가 있을 것이라 하여
乃使兵伐蒲.	이에 군사를 보내어 포읍을 쳤다.
蒲人之宦者勃鞮[77]命重耳促自殺.	포읍의 환관 발제는 중이에게 자살을 재촉하였다.
重耳踰垣,	중이는 담을 넘었고
宦者追斬其衣袪.[78]	환관은 따라가 그 옷소매를 잘랐다.
重耳遂奔翟.	중이는 마침내 적으로 달아났다.
使人伐屈,	(헌공은) 사람을 시켜 굴읍을 치게 하였는데
屈城守,	굴읍에서는 성을 지켜
不可下.	함락시킬 수가 없었다.

是歲也,	이 해에
晉復假道於虞以伐虢.	진은 다시 우에 길을 빌려 괵을 쳤다.
虞之大夫宮之奇諫虞君曰:	우의 대부 궁지기가 우의 임금에게 간하였다.
"晉不可假道也,	"진에 길을 빌려주어서는 안 되니

---

76 집해 복건은 말하였다. "몽용(蒙茸)은 어지러운 모양을 말한 것이다. 삼공(三公)은 임금과 두 공자이다. 적이 될 것이기에 따를 곳을 알지 못하는 것이다."

77 정의 '勃'의 음은 발(白沒反)이다. '鞮'의 음은 제(都提反)이다. 위소는 말하였다. "백초(伯楚)는 시인(寺人) 피(披)의 자이며, 문공(文公) 때 발제(勃鞮)가 되었다."

78 집해 복건은 말하였다. "거(袪)는 소매이다."

是且滅虞."	이는 우를 멸하게 할 것입니다."
虞君曰:	우의 임금이 말하였다.
"晉我同姓,	"진과 우리는 동성(의 나라)이니
不宜伐我."	우리를 치지 않을 것이다."
宮之奇曰:	궁지기가 말하였다.
"太伯·虞仲,	"태백과 우중은
太王之子也,	태왕의 아들인데
太伯亡去,	태백이 달아나서
是以不嗣.	왕위를 잇지 못했습니다.
虢仲·虢叔,	괵중과 괵숙은
王季之子也,	왕계의 아들입니다.
爲文王卿士,	문왕의 경사가 되어
其記勳在王室,	공훈의 기록이 왕실에 있어서
藏於盟府.[79]	맹부에 간직되어 있습니다.
將虢是滅,	장차 괵이 망한다면
何愛于虞?	어찌 우를 애석하게 여기겠습니까?
且虞之親能親於桓·莊之族乎?	
	또한 우가 환숙이나 장백보다 가까울 수가 있겠습니까?
桓·莊之族何罪,	환숙 및 장백의 족속에게 무슨 죄가 있겠습니까?
盡滅之.	그런데도 모두 멸하였습니다.
虞之與虢,	우는 괵과
脣之與齒,	입술이 이와의 관계와 같으니
脣亡則齒寒."	입술이 없으면 이빨이 시리게 됩니다."

---

79 집해 두예는 말하였다. "맹부(盟府)는 맹약을 맡은 관직이다."

虞公不聽,	우공은 듣지 않고
遂許晉.	마침내 진에 허락하였다.
宮之奇以其族去虞.	궁지기는 그 가족을 데리고 우를 떠났다.
其冬,	그해 겨울
晉滅虢,	진은 괵을 멸하고
虢公醜奔周.[80]	괵공 추는 주로 달아났다.
還,	돌아가는 길에
襲滅虞,	우를 습격하여 멸하고
虜虞公及其大夫井伯百里奚[81]以媵秦穆姬,[82]	우공 및 대부 정백 백리해를 사로잡아 진목희의 잉신으로 삼아
而修虞祀.[83]	우의 제사를 닦게 했다.
荀息牽曩所遺虞屈産之乘馬奉之獻公,	순식이 저번에 우에 주었던 굴산의 말을 끌고 와 헌공에게 바쳤는데
獻公笑曰:	헌공이 웃으며 말하였다.
"馬則吾馬,	"말은 나의 말인데
齒亦老矣!"[84]	나이가 들어 또한 늙었도다!"

---

80 **집해** 『황람(皇覽)』에서는 말하였다. "괵공(虢公)의 무덤은 하내(河內) 온현(溫縣) 외성 동쪽에 있는데 바로 제수(濟水) 남쪽의 큰 무덤이다. 그 성 남쪽에 괵공대(虢公臺)가 있다."

81 **정의** 『남옹주기(南雍州記)』에서는 말하였다. "백리해(百里奚) 송정백(宋井伯)은 완(宛) 사람이다."

82 **집해** 두예는 말하였다. "목희(穆姬)는 헌공(獻公)의 딸이다. 딸을 시집보내는 것을 잉(媵)이라 하는데 굴욕으로 생각하였기 때문이다."

83 **집해** 복건은 말하였다. "우가 제사지내는 것을 제사지내게 한 것이다."

84 **집해** 『공양전』에서는 말하였다. "아마 놀린 것일 것이다." 하휴는 말하였다. "말의 나이를 가지고 순식의 나이가 늙은 것을 놀린 것이다."

二十三年,	23년에
獻公遂發賈華等伐屈,[85]	헌공이 마침내 가화 등을 보내어 굴읍을 치니
屈潰.[86]	굴읍은 궤멸되었다.
夷吾將奔翟.	이오는 적으로 달아나려 했다.
冀芮曰:	기예가 말하였다.
"不可,[87]	"안 됩니다.
重耳已在矣,	중이가 이미 있는데
今往,	지금 가면
晉必移兵伐翟,	진은 반드시 군사를 옮겨 적을 칠 것이고
翟畏晉,	적은 진을 두려워하여
禍且及.	화가 미칠 것입니다.
不如走梁,	양으로 달아남만 못하니
梁近於秦,	양은 진과 가깝고
秦彊,	진은 강하여
吾君百歲後可以求入焉."	우리 임금이 돌아가신 후 들어가는 것을 청할 수 있습니다."
遂奔梁.	마침내 양으로 달아났다.
二十五年,	25년에
晉伐翟,	진은 적을 쳤는데
翟以重耳故,	적은 중이 때문에
亦擊晉於齧桑,[88]	또한 설상에서 진을 쳐서
晉兵解而去.	진은 군사를 풀고 떠났다.

---

85 **집해** 가규는 말하였다. "가화(賈華)는 진(晉)의 우행대부(右行大夫)이다."
86 **정의** 백성이 윗사람을 버리고 도망치는 것을 궤(潰)라고 한다.
87 **집해** 위소는 말하였다. "기예(冀芮)는 진(晉)의 대부이다."

440

當此時,	이때
晉彊,	진은 강하여
西有河西,	서로는 하서를 가져
與秦接境,	진과 국경이 맞닿았고
北邊翟,	북으로는 적과 국경을 이루었으며
東至河內.[89]	동으로는 하내에까지 이르렀다.
驪姬弟生悼子.[90]	여희의 여동생이 도자를 낳았다.
二十六年夏,	26년 여름에
齊桓公大會諸侯於葵丘.[91]	제환공이 규구에서 제후들과 크게 회맹하였다.
晉獻公病,	진헌공은 병이 들어
行後,	출발이 늦었는데
未至,	채 이르지 못하여
逢周之宰孔.	주의 재공을 만났다.
宰孔曰:	재공이 말하였다.
"齊桓公益驕,	"제환공은 더욱 교만해져
不務德而務遠略,	덕행을 힘쓰지 않고 먼 곳을 경략하는 것만 힘써

---

88 집해 『좌전』에는 "채상(采桑)"으로 되어 있으며, 복건은 "적(翟)이다"라 하였다. 색은 배씨(裴氏)는 『좌전』에는 "채상(采桑)"으로 되어 있다고 하였다. 지금의 평양(平陽) 모서리 남쪽 70리 지점의 하수(河水)에 채상진(采桑津)이 있는데 진의 경계이다. 복건은 적의 땅이라 하였는데 또한 자못 서로 근접한다. 그러나 글자가 "설상(齧桑)"으로 되어 있는데, 설상은 위(衛)의 땅이니 틀렸을 것이다.

89 색은 하내(河內)는 하곡(河曲)이다. '內'의 음은 예(汭)이다.

90 색은 『좌전』에는 "탁자(卓子)"로 되어 있으며, 음은 탁(恥角反)이다. 제(弟)는 여동생이다.

91 정의 조주(曹州) 고성현(考城縣) 동남쪽 1리 지점에 있다.

諸侯弗平.	제후들이 불평하고 있습니다.
君弟毋會,[92]	임금은 회맹에 참여하지 마시오.
毋如晉何.”	진을 어쩌지 못할 것이오.”
獻公亦病,	헌공 또한 병중이라
復還歸.	다시 돌아왔다.
病甚,	병이 심해지자
乃謂荀息曰:	이에 순식에게 말하였다.
“吾以奚齊爲後,	“내 해제를 후사로 삼으려는데
年少,	나이가 어려
諸大臣不服,	대신들이 불복하여
恐亂起,	난이 일어날 것 같으니
子能立之乎?”	그대가 세워줄 수 있겠는가?”
荀息曰:	순식이 말하였다.
“能.	“할 수 있습니다.”
獻公曰:	헌공이 말하였다.
“何以爲驗?”	“어떻게 증명하겠는가?”
對曰:	대답하였다.
“使死者復生,[93]	“죽은 자가 다시 살아나게 하고
生者不愧,	산 자가 부끄러워하지 않는 것으로
爲之驗.”	증명하겠습니다.”
於是遂屬奚齊於荀息.	이에 마침내 순식에게 해제를 부탁하였다.

---

92 색은 제(弟)는 다만이라는 뜻이다.

93 색은 순식(荀息)이 공의 명을 받아 해제(奚齊)를 세우면 비록 죽은 몸이 되살아나더라도 살았을 때의 명을 어기지 않을 것이니 이것이 죽은 자가 다시 살아나는 것이다. 색은 산 자가 순식이 임금의 명을 저버리지 않고 죽은 것을 보고 그것을 부끄러워하지 않는다는 것을 말한다.

荀息爲相,	순식이 상이 되어
主國政.	국정을 맡았다.
秋九月,	가을 9월에
獻公卒.	헌공이 죽었다.
里克·邳鄭欲內重耳,	이극과 비정은 중이를 들이고자 하여
以三公子之徒作亂,[94]	세 공자의 무리를 가지고 난을 일으키고
謂荀息曰:	순식에게 말하였다.
"三怨將起,	"세 원망이 일어날 것이고
秦·晉輔之,	진과 진이 도울 것이니
子將何如?"	그대는 어찌 하려 하오?"
荀息曰:	순식이 말하였다.
"吾不可負先君言."	"나는 선군의 말을 저버릴 수 없소."
十月,	10월에
里克殺奚齊于喪次,	이극이 빈소에서 해제를 죽였는데
獻公未葬也.	헌공을 아직 장사지내지 않았을 때이다.
荀息將死之,	순식이 죽으려는데
或曰不如立奚齊弟悼子而傅之,	
	누가 해제의 아우 도자를 세워 보좌함만 못하다고 하자
荀息立悼子而葬獻公.	순식은 도자를 세우고 헌공을 장사지냈다.
十一月,	11월에
里克弒悼子于朝,[95]	이극이 조정에서 도자를 죽이자

---

94 집해 가규는 말하였다. "비정(邳鄭)은 진(晉)의 대부이다. 세 공자(公子)는 신생(申生)과 중이(重耳), 이오(夷吾)이다."

95 집해 『열녀전(列女傳)』에서는 말하였다. "저자에서 여희(驪姬)를 매질하여 죽였다."

荀息死之.	순식은 따라죽었다.
君子曰:	군자는 말하였다.
"詩所謂'白珪之玷,	"『시』에서 이른바 '흰 규홀의 티는
猶可磨也,	그래도 갈아 없앨 수 있지만,
斯言之玷,	이 말의 흠은
不可爲也,'[96]	다스릴 수가 없도다.'라는 것은
其荀息之謂乎!	순식을 이르는 것일 것이다.
不負其言."	자신의 말을 저버리지 않았도다."
初,	처음에
獻公將伐驪戎,	헌공이 여융을 치려 할 때
卜曰"齒牙爲禍".[97]	점괘에서 "치아가 화가 된다"라 하였다.
及破驪戎,	여융을 깨뜨리고
獲驪姬,	여희를 얻어
愛之,	그녀를 총애하여
竟以亂晉.	마침내 진이 어지러워졌다.
里克等已殺奚齊·悼子,	이극 등은 해제와 도자를 죽이고
使人迎公子重耳於翟,[98]	적에서 공자 중이를 맞아오게 하여

---

96 [집해] 두예는 말하였다. "『시(詩)』「대아(大雅)」로, 이는 말의 흠은 흰 규홀의 흠을 다스리는 것보다 훨씬 어렵다는 것을 말한다."

97 [집해] 위소는 말하였다. "치아(齒牙)는 점의 형상 끝쪽 좌우의 틈에 치아 같이 터진 것이 있고 가운데는 세로로 된 획이 있어서 참언(讒言)이 해가 된다는 상이라는 것을 말한다."

98 [정의] 『국어』에서는 말하였다. "이극(里克) 및 비정(邳鄭)이 도안이(屠岸夷)로 하여금 적(翟)에서 공자 중이(重耳)에게 일렀다. '나라는 어지럽고 백성들은 동요하고 있습니다. 나라를 얻는 것도 혼란함에 달려 있고, 백성을 다스리는 것도 동요에 있는데 그대는 들어오지 않습니까?'"

欲立之.	옹립하려고 하였다.
重耳謝曰:	중이는 마다하며 말하였다.
"負父之命⁹⁹出奔,	"아비의 명을 저버리고 달아났고
父死不得脩人子之禮侍喪,	아비가 죽어도 자식의 예를 행하여 상을 모시지도 못했는데
重耳何敢入!	제가 어떻게 감히 들어가겠습니까!
大夫其更立他子."	대부들은 다시 다른 아들을 세우셔야겠습니다."
還報里克,	돌아가 이극에게 보고하자
里克使迎夷吾於梁.	이극은 양에서 이오를 맞아오게 했다.
夷吾欲往,	이오가 가려는데
呂省¹⁰⁰・郤芮¹⁰¹曰:	여생과 기예가 말하였다.
"內猶有公子可立者而外求,	"(나라) 안에 세울 만한 공자가 있는데 밖에서 구하니
難信.	믿기가 어렵습니다.
計非之秦,	계책을 세워 진으로 가서
輔彊國之威以入,	강한 나라의 위엄의 도움으로 들지 않는다면
恐危."	위험할 것입니다."
乃使郤芮厚賂秦,	이에 기예로 하여금 진에 재물을 두터이 주게 하고
約曰:	약조하여 말하였다.
"即得入,	"들어가게 되기만 하면
請以晉河西之地與秦."	청컨대 진 하서의 땅을 진에 주겠소."

---

99 **정의** '負'의 음은 패(佩)이다.

100 **정의** '省'의 음은 생(眚)이다. 두예는 말하였다. "성은 하려(瑕呂)이고 이름은 이생(飴甥)이며 자는 자금(子金)이다."

101 **정의** 극성(郤成)의 아들로 곧 기예(冀芮)이다.

及遺里克書曰:	이극에게 편지를 보내어 말하였다.
"誠得立,	"즉위하게만 된다면
請遂封子於汾陽之邑."102	청컨대 반드시 그대를 분양의 읍에 봉하겠소."
秦繆公乃發兵送夷吾於晉.	진목공은 이에 군사를 일으켜 이오를 진으로 보냈다.
齊桓公聞晉內亂,	제환공은 진에 내란이 일어났다는 말을 듣고
亦率諸侯如晉.	또한 제후를 거느리고 진으로 갔다.
秦兵與夷吾亦至晉,	진의 군사와 이오 또한 진에 이르렀으며
齊乃使隰朋會秦俱入夷吾,	제는 이에 습붕에게 진과 만나 함께 이오를 들여보내
立爲晉君,	진의 임금으로 세우니
是爲惠公.	바로 혜공이다.
齊桓公至晉之高梁而還歸.	제환공은 진의 고량에까지 이르렀다가 돌아갔다.
惠公夷吾元年,	혜공 이오 원년에
使邳鄭謝秦曰:	비정에게 진에 사죄하게 하였다.
"始夷吾以河西地許君,	"처음에 제가 하서의 땅을 임금께 허락하여
今幸得入立.	지금 요행히 들어와 즉위하게 되었습니다.
大臣曰:	대신들이 말하기를
'地者先君之地,	'땅은 선군의 땅이온데
君亡在外,	임금께서 달아나 나라 밖에 있으면서
何以得擅許秦者?'	어떻게 멋대로 진에 허락하십니까?'라 합니다.

---

102 **집해** 가규는 말하였다. "분(汾)은 하천의 이름이다. 분양(汾陽)은 진(晉) 땅이다." **색은**
『국어』에서는 "이극에게 분양(汾陽)의 전지 백만을 주게 하고 비정에게는 부채(負蔡)의 전
지 70만을 주게 하였다."라 하였다. 여기서 말하지 않은 것은 또한 소략해서일 것이다.

寡人爭之弗能得, 과인이 논쟁을 하였으나 어찌할 수 없었으므로

故謝秦." 진에 사죄드립니다."

亦不與里克汾陽邑, 또한 이극에게도 분양읍을 주지 않고

而奪之權. 그의 권력을 빼앗았다.

四月, 4월에

周襄王使周公忌父[103]會齊·秦大夫共禮晉惠公.

주양왕이 주공 기보로 하여금 제와 진의 대부와 회합하여 함께 진혜공의 (즉위식) 예를 거행하게 하였다.

惠公以重耳在外, 혜공은 중이가 국외에 있어서

畏里克爲變, 이극이 변란을 일으킬까 두려워하여

賜里克死. 이극에게 죽음을 내리면서

謂曰: 말하였다.

"微里子寡人不得立. "이자가 없었더라면 과인은 즉위하지 못하였을 것이오.

雖然, 비록 그러하나

子亦殺二君一大夫,[104] 그대 또한 두 임금과 한 대부를 죽였으니

爲子君者不亦難乎?" 그대의 임금이 되기도 또한 어렵지 않겠소?"

里克對曰: 이극이 대답하였다.

"不有所廢, "(해제와 도자가) 폐하여짐이 없었더라면

君何以興? 임금께서 어떻게 일어서셨겠습니까?

欲誅之, 죽이려고 한다면

其無辭乎? 핑계가 없겠습니까?

---

103 **집해** 가규는 말하였다. "주(周)의 경사(卿士)이다."

104 **집해** 복건은 말하였다. "해제(奚齊)와 도자(悼子), 순식(荀息)이다."

乃言爲此!	결국 이렇게 말씀하시는군요!
臣聞命矣."	신은 명을 따르겠습니다."
遂伏劍而死.	마침내 검으로 자결하여 죽었다.
於是邳鄭使謝秦未還,	이때 비정은 진에 사죄하러 가서 아직 돌아오지 않아
故不及難.	난이 미치지 못하였다.
晉君改葬恭太子申生.[105]	진의 임금은 공태자 신생을 개장하였다.
秋,	가을에
狐突之下國,[106]	호돌이 하국으로 가다가
遇申生,	신생을 만났는데
申生與載而告之[107]曰:	신생이 함께 타고 가면서 일렀다.
"夷吾無禮,	"이오는 무례하여
余得請於帝,[108]	내 천제에게 청하여
將以晉與秦,	진을 진에게 주기로 하였으니
秦將祀余."	진이 나를 제사지낼 것이다."
狐突對曰:	호돌이 대답하였다.
"臣聞神不食非其宗,	"신이 듣건대 신령은 그 종족이 (바치는 제사가) 아니면 먹지 않는다 하니

---

105 집해 위소는 말하였다. "헌공(獻公) 때 신생(申生)을 예장하지 못하였기 때문에 개장한 것이다."

106 집해 복건은 말하였다. "진(晉)이 멸한 나라를 하읍(下邑)으로 삼은 것이다. 어떤 사람은 곡옥(曲沃)에 종묘(宗廟)가 있기 때문에 국도[國]라 하였고, 강(絳) 아래에 있으므로 하국(下國)이라 하였다고 하였다."

107 집해 두예는 말하였다. "갑자기 꿈에서 서로 본 것이다. 호돌(狐突)은 본래 신생의 어자(御者)였으므로 다시 수레에 오르게 한 것이다."

108 집해 복건은 말하였다. "제(帝)는 천제(天帝)이다. 지은 죄를 벌하도록 청한 것이다."

君其祀毋乃絕乎?	군께서는 제사가 끊어지지는 않겠지요?
君其圖之."	군께서는 도모하소서."
申生曰:	신생이 말하였다.
"諾,	"좋다,
吾將復請帝.	내 다시 천제께 청하리라.
後十日,[109]	열흘 후에
新城西偏將有巫者見我焉."[110]	신성의 서쪽에 나를 본 무당이 있을 것이다."
許之,	허락하니
遂不見.[111]	마침내 보이지 않게 되었다.
及期而往,	때맞춰 가보았더니
復見,	다시 보였으며
申生告之曰:	신생이 일러 말하였다.
"帝許罰有罪矣,	"천제가 죄 지은 것을 벌할 것을 허락하였으니
獘於韓."[112]	한에서 거꾸러질 것이다."
兒乃謠曰:	아이들이 노래하였다.
"恭太子更葬矣,[113]	"공태자를 개장하고
後十四年,	14년 뒤에
晉亦不昌,	진은 또한 창성하지 못하고
昌乃在兄."	창성함은 곧 형에게 있을 것이다."

---

109 집해 『좌전』에서는 말하였다. "7일이다."
110 집해 두예는 말하였다. "무당을 통해서 보게 될 것이라는 말이다."
111 집해 두예는 말하였다. "호돌이 그 말을 허락하자 신생의 모습 또한 사라진 것이다."
112 집해 가규는 말하였다. "폐(獘)는 패(敗)하는 것이다. 한(韓)은 진(晉)의 한원(韓原)이다."
113 색은 갱(更)은 작(作)의 뜻이다. 갱상(更喪)은 개장(改葬)을 이른다. 14년 후에 진은 창성하지 못할 것이라는 말이다.

邳鄭使秦,　　　　　　비정은 진에 사행하였다가

聞里克誅,　　　　　　이극이 죽임을 당했다는 말을 듣고

乃說秦繆公曰:　　　　이에 진목공에게 말하였다.

"呂省[114]·郤稱·冀芮實爲不從.[115]"

　　　　　　　　　　여생과 극칭, 기예는 실은 따르지 않았습니다.

若重賂與謀,　　　　　재물을 두터이 하여 함께 도모한다면

出晉君,　　　　　　　진의 임금을 축출하고

入重耳,　　　　　　　중이를 들이는

事必就."　　　　　　일을 반드시 이룰 것입니다."

秦繆公許之,　　　　　진목공이 이를 허락하여

使人與歸報晉,　　　　사람을 시켜 함께 돌아가 진에 알리고

厚賂三子.　　　　　　세 사람에게 재물을 두터이 주었다.

三子曰:　　　　　　　세 사람이 말하였다.

"幣厚言甘,　　　　　　"폐백이 두텁고 말이 달콤하니

此必邳鄭賣我於秦."　이는 필시 비정이 진에서 우리를 매수하는 것일 것이다."

遂殺邳鄭及里克·邳鄭之黨七輿大夫.[116]

　　　　　　　　　　마침내 비정 및 이극, 비정의 도당 일곱 여대부를 죽였다.

邳鄭子豹奔秦,　　　　비정의 아들 표가 진으로 달아나

---

114 색은 『좌전』에는 "여생(呂甥)"으로 되어 있다.

115 집해 두예는 말하였다. "삼자(三子)는 진(晉)의 대부이다. 따르지 않은 것은 진(秦)에 뇌물을 주지 않는 것이다." 색은 여생(呂省)과 극칭(郤稱), 기예(冀芮) 세 사람은 진(晉)의 대부이다.

116 집해 위소는 말하였다. "칠여(七輿)는 신생(申生)의 하군(下軍)의 여러 대부이다." 두예는 말하였다. "후백(侯伯)은 7명(七命)이고, 부거(副車)는 7승(乘)이다."

言伐晉,	진을 칠 것을 말하였으나
繆公弗聽.	목공은 그 말을 따르지 않았다.

惠公之立,	혜공이 즉위하여
倍秦地及里克,	진의 땅 및 이극을 저버리고
誅七輿大夫,	칠여대부를 죽이니
國人不附.	백성들이 따르지 않았다.
二年,	2년에
周使召公過[117]禮晉惠公,	주는 소공 과로 하여금 진혜공에게 예를 행하게 하였는데
惠公禮倨,[118]	혜공의 예가 거만하여
召公譏之.	소공이 그를 비판했다.

四年,	4년에
晉饑,	진에 기근이 들자
乞糴於秦.	진에서 양식을 사들일 것을 청하였다.
繆公問百里奚,[119]	목공이 백리해에게 묻자
百里奚曰:	백리해가 말하였다.
"天菑流行,	"천재는 유행하여
國家代有,	나라마다 번갈아가며 있으니
救菑恤鄰,	재난을 구원하고 이웃을 불쌍히 여김은
國之道也.	나라의 도입니다.

---

117 〔집해〕 위소는 말하였다. "소무공(召武公)은 (周) 왕의 경사(卿士)이다."
118 〔색은〕 옥을 받을 때 태만한 것을 말한다. 이 일은 희공(僖公) 11년에 보인다.
119 〔집해〕 복건은 말하였다. "진(秦)의 대부이다."

與之."	(양식을) 주소서."
邳鄭子豹曰:	비정의 아들 표가 말하였다.
"伐之."	"치소서."
繆公曰:	목공이 말하였다.
"其君是惡,	"임금은 악하다만
其民何罪!	백성들이야 무슨 죄인가!"
卒與粟,	마침내 곡식을 주었는데
自雍屬絳.	(그 행렬이) 옹에서 강까지 이어졌다.

五年,	5년에
秦饑,[120]	진에 기근이 들자
請糴於晉.	진에서 양식을 살 것을 청하였다.
晉君謀之,	진의 임금이 계책을 세우는데
慶鄭曰:[121]	경정이 말하였다.
"以秦得立,	"진 때문에 즉위하게 되었는데
已而倍其地約.	얼마 안 되어 그 땅(을 준다고 한) 약속을 저버렸습니다.
晉饑而秦貸我,	진이 기근이 들었을 때 진이 우리에게 빌려주었는데
今秦饑請糴,	지금 진이 기근이 들어 곡식을 팔기를 청하는데
與之何疑?	그들에게 주는 것을 어찌 의심하십니까?
而謀之!	무슨 도모를 하십니까!"

---

120 [역주] 기(饑)는 원래 곡식이 익지 않은 것을 말한다. 채소가 익지 않은 것은 근(饉)이라고 한다. 기근을 대표하는 말로도 쓰인다. 또한 기(飢)와도 통하여 쓰며, 기아(飢餓)라는 뜻으로도 쓰인다. 흉년이 들어서 백성이 굶주리는 것을 말한다.

121 [집해] 두예는 말하였다. "경정(慶鄭)은 진(晉)의 대부이다."

虢射曰:[122]	괵사가 말하였다.
"往年天以晉賜秦,	"왕년에 하늘이 진을 진에 내렸는데
秦弗知取而貸我.	진은 그것을 취할 줄 알지 못하고 우리에게 빌려주었습니다.
今天以秦賜晉,	지금 하늘이 진을 진에 내렸으니
晉其可以逆天乎?	진이 하늘을 거스를 수 있겠습니까?
遂伐之."	결국 쳐야 합니다."
惠公用虢射謀,	혜공은 괵사의 계책을 써서
不與秦粟,	진에 곡식을 주지 않고
而發兵且伐秦.	군사를 일으켜 진을 쳤다.
秦大怒,	진은 크게 노하여
亦發兵伐晉.	또한 군사를 일으켜 진을 쳤다.
六年春,	6년 봄에
秦繆公將兵伐晉.	진목공이 군사를 거느리고 진을 쳤다.
晉惠公謂慶鄭曰:	진혜공은 경정에게 말하였다.
"秦師深矣,[123]	"진의 군사가 깊이 들어왔는데
奈何?"	어떻게 해야 할까?"
鄭曰:	정이 말하였다.
"秦內君,	"진이 임금을 입국시켰는데
君倍其賂;	임금께선 재물을 주는 것을 저버렸으며,
晉饑秦輸粟,	진이 기근이 들자 진은 곡식을 보내주었는데

---

122 **집해** 복건은 말하였다. "괵사(虢射)는 혜공(惠公)의 장인이다."
123 **집해** 위소는 말하였다. "심(深)은 국경을 들어온 것이다. 어떤 사람은 심(深)은 중(重)과 같다고 하였다."

秦饑而晉倍之,	진이 기근이 들었을 때 진은 그것을 저버리고
乃欲因其饑伐之:	곧 기근을 틈타 치려고 하였으니
其深不亦宜乎!"	깊이 늘어온 것도 또한 마땅하지 않겠습니까!"
晉卜御右,	진이 어자와 거우를 (누구로 할까) 점쳤는데
慶鄭皆吉.	경정의 점괘가 모두 길하였다.
公曰:	공이 말하였다.
"鄭不孫."¹²⁴	"경정은 (나를) 따르지 않는다."
乃更令步陽御戎,	이에 다시 보양에게 융거를 몰게 하고
家僕徒爲右,¹²⁵	가복도를 거우로 삼아
進兵.	진군시켰다.
九月壬戌,	9월 임술일에
秦繆公·晉惠公合戰韓原.¹²⁶	진목공과 진혜공이 한원에서 교전하였다.
惠公馬鷙不行,¹²⁷	혜공의 말이 (진흙에) 빠져서 나아가지 못하였는데
秦兵至,	진의 군사가 이르니
公窘,	공은 다급해져서
召慶鄭爲御.	경정을 불러 어자로 삼았다.
鄭曰:	경정이 말하였다.
"不用卜,	"점복을 쓰지 않으니
敗不亦當乎!"	패하는 것도 또한 당연하지 않겠습니까?"
遂去.	마침내 떠났다.
更令梁繇靡御,¹²⁸	다시 양유미에게 (병거를) 몰게 하고

---

124 **집해** 복건은 말하였다. "손(孫)은 따르는 것이다."
125 **집해** 복건은 말하였다. "두 사람은 진(晉)의 대부이다."
126 **색은** 풍익(馮翊) 하양(夏陽) 북쪽 20리에 있으며, 바로 지금의 한성현(韓城縣)이다.
127 **색은** '鷙'의 음은 치(竹二反)이다. 말이 무거워 진흙에 빠진 것을 이른다.

虢射爲右,	괵석을 거우로 삼아
輅秦繆公.[129]	진목공의 병거를 맞았다.
繆公壯士冒敗晉軍,	목공의 장사들은 죽음을 무릅쓰고 진의 군사를 무찔러
晉軍敗,	진군은 패하고
遂失秦繆公,	진목공을 놓쳤으며
反獲晉公以歸.	(秦軍은) 도리어 진공을 사로잡아 돌아갔다.
秦將以祀上帝.	진에서는 (혜공을 제물로) 상제에게 제사를 지내려 했다.
晉君姊爲繆公夫人,	진군의 누나는 목공의 부인으로
衰絰涕泣.	상복을 입고 눈물을 흘렸다.
公曰:	공은 말하였다.
"得晉侯將以爲樂,	"진후를 잡아 즐기려 했는데
今乃如此.	지금 곧 이렇게 되었군요.
且吾聞箕子見唐叔之初封,	또한 내 듣자하니 기자는 당숙이 막 봉해진 것을 보고
曰'其後必當大矣',	'그 후대는 반드시 창대해질 것이다.'라 하였으니
晉庸可滅乎!"	진을 어찌 멸할 수 있겠습니까!"
乃與晉侯盟王城[130]而許之歸.	이에 진후와 왕성에서 맹약하고 돌려보내는 것을 허락했다.
晉侯亦使呂省等報國人曰:	진후 또한 여생 등으로 하여금 백성들에게 알리도록 하였다.

---

128 정의 위소는 말하였다. "양유미(梁由靡)는 대부이다."

129 집해 복건은 말하였다. "노(輅)는 맞는 것이다." 색은 '輅'의 음은 야(五稼反)이다. 추탄은 음이 액(五額反)이라고 하였다.

130 집해 두예는 말하였다. "풍익(馮翊) 임진현(臨晉縣) 동쪽에 왕성(王城)이 있다."

"孤雖得歸,	"내가 비록 돌아오게 되었지만
毋面目見社稷,	사직을 볼 면목이 없으니
卜日立子圉."	날을 잡아 자어를 세우라."
晉人聞之,	진의 사람들은 듣고
皆哭.	모두 울었다.
秦繆公問呂省:	진목공이 여생에게 물었다.
"晉國和乎?"	"진은 화목한가?"
對曰:	대답하였다.
"不和.	"화목하지 못합니다.
小人懼失君亡親,¹³¹	소인들은 임금을 잃고 어버이 잃은 것을 두려워하며
不憚立子圉,	자어를 세우는 것을 꺼려하지 않고
曰'必報讎,	말하기를 '반드시 원수를 갚으리라.
寧事戎·狄'.¹³²	어찌 융적을 섬기겠는가?'라 합니다.
其君子則愛君而知罪,	군자들은 임금을 사랑하나 그 죄를 알기 때문에
以待秦命,	진의 명령을 기다리며
曰'必報德'.	말하기를 '반드시 은덕을 갚을 것이다.'라 합니다.
有此二故,	이 두 가지가 있기 때문에
不和."	화목하지 못합니다."
於是秦繆公更舍晉惠公,	이에 진목공은 다시 진혜공의 숙소를 바꾸어주고
餽之七牢.¹³³	7뢰를 보내주었다.

---

131 정의 군(君)은 혜공(惠公)이다. 친(親)은 부모이다. 임금을 잃고 나라가 어지러워져 부모를 잃을까 두려워하여 자어(子圉)를 세우는 것을 꺼리지 않은 것이다.

132 정의 소인들은 자어(子圉)를 임금으로 세운 후에 반드시 진(秦)에 복수하자는 말이다. 끝내 진을 섬기지 않을 것이니 어찌 융적을 섬길 따름이겠는가? 라는 것이다.

十一月,	11월에
歸晉侯.	진후를 돌려보냈다.
晉侯至國,	진후는 나라에 이르러
誅慶鄭,	경정을 죽이고
修政教.	정교를 정비했다.
謀曰:	모의하여 말하였다.
"重耳在外,	"중이가 국외에 있으니
諸侯多利內之."	제후들은 그를 들이는 게 많이 이롭다."고 한다
欲使人殺重耳於狄.	사람을 시켜 적에서 중이를 죽이려 하였다.
重耳聞之,	중이는 듣고
如齊.	제로 갔다.
八年,	8년에
使太子圉質秦.¹³⁴	태자 어를 진에 인질로 보냈다.
初,	처음에
惠公亡在梁,	혜공이 도망쳐 양에 있을 때
梁伯以其女妻之,	양백은 그 딸을 시집보내어
生一男一女.	1남 1녀를 낳았다.
梁伯卜之,	양백이 점을 쳐보았더니
男爲人臣,	아들은 신하가 될 것이고
女爲人妾,	딸은 첩이 될 것이라 하여
故名男爲圉,	아들은 어,

---

133 **정의** '餽'의 음은 궤(匱)이다. 소와 양, 돼지 각 한 마리씩이 1뢰(牢)이다.
134 **정의** '質'의 음은 치(致)이다.

| 女爲妾.[135] | 딸은 첩이라 이름 지었다. |

十年,	10년에
秦滅梁.	진은 양을 멸하였다.
梁伯好土功,	양백이 토목공사를 좋아하여
治城溝,[136]	성과 해자를 만드니
民力罷怨,[137]	백성은 힘이 피폐되어 원망하였으며
其眾數相驚,	그곳의 사람들은 수차 서로 놀라
曰"秦寇至",	말하기를 "진의 도적이 온다"라 하니
民恐惑,	백성은 두려워하고 당혹하였으며
秦竟滅之.	진은 마침내 (양을) 멸망시켰다.

十三年,	13년에
晉惠公病,	진혜공이 병들었는데
內有數子.	국내에 여러 아들이 있었다.
太子圉曰:	태자 어가 말하였다.
"吾母家在梁,	"나의 어머니 집은 양에 있었는데
梁今秦滅之,	양은 지금 진이 멸망시켜
我外輕於秦而內無援於國.	나는 밖으로는 진의 멸시를 당하고 안으로는 나라의 도움을 받지 못한다.
君即不起,	임금이 (병석에서) 일어나지 못한다면
病大夫輕,	대부들이 (나를) 깔보고

---

135 **집해** 복건은 말하였다. "어인(圉人)은 말 기르는 것을 관장하는 천한 신하이다. 빙(聘)하지 않는 것을 첩(妾)이라 한다."

136 **집해** 가규는 말하였다. "구(溝)는 구덩이이다."

137 **정의** '罷'의 음은 피(皮)이다.

更立他公子."	다른 공자로 바꾸어 세울까 걱정스럽다."
乃謀與其妻俱亡歸.	이에 그의 아내와 함께 도망쳐 돌아갈 것을 모의했다.
秦女曰:	진의 여인이 말하였다.
"子一國太子,	"그대는 한 나라의 태자로
辱在此.	이곳에서 욕을 보고 있습니다.
秦使婢子侍,[138]	진이 비자로 하여금 모시게 한 것은
以固子之心.	그대의 마음을 안정시키게 하려는 것입니다.
子亡矣,	그대가 도망을 가더라도
我不從子,	나는 그대를 따르지 않을 것이고
亦不敢言."	또한 감히 말하지도 않을 것입니다."
子圉遂亡歸晉.	자어는 마침내 도망쳐 진으로 돌아갔다.
十四年九月,	14년 9월에
惠公卒,	혜공이 죽고
太子圉立,	태자 어가 즉위하니
是爲懷公.	바로 회공이다.
子圉之亡,	자어가 도망치자
秦怨之,	진은 원한을 품고
乃求公子重耳,	이에 공자 중이를 찾아
欲內之.	들여보내려고 하였다.
子圉之立,	자어는 즉위하여
畏秦之伐也.	진이 정벌할까 두려워하여

---

138 집해 복건은 말하였다. "「곡례(曲禮)」에서는 말하기를 '세부(世婦) 이하는 자칭 비자(婢子)라고 한다.'라 하였다. 비자(婢子)는 부인(婦人)의 비칭(卑稱)이다."

乃令國中諸從重耳亡者與期, 이에 국내의 중이를 추종하는 자들에게 기한을 주고

期盡不到者盡滅其家. 기한이 다하도록 이르지 않는 자는 모두 멸족시키게 하였다.

狐突之子毛及偃從重耳在秦, 호돌의 아들 모 및 언은 중이를 따라 진에 있었는데

弗肯召. (호돌은) 그들을 부르려 하지 않았다.

懷公怒, 회공은 노하여

囚狐突. 호돌을 가두었다.

突曰: 호돌이 말하였다.

"臣子事重耳有年數矣, "신의 아들들은 중이를 섬긴 지가 수 년째이온대

今召之, 지금 부르는 것은

是教之反君也. 그들에게 임금을 배반하라고 가르치는 것입니다.

何以教之?" 어떻게 그들을 가르치겠습니까?"

懷公卒殺狐突. 회공은 마침내 호돌을 죽였다.

秦繆公乃發兵送內重耳, 진목공은 이에 군사를 일으켜 중이를 들여보내며

使人告欒·郤之黨[139]爲內應, 사람을 보내어 난과 극의 도당들에게 내응하게 하여

殺懷公於高梁, 고량에서 회공을 죽이고

入重耳. 중이를 들여보냈다.

重耳立, 중이가 즉위하니

是爲文公. 바로 문공이다.

晉文公重耳, 진문공 중이는

晉獻公之子也. 진헌공의 아들이다.

---

139 정의 난지(欒枝)와 극곡(郤縠) 따위이다.

自少好士,	어려서부터 사(와 사귀기)를 좋아하였으며
年十七,	17세에
有賢士五人:	현사 5인을 가졌는데
曰趙衰;	조최이고,
狐偃咎犯,	호언 구범은
文公舅也;	문공의 외숙이며,
賈佗;	가타,
先軫;	선진,
魏武子.	위무자이이다.
自獻公爲太子時,	헌공이 태자였을 때부터
重耳固已成人矣.	중이는 실로 이미 성인이었다.
獻公卽位,	헌공이 즉위하였을 때
重耳年二十一.	중이는 21세였다.
獻公十三年,	헌공 13년에
以驪姬故,	여희 때문에
重耳備蒲城守秦.	중이는 포성을 지키며 진을 방어했다.
獻公二十一年,	헌공 21년
獻公殺太子申生,	헌공이 태자 신생을 죽이고
驪姬讒之,	여희가 참소하자
恐,	두려워하여
不辭獻公而守蒲城.	헌공에게 말도 하지 않고 (떠나) 포성을 지켰다.
獻公二十二年,	헌공 22년에
獻公使宦者履鞮[140]趣殺重耳.	헌공은 환자 이제에게 빨리 중이를 죽이도록 다 그쳤다.

---

140 색은 곧 『좌전』의 발제(勃鞮)이며, 또한 시인(寺人) 피(披)라고도 한다.

重耳踰垣,	중이는 담을 넘었으며
宦者逐斬其衣袪.	환자는 쫓아가 그 옷소매를 잘랐다.
重耳遂奔狄.	중이는 마침내 적으로 달아났다.
狄,	적은
其母國也.	어머니의 친정 나라였다.
是時重耳年四十三.	이때 중이의 나이는 43세였다.
從此五士,	따른 자가 이 다섯 사였으며
其餘不名者數十人,	그 나머지 이름을 알 수 없는 자가 수십 명으로
至狄.	적에 이르렀다.
狄伐咎如,[141]	적은 구여를 쳐서
得二女:	두 여인을 얻었는데
以長女妻重耳,	장녀는 중이에게 시집보내
生伯儵[142]·叔劉;	백조와 숙류를 낳았으며,
以少女妻趙衰,	작은 여인은 조최에게 시집보내어
生盾.[143]	돈을 낳았다.
居狄五歲而晉獻公卒,	적에 머문 지 5년 되던 해에 헌공이 죽고
里克已殺奚齊·悼子,	이극이 해제와 도자를 죽여
乃使人迎,	이에 사람을 시켜 맞이하게 하여

---

141 집해 가규는 말하였다. "적적(赤狄)의 다른 종족으로 외(隗) 씨 성이다." 색은 적적의 다른 종족으로 외(隗) 씨 성이다. '咎'의 음은 고(高)이다. 추탄 본에는 "균여(困如)"로 되어 있으며, 또한 "수(囚)"라고도 한다.

142 정의 음은 조(直留反)이다.

143 색은 『좌전』에서는 장구여(廧咎如)를 쳐서 그 두 딸을 얻었는데 숙외(叔隗)는 조최(趙衰)에게 시집가서 돈(盾)을 낳았고, 공자는 계외(季隗)를 맞아 백조(伯儵)와 숙류(叔劉)를 낳았다고 하였다. 곧 숙외(叔隗)를 장(長)이라 하고 계외(季隗)를 소(少)라 하여 같지 않다.

欲立重耳.	중이를 옹립하려 했다.
重耳畏殺,	중이는 살해될 것을 두려워하여
因固謝,	이에 굳이 마다하고
不敢入.	감히 들어가지 않았다.
已而晉更迎其弟夷吾立之,	얼마 후 진이 다시 그 아우 이오를 맞아 옹립하니
是爲惠公.	바로 혜공이다.
惠公七年,	혜공 7년에
畏重耳,	중이를 두려워하여
乃使宦者履鞮與壯士欲殺重耳.	
	이에 환자 이제와 장사에게 중이를 죽이게 했다.
重耳聞之,	중이는 듣고
乃謀趙衰等曰:	곧 조최 등과 모의하여 말하였다.
"始吾奔狄,	"처음에 내가 적으로 달아난 것은
非以爲可用與,[144]	흥기시킬 수 있을까 생각해서가 아니라
以近易通,	가까워 통행하기가 쉬워서
故且休足.	잠시 쉬고자 함이었다.
休足久矣,	쉰 지가 오래되었으니
固願徒之大國.	실로 큰 나라로 옮기기를 바랐다.
夫齊桓公好善,	저 제환공은 선을 좋아하고
志在霸王,	뜻이 패왕에 있어서
收恤諸侯.	제후들을 거두어 구휼한다.
今聞管仲·隰朋死,	지금 듣자하니 관중과 습붕이 죽고
此亦欲得賢佐,	이에 또한 현명한 보좌를 얻으려 한다니

---

144 색은 '與'의 음은 여(余)이다. 여러 판본에는 혹 "홍(興)"으로 되어 있다. 홍(興)은 일어나는 것이다. 적은 흥기할 만한 곳이 아니어서 달아난다는 것이다.

盍往乎?”	어찌 가지 않겠는가?”
於是遂行.	이에 마침내 갔다.
重耳謂其妻曰:	중이는 그 아내에게 말하였다.
“待我二十五年不來,	“나를 25년간 기다려도 오지 않으면
乃嫁.”	곧 시집을 가시오.”
其妻笑曰:	그 아내가 웃으며 말하였다.
“犂二十五年,[145]	“25년 쯤 되면
吾冢上柏大矣.[146]	내 무덤의 측백나무가 크게 자랐을 것입니다.
雖然,	비록 그렇더라도
妾待子.”	첩은 그대를 기다릴 것입니다.”
重耳居狄凡十二年而去.	중이는 적에 모두 12년을 머물다가 떠났다.
過衛,	위를 지날 때
衛文公不禮.	위문공이 결례를 하였다.
去,	떠나서
過五鹿,[147]	오록을 지나게 되었는데
飢而從野人乞食,	굶주려 농부들에게 먹을 것을 구하자
野人盛土器中進之.	농부가 그릇에 흙을 담아 바쳤다.
重耳怒.	중이는 노하였다.
趙衰曰:	조최가 말하였다.

---

145 색은 이(犂)는 비(比)와 같다.

146 정의 두예는 말하였다. "죽어서 (棺木인 측백) 나무에 들어갈 것이라는 말로 다시는 시집가지 않는 것이라는 것이다."

147 집해 가규는 말하였다. "위(衛)의 땅이다." 두예는 말하였다. "지금 위현(衛縣) 서북쪽에 오록(五鹿)이란 지명이 있고, 양평(陽平) 원성현(元城縣) 동쪽에도 오록이 있다."

"土者,　　　　　　　"흙은

有土也,　　　　　　영토를 가지는 것이니

君其拜受之."　　　　군께선 절을 하고 받으십시오."

至齊,　　　　　　　제에 이르니

齊桓公厚禮,　　　　제환공이 예를 두터이 하여

而以宗女妻之,　　　종실의 여인을 시집보내고

有馬二十乘,　　　　말 20승을 가지게 하니

重耳安之.　　　　　중이는 편안해졌다.

重耳至齊二歲而桓公卒,　중이가 제에 이른 지 2년 만에 환공이 죽고

會豎刀等爲內亂,　　수조 등이 내란을 일으키는 것을 만나게 되었고

齊孝公之立,　　　　제효공이 즉위하자

諸侯兵數至.　　　　제후들의 군사가 수 차례 이르렀다.

留齊凡五歲.　　　　제에 머문 기간은 모두 5년이었다.

重耳愛齊女,　　　　중이는 제의 여인을 사랑하여

毋去心.　　　　　　떠날 마음이 없었다.

趙衰·咎犯乃於桑下謀行.　조최와 구범이 이에 뽕나무 아래서 떠날 것을
　　　　　　　　　　모의했다.

齊女侍者在桑上聞之,　제 여인의 시녀가 뽕나무 위에서 듣고

以告其主.　　　　　그 주인에게 일렀다.

其主乃殺侍者,[148]　그 주인은 시녀를 죽이고

勸重耳趣行.　　　　중이에게 빨리 떠날 것을 권했다.

重耳曰:　　　　　　중이가 말하였다.

---

148 집해 복건은 말하였다. "효공(孝公)이 노할까 두려워하였으므로 죽여서 입을 막은 것이다."

"人生安樂,　　　　　　　　　"사람이 살면서 편안하고 즐거우면

孰知其他!　　　　　　　　　그 나머지야 어찌 알겠소!

必死於此,[149]　　　　　　　　반드시 이곳에서 죽을 것이며

不能去."　　　　　　　　　　떠날 수 없소."

齊女曰:　　　　　　　　　　제의 여인이 말하였다.

"子一國公子,　　　　　　　　"그대는 한 나라의 공자로

窮而來此,　　　　　　　　　궁하여져서 이곳에 오셨으며

數士者以子爲命.　　　　　　여러 현사가 그대의 명을 따릅니다.

子不疾反國,　　　　　　　　그대가 빨리 나라로 돌아가

報勞臣,　　　　　　　　　　수고한 신하에게 보답하지 않고

而懷女德,　　　　　　　　　여인의 덕을 품으니

竊爲子羞之.　　　　　　　　가만히 그대를 부끄럽게 여깁니다.

且不求,　　　　　　　　　　또한 구하지 않으면

何時得功?"　　　　　　　　어느 때에 공을 이루겠습니까?"

乃與趙衰等謀,　　　　　　　이에 조최 등과 모의하여

醉重耳,　　　　　　　　　　중이를 취하게 한 후

載以行.　　　　　　　　　　수레에 태워 떠나보냈다.

行遠而覺,　　　　　　　　　멀리 가서 깨었는데

重耳大怒,　　　　　　　　　중이는 크게 노하여

引戈欲殺咎犯.　　　　　　　과를 들고 구범을 죽이려 하였다.

咎犯曰:　　　　　　　　　　구범이 말하였다.

"殺臣成子,　　　　　　　　"신을 죽여 그대(의 일)를 이루는 것이

---

149 집해 서광(徐廣)은 말하였다. "어떤 판본에는 '사람이 한 세상을 살아 반드시 여기서 죽을
것이다.(人生一世, 必死於此)'로 되어 있다."

偃之願也."	저의 바램입니다."
重耳曰:	중이가 말하였다.
"事不成,	"일을 이루지 못하면
我食舅氏之肉."	내 외숙의 고기를 먹을 것이오."
咎犯曰:	구범이 말하였다.
"事不成,	"일을 이루지 못하면
犯肉腥臊,	저의 고기는 냄새가 심할 것이니
何足食!"	어찌 먹을 만하겠습니까!"
乃止,	이에 그만두고
遂行.	결국 떠났다.
過曹,	조를 지나는데
曹共公不禮,	조공공이 결례를 범해
欲觀重耳駢脅.	중이의 통갈비를 보려고 했다.
曹大夫釐負羈曰:	조의 대부인 희부기가 말하였다.
"晉公子賢,	"진의 공자는 현명하고
又同姓,	또 동성이며
窮來過我,	궁해져서 우리나라에 들렀는데
奈何不禮!"	어찌하여 결례를 합니까!"
共公不從其謀.	공공은 그 계책을 따르지 않았다.
負羈乃私遺重耳食,	희부기는 이에 사사로이 중이에게 음식을 주면서
置璧其下.	그 아래에 벽옥을 두었다.
重耳受其食,	중이는 그 음식은 받고
還其璧.	벽옥은 돌려주었다.

去,	(조를) 떠나서
過宋.	송에 들렀다.
宋襄公新困兵於楚,	송양공은 막 초와의 전투에서 곤경에 처하고
傷於泓,	홍에서 부상을 당하였는데
聞重耳賢,	중이가 현명하다는 말을 듣고
乃以國禮禮於重耳.¹⁵⁰	이에 국군(國君)의 예로 중이를 예우했다.
宋司馬公孫固善於咎犯,	송의 사마 공손고는 구범과 사이가 좋았는데
曰:	말하였다.
"宋小國新困,	"송은 소국에다 막 곤경을 겪어
不足以求入,	들여보내기를 구하지 못할 것 같으니
更之大國."	다시 큰 나라로 가오."
乃去.	이에 떠났다.
過鄭,	정을 지나는데
鄭文公弗禮.	정문공이 예우를 해주지 않았다.
鄭叔瞻諫其君曰:	정숙첨이 그 임금에게 간하였다.
"晉公子賢,	"진의 공자는 현명하며
而其從者皆國相,	그 따르는 무리들이 모두 나라의 재상감이고
且又同姓.	게다가 또 동성입니다.
鄭之出自厲王,	정은 여왕에게서 나왔고
而晉之出自武王."	진은 무왕에게서 나왔습니다."
鄭君曰:	정의 임금이 말하였다.
"諸侯亡公子過此者眾,	"제후국의 망명 공자 가운데 이곳을 지나는 자가 많은데

---

150 색은 국군(國君)의 예로 예우한 것이다.

安可盡禮!」	어찌 다 예우를 할 수 있겠는가!」
叔瞻曰:	숙첨이 말하였다.
"君不禮,	"임금이 예우를 하지 않으면
不如殺之,	죽임만 못하니
且後爲國患."	또한 나라의 후환이 될 것입니다."
鄭君不聽.	정의 임금은 듣지 않았다.

重耳去之楚,	중이는 (정을) 떠나서 초로 갔다.
楚成王以適諸侯禮待之,¹⁵¹	초성왕은 제후에 준하는 예로 대우를 해주었는데
重耳謝不敢當.	중이는 감당할 수 없다고 사양했다.
趙衰曰:	조최가 말하였다.
"子亡在外十餘年,	"그대는 국외로 망명한 지 10여 년이 되었으며
小國輕子,	작은 나라가 그대를 깔보는데
況大國乎?	하물며 대국이겠습니까?
今楚大國而固遇子,	지금 초는 대국으로 실로 그대를 대우해주면
子其毋讓,	그대는 사양하지 말 것이니
此天開子也."	이는 하늘이 그대를 열어주는 것입니다."
遂以客禮見之.	마침내 객의 예로 만났다.
成王厚遇重耳,	성왕은 중이를 후히 대우해주었는데
重耳甚卑.	중이는 (자세를) 매우 낮추었다.
成王曰:	성왕이 말하였다.
"子即反國,	"그대가 본국으로 돌아간다면
何以報寡人?"	어떻게 과인에게 보답하겠는가?"

---

151 색은 '適'의 음은 적(敵)이다.

重耳曰: 　　　　　　중이는 말하였다.

"羽毛齒角玉帛, 　　　　"조수(鳥獸)의 털과 상아나 무소뿔, 옥과 비단 같은 것은

君王所餘, 　　　　　　임금께 남아도는 것이니

未知所以報." 　　　　어떻게 보답할지 모르겠습니다."

王曰: 　　　　　　　왕이 말하였다.

"雖然, 　　　　　　　"비록 그러하나

何以報不穀?" 　　　어떻게 과인에게 보답할 것이오?"

重耳曰: 　　　　　　중이가 말하였다.

"即不得已, 　　　　　"부득이하다면

與君王以兵車會平原廣澤, 　군왕과 병거로 평원과 광택에서 만난다면

請辟王三舍."[152] 　　　청컨대 임금과 3사를 피하겠습니다."

楚將子玉怒曰: 　　　초의 장수 자옥이 노하여 말하였다.

"王遇晉公子至厚, 　　"왕께서는 진의 공자를 지극히 후대해주는데

今重耳言不孫, 　　　지금 중이의 말이 불손하니

請殺之." 　　　　　　죽일 것을 청합니다."

成王曰: 　　　　　　성왕이 말하였다.

"晉公子賢而困於外久, 　"진의 공자는 현명하고 국외에서 곤궁에 처한 지가 오래 되었으며

從者皆國器, 　　　　따르는 자는 모두 국가의 동량지재로

此天所置, 　　　　　이는 하늘이 처치한 것이니

庸可殺乎? 　　　　　어찌 죽일 수 있겠는가?

且言何以易之!"[153] 　또한 말을 어찌 그리 쉽게 하는가!"

---

152 집해 가규는 말하였다. "『사마법(司馬法)』에서는 '좇고 달아남이 3사(舍)에 지나지 않는다.'라 하였다. 삼사(三舍)는 90리이다."

居楚數月,	초에 머문 지 수개월 만에
而晉太子圉亡秦,	진의 태자 어가 진에서 달아나
秦怨之;	진이 원한을 품었다.
聞重耳在楚,	중이가 초에 있다는 말을 듣고
乃召之.	곧 불렀다.
成王曰:	성왕이 말하였다.
"楚遠,	"초는 멀고
更數國乃至晉.	다시 여러 나라를 거쳐야 진에 이르오.
秦晉接境,	진과 진은 국경이 맞닿아 있고
秦君賢,	진의 임금은 현명하니
子其勉行!"	그대는 부지런히 가시게나!"
厚送重耳.	(예를) 두터이 하여 중이를 보냈다.
重耳至秦,	중이가 진에 이르자
繆公以宗女五人妻重耳,	목공은 종실의 여인 다섯 명을 중이에게 시집보냈는데
故子圉妻與往.	옛 자어의 아내도 함께 갔다.
重耳不欲受,	중이가 받으려 하지 않자
司空季子[154]曰:	사공 계자가 말하였다.
"其國且伐,	"그 나라를 치려는데
況其故妻乎!	하물며 그의 옛 아내이겠습니까!
且受以結秦親而求入,	또한 받아서 진과 친척을 맺어서 들어가길 구해야 하는데

---

153 색은 자옥(子玉)이 중이를 죽일 것을 청하자 초성왕(楚成王)은 허락하지 않았는데, 사람이 말을 함이 가벼울 수 없다는 것을 말한다.

154 집해 복건은 말하였다. "서신(胥臣) 구계(臼季)이다."

子乃拘小禮,	그대는 곧 작은 예에 얽매여
忘大醜乎!"	큰 부끄러움을 잊으십니까!"
遂受.	마침내 받았다.
繆公大歡,	목공은 크게 기뻐하며
與重耳飲.	중이에게 주연을 베풀었다.
趙衰歌黍苗詩.[155]	조최는 「서묘」시를 노래했다.
繆公曰:	목공이 말하였다.
"知子欲急反國矣."	"그대가 급히 나라로 돌아가려함을 알겠도다."
趙衰與重耳下,	조최는 중이와 함께 내려가
再拜曰:	두 번 절하고 말하였다.
"孤臣之仰君,	"외로운 신하가 임금을 우러름이
如百穀之望時雨."	갖은 곡식이 때맞춰 내리는 비를 바람과 같습니다."
是時晉惠公十四年秋.	때는 진혜공 14년 가을이었다.
惠公以九月卒,	혜공은 9월에 죽고
子圉立.	자어가 즉위하였다.
十一月,	11월에
葬惠公.	혜공을 장사지냈다.
十二月,	12월에
晉國大夫欒·郤等聞重耳在秦,	진의 대부 난·극 등이 중이가 진에 있다는 것을 듣고
皆陰來勸重耳·趙衰等反國,	모두 몰래 와서 중이와 조최 등에게 나라로 돌아올 것을 권하였는데

---

155 集解 위소는 말하였다. "『시』에서 말하기를 '무성히 자라는 기장 싹을, 음우가 적시는도다.(芃芃黍苗, 陰雨膏之)'라 하였다."

爲內應甚衆.	내응하는 사람이 많았기 때문이었다.
於是秦繆公乃發兵與重耳歸晉.	이에 진목공은 곧 군사를 일으켜 중이를 진으로 돌려보냈다.
晉聞秦兵來,	진에서는 진의 군사가 온다는 말을 듣고
亦發兵拒之.	또한 군사를 일으켜 막았다.
然皆陰知公子重耳入也.	그러나 모두 공자 중이가 들어온다는 것을 가만히 알았다.
唯惠公之故貴臣呂·郤之屬[156]不欲立重耳.	혜공의 옛 현귀한 신하 여·극 따위는 중이를 옹립하려 하지 않았다.
重耳出亡凡十九歲而得入,	중이는 망명한지 모두 19년 만에 들어오게 되었는데
時年六十二矣,	당시 나이가 62세였으며
晉人多附焉.	진의 사람은 거의 그에게 귀부하였다.
文公元年春,	문공 원년 봄에
秦送重耳至河.	진은 중이를 황하까지 전송했다.
咎犯曰:	구범이 말하였다.
"臣從君周旋天下,	"신은 임금을 따라 천하를 두루 떠돌며
過亦多矣.	허물 또한 많았습니다.
臣猶知之,	신도 오히려 알고 있사온데
況於君乎?	하물며 임금께 있어서이겠습니까?
請從此去矣."	청컨대 여기서 떠나겠습니다."

---

156 정의 여생(呂甥)과 기예(郤芮)이다.

重耳曰:	중이가 말하였다.
"若反國,	"나라로 돌아가
所不與子犯共者,	자범과 함께 하지 않는다면
河伯視之!"157	하백이 보고 있을 것이다."
乃投璧河中,	이에 황하에 벽옥을 던져
以與子犯盟.	자범과 맹세하였다.
是時介子推從,	이때 개자추가 따랐는데
在船中,	배에서
乃笑曰:	곧 웃으며 말하였다.
"天實開公子,	"하늘이 실로 공자를 열어주는 것인데
而子犯以爲己功而要市於君,	자범은 자기의 공으로 생각하여 임금에게 공을 사려하니
固足羞也.	실로 부끄러워할 만하다.
吾不忍與同位."	내 차마 자리를 함께 하지 못하겠다."
乃自隱渡河.	이에 스스로 숨기고 황하를 건넜다.
秦兵圍令狐,	진의 군사가 영호를 에워싸자
晉軍于廬柳.158	진의 군사는 여류에서 진을 쳤다.
二月辛丑,	2월 신축일에
咎犯與秦晉大夫盟于郇.159	구범은 진과 진의 대부와 순에서 맹세했다.
壬寅,	임인일에
重耳入于晉師.	중이는 진의 군사로 들어갔다.

---

157 색은 시(視)는 견(見)과 같다.

158 집해 위소는 말하였다. "여류(廬柳)는 진(晉)의 땅이다."

159 집해 두예는 말하였다. "해현(解縣) 서북쪽에 순성(郇城)이 있다." 색은 음은 순(荀)이며, 곧 문왕(文王)의 아들이 봉해진 곳이다. 음을 환(環)이라고도 한다.

丙午,	병오일에
入于曲沃.	곡옥으로 들어갔다.
丁未,	정미일에
朝于武宮,[160]	무궁에서 조배하고
即位爲晉君,	진의 임금으로 즉위하니
是爲文公.	바로 문공이다.
羣臣皆往.	신하들이 모두 (곡옥으로) 갔다.
懷公圉奔高梁.	회공 어는 고량으로 달아났다.
戊申,	무신일에
使人殺懷公.	사람을 시켜 회공을 죽였다.

懷公故大臣呂省·郤芮本不附文公,	
	회공의 옛 대신 여생과 기예는 원래 문공에게 귀부하지 않았는데
文公立,	문공이 즉위하자
恐誅,	살해될 것을 두려워하여
乃欲與其徒謀燒公宮,	이에 도당들과 함께 공궁을 태워
殺文公.	문공을 죽일 음모를 꾸미려 했다.
文公不知.	문공은 알지 못하였다.
始嘗欲殺文公宦者履鞮知其謀,	
	처음에 문공을 죽이려 했던 환자 이제가 그 음모를 알고
欲以告文公,	문공에게 알리어
解前罪,	지난 죄를 풀고자 하여

---

160 **집해** 가규는 말하였다. "문공(文公)의 조부 무공(武公)의 사당이다."

求見文公.	문공을 뵙기를 청하였다.
文公不見,	문공은 만나주지 않고
使人讓曰:	사람을 시켜 꾸짖었다.
"蒲城之事,	"포성의 사건 때
女斬予袪.	너는 나의 옷소매를 잘랐다.
其後我從狄君獵,	그 후 내가 적의 임금을 따라 사냥을 하는데
女爲惠公來求殺我.	너는 혜공을 위하여 와서 나를 죽이려고 하였다.
惠公與女期三日至,	혜공은 너에게 사흘에 이를 것을 기약하였는데
而女一日至,	너는 하루 만에 이르렀으니
何速也?	어찌 그리 빨랐느냐?
女其念之."	너는 그것을 생각할 지어다."
宦者曰:	환자가 말하였다.
"臣刀鋸之餘,	"신은 형여지인(刑餘之人)으로
不敢以二心事君倍主,	감히 두 마음으로 임금을 섬기고 주인을 배신하지 않았으므로
故得罪於君.	임금께 죄를 짓게 되었습니다.
君已反國,	임금께서 이미 귀국하셨으니
其毋蒲·翟乎?	포성과 적의 일이 없겠습니까?
且管仲射鉤,	또한 관중은 대구(帶鉤)를 쏘았는데도
桓公以霸.	환공은 (그를 등용하여) 패업을 이루었습니다.
今刑餘之人以事告而君不見,	지금 형여지인이 일을 아뢰려는데 임금께서 만나주시지 않으니
禍又且及矣."	화가 또한 곧 미치게 될 것입니다."
於是見之,	이에 만나보고
遂以呂·郤等告文公.	마침내 여와 기 등의 일을 문공에게 아뢰었다.

476

文公欲召呂·郤,	문공은 여와 기를 부르려 하였으나
呂·郤等黨多,	여와 기 등의 도당이 많았다.
文公恐初入國,	문공이 막 나라에 들어올 때
國人賣己,	백성들이 자기를 넘길까 두려워하여
乃爲微行,	이에 미행을 하고
會秦繆公於王城,[161]	왕성에서 진목공을 만났는데
國人莫知.	백성들은 아무도 몰랐다.
三月己丑,	3월 기축일에
呂·郤等果反,	여와 기 등이 과연 반란을 일으켜
焚公宮,	공궁에 불을 질렀는데
不得文公.	문공을 찾지 못하였다.
文公之衞徒與戰,	문공을 호위하는 무리가 그들과 싸워
呂·郤等引兵欲奔,	여와 기 등은 군사를 이끌고 달아나려 하였는데
秦繆公誘呂·郤等,	진목공이 여와 기 등을 꾀어
殺之河上,	황하 가에서 죽이니
晉國復而文公得歸.	진은 평정을 되찾았고 문공은 돌아오게 되었다.
夏,	여름에
迎夫人於秦,	진에서 부인을 맞았는데
秦所與文公妻者卒爲夫人.	진에서 문공에게 시집보낸 자가 마침내 부인이 되었다.
秦送三千人爲衞,	진은 3천 명을 보내어 호위하여
以備晉亂.	진의 난에 대비하였다.

---

161 색은 두예는 말하였다. "풍익(馮翊) 임진현(臨晉縣) 동쪽에 옛 왕성이 있는데 지금은 무향성(武鄕城)이라고 한다."

文公修政,	문공은 정사를 잘 다스리고
施惠百姓.	백성들에게 은혜를 베풀었다.
賞從亡者及功臣,	따라서 망명을 한 자 및 공신들에게 상을 내렸는데
大者封邑,	크게는 읍에 봉하고
小者尊爵.	작게는 작위를 높였다.
未盡行賞,	상을 미쳐 다 행하기도 전에
周襄王以弟帶難出居鄭地,	주양왕이 아우인 대의 난으로 (나라를) 나서 정 땅에 머물면서
來告急晉.	진에 위급함을 알려왔다.
晉初定,	진은 (이제) 막 안정되어
欲發兵,	군사를 일으키려 하면
恐他亂起,	다른 변란이 일어날까 두려워하였으므로
是以賞從亡未至隱者介子推.	따라서 망명을 한 자를 포상하면서 은자인 개 자추에게는 미치지 않았다.
推亦不言祿,	개자추도 녹봉을 말하지 않았고
祿亦不及.	녹봉 또한 미치지 않았다.
推曰:	개자추는 말하였다.
"獻公子九人,	"헌공의 아들은 9명인데
唯君在矣.	임금만이 남아 있다.
惠·懷無親,	혜공과 회공은 친한 이가 없어
外內弃之;	국내외에서 그를 버렸으며,
天未絕晉,	하늘이 아직 진을 멸절시키지 않아
必將有主,	반드시 주재자가 있게 될 것인데
主晉祀者,	진의 제사를 주재하는 자가

非君而誰?	임금이 아니면 누구이겠는가?
天實開之,	하늘이 실로 열어주었는데
二三子以爲己力,	몇몇이 자기의 힘이라 생각하니
不亦誣乎?	또한 사람을 속이는 것이 아닌가?
竊人之財,	남의 재물을 훔쳐도
猶曰是盜,	오히려 도둑이라 하는데
況貪天之功以爲己力乎?	하물며 하늘의 공을 탐하여 자기의 힘으로 삼음이겠는가?
下冒其罪,	아래에서는 그 죄를 무릅쓰고
上賞其姦,	위에서는 간사함에 상을 내려
上下相蒙,[162]	아래위서 서로 속이니
難與處矣!"	함께 처하기 어렵다!"
其母曰:	그 어머니가 말하였다.
"盍亦求之,	"어찌하여 또한 구하지 않느냐?
以死誰懟?"	죽으면 누구를 원망하겠느냐?"
推曰:	개자추가 말하였다.
"尤而效之,	"허물이 있는데도 그것을 본받는다면
罪有甚焉.	죄가 매우 심합니다.
且出怨言,	또한 원망의 말을 꺼냈으니
不食其祿."	그 녹을 먹지 않겠습니다."
母曰:	어머니가 말하였다.
"亦使知之,	"또한 (사실이) 알려진다면
若何?"	어찌하겠느냐?"
對曰:	대답하였다.

---

162 **집해** 복건은 말하였다. "몽(蒙)은 속이는 것이다."

"言,	"말은
身之文也;	몸의 무늬인데,
身欲隱,	몸이 숨기고자 하면
安用文之?	무늬를 어디에 쓰겠습니까?
文之,	꾸민다면
是求顯也."	이는 드러나기를 구하는 것입니다."
其母曰:	그 어머니가 말하였다.
"能如此乎?	"이렇게 할 수 있겠느냐?
與女偕隱."	너와 함께 숨겠다."
至死不復見.	죽을 때까지 다시 나타나지 않았다.
介子推從者憐之,	개자추의 종자가 이를 불쌍하게 여겨
乃懸書宮門曰:	이에 궁문에 글을 걸어 말하였다.
"龍欲上天,	"용이 승천하려 하는데
五蛇爲輔.[163]	뱀 다섯 마리가 도왔다네.
龍已升雲,	용은 이미 구름으로 올랐고
四蛇各入其宇,	네 뱀은 각자 그 집으로 들어갔는데
一蛇獨怨,	한 마리만 원망하여
終不見處所."	끝내 있는 곳이 보이지 않네."
文公出,	문공이 나와서
見其書,	그 글을 보고
曰:	말하였다.

---

163 색은 용은 중이(重耳)를 비유한다. 뱀 다섯 마리는 곧 다섯 신하로 호언(狐偃)과 조최(趙衰), 위무자(魏武子) 사공계자(司空季子) 및 개자추이다. 옛날에는 다섯 신하에 선진(先軫)과 전힐(顚頡)이 있다고 하였는데, 지금은 두 사람은 치지 않는 것 같다.

"此介子推也.	"이는 개자추이다.
吾方憂王室,	내 바야흐로 왕실을 근심하느라
未圖其功."	미처 그 공을 생각지 못했다."
使人召之,	사람을 시켜 그를 부르게 하였는데
則亡.	이미 달아났다.
遂求所在,	마침내 있는 곳을 수소문하여
聞其入縣上山中,[164]	그가 면상의 산중으로 들어갔다는 말을 듣고
於是文公環縣上山中而封之,	이에 문공은 면상의 산중을 둘러 그에게 봉하여
以爲介推田,[165]	개추의 농지로 삼고
號曰介山,	개산으로 불러
"以記吾過,	"나의 잘못을 기억하여
且旌善人".[166]	또한 훌륭한 사람을 드러내겠다."라 하였다.
從亡賤臣壺叔曰:	따라서 망명한 천한 신하 호숙이 말하였다.
"君三行賞,	"임금께서 세 차례 상을 행하면서도
賞不及臣,	상이 신에게 미치지 않았으니
敢請罪."	감히 죄를 청하겠습니다."
文公報曰:	문공이 대답하였다.
"夫導我以仁義,	"대체로 나를 인의로 이끌고
防我以德惠,	나를 덕과 은혜로 미리 갖추어준 사람들은
此受上賞.	상등의 상을 받았다.

---

164 **집해** 가규는 말하였다. "면상(縣上)은 진(晉)의 땅이다." 두예는 말하였다. "서하(西河) 개
휴현(介休縣) 남쪽에 면상이라는 지명이 있다.

165 **집해** 서광은 말하였다. "어떤 판본에는 '국(國)'으로 되어 있다."

166 **집해** 가규는 말하였다. "정(旌)은 드러내는 것이다."

輔我以行,	행실로 나를 도와
卒以成立,	끝내 즉위하게 해 준 사람들은
此受次賞.	다음 등급의 상을 받았다.
矢石之難,	화살과 돌의 (공격을 받는) 어려움과
汗馬之勞,	말을 땀 흘리게 하는 수고를 한 자들은
此復受次賞.	이에 다시 다음의 상을 받았다.
若以力事我而無補吾缺者,	힘으로만 나를 섬기고 나의 결점을 보완하지 않은 자는
此[復]受次賞.	이에 다시 그 다음 상을 받았다.
三賞之後,	세 등급의 상을 준 후에
故且及子."	그대에게 미치게 될 것이다.
晉人聞之,	진의 사람들이 듣고
皆說.	모두 기뻐하였다.
二年春,	2년 봄에
秦軍河上,[167]	진이 하상에 주둔하면서
將入王.	왕을 들이려 하였다.
趙衰曰:	조최가 말하였다.
"求霸莫如入王尊周.	"패업을 추구하는 데는 왕을 들여 주를 높임만 한 것이 없습니다.
周晉同姓,	주와 진은 동성으로
晉不先入王,	진이 먼저 왕을 들여보내지 않고
後秦入之,	진보다 나중에 들여보내면

---

167 색은 진(晉)의 땅이다.

毋以令于天下.	천하를 호령할 길이 없습니다.
方今尊王,	바야흐로 지금 주왕을 높이는 것이
晉之資也."	진의 바탕이 될 것입니다."
三月甲辰,	3월 갑진일에
晉乃發兵至陽樊,[168]	진은 곧 군사를 일으켜 양번에 이르러
圍溫,	온을 에워싸고
入襄王于周.	양왕을 주에 들여보냈다.
四月,	4월에
殺王弟帶.	왕의 아우 대를 죽였다.
周襄王賜晉河內陽樊之地.	주양왕은 진에 하내 양번의 땅을 내렸다.
四年,	4년에
楚成王及諸侯圍宋,	초성왕 및 제후들이 송을 에워싸자
宋公孫固如晉告急.	송의 공손고는 진으로 가서 위급을 알렸다.
先軫曰:	선진은 말하였다.
"報施定霸,	"베푼 은혜를 갚고 패권을 정하는 것은
於今在矣."[169]	지금 여기에 있습니다."
狐偃曰:	호언이 말하였다.
"楚新得曹而初婚於衞,	"초는 새로 조를 얻고 막 위와 혼인을 맺었으니
若伐曹·衞,	조와 위를 친다면
楚必救之,	초가 반드시 구원할 것이고
則宋免矣."	송은 (위급에서) 벗어나게 될 것입니다."

---

168 집해 복건은 말하였다. "양번(陽樊)은 주의 땅이다. 양(陽)은 읍 이름이며 번중산(樊仲山)이 있는 곳이므로 양번(陽樊)이라고 한다."

169 집해 두예는 말하였다. "송에서 말을 준 은혜를 갚는 것이다."

於是晉作三軍.[170]	이에 진은 3군을 편성하였다.
趙衰舉郤縠將中軍,	조최는 극곡을 천거하여 중군을 거느리게 했고
郤臻佐之;	극진이 보좌하였으며,
使狐偃將上軍,	호언에게 상군을 거느리게 했으며
狐毛佐之,	호모가 보좌하였고
命趙衰爲卿;	조최를 경에 임명하였으며,
欒枝將下軍,[171]	난지는 하군을 거느렸으며
先軫佐之;	선진이 보좌하였다.
荀林父御戎,	순림보가 융거를 몰았고
魏犨爲右:[172]	위주가 거우가 되어
往伐.	가서 정벌하였다.
冬十二月,	겨울 12월에
晉兵先下山東,	진의 군사는 먼저 산동을 함락시켰으며
而以原封趙衰.[173]	원으로 조최를 봉하였다.
五年春,	5년 봄에
晉文公欲伐曹,	진문공은 조를 치고자 하여
假道於衞,	위에서 길을 빌리려 했는데
衞人弗許.	위의 사람이 허락지 않았다.
還自河南度,	돌아서 황하의 남쪽으로 건너
侵曹,	조를 침범하고

---

170 **집해** 왕숙은 말하였다. "비로소 나라를 이루는 예를 회복하였는데 주(周) 군사의 반이다."
171 **집해** 가규는 말하였다. "난지(欒枝)는 난빈(欒賓)의 손자이다."
172 **정의** '犨'의 음은 주(昌由反)이며, 또 음을 수(受)라고도 한다.
173 **집해** 두예는 말하였다. "하내(河內) 심수현(沁水縣) 서북쪽에 원성(原城)이 있다."

伐衛.	위를 쳤다.
正月,	정월에
取五鹿.	오록을 빼앗았다.
二月,	2월에
晉侯·齊侯盟于斂盂.[174]	진후와 제후가 염우에서 맹약했다.
衛侯請盟晉,	위후가 진에 맹약을 청하였으나
晉人不許.	진 사람이 허락지 않았다.
衛侯欲與楚,	위후는 초와 동맹을 맺고 싶었으나
國人不欲,	백성들이 원하지를 않아
故出其君以說晉.	그 임금을 축출하여 진을 기쁘게 했다.
衛侯居襄牛,[175]	위후는 양우에 머물렀으며
公子買守衛.	공자 매가 위를 지켰다.
楚救衛,	초가 위를 구원하였으나
不卒.[176]	이루지를 못했다.
晉侯圍曹.	진후는 조를 에워쌌다.
三月丙午,	3월 병오일에
晉師入曹,	진의 군사가 조로 들어와
數之以其不用釐負羈言,	희부기의 말을 쓰지 않은 것과
而用美女乘軒者三百人也.	3백 명의 미녀를 수레에 태운 것을 질책했다.
令軍毋入僖負羈宗家以報德.	군대에게 희부기의 집에 들어가지 않게 하여 은덕에 보답했다.
楚圍宋,	초가 송을 에워싸자

---

174 〔集解〕 두예는 말하였다. "위(衛) 땅이다."
175 〔集解〕 복건은 말하였다. "위(衛) 땅이다."
176 〔集解〕 서광은 말하였다. "'승(勝)'으로 된 곳도 있다."

宋復告急晉.	송은 다시 진에 위급을 알렸다.
文公欲救則攻楚,	문공은 구원하자니 초를 쳐야 하고
爲楚嘗有德,	그러자니 초에 은덕을 입은 적이 있어
不欲伐也;	치고 싶지 않았으며
欲釋宋,	송을 풀어주고 싶었으나
宋又嘗有德於晉:	송 또한 진에 은덕을 베푼 적이 있어
患之.177	근심하였다.
先軫曰:	선진이 말하였다.
"執曹伯,	"조백을 잡아
分曹·衞地以與宋,	조와 위 땅을 송에 주면
楚急曹·衞,	초는 조와 위(의 구원)를 급박하게 여겨
其勢宜釋宋."178	형편상 송을 풀어줄 겁니다."
於是文公從之,	이에 문공은 그 말을 좇았고
而楚成王乃引兵歸.	초성왕은 바로 군사를 끌고 돌아갔다.
楚將子玉曰:	초의 장수 자옥이 말하였다.
"王遇晉至厚,	"왕께서 진을 매우 두터이 대우해줬는데
今知楚急曹·衞而故伐之,	지금 초가 조와 위를 급박하게 여기는 것을 알고 일부러 쳤으니

---

177 색은 진(晉)이 만약 초를 공격한다면 초자(楚子)가 그를 진(秦)으로 들여보내준 은덕을 다치게 하는 것이고, 또 송을 풀어주고자 하면서도 구원해주지 않으면 이는 곧 송공(宋公)이 말을 준 은혜를 상하게 하는 것이다. 나아가고 물러남에 어려움이 있어 이 때문에 근심한 것이다.

178 색은 초가 막 조(曹)를 얻고 또 막 위(衞)와 새로 통혼하였는데 지금 진(晉)이 조백(曹伯)을 잡고 조와 위의 땅을 송에 주면 초가 조와 위를 다급하게 여겨 형편상 송을 풀어주게 될 것이라는 말이다.

是輕王."	이는 왕을 깔보는 것입니다."
王曰:	왕이 말하였다.
"晉侯亡在外十九年,	"진후는 외국에서 망명한 것이 19년으로
困日久矣,	곤궁한 날이 많았을 것인데
果得反國,	실로 나라로 돌아가게 되었으니
險阸盡知之,	험난하고 어려운 것을 모두 알고
能用其民,	그 백성을 잘 쓸 것이며
天之所開,	하늘이 열어준 것이니
不可當."	당할 수가 없다."
子玉請曰:	자옥이 청하였다.
"非敢必有功,	"감히 반드시 공을 세우려는 것이 아니라
願以閒執讒慝之口也."[179]	이 기회를 이용해 간사한 입을 막고자 합니다."
楚王怒,	초왕은 노하여
少與之兵.	그에게 병력을 적게 주었다.
於是子玉使宛春告晉:[180]	이에 자옥은 완춘에게 진에 알리게 하였다.
"請復衛侯而封曹,	"청컨대 위후를 회복시키고 조를 봉해 주시면
臣亦釋宋."	신도 송의 (포위를) 풀겠습니다."
咎犯曰:	구범이 말하였다.
"子玉無禮矣,	"자옥은 무례합니다.
君取一,	임금은 하나를 취하는데
臣取二,	신하는 둘을 취하려 하니

---

179 집해 복건은 말하였다. "자옥(子玉)은 감히 큰 공을 세우려고 하는 것은 아니지만 위가(爲賈)를 잡아서 참특한(讒慝) 입을 막고자 하는 것으로, 자옥이 3백 승이 넘으면 들어갈 수 없음을 이른다." 두예는 말하였다. "집(執)은 색(塞)과 같다."

180 집해 가규는 말하였다. "완춘(宛春)은 초의 대부이다."

勿許."181	허락지 마십시오."
先軫曰:	선진이 말하였다.
"定人之謂禮.	"남(의 나라를)을 안정시키는 것을 예라 합니다.
楚一言定三國,	초는 한마디 말로 세 나라를 안정시키려 하는데
子一言而亡之,	그대는 한마디 말로 (세 나라를) 망하게 하려 한다면
我則毋禮.	우리가 무례한 것이 됩니다.
不許楚,	초(의 요청)를 허락하지 않는다면
是弃宋也.	이는 송을 버리는 것입니다.
不如私許曹·衛以誘之,	몰래 조와 위에게 허락하여 꾀어
執宛春以怒楚,182	완춘을 잡아 초를 노하게 하여
既戰而後圖之."183	싸운 후에 도모하는 것만 못합니다."
晉侯乃囚宛春於衛,	진후는 이에 위에서 완춘을 가두고
且私許復曹·衛.	또한 몰래 조와 위를 회복시키는 것을 허락하였다.
曹·衛告絶於楚.	조와 위는 초에 단교를 알렸다.
楚得臣怒,184	초의 득신이 노하여
擊晉師,	진의 군사를 치자
晉師退.	진의 군사는 물러났다.
軍吏曰:	군리가 말하였다.
"爲何退?"	"무엇 때문에 퇴각하십니까?"
文公曰:	문공이 말하였다.

---

181 **집해** 위소는 말하였다. "군(君)은 문공이다. 신(臣)은 자옥이다. 하나는 송의 포위를 푸는 것이며, 둘은 조와 위를 회복시키는 것이다."

182 **집해** 위소는 말하였다. "초를 노하게 하여 반드시 싸우게 하려는 것이다."

183 **집해** 두예는 말하였다. "모름지기 승부를 결정한 뒤에 계책을 정하라는 것이다."

184 **집해** 득신(得臣)은 곧 자옥(子玉)이다.

"昔在楚,	"지난날 초에 있을 때
約退三舍,	삼사를 물러나겠다고 약속하였는데
可倍乎!"	저버릴 수 있겠는가!"
楚師欲去,	초의 군사는 떠나려 했는데
得臣不肯.	득신은 기꺼워하지 않았다.
四月戊辰,	4월 무진일에
宋公[185]·齊將[186]·秦將[187]與晉侯次城濮.[188]	송공과 제의 장수, 진의 장수가 진후와 성복에 주둔하였다.
己巳,	기사일에
與楚兵合戰,	초의 군사와 교전하였는데
楚兵敗,	초의 군사가 패하여
得臣收餘兵去.	득신은 남은 병력을 거두어 떠났다.
甲午,	갑오일에
晉師還至衡雍,[189]	진의 군사가 형옹으로 돌아와
作王宮于踐土.[190]	천토에 왕궁을 지었다.

---

185 색은 성공왕신(成公王臣)이다.

186 색은 국귀보(國歸父)이다.

187 색은 소자은(小子憖)이다.

188 집해 가규는 말하였다. "위(衛)의 땅이다."

189 집해 두예는 말하였다. "형옹(衡雍)은 정(鄭)의 땅으로 지금의 형양(滎陽) 권현(卷縣)이다."

190 집해 복건은 말하였다. "초(楚)의 군사를 무찌르고 양왕(襄王)이 직접 천토(踐土)로 가서 임하여 진후(晉侯)의 명을 받았으며, 진후가 듣고 그를 위해 궁을 지어주었다." 색은 두예는 말하기를 천토는 정(鄭)의 땅이라 하였다. 그러나 이 글에 의하면 진(晉)의 군사가 형옹 (衡雍)으로 돌아왔으며 형옹은 하남(河南)에 있다. 그래서 유 씨(劉氏)는 천토가 하남에 있다고 하였다. 아래 문장의 천토는 하북(河北)에 있는데 지금의 원성현(元城縣) 서쪽에 천토 역(踐土驛)이 있으니 아마 그럴 것이다.

初,	처음에
鄭助楚,	정이 초를 도왔는데
楚敗,	초가 패하자
懼,	두려워하여
使人請盟晉侯.	사람을 보내 진후와 맹약을 청하였다.
晉侯與鄭伯盟.	진후와 정백이 맹약하였다.
五月丁未,	5월 정미일에
獻楚俘於周,[191]	주에 초의 포로를 바쳤는데
駟介百乘,	갑옷을 입힌 말이 끄는 사두마차 백승과
徒兵千.[192]	보병이 천 명이었다.
天子使王子虎命晉侯爲伯,[193]	천자가 왕자호에게 진후를 백에 책명하게 하고
賜大輅,	대로와
彤弓矢百,	동궁과 화살 백 개,
旅弓矢千,[194]	노궁과 화살 천 개,
秬鬯一卣,	거창 한 통과
珪瓚,[195]	규찬

---

191 **정의** '俘'의 음은 부(孚)이며, 포로이다.

192 **집해** 복건은 말하였다. "사개(駟介)는 사마(駟馬)에 갑옷을 입힌 것이다. 도병(徒兵)은 보졸(步卒)이다."

193 **집해** 가규는 말하였다. "왕자호(王子虎)는 주의 대부이다."

194 **집해** 가규는 말하였다. "대로(大輅)는 금로(金輅)이다. 동궁(彤弓)은 붉은색이고, 노궁(旅弓)은 검은색이다. 제후는 활과 화살을 내린 다음에 정벌을 한다." **정의** '彤'의 음은 동(徒冬反)이다. '旅'의 음은 려(廬)이다.

195 **집해** 가규는 말하였다. "거(秬)는 검은색 기장이다. 창(鬯)은 향주(香酒)이다. 강신(降神)하는 것이다. 유(卣)는 기물 이름으로, 제후는 규찬(珪瓚)을 내린 다음에 창주(鬯酒)를 빚는다."

虎賁三百人.[196]	호분 3백 명을 내렸다.
晉侯三辭,	진후는 세 번 사의를 표하고
然后稽首受之.[197]	그런 다음에 머리를 조아리고 그것을 받았다.
周作晉文侯命:	주는 「진문후명」을 지어 말하였다.
"王若曰:	"왕은 이렇게 말한다.
父義和,[198]	부는 의로 화하게 하여
丕顯文·武,	크게 드러나신 문왕과 무왕께서
能慎明德,[199]	능히 밝은 덕을 삼가
昭登於上,	밝게 위에 오르시며
布聞在下,[200]	펴져 아래에서 알려지시자,
維時上帝集厥命于文·武.[201]	이 상제가 그 명을 문왕과 무왕에게 모으셨다.

---

196 **집해** 가규는 말하였다. "천자의 군사를 호분(虎賁)이라고 한다."

197 **집해** 가규는 말하였다. "계수(稽首)는 머리가 땅에 닿는 것이다."

198 **집해** 공안국(孔安國)은 말하였다. "동성(同姓)이므로 부(父)라고 일컬은 것이다." 마융은 말하였다. "왕순(王順)은 말하기를 부(父)는 의(義)로 우리 제후를 화하게 할 수 있다고 하였다." **색은** 『상서(尙書)』「문후지명(文侯之命)」은 평왕(平王)이 진문후구(晉文侯仇)를 책명한 말인데 지금 여기서는 곧 양왕(襄王)이 문공 중이(文公重耳)를 책명한 일로 대수(代數)가 현격하고 훈책(勳策)이 완전히 어그러졌다. 태사공이 비록 다시 『좌씨(左氏)』를 미봉책으로 썼지만 「계가(系家)」에는 자못 또한 이따금 소략한 오류가 있다. 배 씨(裴氏)의 『집해』에서도 공 씨와 마 씨의 주석을 인용하였는데 모두 시대의 오류를 말하지 않았는데 어찌 미혹된 것을 익혀서 함께 취하는가? 그러나 평왕에서 양왕까지는 7대이며 구(仇)에서 중이까지는 11대 13후(侯)이다. 또한 평왕 원년에서 노희공(魯僖公) 28년까지는 양왕 20년에 해당되어 130여년이 되며 학자들은 자못 합하여 토론하였다. 그리고 유백장(劉伯莊)은 아마 천자가 진에 명한 것이 같은 말이라고 생각하였는데 더욱 아니다.

199 **집해** 공안국은 말하였다. "문왕(文王)과 무왕(武王)만이 상세하고 삼가 밝은 덕을 드러내어 쓸 수 있었다."

200 **집해** 마융은 말하였다. "소(昭)는 밝은 것이다. 상(上)은 하늘을 말하고, 하(下)는 사람을 말한다."

201 **집해** 공안국은 말하였다. "오직 이것 때문에 그 왕명을 집성하여 덕이 자손에게까지 흐른다."

恤朕身,	짐의 몸을 구휼하여
繼予一人永其在位."202	나 한 사람을 이어 길이 지위에 있으리라."
於是晉文公稱伯.	이에 진문공은 칭패하였다.
癸亥,	계해일에
王子虎盟諸侯於王庭.203	왕자호가 왕정에서 제후들과 맹약하였다.
晉焚楚軍,	진이 초의 군영을 불태워
火數日不息,	불이 여러 날이나 꺼지지 않아
文公歎.	문공이 탄식하였다.
左右曰:	좌우에서 말하였다.
"勝楚而君猶憂,	"초에 이기고서도 임금께선 근심을 하시니
何?"	어째서입니까?"
文公曰:	문공이 말하였다.
"吾聞能戰勝安者唯聖人,	"내가 듣건대 전쟁에서 이기고 편안할 수 있는 사람은 성인뿐이라 하여
是以懼.	이 때문에 두려워한다.
且子玉猶在,	또한 자옥이 버젓이 살아 있으니
庸可喜乎!"	어찌 기뻐할 수 있겠는가!"
子玉之敗而歸,	자옥이 패하여 돌아가니
楚成王怒其不用其言,	초성왕이 자기의 말을 쓰지 않고

---

202 **집해** 공안국은 말하였다. "나의 몸을 근심하면 나 한 사람이 길이 왕위를 편안히 한다는 것이다."

203 **집해** 복건은 말하였다. "왕정(王庭)은 천토(踐土)이다." **색은** 복 씨(服氏)가 왕정이 천토임을 안 것은 28년 5월에 "공이 진후(晉侯)와 만나 천토(踐土)에서 맹약했다"라 하였고, 또한 위의 문장에서 "4월 갑오일에 천토에 왕궁을 지었다"라 한 것 때문이다. 왕정(王庭)은 곧 왕궁(王宮)이다.

貪與晉戰,	욕심을 내어 진과 싸운 것에 노하여
讓責子玉,	자옥을 꾸짖었더니
子玉自殺.	자옥은 자살하였다.
晉文公曰:	진문공이 말하였다.
"我擊其外,	"내가 바깥을 쳤더니
楚誅其內,	초가 안에서 죽여
內外相應."	안팎이 서로 호응하였다."
於是乃喜.	이에 기뻐하였다.
六月,	6월에
晉人復入衛侯.	진의 사람이 다시 위후를 들여보냈다.
壬午,	임오일에
晉侯度河北歸國.	진후는 황하를 건너 북쪽으로 귀국하였다.
行賞,	상을 내렸는데
狐偃爲首.	호언이 으뜸이었다.
或曰:	어떤 사람이 말하였다.
"城濮之事,	"성복의 전역은
先軫之謀."	선진의 계책이다."
文公曰:	문공이 말하였다.
"城濮之事,	"성복의 전역에서
偃說我毋失信.	호언은 내게 신의를 잃지 말라고 하였다.
先軫曰'軍事勝爲右',	선진은 말하기를 '군사는 이기는 것이 상책이다.'라 하여
吾用之以勝.	내 그것을 써서 이겼다.
然此一時之說,	그러나 이는 한때의 말이고

偃言萬世之功,　　　　　호언의 말은 만세의 공이니

奈何以一時之利而加萬世功乎?

　　　　　　　　　　어찌 한때의 이로움이 만세의 공을 능가하겠는가?

是以先之."　　　　　　이 때문에 으뜸으로 한 것이다."

冬,　　　　　　　　　겨울에

晉侯會諸侯於溫,　　　　진후가 온에서 제후들과 회맹하여

欲率之朝周.　　　　　　그들을 거느리고 주를 조현하려고 했다.

力未能,　　　　　　　　능력이 되지 않아

恐其有畔者,　　　　　　배반자가 있을까 두려워하여

乃使人言周襄王狩于河陽.　이에 사람을 시켜 주양왕에게 하양에서 사냥을 하게 했다.

壬申,　　　　　　　　　임신일에

遂率諸侯朝王於踐土.²⁰⁴　마침내 제후들을 이끌고 천토에서 왕을 조현하였다.

孔子讀史記至文公,　　　공자가 역사 기록을 읽다가 문공에 이르러

曰"諸侯無召王"·"王狩河陽"者,"제후는 왕을 부르지 않는다", "왕이 하양에서 순수하였다"라 하였는데

春秋諱之也.　　　　　　『춘추』에서 꺼린 것이다.

丁丑,　　　　　　　　　정축일에

諸侯圍許.　　　　　　　제후들이 허를 에워쌌다.

204　색은　『좌씨전(左氏傳)』에서는 "5월에 천토(踐土)에서 맹약했다. 겨울에 온(溫)에서 제후들과 회맹하고 천왕(天王)은 하양(河陽)을 순수했다. 임신일에 공이 왕이 있는 곳에서 조현했다."라 하였다. 여기서도 겨울에 왕을 조현했다고 하였는데 하양의 온이 합당하고 5월 천토의 글은 합치되지 않는다.

曹伯臣或說晉侯曰:	조백의 신하 중 누가 진후에게 말하였다.
"齊桓公合諸侯而國異姓,	"제환공은 제후를 회합시켜 이성의 나라를 만들었는데
今君爲會而滅同姓.	지금 임금께선 회합을 하여 동성을 멸합니다.
曹,	조는
叔振鐸之後;	숙진 탁의 후예이며,
晉,	진은
唐叔之後.	당숙의 후예입니다.
合諸侯而滅兄弟,	제후를 모아 형제를 멸하는 것은
非禮."	예가 아닙니다."
晉侯說,	진후는 기뻐하며
復曹伯.	조백을 회복시켰다.
於是晉始作三行.[205]	이에 진은 비로소 3항을 만들었다.
荀林父將中行,	순림보는 중항을 거느렸고
先縠將右行,[206]	선곡은 우항을 거느렸으며
先蔑將左行.[207]	선멸은 좌항을 거느렸다.
七年,	7년에
晉文公·秦繆公共圍鄭,	진문공과 진목공이 함께 정을 에워쌌는데

---

205 **집해** 복건은 말하였다. "천자의 육군(六軍)을 피하였기 때문에 삼항(三行)이라 하였다."

206 **색은** 『좌전』에서는 도격(屠擊)이 우항을 거느렸다고 하여 여기와 다르다.

207 **집해** 두예는 말하였다. "삼항(三行)은 보좌관이 없는데 아마 대부가 인솔한 것 같다." **색은** 『좌전』에 의하면 순림보는 또한 경인데 "대부가 인솔하였다"라 한 것은 틀렸다. 보좌관을 두지 않은 것은 천자를 피해야 하기 때문이다. 혹은 새로 삼항을 설치하여 관직이 아직 갖추어지지 않았을 따름이다.

以其無禮於文公亡過時,	문공이 망명 중 들렀을 때 무례하였고
及城濮時鄭助楚也.	아울러 성복(의 전역) 때 정이 초를 도와서였다.
圍鄭,	정을 에워싸
欲得叔瞻.	숙첨을 얻고자 하였다.
叔瞻聞之,	숙첨은 듣고
自殺.	스스로 목숨을 끊었다.
鄭持叔瞻告晉.	정은 숙첨(의 시신)을 가지고 진에 알렸다.
晉曰:	진의 임금이 말하였다.
"必得鄭君而甘心焉."	"반드시 정의 임금을 얻어야 마음이 흡족할 것이다."
鄭恐,	정은 두려워하여
乃閒令使[208]謂秦繆公曰:	이에 몰래 사신을 보내 진목공에게 말하였다.
"亡鄭厚晉,	"정을 멸망시키고 진이 중해지면
於晉得矣,	진에게는 유리하고
而秦未爲利.	진은 이롭지 못할 것입니다.
君何不解鄭,	임금께서는 어찌하여 정을 풀어 주어
得爲東道交?"[209]	동쪽 길에서 친하게 하지 않습니까?"
秦伯說,	진백은 기뻐하며
罷兵.	군사를 물렸다.
晉亦罷兵.	진 또한 군사를 물렸다.
九年冬,	9년 겨울에
晉文公卒,	진문공이 죽고

---

208 **색은** 사신은 촉지무(燭之武)를 이른다.

209 **색은** 교(交)는 호(好)와 같다. 여러 판본 및 『좌전』에는 모두 "주(主)"로 되어 있다.

子襄公歡立.	아들인 양공 환이 즉위하였다.
是歲鄭伯亦卒.	이 해에 정백 또한 죽었다.
鄭人或賣其國於秦,[210]	정의 사람 중에 누가 그의 나라를 진에 팔아
秦繆公發兵往襲鄭.	진목공이 군사를 일으켜 정을 습격하러 갔다.
十二月,	12월에
秦兵過我郊.	진의 군사가 우리 (晉) 교외를 지났다.
襄公元年春,	양공 원년 봄에
秦師過周,	진의 군사가 주를 지났는데
無禮,	무례하자
王孫滿譏之.	왕손만이 비판했다.
兵至滑,	군사가 활에 이르니
鄭賈人弦高將市于周,	정의 상인 현고가 주에서 장사를 하려다가
遇之,	만나
以十二牛勞秦師.	소 열두 마리로 진의 군사를 위로했다.
秦師驚而還,	진의 군사는 놀라 돌아가면서
滅滑而去.	활을 멸하고 떠났다.
晉先軫曰:	진의 선진이 말하였다.
"秦伯不用蹇叔,	"진백이 건숙(의 계책)을 쓰지 않아
反其眾心,	민심이 이반되었으니
此可擊."	이 기회에 칠 만합니다."

---

210 **정의** 『좌전』에서는 진(秦)과 진(晉)이 정을 쳤는데 촉지무(燭之武)가 진(秦)에 유세하여 군사를 거두었다고 하였다. 이때 기자(杞子)와 봉손(逢孫), 양손(楊孫) 세 대부가 정을 지켰다. 기자가 정에서 진(秦)에 알리게 하였다. "정의 사람이 나에게 그 북문의 관리를 맡겼는데 몰래 군사를 거느리고 오면 나라를 얻을 수 있다."

欒枝曰:	난지가 말하였다.
"未報先君施於秦,	"진이 선군에게 베푼 은혜도 갚지 않았는데
擊之,	치는 것은
不可."	옳지 않습니다."
先軫曰:	선진이 말하였다.
"秦侮吾孤,	"진은 우리 어린 임금을 모욕하고
伐吾同姓,	우리 동성을 쳤는데
何德之報?"	무슨 은덕을 갚습니까?"
遂擊之.	마침내 쳤다.
襄公墨衰絰.[211]	양공은 상복을 검은 색으로 하였다.
四月,	4월에
敗秦師于殽,	효에서 진의 군사를 무찌르고
虜秦三將孟明視·西乞秫·白乙丙以歸.	
	진의 세 장수 맹명시와 서걸출, 백을병을 사로잡아서 돌아왔다.
遂墨以葬文公.[212]	마침내 검은색 상복을 입고 문공을 장사지냈다.
文公夫人秦女,	문공의 부인은 진의 여인인데
謂襄公曰:	양공에게 말하였다.
"秦欲得其三將戮之."	"진이 세 장수를 얻어서 죽이려 합니다."
公許,	공이 허락하고
遣之.	보내주었다.
先軫聞之,	선진이 듣고

---

211 집해 가규는 말하였다. "검은색은 흉복으로 바뀐 것이다." 두예는 말하였다. "상복을 입고 종군하였으므로 검게 물들인 것이다."

212 집해 복건은 말하였다. "예가 아니다." 두예는 말하였다. "예가 변한 까닭을 기록하였다."

謂襄公曰:	양공에게 말하였다.
"患生矣."	"환난이 생길 것입니다."
軫乃追秦將.	선진은 이에 진의 장수를 쫓았는데
秦將渡河,	진의 장수는 황하를 건너며
已在船中,	이미 배에서
頓首謝,	머리를 조아려 사의를 표하고
卒不反.	끝내 돌아오지 않았다.
後三年,	3년 뒤에
秦果使孟明伐晉,	진은 과연 맹명시에게 진을 치게 하여
報殽之敗,	효에서의 패배를 갚고
取晉汪以歸.[213]	진의 왕을 빼앗고 돌아갔다.
四年,	4년에
秦繆公大興兵伐我,	진목공이 군사를 크게 일으켜 우리를 쳐
度河,	강을 건너
取王官,[214]	왕관을 빼앗고

---

[213] 색은 『좌전』「문공(文公) 2년」에 의하면 진(秦)의 맹명시(孟明視)가 진(晉)을 쳐서 효(殽)의 전역을 갚았다고 하였는데 진(晉)이 왕(汪)을 빼앗았다는 일은 없다. 또한 그해 겨울에 진(晉)의 선저거(先且居) 등이 진(秦)을 쳐서 왕(汪)과 팽아(彭衙)를 빼앗고 돌아왔다. 곧 왕(汪)은 진(秦)의 읍인데 진(晉)이 진(秦)을 쳐서 빼앗을 수 있을 뿐 어찌 진(秦)이 진(晉)을 쳐서 왕(汪)을 빼앗겠는가? 혹자는 진(晉)이 먼저 진(秦)에게서 빼앗았는데 지금 진(晉)을 쳐서 왕(汪)을 수복한 것으로 왕(汪)이 진(晉)에서 온 것이므로 진(晉)의 왕(汪)을 빼앗아 돌아간 것이라 하였다. 팽아(彭衙)는 합양(郃陽)의 북쪽에 있으며 왕(汪)은 소재지를 알지 못한다.

[214] 정의 『괄지지』에서는 말하였다. "왕관(王官)의 옛 성은 동주(同州) 징성현(澄城縣) 서북쪽 60리 지점에 있다." 『좌전』「문공(文公) 3년」에서 진(秦)이 진(晉)을 쳐서 왕관(王官)을 빼앗았다 하였는데 바로 이곳이다. 황하를 건넌 것을 먼저 말하였는데 역사의 기록이 전도된 것일 따름이다.

封殽尸而去.	효에서 시신을 묻고 떠났다.
晉恐,	진은 두려워하여
不敢出,	감히 나가지 못하고
遂城守.	마침내 성을 지켰다.
五年,	5년에
晉伐秦,	진이 진을 쳐서
取新城,²¹⁵	신성을 빼앗으니
報王官役也.	왕관의 전역을 보복한 것이다.

六年,	6년에
趙衰成子·欒貞子·咎季子犯·霍伯皆卒.²¹⁶	조최 성자와 난정자, 구계자범, 곽백이 모두 죽었다.
趙盾代趙衰執政.	조돈이 조최를 대신하여 집정하였다.

七年八月,	7년 8월에
襄公卒.	양공이 죽었다.
太子夷皋少.	태자인 이고는 어렸다.
晉人以難故,²¹⁷	진의 사람은 환난을 겪어서
欲立長君.	나이가 많은 사람을 임금으로 세우려 했다.
趙盾曰:	조돈이 말하였다.
"立襄公弟雍.	"양공의 아우 옹을 옹립합시다.

---

215 집해 복건은 말하였다. "진(秦)의 읍으로 새로 성을 쌓은 곳이다."
216 집해 가규는 말하였다. "난정자(欒貞子)는 난지(欒枝)이다. 곽백(霍伯)은 선저거(先且居)이다."
217 집해 복건은 말하였다. "진(晉)은 수차례 환난을 겪었다."

好善而長,	선을 좋아하고 나이가 많으며
先君愛之;	선군이 사랑하였습니다.
且近於秦,	또한 진과 가까이 지내고
秦故好也.	진은 원래 우호국입니다.
立善則固,	선한 사람을 세우면 견고해지고
事長則順,	나이가 많은 사람을 섬기면 따르며
奉愛則孝,	사랑한 이를 받들면 효성스럽고
結舊好則安."	옛 우호국과 결맹하면 안정됩니다."
賈季曰:	가계가 말하였다.
"不如其弟樂.	"그 아우 악만 못합니다.
辰嬴嬖於二君,[218]	(그 어머니) 신영은 두 임금의 사랑을 받았는데
立其子,	그 아들을 세우면
民必安之."	백성들이 반드시 안정될 것입니다."
趙盾曰:	조돈이 말하였다.
"辰嬴賤,	"신영은 비천하여
班在九人下,[219]	서열이 9인의 아래에 있으니
其子何震之有![220]	그 아들이 무슨 위엄이 있겠소!
且爲二君嬖,	또한 두 임금의 총애를 입은 것은
淫也.	음란한 것입니다.
爲先君子,[221]	선군의 아들로

---

218 **집해** 복건은 말하였다. "신영(辰嬴)은 회영(懷嬴)이다. 이군(二君)은 회공(懷公)과 문공(文公)이다."

219 **집해** 복건은 말하였다. "반(班)은 차서이다."

220 **집해** 가규는 말하였다. "진(震)은 위엄이다."

221 **정의** 악(樂)은 문공(文公)의 아들이다.

不能求大而出在小國,	큰 나라를 구할 수 없어 작은 나라에 나가 있는 것은
僻也.	편벽한 것입니다.
母淫子僻,	어미는 음란하고 자식은 편벽한 곳에 있어서
無威;²²²	위엄이 없으며,
陳小而遠,	진은 작고 멀어
無援:	도움이 되지 않으니
將何可乎!"	어찌 되겠습니까?"
使士會如秦迎公子雍.	사회에게 진으로 가서 공자 옹을 맞아오게 하였다.
賈季亦使人召公子樂於陳.	가계 또한 사람을 시켜 진에서 공자 악을 부르게 하였다.
趙盾廢賈季,	조돈은 가계를 폐하였는데
以其殺陽處父.²²³	그가 양처보를 죽였기 때문이다.
十月,	10월에
葬襄公.	양공을 장사지냈다.
十一月,	11월에
賈季奔翟.	가계가 적으로 달아났다.
是歲,	이 해에
秦繆公亦卒.	진목공 또한 죽었다.
靈公元年四月,	영공 원년 4월에
秦康公曰:	진강공이 말하였다.

---

222 **정의** '僻'의 음은 벽(匹亦反)이다. 악(樂)은 구석진 진(陳)에 숨어 있어서 멀어 도움이 되지 않는다는 말이다.

223 **집해** 『좌전』에 의하면 이때 가타(賈他)가 태사(太師)였고 양처보(陽處父)는 태부(太傅)였다.

"昔文公之入也無衞,　　　"지난날 문공이 들어갈 때 호위를 해주지 않아

故有呂·郤之患."　　　여 씨와 기 씨의 환난이 있게 되었다."

乃多與公子雍衞.　　　이에 공자옹에게 많은 호위병을 붙여주었다.

太子母繆嬴日夜抱太子以號泣於朝,

　　　태자의 어머니 목영은 밤낮으로 태자를 안고 조
　　　정에서 소리 내어 울면서

曰:　　　말하였다.

"先君何罪?　　　"선군이 무슨 죄요?

其嗣亦何罪?　　　그 사자는 또 무슨 죄요?

舍適而外求君,　　　적자를 버리고 밖에서 임금을 구하니

將安置此?"224　　　이 사람을 어디에 두려 하오?"

出朝,　　　조정에서 나와

則抱以適趙盾所,　　　(태자를) 안고 조돈이 있는 곳으로 가서

頓首曰:　　　머리를 조아리고 말하였다.

"先君奉此子而屬之子,　　　"선군이 이 아이를 받들고 그대에게 맡기며

曰'此子材,　　　말하기를 '이 아이가 재주가 있으면

吾受其賜;　　　내 그 내려 준 것을 받겠고,

不材,　　　재주가 없으면

吾怨子.'225　　　내 그대를 원망하겠소.'라 하였소.

今君卒,　　　지금 임금은 죽고

言猶在耳,226　　　말이 아직 귀에 남아 있는데

而弃之,　　　버린다면

---

224 **집해** 복건은 말하였다. "차(此)는 태자(太子)이다."
225 **집해** 왕숙은 말하였다. "가르침이 지극하지 못한 것을 원망하는 것이다."
226 **집해** 두예는 말하였다. "선자(宣子)의 귀에 있다."

若何?"	어떻게 하겠소?"
趙盾與諸大夫皆患繆嬴,	조돈과 대부들은 모두 목영을 근심하면서도
且畏誅,	죽이기를 두려워하여
乃背所迎而立太子夷皋,	이에 맞아온 사람을 버리고 태자 이고를 옹립 하니
是爲靈公.	바로 영공이다.
發兵以距秦送公子雍者.	군사를 일으켜 진에서 공자 옹을 호송해 오는 자를 막았다.
趙盾爲將,	조돈이 장수가 되어
往擊秦,	가서 진을 쳐서
敗之令狐.	영호에서 무찔렀다.
先蔑·隨會亡奔秦.	선멸과 수회는 진으로 달아났다.
秋,	가을에
齊·宋·衞·鄭·曹·許君皆會趙盾,	제와 송, 위, 정, 조, 허의 임금이 모두 조돈과 만나
盟於扈,[227]	호에서 맹약하였으니
以靈公初立故也.	영공이 막 즉위했기 때문이다.
四年,	4년에
伐秦,	진을 치고
取少梁.	소량을 빼앗았다.
秦亦取晉之郩.[228]	진도 진의 효를 빼앗았다.
六年,	6년에

---

227 **집해** 두예는 말하였다. "정의 땅이다. 형양(滎陽) 권현(卷縣) 서북쪽 호정(扈亭)이 있다."

秦康公伐晉,	진강공이 진을 쳐서
取羈馬.[229]	기마를 빼앗았다.
晉侯怒,	진후는 노하여
使趙盾·趙穿·郤缺擊秦,	조돈과 조천, 극결에게 진을 치게 하여
大戰河曲,	하곡에서 대전을 벌였는데
趙穿最有功.	조천의 공이 가장 컸다.
七年,	7년에
晉六卿患隨會之在秦,	진의 육경이 수회가 진에 있어
常爲晉亂,	늘 진에 화란을 끼칠 것을 근심하여
乃詳令魏壽餘反晉降秦.	이에 위수여에게 진을 배반하고 진에 항복하는 척하게 했다.
秦使隨會之魏,	진은 수회에게 위에 가게 하였으며
因執會以歸晉.	이에 수회를 잡아 진으로 돌려보냈다.
八年,	8년에
周頃王崩,	주경왕이 죽었는데
公卿爭權,	공경이 권력을 다투느라
故不赴.[230]	부고를 내지 않았다.

---

228 **집해** 서광은 말하였다. "「연표(年表)」에서는 북징(北徵)이라 하였다." **색은** 서 씨는 「연표」에서는 징(徵)이라 하였다고 하였다. 그러나 『좌전』에 의하면 문공(文公) 10년 봄에 진(晉)의 사람이 진(秦)을 쳐서 소량(少梁)을 빼앗았다고 하였다. 여름에 진백(秦伯)이 진(晉)을 쳐서 북징(北徵)을 빼앗았는데 북징은 곧 「연표」의 징(徵)이다. 여기서 효(郜)라고 한 것은 오자이다. '徵'의 음은 징(懲)이며 또한 풍익(馮翊)의 현 이름이다.

229 **역주** 기마(羈馬)는 진(晉)의 읍(邑)으로, 산서(山西) 영제시(永濟市) 남쪽 36리 지점에 있다.

230 **색은** 바로 『춘추』「노문공(魯文公) 12년」의 "경왕(頃王)이 죽자 주공열(周公閱)과 왕손소(王孫蘇)가 정권을 다투었으므로 부고를 하지 않았다."라 한 것이다.

晉使趙盾以車八百乘平周亂而立匡王.[231]

진은 조돈에게 병거 8백 승을 가지고 주의 난리를 평정하게 하고 광왕을 옹립하였다.

是年,　　　　　　　　　이 해에

楚莊王初即位.　　　　　초장왕이 막 즉위하였다.

十二年,　　　　　　　　12년에

齊人弒其君懿公.　　　　제의 사람이 그 임금 의공을 죽였다.

十四年,　　　　　　　　14년에

靈公壯,　　　　　　　　영공은 자라

侈,　　　　　　　　　　사치하여

厚斂以彫牆.[232]　　　　세금을 많이 거두고 (궁궐의) 담장을 꾸몄다.

從臺上彈人,　　　　　　대 위에서 사람들에게 탄환을 쏘고

觀其避丸也.　　　　　　탄환을 피하는 것을 구경하였다.

宰夫胹熊蹯不熟,[233]　　재부가 곰발바닥을 삶았는데 덜 익으니

靈公怒,　　　　　　　　영공이 노하여

殺宰夫,　　　　　　　　재부를 죽이고

使婦人持其屍出弃之,　여인에게 시신을 들고 나가 버리게 하여

---

231 **색은** 문공(文公) 14년의 「전(傳)」에서는 또한 말하기를 "진(晉)은 조돈(趙盾)으로 하여금 제후의 군사 8백 승을 가지고 주(邾)에 첩치(捷菑)를 들여보냈으나 이기지 못하여 이에 돌아왔다."라 하였다. 또한 "주공열(周公閱)과 왕손소(王孫蘇)가 진(晉)에 송사를 걸어 조선자(趙宣子)가 왕실을 평정하여 회복시켰다."라 하였다. 곧 수레 8백 승은 확실히 선자(宣子)가 주(邾)의 첩치(捷菑)를 들인 일로 왕실의 일과는 상관이 없고 문장이 서로 이어진 것일 따름일 뿐 거의 잘못되었을 것이다.

232 **집해** 가규는 말하였다. "조(彫)는 그림을 그리는 것이다."

233 **집해** 복건은 말하였다. "번(蹯)은 곰발바닥이며, 그 고기는 익히기가 어렵다." **정의** '胹'의 음은 이(而)이다. '蹯'의 음은 번(樊)이다.

過朝.	조정을 지났다.
趙盾·隨會前數諫,	조돈과 수회가 앞으로 나가 수차례 간하였으나
不聽;	듣지 않았으며,
已又見死人手,	얼마 후에는 또 죽은 사람의 손이 보여
二人前諫.	두 사람이 앞으로 나가 간하였다.
隨會先諫,	수회가 먼저 간하였으나
不聽.	듣지 않았다.
靈公患之,	영공은 이를 근심하여
使鉏麑刺趙盾.²³⁴	서미에게 조돈을 저격하게 하였다.
盾閨門開,	조돈 집의 규문이 열려 있었는데
居處節,	거처가 검소하여
鉏麑退,	서미가 물러나
歎曰:	탄식하여 말하였다.
"殺忠臣,	"충신을 죽이는 것과
弃君命,	임금의 명을 버리는 것은
罪一也."	똑같은 죄이다."
遂觸樹而死.²³⁵	마침내 나무에 (머리를) 부딪쳐 죽었다.
初,	처음에
盾常田首山,²³⁶	조돈은 늘 수산에서 사냥을 하였는데
見桑下有餓人.	뽕나무 아래에 굶주린 사람이 있는 것을 보았다.

---

234 〔집해〕 가규는 말하였다. "서미(鉏麑)는 진(晉)의 역사(力士)이다." 〔정의〕 '鉏'의 음은 서(鋤)이다. '麑'의 음은 미(迷)이다.

235 〔집해〕 두예는 말하였다. "조돈 집 정원의 나무이다."

236 〔집해〕 서광은 말하였다. "포판현(蒲阪縣)에 뇌수산(雷首山)이 있다."

餓人,	굶주린 사람은
示眯明也.[237]	시미명이었다.
盾與之食,	조돈이 그에게 먹을 것을 주니
食其半.	반만 먹었다.
問其故,	그 까닭을 물었더니
曰:	말하였다.
"宦三年,[238]	"사환(仕宦)의 일을 하는 3년 동안
未知母之存不,	모친의 생사를 알지 못하겠는데
願遺母."	어머니께 드리고 싶습니다."
盾義之,	조돈은 의롭게 여겨
益與之飯肉.	그에게 밥과 고기를 더 주었다.
已而爲晉宰夫,	얼마 후 진의 재부 (사건) 때문에
趙盾弗復知也.	조돈은 그의 소식을 더 이상 알지 못하였다.
九月,	9월에
晉靈公飮趙盾酒,	진영공은 조돈에게 술자리를 마련하여 청하고
伏甲將攻盾.	갑사를 매복시켜 조돈을 공격하려 하였다.
公宰示眯明知之,	공의 요리사 시미명이 그것을 알고

---

237 색은 추탄은 시미(示眯)는 시미(祁彌)라고 하였는데, 곧 『좌전』의 시미명(提彌明)이다. '提' 의 음은 시(市移反)이며 유 씨(劉氏) 또한 '祁'의 음이 시(時移反)라고 하였으니, '祁'와 '提' 두 자는 음이 같다. 그런데 이곳 『사기』에는 "시(示)"로 되어 있는 것은 시(示)는 곧 『주례(周 禮)』의 고본(古本)에 "지신(地神)을 기(祇)"라 한다 하여 모두 "시(示)" 자로 했기 때문이다. "추(鄒)"가 "가(祁)"라고 한 것은 아마 '祇'와 '提'이 음이 서로 가까워 글자가 마침내 "기 (祁)"로 변한 것일 것이다. '眯'의 음은 미(米移反)이다. "眯"를 "彌"라 한 것 또한 음이 서로 가까울 따름이다. 또한 『좌씨』에서는 뽕나무 아래의 굶주린 사람은 영첩(靈輒)이라고 하였 다. 그 시미명(示眯明)은 개를 부추긴 자로 그 사람은 싸우다 죽었다. 지금 두 사람을 한 사 람으로 합친 것은 잘못되었다.

238 집해 복건은 말하였다. "환(宦)은 사환(仕宦)의 일을 익히는 것이다."

恐盾醉不能起,	조돈이 취하여 일어날 수 없을까 걱정하여
而進曰:	나아가 말하였다.
"君賜臣,	"임금이 신하에게 내린 것은
觴三行²³⁹可以罷."	세 순배가 돌면 끝내야 합니다."
欲以去趙盾,	조돈을 떠나게 하여
令先,	먼저 가게 하여
毋及難.	난에 미치지 못하게 하였다.
盾旣去,	조돈이 떠나
靈公伏士未會,	영공의 복병들은 만나지 못하게 되자
先縱²⁴⁰齧狗名敖.²⁴¹	먼저 오라는 (사람을) 물어뜯는 개를 풀어놓았다.
明爲盾搏殺狗.	명은 조돈을 위해 개를 때려죽였다.
盾曰:	조돈이 말하였다.
"弃人用狗,	"사람을 버리고 개를 쓰면
雖猛何爲."	사납다 한들 어디에 쓰겠는가."
然不知明之爲陰德也.	그러나 명이 몰래 은덕을 갚은 것은 알지 못했다.
已而靈公縱伏士出逐趙盾,	얼마 후 영공이 복병을 풀어 조돈을 쫓았는데
示眯明反擊靈公之伏士,	시미명이 영공의 복병에게 반격을 가하여
伏士不能進,	복병들이 나아갈 수 없어
而竟脫盾.	끝내 조돈은 벗어나게 하였다.
盾問其故,	조돈이 그 까닭을 물었더니
曰:	말하였다.

---

239 색은 글자의 뜻대로이다.

240 색은 '縱'의 음은 종(足用反)이다. 또 본래 "嗾" 또는 "蹴"으로 되어 있는데, 모두 음은 수(素后反)이다.

241 집해 하휴는 말하였다. "넉 자 되는 개를 오(敖)라고 한다."

"我桑下餓人."　　　　　　　　"저는 뽕나무 아래서 굶주렸던 사람입니다."

問其名,　　　　　　　　　　그 이름을 물었으나

弗告.242　　　　　　　　　　알려주지 않았다.

明亦因亡去.　　　　　　　　명 또한 이 일로 도망쳤다.

盾遂奔,　　　　　　　　　　조돈은 마침내 달아났는데

未出晉境.　　　　　　　　　아직 진의 국경을 넘지는 않았다.

乙丑,　　　　　　　　　　　을축일에

盾昆弟將軍趙穿襲殺靈公於桃園243而迎趙盾.
　　　　　　　　　　　　　　조돈의 아우인 장군 조천이 도원에서 영공을 습
　　　　　　　　　　　　　　격하여 죽이고 조돈을 맞이하였다.

趙盾素貴,　　　　　　　　　조돈은 평소에 중시되어

得民和;　　　　　　　　　　백성들의 신뢰를 얻었으며,

靈公少,　　　　　　　　　　영공은 어리고

侈,　　　　　　　　　　　　사치하여

民不附,　　　　　　　　　　백성들이 귀부하지 않아

故爲弑易.244　　　　　　　　죽이기가 쉬웠다.

盾復位.　　　　　　　　　　조돈은 관위를 회복했다.

晉太史董狐書曰"趙盾弑其君",
　　　　　　　　　　　　　　진의 태사 동호가 "조돈이 임금을 죽이다"라 기
　　　　　　　　　　　　　　록하여

以視於朝.　　　　　　　　　조정에서 보여주었다.

盾曰:　　　　　　　　　　　조돈이 말하였다.

─────────────────

242 **집해** 복건은 말하였다. "보답을 바라지 않은 것이다."

243 **집해** 우번(虞翻)은 말하였다. "동산의 이름이다."

244 **색은** 음은 이(以豉反)이다.

510

"弑者趙穿,	"죽인 사람은 조천이며
我無罪."	나는 죄가 없다."
太史曰:	태사가 말하였다.
"子爲正卿,	"그대는 정경으로
而亡不出境,	도망을 치면서 국경을 넘지 않았고
反不誅國亂,	돌아와 나라를 어지럽힌 자를 죽이지 않았으니
非子而誰?"	그대가 아니면 누구인가?"
孔子聞之,	공자가 듣고
曰:	말하였다.
"董狐,	"동호는
古之良史也,	옛 훌륭한 사관으로
書法不隱.²⁴⁵	기록하는 법도를 숨기지 않았다.
宣子,	선자는
良大夫也,	훌륭한 대부로
爲法受惡.²⁴⁶	법도 때문에 오명을 받아들였다.
惜也,	안타깝도다,
出疆乃免."²⁴⁷	국경을 넘었으면 (오명에서) 벗어났을 것이다."

趙盾使趙穿迎襄公弟黑臀于周而立之,	
	조돈은 조천에게 주에서 양공의 아우 흑둔을 맞아들이게 하여 옹립하니
是爲成公.	바로 성공이다.

---

245 **집해** 두예는 말하였다. "죄과를 숨기지 않은 것이다."

246 **집해** 복건은 말하였다. "의(義)를 듣고 따른 것이다." 두예는 말하였다. "그 법도를 행함을 훌륭히 여겨 굽히어 받아들인 것이다." **정의** '爲'의 음은 위(于僞反)이다.

247 **집해** 두예는 말하였다. "국경을 넘으면 임금과 신하의 의가 끊어져 적도를 토벌할 수 없다."

成公者,	성공은
文公少子,	문공의 작은 아들로
其母周女也.	그 모친은 주의 여인이다.
壬申,	임신일에
朝于武宮.	무궁에서 조배하였다.
成公元年,	성공 원년
賜趙氏爲公族.[248]	조씨에게 공족을 내렸다.
伐鄭,	정을 쳤는데
鄭倍晉故也.	정이 진을 배신했기 때문이었다.
三年,	3년에
鄭伯初立,	정백이 막 즉위하여
附晉而弃楚.	진에 붙고 초를 버렸다.
楚怒,	초가 노하여
伐鄭,	정을 치자
晉往救之.	진이 가서 구원해주었다.
六年,	6년에
伐秦,	진을 쳐서
虜秦將赤.[249]	진 장수의 척후병을 사로잡았다.

---

248 집해 복건은 말하였다. "공족(公族)의 대부이다."

249 색은 적(赤)은 곧 척(斥)으로, 척후(斥候)하는 사람을 이른다. 선공(宣公) 8년의 『좌전』에서 "진(晉)이 진(秦)을 쳐서 진(秦)의 간첩을 잡아 강(絳)의 저자에서 죽였다."라 하였다. 아마 저 간첩이 바로 이곳의 척후병[赤]일 것이다. 진성공(晉成公) 6년은 노선공(魯宣公) 8년으로 정확하게 일치하므로 그렇다는 것을 안다.

七年,	7년에
成公與楚莊王爭彊,	성공과 초장왕이 강함을 다투어
會諸侯于扈.	호에서 제후들과 회맹하였다.
陳畏楚,	진은 초를 두려워하여
不會.	회합하지 않았다.
晉使中行桓子[250]伐陳,	진이 중항환자에게 진을 치게 하고
因救鄭,	내친 김에 정을 구원하여
與楚戰,	초와 싸워
敗楚師.	초의 군사를 무찔렀다.
是年,	이 해에
成公卒,	성공이 죽고
子景公據立.	아들인 경공 거가 즉위하였다.
景公元年春,	경공 원년 봄에
陳大夫夏徵舒弑其君靈公.	진의 대부 하징서가 임금인 영공을 죽였다.
二年,	2년에
楚莊王伐陳,	초장왕이 진을 쳐서
誅徵舒.	하징서를 죽였다.
三年,	3년에
楚莊王圍鄭,	초장왕이 정을 에워싸자
鄭告急晉.	정은 진에 위급을 알렸다.
晉使荀林父將中軍,	진은 순림보에게 중군을 거느리고
隨會將上軍,	수회에게는 상군을 거느리고

---

250 색은 순림보(荀林父)이다.

趙朔將下軍,	조삭에게는 하군을 거느리게 하고
郤克·欒書·先穀·韓厥·鞏朔佐之.	극극과 난서, 선곡, 한궐, 공삭에게 보좌하게 하였다.
六月,	6월에
至河.	황하에 이르렀다.
聞楚已服鄭,	초가 이미 정을 굴복시켜
鄭伯肉袒與盟而去,	정백이 웃통을 벗고 살을 드러내어 맹약을 하고 떠났다는 말을 듣고
荀林父欲還.	순림보는 돌아가려 하였다.
先穀曰:	선곡이 말하였다.
"凡來救鄭,	"무릇 정을 구원하러 와서
不至不可,	이르지 않으면 안 될 것이니
將率離心."	장수들의 마음이 이반될 것입니다."
卒度河.	마침내 황하를 건넜다.
楚已服鄭,	초는 이미 정을 굴복시켜
欲飮馬于河爲名而去.	황하에서 말을 물 먹이는 것을 명분삼아 떠났다.
楚與晉軍大戰.	초는 진의 군사와 대전을 치렀다.
鄭新附楚,	정은 막 초에 붙었기 때문에
畏之,	두려워하여
反助楚攻晉.	도리어 초를 도와 진을 공격하였다.
晉軍敗,	진의 군사는 패하여
走河,	황하로 달아나
爭度,	다투어 건너니
船中人指甚衆.	배 안에는 (잘린) 사람의 손가락이 매우 많았다.

514

楚虜我將智罃.	초는 우리 장수 지앵을 사로잡았다.
歸而林父曰:	돌아와 순림보가 말하였다.
"臣爲督將,	"신은 장수의 통령으로
軍敗當誅,	군사가 패하여 죽어야 하니
請死."	죽을 것을 청합니다."
景公欲許之.	경공이 허락하려 하였다.
隨會曰:	수회가 말하였다.
"昔文公之與楚戰城濮,	"지난날 문공이 초와 성복에서 싸울 때
成王歸殺子玉,	성왕이 돌아가 자옥을 죽이자
而文公乃喜.	문공은 이에 기뻐하였습니다.
今楚已敗我師,	지금 초가 이미 우리 군사를 꺾었는데
又誅其將,	그 장수까지 죽이면
是助楚殺仇也."	이는 초를 도와 원수를 죽이는 것입니다."
乃止.	이에 그만두었다.
四年,	4년에
先縠以首計而敗晉軍河上,	선곡이 먼저 계책을 세워 진의 군사를 황하 가에서 패하게 하였다고 생각하여
恐誅,	죽임을 당할까 두려워하여
乃奔翟,	이에 적으로 달아나
與翟謀伐晉.	적과 진을 칠 모의를 하였다.
晉覺,	진이 알고
乃族縠.	이에 선곡의 가문을 멸족시켰다.
縠,	선곡은
先軫子也.	선진의 아들이다.

五年,	5년에
伐鄭,	정을 쳤는데
爲助楚故也.	초를 도왔기 때문이다.
是時楚莊王彊,	이때 초장왕이 강성하여
以挫晉兵河上也.	진의 군사를 황하 가에서 꺾었다.
六年,	6년에
楚伐宋,	초가 송을 치자
宋來告急晉,	송이 진에 위급을 알려 와
晉欲救之,	진이 구원하려 하였는데
伯宗謀曰:251	백종이 모의하여 말하였다.
"楚,	"초는
天方開之,	하늘이 바야흐로 (국운을) 열어주고 있으니
不可當."	당해낼 수가 없습니다."
乃使解揚給爲救宋.252	이에 해양에게 송을 구원하는 척하게 했다.
鄭人執與楚,	정의 사람이 잡아서 초에 넘기자
楚厚賜,	초는 재물을 후히 내리고
使反其言,	그 말을 반대로 하게 하여
令宋急下.	송이 급히 항복하게 하였다.
解揚給許之,	해양이 허락하는 척하면서
卒致晉君言.	마침내 진 임금의 말을 일러바쳤다.
楚欲殺之,	초는 그를 죽이려 하였는데

---

251 **집해** 가규는 말하였다. "백종(伯宗)은 진(晉)의 대부이다."
252 **집해** 복건은 말하였다. "해양(解揚)은 진(晉)의 대부이다."

或諫,	어떤 사람이 간하여
乃歸解揚.	곧 해양을 돌려보냈다.
七年,	7년에
晉使隨會滅赤狄.	진은 수회에게 적적을 멸하게 하였다.
八年,	8년에
使郤克於齊.	극극에게 제에 사행하게 하였다.
齊頃公母從樓上觀而笑之.	제경공의 모친이 누대 위에서 보고 웃었다.
所以然者,	그리 된 것은
郤克僂,	극극은 곱사등이었고
而魯使蹇,	노의 사신은 절름발이였으며
衞使眇,	위의 사신은 애꾸눈이어서
故齊亦令人如之以導客.	제에서도 사람들에게 그와 똑같이 사신을 이끌게 하였기 때문이다.
郤克怒,	극극은 노하여
歸至河上,	돌아오며 황하 가에 이르러
曰:	말하였다.
"不報齊者,	"제에 (치욕을) 갚지 않으면
河伯視之!"	하백이 볼 것이다!"
至國,	나라에 이르러
請君,	임금에게 청하여
欲伐齊.	제를 치고자 하였다.
景公問知其故,	경공이 그 까닭을 물어 알고
曰:	말하였다.

"子之怨,   "그대의 원한으로

安足以煩國!"   어찌 나라를 번거롭게 할 수 있겠는가!"

弗聽.   들어주지 않았다.

魏文子請老休,   위문자가 은퇴하여 물러나기를 청하며

辟郤克,   극극을 피하자

克執政.   극극이 집정하였다.

九年,   9년에

楚莊王卒.   초장왕이 죽었다.

晉伐齊,   진이 제를 치자

齊使太子彊爲質於晉, 제가 태자 강을 진에 인질로 보내어

晉兵罷.   진은 철군하였다.

十一年春,   11년 봄에

齊伐魯,   제가 노를 쳐서

取隆.[253]   융을 빼앗았다.

魯告急衛,   노는 위에 위급을 알렸으며

衛與魯皆因郤克告急於晉. 위와 노는 모두 극극을 통하여 진에 위급을 알렸다.

---

253 색은 유 씨(劉氏)는 "융(隆)은 곧 용(龍)이며, 노(魯) 북쪽에 용산(龍山)이 있다." 또한 이 해는 노성공(魯成公) 2년에 해당되며, 경서(經書)에서는 "제후(齊侯)가 우리 북쪽 변경[北鄙]을 쳤다"라 하였고, 전(傳)에서는 "용(龍)을 에워쌌다"라 하였다. 또한 추탄 본 및 별본(別本)에는 "원(俱)" 자로 되어 있는데, 원(俱)은 "운(鄆)"이 되어야 한다. 문공(文公) 12년에는 "계손 행보(季孫行父)가 군사를 거느리고 제(諸) 및 운(鄆)에 성을 쌓았다"라 하였으며, 주(注)에서는 "원(俱)은 곧 운(鄆)이며, 자형이 변하였을 따름이다"라 하였다. 지리지에서는 동완현(東莞縣) 동쪽에 있다고 하였다.

晉乃使郤克·欒書·韓厥以兵車八百乘與魯·衛共伐齊.
진은 이에 극극과 난서, 한궐로 하여금 병거 8백 승을 거느리고 노·위와 함께 제를 치게 하였다.

夏,   여름에

與頃公戰於鞌,   경공과 안에서 싸워

傷困頃公.   경공을 부상 입혀 곤경에 처하게 했다.

頃公乃與其右易位,   경공은 이에 거우와 자리를 바꾸어

下取飲,   수레에서 내려 물을 뜨러가면서

以得脫去.   벗어나 떠나게 되었다.

齊師敗走,   제의 군사는 패하여 달아났으며

晉追北至齊.   진은 쫓아 북으로 제에 이르렀다.

頃公獻寶器以求平,   경공은 보기를 바치면서 화평을 구하였으나

不聽.   듣지 않았다.

郤克曰: 극극이 말하였다.

"必得蕭桐姪子²⁵⁴爲質."   "반드시 소동질자를 인질로 얻어야겠소."

齊使曰: 제의 사자가 말하였다.

"蕭桐姪子,   "소동질자는

頃公母;   경공의 모친이며

頃公母猶晉君母,   경공의 모친은 진 임금의 모친과 같은데

奈何必得之?   어떻게 반드시 얻을 수 있겠소.

不義,   의롭지 못하니

請復戰."   다시 싸우기를 청합니다."

晉乃許與平而去.   진은 이에 강화를 허락하고 떠났다.

---

254 색은 『좌전』에는 "숙자(叔子)"로 되어 있다.

楚申公巫臣盜夏姬以奔晉,   초의 신공 무신이 하희를 훔쳐 진으로 도망쳐와

晉以巫臣爲邢大夫.[255]   진은 무신을 형의 대부로 삼았다.

十二年冬,   12년 겨울에

齊頃公如晉,   제경공이 진으로 가서

欲上尊晉景公爲王,   진경공을 왕으로 높이려 하였는데

景公讓不敢.   경공은 사양하며 감히 하지 않았다.

晉始作六(卿)[軍],[256]   진은 비로소 6군을 만들었으며

韓厥·鞏朔·趙穿·荀騅[257]·趙括·趙旃皆爲卿.

    한궐과 공삭, 조천, 순가, 조괄, 조전이 모두 경
이 되었다.

智罃自楚歸.   지앵이 초에서 돌아왔다.

十三年,   13년에

魯成公朝晉,   노성공이 진에 조현하였는데

晉弗敬,   진이 불경하여

魯怒去,   노가 노하여 떠나

倍晉.   진을 배신했다.

晉伐鄭,   진이 정을 쳐서

取氾.   범을 빼앗았다.

十四年,   14년에

---

255 **집해** 가규는 말하였다. "형(邢)은 진(晉)의 읍이다."

256 **집해** 가규는 말하였다. "처음으로 6군을 만들어 왕을 참칭하였다."

257 **색은** 음은 가(佳)이다. 시호는 문자(文子)이다.

梁山崩.[258]	양산이 무너졌다.
問伯宗,	백종에게 물었더니
伯宗以爲不足怪也.[259]	백종은 괴이할 것이 없다고 하였다.
十六年,	16년에
楚將子反怨巫臣,	초의 장수 자반이 무신을 원망하여
滅其族.	그 종족을 멸족시켰다.
巫臣怒,	무신은 노하여
遺子反書曰:	자반에게 편지를 보내 말하였다.
"必令子罷於奔命!"	"반드시 그대가 사명에 바삐 뛰어다니다가 지쳐죽게 하겠다."
乃請使吳,	이에 오로 사행할 것을 청하고
令其子爲吳行人,	그 아들을 오의 행인이 되게 하여
教吳乘車用兵.	오에 병거를 타고 군사를 쓰는 법을 가르치게 하였다.
吳晉始通,	오와 진은 비로소 통교하여
約伐楚.	초를 치기로 약정하였다.
十七年,	17년에
誅趙同·趙括,	조동과 조괄을 죽이고
族滅之.	그 종족을 멸족시켰다.
韓厥曰:	한궐이 말하였다.

---

258 **집해** 『공양전(公羊傳)』에서는 말하였다. "양산(梁山)은 황하 가의 산이다." 두예는 말하였다. "풍익(馮翊) 하양현(夏陽縣) 북쪽에 있다."

259 **집해** 서광은 말하였다. "「연표」에서는 백종(伯宗)이 그 사람을 숨겼다고 하였는데 그 말을 썼다."

"趙衰·趙盾之功豈可忘乎?"   조최와 조돈의 공을 어찌 잊을 수 있겠는가?

柰何絶祀!"   어찌 제사가 끊어지게 하겠는가!"

乃復令趙庶子武爲趙後,   이에 다시 조의 서자 무를 조 씨의 후예로 삼게 하여

復與之邑.   다시 그에게 읍을 주었다.

十九年夏,   19년 여름에

景公病,   경공이 병들어

立其太子壽曼爲君,   태자인 수만을 임금으로 세우니

是爲厲公.   바로 여공이다.

後月餘,   달포 뒤

景公卒.   경공은 죽었다.

厲公元年,   여공 원년

初立,   막 즉위하면서

欲和諸侯,   제후들과 친선을 도모하고자 하여

與秦桓公夾河而盟.   진환공과 황하를 끼고 회맹하였다.

歸而秦倍盟,   돌아와서 진은 맹약을 저버리고

與翟謀伐晉.   적과 진을 칠 모의를 하였다.

三年,   3년에

使呂相讓秦,[260]   여상에게 진을 견책하게 하고

因與諸侯伐秦.   이어 제후들과 진을 쳤다.

至涇,   경수에 이르러

---

260 集解 가규는 말하였다. "여상(呂相)은 진(晉)의 대부이다."

敗秦於麻隧,	마수에서 진을 무찌르고
虜其將成差.	그 장수 성차를 사로잡았다.

五年,	5년에
三郤讒伯宗,	세 극 씨가 백종을 참소하여
殺之.[261]	죽였다.
伯宗以好直諫得此禍,	백종은 직간을 좋아하여 이 화를 당하였으므로
國人以是不附厲公.	백성들은 이 때문에 여공을 가까이 하지 않았다.

六年春,	6년 봄에
鄭倍晉與楚盟,	정이 진을 배신하고 초와 맹약하니
晉怒.	진은 노하였다.
欒書曰:	난서가 말하였다.
"不可以當吾世而失諸侯."	"우리 세대에 제후를 잃을 수는 없습니다."
乃發兵.	이에 군사를 일으켰다.
厲公自將,	여공이 친히 (군사를) 거느리고
五月度河.	5월에 황하를 건넜다.
聞楚兵來救,	초의 군사가 구원하러 온다는 말을 듣고
范文子請公欲還.	범문자는 공에게 돌아가야겠다고 청하였다.
郤至曰:	극지가 말하였다.
"發兵誅逆,	"군사를 일으켜 역도를 치는데
見彊辟之,	강적을 만났다 하여 피한다면
無以令諸侯."	제후들에게 영을 세울 길이 없습니다."

---

261 집해 가규는 말하였다. "삼극(三郤)은 극기(郤錡)와 극주(郤犫), 극지(郤至)이다."

遂與戰.	마침내 교전하였다.
癸巳,	계사일에
射中楚共王目,	초공왕의 눈을 쏘아 맞혀
楚兵敗於鄢陵.[262]	초의 군사는 언릉에서 패하였다.
子反收餘兵,	자반이 남은 군사를 거두어
拊循欲復戰,	훈련시켜 다시 싸우려 하자
晉患之.	진은 근심하였다.
共王召子反,	공왕이 자반을 불렀는데
其侍者豎陽穀進酒,	시자인 수양곡이 술을 올려
子反醉,	자반이 취하여
不能見.	뵐 수가 없었다.
王怒,	왕이 노하여
讓子反,	자반을 꾸짖으니
子反死.	자반은 죽었다.
王遂引兵歸.	왕은 마침내 군사를 끌고 돌아갔다.
晉由此威諸侯,	진은 이 때문에 제후들에게 위엄을 떨쳐
欲以令天下求霸.	천하를 호령하며 패권을 추구하려 했다.
厲公多外嬖姬,	여공은 궁 밖의 총신과 총희가 많았는데
歸,	돌아와
欲盡去羣大夫而立諸姬兄弟.	대부들을 모두 없애고 총희들의 형제를 세우려고 했다.
寵姬兄曰胥童,	총희의 오빠로 서동이란 사람이 있었는데

---

262 **집해** 서광은 말하였다. "언(鄢)은 '언(焉)'으로 된 곳도 있다." 복건은 말하였다. "언릉(鄢陵)은 정(鄭)의 동남쪽 땅이다." **색은** '鄢'의 음은 언(偃)이며, 또한 연(於連反)이다.

嘗與郤至有怨,　　　　　극지와 원한을 맺은 적이 있었으며

及欒書又怨郤至不用其計而遂敗楚,[263]

　　　　　　　　　　　난서 또한 극지가 그 계책을 쓰지 않고 마침내
　　　　　　　　　　　초를 무찌른 것을 원망하여

乃使人閒謝楚.　　　　곧 사람을 시켜 몰래 초에 사죄하였다.

楚來詐厲公曰:　　　　초에서 사람을 보내와 여공을 속여서 말하였다.

"鄢陵之戰,　　　　　"언릉의 전역은

實至召楚,　　　　　　실상 극지가 초를 부른 것으로

欲作亂,　　　　　　　난을 일으켜

內子周立之.　　　　　자주를 들여 세우려 한 것입니다.

會與國不具,　　　　　마침 동맹국이 갖추어지지 않아

是以事不成."　　　　　이 때문에 일이 이루어지지 않았습니다."

厲公告欒書.　　　　　여공이 난서에게 일렀다.

欒書曰:　　　　　　　난서가 말하였다.

"其殆有矣!　　　　　"그런 일이 있었을 것입니다!

願公試使人之周[264]微考之."　공께서 사람을 주에 보내어 몰래 조사해보시기
　　　　　　　　　　　를 바랍니다."

果使郤至於周.　　　　과연 극지를 주에 보냈다.

欒書又使公子周見郤至,　난서는 또한 공자 주에게 극지를 만나보게 하였
　　　　　　　　　　　는데

郤至不知見賣也.　　　극지는 팔리는 것을 알지 못하였다.

厲公驗之,　　　　　　여공이 시험해보았더니

───────────────────────

263 **집해** 『좌전』에서는 말하였다. "난서(欒書)가 초의 군사가 물러나기를 기다려 치려고 하자
　　기지가 말하기를 '초의 군사에게는 여섯 개의 틈이 있으니 (기회를) 잃어서는 안 됩니다.'라
　　하였다."

264 **집해** 우번(虞翻)은 말하였다. "주의 경사(京師)이다."

信然,	실로 그러하여
遂怨郤至,	마침내 극지를 원망하여
欲殺之.	죽이려 하였다.
八年,	8년에
厲公獵,	여공이 사냥을 하면서
與姬飮,	첩과 술을 마시자
郤至殺豕奉進,	극지가 돼지를 죽여 바쳤으나
宦者奪之.[265]	환자가 빼앗았다.
郤至射殺宦者.	극지는 환자를 쏘아 죽였다.
公怒,	공이 노하여
曰:	말하였다.
"季子欺予!"[266]	"계자가 나를 속였다."
將誅三郤,	세 극 씨를 죽이려하면서
未發也.	아직 실행은 않았다.
郤錡欲攻公,	극기가 공을 공격하려 하여
曰:	말하였다.
"我雖死,	"나는 비록 죽더라도
公亦病矣."	공 또한 다치게 될 것이오."
郤至曰:	극지가 말하였다.
"信不反君,	"신의가 있으면 임금에게 반란을 일으키지 못하고
智不害民,	지혜가 있으면 백성을 해치지 못하며
勇不作亂.	용기가 있으면 난을 일으키지 못한다.

---

265 색은 환자(宦者)는 맹장(孟張)이다.

266 집해 두예는 말하였다. "공은 도리어 극지가 돼지를 빼앗은 것으로 생각하였다."

526

失此三者,	이 세 가지를 놓치면
誰與我?	누가 우리와 함께 하겠는가?
我死耳!"	나는 죽을 따름이다!"
十二月壬午,	12월 임오일에
公令胥童以兵八百人襲攻殺三郤.	공이 서동에게 병사 8백 명으로 세 극 씨를 기습 공격하여 죽이게 하였다.
胥童因以劫欒書·中行偃于朝,	서동은 이 기회에 조정에서 난서와 중항언을 겁박하여
曰:	말하였다.
"不殺二子,	"이 두 사람을 죽이지 않으면
患必及公."	환란이 반드시 공에게 미칠 것입니다."
公曰:	공이 말하였다.
"一旦殺三卿,	"하루아침에 세 경을 죽였으니
寡人不忍益也."	과인은 차마 더 죽일 수 없소."
對曰:	대답하였다.
"人將忍君."267	"남들이 임금을 해칠 것입니다."
公弗聽,	공은 듣지 않았다.
謝欒書等以誅郤氏罪:	난서 등에게 극 씨의 죄를 벌준 것이라 사죄하였다.
"大夫復位."	"대부는 복위하시오."
二子頓首曰:	두 사람은 머리를 조아리고 말하였다.
"幸甚幸甚!"	"매우 다행입니다!"

---

267 **집해** 두예는 말하였다. "인(人)은 난서와 중항언을 말한다."

公使胥童爲卿.	공은 서동을 경으로 삼았다.
閏月乙卯,	윤달 을묘일에
厲公游匠驪氏,[268]	여공은 장려씨에게서 놀았는데
欒書·中行偃以其黨襲捕厲公,	난서와 중항언이 그 무리를 가지고 여공을 습격하여 잡아
囚之,	가두었으며
殺胥童,	서동을 죽이고
而使人迎公子周[269]于周而立之,	사람을 시켜 주에서 공자 주를 맞이하게 하여 옹립하니
是爲悼公.	바로 도공이다.
悼公元年正月庚申,	도공 원년 정월 경신일에
欒書·中行偃弑厲公,	난서와 중항언이 여공을 죽이고
葬之[270]以一乘車.[271]	수레 한 대로 장사지냈다.
厲公囚六日死,	여공은 갇힌 지 엿샛날에 죽었고
死十日庚午,	죽은 지 열흘째인 경오일에
智罃迎公子周來,	지앵이 공자 주를 맞아와
至絳,	강에 이르렀고
刑雞與大夫盟而立之,	닭을 죽여 대부들과 맹약하고 세우니

---

268 집해 가규는 말하였다. "장려씨(匠驪氏)는 진(晉) 궁외의 총애하는 대부로 익(翼)에 있는 자이다."

269 집해 서광은 말하였다. "'규(糾)'로 된 곳도 있다."

270 집해 『좌전』에서는 말하였다. "익(翼)의 동문 밖에 장사지냈다."

271 집해 두예는 말하였다. "임금의 예로 장사지내지 않은 것을 말한다. 제후는 수레 7대로 장사지낸다."

是爲悼公.	바로 도공이다.
辛巳,	신사일에
朝武宮.	무궁에 조배하고
二月乙酉,	2월 을유일에
即位.	즉위하였다.

悼公周者,	도공 주는
其大父捷,	조부의 이름이 첩인데
晉襄公少子也,	진양공의 작은 아들로
不得立,	즉위하지 못하여
號爲桓叔,	환숙이라 불렸는데
桓叔最愛.	환숙이 가장 사랑을 받았다.
桓叔生惠伯談,	환숙은 혜백 담을 낳았고
談生悼公周.	담은 도공 주를 낳았다.
周之立,	주가 즉위하였을 때
年十四矣.	나이는 14세였다.
悼公曰:	도공이 말하였다.
"大父·父皆不得立而辟難於周,	"조부와 부친은 모두 즉위하지 못하고 주에서 난을 피하다가
客死焉.	객사하여
寡人自以疏遠,	과인은 스스로 소원해져
毋幾爲君.272	임금이 되기를 바라지 못하였다.

---

272 색은 기(幾)는 기(冀)의 뜻으로 읽으며, 바란다는 것을 말한다.

今大夫不忘文·襄之意而惠立桓叔之後,
　　　　　　　　　　지금 대부들이 문공과 양공의 뜻을 잊지 않고
　　　　　　　　　　환숙의 후손을 은혜로이 세웠으니

賴宗廟大夫之靈,　　종묘와 대부의 영령에 힘입어

得奉晉祀,　　　　　제사를 받들게 되었으니

豈敢不戰戰乎?　　 어찌 감히 전전긍긍하지 않겠소?

大夫其亦佐寡人!"　대부들은 또한 과인을 보좌하리로다!"

於是逐不臣者七人,　이에 신하의 직무를 하지 않은 자 7사람을 추방
　　　　　　　　　　하고

修舊功,　　　　　　옛 공을 가다듬고

施德惠,　　　　　　은덕을 베풀어

收文公入時功臣後.　문공이 (진에) 들어올 때의 공신 후손을 거두었다.

秋,　　　　　　　　가을에

伐鄭.　　　　　　　정을 쳤다.

鄭師敗,　　　　　　정의 군사는 패하였고

遂至陳.　　　　　　마침내 진에 이르렀다.

三年,　　　　　　　3년에

晉會諸侯.[273]　　 진은 제후들과 회맹하였다.

悼公問羣臣可用者,　도공이 신하들 가운데 쓸 만한 자를 묻자

祁侯舉解狐.　　　　기혜가 해호를 천거하였다.

解狐,　　　　　　　해호는

侯之仇.　　　　　　기혜의 원수였다.

復問,　　　　　　　다시 묻자

---

273 색은 계택(鷄澤)에서 회맹하였다.

舉其子祁午.	그 아들인 기오를 천거하였다.
君子曰:	군자가 말하였다.
"祁傒可謂不黨矣!	"기혜는 치우치지 않았다고 할 수 있겠다.
外舉不隱仇,	밖으로는 천거함에 원수를 숨기지 않았고
內舉不隱子."	안으로는 천거함에 자식을 숨기지 않았다."
方會諸侯,	바야흐로 제후들과 회맹할 때
悼公弟楊干亂行,[274]	도공의 아우 양간이 군진에서 난을 피워
魏絳戮其僕.[275]	위강이 그의 마부를 죽였다.
悼公怒,	도공이 노하였는데
或諫公,	누가 공에게 간하여
公卒賢絳,	공은 마침내 강을 현명하게 여겨
任之政,	그에게 정치를 맡기고
使和戎,	융족과 강화하게 하니
戎大親附.	융족이 크게 가까이하여 붙었다.
十一年,	11년에
悼公曰:	도공이 말하였다.
"自吾用魏絳,	"내가 위강을 쓰고부터
九合諸侯,[276]	제후를 아홉 번 회합하고
和戎·翟,	융과 적과 화합하게 되었으니
魏子之力也."	위자의 힘이다."

---

274 [집해] 가규는 말하였다. "항(行)은 군진이다."

275 [집해] 가규는 말하였다. "복(僕)은 어자[御]이다."

276 [집해] 복건은 말하였다. "구합(九合)은 첫째는 척(戚)에서 회합한 것, 둘째는 성체(城棣)에서 회합하여 진(陳)을 구원한 것, 셋째는 언(鄢)에서 회합한 것, 넷째는 형구(邢丘)에서 회합한 것, 다섯째 회(戱)에서 회맹한 것, 여섯째 사(柤)에서 회합한 것, 일곱째 정(鄭)의 호뢰(虎牢)를 지킨 것, 여덟째 박성(亳城)의 북쪽에서 동맹한 것, 아홉째 소어(蕭魚)에서 회합한 것이다."

賜之樂,　　　　　　　　　그에게 여악을 내렸는데

三讓乃受之.　　　　　　세 번을 사양하다가 이에 받아들였다.

冬,　　　　　　　　　　겨울에

秦取我櫟.[277]　　　　　진이 우리 (진의) 역을 빼앗았다.

十四年,　　　　　　　　14년에

晉使六卿率諸侯伐秦,　진은 육경으로 하여금 제후의 군사를 이끌고 진을 치게 하여

度涇,　　　　　　　　　경수를 건너

大敗秦軍,　　　　　　진의 군사를 크게 무찌르고

至棫林而去.　　　　　역림까지 이르렀다가 떠났다.

十五年,　　　　　　　　15년에

悼公問治國於師曠.　도공이 사광에게 나라를 다스리는 법을 물었다.

師曠曰:　　　　　　　사광이 말하였다.

"惟仁義爲本."　　　"인의를 근본으로 삼을 뿐입니다."

冬,　　　　　　　　　　겨울에

悼公卒,　　　　　　　도공이 죽고

子平公彪立.　　　　아들인 평공 표가 즉위하였다

平公元年,　　　　　　평공 원년에

伐齊,　　　　　　　　제를 쳐서

齊靈公與戰靡下,[278]　제영공이 미하에서 교전하였는데

---

277 색은 음은 력(歷)이다. 『석례(釋例)』에서는 하북(河北)에 있다고 하였는데, 땅이 없어졌다.

齊師敗走.	제의 군사가 패주하였다.
晏嬰曰:	안영이 말하였다.
"君亦毋勇,	"임금께선 용기도 없으신데
何不止戰?"	어째서 전쟁을 그치지 않습니까?"
遂去.	마침내 떠났다.
晉追,	진이 추격하여
遂圍臨菑,	마침내 임치를 에워싸고
盡燒屠其郭中.	외성을 전부 불태우고 도륙하였다.
東至膠,	동으로는 교에 이르고
南至沂,	남으로는 기에까지 이르렀는데
齊皆城守,	제에서 모두 성을 지키자
晉乃引兵歸.	진은 이에 군사를 이끌고 돌아갔다.
六年,	6년에
魯襄公朝晉.	노양공이 진을 조현했다.
晉欒逞有罪,	진의 난영이 죄를 지어
奔齊.	제로 달아났다.
八年,	8년에
齊莊公微遣欒逞於曲沃,	제장공이 몰래 난영을 곡옥으로 보내고
以兵隨之.	군사를 따르게 하였다.
齊兵上太行,	제의 군사는 태항산으로 오르고
欒逞從曲沃中反,	난영은 곡옥에서 모반하여

---

278 **집해** 서광은 말하였다. "미(靡)는 '역(歷)'으로 된 곳도 있다." **색은** 유 씨(劉氏)는 '靡'의 음이 미(眉綺反)라고 하였는데, 곧 미계(靡笄)이다.

襲入絳.	강으로 습격하여 들어갔다.
絳不戒,	강에서는 경계를 하지 않아
平公欲自殺,	평공은 자살하려 하였는데
范獻子止公,	범헌자가 공을 말리고
以其徒擊逞,	그 무리를 가지고 난영을 치니
逞敗走曲沃.	난영은 곡옥으로 패주하였다.
曲沃攻逞,	곡옥에서 난영을 공격하니
逞死,	난영은 죽고
遂滅欒氏宗.	마침내 난 씨의 종족을 멸족시켰다.
逞者,	난영은
欒書孫也.[279]	난서의 손자이다.
其入絳,	그는 강으로 들어가
與魏氏謀.	위 씨와 모의하였다.
齊莊公聞逞敗,	제장공은 난영이 패하였다는 말을 듣고
乃還,	돌아와
取晉之朝歌去,	진의 조가를 빼앗아 떠나며
以報臨菑之役也.	임치의 전역을 보복하였다.
十年,	10년에
齊崔杼弑其君莊公.	제의 최저가 임금인 장공을 죽였다.
晉因齊亂,	진은 제의 난리를 틈타
伐敗齊於高唐去,	고당에서 제를 쳐서 무찌르고 떠나
報太行之役也.	태항의 전역을 보복하였다.

---

279 **집해** 『좌전』에는 "영(逞)"이 "영(盈)"으로 되어 있다.

十四年,　　　　　　　14년에

吳延陵季子來使,　　　오의 연릉계자가 사행을 와서

與趙文子·韓宣子·魏獻子語, 조문자, 한선자, 위헌자와 대화를 나누며

曰:　　　　　　　　　말하였다.

"晉國之政,　　　　　　"진의 정사는

卒歸此三家矣."　　　결국 세 가문으로 돌아갈 것입니다."

十九年,　　　　　　　19년에

齊使晏嬰如晉,　　　제가 안영을 진에 사신으로 보내니

與叔嚮語.　　　　　숙향과 이야기를 나누었다.

叔嚮曰:　　　　　　숙향이 말하였다.

"晉,　　　　　　　　"진은

季世也.　　　　　　말세요.

公厚賦爲臺池而不恤政, 임금은 세금을 많이 거두어 대와 못을 만들고 정치를 돌보지 않으며

政在私門,　　　　　정치는 권귀의 가문에 있으니

其可久乎!"　　　　어찌 오래 갈 수 있겠소!"

晏子然之.　　　　　안자는 그렇게 생각하였다.

二十二年,　　　　　22년에

伐燕.　　　　　　　연을 쳤다.

二十六年,　　　　　26년에

平公卒,　　　　　　평공이 죽었다.

子昭公夷立.　　　아들인 소공 이가 즉위하였다.

昭公六年卒.	소공은 6년에 죽었다.
六卿彊,[280]	육경이 강하여지고
公室卑.	공실은 낮아졌다.
子頃公去疾立.	아들인 경공 거질이 즉위하였다.
頃公六年,	경공 6년에
周景王崩,	주경왕이 죽고
王子爭立.	왕자 쟁이 즉위하였다.
晉六卿平王室亂,	진의 육경이 (주) 왕실의 난을 평정하고
立敬王.	경왕을 옹립하였다.
九年,	9년에
魯季氏逐其君昭公,	노의 계씨가 임금인 소공을 내쫓아
昭公居乾侯.	소공은 간후에 머물렀다.
十一年,	11년에
衞·宋使使請晉納魯君.	위와 송이 사신을 보내어 진에 노의 임금을 (노로) 들여보낼 것을 청하였다.
季平子私賂范獻子,	계평자가 몰래 범헌자에게 뇌물을 바치니
獻子受之,	헌자가 그것을 받고
乃謂晉君曰:	진의 임금에게 말하였다.
"季氏無罪."	"계씨는 죄가 없습니다."
不果入魯君.	노의 임금을 들여보내는 것을 실행하지 못했다.

---

280 **색은** 한(韓)과 조(趙), 위(魏), 범(范) 그리고 중항(中行) 및 지 씨(智氏)가 6경이다. 나중에 한(韓)과 조(趙), 위(魏)가 3경이 되어 진의 정치를 나누어 가졌으므로 삼진(三晉)이라고 한다.

十二年,	12년에
晉之宗家祁傒孫,	진의 종실 기혜의 손자와
叔嚮子,	숙향의 아들이
相惡於君.	임금이 있는 곳에서 서로 헐뜯었다.
六卿欲弱公室,	육경은 공실을 약하게 하려고
乃遂以法盡滅其族.	이에 마침내 법령에 따라 그 종족을 멸족시켰다.
而分其邑爲十縣,	그 읍을 10개의 현으로 나누어
各令其子爲大夫.	각자 그 아들을 대부로 삼았다.
晉益弱,	진은 더욱 약해지고
六卿皆大.	육경은 모두 강대해졌다.
十四年,	14년에
頃公卒,	경공이 죽고
子定公午立.	아들인 정공 오가 즉위하였다.
定公十一年,	정공 11년에
魯陽虎奔晉,	노의 양호가 진으로 도망쳐와
趙鞅簡子舍之.	조앙 간자가 그를 머물게 해주었다.
十二年,	12년에
孔子相魯.	공자가 노의 상이 되었다.
十五年,	15년에
趙鞅使邯鄲大夫午,	조앙이 한단 대부 오를 부렸는데
不信,	믿지 못하여
欲殺午,	오를 죽이려 하자

午與中行寅[281]·范吉射[282]親攻趙鞅,
　　　　　　　　오는 중항인, 범길역과 친하여 조앙을 공격하니

鞅走保晉陽.　　　앙은 진양으로 달아나 지켰다.

定公圍晉陽.　　　정공이 진양을 에워쌌다.

荀櫟·韓不信·魏侈與范·中行爲仇,
　　　　　　　　순력과 한불신, 위치는 범, 중항 씨와 원수라

乃移兵伐范·中行.　이에 군사를 옮겨 범과 중항 씨를 쳤다.

范·中行反,　　　　범과 중항 씨가 반란을 일으키자

晉君擊之,　　　　진의 임금이 그들을 쳐서

敗范·中行.　　　　범과 중항 씨를 무찔렀다.

范·中行走朝歌,　　범과 중항 씨는 조가로 달아나

保之.　　　　　　지켰다.

韓·魏爲趙鞅謝晉君,　한과 위 씨가 조앙을 위하여 진의 임금에게 사
　　　　　　　　죄하여

乃赦趙鞅,　　　　이에 조앙을 용서하고

復位.　　　　　　복위시켰다.

二十二年,　　　　22년에

晉敗范·中行氏,　　진이 범과 중항 씨를 무찔러

二子奔齊.　　　　두 사람은 제로 달아났다.

三十年,　　　　　30년에

定公與吳王夫差會黃池,　정공이 오왕 부차와 황지에서 회합하여

爭長,　　　　　　맹주를 다투었는데

---

281 **색은** 인(寅)은 순언(荀偃)의 손자이다.
282 **색은** 음은 역(亦)이다. 범헌자(范獻子)는 사앙(士鞅)의 아들이다.

趙鞅時從,	조앙이 당시 수행하였고
卒長吳.[283]	끝내 오를 맹주로 삼았다.

三十一年,	31년에
齊田常弑其君簡公,	제의 전상이 그 임금 간공을 죽이고
而立簡公弟鶩爲平公.	간공의 아우 오를 평공으로 옹립하였다.
三十三年,	33년에
孔子卒.	공자가 죽었다.

三十七年,	37년에
定公卒,	정공이 죽고
子出公鑿立.	아들인 출공 착이 즉위하였다.

出公十七年,[284]	출공 17년에
知伯與趙·韓·魏共分范·中行地以爲邑.	
	지백과 조, 한, 위 씨가 함께 범, 중항 씨의 땅을 나누어 읍으로 삼았다.
出公怒,	출공은 노하여
告齊·魯,	제와 노에 알리고
欲以伐四卿.[285]	4경을 치려고 하였다.

---

283 <u>집해</u> 서광은 말하였다. "「오세가(吳世家)」에서는 황지(黃池)의 맹약을 말하여 '조앙(趙鞅)이 노하여 싸우려는데 오는 이에 진장공(晉定公)을 맹주로 삼았다.'라 하였다. 『좌씨전』에서는 '곧 진(晉) 사람이 먼저 삽혈하였다.'라 하였으며, 「외전(外傳)」에서는 '오공(吳公)이 먼저 삽혈하였고 진공(晉公)이 다음으로 하였다.'라 하였다."

284 <u>집해</u> 서광은 말하였다. "「연표」에서는 출공 즉위 18년이라고 하였다. 혹자는 21년이라고 하였다."

285 <u>색은</u> 당시 조(趙), 위(魏), 한이 함께 범 씨(范氏) 및 중항 씨(中行氏)를 멸하여 그 땅을 나누었으며 여전히 지 씨(智氏)가 삼진(三晉)과 함께 하였으므로 "사경(四卿)"이라고 하였다.

四卿恐,	4경은 두려워하여
遂反攻出公.	마침내 출공에게 반격을 가하였다.
出公奔齊,	출공은 제로 달아나다가
道死.	노상에서 죽었다.
故知伯乃立昭公曾孫驕爲晉君,	그래서 지백은 곧 소공의 증손자 교를 진의 임금으로 삼으니
是爲哀公.[286]	바로 애공이다.

哀公大父雍,	애공의 조부인 옹은
晉昭公少子也,	진소공의 작은 아들로
號爲戴子.[287]	대자라 불렸다.
戴子生忌.	대자는 기를 낳았다.
忌善知伯,	기는 지백과 친하였는데
蚤死,	일찍 죽었으므로
故知伯欲盡并晉,	지백은 진을 모두 병탄하려고 하였으나
未敢,	아직 감히 하지 못하여
乃立忌子驕爲君.	이에 기의 아들 교를 임금으로 세웠다.

---

286 색은 「조계가(趙系家)」에서는 말하기를 교(驕)는 의공(懿公)이라고 하였다. 또한 「연표」에서 말하기를 출공은 18년, 다음 애공(哀公) 기(忌)는 2년, 다음 의공 교는 17년이라고 하였다. 『기년(紀年)』에서는 또 말하기를 출공은 23년에 초로 달아나 이에 소공(昭公)의 손자를 세우니 비로 경공(敬公)이다라고 하였다. 『계본』에서도 소공(昭公)은 환자 옹(桓子雍)을 낳았고, 옹은 기(忌)를 낳았으며, 기는 의공 교(懿公驕)를 낳았다고 하였다. 그러나 「진(晉)」과 「조계가(趙系家)」 및 「연표」가 제각각 같지 않은데 하물며 『기년』의 설이겠는가!

287 집해 서광은 말하였다. "『세본』에서는 '아들 옹을 도왔다(相子雍)'라 하였고, 주석에서는 대(戴)의 아들이라고 하였다."

540

當是時,	이때
晉國政皆決知伯,	진의 정치는 모두 지백에게서 결정되었는데
晉哀公不得有所制.	진애공은 통제를 하지 못하였다.
知伯遂有范·中行地,	지백은 마침내 범 씨와 중항 씨의 땅을 가져
最彊.	가장 강하여졌다.
哀公四年,	애공 4년에
趙襄子·韓康子·魏桓子共殺知伯,	
	조양자와 한강자, 위환자가 함께 지백을 죽이고
盡并其地.[288]	그의 땅을 모두 합병하였다.
十八年,	18년에
哀公卒,	애공이 죽고
子幽公柳立.	아들인 유공 유가 즉위하였다.
幽公之時,	유공 때
晉畏,	진(임금)이 두려워하여
反朝韓·趙·魏之君.[289]	도리어 한·조·위의 임금에게 조현하였다.
獨有絳·曲沃,	강과 곡옥만 소유하였으며
餘皆入三晉.	나머지는 모두 삼진의 수중으로 들어갔다.
十五年,	15년에

---

288 색은 『기년』의 설에 의하면 이는 곧 출공(出公) 22년의 일이다.

289 색은 외(畏)는 두려워하는 것이다. 쇠약해졌으므로 도리어 한, 조, 위에게 조현한 것이다. 송충은 이 『계본』의 주에 의거하여 "외(畏)"자를 "쇠(衰)"라고 하였다.

魏文侯初立.[290]	위문후가 막 즉위하였다.
十八年,	18년에는
幽公淫婦人,	유공이 부인과 간음하여
夜竊出邑中,	밤에 몰래 읍으로 나갔는데
盜殺幽公.[291]	도둑이 유공을 죽였다.
魏文侯以兵誅晉亂,	위문후가 군사를 가지고 진의 난을 평정하고
立幽公子止,	유공의 아들 지를 세우니
是爲烈公.[292]	바로 열공이다.

烈公十九年,	열공 19년에
周威烈王賜趙·韓·魏皆命爲諸侯.	
	주 위열왕은 조, 한, 위를 모두 제후로 명하여주었다.

二十七年,	27년에
烈公卒,	열공이 죽고
子孝公頎立.[293]	아들인 효공 기가 즉위하였다.
孝公九年,	효공 9년에
魏武侯初立,	위무공이 막 즉위하여
襲邯鄲,	한단을 기습하였으나

---

290 색은 『기년』에 의하면 위문후가 갓 즉위한 해는 경공(敬公) 18년이다.
291 색은 『기년』에서는 부인 진영(秦嬴)이 고침(高寢) 위에서 공을 해쳤다고 하였다.
292 색은 『계본』에서는 유공(幽公)이 열공 지(烈公止)를 낳았다고 하였다. 또한 「연표」에서는 위(魏) 씨가 유공을 죽이고 그 아우 지(止)를 세웠다고 하였다.
293 색은 『계본』에서는 효공 경(孝公傾)이라고 하였다. 『기년』에서는 효공을 환공(桓公)이라 하였으므로 『한자(韓子:韓非子)』에 "진환후(晉桓侯)라는 말이 있다."

不勝而去.	이기지 못하고 떠났다.
十七年,	17년에
孝公卒,[294]	효공이 죽고
子靜公俱酒立.[295]	아들인 정공 구주가 즉위하였다.
是歲,	이 해는
齊威王元年也.	제위왕 원년이다.

靜公二年,	정공 2년에
魏武侯 · 韓哀侯 · 趙敬侯滅晉後而三分其地.[296]	
	위무후와 한애후, 조경후가 진을 멸한 후에 그 땅을 셋으로 나누었다.
靜公遷爲家人,	정공은 평민으로 옮겨졌고
晉絕不祀.	진은 멸절되어 제사를 지내지 못했다.

太史公曰:	태사공은 말한다.
晉文公,	진문공은
古所謂明君也,	옛날에 이른바 명군으로
亡居外十九年,	망명하여 국외에 19년을 머물러
至困約,	매우 곤핍하였는데도

---

294 색은 『기년』에서는 환공(桓公) 20년 조성후(趙成侯)와 한공후(韓共侯)가 환공을 둔류(屯留)로 옮겼다. 이후 더 이상 진(晉)의 기사는 없다.

295 색은 『계본』에서는 정공 구(靜公俱)라고 하였다.

296 색은 『기년』에 의하면 위무후(魏武侯)는 환공(桓公) 19년에 죽었으며, 한애후(韓哀侯)와 조경후(趙敬侯)는 모두 환공 15년에 죽었다. 또한 「조계가(趙系家)」에 의하면 열후(烈侯) 16년 한(韓)과 함께 진을 나누고 진을 진군(晉君) 단 씨(端氏)로 봉하였으며 그 후 10년에 숙후(肅侯)가 진의 임금을 둔류(屯留)로 옮겼다 하여 같지 않다.

及即位而行賞,	즉위하여 상을 행할 때
尙忘介子推,	오히려 개자추를 잊었으니
況驕主乎?	하물며 교활한 임금이겠는가?
靈公旣弑,	영공이 살해되고
其後成·景致嚴,	그 후에 성공과 경공이 매우 엄격하였는데
至厲大刻,	여공에 이르러 아주 각박하여
大夫懼誅,	대부들이 두려워하여
禍作.	화란이 일어났다.
悼公以後日衰,	도공 이후 날로 쇠퇴하여
六卿專權.	육경이 전권을 휘둘렀다.
故君道之御其臣下,	그러므로 임금의 도가 신하를 부리는 것이
固不易哉!	본래 쉽지 않을 것이다!

색은술찬索隱述贊 하늘이 숙우에게 명하여, 마침내 당에 봉하여졌다. 오동나무 잎홀을 이미 깎아, 하수와 분수는 거칠었다. 문후가 비록 이었지만, 곡옥은 날로 강하여졌다. 본말을 아직 알지 못하였는데, 국운이 환공과 장공 때 기울었다. 헌공은 어둡고 미혹하여, 태자가 재앙을 만났다. 중이가 패권을 이루어, 하양에서 주에 조현했다. 영공은 이미 덕을 잃었고, 여왕 또한 방비가 없었다. 사경이 침탈하고 모욕하여, 진은 결국 망하였다.

天命叔虞, 卒封於唐. 桐珪旣削, 河, 汾是荒. 文侯雖嗣, 曲沃日彊. 未知本末, 祚傾桓莊. 獻公昏惑, 太子罹殃. 重耳致霸, 朝周河陽. 靈旣喪德, 厲亦無防. 四卿侵侮, 晉祚遽亡.

544

楚之先祖出自帝顓頊高陽.	초의 선조는 제전욱 고양에게서 나왔다.
高陽者,	고양은
黃帝之孫,	황제의 손자로
昌意之子也.	창의의 아들이다.
高陽生稱,[1]	고양은 칭을 낳았고
稱生卷章,	칭은 권장을 낳았으며
卷章生重黎.[2]	권장은 중려를 낳았다.
重黎爲帝嚳高辛居火正,[3]	중려는 제곡 고신의 화정이 되었는데
甚有功,	매우 큰 공을 세워

---

1 **정의正義** 음은 칭(尺證反)이다.

2 **집해集解** 서광(徐廣)은 말하였다. "『세본(世本)』에서는 노동(老童)이 중려(重黎) 및 오회(吳回)를 낳았다고 하였다." 초주(譙周)는 말하였다. "노동(老童)은 곧 권장(卷章)이다."

색은索隱 권장(卷章)의 이름이 노동(老童)이므로 『계본(系本)』에서는 "노동은 중려를 낳았다"라 하였다. 중 씨(重氏)와 여 씨(黎氏) 두 관직은 천지(天地)를 대신 맡았으며, 중(重)은 목정(木正)이 되고 여(黎)는 화정(火正)이 되었다. 『좌씨전(左氏傳)』에 의하면 소호씨(少昊氏)의 아들을 중(重)이라 하고, 전욱씨(顓頊氏)의 아들을 여(黎)라고 한다. 지금 중려(重黎)를 한 사람으로 보고 또한 전욱의 자손이라고 한 것은 유 씨(劉氏)는 "소호씨의 후손을 중이라 하고 전욱씨의 후손을 중려라 하였으며, 저 중에 대해서는 단독으로 여(黎)라 하였으며 스스로 집을 가지고 말한다면 중려(重黎)라 하였다. 그러므로 초 및 사마 씨가 모두 중려의 후손이라고 하였으며 소호의 중과는 상관이 없다."라 하였다. 나는 이 해석이 타당하다고 생각한다.

3 **색은** 이 중려(重黎)는 화정(火正)이고, 저 소호씨(少昊氏)의 후손 중(重)은 분명히 목정(木正)이므로, 이 중려(重黎)는 곧 저 여(黎)임을 알겠다.

能光融天下,　　　　　천하를 밝고 화락하게 할 수 있었으므로

帝嚳命曰祝融.⁴　　　제곡이 축융이라 명명하였다.

共工氏作亂,　　　　　공공씨가 난을 일으켜

帝嚳使重黎誅之而不盡.　제곡이 중려에게 주멸하게 하였는데 뿌리를 뽑
　　　　　　　　　　지는 못하였다.

帝乃以庚寅日誅重黎,　제곡이 곧 경인일에 중려를 죽이고

而以其弟吳回爲重黎後,　그 아우 오회를 중려의 후계로 삼은 후에

復居火正,　　　　　　다시 화정에 앉히니

爲祝融.　　　　　　　축융이다.

吳回生陸終.　　　　　오회는 육종을 낳았다.

陸終生子六人,　　　　육종은 아들 여섯을 낳았는데

坼剖而產焉.⁵　　　　　몸을 가르고 낳았다.

---

4 【집해】 우번(虞翻)은 말하였다. "축(祝)은 크다는 뜻이고, 융(融)은 밝다는 뜻이다." 위소(韋昭)
는 말하였다. "축(祝)은 비로소라는 뜻이다."

5 【집해】 간보(干寶)는 말하였다. "선유(先儒) 학사(學士)들은 이 일을 많이 의심하였다. 초윤남
(譙允南: 周)은 재주가 뛰어나고 학문에 통달하였으며 수리(數理)를 정밀하게 파헤친 자로
『고사고(古史考)』를 지어 작자가 함부로 기록하고 폐하여 논하지 않았다고 생각하였다. 나
또한 그 출생이 이상한 것을 기이하게 여긴다. 그러나 여섯 아들의 세계를 살펴보면 자손이
나라를 가지고 6대(代)를 오르내리며 수천 년간 번갈아 패왕(霸王)에 이르렀으니 하늘이 그
를 흥기시키려고 한다면 반드시 우물(尤物: 진귀한 물건)이 있겠는가? 저 전대에 기록한 것 가
운데 수기(修己)는 등이 갈라져 우(禹)를 낳았고, 간적(簡狄)은 가슴을 가르고 설(契)을 낳은
것 같은 것은 연대가 오래되어 서로 증명을 하기에 충분치 않다. 근년인 위(魏) 황초(黃初) 5
년에 여남(汝南) 굴옹(屈雍)의 처 왕 씨(王氏)가 사내아이를 낳았는데 오른쪽 겨드랑이 아래
의 수복(水腹)에서 났는데 편안하고 자약(自若)하였으며 수개월 만에 상처가 붙었고 모자는
아무 탈이 없었으니 이것이 아마 근래의 믿을 만한 일일 것이다. 지금과 먼 옛날의 주기(注記)
자가 실로 망령되지 않았음을 알겠다. 천지가 하는 일과 음양의 변화 가운데 어찌 지킬 만한
한 단서가 대체로 상리(常理)가 아니겠는가? 『시(詩)』에서 말하기를 '쪼개지도 않고 터지지
도 않으시며, 재앙도 없고 해도 없다.(不坼不副, 無災無害)'라 하였다. 시인의 뜻을 파헤치면 옛
날 부인이 일찍이 (몸을) 가르고 터져서 난 사람이 있을 것이다. 또한 낳으면서 재해를 당하였

其長一曰昆吾;6　　　　맏이는 곤오라 하였으며,

二曰參胡;7　　　　둘째는 참호,

三曰彭祖;8　　　　셋째는 팽조,

四曰會人;9　　　　넷째는 회인,

으므로 해를 당하지 않은 것을 아름답게 여겼다." **색은** 『계본』에서는 말하였다. "육종(陸終)은 귀방(鬼方) 씨의 누이를 아내로 맞았는데 여궤(女嬇)라 한다."

6 **집해** 우번은 말하였다. "곤오(昆吾)의 이름은 번(樊)이고 기성(己姓)으로, 곤오에 봉하여졌다." 『세본』에서는 말하였다. "곤오(昆吾)는 바로 위(衛)이다." **색은** 맏이를 곤오(昆吾)라 한다. 『계본』에서는 말하였다. "첫째는 번(樊)이라 하였는데 바로 곤오이다." 또 말하였다. "곤오는 바로 위이다." 송충(宋忠)은 말하였다. "곤오는 나라 이름으로 기성(己姓)이 나온 곳이다." 『좌전(左傳)』에서는 말하였다. "위후(衛侯)는 꿈에서 머리를 풀어헤치고 곤오의 누관에 오르는 것을 보았다." 생각건대 지금의 복양성(濮陽城)에 곤오대가 있다. **정의** 『괄지지(括地志)』에서는 말하였다. "복양현(濮陽縣)은 옛 곤오국(昆吾國)이다. 곤오의 옛 성은 현의 서쪽 30리 지점에 있으며, 대(臺)는 현의 서쪽 백 보 지점에 있는데, 곧 곤오의 옛터이다."

7 **집해** 『세본』에서는 말하였다. "참호(參胡)는 바로 한(韓)이다." **색은** 『계본』에서는 말하였다. "둘째를 혜련(惠連)이라 하였는데, 바로 참호(參胡)이다. 참호는 바로 한(韓)이다." 송충은 말하였다. "참호는 나라 이름이며, 짐(斟) 성으로 후손이 없다."

8 **집해** 우번은 말하였다. "이름은 전(翦)이고 팽성(彭姓)으로 대팽(大彭)에 봉하여졌다." 『세본』에서는 말하였다. "팽조(彭祖)는 바로 팽성(彭城)이다." **색은** 『계본』에서는 말하였다. "셋째를 전갱(籛鏗)이라 하였는데, 바로 팽조이다. 팽조는 바로 팽성이다." 우번은 말하였다. "이름은 전(翦)이고 팽성이며 대팽에 봉하여졌다." **정의** 『괄지지』에서는 말하였다. "팽성은 옛 팽조의 나라이다. 「외전(外傳)」에서는 말하기를 은말에 팽조국을 멸하였다고 하였다. 우번은 이름이 전이라고 하였다. 『신선전(神仙傳)』에서는 팽조는 휘(諱)가 갱(鏗)이며, 제전욱(帝顓頊)의 현손으로, 은 말기에 이르러 나이가 이미 767세였는데 노쇠하지 않았으며 마침내 유사(流沙)의 서쪽으로 갔으며 나이가 들어 죽은 것이 아니다."

9 **집해** 『세본』에서는 말하였다. "회인(會人)은 바로 정(鄭)이다." **색은** 『계본』에서는 말하였다. "넷째를 구언(求言)이라 하였는데 바로 회인(鄶人)이다. 회인은 바로 정이다." 송충은 말하였다. "구언(求言)은 이름이다. 운성(妘姓)이 나온 곳으로, 회국(鄶國)이다." **정의** 『괄지지』에서는 말하였다. "옛 회성(鄶城)은 정주(鄭州) 신정현(新鄭縣) 동북쪽 20리 지점에 있다. 『모시보(毛詩譜)』에서는 말하였다. '옛 고신(高辛)의 땅, 축융(祝融)의 터는 당(唐)을 거쳐 주(周)에 이르러 중려(重黎)의 후손 운성(妘姓)이 그 당에 거처하였는데 바로 회국(鄶國)으로 정무공(鄭武公)에 의해 멸망당하였다.'"

五日曹姓;[10]	다섯째는 조성,
六日季連,	여섯째는 계련이라 하였는데
芈姓,	미씨 성이며
楚其後也.[11]	초는 그 후손이다.
昆吾氏,	곤오씨는
夏之時嘗爲侯伯,	하 때 후백이 된 적이 있으며
桀之時湯滅之.	걸 때 탕이 멸하였다.
彭祖氏,	팽조씨는
殷之時嘗爲侯伯,	은 때 후백이 된 적이 있으며
殷之末世滅彭祖氏.	은 말기에 팽조씨를 멸하였다.
季連生附沮,[12]	계련은 부저를 낳았고
附沮生穴熊.	부저는 혈웅을 낳았다.
其後中微,	그 후손은 중도에 쇠미해져서
或在中國,	혹자는 중원에 있고
或在蠻夷,	혹자는 만이에 있어서
弗能紀其世.	그 세계를 기록할 수 없다.
周文王之時,	주문왕 때

---

10 집해 『세본』에서는 말하였다. "조성(曹姓)은 바로 주(邾)이다." 색은 『계본』에서는 말하였다. "다섯째를 안(安)이라 하는데, 바로 조성이다. 조성은 바로 주이다." 송충은 말하였다. "안(安)은 이름이다. 조성은 조 씨들이 나온 곳이다." 정의 『괄지지』에서는 말하였다. "옛 주국(邾國)은 황주(黃州) 황강현(黃岡縣) 동남쪽 121리 지점에 있으며, 『사기』에서 주자(邾子)는 조성(曹姓)이라고 하였다."

11 색은 『계본』에서는 말하였다. "여섯째는 계련(季連)인데 바로 미성(芈姓)이다. 계련은 초(楚)의 선조이다." 송충은 말하였다. "계련은 이름이다. 미성(芈姓)이 나온 곳으로 초의 선조이다." '芈'의 음은 미(彌是反)이다. 미(芈)는 양의 울음소리이다.

12 집해 손검(孫檢)은 말하였다. "저(祖)'로 된 곳도 있다." 색은 '沮'의 음은 저(才敍反)이다.

季連之苗裔曰鬻熊.	계련의 아득한 후예를 육웅이라고 하였다.
鬻熊子事文王,	육웅은 아들처럼 문왕을 섬겼는데
蚤卒.	일찍 죽었다.
其子曰熊麗.	그 아들은 웅려라 하였다.
熊麗生熊狂,	웅려는 웅광을 낳았고
熊狂生熊繹.	웅광은 웅역을 낳았다.

熊繹當周成王之時,	웅역은 주성왕 때이니
擧文‧武勤勞之後嗣,	문왕과 무왕의 공로가 있는 후사를 천거하여
而封熊繹於楚蠻,	웅역을 초만에 봉하였으며
封以子男之田,	자남의 전지에 봉하고
姓羋氏,	성을 미씨라 하였고
居丹陽.13	단양에 거처하였다.
楚子熊繹與魯公伯禽‧衛康叔子牟‧晉侯燮‧齊太公子呂伋俱事成王.	초자 웅역과 노공 백금, 위강숙 자모, 진후 섭, 제태공의 아들 여급은 모두 성왕을 섬겼다.

熊繹生熊艾,	웅역은 웅애를 낳았고
熊艾生熊䵣,14	웅애는 웅단을 낳았으며

---

13 **집해** 서광은 말하였다. "남군(南郡) 지강현(枝江縣)에 있다." **정의** 영용(潁容)은 말하기를 『전례(傳例)』에서는 "초는 단양(丹陽)에 거처하였는데, 바로 지금의 지강현(枝江縣) 옛 성이다."『괄지지』에서는 말하였다. "귀주(歸州) 파동현(巴東縣) 동남쪽 4리 지점 귀(歸)의 옛 성은 초자(楚子) 웅역(熊繹)의 첫 나라이다. 또한 웅역의 무덤은 귀주(歸州) 자귀현(秭歸縣)에 있다. 『여지지(輿地志)』에서는 말하기를 자귀현 동쪽에 단양성(丹陽城)이 있는데 둘레가 8리로 웅역이 처음 봉하여진 곳이다."

14 **색은** "담(䵫)"으로 된 곳도 있으며, 음은 담(土感反)이다. '䵣'의 음은 단(但)으로, "단(亶)"과 같은 글자이며, "단(疸)"이라고도 한다.

熊黵生熊勝.	웅단은 웅승을 낳았다.
熊勝以弟熊楊[15]爲後.	웅승은 아우 웅양을 후사로 삼았다.
熊楊生熊渠.	웅양은 웅거를 넣었다.
熊渠生子三人.	웅거는 아들 셋을 낳았다.
當周夷王之時,	주이왕 때
王室微,	왕실이 쇠미해져
諸侯或不朝,	제후들 가운데 조회를 하지 않기도 하고
相伐.	서로 치기도 하였다.
熊渠甚得江漢閒民和,	웅거는 강한 사이에서 백성의 신뢰를 듬뿍 얻어
乃興兵伐庸[16]·楊粵,[17]	이에 군사를 일으켜 용과 양월을 쳤다.
至于鄂.[18]	악에 이르러
熊渠曰:	웅거는 말하였다.
"我蠻夷也,	"나는 만이이니
不與中國之號謚."	중원의 국가와 시호를 함께 하지 않는다."
乃立其長子康爲句亶王,[19]	이에 그 장자 강을 구단왕으로,
中子紅爲鄂王,[20]	가운데 아들 홍을 악왕으로

---

15 **색은** 추탄(鄒誕) 본에는 "웅양(熊錫)"으로 되어 있다. "양(煬)"으로 된 곳도 있다.

16 **집해** 두예(杜預)는 말하였다. "용(庸)은 지금의 상용현(上庸縣)이다." **정의** 『괄지지』에서는 말하였다. "방주(房州) 죽산현(竹山縣)은 본래 한(漢) 상용현(上庸縣)이며, 옛 용국(庸國)이다. 옛날 주무왕(周武王)이 주(紂)를 칠 때 용만(庸蠻)이 그곳에 있었다."

17 **색은** 어떤 판본에는 "양우(楊雩)"로 되어 있으며, 음은 우(吁)이고 지명이다. 지금의 음은 월(越)이다. 초주 또한 "양월(楊越)"이라 하였다.

18 **정의** 음은 악(五各反)이다. 유백장(劉伯莊)은 말하였다. "지명으로 초 서쪽에 있으며 나중에 초로 옮겼는데 바로 지금의 동악주(東鄂州)이다. 『괄지지』에서는 말하였다. "등주(鄧州) 항성현(向城縣) 남쪽 20리 지점의 서악(西鄂) 옛 성은 초의 서악(西鄂)이다."

少子執疵爲越章王, [21]	작은 아들 집자를 월장왕으로 삼았는데
皆在江上楚蠻之地.	모두 장강 가 초만의 땅에 있다.
及周厲王之時,	주여왕 때
暴虐,	포학하여
熊渠畏其伐楚,	웅거는 그가 초를 칠까 두려워하여
亦去其王.	또한 왕(의 칭호)을 버렸다.
後爲熊毋康, [22]	나중에 웅무강이 되었는데
毋康蚤死.	무강은 일찍 죽었다.
熊渠卒,	웅거가 죽자
子熊摯紅立. [23]	아들 웅지홍이 즉위하였다.

---

19 **집해** 장영(張塋)은 말하였다. "지금의 강릉(江陵)이다." **색은** 『계본』에는 "강(康)"이 "용(庸)"으로 되어 있고, "내(來)"가 "단(袒)"으로 되어 있다. 「지리지(地理志)」에서는 강릉(江陵)이라고 하였는데, 남군(南郡)의 현이다. 초문왕(楚文王)은 단양(丹陽)에서 그곳으로 도읍을 옮겼다.

20 **집해** 『구주기(九州記)』에서는 말하였다. "악(鄂)은 지금의 무창(武昌)이다." **색은** 어떤 판본에는 "예경(藝經)" 두 자로 되어 있으며, 음은 지홍(摯紅)인데, 아래 문장의 웅지홍(熊摯紅)을 따라 읽는다. 『고사고』 및 추 씨(鄒氏), 유 씨(劉氏) 등은 음에 예경(藝經)이 없다고 하였는데, 아마 아닐 것이다. **정의** 『괄지지』에서는 말하였다. "무창현(武昌縣)은 악왕(鄂王)의 구도(舊都)이다. 지금 악왕신(鄂王神)은 곧 웅거자(熊渠子)의 신이다."

21 **색은** 『계본』에는 집(執)자가 없으며, 월(越)은 "취(就)"로 되어 있다.

22 **집해** 서광은 말하였다. "곧 거(渠)의 장자이다."

23 **색은** 이와 같은 역사의 뜻은 곧 위의 악왕 홍(鄂王紅)이다. 초주는 "웅거(熊渠)가 죽고 아들인 웅상(熊翔)이 즉위하였으며, 죽자 장자인 지(摯)는 병이 있었는데 작은 아들 웅연(熊延)이 즉위하였다."라 하였다. 여기서는 "지홍(摯紅)이 죽자 그 아우가 죽이고 대신 즉위하였는데 웅연이라고 한다."라 하였다. 이를 만나 세계를 대신하려면 상(翔) 또한 무강(毋康)의 아우이며 원래의 계승자 웅거(熊渠)이다. 무강이 일찍 죽자 지홍(摯紅)이 즉위하여 연(延)에게 살해되었으므로 『사고(史考)』에서는 "지는 병이 있었다"라 하였고 여기서는 "죽였다"라 하였다. **정의** 곧 위의 악왕 홍(鄂王紅)이다.

摯紅卒,	지홍이 죽자
其弟鷙而代立,	그 아우가 (지홍의 아들을) 죽이고 계위(繼位)하니
曰熊延.[24]	웅연이다.
熊延生熊勇.	웅연은 웅용을 낳았다.
熊勇六年,	웅용 6년에
而周人作亂,	주의 사람이 난을 일으켜
攻厲王,	여왕을 공격하니
厲王出奔彘.	여왕은 체로 달아났다.
熊勇十年,	웅용은 10년에
卒,	죽고
弟熊嚴爲後.	아우인 웅엄이 뒤를 이었다.
熊嚴十年,	웅엄은 10년에
卒.	죽었다.
有子四人,	아들 넷이 있었는데
長子伯霜,	장자는 백상이었고
中子仲雪,	중자는 중설,
次子叔堪,[25]	다음 아들은 숙감,
少子季徇.[26]	작은 아들은 계순이다.

---

24 **정의** 초주는 "지(摯)는 병이 있었다"라 하였고, 여기서는 "죽였다"라 하였는데 확실하지 않다. 송균(宋均)은 『악위(樂緯)』의 주석에서 말하였다. "웅거(熊渠)의 적사(嫡嗣)는 웅지(熊摯)라 하였는데 악질(惡疾)이 있어서 후사를 잇지 못하게 되었으며 따로 기(夔)에 거처하였는데 초의 부용국이 된 다음에 왕명으로 기자(夔子)라고 하였다."

25 **색은** "담(湛)"으로 된 곳도 있다.

26 **색은** 음은 순(旬俊反)이다.

熊嚴卒,	웅엄이 죽고
長子伯霜代立,	장자인 백상이 계위하니
是爲熊霜.	바로 웅상이다.
熊霜元年,	웅상 원년에
周宣王初立.	주선왕이 막 즉위하였다.
熊霜六年,	웅상은 6년에
卒,	죽고
三弟爭立.	세 아우가 즉위를 다투었다.
仲雪死;	중설은 죽었으며
叔堪亡,	숙감은 달아나
避難於濮;27	복으로 피난하였으며
而少弟季徇立,	작은 아우 계순이 즉위하니
是爲熊徇.	바로 웅순이다.
熊徇十六年,	웅순 16년에
鄭桓公初封於鄭.	정환공이 처음으로 정에 봉하여졌다.
二十二年,	22년에
熊徇卒,	웅순이 죽고
子熊咢28立.	아들인 웅악이 즉위하였다.
熊咢九年,	웅악은 9년에
卒,	죽고

---

27 집해 두예는 말하였다. "건녕군(建寧郡) 남쪽에 복이(濮夷)가 있다." 정의 건녕은 진(晉)의
   군으로 촉(蜀) 남쪽에 있으며 만(蠻)과 서로 가깝다. 유백장은 말하였다. "복(濮)은 초(楚) 서
   남쪽에 있다." 공안국(孔安國)은 말하였다. "용(庸)과 복(濮)은 한수(漢) 남쪽에 있다." 성공
   (成公) 원년에서는 "초 땅은 천 리"라 하였는데, 공 씨의 설이 옳다.
28 색은 '咢'의 음은 악(鄂)이며, 또한 "악(咢)"으로 된 곳도 있다.

子熊儀立,	아들인 웅의가 즉위하니
是爲若敖.	바로 약오이다.
若敖二十年,	약오 20년에
周幽王爲犬戎所弑,	주유왕이 견융에게 살해되어
周東徙,	주는 동쪽으로 도읍을 옮겼고
而秦襄公始列爲諸侯.	진양공이 비로소 제후의 반열에 올랐다.
二十七年,	27년에
若敖卒,	약오가 죽고
子熊坎²⁹立,	아들 웅감이 즉위하니
是爲霄敖.	바로 소오이다.
霄敖六年,	소오는 6년에
卒,	죽고
子熊眴立,³⁰	아들인 웅현이 즉위하니
是爲蚡冒.³¹	바로 분묵이다.
蚡冒十三年,	분묵 13년에
晉始亂,	진에 비로소 내란이 발생했는데
以曲沃之故.	곡옥 때문이었다.

---

29 **색은** 음은 감(苦感反)이다. "균(菌)"으로 된 것도 있고, 또한 "흠(欽)"으로 된 곳도 있다.

30 **집해** 서광은 말하였다. "'眴'의 음은 순(舜)이다."**색은** 서 씨는 음이 순(舜)이라고 하였다. 『옥편(玉篇)』에는 구부(口部)에 있으며, 고 씨(顧氏)는 말하기를 "초의 선조는 곧 분묵(蚡冒) 이다."라 하였다. 유(劉) 씨는 음이 순(舜)이라 하였는데, 근대의 판본에는 눈 목(目)을 따른 자가 있다. 유(劉) 씨가 순(舜)이 음이라고 한 것은 틀렸다.

31 **색은** 고본(古本)에는 "분(蚡)"이 "분(粉)"으로 되어 있으며 음은 분(憤)이다. '冒'의 음은 묵 (亡北反), 혹은 모(亡報反)이다.

蚡冒十七年,	분묵은 17년에
卒.	죽었다.
蚡冒弟熊通弒蚡冒子而代立,	분묵의 아우 웅통이 분묵의 아들을 죽이고 계위하니
是爲楚武王.	바로 초무왕이다.

武王十七年,	무왕 17년에
晉之曲沃莊伯弒主國晉孝侯.	진의 곡옥장백이 종주국 임금 진효후를 죽였다.
十九年,	19년에
鄭伯弟段作亂.	정백의 아우 단이 난을 일으켰다.
二十一年,	21년에
鄭侵天子之田.	정이 천자의 전지를 침략했다.
二十三年,	23년에
衛弒其君桓公.	위가 그 임금 환공을 죽였다.
二十九年,	29년에
魯弒其君隱公.	노가 그 임금 은공을 죽였다.
三十一年,	31년에
宋太宰華督弒其君殤公.	송의 태재 화독이 그 임금 상공을 죽였다.

| 三十五年, | 35년에 |
| 楚伐隨.[32] | 초가 수를 쳤다. |

---

32 **집해** 가규(賈逵)는 말했다. "수(隨)는 희성(姬姓)이다." 두예는 말하였다. "수는 지금의 의양 (義陽) 수현(隨縣)이다." **정의** 『괄지지』에서는 말하였다. "수주(隨州)의 외성은 옛 수 땅이 다." 『세본』에서는 말하였다. "초무왕(楚武王)의 무덤은 예주(豫州) 신식(新息)에 있다. 수는 희성(姬姓)이다. 무왕은 군중에서 죽었으며 군사는 철수하였다." 『괄지지』에서는 "상채현 (上蔡縣) 동북쪽 50리 지점에 있다."라 하였다.

隨曰:	수의 사람이 말했다.
"我無罪."	"우리는 죄가 없소."
楚曰:	초의 사람이 말했다.
"我蠻夷也.	"우리는 만이요.
今諸侯皆爲叛相侵,	지금 제후들은 모두 반란을 일으키고 서로 침범하며
或相殺.	서로 죽이기도 하오.
我有敝甲,	나는 군대를 가지고 있으며
欲以觀中國之政,	이로 중원 국가의 정치를 살피려 하니
請王室尊吾號."	왕실에 우리의 호를 높이도록 청해주시오."
隨人爲之周,	수의 사람이 그를 위해 주로 가서
請尊楚,	초를 높여줄 것을 청하였는데
王室不聽,	왕실에서는 듣지 않았고
還報楚.	돌아와서 초에 알렸다.
三十七年,	37년에
楚熊通怒曰:	초의 웅통이 노하여 말하였다.
"吾先鬻熊,	"우리 선조 육웅은
文王之師也,	문왕의 스승인데
蚤終.	일찍 죽었다.
成王擧我先公,	성왕이 우리 선공을 들어
乃以子男田令居楚,	이에 자남의 전지를 가지고 초에 거처하게 하였고
蠻夷皆率服,	만이가 모두 복종을 하였는데도
而王不加位,	왕은 작위를 더하여주지 않으니
我自尊耳."	나는 스스로 높일 따름이다."

乃自立爲武王,	이에 스스로 무왕으로 즉위하고
與隨人盟而去.	수의 사람과 맹약을 맺고 떠났다.
於是始開濮地而有之.	이에 비로소 복의 땅을 개척하여 소유하였다.
五十一年,	51년에
周召隨侯,	주에서 수후를 불러
數以立楚爲王.	초를 왕으로 세운 것을 따졌다.
楚怒,	초는 노하여
以隨背己,	수가 자신을 배신한 것으로 생각하여
伐隨.	수를 쳤다.
武王卒師中而兵罷.[33]	무왕은 군중에서 죽고 군사를 물렸다.
子文王熊貲立,	아들인 문왕 웅자가 즉위하여
始都郢.[34]	비로소 영에 도읍을 정했다.
文王二年,	문왕 2년에

---

33 집해 『황람(皇覽)』에서는 말하였다. "초무왕(楚武王)의 무덤은 여남군(汝南郡) 동양현(銅陽縣) 갈피향성(葛陂鄉城) 동북에 있으며 백성들은 초왕잠(楚王岑)이라고 부른다. 한(漢) 영평(永平) 연간에 갈릉성(葛陵城) 북쪽 축리사(祝里社) 아래의 흙속에서 동정(銅鼎)을 얻었는데, '초무왕(楚武王)'이라고 불러 이로 말미암아 초무왕의 무덤임을 알았다. 민간의 전하는 말에서 진(秦)과 항(項), 적미(赤眉) 때 파려고 하였는데 문득 무너져 묻히는 바람에 발굴하지 못하였다." 정의 어떤 판본의 주석에서는 "갈피향(葛陂鄉)"이 "갈릉향(葛陵鄉)"으로 되어 있는데 잘못되었다. 「지리지」에서는 신채현(新蔡縣) 서북쪽 60리 지점에 갈피향이 있는데 곧 비장방(費長房)이 대나무를 던져 용이 된 언덕이며 이 때문에 그렇게 이름을 지었다.

34 정의 『괄지지』에서는 말하였다. "기남(紀南)의 옛 성은 형주(荊州) 강릉현(江陵縣) 북쪽 50리 지점에 있다. 두예는 영에 국도(國都)를 정했다고 하였으며, 바로 지금 남군(南郡) 강릉현(江陵縣) 북쪽 기남성(紀南城)이다."『괄지지』에서는 말하였다. "또 평왕(平王)에 이르러 성곽을 바꾸었으며 강릉현 동북쪽 6리 지점에 있는데 비로 옛 영성(郢城)이다."

伐申過鄧,[35]	신을 치면서 등을 지났는데
鄧人曰"楚王易取",	등 사람이 "초왕은 쉽게 취할 수 있다."라 하였으나
鄧侯不許也.[36]	등후는 허락지 않았다.
六年,	6년에
伐蔡,[37]	채를 쳐서
虜蔡哀侯以歸,	채경후를 사로잡아 돌아갔다가
已而釋之.	얼마 후 풀어주었다.
楚彊,	초는 강하여
陵江漢閒小國,	장강과 한수 사이의 작은 나라를 능멸하니
小國皆畏之.	작은 나라들은 모두 두려워하였다.
十一年,	11년에
齊桓公始霸,	제환공이 비로소 패권을 잡았고
楚亦始大.	초 또한 비로소 강대해졌다.
十二年,	12년에
伐鄧,	등을 쳐서
滅之.	멸하였다.
十三年,	13년에

---

35 정의 『괄지지』에서는 말하였다. "옛 신성(申城)은 등주(鄧州) 남양현(南陽縣) 북쪽 30리 지점에 있다. 『진태강지지(晉太康地志)』에서는 주선왕(周宣王)의 외숙이 봉해진 곳이라 하였다. 옛 등성(鄧城)은 양주(襄州) 안양현(安養縣) 북쪽 20리 지점에 있다. 춘추시대의 등국(鄧國)은 장공(莊公) 16년 초문왕(楚文王)이 멸하였다."

36 집해 복건(服虔)은 말하였다. "등(鄧)은 만(曼) 성이다."

37 정의 예주(豫州) 상채현(上蔡縣)은 주 북쪽 70리 지점에 있으며, 옛 채(蔡)이다. 현의 외성은 채의 성이다.

卒,	(문왕은) 죽고
子熊囏立.[38]	아들인 웅간이 즉위하니
是爲莊敖.[39]	바로 장오이다.
莊敖五年,	장오 5년에
欲殺其弟熊惲,[40]	그 아우 웅운을 죽이려 하니
惲奔隨,	운이 수로 달아나
與隨襲弒莊敖代立,	수와 함께 장오를 습격하여 죽이고 계위하니
是爲成王.	바로 성왕이다.
成王惲元年,	성왕 운 원년에
初即位,	막 즉위하면서
布德施惠,	덕을 펴고 은혜를 베풀며
結舊好於諸侯.	제후들과 옛 우호를 맺었다.
使人獻天子,	사람을 시켜 천자에게 (공물을) 바치게 하자
天子賜胙,	천자가 제사를 지낸 고기를 내리며
曰:	말하였다.
"鎮爾南方夷越之亂,	"너희 남쪽 이월의 난을 진압하고
無侵中國."	중원의 나라를 침범하지 말라."
於是楚地千里.	이 때에 초 땅은 천리가 되었다.
十六年,	16년에
齊桓公以兵侵楚,	제환공이 군사를 가지고 침입하여

---

38 집해 『사기음은(史記音隱)』에서는 말하였다. "囏'는 옛 '간(艱)' 자이다."

39 색은 앞 글자의 음은 장(側狀反)이다.

40 색은 '惲'의 음은 운(紆粉反)이다. 『좌전』에는 "頵"으로 되어 있는데, 음은 운(紆貧反)이다.

至陘山.[41]　　　　　　　　형산에 이르렀다.

楚成王使將軍屈完[42]以兵禦之,

　　　　　　　　　　초성왕은 장군 굴완에게 군사로 막게 하고

與桓公盟.　　　　　　환공과 맹약을 맺었다.

桓公數以周之賦不入王室,　환공은 주에 바칠 공물을 왕실에 보내지 않은
　　　　　　　　　　것을 따졌으며

楚許之,　　　　　　　초가 인정하자

乃去.　　　　　　　　이에 떠났다.

十八年,　　　　　　　18년에

成王以兵北伐許,[43]　성왕이 군사를 가지고 북쪽으로 허를 쳐서

許君肉袒謝,　　　　　허 임금이 살을 드러내어 사죄하자

乃釋之.　　　　　　　곧 풀어주었다.

二十二年,　　　　　　22년에

伐黃.[44]　　　　　　황을 쳤다.

二十六年,　　　　　　26년에

滅英.[45]　　　　　　영을 멸하였다.

---

41 **정의** 두예는 말하였다. "형(陘)은 초 땅이다. 영천(潁川) 소릉현(召陵縣) 남쪽에 형정(陘亭)이 있다." 『괄지지』에서는 말하였다. "형산(陘山)은 정주(鄭州) 서남쪽 110리 지점에 있는데 곧 이 산이다."

42 **정의** '屈'의 음은 굴(曲勿反)이다. '完'의 음은 환(桓)이며 초의 족속이다.

43 **집해** 「지리지」에서는 영천(潁川) 허창현(許昌縣)으로 옛 허국(許國)이라 하엿다.

44 **색은** 여남(汝南) 익양현(弋陽縣)으로 옛 황국(黃國)이다. **정의** 『괄지지』에서는 말하였다. "황국의 옛 성은 한 익양현이다. 진(秦) 때 황도(黃都)로 영성(嬴姓)이며, 광주(光州) 정성현(定城縣) 40리 지점에 있다."

45 **집해** 서광은 말하였다. "「연표」 및 다른 판본에는 모두 '영(英)'으로 되어 있으며, '황(黃)'으로 된 곳도 있다." **정의** 영국(英國)은 회남(淮南)에 있는데 아마 요국(蓼國)일 것이며, 이름을 바꾼 시점에 대해서는 알지 못하겠다.

三十三年,	33년에
宋襄公欲爲盟會,	송양공이 회맹을 주도하고자 하여
召楚.	초를 불렀다.
楚王怒曰:	초왕이 노하여 말하였다.
"召我,	"우리를 불렀으니
我將好往襲辱之."	우리는 우호를 가장하고 가서 습격하여 욕보이겠다."
遂行,	마침내 가서
至盂,[46]	우에 이르러
遂執辱宋公,	마침내 송공을 잡아 욕보이고
已而歸之.	얼마 후 돌려보냈다.
三十四年,	34년에
鄭文公南朝楚.	정문공이 남으로 초에 조현하였다.
楚成王北伐宋,	초성왕은 북으로 송을 쳐서
敗之泓,	홍에서 무찌르고
射傷宋襄公,	송양공을 쏘아 부상을 입혀
襄公遂病創死.	양공은 마침내 상처가 도져 죽었다.
三十五年,	35년에
晉公子重耳過楚,	진 공자 중이가 초에 들렀는데
成王以諸侯客禮饗,	성왕은 제후를 대하는 예로 향연을 베풀고
而厚送之於秦.	(예물을) 두터이 하여 진으로 보내주었다.
三十九年,	39년에

---

46 정의 음은 우(于)이고 송(宋) 땅이다.

魯僖公來請兵以伐齊,	노희공이 와서 군사를 청하여 제를 치려고 하자
楚使申侯將兵伐齊,	초는 신후에게 군사를 거느리고 제를 치게 하여
取穀.[47]	곡을 빼앗고
置齊桓公子雍焉.	제환공의 아들 옹을 그곳에 두었다.
齊桓公七子皆奔楚,	제환공의 일곱 아들이 모두 초로 도망쳐왔는데
楚盡以爲上大夫.	초는 모두 상대부로 삼았다.
滅夔,	기를 멸하였는데
夔不祀祝融·鬻熊故也.[48]	기가 축융과 육웅을 제사지내지 않았기 때문이다.
夏,	여름에
伐宋,	송을 치자
宋告急於晉,	송은 진에 위급을 알렸으며
晉救宋,	진이 송을 구원하자
成王罷歸.	성왕은 철군하고 돌아왔다.
將軍子玉請戰,	장군 자옥이 싸울 것을 청하자
成王曰:	성왕이 말하였다.
"重耳亡居外久,	"중이는 망명하여 국외에 머문 지가 오래다가
卒得反國,	마침내 나라로 돌아가게 되었으니
天之所開,	하늘이 열어준 것으로
不可當."	당해낼 수가 없다."
子玉固請,	자옥이 굳이 청하자

---

47 집해 두예는 말하였다. "제북(濟北) 곡성현(穀城縣)이다." 정의 『괄지지』에서는 말하였다. "곡(穀)은 제주(濟州) 동아현(東阿縣) 동쪽 26리 지점에 있다."

48 집해 복건은 말하였다. "기(夔)는 초(楚) 웅거(熊渠)의 손자이며 웅지(熊摯)의 후손이다. 기(夔)는 무산(巫山)의 남쪽에 있는데 바로 자귀향(秭歸鄕)이다." 색은 초주 본에는 "멸귀(滅歸)"라 하였는데, 귀(歸)는 곧 기(夔)의 지명 귀향(歸鄕)이다.

乃與之少師而去.	이에 그에게 적은 군사를 주어 떠나보냈다.
晉果敗子玉於城濮.	진은 과연 성복에서 자옥을 무찔렀다.
成王怒,	성왕은 노하여
誅子玉.	자옥을 죽였다.
四十六年,	46년
初,	처음에
成王將以商臣爲太子,	성왕은 상신을 태자로 삼으려 하여
語令尹子上.	영윤 자상에게 말하였다.
子上曰:	자상이 말하였다.
"君之齒未也,[49]	"임금께선 아직 나이가 많지 않고
而又多內寵,	또 총희가 많으니
絀乃亂也.	(태자를 세우고) 내쫓으면 어지러워질 것입니다.
楚國之擧常在少者.[50]	초를 세운 것은 늘 작은 아들에 있었습니다.
且商臣蠭目而豺聲,	또한 상신은 벌 눈에 승냥이 소리를 내니
忍人也,[51]	잔인한 사람이라
不可立也."	세울 수 없습니다."
王不聽,	왕은 듣지 않고
立之.	그를 세웠다.
後又欲立子職[52]而絀太子商臣.	
	나중에 또 아들 직을 세우고자 하여 태자 상신을 내쫓았다.

---

49 집해 두예는 말하였다. "치(齒)는 나이이다. 아직 어리다는 말이다."
50 집해 가규는 말하였다. "거(擧)는 세우는 것이다."
51 집해 복건은 말하였다. "잔인하여 의롭지 못하다는 말이다."
52 집해 가규는 말하였다. "직(職)은 상신(商臣)의 서제이다."

商臣聞而未審也,	상신은 듣고 확실치 않아
告其傅潘崇曰:	그 스승인 반숭에게 일렀다.
"何以得其實?"	"어떻게 하면 실상을 알 수 있을까요?"
崇曰:	반숭이 말하였다.
"饗王之寵姬[53]江芊[54]而勿敬也."	
	"왕의 총희 강미에게 연회를 베풀되 공경하지 마십시오."
商臣從之.	상신이 그대로 따랐다.
江芊怒曰:	강미가 노하여 말하였다.
"宜乎王之欲殺若而立職也."	"왕이 너를 죽이고 직을 세우려 하는 것이 마땅하다."
商臣告潘崇曰:	상신이 반숭에게 알렸다.
"信矣."	"사실이군요."
崇曰:	반숭이 말하였다.
"能事之乎?"[55]	"그를 섬길 수 있겠습니까?"
曰:	말하였다.
"不能."	"할 수 없소."
"能亡去乎?"	"도망쳐 떠날 수 있습니까?"
曰:	말하였다.
"不能."	"할 수 없소."
"能行大事乎?"[56]	"대사를 일으킬 수 있습니까?"
曰:	말하였다.

---

53 집해 희(姬)는 "매(妹)"가 되어야 한다.

54 정의 '芊'의 음은 미(亡爾反)이다.

55 집해 복건은 말하였다. "직(職)을 세운다면 그대는 그를 섬길 수 있겠습니까?"

56 집해 복건은 말하였다. "임금을 죽이는 것을 말한다."

"能."　　　　　　　　　"할 수 있소."

冬十月,　　　　　　　겨울 10월에

商臣以宮衛兵圍成王.　상신이 (태자) 궁의 호위병으로 성왕을 포위하였다.

成王請食熊蹯而死,[57]　성왕은 곰발바닥 요리를 먹고 죽기를 청하였으나

不聽.　　　　　　　　듣지 않았다.

丁未,　　　　　　　　정미일에

成王自絞殺.　　　　　성왕은 스스로 목을 매어 죽었다.

商臣代立,　　　　　　상신이 계위하니

是爲穆王.　　　　　　바로 목왕이다.

穆王立,　　　　　　　목왕이 즉위하여

以其太子宮予潘崇,　　태자궁을 반숭에게 주고

使爲太師,　　　　　　태사로 삼아

掌國事.　　　　　　　나라의 일을 맡겼다.

穆王三年,　　　　　　목왕 3년에

滅江.[58]　　　　　　　강을 멸하였다.

四年,　　　　　　　　4년에

滅六·蓼.　　　　　　육과 요 두 나라를 멸하였다.

六·蓼,　　　　　　　육과 요는

皋陶之後.[59]　　　　　고요의 후손이었다.

---

57 집해 두예는 말하였다. "곰발바닥은 익히기가 어렵고 오래 걸려 (그 사이에) 밖에서 구원해 주기를 바라는 것이다."

58 집해 두예는 말하였다. "강국(江國)은 여남(汝南) 안양현(安陽縣)에 있다."

59 집해 두예는 말하였다. "육국(六國)은 지금의 여강(廬江) 육현(六縣)이다. 요국(蓼國)은 지금의 안풍(安豐) 요현(蓼縣)이다."

八年,	8년에
伐陳.	진을 쳤다.
十二年,	12년에
卒.	죽었다.
子莊王侶立.	아들 장왕 여가 즉위하였다.

莊王即位三年,	장왕은 즉위한 지 3년이 되도록
不出號令,	호령을 내지 않고
日夜爲樂,	밤낮으로 즐기면서
令國中曰:	나라에 영을 내렸다.
"有敢諫者死無赦!"	"감히 간하는 자가 있으면 죽여 용서치 않겠다!"
伍擧入諫.	오거가 들어가 간하였다.
莊王左抱鄭姬,	장왕은 왼쪽으로는 정의 여인을 안았고
右抱越女,	오른쪽으로는 월의 여인을 안았으며
坐鍾鼓之閒.	악기 사이에 앉아 있었다.
伍擧曰:	오거가 말하였다.
"願有進隱."60	"수수께끼를 내었으면 합니다."
曰:	말하였다.
"有鳥在於阜,	"어떤 새가 언덕에 있는데
三年不蜚不鳴,	3년 동안 날지도 않고 울지도 않으니
是何鳥也?"	이것이 무슨 새이겠습니까?"
莊王曰:	장왕이 말하였다.
"三年不蜚,	"3년 동안 날지 않았으니

---

60 **집해** 은(隱)은 그 뜻을 숨긴 것을 말한다.

蜚將沖天;	날았다 하면 하늘을 뚫고 오를 것이고,
三年不鳴,	3년을 울지 않았으니
鳴將驚人.	울었다 하면 사람을 놀라게 할 것이오.
舉退矣,	그대는 물러나시오,
吾知之矣.”	내 알았소이다.”
居數月,	수개월 동안
淫益甚.	향락이 더욱 심하였다.
大夫蘇從乃入諫.	대부 소종이 이에 들어가 간하였다.
王曰:	왕이 말하였다.
“若不聞令乎?”	“너는 명령을 듣지 못하였느냐?”
對曰:	대답하였다.
“殺身以明君,	“몸을 죽여 임금을 밝히는 것이
臣之願也.”	신의 바램입니다.”
於是乃罷淫樂,	이에 마침내 황음일락을 그만 두고
聽政,	정무를 처리하니
所誅者數百人,	죽인 자가 수백 명이었고
所進者數百人,	등용한 자가 수백 명이었으며
任伍舉·蘇從以政,	오거와 소종에게 정사를 맡기니
國人大說.	백성들이 매우 기뻐하였다.
是歲滅庸.[61]	이 해에 용을 멸하였다.
六年,	6년에
伐宋,	송을 치고
獲五百乘.	병거 5백 승을 노획하였다.

---

61 **정의** 바로 지금의 방주(房州) 죽산현(竹山縣)이다.

八年,	8년에
伐陸渾戎,[62]	육혼융을 치고
遂至洛,	마침내 낙읍에 이르러
觀兵於周郊.[63]	주의 교외에서 열병하였다.
周定王使王孫滿勞楚王.[64]	주정왕은 왕손만에게 초왕을 위로하게 하였다.
楚王問鼎小大輕重,[65]	초왕이 정의 크기와 무게를 묻자
對曰:	대답하였다.
"在德不在鼎."	"(나라의 성쇠는) 덕에 있지 정에 있지 않습니다."
莊王曰:	장왕이 말하였다.
"子無阻九鼎!	"그대는 구정을 믿지 마시오.
楚國折鉤之喙,[66]	초는 구부러진 창의 끝으로도
足以爲九鼎."	충분히 구정을 만들 것이오."
王孫滿曰:	왕손만이 말하였다.
"嗚呼!	"아아!
君王其忘之乎?	군왕께선 잊으셨습니까?
昔虞夏之盛,	지난날 우하가 성하였을 때는
遠方皆至,	먼 곳에서 모두 이르러
貢金九牧,[67]	구주의 목에게 쇠를 공물로 바치게 하여

---

62 **집해** 복건은 말하였다. "육혼융(陸渾戎)은 낙읍 서남쪽에 있다." **정의** 윤성(允姓)의 융족이 육혼으로 옮긴 것이다.

63 **집해** 복건은 말하였다. "관병(觀兵)은 군사를 진열하여 주에 보인 것이다."

64 **집해** 복건은 말하였다. "교외에서 위로하는 예로 맞은 것이다."

65 **집해** 두예는 말하였다. "주를 다그쳐 천하를 취하고자 하는 것을 보여준 것이다."

66 **정의** '喙'의 음은 훼(許�反)이다. 무릇 극(戟)에는 갈고리가 있다. 훼(喙)는 갈고리의 뾰족한 곳이다. 초의 극의 구부러진 뾰족한 부분의 꺾인 것으로 충분히 정으로 만들 수 있다는 말인데, 정을 얻기가 쉬움을 말한다.

鑄鼎象物,[68]	정을 주조하고 사물을 형상화하여
百物而爲之備,	백물이 그것 때문에 갖추어져
使民知神姦.[69]	백성들에게 귀신의 간사함을 알게 하였습니다.
桀有亂德,	걸이 덕을 어지럽히자
鼎遷於殷,	정이 은으로 옮겨져
載祀六百.[70]	제사를 지낸 것이 6백 년이었습니다.
殷紂暴虐,	은의 주가 포학하니
鼎遷於周.	정이 주로 옮겨졌습니다.
德之休明,	덕이 아름답고 밝으면
雖小必重;[71]	(정의 크기가) 작다 해도 반드시 무거울 것이며,
其姦回昏亂,	간사하고 혼란하면
雖大必輕.[72]	크다 해도 반드시 가벼울 것입니다.
昔成王定鼎于郟鄏,[73]	지난날 성왕이 겹욕에 정을 안치하였는데
卜世三十,	세대를 점쳤더니 30대였고
卜年七百,	연수를 점쳤더니 7백년이었는데
天所命也.	하늘이 명한 것입니다.

---

67 집해 복건은 말하였다. "구주(九州)의 목(牧)에게 쇠를 바치게 한 것이다."

68 집해 가규는 말하였다. "사물의 모양을 본떠 솥(의 표면)에 드러낸 것이다."

69 집해 두예는 말하였다. "귀신과 백물의 형상을 그려 백성들에게 미리 대비하게 한 것이다."

70 집해 가규는 말하였다. "재(載)는 사(辭)이다. 사(祀)는 해(年)이다. 상에서는 사(祀)라 하였다." 왕숙은 말하였다. "재사(載祀)는 해(年)라는 말과 같다."

71 집해 두예는 말하였다. "옮길 수 없는 것이다."

72 집해 두예는 말하였다. "옮길 수 있음을 말한다."

73 집해 두예는 말하였다. "겹욕(郟鄏)은 지금의 하남(河南)이며, 하남현 서쪽에 겹욕맥(郟鄏陌)이 있다. 무왕(武王)이 옮기고 성왕(成王)이 안치했다." 색은 『주서(周書)』에 의하면 겹(郟)은 낙읍(雒邑) 북쪽의 산 이름이며, 음은 갑(甲)이다. 욕(鄏)은 전지가 두텁기 때문에 그렇게 이름 지었다.

周德雖衰,	주의 덕이 쇠하였다 하나
天命未改.	천명은 아직 바뀌지 않았습니다.
鼎之輕重,	정의 무게는
未可問也.”	아직 물을 수 없습니다.”
楚王乃歸.	초왕은 이에 돌아갔다.
九年,	9년에
相若敖氏.[74]	약오씨를 상으로 삼았다.
人或讒之王,	어떤 사람이 그를 왕에게 참소하자
恐誅,	죽임을 당할까 두려워하여
反攻王,	도리어 왕을 공격하니
王擊滅若敖氏之族.	왕이 약오씨 일족을 멸족시켰다.
十三年,	13년에
滅舒.[75]	서를 멸하였다.
十六年,	16년에
伐陳,	진을 쳐서
殺夏徵舒.	하징서를 죽였다.
徵舒弑其君,	하징서가 그 임금을 죽였기 때문에
故誅之也.	죽인 것이다.
已破陳,	진을 깨뜨리고
卽縣之.	현으로 삼았다.
羣臣皆賀,	신하들이 모두 경하하였는데

---

74 집해 『좌전』에서는 자월초(子越椒)라고 하였다.

75 집해 두예는 말하였다. "여강(廬江) 육현(六縣) 동쪽에 서성(舒城)이 있다."

申叔時使齊來,	신숙시는 제에 사행하고 와서
不賀.	경하하지 않았다.
王問,	왕이 물었더니
對曰:	대답하였다.
"鄙語曰,	"속담에 말하기를
牽牛徑人田,	'소를 끌고 남의 밭을 질러갔는데
田主奪之牛.	밭주인이 그의 소를 빼앗았다.'고 하였습니다.
徑者則不直矣,	가로지른 것은 정직하지 않은 것이지만
取之牛不亦甚乎?	소까지 빼앗는다는 것은 또한 너무 심하지 않습니까?
且王以陳之亂而率諸侯伐之,	또한 왕께선 진의 난 때문에 제후를 거느리고 쳤는데
以義伐之而貪其縣,	의를 내세우고 치면서 그 현을 탐낸다면
亦何以復令於天下!"	또한 어떻게 천하에 다시 영을 세우겠습니까!"
莊王乃復國陳後.	장왕은 이에 진을 회복시키고 후사를 이어주었다.
十七年春,	17년 봄에
楚莊王圍鄭,	초장왕은 정을 에워싸
三月克之.	3개월 만에 이겼다.
入自皇門,[76]	황문으로 들어가니
鄭伯肉袒牽羊以逆,[77]	정백이 윗몸을 드러내고 양을 끌고 맞으며

---

[76] 집해 가규는 말하였다. "정의 성문이다." 하휴(何休)는 말하였다. "외성의 문[郭門]이다."

[77] 집해 가규는 말하였다. "상의를 벗어 맨살을 드러내고 양을 끄는 것은 신하와 노예로 복종한다는 것을 보여주는 것이다."

曰:	말하였다.
"孤不天,	"제가 하늘의 도움을 받지 못하여
不能事君,	임금을 섬길 수가 없어서
君用懷怒,	임금께서 노여움을 품고
以及敝邑,	저희 읍에 이르게 하였으니
孤之罪也.	저의 죄입니다!
敢不惟命是聽!	감히 명을 따르지 않겠습니까!
賓之南海,	남해로 쫓아내거나
若以臣妾賜諸侯,	신첩을 제후에게 내리시더라도
亦惟命是聽.	또한 오직 명을 따를 뿐입니다.
若君不忘厲·宣·桓·武,[78]	임금께서 (주)여왕과 선왕, (정)환공과 무공을 잊지 않아
不絕其社稷,	사직이 끊어지지 않게 하고
使改事君,	임금을 바꾸어 섬기게 하는 것이
孤之願也,	저의 바램이니
非所敢望也.	감히 바랄 것이 아닙니다.
敢布腹心."	감히 속마음을 폅니다."
楚羣臣曰:	초의 신하들이 말하였다.
"王勿許."	"왕께서는 허락지 마십시오."
莊王曰:	장왕이 말하였다.
"其君能下人,	"그 임금이 남에게 낮출 수 있다면
必能信用其民,	반드시 그 백성을 믿고 쓸 수 있을 것이니
庸可絕乎!"	어찌 끊을 수 있겠는가!"

---

78 집해 두예는 말하였다. "주여왕(周厲王)과 선왕(宣王)은 정이 나온 곳이다. 정환공(鄭桓公)과 무공(武公)은 처음으로 봉해진 현군(賢君)이다."

莊王自手旗,	장왕이 친히 손으로 기를 들고
左右麾軍,	좌우로 군대를 지휘하여
引兵去三十里而舍,	군사를 끌고 30리를 떠나 주둔하여
遂許之平.[79]	마침내 화평을 허락하였다.
潘尪入盟,	반왕이 들어가 맹약하니
子良出質.[80]	자량이 나와 인질이 되었다.
夏六月,	여름 6월에
晉救鄭,	진이 정을 구원하여
與楚戰,	초와 싸워
大敗晉師河上,	황하 가에서 진의 군사를 크게 무찌르고
遂至衡雍而歸.	마침내 형옹에까지 이르렀다가 돌아왔다.
二十年,	20년에
圍宋,	송을 에워쌌는데
以殺楚使也.[81]	초의 사자를 죽였기 때문이다.
圍宋五月,	송을 에워싼 지 5개월 만에
城中食盡,	성에서는 먹을 것이 바닥나
易子而食,	자식을 바꾸어 잡아먹고

---

79 집해 두예는 말하였다. "1사(舍: 30리)를 물러나 정에 예의를 표한 것이다."

80 집해 반왕(潘尪)은 초의 대부이다. 자량(子良)은 정백(鄭伯)의 아우이다.

81 색은 『좌전』「선공(宣公)」 14년에서 "초자(楚子)는 신주(申舟)로 하여금 제를 빙문케 하고는 말하였다. '송에 길을 빌리지 말라.' (송) 화원(華元)이 말하였다. '우리나라를 지나면서 길을 빌리지 않는 것은 우리를 속현으로 여기는 것이다. 우리를 속현으로 여기면 망한 것이다. 그 사자를 죽이면 반드시 우리를 칠 것이다. 우리를 쳐도 또한 망한 것이다. 망하기는 마찬가지이다.' 이에 곧 죽였다. 초자가 듣고 소매를 떨치며 일어났다. 9월에 송을 에워쌌다."라 한 것이다.

析骨而炊.	뼈를 쪼개어 불을 땠다.
宋華元出告以情.	송의 화원이 나와서 실정을 알렸다.
莊王曰:	장왕이 말하였다.
"君子哉!"	"군자로다!"
遂罷兵去.	마침내 철군시켜 떠났다.
二十三年,	23년에
莊王卒,	장왕이 죽고
子共王審立.	아들인 공왕 심이 즉위하였다.
共王十六年,	공왕 16년에
晉伐鄭.	진이 정을 쳤다.
鄭告急,	정이 위급을 알리자
共王救鄭.	공왕은 정을 구원하였다.
與晉兵戰鄢陵,	진의 군사와 언릉에서 싸웠는데
晉敗楚,	진이 초를 무찔러
射中共王目.	공왕의 눈을 쏘아 맞혔다.
共王召將軍子反.	공왕이 장군 자반을 불렀다.
子反嗜酒,	자반은 술을 좋아하여
從者豎陽穀進酒醉.	종자인 수양곡이 술을 올리자 취하였다.
王怒,	왕이 노하여
射殺子反,	자반을 쏘아죽이고
遂罷兵歸.	마침내 철군하여 돌아갔다.
三十一年,	31년에

共王卒,	공왕이 죽고
子康王招立.	아들인 강왕 초가 즉위하였다.
康王立十五年卒,	강왕은 즉위 15년에 죽고
子員⁸²立,	아들인 운이 즉위하니
是爲郟敖.	바로 겹오이다.

康王寵弟公子圍⁸³·子比·子晳·弃疾.	
	강왕에게는 총애하는 아우가 있었는데 공자위와 자비, 자석, 기질이었다.
郟敖三年,	겹오 3년에
以其季父康王弟公子圍爲令尹,	
	계부인 강왕의 아우 공자위가 영윤이 되어
主兵事.	병사를 담당하였다.
四年,	4년에
圍使鄭,	위가 정에 사행하였다가
道聞王疾而還.	도중에 왕이 병들었다는 말을 듣고 돌아왔다.
十二月己酉,	12월 기유일에
圍入問王疾,	위가 왕을 병문안하러 들어갔다가
絞而弑之,⁸⁴	목 졸라 죽이고
遂殺其子莫及平夏.	마침내 그 아들 막 및 평하까지 죽였다.
使使赴於鄭.	사자를 보내어 정에 부고하였다.
伍擧問曰:	오거가 물었다.

---

82 **색은** 음은 운(雲)이다.『좌전』에는 "균(麇)"으로 되어 있다.

83 **집해** 서광은 말하였다. "『사기』에는 거의 '회(回)'로 되어 있다."

84 **집해** 순경(荀卿)은 말하였다. "갓끈으로 목을 졸랐다."『좌전』에서는 말하였다. "왕을 겹(郟)에 장사지냈기 때문에 겹오(郟敖)라고 한다."

"誰爲後?"[85]	"누가 후계자가 될 것인가?"
對曰:	대답하였다.
"寡大夫圍."	"우리 대부 위입니다."
伍擧更曰:	오거가 고쳐서 말하였다.
"共王之子圍爲長."[86]	"공왕의 아들 위가 맏이입니다."
子比奔晉,	자비는 진으로 달아났고
而圍立,	위가 즉위하니
是爲靈王.	바로 영왕이다.

靈王三年六月,	영왕 3년 6월에
楚使使告晉,	초가 사자를 보내어 진에 알리고
欲會諸侯.	제후들과 회맹하려고 하였다.
諸侯皆會楚于申.	제후들이 모두 신에서 초와 회맹하였다.
伍擧曰:	오거가 말하였다.
"昔夏啟有鈞臺之饗[87]	"옛날 하의 계에게는 균대의 연향이 있었고
商湯有景亳之命,	상의 탕에게는 경박의 명이 있었으며
周武王有盟津之誓,	주무왕에게는 맹진의 맹세가 있었고
成王有岐陽之蒐,[88]	성왕에게는 기양의 사냥이 있었으며
康王有豐宮之朝,[89]	강왕에게는 풍궁의 조회가 있었고
穆王有塗山之會,	목왕에게는 도산의 회합이 있었으며

---

85 **집해** 복건은 말하였다. "부고를 하러 온 사람에게 물은 것이다."
86 **집해** 두예는 말하였다. "오거(伍擧)가 부고의 말을 고쳐 예를 따르게 한 것이다. 이것은 선군의 죽음을 고하고 누가 계위했는지를 칭한 것이고, 임금을 죽이고 군위를 찬탈한 것으로 제후에 부고하지 않은 것이다."
87 **집해** 두예는 말하였다. "하남(河南) 양적현(陽翟縣) 남쪽에 균대파(鈞臺坡)가 있다."
88 **집해** 가규는 말하였다. "기산(岐山)의 남쪽이다."

齊桓有召陵之師,	제환공에게는 소릉의 군사가 있었고
晉文有踐土之盟,	진문공에게는 천토의 맹약이 있었습니다.
君其何用?"	임금님께서는 무엇을 쓰시겠습니까?"
靈王曰:	영공이 말했다.
"用桓公."⁹⁰	"제환공(의 군사)을 쓰겠소."
時鄭子産在焉.	이때 정 자산이 이곳에 있었다.
於是晉·宋·魯·衛不往.	이에 진과 송, 노, 위는 가지 않았다.
靈王已盟,	영왕은 회맹을 마치고
有驕色.	교만한 기색이 있었다.
伍擧曰:	오거가 말하였다.
"桀爲有仍之會,	"걸은 유잉의 회합 때문에
有緡叛之.⁹¹	유민이 반기를 들었습니다.
紂爲黎山之會,	주는 여산의 회맹 때문에
東夷叛之.⁹²	동이가 반기를 들었습니다.
幽王爲太室之盟,	유왕은 태실의 회맹 때문에
戎·翟叛之.⁹³	융과 적이 반기를 들었습니다.
君其愼終!"	왕께서는 마무리를 신중히 하셔야 할 것입니다!"
七月,	7월에

---

89 집해 복건은 말하였다. "풍궁(豐宮)은 성왕(成王)의 사당이 있는 곳이다." 두예는 말하였다. "풍(豐)은 시평(始平) 호현(鄂縣) 동쪽에 있으며, 영대(靈臺)가 있는데, 강왕(康王)이 이곳에서 제후들과 조현했다."

90 집해 두예는 말하였다. "소릉(召陵)의 회맹의 예를 쓰는 것이다."

91 집해 가규는 말하였다. "잉(仍)과 민(緡)은 나라 이름이다."

92 집해 복건은 말하였다. "여(黎)는 동이(東夷)의 나라 이름으로 자성(子姓)이다."

93 집해 두예는 말하였다. "태실(太室)은 중악(中嶽)이다."

楚以諸侯兵伐吳,	초는 제후의 군사를 거느리고 오를 쳐서
圍朱方.	주방을 에워쌌다.
八月,	8월에
克之,	이기고
囚慶封,	경봉을 감금하였으며
滅其族.	그 일족을 멸족시켰다.
以封徇,	경봉을 조리돌리며
曰:	말하였다.
"無效齊慶封弑其君而弱其孤	"제의 경봉처럼 임금을 죽이고 임금의 고아를 약하게 하고서
以盟諸大夫!"94	대부들과 맹세한 것을 본받지 마시오."
封反曰:	경봉이 반박하여 말하였다.
"莫如楚共王庶子圍弑其君兄之子員而代之立!"95	
	"절대로 초공왕의 서자 위가 그 임금인 형의 아들 운을 죽이고 그를 대신하는 일과 같이 하지 않도록 하라!"
於是靈王使(弃)疾殺之.	이에 영왕은 기질에게 그를 죽이게 하였다.
七年,	7년에
就章華臺,96	장화대를 낙성하고
下令內亡人實之.	도망자들을 받아들여 그곳을 채우게 하였다.

---

94 **집해** 두예는 말하였다. "제의 최저(崔杼)가 그 임금을 죽였으며 경봉(慶封)은 그 도당이었으므로 임금을 죽인 죄를 꾸짖은 것이다."

95 **집해** 『곡량전(穀梁傳)』에서는 말하였다. "군중의 사람들이 찬연히 모두 웃었다."

96 **집해** 두예는 말하였다. "남군(南郡) 화용현(華容縣)에 대가 있는데 성 안에 있다."

八年,	8년에
使公子弃疾將兵滅陳.	공자 기질에게 군사를 거느리고 진을 멸하게 하였다.
十年,	10년에
召蔡侯,	채후를 불러
醉而殺之.	취하게 하여 죽였다.
使弃疾定蔡,	기질에게 채를 안정시키게 하고
因爲陳蔡公.	이어서 진채공으로 삼았다.
十一年,	11년에
伐徐以恐吳.[97]	서를 쳐서 오를 두렵게 하였다.
靈王次於乾谿以待之.	영왕은 간계에 머물면서 기다렸다.
王曰:	왕이 말하였다.
"齊·晉·魯·衞,	"제와 진, 노, 위는
其封皆受寶器,	봉하여질 때 모두 보기를 받았는데
我獨不.	나만 유독 받지 못했다.
今吾使使周求鼎以爲分,	이제 내 사자를 보내어 주에 정을 구하여 분봉된 보기로 삼고자 하는데
其予我乎?"[98]	나에게 주겠는가?"
析父對曰:	석보가 대답하였다.
"其予君王哉![99]	"군왕께 줄 것입니다.

---

97 **집해** 『좌전』에서는 말하기를 탕후(蕩侯) 등을 시켜 서(徐)를 포위하게 하였다고 하였다.

98 **집해** 복건은 말하였다. "공덕이 있으면 보기를 나누어 받는다."

99 **집해** 가규는 말하였다. "석보(析父)는 초의 대부이다." **색은** 『좌씨(左氏)』에 의하면 이는 우윤(右尹) 자혁(子革)의 말인데 사관이 오기하였을 것이다.

昔我先王熊繹辟在荊山,	옛날에 우리 선왕이신 웅역이 궁벽하게 형산에 있을 때
篳露藍蔞[100]以處草莽,	땔나무 수레에 남루한 옷을 입고 잡초 우거진 곳에 살았는데
跋涉山林[101]以事天子,	산을 넘고 숲을 건너 천자를 섬기면서
唯是桃弧棘矢以共王事.[102]	오직 복숭아 활과 가시 화살로만 왕의 공물로 바쳤을 뿐입니다.
齊,	제는
王舅也;[103]	왕의 외숙입니다.
晉及魯·衞,	진 및 노, 위는
王母弟也:	왕의 동복 아우입니다.
楚是以無分而彼皆有.	초는 이 때문에 분봉의 보기가 없지만 저들은 모두 가지고 있습니다.
周今與四國服事君王,	주는 지금 네 나라와 함께 임금님을 섬기면서
將惟命是從,	오직 명을 좇고자 하는데
豈敢愛鼎?"	어찌 감히 정을 아끼겠습니까?"
靈王曰:	영왕이 말하였다.
"昔我皇祖伯父昆吾舊許是宅,[104]"	
	옛날에 우리 황조이신 백부 곤오께서는 구허에 거처하셨다.

---

100 **집해** 서광은 말하였다. "필(篳)은 '폭(暴)'으로 된 곳도 있다." 내[駰]가 생각건대 복건은 "필로(篳露)는 땔나무를 싣는 꾸밈이 없는 나무수레이다. 남루(藍蔞)는 옷이 헤진 것을 말하며, 더덕더덕한 것을 말한다."라 하였다.

101 **집해** 복건은 말하였다. "초원을 가는 것을 발(跋)이라 하고, 물길을 가는 것을 섭(涉)이라 한다."

102 **집해** 복건은 말하였다. "복숭아나무 활과 대추나무 화살은 재앙을 막아주는 것으로 초 땅의 산림에서 나는 것이 아니다."

103 **집해** 복건은 말하였다. "제(齊)의 여급(呂伋)은 성왕(成王)의 외삼촌이다."

今鄭人貪其田,	지금 정 사람이 그 땅(의 이익)을 탐하여
不我予,	내게 (돌려) 주지 않는다.
今我求之,	이제 내가 요구한다면
其予我乎?"	나에게 주겠는가?"
對曰:	대답하였다.
"周不愛鼎,	"주가 정을 아끼지 않는데
鄭安敢愛田?"	정이 감히 땅을 아끼겠습니까?"
靈王曰:	영왕이 말하였다.
"昔諸侯遠我而畏晉,	"지난날 제후들이 우리를 멀리하고 진을 두려워하였는데
今吾大城陳·蔡·不羹,[105]	지금 우리의 큰 성인 진과 채, 불갱을 큰 성읍으로 삼아
賦皆千乘,	모두 병거 천 승을 주둔시킴에
諸侯畏我乎?"	제후들이 나를 두려워하겠는가?"
對曰:	대답하였다.
"畏哉!"	"두려워할 것입니다."
靈王喜曰:	영왕이 기뻐하여 말하였다.
"析父善言古事焉."[106]	"석보가 옛 일을 잘 말하였다."

---

104 **집해** 복건은 말하였다. "육종씨(陸終氏)에게는 여섯 아들이 있는데, 맏이를 곤오(昆吾)라 하고 막내는 계련(季連)이다. 계련이 초의 조상이기 때문에 곤오를 백부라 이른 것이다. 곤오가 허 땅에 머무른 적이 있으므로 옛 허에 거처하였다고 하였다."

105 **집해** 위소는 말하였다. "두 나라는 초의 별도(別都)이다. 영천(潁川) 정릉(定陵)에 동불갱(東不羹)이 있고, 양성(襄城)에 서불갱(西不羹)이 있다." **정의** 『괄지지』에서는 말하였다. "불갱의 옛 성은 허주(許州) 양성현(襄城縣) 동쪽 30리 지점에 있다.「지리지」에서는 이것이 바로 서불갱이라고 하였다."

106 **정의** 『좌전』「소공(昭公) 12년」에 석보(析父)가 자혁(子革)에게 말하기를 "그대는 초의 명망 있는 사람이오. 지금 왕의 말에 메아리처럼 순응하는데 나라가 어떻게 되겠소?"라 하였

十二年春,	12년 봄에
楚靈王樂乾谿,	초영왕이 간계에서 즐기면서
不能去也.	떠나지 못하였다.
國人苦役.	백성들이 일을 괴롭게 여겼다.
初,	처음에
靈王會兵於申,	영왕은 신에 군사를 모아놓고
僇越大夫常壽過,[107]	월의 대부 상수과를 모욕하고
殺蔡大夫觀起.	채의 대부 관기를 죽였다.
起子從亡在吳,[108]	관기의 아들 관종이 달아나 오에 있으면서
乃勸吳王伐楚,	오왕에게 초를 칠 것을 권하여
爲閒越大夫常壽過而作亂,	월의 대부 상수과를 부추겨 난을 일으키게 하고
爲吳閒.	오의 간첩이 되었다.
使矯公子弃疾命召公子比於晉,	
	공자 기질의 명이라 속이고 진에서 공자 비를 부르게 하여
至蔡,	채에 이르자
與吳·越兵欲襲蔡.	오·월과 함께 채를 기습하려고 하였다.
令公子比見弃疾,	공자 비에게 기질을 만나
與盟於鄧.[109]	등에서 맹약하게 하였다.
遂入殺靈王太子祿,	마침내 들어가 영왕의 태자 록을 죽이고

다. 두예는 말하였다. "왕의 마음에 순종하는 것이 메아리가 울리는 것 같다는 것을 비판한 것이다." 이 왕에게 대답한 말은 자혁이 한 말인데 태사공이 석보라고 한 것은 잘못되었다. 석보는 당시 왕의 어자였으며 자혁이 대답하는 것을 보았으므로 탄식한 것이다.

107 색은 육(僇)은 욕을 보는 것이다. 색은 '觀'의 음은 관(官)이다. 관(觀)은 성(姓)이고, 기(起)는 이름이다.

108 색은 '從'의 음은 종(才松反)이다.

立子比爲王,	자비를 왕으로 옹립하였으며
公子子晳爲令尹,	공자 자석은 영윤이 되었고
弃疾爲司馬.	기질은 사마가 되었다.
先除王宮,	먼저 왕궁을 소제하고
觀從從師于乾谿,	관종은 간계에서 초의 군사를 따랐으며
令楚衆曰:	초의 장사병에게 말하였다.
"國有王矣.	"나라에 왕이 생겼다.
先歸,	먼저 돌아가는 자는
復爵邑田室.	관작 고을, 전지와 집을 회복시키겠다.
後者遷之."	나중에 돌아가는 자는 거처를 옮길 것이다."
楚衆皆潰,	초의 군사는 모두 궤멸되어
去靈王而歸.	영왕을 떠나 돌아갔다.
靈王聞太子祿之死也,	영왕은 태자 록이 죽었다는 말을 듣고
自投車下,	엉겁결에 수레에서 뛰어내려
而曰:	말하였다.
"人之愛子亦如是乎?"	"남들이 아들을 사랑하는 것도 이와 같은가?"
侍者曰:	시자가 말하였다.
"甚是."	"이보다 심합니다."
王曰:	왕이 말하였다.
"余殺人之子多矣,	"내 남의 아들을 많이 죽였으니
能無及此乎?"	이 지경에 이르지 않을 수 있겠느냐?"

---

109 **집해** 두예는 말하였다. "영천(潁川) 소릉현(邵陵縣) 서쪽에 등성(鄧城)이 있다." **정의** 『괄지지』에서는 말하였다. "옛 등성은 예주(豫州) 언성현(郾城縣) 동쪽 35리 지점에 있다." 옛 소릉현 서쪽 10리 지점에 있다.

右尹曰:[110] 　　　　　　　　우윤이 말하였다.

"請待於郊以聽國人."[111] 　　　"교외에서 기다리면서 백성의 의향을 들으십시오."

王曰: 　　　　　　　　　　왕이 말하였다.

"眾怒不可犯." 　　　　　　　"사람들의 분노는 범할 수 없다."

曰: 　　　　　　　　　　　말하였다.

"且入大縣而乞師於諸侯." 　　"잠시 큰 고을로 들어가서 제후들에게 군사를 청하십시오."

王曰: 　　　　　　　　　　왕이 말하였다.

"皆叛矣." 　　　　　　　　　"모두 배반하였다."

又曰: 　　　　　　　　　　또 말하였다.

"且奔諸侯以聽大國之慮." 　　"잠시 제후국으로 달아났다가 대국의 생각을 따르십시오."

王曰: 　　　　　　　　　　왕이 말하였다.

"大福不再, 　　　　　　　　"(임금이 되는) 큰 복은 다시 오지 않으니

祇取辱耳." 　　　　　　　　욕만 취할 뿐이다."

於是王乘舟將欲入鄢.[112] 　　이에 왕은 배를 타고 언으로 들어가려 하였다.

右尹度王不用其計, 　　　　우윤은 왕이 자신의 계책을 쓰지 않을 것을 헤아리고

---

110 **집해** 『좌전』에서는 우윤(右尹) 자혁(子革)이라고 하였다.

111 **집해** 복건은 말하였다. "백성이 바라는 것이 누구인가를 듣는 것이다."

112 **집해** 복건은 말하였다. "언(鄢)은 초의 별도(別都)이다." 두예는 말하였다. "양양(襄陽)의 성현(宜城縣)이다." **정의** 음은 언(偃)이다. 『괄지지』에서는 말하였다. "옛 언성(鄢城)은 양주(襄州) 안양현(安養縣) 북쪽 3리, 양주 북쪽 5리, 남으로 형주(荊州)와 250리 떨어진 지점에 있다." 왕은 하구(夏口)에서 한수(漢水)를 따라 언으로 올라가 들어갔다. 『좌전』에서 "왕이 하(夏)를 따라 언으로 들어가려고 하였다."라 한 것이다. 『괄지지』에서는 말하였다. "언수(鄢水)는 양주(襄州) 의청현(義清縣) 서쪽 경계의 탁장산(託仗山)에서 발원한다. 『수경(水經)』에서는 말하기를 만수(蠻水)는 곧 언수(鄢水)라 하였다.

懼俱死,　　　　　　함께 죽을 것을 두려워하여

亦去王亡.　　　　　　또한 왕을 버리고 달아났다.

靈王於是獨傍偟山中,　영왕은 이에 홀로 산속을 헤맸지만

野人莫敢入王.　　　　농부들은 아무도 감히 왕을 들이지 않았다.

王行遇其故鋗人,[113]　왕은 가다가 옛 환관을 만나게 되어

謂曰:　　　　　　　　말하였다.

"爲我求食,　　　　　"내게 먹을 것을 구해다오,

我已不食三日矣."　　내 이미 먹지 못한 지가 사흘째이다."

鋗人曰:　　　　　　　환관이 말하였다.

"新王下法,　　　　　"새 왕이 법령을 내려

有敢饟王從王者,　　감히 왕에게 먹을 것을 주거나 왕을 따르는 자는

罪及三族,　　　　　죄가 삼족을 멸하는데 이르니

且又無所得食."　　또한 먹을 것이 없을 것입니다."

王因枕其股而臥.　　왕은 이에 그 허벅지를 베고 누워 잠들었다.

鋗人又以土自代,　　환관은 또 흙으로 자신을 대신하고

逃去.　　　　　　　도망쳐 떠났다.

王覺而弗見,　　　　왕이 깨어나니 그는 보이지 않았고

遂飢弗能起.　　　　마침내 굶주려 일어날 수가 없었다.

芊尹申無宇之子申亥曰:　우의 윤 신무우의 아들 신해가 말하였다.

"吾父再犯王命,[114]　"나의 부친은 두 번 왕의 명을 범하였는데

王弗誅,　　　　　　왕이 죽이지 않았으니

---

113 **집해** 위소는 말하였다. "지금의 중연(中涓: 환관)이다."

114 **집해** 복건은 말하였다. "왕의 기[旌]를 부러뜨린 것과 장화지궁(章華之宮)에서 사람을 잡은 것이다."

恩孰大焉!"	이보다 더 큰 은혜가 있겠는가!"
乃求王,	이에 왕을 찾았는데
遇王飢於釐澤,	왕이 이택에서 주리고 있는 것을 만나
奉之以歸.	모시고 돌아왔다.
夏五月癸丑,	여름 5월 계축일에
王死申亥家,[115]	왕이 신해의 집에서 죽으니
申亥以二女從死,	신해는 두 딸을 순장시켜
并葬之.	함께 장사지냈다.

是時楚國雖已立比爲王,	이때 초에서는 비록 이미 비를 왕으로 세웠지만
畏靈王復來,	영왕이 다시 올까 두려워하였고
又不聞靈王死,	또 영왕이 죽었다는 사실도 들리지 않자
故觀從謂初王比曰:	관종이 처음 왕 비에게 말하였다.
"不殺弃疾,	"기질을 죽이지 않으면
雖得國猶受禍."	나라를 얻는다고 하여도 오히려 화를 당할 것입니다."
王曰:	왕이 말하였다.
"余不忍."	"나는 차마 못하겠소."
從曰:	관종이 말하였다.
"人將忍王."	"남들은 왕께 차마 할 것입니다."
王不聽,	왕이 듣지 않자
乃去.	이에 떠났다.
弃疾歸.	기질이 돌아왔다.

---

115 정의 바로 『좌전』에서 "여름 5월 계해일에 왕이 우(芋)의 윤(尹) 신해(申亥)의 집에서 목을 매었다."라 한 것이다.

國人每夜驚,	백성들은 밤마다 놀라
曰:	말하였다.
"靈王入矣!"	"영왕이 들어왔다!"
乙卯夜,	을묘일 밤에
弃疾使船人從江上走呼曰:	기질은 어부에게 강가에서 달리며 외치게 하였다.
"靈王至矣!"	"영왕이 이르렀다!"
國人愈驚.	백성들은 더욱 놀랐다.
又使曼成然告初王比及令尹子晳曰:	또한 만성연에게 처음 왕 비 및 영윤 자석에게 알리게 하였다.
"王至矣!	"왕이 이르렀소!
國人將殺君,	백성들은 임금을 죽일 것이고
司馬將至矣!¹¹⁶	사마가 이를 것입니다!
君蚤自圖,	임금께선 일찌감치 스스로 도모하시어
無取辱焉.	욕을 보지 말도록 하십시오.
衆怒如水火,	뭇사람의 분노는 물과 불 같아
不可救也."	구원할 수 없습니다."
初王及子晳遂自殺.	처음 왕 및 자석은 마침내 스스로 목숨을 끊었다.
丙辰,	병진일에
弃疾即位爲王,	기질은 왕으로 즉위하고
改名熊居,	이름을 웅거로 고쳤으니
是爲平王.	바로 평왕이다.

---

116 집해 두예는 말하였다. "사마(司馬)는 기질(弃疾)을 이른다."

平王以詐弑兩王而自立,	평왕은 두 왕을 속여서 죽이고 스스로 즉위하였기 때문에
恐國人及諸侯叛之,	백성들 및 제후가 배반할까 두려워하여
乃施惠百姓.	이에 백성에게 은혜를 베풀었다.
復陳蔡之地而立其後如故,	진과 채의 땅을 회복시켜주고 옛날처럼 그 후손을 세워주었으며
歸鄭之侵地.	정의 침탈한 땅을 돌려주었다.
存恤國中,	나라 안을 위무(慰撫)하고
修政教.	정치와 교화를 가다듬었다.
吳以楚亂故,	오는 초의 난리 때문에
獲五率以歸.[117]	다섯 지휘관을 사로잡아 돌아갔다.
平王謂觀從:	평왕이 관종에게 말하였다.
"恣爾所欲."	"그대가 하고 싶은 대로 하라."
欲爲卜尹,	복윤이 되고자 하여
王許之.[118]	왕이 허락하였다.
初,	처음에
共王有寵子五人,	공왕에게는 총애하는 아들 다섯이 있었는데
無適立,	적자가 즉위하지 못하게 되어
乃望祭羣神,	이에 신들에게 산천의 제사를 지내어
請神決之,	신에게 결정해줄 것을 청하고
使主社稷,	사직을 주관하게 하여

---

117 **집해** 복건은 말하였다. "오솔(五率)은 탕후(盪侯)와 반자(潘子), 사마독(司馬督), 효윤오(囂尹午), 능윤희(陵尹喜)이다."

118 **집해** 가규는 말하였다. "복윤(卜尹)은 복사(卜師)로 대부의 관직이다."

而陰與巴姬[119]埋璧於室內,[120]	몰래 파희와 함께 실내에 벽옥을 묻어놓고
召五公子齋而入.	다섯 공자를 불러 재계하고 들어오게 했다.
康王跨之,[121]	강왕은 타 넘었고
靈王肘加之,	영왕은 팔꿈치가 닿았으며
子比·子皙皆遠之.	자비와 자석은 모두 그것과 거리가 멀었다.
平王幼,	평왕은 어려서
抱其上而拜,	안고 들어와서 절을 하였는데
壓紐.	끈을 눌렀다.
故康王以長立,	그래서 강왕은 장자로 즉위하였으나
至其子失之;	그 아들에 이르러 지위를 잃었다.
圍爲靈王,	위는 영왕으로
及身而弑;	자신에 이르러 살해되었고,
子比爲王十餘日,	자비는 왕이 된 것이 열흘 남짓이었으며
子皙不得立,	자석은 즉위하지 못하고
又俱誅.	또한 모두 죽임을 당하였다.
四子皆絶無後.	네 사람은 모두 후사가 끊겨 없어졌다.
唯獨弃疾後立,	기질 만이 나중에 즉위하였는데
爲平王,	평왕으로
竟續楚祀,	마침내 초의 제사를 이으니
如其神符.	신의 뜻대로 되었다.

---

119 집해 가규는 말하였다. "공왕(共王)의 첩이다."

120 정의 『좌전』에서는 말하였다. "태실(太室)의 뜰에 벽옥을 묻었다." 두예는 말하였다. "태실 (太室)은 선조의 묘실[廟]이다."

121 집해 복건은 말하였다. "두 발이 각기 벽옥의 한쪽에 걸친 것이다." 두예는 말하였다. "그 위를 지난 것이다."

初,	처음에
子比自晉歸,	자비가 진에서 돌아감에
韓宣子問叔向曰:	한선자가 숙상에게 물었다.
"子比其濟乎?"	"자비는 이루겠지요?"
對曰:	대답하였다.
"不就."	"이루지 못할 겁니다."
宣子曰:	선자가 말하였다.
"同惡相求,	"미워함을 함께하여 서로 구하는 것이
如市賈焉,¹²²	저자에서 물건을 파는 것과 같으니
何爲不就?"	어째서 이루지 못하겠습니까?"
對曰:	대답하였다.
"無與同好,	"함께 좋아함이 없으니
誰與同惡?¹²³	누가 미움을 함께 하겠습니까?
取國有五難:	나라를 취하는 데는 다섯 가지 어려움이 있으니
有寵無人,	총애는 있는데 사람이 없는 것이
一也;¹²⁴	첫째이고,
有人無主,	사람은 있는데 주인이 없는 것이
二也;¹²⁵	둘째이며,
有主無謀,	주인은 있는데 계책이 없는 것이

---

122 **집해** 복건은 말하였다. "나라의 사람들이 함께 영왕을 미워하는 것이 시장 사람들이 이익을 추구하는 것과 같음을 이른다."

123 **집해** 복건은 말하였다. "내부에 당파가 없으면 누구와 좋아하고 미워함을 함께 하겠는가 하는 말이다."

124 **집해** 두예는 말하였다. "총애는 모름지기 현인이 있어야 견고해진다."

125 **집해** 두예는 말하였다. "비록 현인이 있다하더라도 안에서 주인이 호응을 해야 한다."

三也;[126]	셋째이고,
有謀而無民,	계책은 있는데 백성이 없는 것이
四也;[127]	넷째이며,
有民而無德,	백성은 있는데 은덕이 없는 것이
五也.[128]	다섯째입니다.
子比在晉十三年矣,	자비가 진에 있은 지 13년째인데
晉·楚之從不聞通者,	진과 초에서 따르던 사람 중에는 통달한 자가 알려지지 않았으니
可謂無人矣;[129]	사람이 없다 하겠습니다.
族盡親叛,	친족은 없어지고 친척은 배반하였으니
可謂無主矣;[130]	주인이 없다고 하겠습니다.
無釁而動,	흠이 없는데 움직였으니
可謂無謀矣;[131]	계책이 없다고 하겠습니다.
爲羇終世,	나그네로 세상을 마쳤으니
可謂無民矣;[132]	백성이 없다고 하겠습니다.
亡無愛徵,	도망 중에 사랑하는 조짐이라고는 없으니
可謂無德矣.[133]	덕이 없다고 하겠습니다.

---

126 집해 두예는 말하였다. "모(謀)는 책모(策謀)이다."
127 집해 두예는 말하였다. "민(民)은 민중(民衆)이다."
128 집해 두예는 말하였다. "네 가지가 다 갖추어졌으면 덕으로 이루어야 한다."
129 집해 두예는 말하였다. "진과 초에서 자비와 종유하는 선비는 모두 현달한 사람이 아니다."
130 집해 두예는 말하였다. "초에 있는 친족이 없다."
131 집해 복건은 말하였다. "영왕(靈王)이 아직 있는데 함부로 나라를 취하는 것이므로 무모하다는 것이라는 말이다."
132 집해 두예는 말하였다. "종신토록 진에서 기려지객이 되었으니 백성이 없는 것이다."
133 집해 두예는 말하였다. "초 사람 가운데 그를 사랑하여 생각하는 사람이 없는 것이다."

王虐而不忌,[134]	왕이 포학하여 꺼림이 없지만
子比涉五難以弑君,	자비는 다섯 가지 어려움을 건너 임금을 죽여야 하니
誰能濟之!	누가 도와줄 수 있겠습니까?
有楚國者,	초를 가지는 자는
其弃疾乎?	기질일 것입니다.
君陳·蔡,	진과 채에 군림하니
方城外屬焉.[135]	방성 바깥은 그에게 귀속되었습니다.
苟慝不作,	포학하고 사악한 일을 하지 않았으니
盜賊伏隱,	도적이 엎드려 숨었고
私欲不違,[136]	사욕이 (민심을) 어기지 않았으니
民無怨心.	백성들이 원망하는 마음이 없습니다.
先神命之,	선조의 신이 명하였으니
國民信之.	백성들이 그를 믿습니다.
芈姓有亂,	미 성에 난이 있으면
必季實立,	필시 막내를 세우는 것이
楚之常也.	초의 상규였습니다.
子比之官,	자비의 관위는
則右尹也;	우윤이며,
數其貴寵,	존귀와 은총을 따져보면
則庶子也;	서자이고,

---

134 [집해] 두예는 말하였다. "영왕이 포학하여 두려워하고 꺼리는 것이 없어 스스로 말하게 될 것이라는 말이다."

135 [정의] 방성산(方城山)은 허주(許州) 섭현(葉縣) 서쪽 18리 지점에 있다.

136 [집해] 복건은 말하였다. "사욕으로 민심을 어기지 않은 것이다."

以神所命,	신이 명한 것으로 보면
則又遠之;	또한 멉니다.
民無懷焉,	백성이 그리워함이 없으니
將何以立?"	어떻게 서겠습니까?"
宣子曰:	선자가 말하였다.
"齊桓·晉文不亦是乎?"[137]	"제환공과 진문공도 또한 이러하지 않습니까?"
對曰:	대답하였다.
"齊桓,	"제환공은
衞姬之子也,	위희의 아들로
有寵於釐公.	희공의 총애를 받았습니다.
有鮑叔牙·賓須無·隰朋以爲輔,	
	포숙아와 빈수무, 습붕이 있어 보좌하였고,
有莒·衞以爲外主,[138]	거와 위를 바깥의 도움으로 삼았으며,
有高·國以爲內主.[139]	고 씨와 국 씨를 안의 도움으로 삼았습니다.
從善如流,[140]	선인들을 따르는 것이 물이 흐르듯 하였고
施惠不倦.	은혜를 베푸는데 게으르지 않았습니다.
有國,	나라를 가지는 것이
不亦宜乎?	또한 마땅하지 않겠습니까?
昔我文公,	옛날 우리 문공은
狐季姬之子也,	호계희의 아들로

---

137 **집해** 복건은 말하였다. "모두 서자로 달아난 것이다."

138 **집해** 가규는 말하였다. "제환공이 거로 달아나자 거에서 먼저 받아들였고 위의 사람이 도와주었다."

139 **집해** 복건은 말하였다. "국자(國子)와 고자(高子)는 모두 제의 정경(正卿)이다."

140 **집해** 복건은 말하였다. "그 빠름을 말한다."

有寵於獻公.	헌공의 총애를 받았습니다.
好學不倦.	배우기를 좋아하여 게으르지 않았습니다.
生十七年,	나이 17세에
有士五人,	사 다섯 사람을 가졌으며
有先大夫子餘·子犯以爲腹心,[141]	선대부 자여와 자범을 심복으로 삼았고
有魏犨·賈佗以爲股肱,	위주와 가타를 고굉지신으로 삼았으며
有齊·宋·秦·楚以爲外主,[142]	제와 송, 진, 초를 외부의 도움으로 삼았고
有欒·郤·狐·先以爲內主.[143]	난 씨와 극 씨, 호 씨와 선 씨를 내부의 도움으로 삼았습니다.
亡十九年,	망명한 지 19년이 되도록
守志彌篤.	뜻을 지킴이 더욱 돈독해졌습니다.
惠·懷弃民,[144]	혜공과 회공이 백성을 버리니
民從而與之.[145]	백성들이 그를 따라 함께 하였습니다.
故文公有國,	그러니 문공이 나라를 가진 것이
不亦宜乎?	또한 마땅하지 않겠습니까?
子比無施於民,	자비는 백성들에게 베푼 것이 없고
無援於外,	외부의 도움이 없으며,
去晉,	진을 떠남에

---

141 집해 가규는 말하였다. "자여(子餘)와 조최(趙衰)이다."

142 집해 가규는 말하였다. "제는 종녀를 시집보냈고, 송은 말을 주었으며, 초왕은 구헌(九獻) 연회를 열어주었고, 진은 들여보냈다."

143 집해 가규는 말하였다. "네 성(姓)은 진(晉)의 대부이다." 정의 두예는 말하였다. "난지(欒枝)와 극곡(郤縠), 호돌(狐突), 선진(先軫)을 이른다."

144 집해 복건은 말하였다. "모두 백성을 버리고 돌보지 않았다."

145 정의 혜공(惠公)과 회공(懷公)이 백성을 버렸으므로 백성들이 서로 좇아 문공에게로 마음을 돌린 것이다.

晉不送;	진이 전송하지 않았고
歸楚,	초로 돌아옴에
楚不迎.	초가 맞아들이지 않았습니다.
何以有國!"	어떻게 나라를 가지겠습니까!"
子比果不終焉,	자비는 과연 끝내 이루지 못하였고
卒立者弃疾,[146]	끝내 즉위한 자는 기질로
如叔向言也.	숙상이 말한 대로 되었다.

平王二年,	평왕 2년에
使費無忌[147]如秦爲太子建取婦.[148]	비무기를 진으로 보내 태자 건의 아내를 맞게 했다.
婦好,	아내(될 여인)가 아름다웠다.
來,	오면서
未至,	아직 이르지 않아
無忌先歸,	무기가 먼저 돌아와

---

146 정의 『좌전』에서는 말하였다. "신령을 얻은 것이 첫째이고, 백성을 가진 것이 둘째이며, 훌륭한 덕행이 셋째이고, 총애로 존귀해진 것이 넷째이며, 상규에 처한 것이 다섯째입니다. 다섯 가지 이로움을 가지고 다섯 가지 어려움을 없애니 누가 방해할 수 있겠습니까?" 두예는 말하였다. "획신(獲神)은 옥벽(玉璧)에 닿게 절한 것을 말하며, 유민(有民)은 백성이 그를 신임한 것을 말하고, 영덕(令德)은 가혹하거나 사특한 정치가 없었던 것을 말하며, 총귀(寵貴)는 귀비(貴妃)의 아들임을 말하고, 거상(居常)은 기질(弃疾)이 막내임을 말한다."

147 집해 복건은 말하였다. "초의 대부이다." 색은 『좌전』에는 "무극(無極)"으로 되어 있으며, 극(極, jí)과 기(忌, jì)는 소리가 서로 가깝다.

148 정의 『좌전』에서는 말하였다. "초자(楚子)가 채(蔡)에 있을 때 격양(郹陽)의 여인이 그곳으로 달아나 태자 건(建)을 낳았다." 두예는 말하였다. "격(郹)은 채의 읍이다." '郹'의 음은 격(古覓反)이다.

說平王曰:	평왕에게 말하였다.
"秦女好,	"진의 여인이 아름다워
可自娶,	스스로 아내로 맞을 만하니
爲太子更求."	태자에게는 다시 구하여주십시오."
平王聽之,	평왕이 그 말을 따라
卒自娶秦女,	마침내 스스로 진의 여인을 아내로 맞아
生熊珍.	웅진을 낳았다.
更爲太子娶.	태자에게는 다시 아내를 맞아주었다.
是時伍奢爲太子太傅,	이때 오사가 태자태부였고
無忌爲少傅.	무기는 소부였다.
無忌無寵於太子,	무기는 태자의 총애를 받지 못하여
常讒惡太子建.	늘 태자 건을 나쁜 말로 헐뜯었다.
建時年十五矣,	건은 당시 나이가 15세였고
其母蔡女也,	모친은 채의 여인이었으며
無寵於王,	왕의 총애를 받지 못하여
王稍益疏外建也.	왕은 점점 태자 건을 더욱 멀리하였다.
六年,	6년에
使太子建居城父,	태자 건을 성보에 거처하게 하고
守邊.[149]	변강을 지키게 하였다.
無忌又日夜讒太子建於王曰:	무기는 또 밤낮으로 왕에게 태자 건을 참소하여 말하였다.
"自無忌入秦女,	"제가 진의 여인을 맞아들인 이래
太子怨,	태자가 원망하여
亦不能無望於王,	또한 왕을 원망하지 않을 수 없으니

王少自備焉.	왕께서는 조금씩 스스로 대비 하십시오.
且太子居城父,	또한 태자가 성보에 있으면서
擅兵,	병력을 장악하고
外交諸侯,	밖으로 제후와 사귀고 있으니
且欲入矣."	또한 쳐들어오려 할 것입니다."
平王召其傅伍奢責之.	평왕은 태부인 오사를 불러 책망했다.
伍奢知無忌讒,	오사는 무기가 참소한 것임을 알고
乃曰:	이에 말하였다.
"王柰何以小臣疏骨肉?"	"왕께서는 어째서 소신 때문에 골육을 멀리 하십니까?"
無忌曰:	무기가 말하였다.
"今不制,	"지금 통제하지 않으면
後悔也."	나중에 뉘우치게 될 것입니다."
於是王遂囚伍奢.	이에 왕은 마침내 오사를 가두었다.
(而召其二子而告以免父死)	(그 두 아들을 불러 부친의 사형을 사면한다고 알리고)
乃令司馬奮揚召太子建,	이에 사마분양에게 태자 건을 부르게 하여
欲誅之.	죽이려 하였다.

---

149 **집해** 복건은 말하였다. "성보(城父)는 초의 북쪽 경계에 있는 읍이다." 두예는 말하였다. "양성(襄城) 성보현(城父縣)이다." **정의** '父'의 음은 보(甫)이다.『괄지지』에서는 말하였다. "성보의 옛 성은 허주(許州) 섭현(葉縣) 동북쪽 45리 지점에 있는데 곧 두예가 말한 양성 성보현이다. 또한 허주 양성현 동쪽 45리 지점에 또한 보성(父城)의 옛 성 한 곳이 있는데, 복건이 말한 '성보는 초 북쪽 경계에 있는 읍이다.'라 한 것이며, 바로 보성의 이름이며 건(建)이 지키는 곳이 아니다. 두예가 성보라고 말한 것 또한 잘못되었다.『전』및 역도원(酈道元)의 『수경주(水經注)』에서는 '초의 대성 성보에 태자 건을 살게 하였다.'라 하였으니 곧 『십삼주지(十三州志)』에서 이른 태자 건이 사는 성보로 지금의 박주(亳州) 성부현이다." 지금의 박주에는 성보현이 있음이 보이는데 건이 지키는 곳이다. 「지리지」에서는 영천(穎川)에 보성현(父城縣)이 있고, 패군(沛郡)에는 성보현(城父縣)이 있는데 이 두 곳은 다른 이름일 따름이다.

太子聞之,	태자는 듣고
亡奔宋.	도망쳐 송으로 달아났다.
無忌曰:	무기가 말하였다.
"伍奢有二子,	"오사에게는 두 아들이 있는데
不殺者爲楚國患.	죽이지 않으면 초의 근심이 될 것입니다.
盍以免其父召之,	어찌 그 부친을 사면한다고 하면서 부르지 않습니까?
必至."	반드시 이를 것입니다."
於是王使使謂奢:	이에 왕은 사자를 보내어 오사에게 일렀다.
"能致二子則生,	"두 아들이 이르게 하면 살 것이고
不能將死."	할 수 없으면 죽게 될 것이다."
奢曰:	오사가 말하였다.
"尚至,	"상은 올 것이고
胥不至."	서는 오지 않을 것이오."
王曰:	왕이 말하였다.
"何也?"	"어째서인가?"
奢曰:	오사가 말하였다.
"尚之爲人,	"상은 사람됨이
廉,	청렴하여
死節,	절개를 지켜 죽을 것이니
慈孝而仁,	인자하고 효성스럽고 인하여
聞召而免父,	부름을 듣고 아비가 사면된다고 한다면
必至,	반드시 이르러
不顧其死.	죽음을 돌아보지 않을 것입니다.

598

胥之爲人,	서는 사람됨이
智而好謀,	지혜롭고 모략을 좋아하니
勇而矜功,	용감하고 공을 자랑스럽게 여겨
知來必死,	오면 반드시 죽을 것임을 알아
必不來.	반드시 오지 않을 것입니다.
然爲楚國憂者必此子."	그러니 초의 근심거리는 반드시 이 애일 것입니다."
於是王使人召之,	이에 왕은 사람을 시켜 부르면서
曰:	말하였다.
"來,	"오면
吾免爾父."	내 너희 부친을 사면하겠다."
伍尙謂伍胥曰:	오상이 오서에게 말하였다.
"聞父免而莫奔,	"부친이 방면된다는 것을 듣고도 달려가지 않으면
不孝也;	효성스럽지 못한 것이고,
父戮莫報,	부친이 죽임을 당하는데 보복을 않는 것은
無謀也;	계책이 없는 것이다.
度能任事,	능력을 헤아려 일을 맡는 것은
知也.	지혜로운 것이다.
子其行矣,	너는 떠나야 할 것이며
我其歸死."	나는 가서 죽을 것이다."
伍尙遂歸.	오상은 마침내 돌아갔다.
伍胥彎弓屬矢,	오서는 활을 당겨 화살을 매기어
出見使者,	나와서 사자에게 보이고
曰:	말하였다.
"父有罪,	"부친에게 죄가 있는데
何以召其子爲?"	어째서 자식을 부르는가?"

將射,	쏘려 하니
使者還走,	사자가 (몸을) 돌려 달아나
遂出奔吳.	마침내 나와 오로 달아났다.
伍奢聞之,	오사는 듣고
曰:	말하였다.
"胥亡,	"서가 달아났으니
楚國危哉."	초는 위태로워질 것이다."
楚人遂殺伍奢及尙.	초 사람은 마침내 오사 및 상을 죽였다.
十年,	10년에
楚太子建母在居巢,150	초의 태자 건의 모친은 거소에 있었는데
開吳.	오에 성문을 열어주었다.
吳使公子光伐楚,	오가 공자 광에게 초를 치게 하여
遂敗陳·蔡,	마침내 진과 채를 무찌르고
取太子建母而去.	태자 건의 모친을 데리고 떠났다.
楚恐,	초는 두려워하여
城郢.151	영에 성을 쌓았다.
初,	처음에
吳之邊邑卑梁152與楚邊邑鍾離小童爭桑,	
	오의 변읍 비량과 초의 변읍 종리의 아이들이 뽕나무를 다투어

---

150 **정의** 바로 여주(廬州) 소현(巢縣)이다.

151 **정의** 강릉현(江陵縣) 동북쪽 6리 지점에 있으며, 이미 앞에서 풀이했다. 『전(傳)』에 의하면 영(郢)에 성을 쌓은 것은 소공(昭公) 23년의 일인데, 아래에서 거듭 영에 성을 쌓았다고 하였다. 두예는 말하기를 "초가 자낭(子囊)의 유언을 써서 영에 성을 쌓았는데 지금 오를 두려워하여 다시 수축하여 스스로 견고하게 하였다.

兩家交怒相攻,　　　　　양가가 번갈아 노하여 서로 공격하여

滅卑梁人.　　　　　　　비량의 사람을 멸하였다.

卑梁大夫怒,　　　　　　비량의 대부가 크게 노하여

發邑兵攻鍾離.　　　　　읍의 군사를 일으켜 종리를 쳤다.

楚王聞之怒,　　　　　　초왕이 듣고 노하여

發國兵滅卑梁.　　　　　나라의 군사를 일으켜 비량을 쳤다.

吳王聞之大怒,　　　　　오왕이 듣고 크게 노하여

亦發兵,　　　　　　　　또한 군사를 일으켜

使公子光因建母家攻楚,　공자 광으로 하여금 건의 모친 집을 통하여 초
　　　　　　　　　　　를 공격하여

遂滅鍾離·居巢.　　　　마침내 종리와 거소를 멸하였다.

楚乃恐而城郢.¹⁵³　　　　초는 이에 두려워하여 영에 성을 쌓았다.

十三年,　　　　　　　　13년에

平王卒.　　　　　　　　평왕이 죽었다.

將軍子常曰:　　　　　　장군 자상이 말하였다.

"太子珍少,　　　　　　 "태자 진은 어리며

且其母乃前太子建所當娶也."
　　　　　　　　　　　또한 그 모친은 바로 전 태자 건에게 시집가야
　　　　　　　　　　　했다."

欲立令尹子西.　　　　　영윤 자서를 세우려고 했다.

子西,　　　　　　　　　자서는

────────────

152　**정의** 비량읍(卑梁邑)은 종리(鍾離)에 가깝다.

153　**색은** 지난 해에 이미 영에 성을 쌓았는데 지금 또 거듭 말하였다. 『좌씨』에 의하면 소공(昭
　　公) 23년에 영에 성을 쌓았고 24년에는 거듭 영에 성을 쌓았다는 내용이 없는데 『사기』가
　　잘못되었다.

平王之庶弟也,	평왕의 서제로
有義.	의가 있었다.
子西曰:	자서가 말하였다.
"國有常法,	"나라에는 떳떳한 법도가 있으니
更立則亂,	바꾸어 세우면 어지러워질 것이며
言之則致誅."	이런 말을 하면 죽음을 초래할 것이다."
乃立太子珍,	이에 태자 진을 세우니
是爲昭王.	곧 소왕이다.

昭王元年,	소왕 원년에
楚眾不說費無忌,	초의 민중이 비무기를 좋아하지 않았으니
以其讒亡太子建,	태자 건을 참소하여 도망가게 하고
殺伍奢子父與郤宛.	오사 부자와 극완을 죽였기 때문이었다.
宛之宗姓伯氏子嚭及子胥皆奔吳,	
	극완의 동성 백씨의 아들 백비 및 자서가 모두 오로 달아나
吳兵數侵楚,	오의 군사가 수차례 초를 침입하니
楚人怨無忌甚.	초의 사람들은 비무기를 매우 원망하였다.
楚令尹子常[154]誅無忌以說眾,	초의 영윤 자상이 비무기를 죽여 민중을 기쁘게 하니
眾乃喜.	민중이 이에 좋아하였다.

四年,	4년에
吳三公子[155]奔楚,	오의 세 공자가 초로 도망쳐오자

---

154 **정의** 이름은 와(瓦)이다. 『좌전』에서는 낭와(囊瓦)가 오를 쳤다고 하였다.

楚封之以扞吳.	초는 그들을 봉하여 오를 막았다.
五年,	5년에
吳伐取楚之六·潛.[156]	오는 초의 육과 잠을 쳐서 빼앗았다.
七年,	7년에
楚使子常伐吳,	초는 자상에게 오를 치게 하였는데
吳大敗楚於豫章.[157]	오는 예장에서 초에 대패를 안겼다.
十年冬,	10년 겨울에
吳王闔閭·伍子胥·伯嚭與唐·蔡俱伐楚,	
	오왕 합려와 오자서·백비가 당·채와 함께 초를 쳐서
楚大敗,	초는 대패하였으며
吳兵遂入郢,	오의 군사는 마침내 영으로 들어가
辱平王之墓,	평왕의 무덤을 욕보였는데
以伍子胥故也.	오자서 때문이었다.
吳兵之來,	오의 군사가 오자
楚使子常以兵迎之,	초는 자상에게 군사로 맞게 하여
夾漢水陣.	한수를 끼고 진을 쳤다.
吳伐敗子常,	오가 자상을 쳐서 무찌르자
子常亡奔鄭.	자상은 정으로 달아났다.

---

155 색은 소왕(昭王) 30년에 두 공자가 초로 달아났는데, 공자 엄여(掩餘)는 서(徐)로 달아나고, 공자 촉용(燭庸)은 종리(鍾離)로 달아났다. 여기서는 세 공자라 했는데 틀렸다.

156 정의 옛 육성(六城)은 수주(壽州) 안풍현(安豐縣) 남쪽 130리 지점에 있으며, 언성(偃姓) 고요(皋陶)의 후손이 봉하여졌다. 잠성(潛城)은 초의 잠읍(潛邑)으로 곽산현(霍山縣) 동쪽 2백보 지점에 있다.

157 정의 지금의 홍주(洪州)이다.

楚兵走,	초의 군사가 달아나자
吳乘勝逐之,	오는 승세를 타고 쫓아
五戰及郢.	5차례의 전투로 영에 이르렀다.
己卯,	기묘일에
昭王出奔.	소왕은 달아났다.
庚辰,	경진일에
吳人入郢.[158]	오의 사람이 영에 들어갔다.
昭王亡也至雲夢.	소왕은 도망쳐서 운몽에 이르렀다.
雲夢不知其王也,	운몽에서는 그가 왕임을 알지 못하고
射傷王.	왕을 쏘아 상해를 입혔다.
王走鄖.[159]	왕은 운으로 달아났다.
鄖公之弟懷曰:	운공의 아우 회가 말하였다.
"平王殺吾父,[160]	"평왕이 우리 아버지를 죽였으니
今我殺其子,	지금 내가 그 아들을 죽여도
不亦可乎?"	또한 괜찮지 않겠습니까?"
鄖公止之,	운공이 말렸지만
然恐其弑昭王,	그가 소왕을 죽일까 걱정하여
乃與王出奔隨.[161]	이에 왕과 함께 수로 달아났다.
吳王聞昭王往,	오왕은 소왕이 갔다는 것을 듣고

---

158 집해 『춘추』에서는 11월 경진일이라고 하였다.

159 정의 '走'의 음은 주(奏)이다. '鄖'의 음은 운(云)이다. 『괄지지』에서는 말하였다. "안주(安州) 안릉현(安陸縣) 성은 본래 춘추시대 운국(鄖國)의 성이다."

160 집해 복건은 말하였다. "부친은 만성연(曼成然)이다." 정의 만성연은 평왕을 옹립하였는데 탐욕이 끝이 없어 평왕이 죽였다.

即進擊隨,	즉시 수로 진격하여
謂隨人曰:	수의 사람에게 말하였다.
"周之子孫封於江漢之閒者,	"주의 자손 가운데 강한 사이에 봉해진 자는
楚盡滅之."	초가 모두 멸하였다."
欲殺昭王.	소왕을 죽이려 하였다.
王從臣子綦乃深匿王,	왕을 수행하는 신하 자기가 이에 왕을 깊이 숨기고
自以爲王,	스스로 왕 노릇을 하면서
謂隨人曰:	수의 사람에게 말하였다.
"以我予吳."	"나를 오에 넘기시오."
隨人卜予吳,	수의 사람이 오에게 넘기는 것을 점쳤는데
不吉,	길하지 못하여
乃謝吳王曰:	이에 오왕을 사절하면서 말하였다.
"昭王亡,	"소왕은 도망쳐
不在隨."	수에 있지 않습니다."
吳請入自索之,	오에서 들어가 직접 찾아볼 것을 청하였으나
隨不聽,	수는 따르지 않았고
吳亦罷去.	오도 그만두고 떠났다.
昭王之出郢也,	소왕이 영을 나서면서
使申鮑胥[162]請救於秦.	신포서에게 진에 구원을 청하게 하였다.

---

161 **정의** 『괄지지』에서는 말하였다. "수주성(隨州城) 밖은 옛 수국(隨國)의 성이다. 수(隨)는 희성(姬姓)이다." 또 말하였다. "초소왕(楚昭王)의 성은 수주현(隨州縣) 북쪽 7리 지점에 있다. 『좌전』에서는 오의 군사가 영(郢)으로 들어가자 왕은 수(隨)로 달아났으며, 수의 사람이 공궁의 북쪽에 처하게 하였다했는데 바로 이 성이다."

162 **집해** 복건은 말하였다. "초의 대부 왕손포서(王孫包胥)이다."

秦以車五百乘救楚,	진이 병거 5백 승으로 초를 구원하고
楚亦收餘散兵,	초 또한 남은 패잔병을 거두어
與秦擊吳.	진과 함께 오를 공격하였다.
十一年六月,	11년 6월에
敗吳於稷.[163]	직에서 오를 무찔렀다.
會吳王弟夫概見吳王兵傷敗,	마침 오왕의 아우 부개가 오왕의 군사가 패한 것을 보고
乃亡歸,	이에 도망쳐 돌아가
自立爲王.	스스로 왕에 즉위하였다.
闔閭聞之,	합려는 듣고
引兵去楚,	군사를 끌고 초를 떠나
歸擊夫概.	돌아가 부개를 공격하였다.
夫概敗,	부개는 패하여
奔楚,	초로 달아났는데
楚封之堂谿,[164]	초에서는 그를 당계에 봉하고
號爲堂谿氏.	당계씨라 불렀다.
楚昭王滅唐.[165]	초소왕은 당을 멸하였다.
九月,	9월에
歸入郢.	영으로 돌아갔다.

---

163 **집해** 가규는 말하였다. "초 땅이다."

164 **정의** 「지리지」(『괄지지』)에서는 말하였다. "당계(堂谿)의 옛 성은 예주(豫州) 언성현(郾城縣) 서쪽 85리 지점에 있다."

165 **집해** 두예는 말하였다. "의양(義陽) 안읍현(安邑縣) 동남쪽의 상당향(上唐鄕)이다." **정의** 『괄지지』에서는 말하였다. "상당향(上唐鄕)의 옛 성은 수주(隨州) 조양현(棗陽縣) 동남쪽 50리 지점에 있는데, 옛 당(唐)이다. 『세본』에서는 당은 희성(姬姓)의 나라라 하였다."

十二年,	12년에
吳復伐楚,	오는 다시 초를 쳐서
取番.[166]	파를 빼앗았다.
楚恐,	초는 두려워하여
去郢,	영을 버리고
北徙都鄀.[167]	북으로 도읍을 약으로 옮겼다.
十六年,	16년에
孔子相魯.	공자가 노의 상이 되었다.
二十年,	20년에
楚滅頓,[168]	초는 돈을 멸하고
滅胡.[169]	호를 멸하였다.
二十一年,	21년에
吳王闔閭伐越.	오왕 합려가 월을 쳤다.
越王句踐射傷吳王,	월왕 구천이 오왕을 쏘아 부상을 입혀

---

166 정의 음은 반(片寒反), 또는 파(婆)이다. 『괄지지』에서는 말하였다. "요주(饒州) 파양현(鄱陽縣)은 춘추시대의 초의 동쪽 경계로, 진(秦)이 파현(番縣)으로 삼아 구강군(九江郡)에 예속시켰고 한은 파양현(鄱陽縣)으로 하였다."

167 정의 음은 약(若)이다. 『괄지지』에서는 말하였다. "초소왕(楚昭王)의 옛 성은 양주(襄州) 낙향현(樂鄉縣) 동북쪽 32리 지점에 있으며, 옛 도성 동쪽 5리 지점에 있는 것은 곧 초의 옛 소왕이 도읍을 옮긴 약성(鄀城)이다."

168 집해 「지리지」에서는 말하였다. "여남(汝南) 남돈현(南頓縣)은 옛 돈자국(頓子國)이다." 정의 『괄지지』에서는 말하였다. "진주(陳州) 남돈현은 옛 돈자국이다. 응소(應劭)는 옛 돈자국은 희성(姬姓)이며 진(陳)의 핍박을 받아 나중에 남쪽으로 옮겼기 때문에 남돈(南頓)이라고 한다라 하였다."

169 집해 두예는 말하였다. "여남현(汝南縣) 서북쪽의 호성(胡城)이다." 정의 『괄지지』에서는 말하였다. "옛 호성은 예주(豫州) 언성현(郾城縣) 경계에 있다."

| 遂死. | 결국 죽었다. |
| 吳由此怨越而不西伐楚. | 오는 이로 말미암아 월에 원한을 품어 서로 초를 치지 않았다. |

二十七年春,	27년 봄에
吳伐陳,	오가 진을 치니
楚昭王救之,	초소왕이 구원하여
軍城父.	성보에 주둔하였다.
十月,	10월에
昭王病於軍中,	소왕이 군중에서 병들었는데
有赤雲如鳥,	새 같은 붉은 구름이
夾日而蜚.[170]	해를 끼고 날았다.
昭王問周太史,	소왕이 주의 태사에게 물어보았다.
太史曰:	태사가 말하였다.
"是害於楚王,	"초왕께 해롭지만
然可移於將相."	장상에게 옮길 수 있습니다."
將相聞是言,	장상은 이 말을 듣고
乃請自以身禱於神.	곧 자기의 몸으로 옮기도록 신에게 빌기를 청했다.
昭王曰:	소왕이 말하였다.
"將相,	"장상은
孤之股肱也,	나의 고굉인데
今移禍,	지금 화를 옮긴다 해서

---

170 집해 두예는 말하였다. "구름이 초의 상공에 있어서 초만 보았다."

庸去是身乎!"	어찌 이 몸을 떠나겠는가!"
弗聽.	그 말을 듣지 않았다.
卜而河爲祟,	점을 쳐보니 황하가 빌미가 된 것이라 하여
大夫請禱河.	대부들은 황하에 기도할 것을 청하였다.
昭王曰:	소왕이 말하였다.
"自吾先王受封,	"우리 선왕이 분봉된 이래
望不過江·漢,[171]	바람이 장강과 한수를 벗어나지 않았으니
而河非所獲罪也."	황하에 죄를 지은 것이 아니오."
止不許.	제지하며 허락지 않았다.
孔子在陳,	공자가 진에 있으면서
聞是言,	이 말을 듣고
曰:	말하였다.
"楚昭王通大道矣.	"초의 소왕은 대도에 통달했다 하겠다.
其不失國,	그가 나라를 잃지 않은 것은
宜哉!"	마땅하도다!"
昭王病甚,	소왕은 병이 심해지자
乃召諸公子大夫曰:	곧 공자와 대부들을 불러 말하였다.
"孤不佞,	"내가 재주가 없어
再辱楚國之師,	초의 군사를 두 차례나 욕보였는데
今乃得以天壽終,	이제 천수를 누리고 죽게 되었으니

---

171 [집해] 복건은 말하였다. "왕명을 받은 것이 그 나라의 산천에 제사를 지내는 것을 바라는 것이다." [정의] 강(江)은 형주(荊州) 남쪽의 대강(大江)이고, 한(漢)은 강(江)이며, 두 하천은 초의 경계 안에 있다. 하(河)는 황하(黃河)로 초의 경계가 아니다.

孤之幸也."	나로서는 다행이다."
讓其弟公子申爲王,	그 아우 공자 신에게 왕좌를 양위하니
不可.	불가하다고 하였다.
又讓次弟公子結,	또 다음 아우인 공자 결에게 양위하니
亦不可.	또한 불가하다고 하였다.
乃又讓次弟公子閭,	이에 또 다음 아우인 공자 여에게 양위하니
五讓,	다섯 번을 양보하고 난
乃後許爲王.	뒤에야 왕이 될 것을 허락하였다.
將戰,	전쟁을 하려는데
庚寅,	경인일에
昭王卒於軍中.	소왕이 군영에서 죽었다.
子閭曰:	자려가 말하였다.
"王病甚,	"왕의 병이 심하여
舍其子讓羣臣,	그 아들을 제쳐두고 신하들에게 양위하였는데
臣所以許王,	신이 왕에게 허락한 것은
以廣王意也.	왕의 뜻을 넓히고자 해서이다.
今君王卒,	지금 군왕이 죽었는데
臣豈敢忘君王之意乎!"	신이 어찌 감히 군왕의 뜻을 잊겠는가!"
乃與子西·子綦謀,	이에 자서, 자기와 모의하여
伏師閉[172]塗,	군사를 매복시키고 길을 폐쇄하여
迎越女之子章立之,[173]	월의 여인의 아들 장을 맞아 옹립하니
是爲惠王.	바로 혜왕이다.
然後罷兵歸,	그런 다음에 군사를 철수시켜 돌아가

---

172 집해 서광은 말하였다. "'벽(壁)'으로 된 판본도 있다."

葬昭王.	소왕을 장사지냈다.
惠王二年,	혜왕 2년에
子西召故平王太子建之子勝於吳,	자서가 오에서 옛 평왕의 태자 건의 아들 승을 불러
以爲巢大夫,	소대부로 삼고
號曰白公.[174]	백공이라 하였다.
白公好兵而下士,	백공은 군사를 좋아하고 사에게 몸을 낮추어
欲報仇.	원수를 갚으려 하였다.
六年,	6년에
白公請兵令尹子西伐鄭.	백공은 영윤 자서에게 군사를 청하여 정을 쳤다.
初,	처음
白公父建亡在鄭,	백공의 부친 건은 도망쳐 정에 있었는데

---

173 [집해] 복건은 말하였다. "길을 폐쇄한 것은 외부의 사신이 통하지 않게 하는 것이다. 월녀(越女)는 소왕(昭王)의 첩이다." [색은] 길을 폐쇄한 것은 흙을 모은 것이므로 아래에서 혜왕(惠王)이 나중에 즉시 군사를 거두어 돌아가 장사지냈다고 하였다. 복건의 설은 틀렸다. [정의] 『좌전』에서는 "군사를 숨기고 길을 막을 것을 모의하였다."라 하였다. 잠사(潛師)는 몰래 보내어 가서 맞오는 것이다. 폐도(閉塗)는 외적을 막아서 차단하는 것이다. 소왕이 군영에서 죽어 후사가 정하여지지 않아 이웃 나라 및 공자들이 변란을 일으킬까 두려워하였으므로 군사를 숨기고 길을 막아 월의 여인의 아들 장을 맞아 혜왕으로 세웠다.

174 [집해] 서광은 말하였다. "「오자서전(伍子胥傳)」에서는 말하기를 초의 변읍인 언(鄢)을 이겨서 지키게 하였다.라 하였다." 내[駰]가 생각건대 복건은 "백(白)은 읍 이름이다. 초 읍의 대부는 모두 공이라 일컬었다."라 하였다. 두예는 말하기를 "여음(汝陰) 포신현(褒信縣) 서남쪽에 백정(白亭)이 있다."라 하였다. [정의] 소(巢)는 지금의 여주(廬州) 거소현(居巢縣)이다. 『괄지지』에서는 말하였다. "백정(白亭)은 예주(豫州) 포신(褒信) 동남쪽 32리 지점에 있다. 포신은 본래 한의 언현(鄢縣) 땅이었는데 후한에서 언을 나누어 포신현을 설치하였으며 지금의 포신현 동쪽 77리 지점에 있다."

鄭殺之,	정에서 죽여
白公亡走吳,	백공은 도망쳐 오로 달아났는데
子西復召之,	자서가 다시 그를 불렀으므로
故以此怨鄭,	이 때문에 정을 원망하여
欲伐之.	치고자 하였다.
子西許而未爲發兵.	자서가 허락은 하였지만 아직 군사를 일으키지는 않았다.
八年,	8년에
晉伐鄭,	진이 정을 치자
鄭告急楚,	정은 초에 위급을 알렸으며
楚使子西救鄭,	초는 자서에게 정을 구원하게 하였는데
受賂而去.	뇌물을 받고 (정을) 떠났다.
白公勝怒,	백공 승은 노하여
乃遂與勇力死士石乞等襲殺令尹子西·子綦於朝,	이에 마침내 용맹하고 힘센 결사대 석걸 등과 함께 조정에서 영윤 자서와 자기를 습격하여 죽이고
因劫惠王,	내친김에 혜왕을 겁박하여
置之高府,[175]	고부에 안치하고
欲弑之.	죽이려 하였다.
惠王從者屈固負王亡走昭王夫人宮.[176]	혜왕의 종자 굴고가 왕을 업고 소왕 부인의 궁으로 도망쳐 달아났다.

---

175 집해 가규는 말하였다. "고부(高府)는 부(府) 이름이다." 두예는 말하였다. "초의 별부(別府)이다."

176 집해 복건은 말하였다. "소왕부인(昭王夫人)은 혜왕(惠王)의 어머니로 월의 여인이다."

白公自立爲王.	백공은 스스로 왕으로 즉위하였다.
月餘,	달포 만에
會葉公來救楚,	마침 섭공이 와서 초를 구원하여
楚惠王之徒與共攻白公,	초혜왕의 무리와 함께 백공을 공격하여
殺之.	죽였다.
惠王乃復位.	혜왕은 이에 복위하였다.
是歲也,[177]	이 해에
滅陳而縣之.	진을 멸하고 현으로 삼았다.
十三年,	13년에
吳王夫差彊,	오왕 부차가 강하여져
陵齊·晉,	제와 진을 능멸하고
來伐楚.	초를 치러 왔다.
十六年,	16년에
越滅吳.[178]	월이 오를 멸하였다.
四十二年,	42년에
楚滅蔡.[179]	초는 채를 멸하였다.
四十四年,	44년에
楚滅杞.[180]	초는 기를 멸하였다.
與秦平.	진과 강화를 맺었다.

---

177 **집해** 서광은 말하였다. "혜왕 10년이다."

178 **정의** 「표(表)」에서는 월이 오를 멸한 것은 원왕(元王) 4년이라고 하였다.

179 **정의** 주정왕(周定王) 22년이다.

180 **정의** 주정왕(周定王) 24년이다.

是時越已滅吳而不能正江·淮北;¹⁸¹

이때 월은 이미 오를 멸하였으나 장강과 회수북 쪽을 평정하지 못하였고

楚東侵,　　　　　　　초는 동쪽으로 침범하여

廣地至泗上.　　　　　땅을 넓혀 사상에까지 이르렀다.

五十七年,　　　　　　57년에

惠王卒,　　　　　　　혜왕이 죽고

子簡王中立.　　　　　아들인 간왕 중이 즉위하였다.

簡王元年,　　　　　　간왕 원년에

北伐滅莒.¹⁸²　　　　북으로 거를 쳐서 멸하였다.

八年,　　　　　　　　8년에

魏文侯·韓武子·趙桓子始列爲諸侯.

위문후와 한무자, 조환자가 비로소 제후의 반열에 올랐다.

二十四年,　　　　　　24년에

簡王卒,　　　　　　　간왕이 죽고

子聲王當立.¹⁸³　　　아들인 성왕 당이 즉위하였다.

---

181 **정의** 정(正)은 장(長)이다. 강(江)과 회북(淮北)은 광릉현(廣陵縣)이며, 바로 서(徐)와 사(泗) 등의 주이다.

182 **정의** 『괄지지』에서는 말하였다. "밀주(密州) 거현(莒縣)의 옛 나라이다." "북벌(北伐)"이라고 한 것은 거(莒)가 서(徐)와 사(泗)의 북쪽에 있기 때문이다.

183 **정의** 시법(謚法)에서 말하기를 "그 나라에서 나지 않은(不生其國) 것을 성(聲)이라고 한다."라 하였다.

聲王六年,	성왕 6년에
盜殺聲王,	도적이 성왕을 죽여
子悼王熊疑立.	아들인 도왕 웅의가 즉위하였다.
悼王二年,	도왕 2년에
三晉來伐楚,	삼진이 초에 쳐들어와
至乘丘而還.[184]	승구까지 이르렀다가 돌아갔다.
四年,	4년에
楚伐周.	초가 주를 쳤다.
鄭殺子陽.	정이 자양을 죽였다.
九年,	9년에
伐韓,	한을 쳐서
取負黍.	부서를 빼앗았다.
十一年,	11년에
三晉伐楚,	삼진이 초를 쳐서
敗我大梁·榆關.[185]	대량과 유관에서 우리를 꺾었다.
楚厚賂秦,	초가 진에 재물을 두터이 바쳐
與之平.	강화하였다.
二十一年,	21년에
悼王卒,	도왕이 죽고
子肅王臧立.	아들인 숙왕 장이 즉위하였다.

---

184 (집해) 서광은 말하였다. "「연표」에서는 3년에 정에 유관(楡關)을 돌려주었다고 하였다."
(정의) 「연표」에서는 삼진(三晉)의 공자가 우리를 쳐서 승구(乘丘)에 이르렀다고 하였는데 잘못되었으며, 이미 「연표」에서 풀이하였다. 『지리지』(『괄지지』)에서는 "승구(乘丘)의 옛 성은 연주(兗州) 하구현(瑕丘縣) 서북쪽 35리 지점에 있다."라 하였다.
185 (색은) 이 유관(楡關)은 대량(大梁)의 서쪽에 있을 것이다.

肅王四年,	숙왕 4년에
蜀伐楚,	촉이 초를 쳐서
取茲方.[186]	자방을 빼앗았다.
於是楚爲扞關以距之.[187]	이에 초는 한관을 쌓아 막았다.
十年,	10년에
魏取我魯陽.[188]	위가 우리 어양을 빼앗았다.
十一年,	11년에
肅王卒,	숙왕이 죽었는데
無子,	아들이 없어
立其弟熊良夫,	그 아우 웅량부를 옹립하니
是爲宣王.	바로 선왕이다.

宣王六年,	선왕 6년에
周天子賀秦獻公.	주 천자가 진헌공(이 승리를 거둔 것)을 축하하였다.
秦始復彊,	진이 비로소 다시 강하여졌고
而三晉盆大,	삼진은 더욱 커졌으며
魏惠王·齊威王尤彊.	위혜왕과 제위왕이 더욱 강하여졌다.
三十年,	30년에
秦封衞鞅於商,	진이 위앙을 상에 봉하고

---

186 **색은** 지명인데 지금은 없어졌다. **정의** 『고금지명(古今地名)』에서는 말하였다. "형주(荊州) 송자현(松滋縣) 옛 구자(鳩茲) 땅인데 곧 바로 초자방(楚茲方)이다."

187 **집해** 이웅(李熊)이 공손술(公孫述)에게 말하였다. "동으로 파군(巴郡)을 지키며 한관(扞關)의 입구를 막는다." **색은** 『군국지(郡國志)』 파군(巴郡) 어복현(魚復縣)에 한관(扞關)이 있다.

188 **집해** 「지리지」에서는 남양(南陽)에 노양현(魯陽縣)이 있다고 하였다. **정의** 『괄지지』에서는 말하였다. "여주(汝州) 노산(魯山)은 본래 한 노양현(魯陽縣)이다. 옛 노현(魯縣)은 옛 노산(魯山)을 가지고 이름을 붙였다."

南侵楚.	남으로 초를 쳤다.
是年,	이 해에
宣王卒,	선왕이 죽고
子威王熊商立.	아들인 위왕 웅상이 즉위하였다.
威王六年,	위왕 6년에
周顯王致文武胙於秦惠王.	주현왕이 진혜왕에게 문왕과 무왕의 제육을 보냈다.
七年,	7년에
齊孟嘗君父田嬰欺楚,	제 맹상군의 부친 전영이 초를 속여
楚威王伐齊,	초위왕이 제를 쳐서
敗之於徐州,[189]	서주에서 무찌르고
而令齊必逐田嬰.	제가 반드시 전영을 쫓아내도록 하였다.
田嬰恐,	전영이 두려워하니
張丑僞謂楚王曰:	장추가 거짓으로 초왕에게 말하였다.
"王所以戰勝於徐州者,	"왕께서 서주에서 싸워 이긴 것은
田盼子不用也.[190]	전반자를 쓰지 않아서입니다.
盼子者,	반자는
有功於國,	나라에 공을 세워
而百姓爲之用.	백성이 그를 위해 힘을 써 주었습니다.
嬰子弗善而用申紀.	영자는 그를 좋아하지 않아 신기를 썼습니다.

---

189 집해 서광은 말하였다. "당시 초는 이미 월을 멸하고 제를 쳤다. 제가 월에 유세하여 초를 치게 하였으므로 제가 초를 속였다고 한 것이다."

190 색은 반자(盼子)는 영(嬰)과 같은 종족이다.

申紀者,	신기는
大臣不附,	대신들과 친하지 않아
百姓不爲用,	백성이 그를 위해 힘쓰지 않았으므로
故王勝之也.	왕이 이긴 것입니다.
今王逐嬰子,	지금 왕이 영자를 쫓아낸다면
嬰子逐,	영자는 쫓겨나고
盼子必用矣.	반자는 반드시 등용될 것입니다.
復搏其士卒以與王遇,[191]	다시 그 사졸을 다잡아 왕과 만나게 된다면
必不便於王矣.”	필시 왕께 불리할 것입니다.”
楚王因弗逐也.	초왕은 이에 그(전영)를 쫓아내지 않았다.
十一年,	11년에
威王卒,	위왕이 죽고
子懷王熊槐立.	아들인 회왕 웅괴가 즉위하였다.
魏聞楚喪,	위는 초의 국상을 듣고
伐楚,	초를 쳐서
取我陘山.[192]	우리 형산을 빼앗았다.
懷王元年,	회왕 원년에
張儀始相秦惠王.	장의가 비로소 진혜왕의 상이 되었다.
四年,	4년에

---

191 색은 '搏'의 음은 박(膊)이며, 또한 "부(附)"로 읽기도 한다. 『전국책(戰國策)』에는 "정(整)"으로 되어 있다.

192 정의 『괄지지』에서는 말하였다. "형산(陘山)은 정주(鄭州) 신정현(新鄭縣) 서남쪽 30리 지점에 있다."

| 秦惠王初稱王. | 진혜왕이 처음으로 왕을 칭하였다. |

六年,	6년에
楚使柱國昭陽將兵而攻魏,	초는 주국 소양에게 군사를 거느리고 위를 공격하게 하여
破之於襄陵,[193]	양릉에서 격파하고
又移兵而攻齊,	또 군사를 이동시켜 제를 공격하니
齊王患之.[194]	제왕은 근심하였다.
陳軫適爲秦使齊,	진진이 마침 진을 위하여 제에 사행하였는데
齊王曰:	제왕이 말하였다.
"爲之奈何?"	"이를 어찌해야겠소?"
陳軫曰:	진진이 말하였다.
"王勿憂,	"왕께서는 심려하지 마십시오.
請令罷之."	그들이 그만두게 하겠습니다."
即往見昭陽軍中,	곧장 군중으로 가서 소양을 만나보고
曰:	말하였다.
"願聞楚國之法,	"초국의 법을 듣기를 바라니
破軍殺將者何以貴之?"	적군을 깨뜨리고 장수를 죽이는 자는 어떻게 귀하게 해줄 겁니까?"
昭陽曰:	소양이 말하였다.
"其官爲上柱國,	"관직은 상주국이 될 것이고

---

193 **색은** 현 이름으로 하동(河東)에 있다. 8개의 읍을 얻었다. **색은** 고본(古本)에는 "팔읍(八邑)"으로 되어 있고, 지금은 또한 "팔성(八城)"이라고도 한다.

194 **집해** 서광은 말하였다. "회왕(懷王) 6년에 소양(昭陽)이 화(和)를 옮기고 제를 공격하였다. 군문(軍門)을 화(和)라고 한다."

封上爵執珪.”	상작집규에 봉해질 겁니다.”
陳軫曰:	진진이 말하였다.
“其有貴於此者乎?”	“이것보다 귀한 것이 있을까요?”
昭陽曰:	소양이 말하였다.
“令尹.”	“영윤입니다.”
陳軫曰:	진진이 말하였다.
“今君已爲令尹矣,	“지금 그대는 이미 영윤으로
此國冠之上.[195]	이는 나라의 관직 가운데 으뜸입니다.
臣請得譬之.	신은 청컨대 비유를 들어보겠습니다.
人有遺其舍人一卮酒者,	어떤 사람이 그 사인들에게 잔술을 내렸는데
舍人相謂曰:	사인들이 서로 말을 하였습니다.
‘數人飮此,	‘여러 사람이 이 술을 마시면
不足以徧,	양껏 마시기엔 부족할 것이니
請逐畫地爲蛇,	청컨대 땅에 뱀을 그려서
蛇先成者獨飮之.’	뱀을 먼저 그린 자가 혼자 마시기로 하자.’
一人曰:	한 사람이 말을 하였습니다.
‘吾蛇先成.’	‘내가 뱀을 먼저 그렸다.’
擧酒而起,	술을 들고 일어나
曰:	말하였습니다.
‘吾能爲之足.’	‘나는 발도 그려 넣을 수 있다.’
及其爲之足,	그가 거기에 발을 그렸을 때
而後成人奪之酒而飮之,	나중에 완성한 사람이 술을 빼앗아 마시면서

---

195 색은 ‘冠’은 관(官)의 뜻으로 읽는다. 영윤(令尹)은 곧 윤(尹) 가운데 가장 높기 때문에 나라를 가지고 말한 것인데, 경자관군(卿子冠軍)과 같은 것이다.

曰:	말하였습니다.
'蛇固無足,	'뱀은 원래 발이 없는데
今爲之足,	지금 발을 그려 넣었으니
是非蛇也.'	이것은 뱀이 아니다.'
今君相楚而攻魏,	지금 그대는 초의 상으로 위를 공격하여
破軍殺將,	적군을 격파하고 장수를 죽였으니
功莫大焉,	공이 막대한데
冠之上不可以加矣.	관직이 오를 대로 올라 더해줄 수가 없을 것입니다.
今又移兵而攻齊,	지금 또한 군대를 옮겨 제를 공격하는데
攻齊勝之,	제를 공격하여 이겨도
官爵不加於此;	관작이 이보다 더하여지지는 않을 것입니다.
攻之不勝,	공격하여 이기지 못하면
身死爵奪,	몸은 죽고 관직은 빼앗길 것이며
有毁於楚:	초는 허물어질 것입니다.
此爲蛇爲足之說也.	이는 뱀을 그리면서 발을 그리는 설입니다.
不若引兵而去以德齊,	군사를 끌고 떠나서 제에 덕을 베풂만 못하니
此持滿之術也."	이는 활시위를 한껏 당기는 기술입니다."
昭陽曰:	소양이 말하였다.
"善."	"좋소."
引兵而去.	군사를 끌고 떠났다.
燕·韓君初稱王.	연과 한의 임금이 처음으로 왕을 칭하였다.
秦使張儀與楚·齊·魏相會,	진에서 장의를 보내어 초와 제, 위와 서로 만나게 하여

盟齧桑.[196]	설상에서 맹약했다.
十一年,	11년에
蘇秦約從山東六國共攻秦,	소진이 산동의 육국과 합종의 맹약을 하고 진을 공격하였는데
楚懷王爲從長.	초회왕이 합종의 우두머리가 되었다.
至函谷關,	함곡관에 이르자
秦出兵擊六國,	진이 군사를 내보내어 육국을 치자
六國兵皆引而歸,	육국은 모두 군사를 끌고 돌아갔는데
齊獨後.	제만 뒤처졌다.
十二年,	12년에
齊湣王伐敗趙·魏軍,	제민왕이 조와 위의 군사를 쳐서 무찔렀고
秦亦伐敗韓,	진도 한을 쳐서 무찔러
與齊爭長.	제와 우두머리를 다투었다.
十六年,	16년에
秦欲伐齊,	진이 제를 치고자 하였는데
而楚與齊從親,	초와 제가 합종으로 친하여
秦惠王患之,	진혜왕은 그것을 근심하여
乃宣言張儀免相,	이에 장의의 재상직을 면직시킨다고 선언하고
使張儀南見楚王,	장의를 남으로 보내어 초왕을 만나보게 하고
謂楚王曰:	초왕에게 말하였다.
"敝邑之王所甚說者無先大王,	"저희 왕께서 가장 좋아하는 사람으로 대왕보다 나은 분이 없고

---

196 **정의** 서광은 말하였다. "양(梁)과 팽성(彭城)의 사이에 있다."

雖儀之所甚願爲門闌之廝者亦無先大王.
　　　　　　　　비록 제가 문지기가 되는 것을 매우 바라는 것
　　　　　　　　또한 대왕보다 나은 분이 없습니다.

敝邑之王所甚憎者無先齊王,　저희 왕이 가장 미워하는 자 역시 제왕보다 앞
　　　　　　　　선 이가 없으며

雖儀之所甚憎者亦無先齊王.　제가 매우 미워하는 이 역시 제왕 같은 이가 없
　　　　　　　　습니다.

而大王和之,[197]　　　　그런데 대왕께서 화친을 하여

是以敝邑之王不得事王,　　이 때문에 저희 왕께서 왕을 섬기지 못하게 되
　　　　　　　　었고

而令儀亦不得爲門闌之廝也.　저에게도 문지기가 되지 못하게 하였습니다.

王爲儀閉關而絶齊,　　　왕께서 저를 위하여 관문을 닫고 제와 단절해주
　　　　　　　　신다면

今使使者從儀西取故秦所分楚商於之地方六百里,[198]
　　　　　　　　당장 사자에게 저를 따르게 하여, 서로 가서 옛
　　　　　　　　날 진이 나눈 초 상어의 땅 6백 평방 리를 갖다
　　　　　　　　드리게 하겠사오니

如是則齊弱矣.　　　　이렇게 되면 제는 약해질 것입니다.

是北弱齊,　　　　　　이는 북으로는 제를 약하게 하고

西德於秦,　　　　　　서로는 진에게 덕을 베풀며

私商於以爲富,　　　　상어를 가져 부유하게 되는 것이니

---

197 **색은** 화(和)는 초는 제와 서로 화친한 것이다.

198 **집해** 상어(商於)의 땅은 지금 순양군(順陽郡) 남향(南鄉)과 단수(丹水)의 두 현에 있으며,
어중(於中)에 상성(商城)이 있다. 그래서 상어(商於)라고 한다. **색은** 상어는 지금의 신양(慎
陽)에 있다. 「지리지」에 단수(丹水) 및 상(商)은 홍농(弘農)에 속하여 있는데, 지금 순양(順
陽)이라고 한 것은 위진(魏晉) 때 비로소 순양군(順陽郡)을 나누어 설치하였기 때문이며, 상
성(商城)과 단수(丹水)를 모두 예속시켰다.

此一計而三利俱至也.”	이는 하나의 계책으로 세 가지 이익이 동시에 이르는 것입니다.”
懷王大悅,	회왕은 매우 기뻐하며
乃置相璽於張儀,	재상의 도장을 장의에게 주고
日與置酒,	날마다 술을 차려주면서
宣言“吾復得吾商於之地”.	“내가 다시 우리 상어의 땅을 얻었다.”라 선언했다.
羣臣皆賀,	신하들이 모두 경하하였으나
而陳軫獨弔.	진진만은 홀로 슬퍼하였다.
懷王曰:	회왕이 말하였다.
“何故?”	“무슨 까닭이오?”
陳軫對曰:	진진이 대답하였다.
“秦之所爲重王者,	“진이 왕을 중히 여기는 것은
以王之有齊也.	왕께는 제가 있기 때문입니다.
今地未可得而齊交先絕,	지금 땅을 아직 얻지도 못하였는데 제와 먼저 절교한다면
是楚孤也.	초가 고립되는 것입니다.
夫秦又何重孤國哉,	저 진이 또한 어찌 고립된 나라를 중히 여기겠습니까?
必輕楚矣.	반드시 초를 깔볼 것입니다.
且先出地而後絕齊,	또한 먼저 땅을 내놓게 한 후에 제와 절교한다면
則秦計不爲.	진은 계책을 행하지 못할 것입니다.
先絕齊而後責地,	먼저 제와 절교한 후에 땅을 요구하면
則必見欺於張儀.	반드시 장의에게 속게 될 것입니다.
見欺於張儀,	장의에게 속으면

則王必怨之.	왕께서는 반드시 원망할 것입니다.
怨之,	원망하신다면
是西起秦患,	서로는 진의 근심이 일어나고
北絕齊交.	북으로는 제와 절교하게 됩니다.
西起秦患,	서로 진의 근심이 일어나고
北絕齊交,	북으로 제와 절교하면
則兩國之兵必至.[199]	두 나라의 군사가 반드시 이르게 될 것입니다.
臣故弔."	신은 그런 까닭에 슬퍼한 것입니다."
楚王弗聽,	초왕은 듣지 않고
因使一將軍西受封地.	한 장군을 서쪽으로 보내어 봉지를 받게 하였다.
張儀至秦,	장의는 진에 이르러
詳醉墜車,	취한 척하고 수레에서 떨어져
稱病不出三月,	병을 핑계대고 석 달 동안 두문불출하여
地不可得.	(초는) 땅을 얻을 수가 없었다.
楚王曰:	초왕이 말하였다.
"儀以吾絕齊爲尚薄邪?"	"장의는 내가 제와 절교한 것으로도 아직 부족하게 여기는가?"
乃使勇士宋遺北辱齊王.	이에 용사 송유로 하여금 북으로 제왕을 욕보이게 했다.
齊王大怒,	제왕은 크게 노하여
折楚符而合於秦.	초의 부절을 꺾고 진과 연합하였다.
秦齊交合,	진과 제가 서로 연합하자
張儀乃起朝,	장의는 그제야 조정에 나와

---

199 [색은] 두 나라는 한(韓)과 위(魏)이다.

謂楚將軍曰:	초의 장군에게 일렀다.
"子何不受地?	"그대는 어찌하여 땅을 받지 않소?
從某至某,	어디서 어디까지
廣袤六里."	너비가 6리요."
楚將軍曰:	초의 장군이 말하였다.
"臣之所以見命者六百里,	"신이 명을 받은 것은 6백리이며
不聞六里."	6리는 듣지 못했습니다."
即以歸報懷王.	즉시 돌아와 회왕에게 알렸다.
懷王大怒,	회왕은 크게 노하여
興師將伐秦.	군사를 일으켜 진을 치려고 하였다.
陳軫又曰:	진진이 또 말하였다.
"伐秦非計也.	"진을 치는 것은 훌륭한 계책이 아닙니다.
不如因賂之一名都,	한 이름난 도성에 뇌물을 먹여
與之伐齊,	그와 함께 제를 침만 못하니
是我亡於秦,²⁰⁰	이는 우리가 진에서 잃은 것을
取償於齊也,	제에게서 보상 받는 것으로
吾國尚可全.	우리나라는 그래도 보전할 수 있습니다.
今王已絕於齊而責欺於秦,	지금 왕께서 이미 제와 절교하고 진에 속은 것을 책망하신다면
是吾合秦齊之交而來天下之兵也,	이는 우리가 진과 제의 연합을 성사시키고 천하의 군사를 불러들이는 것으로
國必大傷矣."	나라가 반드시 크게 손상될 것입니다."
楚王不聽,	초왕은 듣지 않고

---

200 **색은** 상어(商於)의 땅을 잃은 것을 이른다.

遂絶和於秦,	마침내 진과의 화친을 끊고
發兵西攻秦.	군사를 일으켜 서로 진을 공격하였다.
秦亦發兵撃之.	진 또한 군사를 일으켜 출격하였다.

十七年春,	17년 봄에
與秦戰丹陽,²⁰¹	진과 단양에서 싸웠는데

與秦戰丹陽,[201]　진과 단양에서 싸웠는데

秦大敗我軍,　진이 우리 군사를 크게 무찔러

斬甲士八萬,　무장한 병력 8만 명을 참수하고

虜我大將軍屈匄·裨將軍逢侯丑等七十餘人,
　　우리 대장군 굴개와 비장군 봉후추 등 70여 명
　　을 사로잡았으며

遂取漢中之郡.　마침내 한중의 군을 빼앗았다.

楚懷王大怒,　초회왕은 크게 노하여

乃悉國兵復襲秦,　이에 나라의 군사를 모두 동원하여 다시 진을
　　습격하여

戰於藍田,[202]　남전에서 싸웠는데

大敗楚軍.　(진이) 초의 군사를 크게 무찔렀다.

韓·魏聞楚之困,　한과 위가 초가 곤경에 처했다는 것을 듣고

乃南襲楚,　곧 남으로 초를 습격하여

至於鄧.　등에까지 이르렀다.

楚聞,　초가 듣고

乃引兵歸.　곧 군사를 이끌고 돌아갔다.

---

201 색은 이 단양(丹陽)은 한중(漢中)에 있다.
202 정의 남전(藍田)은 옹주(雍州) 동남쪽 80리 지점에 있으며, 남전관(藍田關)에서 남전현(藍田縣)으로 들어간다.

十八年,	18년에
秦使使約復與楚親,	진이 사자를 보내어 초와 화친을 회복하게 하여
分漢中之半以和楚.	한중의 절반을 나누어서 초와 화친하려고 하였다.
楚王曰:	초왕이 말하였다.
"願得張儀,	"장의를 얻기를 바랄 뿐
不願得地."	땅을 얻는 것은 바라지 않소."
張儀聞之,	장의가 듣고
請之楚.	초로 갈 것을 청하였다.
秦王曰:	진왕이 말하였다.
"楚且甘心於子,	"초가 그대에게서 마음을 풀려고 하니
奈何?"	어찌 하려오?"
張儀曰:	장의가 말하였다.
"臣善其左右靳尚,	"신은 그의 측근 근상과 친하고
靳尚又能得事於楚王幸姬鄭袖,	
	근상은 또 초왕의 총희 정수의 환심을 살 수 있으며
袖所言無不從者.	정수가 말하는 것을 따르지 않음이 없습니다.
且儀以前使負楚以商於之約,	또한 저는 이전에 초와 상어의 약속을 저버리게 하였는데
今秦楚大戰,	지금 진과 초가 대전을 벌여
有惡,	악감정이 생겼사온데
臣非面自謝楚不解.	신이 면전에서 직접 초에 사죄하지 않으면 풀리지 않습니다.
且大王在,	또한 대왕께서 계시면
楚不宜敢取儀.	초는 감히 저(의 목숨)를 빼앗지 못할 것입니다.

誠殺儀以便國,　　　실로 저를 죽여서 나라를 이롭게 하는 것이

臣之願也."　　　신의 바람입니다."

儀遂使楚.　　　장의는 마침내 초로 사행하였다.

至,　　　(초에) 이르렀는데

懷王不見,　　　회왕은 만나주지 않고

因而囚張儀,　　　그대로 장의를 가두어

欲殺之.　　　죽이려고 하였다.

儀私於靳尚,　　　장의는 근상과 몰래 연락하여

靳尚爲請懷王曰:　　　근상이 회왕에게 청하여 말하였다.

"拘張儀,　　　"장의를 구금하면

秦王必怒.　　　진왕은 반드시 노할 것입니다.

天下見楚無秦,　　　천하에서 초에 진(의 지지)이 없다는 것을 알면

必輕王矣."　　　반드시 왕을 깔볼 것입니다."

又謂夫人鄭袖曰:　　　또한 부인 정수에게 일렀다.

"秦王甚愛張儀,　　　"진왕이 장의를 매우 아끼는데

而王欲殺之,　　　왕께서 죽이려 하여

今將以上庸之地六縣賂楚,　　　지금 상용의 땅 여섯 현을 초에 주고

以美人聘楚王,　　　미인을 초왕에게 바치면서

以宮中善歌者爲之媵.　　　궁중의 노래를 잘하는 자를 잉첩으로 삼게 할 것입니다.

楚王重地,　　　초왕이 땅을 중히 여기시면

秦女必貴,　　　진의 여인은 귀하여질 것이고

而夫人必斥矣.　　　부인은 반드시 내침을 당할 것입니다.

夫人不若言而出之."　　　부인께서 말씀드리어 내보냄만 못합니다."

鄭袖卒言張儀於王而出之.　　정수가 마침내 왕에게 장의를 말하여 내보냈다.

儀出,　　장의가 풀려나자

懷王因善遇儀,　　회왕은 이에 장의를 잘 대해주었으며

儀因說楚王以叛從約而與秦合親,

　　장의는 이에 초왕에게 합종의 맹약을 저버리고 진과 연합하여 친하게 지내도록 유세하여

約婚姻.　　혼약을 맺었다.

張儀已去,　　장의가 떠나자

屈原使從齊來,　　굴원이 제로 사행하였다가 돌아와서

諫王曰:　　왕에게 간하였다.

"何不誅張儀?"　　"어째서 장의를 죽이지 않았습니까?"

懷王悔,　　회왕은 뉘우치고

使人追儀,　　사람을 시켜 장의를 쫓게 하였으나

弗及.　　미치지 못하였다.

是歲,　　이 해에

秦惠王卒.　　진혜왕이 죽었다.

二十(六)年,　　20년에

齊湣王欲爲從長,[203]　　제민왕이 합종의 맹주가 되고자 하여

惡楚之與秦合,　　초가 진과 연합한 것을 미워하여

乃使使遺楚王書曰:　　이에 사자를 보내어 초왕에게 편지를 보내어 말하였다.

203 　색은 아래에서 비로소 24년이라 하였으니 또한 더욱이 26년이 있다는 것은 이곳이 잘못된 것이다. 26년이라 한 것은 연자(衍字)로 20년이 되어야 한다. 서광이 20년에 무수(武遂)를 빼앗았고 23년에 무수를 돌려주었다고 미루어 교감하였으니 이는 반드시 20년이나 21년의 일이 아니겠는가?

"寡人患楚之不察於尊名也.　"과인은 초가 존명을 살피지 않은 것을 근심하고 있습니다.

今秦惠王死,　지금 진은 혜왕이 죽고

武王立,　무왕이 즉위하였으며

張儀走魏,　장의는 위로 달아나고

樗里疾·公孫衍用,　저리질과 공손연이 권세를 잡고 있으며

而楚事秦.　초는 진을 섬기고 있습니다.

夫樗里疾善乎韓,　저리질은 한과 친하고

而公孫衍善乎魏;　공손연은 위와 친하며,

楚必事秦,　초가 반드시 진을 섬기면

韓·魏恐,　한과 위는 두려워하여

必因二人求合於秦,　반드시 두 사람을 통하여 진과 연합을 구할 것이니

則燕·趙亦宜事秦.　연과 조 또한 진을 섬길 것입니다.

四國爭事秦,　네 나라가 진을 다투어 섬기니

則楚爲郡縣矣.　초는 군현이 될 것입니다.

王何不與寡人幷力收韓·魏·燕·趙,　왕께서는 어찌 과인과 힘을 합쳐 한·위·연·조를 거두고

與爲從而尊周室,　합종을 맺어 주 왕실을 높이어

以案兵息民,　군사를 그치고 백성을 쉬게 하여

令於天下?　천하에 영을 내리지 않습니까?

莫敢不樂聽,　감히 청을 즐기지 않음이 없을 것이니

則王名成矣.　왕의 명성은 이루어질 것입니다.

王率諸侯幷伐,　왕께서 제후를 거느리고 함께 치신다면

破秦必矣.	진을 깨뜨리는 것은 필연적일 것입니다.
王取武關·蜀·漢之地,[204]	왕께서는 무관과 촉·한의 땅을 빼앗고
私吳·越之富而擅江海之利,	오와 월의 부를 차지하고 강과 바다의 이익을 오로지하고
韓·魏割上黨,	한과 위가 상당의 땅을 떼어 바치고
西薄函谷,	서로는 함곡관에 바짝 다가간다면
則楚之彊百萬也.	초는 백만 배는 강하여질 것입니다.
且王欺於張儀,	또한 왕께서는 장의에게 속아
亡地漢中,	한중의 땅을 잃고
兵銼藍田,	군사는 남전에서 좌절을 맛보았으니
天下莫不代王懷怒.	천하에서 왕을 위하여 분노를 품지 않음이 없습니다.
今乃欲先事秦!	지금 곧 진을 먼저 섬기려 하십니까!
願大王孰計之."	원컨대 대왕께서는 숙고하여주십시오."
楚王業已欲和於秦,	초왕은 이미 진과 강화하고자 하였으므로
見齊王書,	제왕의 편지를 보고
猶豫不決,	우물쭈물 결단을 내리지 못하고
下其議羣臣.	신하들에게 의논하게 했다.
群臣或言和秦,	신하들 가운데 어떤 사람은 진과 강화하자 하고
或曰聽齊.	어떤 사람은 제를 따르자고 하였다.
昭雎[205]曰:	소저가 말하였다.

---

204 **정의** 무관(武關)은 상주(商州) 동쪽 180리 지점의 상락현(商洛縣) 경계에 있다. 촉(蜀)은 파촉(巴蜀)이고, 한중(漢中)은 군이다.

205 **색은** 음은 저(七余反)이다.

"王雖東取地於越,　　　　"왕께서는 동으로 비록 월의 땅을 빼앗았지만

不足以刷恥;　　　　　　치욕을 씻기에는 부족하며,

必且取地於秦,　　　　　반드시 또한 진의 땅을 빼앗은

而後足以刷恥於諸侯.　　이후에야 제후들의 치욕을 씻을 만합니다.

王不如深善齊·韓以重樗里疾,

　　　　　　　　　　　왕께서는 제·한과 깊은 우호를 맺어 저리질을
　　　　　　　　　　　중하게 함만 못하니

如是則王得韓·齊之重以求地矣.

　　　　　　　　　　　이렇게 하면 왕께서는 한·제의 중시를 얻어 땅
　　　　　　　　　　　을 구하게 될 것입니다.

秦破韓宜陽,[206]　　　　진이 한의 의양을 공격하였는데도

而韓猶復事秦者,　　　　한이 오히려 다시 진을 섬기는 것은

以先王墓在平陽,[207]　　선왕의 무덤이 평양에 있고

而秦之武遂去之七十里,[208]　진의 무수가 그곳과 70리 떨어져 있어

以故尤畏秦.　　　　　　진을 더욱 두려워하기 때문입니다.

不然,　　　　　　　　　그렇지 않으면

秦攻三川,[209]　　　　　진은 삼천을 공격하고

趙攻上黨,　　　　　　　조는 상당을 공격하고

楚攻河外,　　　　　　　초는 하외를 공격하여

韓必亡.　　　　　　　　한은 반드시 망할 것입니다.

楚之救韓,　　　　　　　초가 한을 구원하여

---

206 **색은** 홍농(弘農)의 현으로 민지(澠池) 서남쪽에 있다.

207 **색은** 요(堯)의 도읍이 아니다.

208 **색은** 또한 하간(河閒)의 현이 아니며 한(韓)의 평양(平陽) 진(秦)의 무수(武遂)가 모두 의양
(宜陽)의 좌우에 있을 것이다.

209 **정의** 삼천(三川)은 낙주(洛州)이다.

不能使韓不亡,	한이 망하지 않게 한다면
然存韓者楚也.	한을 존속시킨 것은 초입니다.
韓已得武遂於秦,	한이 이미 진으로부터 무수를 얻어
以河山爲塞,[210]	하산을 요새로 삼는다면
所報德莫如楚厚,	갚을 은덕이 초보다 큰 나라가 없을 것이니
臣以爲其事王必疾.	신은 그들이 임금을 섬김이 반드시 빠를 것이라 생각합니다.
齊之所信於韓者,	제가 한에게서 믿는 구석은
以韓公子眜爲齊相也.[211]	한 공자 말이 제의 상이라는 것입니다.
韓已得武遂於秦,	한이 이미 진에게서 무수를 얻고 나면
王甚善之,	왕은 매우 잘해주어
使之以齊·韓重樗里疾,	그것으로 제·한을 가지고 저리질을 중하게 하라고 하십시오.
疾得齊·韓之重,	저리질이 제와 한의 중함을 얻으면
其主弗敢弃疾也.	그 임금은 감히 저리질을 버리지 못할 것입니다.
今又益之以楚之重,	지금 또 초의 중함을 더한다면
樗里子必言秦,	저리자는 반드시 진에게 말할 것이며
復與楚之侵地矣."	초의 빼앗은 땅을 돌려줄 것입니다."
於是懷王許之,	이에 회왕은 허락하여
竟不合秦,	마침내 진과 연합하지 않고
而合齊以善韓.[212]	제와 연합하여 한과 잘 지냈다.

---

210 **정의** 하(河)는 포주(蒲州) 서쪽 황하이다. 산(山)은 한(韓) 서쪽 경계이다.

211 **정의** '眜'의 음은 말(莫葛反)이고, 뒤도 마찬가지다.

212 **집해** 서광은 말하였다. "회왕(懷王) 22년에 진(秦)이 의양(宜陽)을 함락시키고 무수(武遂)를 빼앗았으며, 23년에 진이 한에 무수를 돌려주었으니 그렇다면 이미 20년의 일이 아니다."

二十四年,	24년에
倍齊而合秦.	제를 배반하고 진과 연합하였다.
秦昭王初立,	진소왕이 막 즉위하여
乃厚賂於楚.	초에 재물을 두터이 보냈다.
楚往迎婦.	초가 가서 부인을 맞았다.
二十五年,	25년에
懷王入與秦昭王盟,	회왕이 들어가 진소왕과 회맹하고
約於黃棘.	황극에서 맹약하였다.
秦復與楚上庸.	진은 초에 상용을 돌려주었다.
二十六年,	26년에
齊·韓·魏爲楚負其從親而合於秦,	제, 한, 위가 초가 합종의 우호를 저버리고 진과 연합하였다 하여
三國共伐楚.	세 나라가 함께 초를 쳤다.
楚使太子入質於秦而請救.	초는 태자를 진에 인질로 들여보내고 구원을 청하였다.
秦乃遣客卿通將兵救楚,	진은 이에 객경 통을 보내어 군사를 거느리고 초를 구원하니
三國引兵去.	세 나라는 군사를 이끌고 떠났다.
二十七年,	27년에
秦大夫有私與楚太子鬪,	진의 대부가 사사로이 초의 태자와 다투어
楚太子殺之而亡歸.	초 태자가 그를 죽이고 도망쳐 돌아왔다.
二十八年,	28년에
秦乃與齊·韓·魏共攻楚,	진은 이에 제, 한, 위와 함께 초를 공격하여

殺楚將唐眛,	초의 장수 당말을 죽이고
取我重丘而去.	우리 중구를 빼앗아 떠났다.
二十九年,	29년에
秦復攻楚,	진이 다시 초를 공격하여
大破楚,	초를 크게 깨뜨렸는데
楚軍死者二萬,	초의 군사는 사망자가 2만이었으며
殺我將軍景缺.	우리 장군 경결을 죽였다.
懷王恐,	회왕은 두려워하여
乃使太子爲質於齊以求平.	이에 태자를 제에 인질로 보내어 화평을 청했다.
三十年,	30년에
秦復伐楚,	진이 다시 초를 쳐서
取八城.	여덟 성을 빼앗았다.
秦昭王遺楚王書曰:	진소왕이 초왕에게 편지를 보내어 말하였다.
"始寡人與王約爲弟兄,	"처음에 과인은 왕과 형제가 되기로 약속하고
盟于黃棘,	황극에서 맹약하여
太子爲質,	태자를 인질로 삼아
至驩也.	매우 기뻤소.
太子陵殺寡人之重臣,	태자가 과인의 중신을 능멸하여 죽이고
不謝而亡去,	사죄도 없이 도망쳐 떠나
寡人誠不勝怒,	과인은 실로 노여움을 이기지 못하여
使兵侵君王之邊.	군사들에게 군왕의 변경을 침범하게 했소.
今聞君王乃令太子質於齊以求平.	
	이제 군왕이 태자를 제에 인질로 보내어 강화를 청했다 들었소.
寡人與楚接境壤界,	과인은 초와 경계를 접하고 있어

故爲婚姻,[213]	혼인을 맺어
所從相親久矣.	좇아 친하여진 지가 오래 되었소.
而今秦楚不驩,	지금 진과 초는 사이가 좋지 못하여
則無以令諸侯.	제후들에게 영을 세울 길이 없소.
寡人願與君王會武關,	과인은 원컨대 군왕과 무관에서 회합하여
面相約,	당면하여 약정하고
結盟而去,	맹약을 맺고 떠나는 것이
寡人之願也.	과인의 바람이오.
敢以聞下執事.”	감히 하집사께 알리오.”
楚懷王見秦王書,	초회왕은 진왕의 편지를 보고
患之.	근심하였다.
欲往,	가자니
恐見欺;	속을까 두렵고,
無往,	가지 않자니
恐秦怒.	진이 노할까 두려웠다.
昭雎曰:	소저가 말하였다.
“王毋行,	“왕께선 가지 마시고
而發兵自守耳.	군사를 일으켜 스스로 지켜야 할 따름입니다.
秦虎狼,	진은 호랑이와 이리와 같아
不可信,	믿을 수 없으며
有并諸侯之心.”	제후를 겸병할 마음을 가지고 있습니다.”
懷王子子蘭勸王行,	회왕의 아들 자란은 왕에게 갈 것을 권하여

---

213 **정의** 사위의 부친이 인(姻)이며, 며느리의 부친이 혼(婚)인데, 며느리의 부모와 사위의 부모가 서로 혼인(婚姻)이라 부르며, 두 사위는 서로 아(婭: 동서)라 부른다.

曰:	말하였다.
"奈何絶秦之驩心!"	"어찌하여 진의 환심을 끊습니까!"
於是往會秦昭王.	이에 가서 진소왕과 회합하였다.
昭王詐令一將軍伏兵武關,	소왕은 거짓으로 한 장군에게 무관에 군사를 매복시키게 하고
號爲秦王.	진왕이라고 불렀다.
楚王至,	초왕이 이르자
則閉武關,	무관을 닫고
遂與西至咸陽,[214]	마침내 함께 서쪽 함양에 이르러
朝章臺,	장대에서 조현하였는데
如蕃臣,	번신 같았으며
不與亢禮.	대등한 예절로 대하여주지 않았다.
楚懷王大怒,	초회왕은 크게 노하여
悔不用昭子言.	소자의 말을 듣지 않은 것을 뉘우쳤다.
秦因留楚王,	진은 이에 초왕을 억류시키고
要以割巫·黔中之郡.	무와 검중의 군을 할양해줄 것을 요구했다.
楚王欲盟,	초왕이 결맹을 하려는데
秦欲先得地.	진이 먼저 땅을 빼앗으려 했다.
楚王怒曰:	초왕이 노하여 말하였다.
"秦詐我而又彊要我以地!"	"진은 나를 속이고 게다가 내게 땅까지 강요하는구나!"
不復許秦.	더 이상 진에 허락지 않았다.

---

214 **색은** 우부풍(右扶風) 위성현(渭城縣)으로 옛 함양성(咸陽城)인데, 물의 북쪽 산의 남쪽에 있었기 때문에 함양(咸陽)이라고 한다. 함(咸)은 모두라는 뜻이다. **역주** 여기서 물은 위수(渭水)를 말하고, 산은 구종산(九嵕山)을 말한다. 양의 조건을 다 갖추었다는 뜻이다.

秦因留之.	진은 계속 그를 억류시켰다.
楚大臣患之,	초의 대신이 이를 근심하여
乃相與謀曰:	이에 서로 모의하였다.
"吾王在秦不得還,	"우리 왕은 진에서 돌아오지 못하고
要以割地,	땅을 떼어줄 것을 요구하고 있으며
而太子爲質於齊,	태자는 제의 인질이 되었으니
齊·秦合謀,	제와 진이 함께 꾀하면
則楚無國矣."	초는 나라가 없어질 것이다."
乃欲立懷王子在國者.	이에 회왕의 아들로 국내에 있는 자를 옹립하려고 했다.
昭雎曰:	소저가 말하였다.
"王與太子俱困於諸侯,	"왕과 태자가 모두 제후국에서 곤경에 처해 있는데
而今又倍王命而立其庶子,	지금 또 왕명을 저버리고 그 서자를 세우면
不宜."	옳지 않습니다."
乃詐赴於齊,	이에 제에 거짓으로 부고를 보내자
齊湣王謂其相曰:	제민왕이 그 상에게 일렀다.
"不若留太子以求楚之淮北."	"태자를 억류시켜 초의 회수 북쪽을 요구함만 못하다."
相曰:	상이 말하였다.
"不可,	"안 됩니다.
郢中立王,	영중에서 왕을 세우면
是吾抱空質而行不義於天下也."	우리는 부질없이 인질만 안고 천하에서 불의를 행하는 것입니다."

或曰:	누가 말하였다.
"不然.	"그렇지 않습니다.
郢中立王,	영중에서 왕을 세우면
因與其新王市曰'予我下東國[215]	새 왕에게 거래를 제안하여 '우리에게 동쪽 아래 지역을 넘겨주면
吾爲王殺太子,	우리는 왕을 위하여 태자를 죽일 것이며
不然,	그렇지 않으면
將與三國共立之',	세 나라와 함께 공동으로 옹립하겠다.'라 하십시오.
然則東國必可得矣."	그렇다면 동쪽 지역을 반드시 얻을 수 있을 것입니다."
齊王卒用其相計而歸楚太子.	제왕은 마침내 그 상의 계책을 써서 초의 태자를 돌려보냈다.
太子橫至,	태자 횡이 이르러
立爲王,	왕으로 즉위하니
是爲頃襄王.	바로 경양왕이다.
乃告于秦曰:	이에 진에 알렸다.
"賴社稷神靈,	"사직의 신령에 힘입어
國有王矣."	나라에 왕이 있게 되었다."
頃襄王橫元年,	경양왕 횡 원년에
秦要懷王不可得地,	진이 회왕에게 강압해도 땅을 얻을 수 없었는데
楚立王以應秦,	초가 왕을 세워서 진에 대응하자
秦昭王怒,	진소왕은 노하여

---

215 **역주** 동국은 동부 지역을 말한다. 구체적으로 초나라 동쪽 지역인 종리(鍾離)와 소(巢), 내주(州來) 등지를 가리킨다.

發兵出武關攻楚,	군사를 일으켜 무관을 나서 초를 공격하여
大敗楚軍,	초의 군사를 크게 무찔러
斬首五萬,	5만을 참수하고
取析十五城而去.[216]	석의 성 15개를 빼앗아 떠났다.
二年,	2년에
楚懷王亡逃歸,	초회왕이 도망쳐 돌아오는데
秦覺之,	진이 알아채고
遮楚道,	초의 길을 막으니
懷王恐,	회왕이 두려워하여
乃從閒道走趙以求歸.	이에 샛길로 조로 달아나 돌아가기를 구하였다.
趙主父[217]在代,	조 임금의 부친은 대에 있었고
其子惠王初立,	그 아들 혜왕이 막 즉위하여
行王事,	왕권을 행사하였는데
恐,	두려워하여
不敢入楚王.	감히 초왕을 들이지 못했다.
楚王欲走魏,	초왕은 위로 달아나려 했는데
秦追至,	진에서 추격하여 이르러
遂與秦使復之秦.	마침내 진의 사자와 함께 다시 진으로 갔다.
懷王遂發病.	회왕은 마침내 병이 났다.
頃襄王三年,	경양왕 3년에

---

216 **집해** 서광은 말하였다. "「연표」에서는 16개의 성을 빼앗았다고 하였는데, 먼저 석(析)을 빼앗고 또 좌우의 15개 성을 함께 빼앗은 것이다." 내[駰]가 생각건대 「지리지」 홍농(弘農)에 석현(析縣)이 있다. **정의** 『괄지지』에서는 말하였다. "등주(鄧州) 내향현(內鄉縣) 성은 본래 초의 석읍(析邑)으로 일명 축(丑)이라고도 하며, 한(漢)에서 석현(析縣)을 설치하였는데 석수(析水) 때문에 이렇게 불렀다."

217 **색은** 주(主) 자는 또한 "왕(王)" 자로 된 판본도 있다.

懷王卒于秦,	회왕이 진에서 죽자
秦歸其喪于楚.	진은 초로 시신을 돌려보냈다.
楚人皆憐之,	초의 사람들이 모두 불쌍히 여겨
如悲親戚.	친척의 일처럼 슬퍼했다.
諸侯由是不直秦.	제후는 이 일로 진을 옳지 않게 보았다.
秦楚絕.	진과 초는 단교했다.

六年,	6년에
秦使白起伐韓於伊闕,[218]	진은 백기에게 이궐에서 한을 치게 하여
大勝,	대승을 거두고
斬首二十四萬.	24만 명을 참수했다.
秦乃遺楚王書曰:	진은 이에 초왕에게 편지를 보내 말하였다.
"楚倍秦,	"초가 진을 배신하여
秦且率諸侯伐楚,	진은 제후를 거느리고 초를 쳐서
爭一旦之命.	일단의 운명을 다투었소.
願王之飭士卒,	원컨대 왕께서 사졸을 정비하여
得一樂戰."	한판 사투를 벌였으면 하오."
楚頃襄王患之,	초 경양왕은 그것을 근심하여
乃謀復與秦平.	이에 다시 진과 강화하기를 꾀하였다.
七年,	7년에
楚迎婦於秦,	초가 진에서 부인을 맞아들여
秦楚復平.	진과 초는 다시 강화하였다.

---

218 정의 『괄지지』에서는 말하였다. "이궐산(伊闕山)은 낙주(洛州) 남쪽 19리 지점에 있다."

十一年,　　　　　　11년에

齊秦各自稱爲帝;　　제와 진은 각자 제를 칭하였다가,

月餘,　　　　　　　달포 만에

復歸帝爲王.　　　　다시 제에서 왕으로 복귀하였다.

十四年,　　　　　　14년에

楚頃襄王與秦昭王好會于宛, 초 경양왕과 진소왕이 완에서 우호 회견을 가져

結和親.　　　　　　화친을 맺었다.

十五年,　　　　　　15년에

楚王與秦·三晉·燕共伐齊, 초왕이 진, 삼진, 연과 함께 제를 쳐서

取淮北.　　　　　　회북을 빼앗았다.

十六年,　　　　　　16년에

與秦昭王好會於鄢.　진소왕과 언에서 우호의 회맹을 하였다.

其秋,　　　　　　　그해 가을

復與秦王會穰.　　　다시 진왕과 양에서 만났다.

十八年,　　　　　　18년에

楚人有好以弱弓微繳加歸鴈之上者,

　　　　　　　　　초 사람 가운데 약한 활과 주살로 돌아가는 기
　　　　　　　　　러기를 잘 쏘는 자가 있었는데

頃襄王聞,　　　　　경양왕이 듣고

召而問之.　　　　　불러서 물어보았다.

對曰:　　　　　　　대답하였다.

"小臣之好射鶀鴈,[219]　"소신은 작은 기러기 쏘는 것을 좋아하고

---

219 색은 '鶀'의 음은 기(其)이며, 작은 기러기이다.

羅鸇, [220]	들새를 그물질하는 것을 좋아하는데
小矢之發也,	작은 화살이나 쏘는 것이니
何足爲大王道也.	어찌 대왕님께 말씀드릴 만하겠습니까?
且稱楚之大,	또한 초의 큼에 걸맞고
因大王之賢,	대왕의 현명함을 따른다면
所弋非直此也.	낚을 수 있는 것은 다만 이것이 아닙니다.
昔者三王以弋道德,	옛날 삼왕이 쏜 것은 도덕이었고
五霸以弋戰國.	오패가 쏜 것은 싸우는 나라들이었습니다.
故秦·魏·燕·趙者,	그러므로 진과 위, 연, 조는
𪇆鴈也;	작은 기러기이며,
齊·魯·韓·衞者,	제와 노, 한, 위는
青首也; [221]	작은 오리이며,
騶·費 [222]·郯·邳者,	추와 비, 담, 비는
羅鸇也.	들새를 그물질하는 것입니다.
外其餘則不足射者.	그 외의 나머지는 쏠만한 가치가 없습니다.
見鳥六雙, [223]	새 여섯 쌍이 보이는데
以王何取?	왕께서는 무엇으로 취하시겠습니까?
王何不以聖人爲弓,	왕께서는 어찌하여 성인을 활로 삼고
以勇士爲繳,	용사를 주살로 삼아

---

220 **집해** 서광은 말하였다. "여정(呂靜)은 농(𪇆)이라 하였는데 들새이다. 음은 용(龍)이다." **색은** 여정은 음이 농(聾)이라 하였고, 추(鄒) 씨 역시 음이 농(盧動反)이라 하였고, 유(劉) 씨는 음이 용(龍)이라 하였다. 농(𪇆)은 작은 새이다.

221 **색은** 또한 작은 새로, 머리가 푸른 것이 있다.

222 **색은** 두 글자의 음은 추(鄒)와 비(祕)이다.

223 **색은** 아래 문장의 진(秦)·조(趙) 등 열두 나라를 비유하므로 "육쌍(六雙)"이라 하였다.

時張而射之?	때맞춰 (시위를) 당겨 쏘지 않습니까?
此六雙者,	이 여섯 쌍은
可得而囊載也.	잡아서 자루에 넣고 수레에 실을 수 있습니다.
其樂非特朝昔之樂也,[224]	그 즐거움은 다만 아침저녁의 즐거움이 아니며
其獲非特鳧鴈之實也.	잡은 것은 다만 오리와 기러기 같은 실제가 아닙니다.
王朝張弓而射魏之大梁之南,	왕께선 아침에 활을 당겨 위 대량 남쪽을 쏘고
加其右臂而徑屬之於韓,	오른팔을 쏘아 곧장 한과 이으면
則中國之路絕而上蔡之郡壞矣.	중원의 길은 끊기고 상채의 군은 무너질 것입니다.
還[225]射[226]圉之東,[227]	돌아서 어의 동쪽을 쏘아
解魏左肘[228]而外擊定陶,	위의 왼쪽 팔꿈치를 해체하고 밖으로 정도를 쏘면
則魏之東外弃而大宋·方與二郡者舉矣.[229]	위 동쪽 바깥은 버려질 것이고 대송과 방여 두 군을 얻을 것입니다.
且魏斷二臂,	또한 위는 두 팔이 잘리면

---

224 색은 석(昔)은 석(夕)과 같다.

225 색은 음은 환(患)으로, 두르는 것을 이른다.

226 색은 음은 석(石)이다.

227 정의 '圉'의 음은 어(語)이다. 성은 변주(汴州) 옹구현(雍丘縣) 동쪽에 있다.

228 색은 '解'의 음은 개(紀買反)이다.

229 정의 왕이 아침에 활을 당겨 위(魏) 대량(大梁)과 변주(汴州)의 남쪽을 쏘면 대량의 오른팔을 가격하는 것이며, 한(韓)과 담(郯)을 이으면 하북(河北) 중원의 길이 동남쪽으로 단절될 것이니 한(韓) 상채군(上蔡郡)은 절로 파괴될 것이라는 말이다. 다시 옹구(雍丘) 어성(圉城)의 동쪽을 돌면 위(魏)의 왼 팔뚝인 송주(宋州)를 해체하는 것으로 밖에서 조(曹)의 정도(定陶)를 쳐서 위 동쪽 바깥은 해체되어 버려질 것이니 송과 방여(方與) 두 군은 모두 점령될 것이라는 말이다.

顚越矣;	전복될 것입니다.
膺擊郯國,	정면으로 담국을 치면
大梁可得而有也.	대량을 가지게 될 것입니다.
王綪繳蘭臺,[230]	왕께서는 난대에서 주살의 끈을 꼬고
飮馬西河,	서하에서 말을 물 먹이며
定魏大梁,	위의 대량을 평정할 것이니
此一發之樂也.	이는 첫 발을 쏘는 즐거움입니다.
若王之於弋誠好而不厭,	왕께서 주살 쏘기를 실로 좋아하여 싫어하지 않으신다면
則出寶弓,	보궁을 꺼내시고
碆新繳,[231]	새 주살을 매어
射嚖鳥於東海,	동해에서 부리가 굽은 새를 쏘고
還蓋長城以爲防,[232]	돌아와 장성을 쌓아 방어선을 만들고

---

230 집해 서광은 말하였다. "'綪'은 얽는 것으로, 음은 쟁(爭)이다. 난(蘭)은 '간(簡)'으로 된 판본도 있다." 정의 정현(鄭玄)은 말하였다. "쟁(綪)은 굽히는 것이다. 강(江)과 면(沔) 사이에서는 영(縈)이라고 하며, 줄을 거두어 꼬는 것이다." 격(繳)은 실을 꼰 끈으로 주살에 매어 새를 쏘는 것이다. 정면으로 담을 치면 대량(大梁)을 이미 에워싸는 것이 끝나 이에 난대에서 주살의 끈을 거둔다는 것이다. 난대(蘭臺)는 환산(桓山)의 별명이다.

231 집해 서광은 말하였다. "돌(화살촉)을 주살의 끈에 붙이는 것을 파(碆)라 한다. '碆'의 음은 파(波)이다." 색은 파(碆)는 '磻'로 되어 있으며, 음은 파(播)이다. '傅'의 음은 부(附)이다.

232 집해 서광은 말하였다. "주(嚖)는 '독(獨)'으로 되어 있는 곳도 있다. '還'의 음은 환(宦)이다. 개(蓋)는 '익(益)'으로 된 판본도 있다. 익현(益縣)은 낙안(樂安)에 있고, 개현(蓋縣)은 태산(泰山)에 있다. 제북(濟北) 노현(盧縣)에 장성(長城)이 있는데 동으로 바다까지 이른다." 색은 '嚖'의 음은 주(晝)로 큰 새가 구부러진 부리를 가진 것을 이르며 제를 비유한다. '還'의 음은 환(患)이며, 두르는 것을 이른다. 개(蓋)는 덮는다는 뜻이다. 활을 쏘는 사람이 돌아서 덮어 날아다닌 길이 없게 하는 것을 말하는 것으로 장성(長城)을 가지고 막는 것을 말한다. 서(徐) 씨는 개(蓋)를 익현(益縣)이라 하였는데 틀렸다. 장성(長城)은 제남(濟南)에 있을 것이다. 정의 『태산군기(太山郡記)』에서는 말하였다. "태산의 서북쪽에 장성이 있는데, 황하를 따라 태산을 천여 리 지르며 낭야대(琅邪臺)에 이르러 바다로 들어간다." 『제기(齊記)』

朝射東莒,[233]　　　　　아침에 동거를 쏘고

夕發浿丘,[234]　　　　　저녁에는 패구를 쏘며

夜加即墨,　　　　　　　밤에는 즉묵을 더 얻고

顧據午道,[235]　　　　　돌아와 오도에 의거하면

則長城之東收而太山之北擧矣.[236]

　　　　　　　　　　　장성의 동쪽을 거두고 태산의 북쪽을 차지할 것
　　　　　　　　　　　입니다.

西結境於趙[237]而北達於燕,[238]　서쪽 조와 국경을 잇고 북으로 연에 달하여

三國布翄,[239]　　　　　세 나라가 날개를 펼치면

에서는 말하였다. "제선왕(齊宣王)은 산의 고개를 타고 장성을 축조하여 동으로는 바다에
이르고 서로는 제주까지 천여 리에 이르며 초를 방비한다."『괄지지』에서는 말하였다. "장
성의 서북쪽은 제주(濟州) 평음현(平陰縣)에서 시작하여 황하를 따라 태산의 북쪽 언덕을
거쳐 제주(濟州) 치천(淄川)을 지나는데, 곧 서남쪽 연주(兗州) 박성현(博城縣) 북쪽이며 동
쪽으로 밀주(密州) 낭야대(琅邪臺)에 이르러 바다로 들어간다.『계대기(薊代記)』에서는 제
에는 장성이라는 거대한 방어시설이 있어서 요새로 삼을 만하다고 하였다."

233 **정의** 『괄지지』에서는 말하였다. "밀주(密州) 거현(莒縣)은 옛 거자국(莒子國)이다.「지리
지」에서는 주무왕(周武王)이 거에 소호(少昊)의 후손인 영성(嬴姓)을 봉하여 비로소 계근
(計斤)에 도읍을 두었는데 춘추(春秋) 때 거(莒)로 옮겨 살았다."

234 **집해** 서광은 말하였다. "청하(清河)에 있다." **정의** 『괄지지』에서는 말하였다. "패구(浿丘)
는 언덕의 이름으로, 청주(青州) 임치현(臨淄縣) 서북쪽 25리 지점에 있다."

235 **색은** 고(顧)는 도리어라는 뜻이다. 오도(午道)는 제 서쪽 경계에 있을 것이다. 종으로 한번
횡으로 한번 오도(午道)가 되었는데, 또한 그 있는 곳이 상세하지 않다. **정의** 유백장(劉伯莊)
은 말하기를 "제 서쪽 경계"라고 하였다. 생각건대 개(蓋)는 박주(博州)의 서쪽 경계에 있다.

236 **정의** 제주(濟州) 장성(長城)에서 바다에 이르기 까지 태산의 북쪽과 황하의 남쪽을 모두
초에서 거두어들이는 것을 말한다.

237 **정의** 제 땅을 얻어 조와 조약을 맺어 경계로 삼아 합종의 맹약을 정하는 것을 말한다.

238 **색은** 북(北)은 "두(杜)"로 된 곳도 있다. 두(杜)는 관대(寬大)하다는 것을 이른다. 제와 진(晉)
이 이미 숨었으니 연을 거두는 것이 어렵지 않다는 것이다. **정의** 북달(北達)은 사방으로 통
하여 막히고 거리낌이 없다는 것을 말한다. 연에 신하(山河)의 한계가 없다는 것을 말한다.

239 **집해** 서광은 말하였다. "시(翅)의 뜻으로 읽는다. '속(屬)'으로 된 판본도 있다." **색은** 또
한 "시(翅)"라고도 하며, 시(式豉反)의 음과 같다. 삼국(三國)은 제(齊)와 조(趙), 연(燕)이다.

則從不待約而可成也.	합종은 약정을 기다리지 않아도 이루어질 수 있습니다.
北遊目於燕之遼東而南登望於越之會稽,	북으로 연의 요동으로 눈길을 주고 남으로 월의 회계에 올라 바라보실 수 있으니
此再發之樂也.	이는 두 번째 화살을 쏘는 즐거움입니다.
若夫泗上十二諸侯,	저 사상의 열두 제후 같은 것은
左縈而右拂之,	왼쪽으로 돌리고 오른쪽으로 떨면
可一旦而盡也.	하루아침에 다 잡을 수 있습니다.
今秦破韓以爲長憂,	지금 진은 한을 깨뜨려 오랜 근심이 되었는데
得列城而不敢守也;	여러 성을 얻어 감히 지키지 못하며
伐魏而無功,	위를 쳤으나 공이 없고
擊趙而顧病,240	조를 쳤으나 오히려 곤경에 처하였으니
則秦魏之勇力屈矣,	진과 위의 용력은 꺾였으며
楚之故地漢中·析·酈可得而復有也.	초의 옛 땅인 한중과 석, 역은 얻어서 다시 가질 수 있습니다.
王出寶弓,	왕께서 보궁을 꺼내시어
碆新繳,	새 주살을 매기고
涉鄳塞,241	맹새를 건너
而待秦之倦也,	진이 지치기를 기다리면

---

240 **색은** 고(顧)는 반(反)과 같다.

241 **집해** 서광은 말하였다. "혹자는 '명(冥)'이라고 생각하였는데, 지금의 강하(江夏)이다. 어떤 판본에는 '민(黽)'으로 되어 있다." **정의** 『괄지지』에서는 말하였다. "옛 명성(鄳城)은 섬주(陝州) 하북현(河北縣) 동쪽 10리 지점에 있는데, 우읍(虞邑)이다. 두예는 바로 하동(河東) 대양(大陽)에 명성(鄳城)이 있다고 하였다." 서(徐) 씨는 강하(江夏)라고 하였는데 또한 잘못이다.

山東·河內²⁴²可得而一也.	산동과 하내는 하나가 될 것입니다.
勞民休衆,	백성을 위로하고 민중을 쉬게 하면
南面稱王矣.	남면하여 왕을 칭할 것입니다.
故曰秦爲大鳥,	그러므로 진은 큰 새로
負海內而處,	해내를 지고 살며
東面而立,	동쪽을 향하여 서서
左臂據趙之西南,	왼팔로는 조의 서남쪽에 의지하고
右臂傅楚鄢郢,	오른팔로는 초의 언영을 잡고 있으며
膺擊韓魏,²⁴³	정면으로 한과 위를 치고
垂頭中國,²⁴⁴	중원의 나라에 머리를 드리워
處既形便,	처한 형세가 유리한데다가
勢有地利,	형세가 유리하여
奮翼鼓㺉,	날개를 떨치어 날면
方三千里,	사방 3천 리가 되니
則秦未可得獨招而夜射也."	진은 홀로 불러 밤에 쏠 수 있는 나라가 아닙니다."
欲以激怒襄王,	양왕을 격노케 하기 위하여
故對以此言.	이 말로 대답한 것이다.
襄王因召與語,	양왕은 이에 불러서 말을 나누어보고
遂言曰:	마침내 말하였다.
"夫先王爲秦所欺而客死於外,	"선왕이 진에 속아 나라 밖에서 객사하였으니
怨莫大焉.	이보다 큰 원한이 없습니다.

---

242 〔정의〕 화산(華山)의 동쪽을 이르며 회주(懷州) 하내(河內)의 군이다.

243 〔색은〕 한(韓)과 위(魏)가 진(秦) 앞에 있으므로 "정면으로 친다(膺擊)"라 하였다. 속본(俗本)에는 "응(鷹)"으로 되어 있는데 틀렸다.

244 〔색은〕 수두(垂頭)는 목을 쭉 펴는 것과 같다. 산동(山東)을 삼키려는 것을 말한다.

今以匹夫有怨,　　　　지금 필부도 원한이 있으면

尚有報萬乘,　　　　　오히려 만승의 임금에게 보복을 하니

白公·子胥是也.²⁴⁵　　바로 백공과 자서입니다.

今楚之地方五千里,　　지금 초는 영토가 5천 평방 리에

帶甲百萬,　　　　　　무장병력 백만을 보유하여

猶足以踊躍中野也,　　충분히 중원에서 도약할 만한데

而坐受困,　　　　　　앉아서 곤경을 당하고 있으니

臣竊爲大王弗取也."　　신이 가만히 생각건대 대왕께서는 취하지 않으
　　　　　　　　　　　시는 것입니다."

於是頃襄王遣使於諸侯,　이에 경양왕은 제후국에 사자를 보내어

復爲從,　　　　　　　다시 합종하고

欲以伐秦.　　　　　　진을 치려고 하였다.

秦聞之,　　　　　　　진이 이를 듣고

發兵來伐楚.　　　　　군사를 일으켜 초로 쳐들어왔다.

楚欲與齊韓連和伐秦,　초는 제·한과 연합하고 강화하여 진을 치려 하
　　　　　　　　　　　였으며

因欲圖周.　　　　　　내친김에 주를 도모하려고 하였다.

周王赧使武公²⁴⁶謂楚相昭子曰:
　　　　　　　　　　　주왕 난은 무공을 보내 초의 상 소자에게 말하
　　　　　　　　　　　였다.

---

245 역주 백공은 초평왕(楚平王)의 태자 건(建)의 아들인 승(勝)을 말한다. 초혜왕(楚惠王)이
　　오(吳)에서 불러와 초나라의 변경인 언(鄢)에 살게 하고, 백공(白公)이라 불렀다. 서(胥)는
　　오자서(伍子胥)로, 곧 오운(伍員)이다.
246 집해 서광은 말하였다. "정왕(定王)의 증손자로 서주(西周) 혜공(惠公)의 아들이다."

"三國以兵割周郊地以便輸,	"세 나라가 군사로 주의 교외를 나누어 운송에 편하게 하고
而南器以尊楚,	보기를 남으로 옮겨 초를 높이려는데
臣以爲不然.	신은 그렇지 않다고 생각합니다.
夫弑共主,	종주국의 왕을 죽이고
臣世君,247	대대로 임금인 나라를 신하로 삼으면
大國不親;	큰 나라는 가까이 하지 않을 것이며,
以衆脅寡,	많은 무리를 가지고 적은 무리를 으르면
小國不附.	작은 나라는 붙지 않을 것입니다.
大國不親,	큰 나라가 가까이 하지 않고
小國不附,	작은 나라가 붙지 않으면
不可以致名實.	명분과 실질을 이룰 수 없습니다.
名實不得,	명분과 실질을 얻지 못하면
不足以傷民.	백성을 상하게 할 수도 없습니다.
夫有圖周之聲,	저 주를 도모한다는 명성은
非所以爲號也."	호령을 내릴 것이 아닙니다."
昭子曰:	소자가 말하였다.
"乃圖周則無之.	"주를 도모하는 일은 없습니다.
雖然,	비록 그러하나
周何故不可圖也?"	주를 무슨 까닭으로 도모할 수 없습니까?"
對曰:	대답하였다.

---

247 색은 공주(共主)와 세군(世君)은 모두 주가 스스로를 이른 것이다. 공주(共主)는 주가 천하에서 함께 종주로 받드는 나라임을 말하며, 세군(世君)은 주 왕실이 대대로 천하의 임금이었음을 말한다.

"軍不五不攻,　　　　　　　"군사가 5배가 되지 않으면 공격하지 못하고

城不十不圍.　　　　　　　성은 열 배가 아니면 에워싸지 못합니다.

夫一周爲二十晉,[248]　　　　하나의 주는 20개의 진임을

公之所知也.　　　　　　　공은 알고 있습니다.

韓嘗以二十萬之眾辱於晉之城下,

　　　　　　　　　　한은 20만의 병력으로 진의 성 아래서 욕을 본
　　　　　　　　　　적이 있는데

銳士死,　　　　　　　　　정예병은 죽고

中士傷,　　　　　　　　　중급의 병사는 다쳤지만

而晉不拔.　　　　　　　　진은 함락되지 않았습니다.

公之無百韓以圖周,　　　　공이 백개의 한으로 주를 도모할 수 없음을

此天下之所知也.　　　　　천하가 알고 있습니다.

夫怨結兩周以塞騶魯之心,[249] 두 주와 원한을 맺어 추로의 마음을 막고

交絶於齊,[250]　　　　　　제와 절교하여

聲失天下,　　　　　　　　천하에서 명성을 잃으면

其爲事危矣.　　　　　　　일이 위태롭게 될 것입니다.

夫危兩周以厚三川,[251]　　두 주를 위태롭게 하여 삼천을 두터이 하면

方城之外必爲韓弱矣.[252]　방성 바깥은 반드시 한에 의해 약해질 것입니다.

何以知其然也?　　　　　　어떻게 그리될 것을 알까요?

---

248 [정의] 주 왕의 나라는 영토는 작지만 제후가 높이므로 20개의 진에 해당한다는 말이다.

249 [색은] 추로(騶魯)는 예의가 있는 나라로, 지금 초가 양주(兩周)와 원한을 맺고 구정(九鼎)을
빼앗고자 하는 것은 추로(鄒魯)의 마음을 막는 것이라는 말이다.

250 [정의] 초는 본래 제·한과 화친하여 진(秦)을 쳤으며 내친김에 주를 도모하려고 하였으며,
제는 함께 주를 도모하려고 하지 않았으므로 제가 초와 절교한 것이다.

251 [정의] 삼천(三川)은 양주(兩周)의 영토로 한이 많이 소유하고 있는데, 한을 두터이 해준다
는 말이다.

652

西周之地,	서주의 땅은
絶長補短,	긴 것을 잘라 짧은 것에 보태어도
不過百里.	백 리를 넘지 않습니다.
名爲天下共主,	명의는 천하의 종주국이라 하나
裂其地不足以肥國,	그 나라를 찢어도 나라를 살찌우기에 부족하고
得其衆不足以勁兵.	그 백성을 얻어도 군사를 강하게 하기에 부족합니다.
雖無攻之,	비록 공격을 하지 않아도
名爲弑君.	명의상으로는 임금을 죽이는 것입니다.
然而好事之君,	그러나 일 벌리기 좋아하는 임금과
喜攻之臣,	공격하기 좋아하는 신하가
發號用兵,	명령을 내려 군사를 씀에
未嘗不以周爲終始.	주를 처음과 끝으로 하지 않은 적이 없습니다.
是何也?	이는 어째서일까요?
見祭器在焉,	제기가 그곳에 있음을 알고
欲器之至而忘弑君之亂.	제기가 이르기만 바라고 임금을 죽이는 혼란은 잊어서입니다.
今韓以器之在楚,	이제 한은 제기가 초에 있다고 생각하니
臣恐天下以器讎楚也.	신은 천하가 제기 때문에 초를 원수로 삼을까 걱정스럽습니다.
臣請譬之.	신은 청컨대 비유를 들어보겠습니다.
夫虎肉臊,	호랑이 고기는 누린내가 나고

---

252 **정의** 방성(方城)의 바깥은 허주(許州) 섭현(葉縣) 동북쪽이다. 초가 양주(兩周)를 빼앗으면 한이 강해져서 반드시 초의 방성 바깥은 약해질 것이라는 말이다.

其兵利身,[253]	그 무기는 몸은 몸(을 지키기)에 이로운데도
人猶攻之也.	사람들은 오히려 공격합니다.
若使澤中之麋蒙虎之皮,	늪지의 사슴에게 호랑이 가죽을 씌운다면
人之攻之必萬於虎矣.[254]	사람들이 공격함은 호랑이보다 만 배는 될 것입니다.
裂楚之地,	초의 땅을 찢어
足以肥國;	나라를 살찌우기에 충분하고,
詘楚之名,	초의 명성을 꺾어
足以尊主.	임금을 높이기에 충분합니다.
今子將以欲誅殘天下之共主,	지금 그대는 천하의 종주를 죽이어
居三代之傳器,[255]	삼대를 전하여 온 보기를 차지하고
吞三翮六翼,[256]	세 발과 여섯 귀를 삼켜
以高世主,	대대로 이어온 임금보다 높아지려 하니
非貪而何?	탐내는 것이 아니면 무엇이겠습니까?
周書曰'欲起無先',	「주서」에서 말하기를 '일을 하려면 먼저 나서지 말라'라 하였으니
故器南則兵至矣."	제기를 남쪽으로 옮기면 군사가 이르게 될 것입니다."
於是楚計輟不行.	이에 초의 계책은 그쳐 행하여지지 않았다.

---

253 색은 호랑이는 손톱과 이빨을 무기로 삼아 몸을 방어하여 스스로 이롭게 여기는 것을 이른다.

254 색은 공격하기는 쉽고 이익은 큰 것이다. 정의 들판과 늪지의 사슴이 호랑이 가죽을 쓰고 있으면 사람들이 공격하여 취하는 것이 반드시 호랑이보다 만 배는 된다. 초가 주를 쳐서 제기를 거두는 것을 비유하였는데 사슴이 호랑이 가죽을 쓴 것과 같다는 것이다.

255 색은 구정(九鼎)을 이른다.

256 색은 핵(翮)은 또한 "역(鬲)"이라고도 하며, 역(歷)과 음이 같다. 삼핵(三翮) 육익(六翼)은 또한 구정(九鼎)을 이른다. 허공의 다리를 핵(翮)이라고 한다. 육익(六翼)은 곧 육이(六耳)로 익(翼)은 귓불에 가까운데, 이는 모두 『소이아(小爾雅)』에 갖추어져 있다.

十九年,	19년에
秦伐楚,	진이 초를 쳐서
楚軍敗,	초의 군사가 패하여
割上庸·漢北地予秦.²⁵⁷	상용과 한 북쪽의 땅을 떼어서 진에 주었다.
二十年,	20년에
秦將白起拔我西陵.²⁵⁸	진의 장수 백기가 우리의 서릉을 함락시켰다.
二十一年,	21년에
秦將白起遂拔我郢,	진의 장수 백기가 마침내 우리 영을 함락시키고
燒先王墓夷陵.²⁵⁹	선왕의 무덤인 이릉을 불태웠다.
楚襄王兵散,	초양왕의 군사는 흩어져
遂不復戰,	결국 다시 싸우지 못하고
東北保於陳城.	동북쪽에서 진성을 지켰다.
二十二年,	22년에
秦復拔我巫·黔中郡.	진이 다시 우리 무와 검중군을 함락시켰다.
二十三年,	23년에
襄王乃收東地兵,	양왕이 동쪽 땅의 군사를 수습하여
得十餘萬,	10여 만(의 병력)을 얻어

---

257 **정의** 방(房)과 금(金), 균(均) 세 주 및 한수(漢水)의 북쪽을 떼어 진에 준 것을 이른다.

258 **집해** 서광은 말하였다. "강하(江夏)에 속한다." **정의** 『괄지지』에서는 말하였다. "서릉(西陵)의 옛 성은 황주(黃州) 황산(黃山) 서쪽 2리 지점에 있다."

259 **집해** 서광은 말하였다. "「연표」에서는 영(郢)을 함락시키고 이릉(夷陵)을 불태웠다고 하였다." **색은** 이릉은 능(陵)의 이름이며, 나중에 현이 되어 남군(南郡)에 예속되었다. **정의** 『괄지지』에서는 말하였다. "바로 협주(峽州) 이릉현이다. 형주(荊州) 서쪽에 있다. 응소는 이산(夷山)은 서북쪽에 있다고 하였다."

復西取秦所拔我江旁十五邑以爲郡,
다시 서쪽으로 진에 함락된 우리 장강 곁의 15
개 읍을 빼앗아 군으로 삼아

距秦.　　　　　　　　진을 막았다.

二十七年,　　　　　　27년에

使三萬人助三晉伐燕.　3만을 보내 삼진이 연을 치는 것을 도왔다.

復與秦平,　　　　　　다시 진과 강화하고

而入太子爲質於秦.　　진에 태자를 인질로 들여보냈다.

楚使左徒侍太子於秦.　초는 좌도에게 진에서 태자를 모시게 했다.

三十六年,　　　　　　36년에

頃襄王病,　　　　　　경양왕이 병들자

太子亡歸.　　　　　　태자가 도망쳐 돌아왔다.

秋,　　　　　　　　　가을에

頃襄王卒,　　　　　　경양왕이 죽자

太子熊元[260]代立,　　태자 웅원이 계위하니

是爲考烈王.　　　　　바로 고열왕이다.

考烈王以左徒爲令尹,　고열왕은 좌도를 영윤으로 삼아

封以吳,　　　　　　　오에 봉하고

號春申君.　　　　　　춘신군이라 불렀다.

考烈王元年,　　　　　고열왕 원년에

納州于秦以平.[261]　　진에 주를 바치고 강화하였다.

---

260 색은 『계본』에는 "완(完)"으로 되어 있다.

261 집해 서광은 말하였다. "남군(南郡)에 주릉현(州陵縣)이 있다."

是時楚益弱.	이때 초는 더욱 약하여졌다.
六年,	6년에
秦圍邯鄲,	진이 한단을 에워싸자
趙告急楚,	조는 초에 위급을 알렸으며
楚遣將軍景陽救趙.	초는 장군 경양을 보내어 조를 구원하였다.
七年,	7년에
至新中.²⁶²	신중에 이르렀다.
秦兵去.²⁶³	진의 군사는 떠났다.
十二年,	12년에
秦昭王卒,	진소왕이 죽자
楚王使春申君弔祠于秦.	초왕은 춘신군을 진에 보내어 조문하게 하였다.
十六年,	16년에
秦莊襄王卒,	진 장양왕이 죽고
秦王趙政立.	진왕 조정이 즉위하였다.
二十二年,	22년에
與諸侯共伐秦,	제후들과 함께 진을 쳤는데
不利而去.	승리를 거두지 못하고 떠났다.
楚東徙都壽春,²⁶⁴	초는 동쪽 수춘으로 도읍을 옮기고

---

262 **색은** 조에는 신중(新中)이란 지명이 없으며, "중(中)"은 오자이다. 거록(鉅鹿)에 신시(新市)가 있으며, "중(中)"은 "시(市)"일 것이다. **정의** 신중(新中)은 상주(相州) 안양현(安陽縣)이다. 칠국(七國: 전국시대) 때 위(魏) 영신중읍(寧新中邑)은 진(秦) 장양왕(莊襄王)이 함락시켜 안양(安陽)으로 이름을 바꾸었다.

263 **집해** 서광은 말하였다. "「연표」에서는 6년에 춘신군(春申君)이 조를 구원하였고, 10년에 거양(鉅陽)으로 옮겼다고 하였다."

264 **정의** 수춘(壽春)은 남수주(南壽州)에 있으며, 바로 수춘현(壽春縣)이다.

命曰郢.	영이라 명명하였다.
二十五年,	25년에
考烈王卒,	고열왕이 죽고
子幽王悍立.	아들인 유왕 한이 즉위하였다.
李園殺春申君.	이원이 춘신군을 죽였다.
幽王三年,	유왕 3년에
秦·魏伐楚.	진과 위가 초를 쳤다.
秦相呂不韋卒.	진의 상 여불위가 죽었다.
九年,	9년에
秦滅韓.	진이 한을 멸하였다.
十年,	10년에
幽王卒,	유왕이 죽고
同母弟猶代立,	동복 아우 유가 계위하니
是爲哀王.	바로 애왕이다.
哀王立二月餘,	애왕 즉위 두 달여 만에
哀王庶兄負芻之徒襲殺哀王而立負芻爲王.	
	애왕의 서형 부추의 무리가 애왕을 습격하여 죽이고 부추를 왕으로 옹립하였다.
是歲,	이 해에
秦虜趙王遷.	진이 조왕 천을 사로잡았다.
王負芻元年,	왕 부추 원년에
燕太子丹使荊軻刺秦王.	연 태자 단이 형가에게 진왕을 저격하게 하였다.
二年,	2년에

秦使將軍伐楚,	진이 장군을 보내 초를 치게 하여
大破楚軍,	초 군사를 대파하였으며
亡十餘城.	(초는) 70여 개의 성을 잃었다.
三年,	3년에
秦滅魏.	진이 위를 멸하였다.
四年,	4년에
秦將王翦破我軍於蘄,[265]	진 장수 왕전이 기에서 우리 군사를 깨뜨리고
而殺將軍項燕.	장군 항연을 죽였다.
五年,	5년에
秦將王翦·蒙武遂破楚國,	진 장수 왕전과 몽무가 마침내 초를 깨뜨리고
虜楚王負芻,	초왕 부추를 사로잡았으며
滅楚名爲(楚)郡云.[266]	초를 멸하고 군이라고 불렀다.
太史公曰:	태사공은 말한다.
楚靈王方會諸侯於申,	초영왕이 바야흐로 신에서 제후들을 모아
誅齊慶封,	제의 경봉을 죽이고
作章華臺,	장화대를 지어
求周九鼎之時,	주의 구정을 구하였을 때는
志小天下;	천하를 작게 보는 뜻이 있었으며,
及餓死于申亥之家,	신해의 집에서 굶어죽자

---

265 색은 기(機)와 기(祈) 두 음이 있다.

266 집해 손검(孫檢)이 말하였다. "진(秦)이 초왕 부추(負芻)를 사로잡고 초의 이름을 없애고, 초의 영토를 세 군(郡)으로 만들었다." 색은 배(裵) 씨의 주에서는 자주 손검의 말을 인용하였는데, 그 사람의 본말은 알지 못하겠으며 아마 제(齊) 사람일 것이다.

爲天下笑.	천하의 웃음거리가 되었다.
操行之不得,	지조와 품행을 지키지 못하였으니
悲夫!	슬프다!
勢之於人也,	권세가 사람에 있어서
可不愼與?	신중하지 않을 수 있겠는가!
弃疾以亂立,	기질은 난을 일으켜 즉위하였는데
嬖淫秦女,	진의 여인을 총애하여 음란하였으니
甚乎哉,	심하구나,
幾²⁶⁷再亡國!	거의 두 번 나라를 망하게 했다!

색은술찬索隱述贊 육웅(鬻熊)의 후사를, 주가 초에 봉하였다. 구석진 형만에 있어서, 땔나무 수레 타고 옷은 남루하였다. 통에 이르러 제패하여, 무라 참칭하였다. 문왕은 이미 신을 정벌하였고, 성왕 또한 허를 사면하였다. 자어는 적자의 자리를 빼앗았고, 상신은 아비를 죽였다. 하늘의 화를 뉘우치지 못하고, 간사함에 의지하여 스스로 믿고 의지하였다. 소왕은 곤경에 처하여 달아났고, 회왕은 포로로 갇혔다. 경양왕과 고열왕 때, 나라의 운명이 남쪽 땅에서 쇠하였다.

鬻熊之嗣, 周封於楚. 僻在荊蠻, 蓽路藍縷. 及通而霸, 僭號曰武. 文既伐申, 成亦赦許. 子圉篡嫡, 商臣殺父. 天禍未悔, 憑姦自怙. 昭困奔亡, 懷迫囚虜. 頃襄, 考烈, 祚衰南土.

---

267 **색은** 음은 기(祈)이다.

越王句踐,	월왕 구천은
其先禹之苗裔,[1]	그 선조가 우의 아득한 후손으로
而夏后帝少康之庶子也.	하후 제소강의 서자이다.
封於會稽,	회계에 봉하여져서
以奉守禹之祀.	우의 제사를 받들어 지키게 했다.
文身斷髮,	문신을 하고 머리카락을 잘랐으며
披草萊而邑焉.[2]	황무지를 개척하여 그곳에서 거주하였다.
後二十餘世,	20여 세가 지나
至於允常.[3]	윤상에 이르렀다.

---

[1] **정의正義** 『오월춘추(吳越春秋)』에서는 말하였다. "우(禹)는 천하를 두루 다니며 돌아오는 길에 대월(大越)로 가서 모산(茅山)에 올라 사방 신하들의 조현을 받고 공이 있는 자를 봉하고 덕이 있는 자에게 관작을 내렸으며 그곳에서 죽어 장사를 지냈다. 소강(少康)에 이르러 종묘의 제사에서 우의 자취가 끊어질까 두려워하여 이에 그 서자를 월에 봉하였는데 무여(無餘)라 하였다." 하순(賀循)의 『회계기(會稽記)』에서는 말하였다. "소강(少康)은 그 작은 아들로 오월(於越)이라 불렀는데, 월의 명칭은 여기서 비롯되었다."『월절기(越絕記)』에서는 말하였다. "무여(無餘)의 도읍은 바로 회계산(會稽山) 남쪽의 옛 월성(越城)이다."

[2] **역주** 읍은 여기서 동사로 쓰여, 성읍(城邑)을 쌓아서 거주하는 것을 말한다.

[3] **정의** 『여지지(輿地志)』에서는 말하였다. "월후(越侯)가 나라를 전한 지 30여 세 되던 무렵에 은을 거쳐 주경왕(周敬王) 때 이르러 월후 부담(夫譚)이 있었는데 아들을 윤상(允常)이라 하였으며 땅을 개척하여 비로소 커져서 왕을 일컬었는데『춘추(春秋)』에서는 자(子)로 폄훼하고, 오월(於越)이라 불렀다." 두예(杜預)의 주에서는 말하였다. "오(於)는 발성어이다."

允常之時,	윤상 때
與吳王闔廬戰而相怨伐.	오왕 합려와 싸워 서로 원한을 품고 정벌하였다.
允常卒,	윤상이 죽자
子句踐立,	아들인 구천이 즉위하니
是爲越王.	바로 월왕이다.

元年,	원년에
吳王闔廬聞允常死,	오왕 합려는 윤상이 죽었다는 말을 듣고
乃興師伐越.	이에 군사를 일으켜 월을 쳤다.
越王句踐使死士挑戰,	월왕 구천은 결사대에게 싸움을 돋우게 하였는데
三行,[4]	3열(列)이
至吳陳,	오의 진(陣)에 이르러
呼而自剄.	고함을 치며 스스로 목을 쳤다.
吳師觀之,	오의 군사가 그것을 구경하는 사이
越因襲擊吳師,	월은 이를 틈타 오의 군사를 습격하여
吳師敗於檇李,[5]	오의 군사는 취리에서 패하였으며
射傷吳王闔廬.	오왕 합려를 쏘아 부상을 입혔다.
闔廬且死,	합려는 다 죽어가면서
告其子夫差曰:	그 아들인 부차에게 일러 말하였다.
"必毋忘越."	"절대로 월을 잊지 말거라."

三年,	3년에

---

4 **역주** '行'의 음은 '항'이며 군대의 항열(行列)을 말한다. 중국 고대의 군대 편제에 의하면 1항(行)은 25인으로 구성되었다.

5 **집해集解** 두예는 말하였다. "오군(吳郡) 가흥현(嘉興縣) 남쪽에 취리성(檇李城)이 있다."
색은索隱 이 일은 『좌전(左傳)』 노정공(魯定公) 14년에 있다.

句踐聞吳王夫差日夜勒兵,　　　　구천이 오왕 부차가 밤낮으로 군사를 조련하여

且以報越,　　　　　　　　　　월에 보복하려 한다는 말을 듣고

越欲先吳未發往伐之.　　　　월은 오가 아직 군사를 일으키지 않았을 때 먼저 가서 치고자 하였다.

范蠡諫曰:　　　　　　　　　　범려가 간하였다.

"不可.　　　　　　　　　　　　"안 됩니다.

臣聞兵者凶器也,　　　　　　신이 듣건대 무기는 흉기이며

戰者逆德也,　　　　　　　　싸우는 것은 덕을 거스르는 것이고

爭者事之末也.　　　　　　　다투는 것은 일 가운데 말엽적인 것이라 하였습니다.

陰謀逆德,　　　　　　　　　덕을 거스르는 계책을 몰래 꾸미고

好用凶器,　　　　　　　　　흉기 쓰는 것을 좋아하며

試身於所末,　　　　　　　　말엽적인 것으로 몸을 시험하는 것을

上帝禁之,　　　　　　　　　상제가 금하였으니

行者不利."　　　　　　　　　행하는 것이 이롭지 못합니다."

越王曰:　　　　　　　　　　월왕이 말하였다.

"吾已決之矣."　　　　　　　"내 이미 결정했노라."

遂興師.　　　　　　　　　　마침내 군사를 일으켰다.

吳王聞之,　　　　　　　　　오왕이 듣고

悉發精兵擊越,　　　　　　정예병을 모두 일으켜 월을 쳐서

敗之夫椒.⁶　　　　　　　　부초에서 무찔렀다.

---

6 집해 두예는 말하였다. "부초(夫椒)는 오군(吳郡) 오현(吳縣)에 있으며 바로 태호(太湖) 안의 초산(椒山)이다." 색은 '夫'의 음은 부(符)이다. '椒'의 음은 초(焦)이며, 본래 또한 "㳚"라고도 하는데 음은 초(酒小反)라고 하였다. 가규(賈逵)는 지명이라고 하였다. 『국어(國語)』에서는 오호(五湖)에서 무찔렀다고 하였으니 두예가 초산에서라고 말한 것은 틀렸다. 이 일은 애공(哀公) 원년에 보인다.

越王乃以餘兵五千人保棲於會稽.[7]

월왕은 이에 남은 병력 5천 명으로 회계산에 올라 지켰는데

吳王追而圍之.

오왕이 추격하여 에워쌌다.

越王謂范蠡曰:[8]

월왕이 범려에게 말하였다.

"以不聽子故至於此,

"그대의 말을 듣지 않아 이 지경에 이르렀으니

爲之奈何?"

이를 어찌해야 하겠소?"

蠡對曰:

범려가 대답하였다.

"持滿者與天,[9]

"찬 것을 유지하려면 하늘을 본받아야 하고

定傾者與人,[10]

기우는 것을 안정시키려면 사람을 본받아야 하며

---

7 【집해】 두예는 말하였다. "회계산(會稽山)에 오른 것이다." 【색은】 추탄(鄒誕)은 말하였다. "산을 근거지로 하는 것을 서(棲)라고 하는데, 새가 나무에 기대어 해를 피하는 것과 같다. 그러므로 『육도(六韜)』에서는 말하기를 '군대가 높은 곳에 처하는 것을 서(棲)라고 한다.'라 하였다."

8 【정의】 『회계전록(會稽典錄)』에서는 말하였다. "범려(范蠡)의 자는 소백(少伯)이며 월의 상장군이다. 본래 초의 완삼호(宛三戶) 사람으로 미친 척하고 구속을 받지 않고 세속을 등졌다. 문종(文種)이 완(宛)의 영으로 관리를 보내어 뵙고 받들려고 한다고 알렸다. 관리가 돌아와 말하였다. '범려는 본국의 미치광이인데 나면서부터 이 병이 있습니다.' 문종이 웃으며 말하였다. '내가 듣자하니 사(士) 가운데 현명하고 뛰어난 자태를 가지고 있는 사람은 반드시 미친 척하는 놀림이 있으며 안으로는 홀로 뵙는 밝음이 있고 밖으로는 알지 못한다는 헐뜯음이 있으니 이는 실로 그대들이 알 바가 아니다.' 수레를 타고 가니 범려는 피하였다. 나중에 문종이 반드시 인사하러 올 것이라는 것을 알고 형수에게 말하였다. '오늘 손님이 올 것이니 의관을 빌렸으면 합니다.' 얼마 후 문종이 이르자 손바닥을 치면서 이야기하였으며 곁에서 구경하는 사람들은 귀를 쫑긋 기울여 들었다."

9 【집해】 위소(韋昭)는 말하였다. "여천(與天)은 하늘을 본받는 것이다. 천도(天道)는 차도 넘치지 않는다." 【색은】 여천(與天)은 하늘과 함께 하는 것이다. 찬 것을 유지하면서도 넘치지 않아 하늘의 도와 같기 때문에 하늘이 함께 하는 것이다.

10 【집해】 우번(虞翻)은 말하였다. "인도(人道)는 겸손하고 낮추는 것을 숭상하여 스스로 수양하는 것이다." 【색은】 임금이 기울어지는 것을 안정시킨 공이 있기 때문에 사람이 그와 함께 하는 것이다.

節事者以地.[11]	일을 절제하려면 땅을 본받아야 합니다.
卑辭厚禮以遺之,	말을 낮추고 예를 두터이 하여 보내고,
不許,	허락지 않으면
而身與之市."[12]	몸을 주어서 이롭게 해야 합니다."
句踐曰:	구천이 말하였다.
"諾.	"좋소."
乃令大夫種行成於吳,[13]	이에 대부 종에게 오와 강화를 행하게 하여
膝行頓首曰:	무릎으로 기어가서 머리를 조아리고 말하였다.
"君王亡臣句踐使陪臣種敢告下執事:	"군왕의 망신 구천이 배신 문종을 시켜 집사께 감히 아뢰게 하였습니다.
句踐請爲臣,	구천은 신하가 되고

---

11 **집해** 위소는 말하였다. "때가 이르지 않으면 억지로 날 수 없고, 일을 궁구하지 않으면 억지로 이룰 수 없다." **색은** 『국어』에서는 "이(以)"를 "여(與)"라 하였으며, 여기서는 "이(以)"라고 하였는데 또한 여(與)의 뜻이다. 땅은 만물을 말라 이를 수 있으며, 임금이 절제하여 쓰면서 땅을 본받아야 하므로 땅이 그와 함께 한다. 위소 등의 해석은 틀렸을 것이다.

12 **집해** 위소는 말하였다. "시(市)는 이롭다는 뜻이다. 열쇠를 맡기고 국가를 귀속시켜 몸을 따르는 것이다." **정의** 언사를 낮추어 하고 진기한 보배를 두터이 보내는 것이다. 화평을 허락하지 않으면 월왕이 몸소 가서 섬기기를 매매하고 무역하여 이롭게 하는 것과 같으며, 이는 기울어 위태로운 것을 안정시키는 계책이다.

13 **색은** 대부(大夫)는 관직이고, 종(種)은 이름이다. 어떤 사람은 대부는 성이며 사마(司馬), 사도(司徒) 등과 같은 것이라 하였는데, 아마 틀렸을 것이다. 성(成)은 평(平)으로 오에 강화를 청하는 것이다. **정의** 『오월춘추』에서는 말하였다. "대부 종의 성은 문(文)이고 이름은 종(種)이며, 자는 자금(子禽)이다. 형평왕(荊平王) 때 완(宛)의 영(令)이 되어 삼호(三戶)의 마을을 가는데 범려가 개구멍에서 웅크리고 (개처럼) 짖자 따르던 관리가 문종이 부끄러워할까 걱정하여 사람에게 옷을 끌어 막게 하였다. 문종이 말하였다. '가리지 말라. 내가 듣자하니 개가 짖는 것은 사람이라 하는데 지금 내가 이곳에 이르러 성인의 기가 있어 가서 그것을 구하여 이곳에 이르게 되었다. 또한 사람의 몸으로 개처럼 짖는 것은 내가 사람이라는 것을 이른다.' 이에 수레에서 내려 절을 하였는데 범려는 예를 갖추지 않았다."

妻爲妾."	아내는 첩이 되기를 청합니다."
吳王將許之.	오왕이 허락하려고 하였다.
子胥言於吳王曰:	자서가 오왕에게 말하였다.
"天以越賜吳,	"하늘이 월을 오에 내린 것이니
勿許也."	허락지 마십시오."
種還,	종이 돌아와
以報句踐.	그대로 구천에게 보고하였다.
句踐欲殺妻子,	구천은 처자를 죽이고
燔寶器,	보기를 불태우고
觸戰以死.	싸우다 죽으려 하였다.
種止句踐曰:	종이 구천을 말리며 말하였다.
"夫吳太宰嚭貪,	"저 오의 태재 비는 탐욕스러워
可誘以利,	재물로 꾈 수 있으니
請閒行¹⁴言之."	청컨대 몰래 가서 말하게 해주십시오."
於是句踐以美女寶器令種閒獻吳太宰嚭.¹⁵	
	이에 구천은 미녀와 보기를 종으로 하여금 몰래 오의 태재 비에게 바치게 했다.
嚭受,	비는 (월의 뇌물을) 받고
乃見大夫種於吳王.	이에 오왕에게 대부 종을 뵙게 했다.
種頓首言曰:	종이 머리를 조아리며 말하였다.
"願大王赦句踐之罪,	"원컨대 대왕께서 구천의 죄를 용서해주시면
盡入其寶器.	보기를 모두 바치겠습니다.

---

14 색은 '閒'의 음은 간(紀閑反)이다. 간행(閒行)은 미행(微行)과 같다.

15 색은 『국어』에서는 말하였다. "월에서는 미녀 두 사람을 꾸며 대부 종으로 하여금 태재 비에게 보내게 했다."

不幸不赦,	불행히 용서를 받지 못하면
句踐將盡殺其妻子,	구천은 처자를 모두 죽이고
燔其寶器,	보기를 불태우고
悉五千人觸戰,	5천의 군사를 모두 동원하여 교전을 할 것이니
必有當也." [16]	반드시 응분의 대가가 있을 것입니다."
嚭因說吳王曰:	비가 이어서 오왕에게 말하였다.
"越以服爲臣,	"월이 항복하여 신하가 되려하니
若將赦之,	용서해주시면
此國之利也."	이는 나라의 이익입니다."
吳王將許之.	오왕은 허락하려 하였다.
子胥進諫曰:	자서가 나아가 간하였다.
"今不滅越,	"지금 월을 멸하지 않으면
後必悔之.	나중에 반드시 뉘우치게 될 것입니다.
句踐賢君,	구천은 현명한 임금이고
種・蠡良臣,	종과 여는 훌륭한 신하이니
若反國,	나라로 돌아가게 된다면
將爲亂."	난이 일어나게 될 것입니다."
吳王弗聽,	오왕은 듣지 않고
卒赦越,	마침내 월을 용서하고
罷兵而歸.	군사를 철수시켜 돌아갔다.

---

16 색은 5천 명을 있는 대로 동원하여 교전을 하면 오의 군사를 당해낼 수 있는 사람도 있을 수 있으므로 『국어』에서는 "우(耦)"로 되어 있으며, 우(耦) 또한 서로 맞서는 것을 이른다. 또한 아래에서 "군왕이 아끼는 사람이 다치지 않겠습니까!"라 하였는데, 이는 맞서면 서로 다친다는 말이다.

句踐之困會稽也,　　　　구천이 회계산에서 곤경에 처했을 때

喟然嘆曰:　　　　　　탄식하며 말하였다.

"吾終於此乎?"　　　　"내가 여기서 끝장난다는 말인가?"

種曰:　　　　　　　종이 말하였다.

"湯繫夏臺,　　　　　"탕은 하대에 묶였고

文王囚羑里,　　　　　문왕은 유리에 갇혔으며

晉重耳犇翟,　　　　　진의 중이는 적으로 달아났고

齊小白犇莒,　　　　　제의 소백은 거로 달아났는데

其卒王霸.　　　　　　마침내 왕을 일컫고 패업을 이루었습니다.

由是觀之,　　　　　이로써 살펴보건대

何遽不爲福乎?"　　　어찌 갑자기 복이 되지 않겠습니까?"

吳既赦越,　　　　　오가 월을 사면하자

越王句踐反國,　　　월왕 구천은 귀국하여

乃苦身焦思,　　　　노심초사하여

置膽於坐,　　　　　자리에 쓸개를 두고

坐臥即仰膽,　　　　앉거나 누우면 쓸개를 우러르고

飲食亦嘗膽也.　　　먹고 마실 때도 쓸개를 맛보았다.

曰:　　　　　　　말하였다.

"女忘會稽之恥邪?"　"너는 회계의 치욕을 잊었느냐?"

身自耕作,　　　　　몸소 직접 경작을 하였고

夫人自織,　　　　　부인은 직접 베를 짰으며

食不加肉,　　　　　식사 때는 고기를 더하지 않았고

衣不重采,　　　　　옷은 두 가지 색이 아니었으며

折節下賢人,　　　　절개를 꺾고 현인에게 몸을 낮추고

厚遇賓客,	빈객을 후대하였으며
振貧弔死,[17]	가난한 사람을 진휼하고 죽은 사람을 위로하여
與百姓同其勞.	백성과 노고를 함께하였다.
欲使范蠡治國政,	범려에게 나라의 정치를 맡기려 하자
蠡對曰:	범려가 대답하였다.
"兵甲之事,	"군사의 일은
種不如蠡;	종이 저보다 못하고,
塡[18]撫國家,	국가를 진무하고
親附百姓,	백성을 친하게 하여 가까이 하게 하는 것은
蠡不如種."	제가 종보다 못합니다."
於是舉國政屬大夫種,	이에 온 나라의 정치를 대부 종에게 맡기고
而使范蠡與大夫柘稽[19]行成,	범려와 대부 자계에게 회담을 행하게 하고
爲質於吳.	오의 인질이 되었다.
二歲而吳歸蠡.	2년 만에 오는 범려를 돌려보냈다.
句踐自會稽歸七年,	구천이 회계에서 돌아오고 7년에
拊循其士民,	그 사와 백성을 위무하고
欲用以報吳.	오에 보복을 하려고 했다.
大夫逢同[20]諫曰:	대부 봉동이 간하였다.
"國新流亡,	"나라가 위망에서 새로워져
今乃復殷給,	지금 이에 다시 넉넉해졌으니

---

17 **집해** 서광(徐廣)은 말하였다. "조(弔)는 '망(葬)'으로 된 판본도 있다."
18 **색은** 음은 진(鎭)이다.
19 **색은** 월의 대부이다.『국어』에는 "제계영(諸稽郢)"으로 되어 있다.
20 **색은** 봉(逢)은 성이고, 동(同)은 이름이다. 옛날 초에 봉백(逢伯)이 있었다.

繕飾備利,	잘 정비하고 무기를 갖춘다면
吳必懼,	오는 반드시 두려워할 것이고
懼則難必至.	두려워하면 어려움이 반드시 이를 것입니다.
且鷙鳥之擊也,	또한 맹금이 습격을 할 때도
必匿其形.	반드시 그 몸을 숨깁니다.
今夫吳兵加齊·晉,	지금 저 오의 군사는 제와 진을 공격하고
怨深於楚·越,	초·월과는 깊은 원한을 맺고 있으며
名高天下,	명성은 천하에 높아
實害周室,	실로 주 왕실에 해를 끼치며
德少而功多,	덕은 적고 공은 많으니
必淫自矜.	반드시 교만하여 스스로 뻐길 것입니다.
爲越計,	월을 위한 계책으로는
莫若結齊,	제와 관계를 맺고
親楚,	초와 친하게 지내며
附晉,	진에 붙고
以厚吳.	오를 두터이 대해주는 것 만한 것이 없습니다.
吳之志廣,	오는 뜻이 커져서
必輕戰.	반드시 가벼이 전쟁을 일으킬 것입니다.
是我連其權,	이때 우리가 힘을 연합해서
三國伐之,	세 나라가 그 나라를 치고
越承其弊,	월이 그 피폐한 기세를 탄다면
可克也."	이길 수 있습니다."
句踐曰:	구천이 말하였다.
"善."	"좋소."

居二年,	2년 만에
吳王將伐齊.	오왕이 제를 정벌하려 했다.
子胥諫曰:	자서가 간하여 말하였다.
"未可.	"아직 안 됩니다.
臣聞句踐食不重味,	신이 듣기에 구천은 식사에 두 반찬이 없으며
與百姓同苦樂.	백성들과 고락을 함께 한다고 합니다.
此人不死,	이 사람이 죽지 않으면
必爲國患.	반드시 나라의 우환이 될 것입니다.
吳有越,	오에 월이 있는 것은
腹心之疾,	배와 심장의 병과 같으며
齊與吳,	제는 오와
疥癬²¹也.	옴(같은 사이)입니다.
願王釋齊先越."	원컨대 왕께서는 제를 풀어주고 월을 먼저 도모하십시오."
吳王弗聽,	오왕은 듣지 않고
遂伐齊,	마침내 제를 쳐서
敗之艾陵,²²	애릉에서 무찔렀으며
虜齊高·國²³以歸.	제의 고 씨와 국 씨를 사로잡아 돌아갔다.
讓子胥.	자서를 책망했다.
子胥曰:	자서가 말하였다.
"王毋喜!"	"왕께서는 기뻐하지 마십시오."
王怒,	왕은 노하였고

---

21 색은 '疥癬'의 음은 개선(介毼)이다.
22 색은 노애공(魯哀公) 11년의 일이다.
23 색은 국혜자(國惠子)와 고소자(高昭子)이다.

子胥欲自殺,	자서가 스스로 목숨을 끊으려 하자
王聞而止之.	왕이 듣고 말렸다.
越大夫種曰:	월의 대부 종이 말하였다.
"臣觀吳王政驕矣,	"신이 오왕의 정치를 보건대 교만하니
請試嘗之貸粟,	청컨대 양식을 빌리는 것을 가지고 시험하여
以卜其事."	일을 점쳐보십시오."
請貸,	빌리기를 청하니
吳王欲與,	오왕은 주려 하였고
子胥諫勿與,	자서는 주지 말라고 간언하였으나
王遂與之,	왕은 마침내 주었고
越乃私喜.	월은 이에 가만히 기뻐하였다.
子胥言曰:	자서가 말하였다.
"王不聽諫,	"왕이 간언을 듣지 않으니
後三年吳其墟乎!"	3년 후 오는 폐허가 될 것이다!"
太宰嚭聞之,	태재 비가 듣고
乃數與子胥爭越議,	곧 수차례 자서와 월을 놓고 쟁의하였는데
因讒子胥曰:	이에 자서를 참소하여 말하였다.
"伍員貌忠而實忍人,	"오운은 외모는 충성스럽지만 실제로는 잔인한 사람으로
其父兄不顧,	그 부형을 돌아보지 않았으니
安能顧王?	어찌 왕을 돌아볼 수 있겠습니까?
王前欲伐齊,	왕이 전에 제를 치려고 하자
員彊諫,	운은 강하게 간하였으며
已而有功,	얼마 후 공을 세우자
用是反怨王.	이 때문에 오히려 왕을 원망하였습니다.

672

王不備伍員,	왕께서 오운을 대비하지 않으면
員必爲亂."	운은 반드시 난을 일으킬 것입니다."
與逢同共謀,	봉동과 공모하여
讒之王.	왕에게 참소하였다.
王始不從,	왕은 처음에는 따르지 않았지만
乃使子胥於齊,	곧 자서를 제에 보내었을 때
聞其託子於鮑氏,	그가 포 씨에게 아들을 맡겼다는 말을 듣자
王乃大怒,	왕이 이에 크게 노하여
曰:	말하였다.
"伍員果欺寡人!"	"오운이 과연 과인을 속였다!"
役反,	일에서 돌아오자
使人賜子胥屬鏤劍以自殺.	사람을 시켜 자서에게 촉루검을 내리고 스스로 목숨을 끊게 했다.
子胥大笑曰:	자서는 크게 웃으며 말하였다.
"我令而父霸,²⁴	"내 네 아비가 패권을 잡게 하고
我又立若,²⁵	내 또 너를 옹립하여
若初欲分吳國半予我,	너는 처음에 오의 반을 내게 주려하였는데도
我不受,	나는 받지 않았는데
已,	이윽고
今若反以讒誅我.	지금 너는 도리어 참소 때문에 나를 죽이는구나.
嗟乎,	아아!
嗟乎,	아아!
一人固不能獨立!"	한 사람은 실로 홀로 설 수 없다!"

---

24 **색은** 이(而)는 너(汝)라는 뜻이다. 부(父)는 합려(闔廬)이다.

25 **색은** 약(若) 또한 너라는 뜻이다.

報使者曰:	사자에게 답하여 말하였다.
"必取吾眼置吳東門,	"반드시 나의 눈을 뽑아 오의 (도성) 동문에 두어
以觀越兵入也!"26	월의 군사가 들어오는 것을 보게 하라."
於是吳任嚭政.	이에 오는 비에게 정치를 맡겼다.
居三年,	3년 만에
句踐召范蠡曰:	구천이 범려를 불러 말하였다.
"吳已殺子胥,	"오가 이미 자서를 죽였고
導諛者眾,	아첨하여 비위를 맞추는 자들이 득실거리니
可乎?"	(쳐도) 되겠는가?"
對曰:	대답하였다.
"未可."	"아직은 안 됩니다."
至明年春,	이듬해 봄이 되자
吳王北會諸侯於黃池,27	오왕은 북쪽 황지에서 제후들과 회맹하였는데
吳國精兵從王,	오국의 정예병은 왕을 따라가고
惟獨老弱與太子留守.28	노약자와 태자만이 남아서 지키고 있었다.
句踐復問范蠡,	구천이 다시 범려에게 묻자
蠡曰"可矣".	범려가 말하기를 "됐습니다."라 하였다.
乃發習流二千人,29	이에 물에 익숙한 2천 명과
教士四萬人,30	잘 훈련된 군사 4만 명,

---

26 **색은** 『국어』에서는 오왕(吳王)이 노기를 품고 말하기를 "과인은 대부들이 보지 못하게 하
겠다."라 하고는 곧 말가죽 부대에 담아 강에 던졌다고 하였다.

27 **색은** 애공(哀公) 13년의 일이다.

28 **색은** 『좌씨전(左氏傳)』에 의하면 태자의 이름은 우(友)이다.

君子六千人,[31]	군자 6천 명,
諸御千人,[32]	제어 천 명을 일으켜
伐吳.	오를 쳤다.
吳師敗,	오의 군사는 패하였고
遂殺吳太子.	마침내 오의 태자를 죽였다.
吳告急於王,	오는 왕에게 위급을 알렸는데
王方會諸侯於黃池,	왕은 바야흐로 황지에서 회맹 중이어서
懼天下聞之,	천하에 알려질까 두려워하여
乃祕之.	이에 숨겼다.
吳王已盟黃池,	오왕은 황지에서 맹약을 마치고
乃使人厚禮以請成越.	이에 사람을 시켜 두터운 예로 월에게 강화를 청하게 했다.
越自度亦未能滅吳,	월은 또한 아직은 오를 멸할 수 없다고 스스로 판단하여
乃與吳平.	이에 오와 강화하였다.

---

29 색은 「우서(虞書)」에서는 "오형(五刑)을 범한 자를 추방하였다."라 하였다. 추방된 죄인에게 전투를 익히게 하여 졸오(卒伍)로 명하였으므로 2천 명이 있게 된 것이다. 정의 군진에서 죽는데 익숙해진 자 2천 명이다. 역주 서천우(徐天祐)는 수전에 익숙한 자를 말한다고 하였다. 곧 수군(水軍)을 말한다.

30 색은 평상시에 잘 조련된 군사를 이른다. 그러므로 공자는 말하기를 "가르치지 않은 백성을 동원해서 싸우게 한다면, 이것을 일러 백성을 버린다고 한다."(『論語』「子路」)라 하였다.

31 집해 위소는 말하였다. "군자(君子)는 왕이 가까이하는 지행(志行)이 있는 자로 오에서 이른바 '현량(賢良)'과 제에서 이른바 '사(士)'이다." 우번은 말하였다. "임금이 아들처럼 길렀다는 것을 말한다." 색은 군자는 임금이 아들처럼 길러 은혜를 베푼 자를 이른다. 『좌씨』에서는 "초의 심윤술(沈尹戌)이 도군자(都君子)를 거느리고 군사를 건너게 했다."라 하였는데, 두예는 말하기를 "도군자(都君子)는 도읍의 사람으로 부역을 면제받은 자들이다."라 하였다. 『국어』에서는 "왕은 사졸(私卒) 군자(君子)가 6천 명이었다."라 하였다.

32 색은 제어(諸御)는 일을 다스리는 관리들로 군대에서 맡은 일이 있는 자들이다.

其後四年,	4년 뒤
越復伐吳.	월은 다시 오를 쳤다.
吳士民罷弊,	오의 군사와 백성이 피폐해져
輕銳盡死於齊·晉.	가볍고 날랜 정예병은 제와 진(과의 전투)에서 모두 죽었다.
而越大破吳,	그리고 월이 오를 대파하고
因而留圍之三年,	그대로 머물러 3년을 에워싸니
吳師敗,	오의 군사는 패하여
越遂復棲吳王於姑蘇之山.	월은 마침내 다시 오왕을 고소지산에 오르게 하였다.
吳王使公孫雄[33]肉袒膝行而前,	오왕은 공손웅에게 상체를 드러내고 무릎으로 나아가게 하여
請成越王曰:	월왕에게 강화를 청하게 하여 말하였다.
"孤臣夫差敢布腹心,	"외로운 신하 부차가 감히 속마음을 펴니
異日嘗得罪於會稽,	지난 날 회계에서 죄를 지은 적이 있는데
夫差不敢逆命,	부차가 감히 명을 거스르지 않고
得與君王成以歸.	군왕과 강화를 하고 돌아가게 했습니다.
今君王舉玉趾而誅孤臣,	지금 군왕께서 귀한 걸음을 옮기시어 외로운 신하를 벌하시니
孤臣惟命是聽,	외로운 신하는 명을 따를 뿐입니다.
意者亦欲如會稽之赦孤臣之罪乎?"	또한 회계에서와 같이 외로운 신하의 죄를 용서하실 의향은 없으신지요?"
句踐不忍,	구천은 차마 하지 못하여

---

33 **집해** 우번은 말하였다. "오의 부차(大夫)이다."

欲許之.	허락하려고 하였다.
范蠡曰:	범려가 말하였다.
"會稽之事,	"회계의 일은
天以越賜吳,	하늘이 월을 오에 내린 것인데
吳不取.	오는 가지지 않았습니다.
今天以吳賜越,	지금 하늘이 오를 월에게 내리는데
越其可逆天乎?	월이 하늘(의 뜻)을 거스를 수 있겠습니까?
且夫君王蚤朝晏罷,	또한 임금께서 아침 일찍 조회를 하고 저녁 늦게 일을 끝낸 것도
非爲吳邪?	오 때문이 아니었습니까?
謀之二十二年,	22년을 도모하다가
一旦而弃之,	하루아침에 포기한다는 것이
可乎?	되겠습니까?
且夫天與弗取,	또 하늘이 준 것을 가지지 않는다면
反受其咎.	도리어 재앙을 받게 될 것입니다.
'伐柯者其則不遠',[34]	'도끼자루를 벰에 그 법이 멀리 있지 않다'라 하였습니다.
君忘會稽之尼乎?"	임금께서는 회계의 액운을 잊으셨습니까?"
句踐曰:	구천이 말하였다.
"吾欲聽子言,	"내 그대의 말을 듣고 싶으나
吾不忍其使者."	내 차마 사자를 그렇게 대하지 못하겠소."
范蠡乃鼓進兵,	범려는 이에 북을 울려 군사를 진격시키면서
曰:	말하였다.

---

34 역주 『시경』「빈풍·벌가(豳風·伐柯)」의 말이다.

"王已屬政於執事,[35]　　　　　"왕이 이미 정치를 집사에게 맡겼으니

使者去,　　　　　　　　　사자는 떠날 것이며

不者且得罪."[36]　　　　　　그렇지 않으면 죄를 짓게 될 것이오."

吳使者泣而去.　　　　　　오의 사자는 눈물을 흘리며 떠났다.

句踐憐之,　　　　　　　　구천이 불쌍하게 여겨

乃使人謂吳王曰:　　　　　이에 사람을 보내어 오왕에게 일렀다.

"吾置王甬東,　　　　　　　"내 왕을 용동에 둘 것이니

君百家."[37]　　　　　　　　백 호를 다스리시오."

吳王謝曰:　　　　　　　　오왕은 사절하면서 말하였다.

"吾老矣,　　　　　　　　　"나는 늙어서

不能事君王!"　　　　　　　군왕을 섬길 수 없습니다."

遂自殺.　　　　　　　　　마침내 스스로 목숨을 끊었다.

乃蔽其面,[38]　　　　　　　이에 그 얼굴을 가리면서

曰:　　　　　　　　　　　말하였다.

"吾無面以見子胥也!"　　　"내 자서를 볼 면목이 없다!"

越王乃葬吳王而誅太宰嚭.　월왕은 이에 오왕을 장사지내고 태재 비를 죽였다.

────────────

35 **집해** 우번은 말하였다. "집사(執事)는 범려가 스스로를 이른 것이다."

36 **집해** 우번은 말하였다. "내 그대 때문에 죄를 짓는다는 말이다." **색은** 우번의 주는 아마 『국어』의 말에 근거한 것일 것이며, 지금 이 글을 보면 사자에게 속히 떠나면 또한 월에 죄를 짓지 않을 것이라 한 것으로 또한 뜻이 통한다.

37 **집해** 두예는 말하였다. "용동(甬東)은 회계(會稽) 구장현(句章縣) 동해에 있는 섬이다." **색은** 『국어』에서는 말하기를 "그에게 3백 부부(夫婦)를 주었다."라 하였다.

38 **정의** 지금 이 얼굴을 덮는 천은 그 유상(遺象)이다. 『월절(越絕)』에서는 말하였다. "오왕이 말하였다. '명을 듣겠습니다! 세 치 비단으로 내 두 눈을 덮어주시오. 죽은 자에게 지각이 있으면 내 오자서(伍子胥)와 공손성(公孫聖)을 보기가 부끄러우며, 지각이 없으면 내 산 것이 부끄럽소.' 월왕은 인끈을 풀어 그 눈을 덮어주었고 마침내 스스로 목을 베어 죽었다." 멱(幎)의 음은 멱(覓)이다. 고야왕(顧野王)은 큰 수건으로 덮은 것이라 하였다.

句踐已平吳,   구천은 오를 평정하고

乃以兵北渡淮,   이에 군사를 가지고 북으로 회하를 건너

與齊·晉諸侯會於徐州,   제와 진의 제후와 서주에서 회맹하고

致貢於周.   주에 공물을 바쳤다.

周元王使人賜句踐胙,   주원왕은 사람을 시켜 구천에게 제육을 내리고

命爲伯.   백에 명했다.

句踐已去,   구천은 떠나서

渡淮南,   회하 남쪽을 건너

以淮上地與楚,[39]   회하 상류의 땅을 초에게 주고

歸吳所侵宋地於宋,   오가 침탈한 송의 땅을 송에게 돌려주었으며

與魯泗東方百里.   노에게 사수 동쪽 백 평방 리의 땅을 주었다.

當是時,   이때

越兵橫行於江·淮東,   월의 군사가 장강과 회하 동쪽에 횡행하니

諸侯畢賀,   제후들이 모두 축하하며

號稱霸王.[40]   패왕이라 불렀다.

范蠡遂去,   범려는 마침내 떠나면서

自齊遺大夫種書曰: 제에서 대부 종에게 편지를 보내어 말하였다.

"蜚鳥盡,   "나는 새가 다 잡히면

---

39 **집해** 「초세가(楚世家)」에서는 말하였다. "월은 오를 멸하고 장강과 회북을 평정할 수가 없었다. 초는 동쪽으로 넓은 땅을 침략하여 사상(泗上)에까지 이르렀다."

40 **색은** 월은 만이(蠻夷)에 있으며 소강(少康) 후로 땅이 멀고 나라가 작아 춘추 초기까지도 여전히 상국(上國)과 통하지 않았고 국사(國史)가 미약하고 개략적인 세계가 없었으므로 『기년(紀年)』에서 "어월자(於粤子)"라 칭하였다. 이 글에 의하면 구천이 오를 평정한 후에 주원왕(周元王)이 비로소 백(伯의 작위)에 명했고 나중에 마침내 왕을 참칭하였다.

良弓藏;	좋은 활은 거두어들이고,
狡兔死,	약삭빠른 토끼가 죽으면
走狗烹.[41]	달리는 개는 삶기오.
越王爲人長頸鳥喙,	월왕은 사람됨이 목이 길고 새의 부리를 하여
可與共患難,	환난을 함께 할 수는 있어도
不可與共樂.	즐거움을 함께 할 수는 없소.
子何不去?"	그대는 어째서 떠나지 않소?"
種見書,	종은 편지를 보고
稱病不朝.	병을 핑계로 조회를 나가지 않았다.
人或讒種且作亂,	어떤 사람이 종을 참소하여 난을 일으키려 한다고 하자
越王乃賜種劍曰:	월왕은 이에 종에게 검을 내리며 말하였다.
"子敎寡人伐吳七術,[42]	"그대는 과인에게 오를 치는데 일곱 가지 술책이 있다고 가르쳤는데
寡人用其三而敗吳,	과인은 세 가지를 써서 오를 무찔렀고
其四在子,	네 가지는 그대에게 있으니
子爲我從先王試之."	그대는 나를 위해 선왕을 따라 시험해 보시오."
種遂自殺.	종은 마침내 스스로 목숨을 끊었다.

---

41 집해 서광은 말하였다. "교(狡)는 '교(郊)'로 된 판본도 있다."

42 정의 『월절』에서는 말하였다. "아홉 가지 기술은 첫째는 하늘을 높이고 귀신을 삼기는 것이고, 둘째는 재폐(財幣)를 중히 하여 그 임금에게 주는 것이며, 셋째 쌀을 사들이는 것을 귀하게 여겨 그 나라를 비우는 것, 넷째 좋고 아름다운 것을 주어 그 뜻을 빛나게 하는 것, 다섯째 뛰어난 기술자를 보내어 궁실과 높은 대를 일으키게 하여 그 재물을 다하고 그 힘을 지치게 하는 것, 여섯째 아부하는 신하를 귀하게 여겨 그로 하여금 쉽게 정벌하게 하는 것, 일곱째는 간하는 신하를 강요하여 자살하게 하는 것, 여덟째는 나라와 집이 부유하여 기물과 무기를 갖추게 하는 것, 아홉째는 갑옷을 단단하게 하고 병기를 날카롭게 하여 해진 것을 잇는 것이다."

句踐卒,[43]	구천이 죽고
子王鼫與立.[44]	아들 왕 석여가 즉위하였다.
王鼫與卒,	왕 석여가 죽고
子王不壽立.	아들인 왕 불수가 즉위하였다.
王不壽卒,[45]	왕 불수가 죽고
子王翁立.	아들인 왕 옹이 즉위하였다.
王翁卒,[46]	왕 옹이 죽고
子王翳立.	아들 왕 예가 즉위하였다.
王翳卒,	왕 예가 죽고
子王之侯立.[47]	아들 왕 지후가 즉위하였다.
王之侯卒,	왕 지후가 죽고

---

43 **색은** 『기년』에서는 말하였다. "진출공(晉出公) 10년 11월에 어월자(於粤子) 구천이 죽었는데 바로 담집(菼執)이다."

44 **색은** '鼫'의 음은 석(石)이다. '與'의 음은 여(餘)이다. 『기년』에서는 말하기를 "어월자(於粤子) 구천이 죽었는데 바로 담집(菼執)이다. 다음으로 녹영(鹿郢)이 즉위하였는데 6년에 죽었다."라 하였다. 악자(樂資)는 말하기를 "월의 말로 녹영(鹿郢)을 석여(鼫與)라 한다."라 하였다.

45 **색은** 『기년』에서는 말하였다. "불수(不壽)는 즉위 10년에 피살되었으며, 바로 맹고(盲姑)이다. 다음에 주구(朱句)가 즉위하였다."

46 **색은** 『기년』에서 어월자(於粤子) 주구(朱句)는 34년에 등(滕)을 멸하였고, 35년에 담(郯)을 멸하였고, 37년에 주구는 죽었다고 하였다.

47 **색은** 『기년』에서는 말하였다. "예(翳) 33년에 오(吳)로 옮겼으며, 36년 7월에 태자 제구(諸咎)가 임금 예(翳)를 죽였으며, 10월에 월(粤)이 제구를 죽였다. 월은 교활하여 오의 사람들은 아들 착지(錯枝)를 임금으로 옹립하였다. 이듬해에 대부 사구(寺區)가 월의 난을 평정하고 무여지(無余之)를 세웠다. 12년에 사구의 아우 충(忠)이 임금 망안(莽安)을 죽였으며 다음인 무전(無顓)이 즉위하였다. 무전은 8년에 죽었는데 바로 담촉묘(菼蠋卯)이다." 그래서 장자(莊子)가 이르기를 "월 사람이 그 임금을 세 번 죽이자 자수(子搜)는 이를 근심하여 단혈(丹穴)로 도망을 쳐서 나오려하지 않았고 월 사람은 쑥으로 향을 내주었고 왕의 수레를 타게 하였다."라 하였다. 악자는 말하기를 "무전(無顓)이라 불렀다."라 하였다. 아마 무전의 후사가 곧 다음인 무강(無彊)일 것이니 왕지후(王之侯)는 곧 무여지(無余之)일 것이다.

子王無彊立.[48]　　　　　　아들 왕 무강이 즉위하였다.

王無彊時,　　　　　　　　왕 무강 때

越興師北伐齊,　　　　　　월은 군사를 일으켜 북으로 제를 쳤으며

西伐楚,　　　　　　　　　서쪽으로 초를 치고

與中國爭彊.　　　　　　　중원의 국가와 강함을 다투었다.

當楚威王之時,　　　　　　초위왕 때

越北伐齊,　　　　　　　　월이 북쪽으로 제를 치자

齊威王使人說越王曰:　　　제위왕이 사람을 시켜 월왕에게 말하게 하였다.

"越不伐楚,　　　　　　　"월이 초를 치지 않으면

大不王,　　　　　　　　　크게는 왕이 되지 못하고

小不伯.　　　　　　　　　작게는 패주도 되지 못합니다.

圖越之所爲不伐楚者,　　　월이 초를 치지 않는 것을 생각해보니

爲不得晉也.　　　　　　　진을 얻지 못해서입니다.

韓·魏固不攻楚.　　　　　한과 위는 아예 초를 공격하지 못합니다.

韓之攻楚,　　　　　　　　한이 초를 공격하여

覆其軍,　　　　　　　　　그 군대가 전복되고

殺其將,　　　　　　　　　그 장수가 죽으면

則葉·陽翟危;[49]　　　　섭과 양적이 위태롭게 될 것이며,

魏亦覆其軍,　　　　　　　위 또한 그 군대가 전복되고

殺其將,　　　　　　　　　그 장수가 죽으면

---

48 **색은** 무전(無顓)의 아들일 것이다. 음은 강(其良反)이다.

49 **정의** '葉'의 음은 섭(式涉反)이며, 지금의 허주(許州) 섭현(葉縣)이다. 양적(陽翟)은 하남(河南) 양적현(陽翟縣)이다. 두 읍은 이때 한에 속했으며, 초와는 접경이 들쑥날쑥하여 한이 초를 쳤다면 두 읍은 초에 의해 위태로워졌을 것이다.

則陳·上蔡不安.⁵⁰	진과 상채는 불안해집니다.
故二晉之事越也,⁵¹	그러므로 두 진이 월을 섬기는 것은
不至於覆軍殺將,	군대가 전복되고 장수가 죽는데 이르지 않고
馬汗之力不效.⁵²	말을 땀 흘리게 하는 힘을 쓰지 않아도 되어서입니다.
所重於得晉者何也?"⁵³	진을 얻는 것을 중히 여김은 어째서입니까?"
越王曰:	월왕이 말하였다.
"所求於晉者,	"진에 바라는 것은
不至頓刃接兵,	군대가 주둔하고 병기가 부딪치기에 이르지 않음인데
而況于攻城圍邑乎?⁵⁴	하물며 성을 공격하고 읍을 에워싸겠습니까?
願魏以聚大梁之下,	원컨대 위가 대량 아래에 (병력을) 모으고
願齊之試兵南陽⁵⁵莒地,	원컨대 제가 남양의 거에서 군사를 써서
以聚常·郯之境,⁵⁶	상과 담의 경계에 집결하는 것이니

---

50 **정의** 진(陳)은 지금의 진주(陳州)이다. 상채(上蔡)는 지금의 예주(豫州) 상채현이다. 두 읍은 이때 위(魏)에 속했고 초와 경계가 들쭉날쭉하여 위가 초를 치면 두 나라는 초에 의해 위태롭게 될 것이다.

51 **정의** 한과 위(魏)가 초와 이웃하고 있으며, 지금 월에게 두 진과 연합하여 초를 치라는 말이다.

52 **집해** 서광은 말하였다. "효(效)는 견(見)과 같다."

53 **정의** "부지(不至)" 이하는 제의 사자가 월왕을 거듭 난처하게 한 것이다.

54 **정의** 돈인(頓刃)은 영루(營壘)를 쌓는 것이다. 접병(接兵)은 싸움이다. 월왕(越王)은 한과 위가 월을 섬겨도 군대가 주둔하고 전쟁하는데 이르지 않을 것이니 하물며 또 성을 공격하고 읍을 에워싸 한과 위가 비로소 복종하겠는가?라는 것이다. 진과 제를 두려워하므로 월을 섬기는 것이다.

55 **색은** 이는 남양(南陽)이 제의 남쪽 경계 거(莒)의 서쪽에 있다는 것을 말한다.

56 **색은** 상(常)은 읍의 이름으로, 전문(田文)이 봉하여진 읍일 것이다. 담(郯)은 옛 담국(郯國)이다. 두 읍은 모두 제의 남쪽에 있다.

則方城之外不南,[57]	방성 밖에서는 남쪽으로 향하지 못할 것이고
淮·泗之閒不東,	회수와 사수 사이에서는 동으로 향하지 못할 것이며
商·於·析·酈[58]·宗胡之地,[59]	상·어·석·역·종호의 땅과
夏路以左,[60]	하의 길 왼쪽으로는
不足以備秦,	진을 충분히 대적하지 못하고
江南·泗上不足以待越矣.[61]	강남과 사상에서는 월을 충분히 대적하지 못할

---

57 **정의** 방성산(方城山)은 허주(許州) 섭현(葉縣) 서남쪽 18리 지점에 있다. 외(外)는 허주(許州)와 예주(豫州) 등을 이른다. 위(魏)의 군사가 대량(大梁)의 아래에 있어서 초 방성의 군사는 남으로 월을 치지 못하게 된다는 말이다.

58 **색은** 네 읍은 모두 남양(南陽)에 속해 있으며 초의 서남쪽이다. **정의** '酈'의 음은 척(擲)이다. 『괄지지(括地志)』에서는 말하였다. "상락현(商洛縣)은 옛 상국(商國)의 성이다. 『형주도부(荊州圖副)』에서는 말하기를 '등주(鄧州) 내향현(內鄉縣) 동쪽 7리 지점의 어촌(於村)은 곧 어중(於中)의 땅이다.'라 하였다." 『괄지지』에서는 또 말하였다. "등주 내향현은 초의 읍이다. 옛 역현(酈縣)은 등주 신성현(新城縣) 서북쪽 30리 지점에 있다." 상(商), 어(於), 석(析), 역(酈)은 상(商)과 등(鄧) 두 주의 경계에 있으며, 현읍(縣邑)이다.

59 **집해** 서광은 말하였다. "호국(胡國)은 지금의 여음(汝陰)이다." **색은** 호종(宗胡)은 읍의 이름이다. 호성(胡姓)의 종족이므로 읍의 이름으로 삼았다. 두예는 말하기를 "여음현(汝陰縣) 북쪽에 옛 호성(胡城)이 있다."라 하였다.

60 **집해** 서광은 말하였다. "아마 강하(江夏)의 하(夏)를 이를 것이다." **색은** 서 씨는 강하라 생각하였는데 틀렸다. 유 씨(劉氏)는 말하기를 "초가 제하(諸夏)로 나갈 때는 방성(方城)의 길로 나서야 하는데 사람이 북쪽을 향해 가면 서쪽을 왼쪽으로 삼아야 하므로 하(夏)의 길을 왼쪽으로 삼은 것이다."라 하였는데, 그 뜻을 제대로 파악하였다. **정의** 『괄지지』에서는 말하였다. "옛 장성(長城)은 등주(鄧州) 내향현(內鄉縣) 동쪽 75리 지점에 있는데, 남으로는 양현(穰縣)으로 들고 북으로는 익망산(翼望山)과 이어져 흙이 돌을 쌓아 견고하게 할 곳이 없다. 초양왕(楚襄王)은 남토를 당기어 패권을 잡아 중원의 나라들과 패권을 다투어 북방에 많은 성을 쌓아 화하(華夏)에 맞게 하였는데 방성(方城)이라 하였다." 이 설은 유 씨가 제대로 보았으며, 읍의 무리가 적어서 진의 요(嶢)와 무(武) 두 관문을 방비하는 길이다.

61 **정의** 강남(江南)은 홍(洪)과 요(饒) 등의 주로 춘추시대에는 초의 동쪽 경계이다. 사상(泗上)은 서주(徐州)로 춘추시대 초의 북쪽 경계이다. 두 경계는 모두 월과 이웃하고 있어 충분히 월을 정벌하지 못한다는 말이다.

것입니다.

| 則齊·秦·韓·魏得志於楚也, | 곧 제와 진, 한, 위는 초에서 뜻을 얻지 못할 것이니 |

是二晉不戰分地,　　　　두 진은 싸우지 않고도 땅을 나누고

不耕而穫之.　　　　　　경작을 하지 않아도 수확을 하는 것입니다.

不此之爲,　　　　　　　이렇게 하지 않으면

而頓刃於河山之閒以爲齊秦用,

　　　　　　　　　황하와 화산 사이에 군대가 주둔하여 제와 진의 쓰임이 될 것이고

所待者如此其失計,　　　기다리는 것이 이와 같은 실책이니

奈何其以此王也!”　　　　어찌 이를 가지고 왕을 칭하겠습니까!”

齊使者曰:　　　　　　　제의 사자가 말하였다.

“幸也越之不亡也!　　　　“요행히도 월이 망하지 않았군요!

吾不貴其用智之如目,　　나는 지모를 씀이 눈과 같아

見豪毛而不見其睫也.　　가는 털은 보면서도 속눈썹은 보지 못하는 것을 귀하게 여기지 않습니다.

今王知晉之失計,　　　　지금 왕께서는 진의 실책은 아시면서

而不自知越之過,　　　　월의 잘못은 스스로 알지 못하시니

是目論也.⁶²　　　　　　이는 눈을 가지고 논한 것입니다.

王所待於晉者,　　　　　왕께서 진에 기대하는 것은

非有馬汗之力也,　　　　말이 땀을 흘리는 힘을 갖는 것이 아니며

又非可與合軍連和也,　　또한 군대가 연합하여 동맹을 맺게 되는 것도 아니며

---

62 [색은] 월왕이 진(晉)의 실책을 알면서도 월의 과실은 자각하지 못하는 것이 사람의 눈이 가는 털은 볼 수 있으면서도 스스로 자기의 속눈썹은 보지 못하는 것과 같으므로 "목론(目論)"이라고 하였다.

將待之以分楚眾也.	초의 병력을 나누는 것을 기대하고 있습니다.
今楚眾已分,	지금 초의 군사는 이미 나누어졌는데
何待於晉?"	진에 무엇을 기대하십니까?"
越王曰:	월왕이 말하였다.
"奈何?"	"어떠하오?"
曰:	말하였다.
"楚三大夫張九軍,	"초의 세 대부가 아홉 갈래로 군대를 펼쳐
北圍曲沃·於中,[63]	북으로 곡옥과 어중을 에워싸
以至無假之關者[64]三千七百里,[65]	
	무가지관에 이른 것이 3,700리이며
景翠之軍北聚魯·齊·南陽,	경취의 군대는 북으로 노와 제, 남양에 모였으니
分有大此者乎?[66]	분산됨이 이보다 큰 것이 있겠습니까?
且王之所求者,	또한 왕께서 바라는 것은
鬭晉楚也;	진과 초가 싸우는 것이며,
晉楚不鬭,	진과 초가 싸우지 않으면
越兵不起,	월은 군사를 일으키지 않을 것이니

---

63 **집해** 서광은 말하였다. "'북으로 곡옥(曲沃)을 향하였다.'로 된 곳도 있다." **정의** 『괄지지』에서는 말하였다. "곡옥의 옛 성은 섬현(陝縣) 서쪽 32리 지점에 있다. 어중(於中)은 등주(鄧州) 내향현(內鄉縣) 동쪽 7리 지점에 있다." 그때 곡옥은 위(魏)에 속하였고, 어중은 진(秦)에 속하였으며, 두 땅이 서로 가까우므로 초가 에워쌌다.

64 **집해** 서광은 말하였다. "무(無)는 '서(西)'로 된 곳도 있다."

65 **정의** 무가지관(無假之關)은 강남(江南) 장사(長沙) 서북쪽에 있을 것이다. 곡옥(曲沃), 어중(於中)에서 서쪽으로 한중(漢中), 파(巴), 무(巫), 검중(黔中)까지의 천여 리는 모두 진(秦)과 진(晉)을 대비하는 것이다.

66 **정의** 노(魯)는 연주(兗州)이다. 제(齊)는 밀주(密州) 거현(莒縣)의 읍이며 남으로 사상(泗上)에 이른다. 남양(南陽)은 등주(鄧州)이며 당시 한(韓)에 속하였다. 초가 또 이 세 나라에 대비하였으니 분산이 이보다 큰 것이 있겠느냐는 말이다?

是知二五而不知十也.	이는 다섯이 둘인 것만 알고 열은 알지 못하는 것입니다.
此時不攻楚,	이때 초를 공격하지 않으면
臣以是知越大不王,	신은 이로써 월이 크게는 왕이 되지 못하고
小不伯.	작게는 패주가 되지 못함을 알겠습니다.
復讎·龐[67]·長沙,[68]	또한 수와 방, 장사는
楚之粟也;	초의 곡창지대이며,
竟澤陵,	경택릉은
楚之材也.	초의 목재 산지입니다.
越窺兵通無假之關,[69]	월이 무력을 보여 무가지관을 통하게 하면
此四邑者不上貢事於郢矣.[70]	이 네 읍은 영에 공물을 바치지 못하게 될 것입니다.
臣聞之,	신이 듣자하니
圖王不王,	왕이 되기를 도모하다가 왕이 되지 못하면

---

67 **집해** 서광은 말하였다. "'총(寵)'으로 된 곳도 있다."

68 **색은** 유 씨(劉氏)는 "부(復)는 발어(發語)의 소리이다."라 하였는데, 틀렸다. 발어(發語)의 소리라고 한 것은 문세(文勢)가 그런 것이니 "황(況)" 자가 탈락된 것일 따름이다. 수(讎)는 "주(讐)"가 되어야 하며, 주(讐)는 읍 이름인데 글자가 와전되었을 따름이다. 곧 주(讐)와 방(龐), 장사(長沙)는 세 읍이다. 아래에서 "경택릉(竟澤陵)"이라고 하였는데 "경릉택(竟陵澤)"이 되어야 한다. 경릉(竟陵)의 산택(山澤)에서 재목이 나오며, 옛 초에는 7개의 늪[澤]이 있는데 그 가운데 하나일 것이다. 위의 문장과 합치면 네 읍이다. **정의** '復'의 음은 부(扶富反)이다.

69 **집해** 서광은 말하였다. "무(無)는 '서(西)'로 된 곳도 있다."

70 **정의** 지금 월은 북으로 진(晉), 초와 싸우고 싶고 남으로는 적인 초의 네 읍에 복수하는 것을 말하는데, 방(龐)과 장사(長沙), 경릉택(竟陵澤)이다. 방과 장사는 곡식이 나는 곳이고 경릉택은 재목이 나는 곳인데, 이 읍은 장사담(長沙潭), 형(衡)의 경계에 가까우며, 월이 군세를 보아 서쪽으로 무가지관(無假之關)과 통한다면 네 읍은 더 이상 북으로 초의 영도(郢都)에 공물을 바치지 않게 될 것이다. 전국시대 때 영(永)과 침(郴), 형(衡), 담(潭), 악(岳), 악(鄂), 강(江), 홍(洪), 요(饒)는 모두 동남쪽 경계로 초에 속한다. 원(袁)과 길(吉), 건(虔), 무(撫), 흡(歙), 선(宣)은 모두 월의 서쪽 경계로 월에 속한다.

其敝可以伯.	실패를 해도 패주는 될 수 있다고 합니다.
然而不伯者,	그러나 패주도 되지 못하는 것은
王道失也.	왕도를 잃었기 때문입니다.
故願大王之轉攻楚也.”	그러므로 원컨대 대왕께서는 (군사를) 돌려 초를 공격하십시오.”

於是越遂釋齊而伐楚.	이에 월은 마침내 제를 풀어주고 초를 쳤다.
楚威王興兵而伐之,	초위왕이 군사를 일으켜 쳐서
大敗越,	월을 크게 무찔러
殺王無彊,	왕 무강을 죽이고
盡取故吳地至浙江,	옛 오 땅을 모두 빼앗고 절강까지 이르렀으며
北破齊於徐州.[71]	북으로 서주에서 제를 깨뜨렸다.
而越以此散,	그리고 월은 이 때문에 흩어져
諸族子爭立,	여러 종족의 아들이 다투어 일어나
或爲王,	혹자는 왕이 되고
或爲君,	혹자는 임금이 되어
濱於江南海上,[72]	강남의 바닷가에 흩어졌으며
服朝於楚.	초에 굴복하여 조회하였다.

後七世,	7세 후
至閩君搖,	민군 요에 이르러

---

71 **집해** 서광은 말하였다. "주현왕(周顯王) 46년이다." **색은** 『기년』에는 월자무전(粤子無顓)
이 죽고 10년이 지나 초는 서주(徐州)를 쳤다고 하였으며 초가 월을 무찌르고 무강(無彊)을
죽였다는 말은 없는데, 이는 무강이 무전의 후손으로 『기년』에 기록하지 못한 것이다.
72 **정의** 바로 지금의 대주(台州) 임해현(臨海縣)이다.

佐諸侯平秦.	제후를 도와 진을 평정하였다.
漢高帝復以搖爲越王,	한고제가 다시 요를 월왕으로 삼아
以奉越後.	월의 후대를 받들게 하였다.
東越,	동월과
閩君,	민군은
皆其後也.	모두 그 후대이다.
范蠡⁷³事越王句踐,	범려는 월왕 구천을 섬겼으며
既苦身勠力,	몸을 수고롭게 하고 힘을 다하여
與句踐深謀二十餘年,	구천과 20여 년을 깊이 도모하여
竟滅吳,	마침내 오를 멸하여
報會稽之恥,	회계의 치욕을 갚았고
北渡兵於淮以臨齊·晉,	회수에서 북으로 군사를 건너게 하여 제와 진에 임하여
號令中國,	중원의 나라에 호령하여

---

73 집해 「태사공소왕묘론(太史公素王妙論)」에서는 말했다. "범려는 본래 남양 사람이다.(蠡本南陽人)" 『열선전(列仙傳)』에서는 말하였다. "범려는 서(徐) 사람이다." 정의 『오월춘추』에서는 말하였다. "범려의 자는 소백(少伯)으로 곧 초의 완삼호(宛三戶) 사람이다." 『월절』에서는 말하였다. "월에서는 범려이고 제에서는 치이자피(鴟夷子皮)이며 도(陶)에서는 주공(朱公)이다." 또 말하였다. "초에서는 범백(范伯)이라고 하였다. 대부 종(種)에게 말하였다. '삼왕(三王)은 삼황(三皇)의 아득한 후예이며, 오패(五伯)는 곧 오제(五帝)의 말세이다. 천운(天運)의 역기(曆紀)는 천 년에 한번 이르며 황제(黃帝)의 시작은 진(辰)을 잡고 사(巳)를 깨뜨렸으며, 패왕(霸王)의 기운은 지호(地戶)에서 보입니다. 오자서(伍子胥)는 이 때문에 활과 화살을 잡고 오왕(吳王)에게 구하였습니다.' 이에 대부 종에게 오로 들어갈 것을 청했다. 이때 풍동(馮同)이 서로 함께 경계하였다. '오자서가 있으면 그 나머지는 그 말에 걸릴 수 없습니다.' 범려가 말하였다. '오와 월은 풍속을 함께 하는데 지호의 위치는 오가 아니면 월입니다. 저들은 저들이고 우리는 우리입니다.' 곧 월에 들어갔으며 월왕은 늘 함께 이야기하다가 하루가 다 되어서야 떠났다."

以尊周室,	주 왕실을 높였으며,
句踐以霸,	구천은 패권을 잡고
而范蠡稱上將軍.	범려는 상장군을 일컬었다.
還反國,	다시 나라로 돌아와
范蠡以爲大名之下,	범려는 큰 명성 하에서는
難以久居,	오래 살기 어려울 것이며
且句踐爲人可與同患,	또한 구천의 사람됨이 환난은 함께 할 수 있어도
難與處安,	함께 안락함에 처하기는 어려울 것이라 생각하여
爲書辭句踐曰:	편지를 써서 구천에게 사직한다고 하였다.
"臣聞主憂臣勞,	"신이 듣건대 임금이 근심하면 신하는 수고하고
主辱臣死.	임금이 치욕을 당하면 신하는 죽어야 한다고 하였습니다.
昔者君王辱於會稽,	옛날 군왕께서 회계에서 치욕을 당하였는데도
所以不死,	죽지 않은 까닭은
爲此事也.	이 일 때문이었습니다.
今既以雪恥,	지금 이미 치욕을 씻었으니
臣請從會稽之誅."	신은 회계의 (치욕에 대한) 죽음을 청합니다."
句踐曰:	구천이 말하였다.
"孤將與子分國而有之.	"과인은 그대와 나라를 나누어 가지려 하오.
不然,	그렇지 않으면
將加誅于子."	그대에게 벌을 내릴 것이오."
范蠡曰:	범려가 말하였다.
"君行令,	"임금님은 영을 행하고
臣行意."	신은 (제) 뜻을 행하겠습니다."
乃裝其輕寶珠玉,	이에 가벼운 보물과 주옥을 꾸려서

自與其私徒屬乘舟浮海以行,	스스로 사적으로 부리는 몇몇 종과 배를 타고 바다에 띄워 떠나서
終不反.	끝내 돌아오지 않았다.
於是句踐表會稽山以爲范蠡奉邑.[74]	이에 구천은 회계산을 범려의 봉읍으로 삼는다고 표시하였다.

范蠡浮海出齊,	범려는 바다에 배를 띄워 제로 나가서
變姓名,	성명을 바꾸고
自謂鴟夷子皮,[75]	스스로 치이자피라 하였으며
耕于海畔,	바닷가에서 농사를 지었는데
苦身戮力,	몸을 수고롭히며 힘을 다하여
父子治產.	부자가 재산을 일구었다.
居無幾何,	얼마 되지 않아
致產數十萬.	수십만의 재산을 모았다.
齊人聞其賢,	제 사람이 그가 현명하다는 것을 듣고
以爲相.	재상으로 삼았다.
范蠡喟然嘆曰:	범려는 아아, 탄식하며 말하였다.
"居家則致千金,	"집에서는 천금을 모으고
居官則至卿相,	관직에서는 경상에 이르니
此布衣之極也.	이는 포의로서 지극한 것이다.

---

74 색은 『국어』에서는 "곧 회계(會稽)를 둘러싼 3백 리를 범려의 땅으로 삼았다."라 하였다. '奉'의 음은 봉(扶用反)이다.

75 색은 범려가 스스로를 이른 것이다. 아마 오왕(吳王)이 자서(子胥)를 죽여 치이(鴟夷)에 담았기 때문에 지금 범려가 스스로 죄를 지었다고 생각하여 호로 삼은 것일 것이다. 위소는 "치이(鴟夷)는 가죽 자루이다."라 하였다. 혹자는 생소가죽이라고 한다.

久受尊名,	오랫동안 높은 명성을 누리는 것은
不祥."	상서롭지 못하다."
乃歸相印,	이에 재상의 관인을 돌려주고
盡散其財,	재산을 모두 흩어
以分與知友鄕黨,	지우와 향당에 나누어주고
而懷其重寶,	귀중한 보물을 품고
閒行以去,	몰래 그곳을 떠나
止于陶,[76]	도에 머물렀는데,
以爲此天下之中,	이곳이 천하의 중심으로
交易有無之路通,	많고 적은 것을 교역하는 교통의 요지여서
爲生可以致富矣.	삶을 도모하면 부를 이룰 수 있다고 생각하였다.
於是自謂陶朱公.	이에 스스로를 도주공이라고 불렀다.
復約要父子耕畜,	다시 부자가 농경과 목축을 하기로 약속하고
廢居,	내다 팔기도 하고 쌓아두기도 하면서
候時轉物,	때를 기다려 물건을 유통시켰는데
逐什一之利.	10분의 1의 이윤을 추구하였다.
居無何,	얼마 되지 않아
則致貲累巨萬.[77]	누거만금의 자산을 모았다.
天下稱陶朱公.	천하에서 도주공이라 일컬었다.
朱公居陶,	주공은 도에 살면서

---

76 집해 서광은 말하였다. "지금의 제음(濟陰) 정도(定陶)이다." 정의 『괄지지』에서는 말하였다. "도산(陶山)은 제주(濟州) 평음현(平陰縣) 동쪽 35리 지점에 있다." 이 산의 남쪽에 정착한 것이며, 지금 산 남쪽 5리 지점에는 아직도 주공(朱公)의 무덤이 있다.

77 집해 서광은 말하였다. "만만(萬萬)이다."

生少子.	작은 아들을 낳았다.
少子及壯,	작은 아들이 장성하였을 때
而朱公中男殺人,	주공의 둘째 아들이 사람을 죽여
囚於楚.	초에 수감되었다.
朱公曰:	주공이 말하였다.
"殺人而死,	"사람을 죽이면 죽는 것은
職也.	당연하다.
然吾聞千金之子不死於市."	그러나 나는 천금(부자)의 자식은 저자에서 죽지 않는다고 들었다."
告其少子往視之.	그 작은 아들에게 가서 (상황을) 살펴보라고 일렀다.
乃裝黃金千溢,	이에 황금 천 일을 꾸려
置褐器中,	마대 자루에 넣어
載以一牛車.	우차에 실었다.
且遣其少子,	작은 아들을 보내려는데
朱公長男固請欲行,	주공의 장남이 굳이 가고 싶다고 청하였으나
朱公不聽.	주공은 들어주지 않았다.
長男曰:	장남이 말하였다.
"家有長子曰家督,	"집에 장자가 있는 것을 가독이라 하며
今弟有罪,	지금 아우가 죄를 지었는데
大人不遣,	큰 사람을 보내지 않고
乃遣少弟,	작은 아우를 보내니
是吾不肖."	이는 내가 못난 탓이다."
欲自殺.	스스로 목숨을 끊으려 하였다.
其母爲言曰:	그 어미가 거들어 말하였다.

"今遣少子,　　　　　　　　　"지금 작은 아들을 보내면

未必能生中子也,　　　　　　반드시 둘째를 살릴 수 있다는 보장이 없는데

而先空亡長男,　　　　　　　먼저 장남을 헛되이 죽게 하려는 것은

奈何?"　　　　　　　　　　어째서입니까?"

朱公不得已而遣長子,　　　　주공은 어쩔 수 없이 장자를 보내면서

爲一封書遺故所善莊生.[78]　편지 한 통을 써서 옛날부터 친하게 지내던 장
　　　　　　　　　　　　　생에게 보냈다.

曰:　　　　　　　　　　　　말하였다.

"至則進千金于莊生所,　　　"(초에) 이르면 천금을 장생에게 들이고

聽其所爲,　　　　　　　　　그가 하는 대로 따라

愼無與爭事."　　　　　　　부디 그와 논쟁하는 일이 없도록 해라."

長男既行,　　　　　　　　　장남은 출발하면서

亦自私齎數百金.　　　　　　또한 자신도 사사로이 수백 금의 재물을 챙겼다.

至楚,　　　　　　　　　　　초에 이르고 보니

莊生家負郭,　　　　　　　　장생의 집은 성곽을 등지고

披藜藋到門,　　　　　　　　명아주(같은 잡초)가 문까지 덮여 있어

居甚貧.　　　　　　　　　　사는 것이 몹시 가난하였다.

然長男發書進千金,　　　　　그러나 장남은 편지를 꺼내고 천금을 들이어

如其父言.　　　　　　　　　아비의 말대로 하였다.

---

78 색은 시대적으로 보면 장주(莊周)가 아니다. 그러나 그가 행한 일을 징험해보면 자휴(子休)
가 아니면 누가 초왕의 신임을 얻을 수 있겠는가? 정의 「연표(年表)」에서는 주원왕(周元王)
4년에 월이 오를 멸하자 범려는 마침내 제로 떠났고 정도(定陶)로 돌아간 다음 장생(莊生)에
게 금을 주었다고 하였다. 장주는 위혜왕(魏惠王), 주원왕(周元王), 제선왕(齊宣王)가 동시대
인으로 주원왕 4년에서 제선왕 원년까지는 130년이니 이 장생은 장자(莊子)가 아니다.

694

莊生曰:	장생이 말하였다.
"可疾去矣,	"빨리 떠나
慎毋留!	부디 머물지 말라!
即弟出,	아우가 나오면
勿問所以然."	그리 된 까닭을 묻지 말라."
長男旣去,	장남은 떠나
不過莊生而私留,	장생에게는 들르지 않고 사사로이 머물며
以其私齎獻遺楚國貴人用事者.	사적으로 챙긴 재물을 초의 권력자인 귀인에게 바쳤다.

莊生雖居窮閻,	장생은 비록 궁벽한 마을에 살았지만
然以廉直聞於國,	청렴과 정직함으로 나라에 알려져
自楚王以下皆師尊之.	초왕 이하 모두 그를 스승처럼 존경하였다.
及朱公進金,	주공의 금을 들였을 때
非有意受也,	받을 뜻이 있었던 것이 아니라
欲以成事後復歸之以爲信耳.	일이 이루어진 후 되돌려주어 신의를 보이려 했을 따름이다.
故金至,	그래서 금이 이르자
謂其婦曰:	그 부인에게 말하였다.
"此朱公之金.	"이는 주공의 금이오.
有如病不宿誠,	(내가) 병들어 오랜 분부를 지키지 못하더라도
後復歸,	나중에 다시 돌려줄 것이니
勿動."	절대로 움직이지 마시오."
而朱公長男不知其意,	주공의 장남은 그 뜻을 알지 못하고

以爲殊無短長也.	(아우의) 생사에 별다른 영향을 끼치지 못한 것으로 생각하였다.
莊生閒時入見楚王,	장생은 한가할 때 초왕을 들어가 뵙고
言"某星宿某,	"아무 별자리에 아무 별이 있는데
此則害於楚".	이 별은 초에 해롭습니다."라 하였다.
楚王素信莊生,	초왕은 평소에 장생을 믿고 있어
曰:	말하였다.
"今爲奈何?"	"지금 어찌 해야 하겠소?"
莊生曰:	장생이 말하였다.
"獨以德爲可以除之."	"덕을 베푸는 것으로만 없앨 수 있습니다."
楚王曰:	초왕이 말하였다.
"生休矣,	"선생은 쉬시오,
寡人將行之."	과인이 행하리다."
王乃使使者封三錢之府.[79]	왕은 이에 사자에게 삼전의 부고를 봉하게 하였다.
楚貴人驚告朱公長男曰:	초의 귀인은 놀라 주공의 장남에게 알렸다.
"王且赦."	"왕이 곧 사면령을 내릴 것이오."
曰:	말하였다.
"何以也?"	"어떻게요?"

79 집해 『국어』에서는 말하였다. "주경왕(周景王) 때 대전(大錢)을 주조하려 했다." 가규는 말하였다. "우(虞)와 하(夏), 상(商), 주(周)는 금화를 3등급으로 만들었는데 어떤 것은 적색이고, 어떤 것은 백색이, 어떤 것은 황색이다. 황색이 상등의 화폐이고 동과 철은 하등의 화폐이다." 위소는 말하였다. "전(錢)은 금화의 이름으로 물건을 교역하는 것이며 재물을 유통시키는데 쓰인다." 단목공(單穆公)은 말했다. "옛날에 모권자(母權子)가 있고 자권모(子權母)를 행하였는데, 그렇다면 삼품(三品)이 온 것은 예로부터 그럴 것이다." 내[駰]가 생각건대 초의 삼전(三錢)은 가규와 위소의 설이 근사하다.

曰:	말하였다.
"每王且赦,	"왕이 사면을 하려할 때마다
常封三錢之府.	늘 삼전의 부고를 봉하였는데
昨暮王使使封之."⁸⁰	어제 저녁 왕이 사자에게 봉하게 했소."
朱公長男以爲赦,	주공의 장남은 사면을 행하면
弟固當出也,	아우는 나올 것이고
重千金虛弃莊生,	천금의 거금을 헛되이 장생에게 보내었는데
無所爲也,	한 것이 없다고 생각하여
乃復見莊生.	이에 다시 장생을 만났다.
莊生驚曰:	장생이 놀라 말하였다.
"若不去邪?"	"그대는 떠나지 않았는가?"
長男曰:	장남이 말했다.
"固未也.	"확실히 아직은요.
初爲事弟,	처음에 아우의 일 때문에 왔는데
弟今議自赦,	아우가 지금 확실히 사면되리라는 논의가 있어서
故辭生去."	선생께 인사를 하고 떠나려고요."
莊生知其意欲復得其金,	장생은 그가 금을 되찾으려는 의도임을 알고
曰:	말하였다.
"若自入室取金."	"자네가 직접 방으로 들어가 금을 가져가게."
長男即自入室取金持去,	장남은 즉시 방으로 들어가 금을 가지고 떠나면서

---

80 집해 혹자는 말하였다. "왕이 사면을 하려하면 늘 삼전(三錢)의 부고를 봉하였다"는 것은 전폐(錢幣)가 지극히 중하여 사람들이 혹 사면령이 있을 것임을 미리 알고 훔칠까 하여 전고(錢庫)를 봉하여 도난당하는 것을 대비하는 것이다. 한영제(漢靈帝) 때 하내(河內)의 장성(張成)은 풍각(風角)을 살펴서 사면이 있으리라는 것을 알았는데, 자식에게 살인을 하게 하여 체포된 지 이레 만에 사면되어 나왔는데 이런 따위이다.

獨自歡幸.	혼자 스스로 다행이라 기뻐했다.
莊生羞爲兒子所賣,	장생은 아이에게 농락당한 것을 부끄러워하여
乃入見楚王曰:	곧 들어가 초왕을 뵙고 말하였다.
"臣前言某星事,	"신이 전에 아무 별의 일을 말하니
王言欲以修德報之.	왕께서는 덕을 닦아 보답하리라고 말씀하셨습니다.
今臣出,	지금 신이 나가보니
道路皆言陶之富人朱公之子殺人囚楚,	길에서 모두 말하기를 도의 부자 주공의 아들이 사람을 죽여 초에 수감되었는데
其家多持金錢賂王左右,	그 집에서 많은 금을 지니고 왕의 측근에 뿌렸기 때문에
故王非能恤楚國而赦,	왕께서 초를 잘 구휼하려 용서하신 것이 아니라
乃以朱公子故也."	바로 주공의 아들 때문이라고 합니다."
楚王大怒曰:	초왕은 크게 노하여 말하였다.
"寡人雖不德耳,	"과인이 부덕할 따름이라 하여도
奈何以朱公之子故而施惠乎!"	어찌 주공의 아들 때문에 은혜를 베풀었겠는가!"
令論殺朱公子,	주공의 아들을 죽일 것을 논하게 하고
明日遂下赦令.	이튿날 마침내 사면령을 내렸다.
朱公長男竟持其弟喪歸.	주공의 장남은 결국 아우의 사신을 가지고 돌아갔다.
至,	이르자
其母及邑人盡哀之,	그 어미 및 고을 사람들은 모두 슬퍼하였는데

唯朱公獨笑,	주공만은 홀로 웃으면서
曰:	말하였다.
"吾固知必殺其弟也!	"내가 진작에 반드시 그 아우를 죽일 줄 알았다!
彼非不愛其弟,	걔는 아우를 사랑하지 않은 것은 아니나
顧有所不能忍者也.	참을 수 없는 것이 있다.
是少與我俱,	애는 어려서 나와 함께 하면서
見苦,	고생을 맛보아
爲生難,	삶이 어려움을 알아
故重弃財.	재물을 버리는 것을 중히 여긴다.
至如少弟者,	막내아우 같은 아이는
生而見我富,	나면서 내가 부유한 것을 보아
乘堅驅良逐狡兔,[81]	견고한 수레를 타고 양마를 몰며 교활한 토끼를 쫓으니
豈知財所從來,	재물이 오는 것을 어찌 알 것이며,
故輕弃之,	버리는 것을 가벼이 여기어
非所惜吝.	인색함을 모른다.
前日吾所爲欲遣少子,	전날 내가 막내를 보내려고 한 것은
固爲其能弃財故也.	실로 개가 재물을 버릴 수 있었기 때문인데
而長者不能,	맏이는 (그렇게) 할 수가 없어서
故卒以殺其弟,	끝내 아우를 죽이고 말았다.
事之理也,	사리가 그런 것이니
無足悲者.	슬퍼할 것 없다.
吾日夜固以望其喪之來也."	내 밤낮 실로 그 시신이 오기를 기다렸다."

---

81 **집해** 서광은 말하였다. "교(狡)는 '교(郊)'로 된 곳도 있다."

故范蠡三徙,	실로 범려는 세 번 이사하고도
成名於天下,	천하에서 명성을 이루었으니
非苟去而已,	구차하게 떠난 것이 아닐 따름이며
所止必成名.	이르는 곳에서는 반드시 명성을 이루었다.
卒老死于陶,	마침내 도에서 늙어죽었기 때문에
故世傳曰陶朱公.[82]	세상에는 도주공이라 전한다.
太史公曰:	태사공은 말한다.
禹之功大矣,	우의 공은 크니
漸九川,[83]	구천을 이끌어 틔우고
定九州,	구주를 정하여
至于今諸夏艾安.	지금까지 제하가 안정되게 하였다.
及苗裔句踐,	아득한 후예 구천에 이르러
苦身焦思,	노심초사하여
終滅彊吳,	마침내 강한 오를 멸하였으며
北觀兵中國,	북으로 중원의 나라에 군대의 위력을 보여
以尊周室,	주 왕실을 높이어

---

82 **집해** 장화(張華)는 말하였다. "도주공의 무덤은 남군(南郡) 화용현(華容縣) 서쪽에 있으며, 비석을 세우고 월의 범려라고 하였다." **정의** 성홍지(盛弘之)의 『형주기(荊州記)』에서는 말하였다. "형주(荊州) 화용현(華容縣) 서쪽에 도주공의 무덤이 있는데 비석을 세우고 월범려(越范蠡)라 하였다. 범려는 본래 완삼호(宛三戶) 사람으로 문종과 함께 월으로 들어가 오가 망한 다음에 스스로 제로 가서 생을 마쳤다. 도주공은 신선이 되어 승천하였는데 이곳에 장사지낸 까닭을 듣지 못했다." 『괄지지』에서는 도주공의 무덤이라고 하였다. 또 말하였다. "제주(濟州) 평음현(平陰縣) 동쪽 30리 지점 도산(陶山) 남쪽 5리 지점에 도공(陶公)의 무덤이 있다. 모두 도산의 남쪽에서 그친다." 장사지낸 곳은 두 곳이 있는데 장소는 상세하지 않다.

83 **집해** 서광은 말하였다. "점(漸) 또한 이끌어 통하게 한다는 뜻인데, 글자가 혹 그럴 것이다."

號稱霸王.[84]	패왕으로 불렸다.
句踐可不謂賢哉!	구천이 현명하다 하지 않을 수 있겠는가!
蓋有禹之遺烈焉.	아마 우의 남은 공렬이 있어서일 것이다.
范蠡三遷皆有榮名,	범려는 세 번 거처를 옮기고도 모두 영광스런 명예를 얻어
名垂後世.	후세에 이름을 드리웠다.
臣主若此,	신하와 임금이 이러할진대
欲毋顯得乎!	현귀해지지 않을 수 있겠는가!

색은술찬索隱述贊 월의 조상은 소강으로, 윤상에까지 이르렀다. 그 아들이 비로소 패권을 잡아, 오와 강함을 다투었다. 취리의 전역에서, 합려는 부상을 당하였다. 회계의 치욕 때, 구천은 맞서려 하였다. 문종이 이익으로 꾀고, 범려는 훌륭함을 다 발휘하였다. 절개를 꺾고 사에게 낮추어, 쓸개를 맛보며 생각하였다. 끝내 원수를 갚고, 마침내 큰 나라를 섬멸하였다. 나중에 힘을 헤아리지 못하여, 무강 때 멸망당하였다.

越祖少康, 至于允常. 其子始霸, 與吳爭彊. 檇李之役, 闔閭見傷. 會稽之恥, 句踐欲當. 種誘以利, 蠡悉其良. 折節下士, 致膽思嘗. 卒復讎寇, 遂殄大邦. 後不量力, 滅於無彊.

---

84 **집해** 서광은 말하였다. "'주(主)'로 된 판본도 있다."

鄭桓公友者,	정환공 우는
周厲王少子而宣王庶弟也.[1]	주여왕의 작은 아들이며 선왕의 서제이다.
宣王立二十二年,	선왕 즉위 22년에
友初封于鄭.[2]	우가 처음으로 정에 봉하여졌다.
封三十三歲,	봉해진 33년 동안
百姓皆便愛之.	백성들은 모두 편안해하여 사랑했다.
幽王以爲司徒.[3]	유왕이 사도로 삼았다.
和集周民,	주의 백성을 화목하고 단결하게 하여
周民皆說,	주의 백성이 모두 기뻐하여
河雒之閒,	하수와 낙수 사이에서
人便思之.	사람들은 그를 그리워하였다.
爲司徒一歲,	사도가 된 지 1년 만에

---

1 **집해集解** 서광(徐廣)은 말하였다. "「연표(年表)」에서는 모제(母弟: 동복아우)라고 하였다."

2 **색은索隱** 정(鄭)은 현(縣) 이름으로 경조(京兆)에 속한다. 진무공(秦武公) 11년에 "처음으로 두(杜)와 정(鄭)을 현으로 삼았다."라 하였다. 또한 『계본(系本)』에서는 "환공(桓公)은 역림(棫林)에서 거처하였으며 습(拾)으로 옮겼다."라 하였다. 송충(宋忠)은 "역림(棫林)과 습(拾)은 모두 옛 지명이다."라 하였는데, 이는 환공(桓公)을 봉하고 곧 정(鄭)이라고 한 것일 따름이다. 진이 정을 현으로 삼은 것은 아마 정무공(鄭武公)이 동쪽 신정(新鄭)으로 옮긴 후에 옛 정은 고도(故都)이므로 진이 비로소 현으로 삼았다.

3 **집해** 위소(韋昭)는 말하였다. "유왕(幽王) 8년에 사도(司徒)가 되었다." **색은** 위소(韋昭)는 『국어(國語)』에 의거하여 유왕 8년에 사도가 되었다고 하였다.

幽王以襃后故,	유왕은 포후 때문에
王室治多邪,	왕실의 다스림에 폐단이 많아
諸侯或畔之.	제후 가운데 혹 배반을 하기도 하였다.
於是桓公問太史伯[4]曰:	이에 환공이 태사 백에게 물었다.
"王室多故,	"왕실에 변고가 많으니
予安逃死乎?"	내 어디서 죽음을 피하겠는가?"
太史伯對曰:	태사 백이 대답하였다.
"獨雒之東土,	"낙수의 동쪽 땅
河濟之南可居."	황하와 제수 남쪽만이 거처할 만합니다."
公曰:	공이 말하였다.
"何以?"	"어째서인가?"
對曰:	대답하였다.
"地近虢·鄶,[5]	"땅이 괵과 회에 가까운데
虢·鄶之君貪而好利,[6]	괵과 회의 임금은 탐욕스럽고 이익을 좋아하여
百姓不附.	백성들이 따르지 않습니다.
今公爲司徒,	지금 공이 사도가 되어
民皆愛公,	백성들이 모두 공을 사랑하니
公誠請居之,	공이 실로 그곳에 거처할 것을 청하면

---

4 집해 우번(虞翻)은 말하였다. "주 태사(太史)이다."

5 집해 서광은 말하였다. "괵(虢)은 성고(成皐)에 있고, 회(鄶)는 밀현(密縣)에 있다." 내[駰]가 생각건대 우번은 "괵은 희성(姬姓)으로, 동괵(東虢)이다. 회는 운성(妘姓)이다."라 하였다. 정의正義 『괄지지(括地志)』에서는 말하였다. "낙주(洛州) 범수현(氾水縣)은 옛 동괵숙(東虢叔)의 나라이며 동괵군(東虢君)이다." 또 말하였다. "옛 회성(鄶城)은 정주(鄭州) 신정현(新鄭縣) 동북쪽 32리 지점에 있다."

6 색은 「정어(鄭語)」에서는 "괵숙(虢叔)은 세력을 믿었고 회중(鄶仲)은 험함을 믿어 모두 교만하고 방탕하였으며, 게다가 탐욕스러웠다."라 하였다. 괵숙은 문왕(文王)의 아우이다. 회(鄶)는 운성(妘姓)의 나라이다.

虢·鄶之君見公方用事,	괵과 회의 임금은 공이 바야흐로 집정하는 것을 보고
輕分公地.	가볍게 공에게 땅을 나누어줄 것이오.
公誠居之,	공이 실로 그곳에 거처한다면
虢·鄶之民皆公之民也.”	괵과 회의 백성은 모두 공의 백성입니다.”
公曰:	공이 말하였다.
“吾欲南之江上,	“내 남쪽 장강 가로 가고 싶은데
何如?”	어떻겠는가?”
對曰:	대답하였다.
“昔祝融爲高辛氏火正,	“옛날 축융이 고신씨의 화정이 되어
其功大矣,	공이 컸는데
而其於周未有興者,	주에서 흥기하지 못했으니
楚其後也.	초가 그 후예입니다.
周衰,	주가 쇠약해지면
楚必興.	초가 반드시 흥기합니다.
興,	흥기하는 것은
非鄭之利也.”	정에 이롭지 않습니다.”
公曰:	공이 말하였다.
“吾欲居西方,	“내 서방에 거처하고 싶은데
何如?”7	어떻겠는가?”
對曰:	대답하였다.
“其民貪而好利,	“그 백성들은 탐욕스럽고 이익을 좋아하여

---

7 색은 『국어』에서는 말하였다. “공이 말하기를 ‘사(謝) 서쪽의 구주(九州)는 어떤가?’라 하였다.” 위소는 말하기를 “사(謝)는 신백(申伯)의 나라이다. 사 서쪽에 구주가 있다. 2,500가(家)가 주(州)이다.” 그 설은 아마 이와 다르다.

難久居."	오래 거처하기 어렵습니다."
公曰:	공이 말하였다.
"周衰,	"주가 쇠약해지면
何國興者?"	어느 나라가 흥기하겠는가?"
對曰:	대답하였다.
"齊·秦·晉·楚乎?	"제, 진, 진, 초일 것입니다.
夫齊,	제는
姜姓,	강씨 성이며
伯夷之後也,	백이의 후예로
伯夷佐堯典禮.	백이는 요를 도와 예를 보좌하였습니다.
秦,	진은
嬴姓,	영씨 성으로
伯翳之後也,	백예의 후예인데
伯翳佐舜懷柔百物.	백예는 순을 도와 모든 사물을 회유하였습니다.
及楚之先,	초의 선조와 함께
皆嘗有功於天下.	모두 천하에 공을 세운 적이 있습니다.
而周武王克紂後,	그런데 무왕이 주를 이긴 후에
成王封叔虞于唐,[8]	성왕이 숙우를 당에 봉하였는데
其地阻險,	그 땅이 험악하여

---

8 집해 서광은 말하였다. "「진세가(晉世家)」에서는 말하기를 당숙우(唐叔虞)는 성이 희 씨(姬氏)이며 자는 자우(子于)이다." 색은 당(唐)은 옛 나라로 요(堯)의 후손이며 그 임금은 숙우(叔虞)이다. 어째서 그런 것을 아는가? 이 「계가(系家)」 아래의 글에 의하면 "당인(唐人)의 후대를 당숙우(唐叔虞)라고 한다. 무왕(武王) 읍강(邑姜)이 바야흐로 태숙(大叔)을 움직여 꿈을 꾸었는데 천명으로 아들이 우(虞)이며 그에게 당을 주었다. 태어나자 손바닥에 '우(虞)'의 무늬가 있어서 마침내 이름으로 삼았다. 성왕(成王)이 당을 멸하고 태숙의 나라가 되었으므로 당숙우(唐叔虞)라 일컫는다." 두예(杜預) 또한 "당군(唐君)의 이름을 취하였다."라 하였다.

以此有德與周衰並,	이로 인해 덕을 쌓고 주와 쇠퇴를 함께하니
亦必興矣."	또한 반드시 흥기할 것입니다."
桓公曰:	환공이 말하였다.
"善."	"좋소."
於是卒言王,	이에 마침내 왕에게 말하여
東徙其民雒東,	동으로 그 백성을 낙수의 동쪽으로 옮기니
而虢·鄶果獻十邑,[9]	괵과 회가 과연 10개의 읍을 바쳐
竟國之.[10]	마침내 나라를 세웠다.
二歲,	2년에
犬戎殺幽王於驪山下,	견융이 여산 아래서 유왕을 죽이고
并殺桓公.	환공도 함께 죽였다.
鄭人共立其子掘突,[11]	정의 사람들이 함께 그 아들 굴돌을 세우니
是爲武公.[12]	바로 무공이다.

---

9 집해 우번은 말하였다. "열 읍은 괵(虢)과 회(鄶), 언(鄢), 폐(蔽), 보(補), 단(丹), 의(依), 유(㽅), 역(歷), 신(莘)이다." 색은 『국어』에서는 말하였다. "태사 백(太史伯)이 말하기를 '두 읍을 이기면 언(鄢), 폐(蔽), 보(補), 단(丹), 의(依), 유(㽅), 역(歷), 신(莘)은 그대의 땅입니다.'라 하였다." 우번의 주는 모두 『국어』에 의거하여 말하였다.

10 집해 위소는 말하였다. "나중에 무공(武公)이 마침내 열 읍의 땅을 취하여 살았는데 지금의 하남(河南) 신정(新鄭)이다."

11 정의 앞의 자는 굴(求勿反)이고, 뒤의 자는 홀(戶骨反)이다.

12 색은 초주(譙周)는 "이름은 굴활(突滑)이다"라 하였는데 모두 틀렸다. 아마 옛 사관이 그 이름을 잃어 태사공이 옛날에 잃은 것을 좇아서 함부로 기록하였을 다름이다. 그런 것을 어떻게 아는가? 아래의 문장에 의하면 그 손자 소공(昭公)의 이름은 홀(忽)이고, 여공(厲公)의 이름은 돌(突)이라 하였으니, 어찌 손자와 조부가 이름이 같겠는가? 이때 옛 사관이 소공과 여공의 홀과 돌이라는 이름을 섞어서 기록하여 마침내 잘못 굴돌(掘突)을 무공(武公)의 자로 삼은 것일 따름이다.

武公十年,	무공 10년에
娶申侯女[13]爲夫人,	신후의 딸을 부인으로 맞았는데
曰武姜.	무강이라고 한다.
生太子寤生,	태자 오생을 낳았는데
生之難,	난산이라
及生,	나자
夫人弗愛.	부인은 그를 사랑하지 않았다.
後生少子叔段,	나중에 작은 아들 숙단을 낳았는데
段生易,	단은 순산을 하여
夫人愛之.[14]	부인이 사랑하였다.
二十七年,	27년에
武公疾.	무공이 병들었다.
夫人請公,	부인이 공에게 청하여
欲立段爲太子,	단을 태자로 세우고자 하였으나
公弗聽.	공이 따르지 않았다.
是歲,	이 해에
武公卒,	무공이 죽고
寤生立,	오생이 즉위하니
是爲莊公.	바로 장공이다.
莊公元年,	장공 원년에

---

13 정의 『괄지지』에서는 말하였다. "옛 신성(申城)은 등주(鄧州) 남양현(南陽縣) 북쪽 30리 지점에 있다." 『좌전(左傳)』에서는 "정무공(鄭武公)이 신(申)에서 아내를 맞았다."라 하였다.

14 집해 서광은 말하였다. "「연표」에서는 14년에 오생(寤生)을 낳았고, 17년에 태숙단(太叔段)을 낳았다."라 하였다.

封弟段於京,[15]	아우 단을 경에 봉하고
號太叔.	태숙이라 하였다.
祭仲曰:	채중이 말하였다.
"京大於國,	"경은 국도보다 크니
非所以封庶也."	서자를 봉할 곳이 아닙니다."
莊公曰:	장공이 말하였다.
"武姜欲之,	"무강이 원하니
我弗敢奪也."	내가 감히 그 뜻을 빼앗지 못하오."
段至京,	단은 경에 이르러
繕治甲兵,	무기를 손질하고 군사를 조련하여
與其母武姜謀襲鄭.	그 어미 무강과 함께 정을 습격할 계책을 세웠다.
二十二年,	22년에
段果襲鄭,	단은 과연 정을 습격하였고
武姜爲內應.	무강이 내응하였다.
莊公發兵伐段,	장공이 군사를 일으켜 단을 정벌하자
段走.	단은 달아났다.
伐京,	경을 정벌하자
京人畔段,	경의 사람들이 단을 배반했고
段出走鄢.[16]	단은 언으로 달아났다.
鄢潰,	언이 궤멸되자

---

15 집해 가규(賈逵)는 말하였다. "경(京)은 정(鄭)의 도읍이다." 두예는 말하였다. "지금의 형양(滎陽) 경현(京縣)이다."

16 정의 '鄢'의 음은 오(烏古反)이다. 지금의 신정현(新鄭縣) 남쪽 오두(鄢頭)에 마을이 있는데 가구가 많아 만 가구이다. 옛날에는 "鄢"이라 하였으며, 음은 언(偃)이다. 두예는 말하였다. "언(鄢)은 지금의 언릉(鄢陵)이다."

段出奔共.¹⁷	단은 공으로 달아났다.
於是莊公遷其母武姜於城潁,¹⁸	이에 장공은 그 어머니 무강을 성영으로 옮기고
誓言曰:	맹세하여 말하였다.
"不至黃泉,¹⁹	"황천에 이르지 않으면
母相見也."	만나지 않겠다."
居歲餘,	한 해 남짓에
已悔思母.	이미 뉘우치고 어머니를 그리워했다.
潁谷之考叔²⁰有獻於公,	영곡의 고숙이 공에게 무언가 바치자
公賜食.	공이 먹을 것을 내렸다.
考叔曰:	고숙이 말하였다.
"臣有母,	"신께는 어머니가 있사온데
請君食賜臣母."	청컨대 임금님의 음식을 신의 어머니께 내렸으면 합니다."
莊公曰:	장공이 말하였다.
"我甚思母,	"내 어머니가 몹시 그리운데
惡負盟,	맹약을 저버리긴 싫으니

---

17 **집해** 가규는 말하였다. "공(共)은 나라 이름이다." 두예는 말하였다. "지금의 급군(汲郡) 공현(共縣)이다." **정의** 바로 지금의 위주(衛州) 공성현(共城縣)이다.

18 **집해** 가규는 말하였다. "정의 땅이다." **정의** 바로 허주(許州) 임영현(臨潁縣)일 것이다.

19 **집해** 복건(服虔)은 말하였다. "하늘은 색이 검(푸르)고 땅은 황색이며 샘은 땅 속에 있으므로 황천(黃泉)이라고 하였다."

20 **집해** 가규는 말하였다. "영곡(潁谷)은 정의 땅이다." **정의** 『괄지지』에서는 말하였다. "영수(潁水)는 낙주(洛州) 숭고현(嵩高縣) 동남쪽 30리 지점의 양건산(陽乾山)에서 발원하는데 지금 속칭 영산천(潁山泉)이라고 한다. 산의 동쪽 골짜기에서 발원한다. 그 곁에 고인(古人)의 거처가 있는데 속칭 영허(潁墟)라 하며 옛 늙은이들은 영고숙(潁考叔)의 옛 거처라 하는데 곧 역도원(酈道元)의 『수경주(水經注)』에서 이른바 영곡(潁谷)이다."

奈何?”	어쩌면 좋겠소?”
考叔曰:	고숙이 말하였다.
“穿地至黃泉,	“땅을 파서 황천에 이르러
則相見矣.”	만나시면 될 것입니다.”
於是遂從之,	이에 마침내 그 말을 좇아
見母.	어머니를 만났다.

二十四年,	24년에
宋繆公卒,	송목공이 죽자
公子馮奔鄭.	공자 풍이 정으로 달아났다.
鄭侵周地,	정이 주 땅을 침입하여
取禾.21	벼를 빼앗았다.
二十五年,	25년에
衛州吁弑其君桓公自立,	위의 주우가 임금인 환공을 죽이고 스스로 즉위하여
與宋伐鄭,	송과 함께 정을 쳤는데
以馮故也.	풍 때문이었다.
二十七年,	27년에
始朝周桓王.	처음으로 주환왕을 조현하였다.
桓王怒其取禾,	환왕은 벼를 빼앗은 것에 노하여
弗禮也.22	예우해주지 않았다.

---

21 **색은** 은공(隱公) 2년의 『좌전』에서는 "정 무공(武公)과 장공(莊公)이 평왕(平王)의 경사(卿士)가 되었다. 평왕이 괵(虢)에 두 마음을 품고 있어서 왕이 돌아가시자 주의 사람들이 괵공에게 정사를 맡기려 하였다. 여름 4월에 정의 채족(祭足)이 군사를 이끌고 온(溫)의 보리를 베어갔다. 가을에는 또 성주(成周)의 벼를 베어갔다."라 하였다.

二十九年,	29년에
莊公怒周弗禮,	장공은 주가 예우해주지 않은 것에 노하여
與魯易祊·許田.[23]	노와 방과 허의 전지를 바꾸었다.
三十三年,	33년에
宋殺孔父.	송에서 공보를 죽였다.
三十七年,	37년에
莊公不朝周,	장공이 주에 조회하지 않자
周桓王率陳·蔡·虢·衞伐鄭.	주환왕이 진과 채, 괵, 위를 거느리고 정을 쳤다.
莊公與祭仲[24]·高渠彌[25]發兵自救,	장공은 채중, 고거미와 함께 군사를 일으켜 직접 구원하여
王師大敗.	왕의 군사는 크게 패하였다.
祝聸[26]射中王臂.	축첨이 왕의 팔뚝을 쏘아 맞혔다.
祝聸請從之,	축첨이 추격할 것을 청하자

---

22 **색은** 두예는 말하였다. "환왕(桓王)이 즉위하여 주와 정이 사이가 나빠 이때 비로소 조현하였으므로 시(始)라고 하였다." 『좌전』에서는 또 말하였다. "주환공(周桓公)이 왕에게 말하기를 '우리 주가 동쪽으로 천도할 때 진(晉)과 정에 의지하였습니다. 정에게 잘 해줘서 나중에 올 제후들에게 권하여도 오히려 오지 않을 것이온데 하물며 그들에게 예우를 하지 않음이겠습니까? 정은 오지 않을 것입니다.'라 하였다."

23 **색은** 허전(許田)은 허에 가까운 전지로 노가 조현할 때 숙소로 삼은 읍이다. 방(祊)은 정이 받은 태산의 제사를 돕는 탕목읍(湯沐邑)이다. 정은 천자가 순수할 수 없으므로 방을 허의 전지와 바꾸었는데 각기 그 가까운 것을 따른 것이다.

24 **색은** 『좌전』에서는 채중족(祭仲足)이라 하였는데, 아마 채(祭)는 읍이고 그 사람의 이름은 중(仲) 자가 중족(仲足)일 것이므로 『전(傳)』에서 바로 채(祭)의 봉인(封人) 중족(仲足)이라고 하였을 것이다. 이 주갈(繻葛)의 전역은 노환공(魯桓公) 5년에 있었다.

25 **색은** 어떤 곳에서는 "미(彌)"로 되어 있고 어떤 곳에서는 "미(眯)"로 되어 있는데 음은 모두 미(名卑反)이다.

26 **색은** 『좌전』에는 "축담(祝聃)"으로 되어 있다.

鄭伯止之,	정백이 말리면서
曰:	말하였다.
"犯長且難之,	"연장자를 범하는 것도 어렵게 여기는데
況敢陵天子乎?"	하물며 감히 천자를 능욕하겠는가?"
乃止.	이에 그만두었다.
夜令祭仲問王疾.	밤에 채중에게 왕을 병문안하게 하였다.
三十八年,	38년에
北戎伐齊,	북융이 제를 쳐서
齊使求救,	제의 사자가 구원을 청하니
鄭遣太子忽將兵救齊.	정은 태자 홀을 보내어 군사를 거느리고 제를 구원하게 하였다.
齊釐公欲妻之,	제희공이 딸을 시집보내고 싶어 했지만
忽謝曰:	홀은 사양하며 말하였다.
"我小國,	"우리나라는 소국이라
非齊敵也."	제와 대등하지 못합니다."
時祭仲與俱,	당시 채중이 함께 하였는데
勸使取之,	그에게 아내로 맞으라고 권하며
曰:	말하였다.
"君多內寵,[27]	"임금께 총희가 많아
太子無大援將不立,	태자께서는 큰 도움이 없으면 즉위하지 못할 것이며
三公子皆君也."	세 공자가 모두 왕이 될 수 있습니다."
所謂三公子者,	이른바 세 공자는

---

27 집해 복건은 말하였다. "서자 가운데 총애하는 자가 많다는 것을 말한다."

太子忽,	태자 홀과
其弟突,	그 아우 돌,
次弟子亹也.[28]	다음 아우 자미이다.

四十三年,	43년에
鄭莊公卒.	정장공이 죽었다.
初,	처음에
祭仲甚有寵於莊公,	채중은 장공의 총애를 매우 많이 받아
莊公使爲卿;	장공이 경으로 삼았으며,
公使娶鄧女,	공이 등의 여인을 아내로 맞아오게 하여
生太子忽,	태자 홀을 낳았으므로
故祭仲立之,	채중이 그를 옹립하였는데
是爲昭公.	바로 소공이다.

莊公又娶宋雍氏女,[29]	장공은 또 송 옹씨의 딸을 아내로 맞아
生厲公突.	여공 돌을 낳았다.
雍氏有寵於宋.[30]	옹씨는 송에서 총애를 받았다.
宋莊公聞祭仲之立忽,	송장공이 채중이 홀을 옹립하였다는 말을 듣고
乃使人誘召祭仲而執之,	이에 사람을 시켜 채중을 꾀어 잡게 하고는
曰:	말하였다.

---

28 **색은** 이 글에서 여러 차례 태자 홀(忽) 및 돌(突), 자미(子亹)를 셋으로 헤아렸는데, 두예는
태자는 치지 않고 자돌(子突)과 자미(子亹), 자의(子儀)를 셋으로 보았으며 제대로 파악한
것 같다.

29 **집해** 가규는 말하였다. "옹씨(雍氏)는 황제(黃帝)의 후손으로 길성(姞姓)의 후예이며 송(宋)
의 대부가 되었다."

30 **집해** 복건은 말하였다. "송의 정경(正卿)이므로 총애를 받았다고 하였다."

"不立突,	"돌을 세우지 않으면
將死."	죽게 될 것이오."
亦執突以求賂焉.	또한 돌을 잡아서 재물을 요구하였다.
祭仲許宋,	채중은 송에 허락하고
與宋盟.	송과 맹약하였다.
以突歸,	돌이 귀국하자
立之.	그를 옹립하였다.
昭公忽聞祭仲以宋要立其弟突,	소공 홀은 채중이 송의 강요로 아우인 돌을 세웠다는 말을 듣고
九月(辛)[丁]亥,	9월 정해일에
忽出奔衞.	홀은 위로 달아났다.
己亥,	기해일에
突至鄭,	돌이 정에 이르러
立,	즉위하니
是爲厲公.	바로 여공이다.
厲公四年,	여공 4년에
祭仲專國政.	채중이 국정을 주물렀다.
厲公患之,	여공이 근심하여
陰使其壻雍糾欲殺祭仲.[31]	몰래 그 사위 옹규를 시켜 채중을 죽이려 하였다.
糾妻,	규의 아내는
祭仲女也,	채중의 딸로

---

31 **집해** 가규는 말하였다. "옹규(雍糾)는 정의 대부이다."

知之,	그 사실을 알고
謂其母曰:	그 어미에게 말하였다.
"父與夫孰親?"	"아비와 남편 중 누가 가까운가요?"
母曰:	어미가 말하였다.
"父一而已,	"아비는 하나일 뿐이지만
人盡夫也."[32]	사람은 모두 남편이 될 수 있다."
女乃告祭仲,	딸이 곧 채중에게 알리어
祭仲反殺雍糾,	채중이 도리어 옹규를 죽이고
戮之於市.	저자에서 육시하였다.
厲公無柰祭仲何,	여공은 채중을 어떻게 하지 못하여
怒糾曰:	규에게 성을 내며 말하였다.
"謀及婦人,	"여인과 모의하였으니
死固宜哉!"	죽는 것이 실로 마땅할 것이다."
夏,	여름에
厲公出居邊邑櫟.[33]	여공이 변읍인 역으로 나가서 거처하였다.
祭仲迎昭公忽,	채중이 소공 홀을 맞아들여
六月乙亥,	6월 을해일에
復入鄭,	다시 정으로 들어와
即位.	즉위하였다.
秋,	가을에

---

32 집해 두예는 말하였다. "부인은 집에서는 아비를 하늘로 여기며 시집을 가면 남편을 하늘로 여긴다. 딸이 의심스럽게 여겼으므로 어미가 낳은 사람이 근본이 된다고 풀이해주었다."

33 집해 송충은 말하였다. "지금의 영천(潁川) 양적현(陽翟縣)이다." 색은 '櫟'의 음은 력(歷)으로, 곧 정(鄭)과 처음에 얻은 열 읍의 역이다.

鄭厲公突因櫟人殺其大夫單伯,[34]

정여공 돌이 역 사람을 통하여 그 대부 단백을 죽이고

遂居之.

마침내 그곳에 거처하였다.

諸侯聞厲公出奔,

제후들이 여공이 달아났다는 말을 듣고

伐鄭,

정을 쳤으나

弗克而去.

이기지 못하고 떠났다.

宋頗予厲公兵,

송이 여공에게 자못 군사를 많이 주어

自守於櫟,

역에서 스스로 지키니

鄭以故亦不伐櫟.

정은 이 때문에 또한 역을 치지 못하였다.

昭公二年,

소공 2년

自昭公爲太子時,

소공이 태자였을 때

父莊公欲以高渠彌爲卿,

부친인 장공은 고거미를 경으로 삼고자 하였으며

太子忽惡之,

태자 홀이 그를 미워하였으나

莊公弗聽,

장공은 그 말을 듣지 않고

卒用渠彌爲卿.

마침내 거미를 경으로 삼았다.

及昭公即位,

소공이 즉위하자

懼其殺己,

(소공이) 자기를 죽일까 두려워하여

冬十月辛卯,

겨울 10월 신묘일에

---

34 집해 두예는 말하였다. "정수(鄭守) 역대부(櫟大夫)이다." 색은 『좌전』에 의하면 "단백(檀伯)"이다. 단백은 정수 역대부이며 이 일은 환공(桓公) 15년에 있었다. 이 문장이 "단백(單伯)"으로 잘못된 것은 또한 원인이 있을 것이다. 노정공(魯莊公) 14년에 의하면 여공(厲公)은 역에서 정을 침략하였으며 일이 주의 단백(單伯)이 제의 군사를 모아 송을 친 것과 이어졌으므로 잘못된 것일 따름이다.

渠彌與昭公出獵,	거미는 소공과 사냥을 나가
射殺昭公於野.	들에서 소공을 쏘아 죽였다.
祭仲與渠彌不敢入厲公,	채중과 거미는 감히 여공을 들이지 않고
乃更立昭公弟子亹爲君,	이에 다시 소공의 아우 자미를 임금으로 옹립하니
是爲子亹也,	바로 자미이며
無謚號.	시호가 없다.
子亹元年七月,	자미 원년 7월에
齊襄公會諸侯於首止,[35]	제양공이 수지에서 제후들과 회맹하였는데
鄭子亹往會,	정자미도 회맹에 갔으며
高渠彌相,	고거미가 상으로
從,	수행하였고
祭仲稱疾不行.	채중은 병을 핑계로 가지 않았다.
所以然者,	그렇게 된 것은
子亹自齊襄公爲公子之時,	자미가 제양공이 공자였을 때부터
嘗會鬪,	마침 다툰 적이 있어서
相仇,	서로 원한을 품어
及會諸侯,	제후와 회맹할 때
祭仲請子亹無行.	채중이 자미에게 가지 말 것을 청한 것이다.
子亹曰:	자미가 말하였다.
"齊彊,	"제는 강하고

---

35 [집해] 복건은 말하였다. "수지(首止)는 정에서 가까운 땅이다." 두예는 말하였다. "수지는 위(衛)의 땅이다. 진류(陳留) 양읍현(襄邑縣) 동남쪽에 수향(首鄕)이 있다."

而厲公居櫟,	여공은 역에 있는데
即不往,	가지 않으면
是率諸侯伐我,	제후를 이끌고 우리를 치고
內厲公.	여공을 들일 것입니다.
我不如往,	내가 감만 못하니
往何遽必辱,	간다고 어찌 갑자기 반드시 욕을 볼 것이며
且又何至是!"	또한 이런 기회가 이르겠소?"
卒行.	마침내 갔다.
於是祭仲恐齊幷殺之,	이에 채중은 제가 함께 죽일까 두려워하여
故稱疾.	병을 핑계 대었다.
子亹至,	자미가 이르러
不謝齊侯,	제후에게 사죄를 하지 않자
齊侯怒,	제후가 노하여
遂伏甲而殺子亹.	마침내 갑사를 매복시켰다가 자미를 죽였다.
高渠彌亡歸,³⁶	고거미는 도망쳐 돌아갔으며
歸與祭仲謀,	돌아와 채중과 모의하여
召子亹弟公子嬰於陳而立之,	자미의 아우 공자 영을 진에서 불러 옹립하니
是爲鄭子.³⁷	바로 정자이다.
是歲,	이 해에
齊襄公使彭生醉拉殺魯桓公.	제양공이 팽생에게 노환공을 취하게 하여 늑골을 꺾어 죽이게 하였다.

---

36 색은 『좌씨(左氏)』에서는 고거미(高渠彌)를 거열형에 처하였다고 하였다.
37 색은 『좌전』에서는 정자(鄭子)의 이름이 자의(子儀)라 하였는데, 여기서는 영(嬰)이라 한 것은 아마 달리 본 것이 있어서일 것이다.

鄭子八年,	정자 8년에
齊人管至父等作亂,	제의 사람 관지보 등이 난을 일으켜
弒其君襄公.	임금인 양공을 죽였다.
十二年,	12년에
宋人長萬弒其君湣公.	송 사람 장만이 임금인 민공을 죽였다.
鄭祭仲死.	정의 채중이 죽었다.
十四年,	14년에
故鄭亡厲公突在櫟者使人誘劫鄭大夫甫假,[38]	
	옛 정에서 망명한 여공 돌이 역에 있으면서 사람을 시켜 정의 대부 보가를 꾀어 겁박하여
要以求入.	강요하여 들어갈 것을 청하였다.
假曰:	가가 말하였다.
"舍我,	"나를 놔주면
我爲君殺鄭子而入君."	내 그대를 위해 정자를 죽이고 그대가 들어가게 하겠습니다."
厲公與盟,	여공은 함께 맹약을 하고
乃舍之.	곧 풀어주었다.
六月甲子,	6월 갑자일에
假殺鄭子及其二子而迎厲公突,	
	가는 정자 및 그 두 아들을 죽이고 여공 돌을 맞이하니
突自櫟復入即位.	돌은 역에서 다시 들어와 즉위하였다.
初,	처음에

---

38 색은 『좌전』에는 "부하(傅瑕)"로 되어 있다. 이 판본에는 가차(假借)가 많은데 또한 글자 그대로 읽는다.

內蛇與外蛇鬪於鄭南門中,	(도성) 안의 뱀과 밖의 뱀이 정의 남문에서 다투다가
內蛇死.	안의 뱀이 죽었다.
居六年,	6년 만에
厲公果復入.	여공이 과연 다시 들어왔다.
入而讓其伯父原[39]曰:	들어와서 그 백부 원을 책망하여 말하였다.
"我亡國外居,	"내가 망명하여 나라 밖에 있는데도
伯父無意入我,	백부는 나를 들일 뜻이 없었으니
亦甚矣."	또한 심하다 하겠습니다."
原曰:	원이 말하였다.
"事君無二心,	"임금을 섬김에는 두 마음을 품지 않는 것이
人臣之職也.	신하된 직분이다.
原知罪矣."	나는 죄를 알겠다."
遂自殺.	마침내 스스로 목숨을 끊었다.
厲公於是謂甫假曰:	여공은 이에 보가에게 말하였다.
"子之事君有二心矣."	"그대는 임금을 섬기면서 두 마음을 품었다."
遂誅之.	마침내 죽였다.
假曰:	가는 말하였다.
"重德不報,	"큰 덕은 보답 받지 못한다더니
誠然哉!"	실로 그렇구나!"
厲公突後元年,	여공 돌 후 원년에
齊桓公始霸.	제환공이 비로소 패권을 잡았다.

---

39 색은 『좌전』에서는 원번(原繁)이라 하였다.

五年,	5년에
燕・衞與周惠王弟穨伐王,[40]	연과 위가 주혜왕의 아우 퇴와 왕을 치자
王出奔溫,	왕은 온으로 달아났고
立弟穨爲王.	아우인 퇴를 왕으로 옹립하였다.
六年,	6년에
惠王告急鄭,	혜왕이 정에 위급을 알리자
厲公發兵擊周王子穨,	여공은 군사를 일으켜 주의 왕자퇴를 쳤는데
弗勝,	이기지 못하고
於是與周惠王歸,	이에 주혜왕과 돌아와
王居于櫟.	왕은 역에 머물렀다.
七年春,	7년 봄에
鄭厲公與虢叔襲殺王子穨而入惠王于周.	
	정여공이 괵숙과 함께 왕자퇴를 습격하여 죽이고 혜왕을 주로 들여보냈다.
秋,	가을에
厲公卒,	여공이 죽고
子文公踕[41]立.	아들인 문공 첩이 즉위하였다.
厲公初立四歲,	여공은 처음 즉위하고 4년 만에
亡居櫟,	달아나 역에 머물렀고
居櫟十七歲,	역에서 17년을 머물다가

---

40 색은 혜왕(惠王)은 장왕(莊王)의 손자이며 희왕(僖王)의 아들이다. 자퇴(子穨)는 장왕의 첩 왕요(王姚) 소생이다. 이 일은 장공 19년에 있었다.

41 색은 음은 첩(在接反)이다. 『계본(系本)』에서는 말하기를 문공(文公)이 정(鄭)으로 옮겼다고 하였다. 송충은 곧 신정(新鄭)이라고 하였다.

復入,	다시 들어와
立七歲,	즉위하여 7년을 보냈으니
與亡凡二十八年.	달아난 기간을 합하면 모두 28년이다.
文公十七年,	문공 17년에
齊桓公以兵破蔡,	제환공이 군사를 가지고 채를 깨뜨리고
遂伐楚,	마침내 초를 쳐서
至召陵.	소릉에 이르렀다.
二十四年,	24년에
文公之賤妾曰燕姞,[42]	문공의 연길이라는 천첩이
夢天與之蘭,[43]	하늘이 난초를 주는 꿈을 꾸었는데
曰:	꿈에서 말하였다.
"余爲伯鯈.	"나는 백조이다.
余,	나는
爾祖也.[44]	너의 선조이다.
以是爲而子,[45]	이를 너의 아들로 삼을지니
蘭有國香."	난초에는 나라의 향기가 있다."
以夢告文公,	꿈을 문공에게 일렀더니
文公幸之,	문공이 총애하여
而予之草蘭爲符.	난초를 부절로 주었다.

---

42 집해 가규는 말하였다. "길(姞)은 남연(南燕)의 성이다."

43 집해 가규는 말하였다. "향초(香草)이다."

44 집해 가규는 말하였다. "백조(伯鯈)는 남연(南燕)의 선조이다."

45 집해 왕숙(王肅)은 말하였다. "이 난초로 네 아들의 이름을 지으라는 것을 말한다."

遂生子,	마침내 아들을 낳아
名曰蘭.	이름을 난이라 하였다.
三十六年,	36년에
晉公子重耳過,	진의 공자 중이가 들렀는데
文公弗禮.	문공은 예우를 하지 않았다.
文公弟叔詹曰:	문공의 아우 숙첨이 말하였다.
"重耳賢,	"중이는 현명한데다가
且又同姓,	또한 동성으로
窮而過君,	궁하여져서 임금께 들렀으니
不可無禮."	무례하게 굴어서는 안 됩니다."
文公曰:	문공이 말하였다.
"諸侯亡公子過者多矣,	"제후국에서 들르는 망명 공자가 많은데
安能盡禮之!"	어찌 다 예우할 수 있겠는가!"
詹曰:	첨이 말하였다.
"君如弗禮,	"군께서 예우를 해주지 않으려면
遂殺之;	그를 죽이셔야 합니다.
弗殺,	죽이지 않아
使即反國,	나라에 돌아가기라도 한다면
爲鄭憂矣."	정의 근심이 될 것입니다."
文公弗聽.	문공은 따르지 않았다.
三十七年春,	37년 봄에
晉公子重耳反國,	진공자 중이가 나라로 돌아가
立,	즉위하니

是爲文公.	바로 문공이다.
秋,	가을에
鄭入滑,	정이 활로 쳐들어가니
滑聽命,	활은 명을 따르다가
已而反與衞,	얼마 후 도리어 위와 동맹하여
於是鄭伐滑.[46]	이에 정은 활을 쳤다.
周襄王使伯犕[47]請滑.	주양왕은 백복에게 활을 청하게 했다.
鄭文公怨惠王之亡在櫟,	정문공은 혜왕이 역에 달아나 있을 때
而文公父厲公入之,	문공의 부친 여공이 들여보내주었는데도
而惠王不賜厲公爵祿,[48]	혜왕이 여공에게 작록을 내리지 않은 데 원한을 품었으며
又怨襄王之與衞滑,	또 양왕이 위에 활을 준 것에 원한을 품어
故不聽襄王請而囚伯犕.	양왕의 청을 듣지 않고 백복을 가두었다.
王怒,	왕이 노하여
與翟人伐鄭,	적의 사람과 정을 쳤지만
弗克.	이기지 못하였다.
冬,	겨울에
翟攻伐襄王,	적이 양왕을 치니

---

46 색은 희공(僖公) 24년의 『좌전』에서는 "정의 공자 사설(士泄)과 도유미(堵俞彌)가 군사를 거느리고 활(滑)을 쳤다."라 하였다.

47 색은 음은 복(服)이다. 『좌전』에서는 "왕이 백복(伯服)과 유손백(游孫伯)에게 정으로 가서 활을 청하게 하였다."라 하였다. 두예는 "두 사람은 주의 대부이다."라 하였다. 백복(伯□)이 곧 백복(伯服)임을 알 수 있다.

48 색은 여기서 말한 작록(爵祿)은 『좌씨』의 설과는 다르다. 『좌전』에서는 "장백(鄭伯)이 왕을 접대하자 왕은 후(后)의 반감(鑿鑑)을 주었다. 괵공(虢公)이 기물을 청하자 왕이 그에게 작(爵)을 주었다."라 하였는데 작(爵)은 주기(酒器)이며, 태사공이 구명(丘明)과 설을 달리 하는 것이다.

724

襄王出奔鄭,	양왕은 정으로 달아났으며
鄭文公居王于氾.	정문공은 왕을 범에 머물게 하였다.
三十八年,	38년에
晉文公入襄王成周.	진문공이 양왕을 성주에 들여보냈다.
四十一年,	41년에
助楚擊晉.	초를 도와 진을 쳤다.
自晉文公之過無禮,	진문공이 들렀을 때 예우해주지 않았기 때문에
故背晉助楚.	진을 등지고 초를 도운 것이다.
四十三年,	43년에
晉文公與秦穆公共圍鄭,	진문공이 진목공과 함께 정을 에워싸고
討其助楚攻晉者,	초를 돕고 진을 공격한 것 및
及文公過時之無禮也.	문공이 들렀을 때 예우해주지 않은 것을 징치 (懲治)하였다.
初,	처음에
鄭文公有三夫人,	정문공에게는 세 부인이 있었고
寵子五人,	총애하는 아들이 다섯이었는데
皆以罪蚤死.	모두 죄를 지어 일찍 죽었다.
公怒,	공이 노하여
溉[49]逐羣公子.	공자들을 모조리 쫓아냈다.
子蘭奔晉,	자란은 진으로 달아나
從晉文公圍鄭.	진문공을 따라 정을 에워쌌다.
時蘭事晉文公甚謹,	당시 난은 진문공을 섬김에 매우 공경하여

---

49 **집해** 서광은 말하였다. "'하(瑕)'로 된 곳도 있다." **색은** 음은 기(醯)이다. 『좌전』에는 "하 (瑕)로 되어 있다".

愛幸之,	(진문공이) 그를 총애하였으며
乃私於晉,	이에 진에서 가만히 있으면서
以求入鄭爲太子.	정으로 들어가 태자가 되기를 바랐다.
晉於是欲得叔詹爲僇.	진은 이에 숙첨을 잡아서 죽이려 하였다.
鄭文公恐,	정문공은 두려워하여
不敢謂叔詹言.	감히 숙첨에게 말하지 않았다.
詹聞,	숙첨이 듣고
言於鄭君曰:	정군에게 말하였다.
"臣謂君,	"신이 임금께 말씀드려도
君不聽臣,	임금께서 신의 말을 듣지 않으시어
晉卒爲患.	진에 끝내 환난이 되었습니다.
然晉所以圍鄭,	그러나 진이 정을 에워싼 것은
以詹,	저 때문이며
詹死而赦鄭國,	제가 죽어서 정이 사면되는 것이
詹之願也."	저의 바람입니다."
乃自殺.	이에 스스로 목숨을 끊었다.
鄭人以詹尸與晉.	정 사람이 숙첨의 시신을 진에 보냈다.
晉文公曰:	진문공이 말하였다.
"必欲一見鄭君,	"반드시 정군을 한번 만나
辱之而去."	욕을 보이고 떠나려 하오."
鄭人患之,	정 사람이 근심하여
乃使人私於秦曰:	이에 사람을 보내어 진에 몰래 말하였다.
"破鄭益晉,	"정을 깨뜨리고 진에 보태주는 것은
非秦之利也."	진에 이롭지 않습니다."
秦兵罷.	진은 군사를 거두었다.

晉文公欲入蘭爲太子,	진문공은 난을 태자로 들이고자 하여
以告鄭.	정에 알렸다.
鄭大夫石癸曰:	정 대부 석계가 말하였다.
"吾聞姞姓乃后稷之元妃,⁵⁰	"제가 듣자하니 길성은 곧 후직의 원비로
其後當有興者.	그 후손이 흥기할 것이라 하였습니다.
子蘭母,	자란의 모친은
其後也.	그 후손입니다.
且夫人子盡已死,	또한 부인의 아들은 모두 이미 죽고
餘庶子無如蘭賢.	나머지 서자들은 난만큼 현명하지 않습니다.
今圍急,	지금 에워쌈이 급박한데
晉以爲請,	진이 청하니
利孰大焉!"	이로움이 이보다 클 수 있겠습니까?"
遂許晉,	마침내 진에 허락하고
與盟,	맹약을 맺어
而卒立子蘭爲太子,	마침내 자란을 태자로 세우니
晉兵乃罷去.	진의 군사는 이에 철군하여 떠났다.
四十五年,	45년에
文公卒,	문공이 죽고
子蘭立,	자란이 즉위하였는데
是爲繆公.	바로 목공이다.
繆公元年春,	목공 원년 봄에

---

50 **집해** 두예는 말하였다. "길성(姞姓)의 여인으로 후직(后稷)의 비(妃)이다."

秦繆公使三將將兵欲襲鄭,	진목공이 세 장수를 보내어 군사를 거느리고 정을 습격하려 하여
至滑,	활에 이르렀는데
逢鄭賈人弦高詐以十二牛勞軍,	
	정의 상인 현고가 소 열두 마리로 군사를 위로하며 속여
故秦兵不至而還,	진의 군사는 (정에) 이르지도 못하고 돌아갔으며
晉敗之於崤.	진이 효에서 (秦을) 무찔렀다.
初,	처음
往年鄭文公之卒也,	지난해에 정문공이 죽자
鄭司城繪賀以鄭情賣之,	정의 사성 증하가 정의 정보를 팔아
秦兵故來.	진의 군사가 그것 때문에 온 것이었다.
三年,	3년에
鄭發兵從晉伐秦,	정이 군사를 일으켜 진을 따라 진을 쳐서
敗秦兵於汪.	왕에서 진의 군사를 무찔렀다.
往年⁵¹楚太子商臣弒其父成王代立.	
	지난해에 초의 태자 상신이 부친 성왕을 죽이고 계위하였다.
二十一年,	21년에
與宋華元伐鄭.	송의 화원과 정을 쳤다.
華元殺羊食士,	화원이 양을 잡아 군사들을 먹였는데
不與其御羊斟,	어자인 양짐에게는 주지 않아
怒以馳鄭,	노하여 정 (의 진영)으로 (수레를) 내달려

---

51 집해 서광은 말하였다. "목공(繆公) 2년이다."

728

鄭囚華元.	정은 화원을 가두었다.
宋贖華元,	송에서는 화원을 속죄하였는데
元亦亡去.	화원 또한 도망쳐 달아났다.
晉使趙穿以兵伐鄭.	진이 조천에게 군사를 가지고 정을 치게 했다.
二十二年,	22년에
鄭繆公卒,	정목공이 죽고
子夷立,	자이가 즉위하였는데
是爲靈公.	바로 영공이다.
靈公元年春,	영공 원년 봄에
楚獻黿於靈公.	초가 영공에게 자라를 바쳤다.
子家·子公將朝靈公,[52]	자가와 자공이 영공을 조현하려 하는데
子公之食指動,[53]	자공의 식지가 움직여
謂子家曰:	자가에게 말하였다.
"佗日指動,	"지난날 손가락이 움직이면
必食異物."	반드시 특별한 음식을 먹었다."
及入,	입조하여
見靈公進黿羹,	영공이 자라 볶음을 들이는 것을 보고
子公笑曰:	자공이 웃으며 말하였다.
"果然!"	"과연!"
靈公問其笑故,	영공이 그가 웃는 까닭을 묻자

---

52 집해 가규는 말하였다. "두 사람은 정의 경(卿)이다."
53 집해 복건은 말하였다. "두 번째 손가락이다."

具告靈公.	영공에게 모두 아뢰었다.
靈公召之,	영공이 불러
獨弗予羹.	그에게만 볶음을 주지 않았다.
子公怒,	자공이 노하여
染其指,[54]	그 손가락으로 찍어
嘗之而出.	맛을 본 뒤에 나갔다.
公怒,	공이 노하여
欲殺子公.	자공을 죽이려 하였다.
子公與子家謀先.	자공은 자가와 먼저 일을 꾸몄다.
夏,	여름에
弑靈公.	영공을 죽였다.
鄭人欲立靈公弟去疾,	정 사람이 영공의 아우 거질을 세우려 하자
去疾讓曰:	거질은 사양하면서 말하였다.
"必以賢,	"꼭 현명한 것으로 하자면
則去疾不肖;	나는 불초하고,
必以順,	반드시 나이순으로 한다면
則公子堅長."	공자 견이 연장이오."
堅者,	견은
靈公庶弟,[55]	영공의 서제이며
去疾之兄也.	거질의 형이다.
於是乃立子堅,	이에 곧 자견을 옹립하니
是爲襄公.	바로 양공이다.

---

54 〔집해〕 『좌전』에서는 말하였다. "솥에 손가락을 담근 것이다."

55 〔집해〕 서광은 말하였다. "「연표」에서는 영공(靈公)의 서형(庶兄)이라고 하였다."

襄公立,	양공은 즉위하여
將盡去繆氏.	목 씨들을 모두 없애고자 했다.
繆氏者,	목 씨는
殺靈公·子公之族家也.	영공과 자공을 죽인 집안이다.
去疾曰:	거질이 말하였다.
"必去繆氏,	"기필코 목 씨를 없애려 한다면
我將去之."	나는 떠날 것입니다."
乃止.	이에 그만두었다.
皆以爲大夫.	모두 대부로 삼았다.
襄公元年,	영공 원년에
楚怒鄭受宋賂縱華元,	초는 정이 송의 재물을 받고 화원을 풀어준 것에 노하여
伐鄭.	정을 쳤다.
鄭背楚,	정은 초를 등지고
與晉親.	진과 가까이 지냈다.
五年,	5년에
楚復伐鄭,	초가 다시 정을 치자
晉來救之.	진이 와서 구원해주었다.
六年,	6년에
子家卒,	자가가 죽자
國人復逐其族,	나라 사람들이 다시 그 일족을 추방하였는데
以其弒靈公也.	영공을 죽였기 때문이었다.
七年,	7년에

鄭與晉盟鄢陵.	정은 진과 언릉에서 맹약했다.
八年,	8년에
楚莊王以鄭與晉盟,	초장왕이 정이 진과 맹약하였다 하여
來伐,	와서 쳤는데
圍鄭三月,	정을 석 달 동안 에워싸니
鄭以城降楚.	정은 성을 가지고 초에 항복하였다.
楚王入自皇門,	초왕이 황문으로 들어오자
鄭襄公肉袒擘羊以迎,	정양공은 상의를 벗어 맨몸을 드러내고 양을 끌고 맞으며
曰:	말하였다.
"孤不能事邊邑,	"제가 변경의 읍을 잘 섬기지 못하여
使君王懷怒以及獘邑,	군왕이 노기를 품고 저희 나라에 오게 하였으니
孤之罪也.	저의 죄입니다.
敢不惟命是聽.	감히 명을 따르지 않겠습니까.
君王遷之江南,	군왕께서 강남으로 옮기시고
及以賜諸侯,	제후들에게 내려도
亦惟命是聽.	또한 명을 따를 뿐입니다.
若君王不忘厲 · 宣王,	군왕께서 여왕과 선왕,
桓 · 武公,	환공과 무공을 잊지 않으시어
哀不忍絶其社稷,	애련하게 여기어 차마 그 사직을 끊지 않으시고
錫不毛之地,[56]	불모지라도 내려주시어
使復得改事君王,	다시 군왕을 섬기게 해주시는 것이
孤之願也,	저의 바람입니다만

---

56 집해 하휴(何休)는 말하였다. "땅이 척박하여 오곡이 나지 않는 것을 불모(不毛)라 한다. 감히 비옥한 땅을 구하지 않는다는 겸사이다."

然非所敢望也.	감히 바랄 것이 아닙니다.
敢布腹心,	감히 마음속 뜻을 펴지만
惟命是聽."	명을 따를 뿐입니다."
莊王爲卻三十里而後舍.	장왕은 30리를 물러난 후에 주둔하였다.
楚羣臣曰:	초의 신하들이 말하였다.
"自郢至此,	"영에서 여기까지 오느라
士大夫亦久勞矣.	사대부들 또한 오래 수고를 했습니다.
今得國舍之,	지금 나라를 얻고도 놓아주시니
何如?"	어째서입니까?"
莊王曰:	장왕이 말하였다.
"所爲伐,	"정벌이란 것은
伐不服也.	복종하지 않음을 치는 것이다.
今已服,	이제 이미 복종하였는데
尙何求乎?"	오히려 무엇을 추구하겠는가?"
卒去.	마침내 떠났다.
晉聞楚之伐鄭,	진은 초가 정을 쳤다는 말을 듣고
發兵救鄭.	군사를 내어 정을 구원하였다.
其來持兩端,	오는 길을 두 갈래로 잡아
故遲,	늦어져
比至河,	황하에 이르렀을 때
楚兵已去.	초의 군사는 이미 떠났다.
晉將率或欲渡,	진의 장수들은 중 혹 도강을 하려하기도 하고
或欲還,	돌아가려고도 하였으나
卒渡河.	끝내 황하를 건넜다.
莊王聞,	장왕은 듣고

還擊晉.	(군사를) 돌려 진을 쳤다.
鄭反助楚,	정은 도리어 초를 도와
大破晉軍於河上.	황하 가에서 진의 군사를 대파하였다.
十年,	10년에
晉來伐鄭,	진이 와서 정을 쳤는데
以其反晉而親楚也.	진을 배반하고 초와 친하게 지냈기 때문이었다.
十一年,	11년에
楚莊王伐宋,	초장왕이 송을 치자
宋告急于晉.	송이 진에 위급을 알렸다.
晉景公欲發兵救宋,	진경공이 군사를 일으켜 송을 구원하려는데
伯宗諫晉君曰:	백종이 진의 임금에게 간하였다.
"天方開楚,	"하늘이 바야흐로 초를 열어주었으니
未可伐也."	칠 수 없습니다."
乃求壯士得霍人解揚,	이에 장사를 구하여 곽 사람 해양을 얻었는데
字子虎,	자가 자호였으며
誑楚,	초를 속여
令宋毋降.	송에게 항복하지 말게 하였다.
過鄭,	정을 지나는데
鄭與楚親,	정이 초와 친하여
乃執解揚而獻楚.	이에 해양을 잡아 초에 바쳤다.
楚王厚賜與約,	초왕이 재물을 후하게 주어 맹약하고
使反其言,	그 말을 반대로 하게 하여
令宋趣降,	송에게 항복을 촉구하도록 하였는데
三要乃許.	세 번을 강요해서야 허락하였다.

於是楚登解揚樓車,[57]	이에 초는 해양을 누거에 태우고
令呼宋.	송에 고함치게 하였다.
遂負楚約而致其晉君命曰:	마침내 초와의 약속을 저버리고 진 임금의 명을 전하였다.
"晉方悉國兵以救宋,	"진이 바야흐로 나라의 병력을 다하여 송을 구원할 것이니
宋雖急,	송은 비록 급박하더라도
愼毋降楚,	부디 초에 항복하지 말 것이니
晉兵今至矣!"	진의 군사가 지금 이를 것이다."
楚莊王大怒,	초장왕이 크게 노하여
將殺之.	죽이려 하였다.
解揚曰:	해양이 말하였다.
"君能制命爲義,	"임금은 명을 잘 제정하는 것을 의로 여기고
臣能承命爲信.	신하는 명을 잘 받드는 것을 신의로 여깁니다.
受吾君命以出,	우리 임금의 명을 받아서 나왔으니
有死無隕."[58]	죽어도 (임금의 명을) 떨어뜨리지 않을 것입니다."
莊王曰:	장왕이 말하였다.
"若之許我,	"네가 나에게 허락을 하고
已而背之,	조금 있다가 저버렸으니
其信安在?"	신의가 어디에 있는가?"
解揚曰:	해양이 말하였다.
"所以許王,	"왕에게 허락한 것은

---

57 **집해** 복건은 말하였다. "누거(樓車)는 적군의 망을 보는 것으로 병법에서 이른바 '운제(雲梯)'이다." 두예는 말하였다. "누거(樓車)는 수레 위의 망루이다."
58 **집해** 복건은 말하였다. "운(隕)은 떨어지는 것이다."

欲以成吾君命也.” 우리 임금의 명을 이루고자 해서였습니다.”

將死, 죽으려하면서

顧謂楚軍曰: 초의 군사를 돌아보며 말하였다.

“爲人臣無忘盡忠得死者!” “신하는 잊지 않고 충성을 다하여 죽는 자이다!”

楚王諸弟皆諫王赦之, 초왕의 아우들이 모두 왕에게 사면할 것을 간하여

於是赦解揚使歸. 이에 해양을 사면하여 돌려보냈다.

晉爵之爲上卿. 진은 상경의 작위를 내렸다.

十八年, 18년에

襄公卒, 양공이 죽고

子悼公濆[59]立. 아들인 도공 비가 즉위했다.

悼公元年, 도공 원년

鄦公[60]惡鄭於楚, 허공이 초에 정을 나쁘게 말하여

悼公使弟睔[61]於楚自訟. 도공이 아우인 곤에게 초에서 스스로 송사를 하라고 했다.

訟不直, 송사가 곧지 못해

楚囚睔. 초는 곤을 가두었다.

於是鄭悼公來與晉平, 이에 정도공이 와서 진과 강화하여

遂親. 마침내 친하여졌다.

睔私於楚子反, 곤은 초의 자반과 사사로이 친분이 있어

子反言歸睔於鄭. 자반이 말하여 곤을 정으로 돌려보냈다.

---

59 색은 유(劉) 씨는 음이 비(祕)라고 하였다. 추본(鄒本)에는 “비(沸)”로 된 것도 있고, “불(弗)”로 된 것도 있다. 『좌전』에는 “비(費)”로 되어 있으며, 음은 비(扶味反)이다.

60 집해 서광은 말하였다. “鄦의 음은 허(許)이다. 허공(許公)은 영공(靈公)이다.”

61 색은 음은 곤(公遜反)이다.

二年,	2년에
楚伐鄭,	초가 정을 쳤다.
晉兵來救.	진의 군사가 와서 구원하였다.
是歲,	이 해에
悼公卒,	도공이 죽어
立其弟腀,	그 아우 곤을 세우니
是爲成公.	바로 성공이다.
成公三年,	성공 3년에
楚共王曰"鄭成公孤有德焉",	초공왕이 "정성공에게 내가 덕을 베풀었다."라 하고
使人來與盟.	사람을 시켜 와서 맹약을 맺게 했다.
成公私與盟.	성공은 몰래 맹약을 맺었다.
秋,	가을에
成公朝晉,	성공이 진에 조현하자
晉曰"鄭私平於楚",	진은 "정이 초와 몰래 강화했다."라 하고는
執之.	잡아두었다.
使欒書伐鄭.	난서에게 정을 치게 했다.
四年春,	4년 봄에
鄭患晉圍,	정은 진의 포위를 근심하여
公子如乃立成公庶兄繻[62]爲君.	
	공자여가 이에 성공의 서형 수를 임금으로 옹립하였다.
其四月,	그해 4월에

---

62 **색은** 음은 수(須)이다. 추 씨(鄒氏)는 말하기를 "繻'으로 된 판본도 있는데, 음은 훈(訓)이다."

晉聞鄭立君,	진은 정이 임금을 세웠다는 말을 듣고
乃歸成公.	곧 성공을 돌려보냈다.
鄭人聞成公歸,	정의 사람들은 성공이 돌아왔다는 말을 듣자
亦殺君繻,	또한 임금 수를 죽이고
迎成公.	성공을 맞았다.
晉兵去.	진의 군사는 떠났다.
十年,	10년에
背晉盟,	진과의 맹약을 저버리고
盟於楚.	초와 맹약하였다.
晉厲公怒,	진여공은 노하여
發兵伐鄭.	군사를 일으켜 정을 쳤다.
楚共王救鄭.	초공왕은 정을 구원하였다.
晉楚戰鄢陵,	진과 초가 언릉에서 싸웠는데
楚兵敗,	초의 군사는 패하고
晉射傷楚共王目,	진이 초공왕의 눈을 쏘아 부상을 입혀
俱罷而去.	모두 군사를 거두어 떠났다.
十三年,	13년에
晉悼公伐鄭,	진도공은 정을 쳐서
兵於洧上.[63]	유상에서 주둔하였다.

---

63 집해 복건은 말하였다. "유(洧)는 하천의 이름이다." 정의 『괄지지』에서는 말하였다. "유수(洧水)는 정주(鄭州) 신정현(新鄭縣) 북쪽 3리 지점에 있으며, 옛 신정성(新鄭城) 남쪽이다. 『한시외전(韓詩外傳)』에서는 '정의 풍속은 2월에 복사꽃이 물에서 나올 때 진溱)과 유수(洧水) 가에서 만나 액막이 푸닥거리를 한다.'라 하였다." 고성(古城) 성 남쪽에 있으며 진수(溱水)와 합류한다.

鄭城守,	정이 성을 지키자
晉亦去.	진 또한 떠났다.

十四年,	14년에
成公卒,	성공이 죽고
子惲[64]立.	아들 운이 즉위하였다.
是爲釐公.	바로 희공이다.

釐公五年,	희공 5년에
鄭相子駟朝釐公,	정의 상 자사가 희공을 조현하였는데
釐公不禮.	희공이 예우하지 않았다.
子駟怒,	자사는 노하여
使廚人藥殺釐公,[65]	요리사에게 희공을 독살하게 하고
赴諸侯曰"釐公暴病卒".	제후들에게 부고하기를 "희공이 갑작스런 병으로 죽었다"라 하였다.
立釐公子嘉,	희공의 아들 가를 옹립하였는데
嘉時年五歲,	가는 당시 15세였으며
是爲簡公.	바로 간공이다.

簡公元年,	간공 원년에
諸公子謀欲誅相子駟,	공자들이 상인 자사를 죽일 모의를 하였는데
子駟覺之,	자사가 알아채고

---

64 색은 음은 운(紆紛反)이다. 『좌전』에는 "곤완(髡頑)"으로 되어 있다.

65 집해 서광은 말하였다. "「연표」에서는 자사(子駟)가 도적에게 밤에 희공(僖公)을 죽이게 했다."라 하였다.

反盡誅諸公子.	도리어 공자들을 모조리 죽였다.
二年,	2년에
晉伐鄭,	진이 정을 쳐서
鄭與盟,	정이 맹약하자
晉去.	진은 떠났다.
冬,	겨울에
又與楚盟.	또 초와 맹약했다.
子駟畏誅,	자사는 죽임을 당할까 두려워하여
故兩親晉·楚.	진과 초 두 나라와 친하게 지냈다.
三年,	3년에
相子駟欲自立爲君,	상인 자사가 스스로 임금으로 즉위하려 하자
公子子孔使尉止殺相子駟而代之.	공자 자공이 위지에게 상 자사를 죽이고 그를 대신하게 하였다.
子孔又欲自立.	자공 또한 스스로 즉위하려 하였다.
子産曰:	자산이 말하였다.
"子駟爲不可,	"자사가 안 된다고 하여
誅之,	죽여놓고
今又效之,	지금 또 그것을 본받으니
是亂無時息也."	화란이 쉴 때가 없다."
於是子孔從之而相鄭簡公.	이에 자공이 (자산의 말을) 좇아서 정간공의 상이 되었다.
四年,	4년에
晉怒鄭與楚盟,	진이 정이 초와 맹약한 것에 노하여
伐鄭,	정을 치니

鄭與盟.	정은 맹약하였다.
楚共王救鄭,	초공왕이 정을 구원하여
敗晉兵.	진의 군사를 무찔렀다.
簡公欲與晉平,	간공이 진과 강화하려하자
楚又囚鄭使者.	초는 또 정의 사자를 가두었다.
十二年,	12년에
簡公怒相子孔專國權,	간공은 상인 자공이 나라의 권력을 주무르는 데 노하여
誅之,	죽이고
而以子產爲卿.	자산을 경으로 삼았다.
十九年,	19년에
簡公如晉請衛君還,	간공은 진에 가서 위군을 돌려보낼 것을 청하였으며
而封子產以六邑.[66]	자산에게 여섯 읍을 봉하였다.
子產讓,	자산은 사양하고
受其三邑.	세 읍만 받았다.
二十二年,	22년에
吳使延陵季子於鄭,	오는 연릉 계자를 정에 사행하게 하였는데
見子產如舊交,	자산을 보고 오랜 벗처럼 하여
謂子產曰:	자산에게 일렀다.
"鄭之執政者侈,	"정의 집정자는 방탕하여
難將至,	어려움이 이를 것이고
政將及子.	정치는 그대에게 이를 것이오.

---

66 **집해** 복건은 말하였다. "4정(井)이 읍(邑)이다."

子爲政,	그대는 정사를 하되
必以禮;	반드시 예로 하시오.
不然,	그렇지 않으면
鄭將敗."	정은 패망할 것이오."
子産厚遇季子.	자산은 계자를 후대하였다.
二十三年,	23년에
諸公子爭寵相殺,	공자들이 총애를 다투어 서로 죽이고
又欲殺子産.	또 자산을 죽이려 하였다.
公子或諫曰:	공자 가운데 누가 간하였다.
"子産仁人,	"자산은 인한 사람이며
鄭所以存者子産也,	정이 존속하는 것이 자산 때문이니
勿殺!"	죽이지 마시오!"
乃止.	곧 그만두었다.
二十五年,	25년에
鄭使子産於晉,	정이 진에 자산을 보내어
問平公疾.	평공을 문병하게 하였다.
平公曰:	평공이 말하였다.
"卜而曰實沈·臺駘爲祟,	"점을 쳤더니 실침과 대태가 빌미가 된다 하였는데
史官莫知,	사관은 아무도 모르니
敢問?"	감히 여쭈어도 되겠소?"
對曰:	대답하였다.
"高辛氏有二子,	"고신씨에게는 두 아들이 있는데
長曰閼伯,	맏이는 알백이고

季曰實沈,	막내는 실침으로
居曠林,⁶⁷	큰 숲에 살면서
不相能也,	서로 어쩌지를 못하여
日操干戈以相征伐.	날마다 무기를 들고 서로 정벌하였습니다.
后帝弗臧,⁶⁸	후제가 좋지 않게 여겨
遷閼伯于商丘,	알백을 상구로 옮기어
主辰,⁶⁹	진성을 주관하게 하였는데,
商人是因,	상인이 이를 이어받아
故辰爲商星.⁷⁰	진성은 상성이 되었습니다.
遷實沈于大夏,	실침은 대하로 옮겨
主參,⁷¹	삼성을 주관하게 하였는데
唐人是因,	당 사람들이 이를 이어받아
服事夏·商,⁷²	하와 상에 복종하여 섬겼습니다.

---

67 색은 가규는 말하였다. "광(曠)은 크다는 뜻이다."

68 집해 가규는 말하였다. "후제(后帝)는 요(堯)이다. 장(臧)은 선(善)의 뜻이다."

69 집해 가규는 말하였다. "상구(商丘)는 장남(漳南)에 있다." 두예는 말하였다. "상구는 송(宋) 의 땅이다." 복건은 말하였다. "진(辰)은 대화(大火)이며, 제사를 주관한다."

70 집해 복건은 말하였다. "상(商)의 사람은 설(契)의 선조이며, 탕(湯)의 시조(始祖) 상토(相 土)를 알백(閼伯)의 옛 땅에 봉하여 그 옛 나라에 따라 대신하였다."

71 집해 복건은 말하였다. "대하(大夏)는 분(汾)·회(澮) 사이에 있으며, 삼성(參星)의 제사를 주관한다." 두예는 말하였다. "대하는 지금의 진양현(晉陽縣)이다."

72 집해 가규는 말하였다. "당(唐) 사람들은 도당씨(陶唐氏)의 후사인 유루(劉累)가 하(夏)의 공갑(孔甲)을 섬겨 대하(大夏)에 봉하여져 실침(實沈)의 나라를 이어 자손이 하(夏)와 상(商) 에 복종하여 섬겼다. 정의 『괄지지』에서는 말하였다. "옛 당성(唐城)은 강주(絳州) 익성현 (翼城縣) 서쪽 20리 지점에 있다. 서재(徐才)의 『종국도성기(宗國都城記)』에서는 '당(唐)'은 제 요(帝堯)의 후손이 봉하여진 곳이다. 『춘추(春秋)』에서는 말하기를 "하의 공갑(孔甲) 때 요 (堯)의 아득한 후손 유루(劉累)라는 자가 있었는데, 환룡(豢龍)으로 공갑을 섬겨 하후(夏后) 가 가상하게 여겨 어룡씨(御龍氏)란 이름을 내려 시위(豕韋)의 후손을 바꾸었다. 용 암컷 한 마리가 죽자 몰래 용의 고기로 젓을 담가 하후에게 먹였다. 얼마 후 다시 젓갈을 요구하자

其季世曰唐叔虞.[73]	그 마지막 왕을 당숙우라 하였습니다.
當武王邑姜方娠大叔,	무왕의 부인 읍강이 바야흐로 태숙을 가졌을 때
夢帝謂己:[74]	꿈에 천제가 자기에게 말하기를
'余命而子曰虞,[75]	'내 너의 아들을 우라 하고
乃與之唐,	그에게 당을 주어
屬之參而蕃育其子孫.'	삼성에 속하게 하여 그 자손들을 번성하게 키우겠다.'라 하였습니다.
及生有文在其掌曰'虞',	태어나자 손바닥에 무늬가 있었는데 '우'라 하였으며
遂以命之.	마침내 그렇게 이름을 지었습니다.
及成王滅唐而國大叔焉.	성왕이 당을 멸하고 태숙을 나라에 봉하였으므로
故參爲晉星.[76]	삼은 진성이 되었습니다.
由是觀之,	이로써 살펴보건대
則實沈,	곧 실침은
參神也.	삼성의 신입니다.
昔金天氏有裔子曰昧,	옛날에 금천씨에게는 아득한 후손이 있었는데

두려워하여 노현(魯縣)으로 옮겼다." 하후가 아마 유루의 후손을 하의 터에 별도로 봉하여 당후(唐侯)가 되었다. 주성왕(周成王) 때에 이르러 당 사람들이 난을 일으켜 성왕이 그들을 멸하고 태숙(太叔)을 봉하였으며, 당 사람들의 자손을 두(杜)로 옮기고 두백(杜伯)이라 하였는데 범씨(范氏)가 이른 주에서 당두씨(唐杜氏)가 된 사람이다.'라 하였다. 『지기(地記)』에서는 말하기를 '당씨는 대하의 옛터에 있으며 하동(河東) 안현(安縣)에 속해 있다. 지금 강성(絳城) 서북쪽 1백 리 지점에 당성(唐城)이 있는데 당의 옛 나라로 생각한다." 그렇다면 숙우(叔虞)가 봉해진 곳은 바로 이곳이다.

73 (집해) 두예는 말하였다. "당(唐) 사람들은 말기에 그 임금을 숙우(叔虞)라고 하였다."

74 (집해) 가규는 말하였다. "제(帝)는 하늘이다. 기(己)는 무왕(武王)이다."

75 (집해) 두예는 말하였다. "당(唐) 임금의 이름을 취한 것이다."

76 (집해) 가규는 말하였다. "진(晉)은 삼성(參星)의 제사를 주관하였으며, 삼(參)은 진성(晉星)이다."

	매라 하였으며
爲玄冥師,[77]	현명의 수장이 되어
生允格·臺駘.[78]	윤격과 대태를 낳았는데
臺駘能業其官,[79]	대태는 대를 이어 그 관직을 맡아
宣汾·洮,[80]	분수와 조수를 틔우고
障大澤,[81]	큰 늪에 제방을 쌓아
以處太原.[82]	큰 언덕에 살았습니다.
帝用嘉之,	제가 이를 가상히 여겨
國之汾川.[83]	그를 분천에 봉하여
沈·姒·蓐·黃實守其祀.[84]	심국과 사국, 욕국, 황국이 실로 그 제사를 지켰습니다.
今晉主汾川而滅之.[85]	지금 진은 분천의 주인인데도 그를 멸하였습니다.
由是觀之,	이로써 보건대
則臺駘,	곧 대태는
汾·洮神也.	분수와 조수의 신입니다.
然是二者不害君身.	그러나 이 두 사람은 임금의 몸에 미치지를 못합니다.

---

77 **집해** 복건은 말하였다. "금천(金天)은 소호(少暤)이다. 현명(玄冥)은 수관(水官)이다. 사(師)는 장(長)의 뜻이다. 매(昧)는 수관의 우두머리이다."

78 **집해** 복건은 말하였다. "윤격(允格)과 대태(臺駘)는 형제이다."

79 **집해** 복건은 말하였다. "매(昧)를 닦는 직책이다."

80 **집해** 가규는 말하였다. "선(宣)은 통(通)과 같다. 분(汾)과 조(洮)는 두 하천의 이름이다."

81 **집해** 복건은 말하였다. "그 물을 막는 것이다."

82 **집해** 복건은 말하였다. "태원(太原)은 분수(汾水)의 이름이다." 두예는 말하였다. "태원은 진양(晉陽)이며, 대태가 거처하던 곳이다."

83 **집해** 복건은 말하였다. "제(帝)는 전욱(顓頊)이다."

84 **집해** 가규는 말하였다. "네 나라는 대태(臺駘)의 후손이다."

85 **집해** 가규는 말하였다. "네 나라를 멸하였다."

山川之神,	산천의 신에게는
則水旱之菑禜之,[86]	수해와 한해의 재난이 발생하면 그에게 제사지내고,
日月星辰之神,	일월성신의 신에게는
則雪霜風雨不時禜之;	눈과 서리, 바람과 비가 때에 맞지 않으면 그에게 제사지내며,
若君疾,	임금님의 병 같은 것은
飲食哀樂女色所生也."	음식과 애락, 여색에서 발생한 것입니다."
平公及叔嚮曰:	평공 및 숙향이 말하였다.
"善,	"훌륭하다,
博物君子也!"	박학한 군자로다!"
厚爲之禮於子產.	자산을 두터이 예우해주게 하였다.
二十七年夏,	27년 여름에
鄭簡公朝晉.	정간공이 진을 조현했다.
冬,	겨울에
畏楚靈王之彊,	초영왕이 강해진 것을 두려워하여
又朝楚,	또 초를 조현하였는데
子產從.	자산이 수행했다.
二十八年,	28년에
鄭君病,	정군이 병들어
使子產會諸侯,	자산에게 제후와 회견하게 하고
與楚靈王盟於申,	초영왕과 신에서 회맹하고

---

86 **집해** 복건은 말하였다. "영(禜)은 영(營)이며, 폐백(제수품)을 모아서 쓰는 것이다. 수해와 한해가 있으면 산천(山川)의 신에게 제사지내어 복을 비는 것이다."

誅齊慶封.	제의 경봉을 죽였다.
三十六年,	36년에
簡公卒,	간공이 죽고
子定公寧立.	아들 정공 영이 즉위했다.
秋,	가을에
定公朝晉昭公.	정공이 진소공을 조현하였다.
定公元年,	정공 원년에
楚公子弃疾弑其君靈王而自立,	초 공자 기질이 임금인 영왕을 죽이고 스스로 즉위하였으니
爲平王.	평왕이다.
欲行德諸侯.	제후들에게 덕을 행하려 하였다.
歸靈王所侵鄭地于鄭.	영왕이 침탈한 정의 땅을 정에 돌려주었다.
四年,	4년에
晉昭公卒,	진소공이 죽자
其六卿彊,	6경이 강하여졌고
公室卑.	공실은 낮아졌다.
子產謂韓宣子曰:	자산이 한선자에게 말하였다.
"爲政必以德,	"정사는 반드시 덕으로 하여야 하고
毋忘所以立."	(나라를) 세운 까닭을 잊지 마십시오."
六年,	6년에
鄭火,	정에 화재가 발생하여

公欲禳之.	공이 푸닥거리를 하려고 하였다.
子產曰:	자산이 말하였다.
"不如修德."	"덕을 닦음만 못합니다."
八年,	8년에
楚太子建來奔.	초의 태자 건이 도망쳐왔다.
十年,	10년에
太子建與晉謀襲鄭.	태자 건이 진과 함께 정을 습격할 모의를 하였다.
鄭殺建,	정이 건을 죽이자
建子勝奔吳.	건의 아들 승은 오로 달아났다.
十一年,	11년에
定公如晉.	정공이 진으로 갔다.
晉與鄭謀,	진은 정과 모의하여
誅周亂臣,	주의 반란을 일으킨 신하를 죽이고
入敬王于周.[87]	주에 경왕을 들여보냈다.
十三年,	13년에
定公卒,	정공이 죽고
子獻公蠆立.	아들인 헌공 채가 즉위하였다.
獻公十三年卒,	헌공은 13년에 죽고
子聲公勝立.	아들인 성공 승이 즉위하였다.
當是時,	이때

---

87 색은 왕이 아우인 자조(子朝)의 난을 피하여 적천(狄泉)으로 나가서 거처하였으며, 소왕(昭王) 23년의 일이다. 26년에 이르러 진(晉)과 정이 들여보냈다. 『경(經)』에서 말한 "천왕이 성주(成周)로 들어갔다."라 한 것이다.

晉六卿彊,   진의 육경이 강하여져

侵奪鄭,   정을 침탈하자

鄭遂弱.   정은 마침내 약해졌다.

聲公五年,   성공 5년에

鄭相子產卒,[88]   정의 상 자산이 죽자

鄭人皆哭泣,   정의 사람들이 모두 울었는데

悲之如亡親戚.   친척을 잃은 듯이 슬퍼하였다.

子產者,   자산은

鄭成公少子也.   정성공의 작은 아들이다.

爲人仁愛人,   사람됨이 남을 인애하고

事君忠厚.   임금을 섬김이 충성스럽고 돈후하였다.

孔子嘗過鄭,   공자가 정에 들른 적이 있는데

與子產如兄弟云.   자산과 형제 같았다고 한다.

及聞子產死,   자산이 죽었다는 말을 듣자

孔子爲泣曰: 공자는 눈물을 흘리며 말하였다.

"古之遺愛也!"[89]   "옛날의 사랑을 끼치신 분이다."

八年,   8년에

晉范·中行氏反晉,   진의 범, 중항 씨가 진에 반기를 들고

---

[88] 정의 『괄지지』에서는 말하였다. "자산(子産)의 무덤은 신정현(新鄭縣) 서남쪽 35리 지점에 있었다. 역도원(酈道元)의 『수경주(水經注)』에서는 '자산의 무덤은 이수(洧水) 가에 있으며 돌을 포개어 방형의 봉분을 만들었으며 봉분은 동북쪽으로 정성(鄭城)을 향하고 있는데, 두 예는 말하기를 근본을 잊지 않는다는 말이다.'라 하였다."

[89] 집해 가규는 말하였다. "애(愛)는 은혜(惠)이다." 두예는 말하였다. "자산(子産)이 사랑을 받아 고인의 유풍이 있다는 것이다."

告急於鄭,	정에 위급을 알렸으며
鄭救之.	정이 구원하였다.
晉伐鄭,	진은 정을 쳐서
敗鄭軍於鐵.⁹⁰	철에서 정의 군대를 무찔렀다.
十四年,	14년에
宋景公滅曹.	송경공이 조를 멸하였다.
二十年,	20년에
齊田常弑其君簡公,	제의 전상이 임금인 간공을 죽였으며
而常相於齊.	상은 제의 상이 되었다.
二十二年,	22년에
楚惠王滅陳.	초혜왕이 진을 멸하였다.
孔子卒.	공자가 죽었다.
三十六年,	36년에
晉知伯伐鄭,	진의 지백이 정을 쳐서
取九邑.	9개의 읍을 빼앗았다.
三十七年,	37년에
聲公卒,	성공이 죽고
子哀公易立.⁹¹	아들인 애공 역이 즉위하였다.
哀公八年,	애공 8년에

---

90 **집해** 두예는 말하였다. "척성(戚城) 남쪽의 철구(鐵丘)이다." **정의** 『괄지지』에서는 말하였다. "철구는 활주(滑州) 위남현(衛南縣) 동남쪽 15리 지점에 있다."

91 **집해** 「연표」에서는 38년이라고 하였다.

鄭人弑哀公而立聲公弟丑,	정 사람이 애공을 죽이고 성공의 아우 추를 세우니
是爲共公.	바로 공공이다.
共公三年,	공공 3년에
三晉滅知伯.	삼진이 지백을 멸하였다.
三十一年,	31년에
共公卒,	공공이 죽고
子幽公已立.	아들인 유공 이가 즉위하였다.
幽公元年,	유공 원년에
韓武子伐鄭,	한무자가 정을 쳐서
殺幽公.	유공을 죽였다.
鄭人立幽公弟駘,	정 사람들이 유공의 아우 태를 세우니
是爲繻公.92	바로 수공이다.
繻公十五年,	수공 15년에
韓景侯伐鄭,	한경후가 정을 쳐서
取雍丘.	옹구를 빼앗았다.
鄭城京.	정이 경에 성을 쌓았다.
十六年,	16년에
鄭伐韓,	정이 한을 쳐서
敗韓兵於負黍.93	부서에서 한의 군사를 무찔렀다.

---

92 집해 「연표」에서는 정에서 유공(幽公)의 아들 태수(駘繻)를 세웠다고 하였다. "요(繚)"로 된 곳도 있다.

93 집해 서광은 말하였다. "양성(陽城)에 있다." 정의 『괄지지』에서는 말하였다. "부서정(負黍亭)이 낙주(洛州) 양성현(陽城縣) 서남쪽 35리 지점에 있으므로 주의 읍이다."

二十年,	20년에
韓·趙·魏列爲諸侯.	한·조·위가 제후의 반열에 올랐다.
二十三年,	23년에
鄭圍韓之陽翟.	정이 한의 양적을 에워쌌다.
二十五年,	25년에
鄭君殺其相子陽.	정의 임금이 상인 자양을 죽였다.
二十七,	27년에
子陽之黨共弑繻公駘而立幽公弟乙爲君,	자양의 도당이 함께 수공 태를 죽이고 유공의 아우 을을 임금으로 세우니
是爲鄭君.[94]	바로 정군이다.
鄭君乙立二年,	정군 을 즉위 2년에
鄭負黍反,	정의 부서가 반란을 일으켜
復歸韓.	한으로 복귀하였다.
十一年,	11년에
韓伐鄭,	한이 정을 쳐서
取陽城.	양성을 빼앗았다.
二十一年,	21년에
韓哀侯滅鄭,	한애후가 정을 멸하고

---

94 집해 서광은 말하였다. "어떤 판본에서는 '유공(幽公)의 아우 을양(乙陽)을 세웠는데 바로 강공(康公)이다.'라 하였다. 「육국연표(六國年表)」에서는 유공의 아들 태(駘)를 세웠다고 하였고, 또한 정군(鄭君) 양(陽)은 정강공(鄭康公) 을(乙)이라고 하였다. 반고(班固)는 말하기를 '정강공 을은 한(韓)에 멸망당하였다.'라 하였다."

并其國.	나라를 합병하였다.
太史公曰:	태사공은 말한다.
語有之,	속담에서 말하기를
"以權利合者,	"권세와 이익으로 투합한 자는
權利盡而交疏",	권세와 이익이 다하면 사귐이 소원해진다" 하였는데
甫瑕是也.	바로 보하 같은 경우이다.
甫瑕雖以劫殺鄭子內厲公,	보하가 비록 정자를 겁박하여 죽이고 여공을 들였지만
厲公終背而殺之,	여공은 끝내 그를 등지고 죽였으니
此與晉之里克何異?	이는 진의 이극과 무엇이 다른가?
守節如荀息,	순식 같이 절개를 지키고도
身死而不能存奚齊.	몸은 죽고 해제를 지켜줄 수 없었다.
變所從來,	변고가 오는 곳은
亦多故矣!	또한 까닭이 많을 것이다.

색은술찬索隱述贊 여왕의 아들이, 정에 봉하여졌다. 사도의 직책을 대신하여,「치의」가 노래에 있다. 괵과 회는 읍을 바쳤고, 채축은 명을 오로지 했다. 장공이 이미 왕을 범하였고, 여공 또한 명에서 달아났다. 역에 거처하면서 들어갈 수 있었고, 난초를 꿈꿔 경사를 길렀다. 백복은 살아서 갇혔고, 숙첨은 시신으로 찾았다. 희공과 간공 후로, 공실은 경쟁력이 없었다. 부서는 비록 돌아갔지만, 한애공은 날로 성하여졌다.

厲王之子, 得封於鄭. 代職司徒, 緇衣在詠. 虢, 鄶獻邑, 祭祝專命. 莊既犯王, 厲亦奔命. 居櫟克入, 夢蘭毓慶. 伯服生囚, 叔瞻尸聘. 釐, 簡之後, 公室不競. 負黍雖還, 韓哀日盛.

옮긴이 장세후

경북 상주에서 태어나 영남대학교 중어중문학과를 졸업하고, 같은 대학 대학원에서 석사학위와 박사학위(『주희 시 연구』)를 취득하였다. 영남대학교 겸임교수와 경북대학교 연구초빙교수를 거쳐 지금은 경북대학교 퇴계연구소의 전임연구원으로 재직하고 있다. 2003년 대구매일신문에서 선정한 대구·경북지역 인문사회분야의 뉴리더 10인에 포함된 바 있으며, 2022년 『퇴계 시 풀이』로 제5회 롯데출판문화대상 번역출판 부문 본상을 수상하였다.

저서로는 『이미지로 읽는 한자 1·2』(연암서가, 2015·2016)가 있고, 주요 역서로는 『한학 연구의 길잡이(古籍導讀)』(이회문화사, 1998), 『초당시(初唐詩, The Poetry of the Early T'ang)』(Stephen Owen, 中文出版社, 2000), 『퇴계 시 풀이·1~9』(이장우 공역, 영남대학교 출판부, 2006~2019), 『고문진보·전집』 (황견 편, 공역, 을유문화사, 2001), 『퇴계잡영』(공역, 연암서가, 2009), 『唐宋八大家文抄-蘇洵』(공역, 전통문화연구회, 2012), 『춘추좌전(상·중·하)』(을유문화사, 2012~2013), 『도산잡영』(공역, 연암서가, 2013), 『주자시 100선』(연암서가, 2014), 『사마천과 사기』(연암서가, 2015), 『사기열전·1~3』(연암서가, 2017), 『주희 시 역주·1~5』(영남대학교 출판부, 2018), 『국역 조천기지도·홍만조 연사록』(공역, 세종대왕기념사업회, 2019), 『도잠 평전』(연암서가, 2020), 『공자 평전』(연암서가, 2022), 『사마천 평전』(연암서가, 2023) 등이 있다.

사기세가 1

2023년 11월 20일 초판 1쇄 인쇄
2023년 11월 25일 초판 1쇄 발행

지은이 | 사마천
옮긴이 | 장세후
펴낸이 | 권오상
펴낸곳 | 연암서가

등록 | 2007년 10월 8일(제396-2007-00107호)
주소 | 경기도 고양시 일산서구 호수로 896, 402-1101
전화 | 031-907-3010
팩스 | 031-912-3012
이메일 | yeonamseoga@naver.com

ISBN 979-11-6087-119-7 04910
ISBN 979-11-6087-118-0 (세트)
값 35,000원